黃宇和著

歷史偵探

從鴉片戰爭到孫中山

中華書局

□ 責任編輯：鄭傳鎬

□ 裝幀設計：李婧琳

□ 排　版：時潔

□ 印　務：劉漢舉

歷史偵探
——從鴉片戰爭到孫中山

□
著者
黃宇和
Professor John Y. Wong, University of Sydney, Australia.

□
出版
中華書局（香港）有限公司
香港北角英皇道 499 號北角工業大廈一樓 B
電話：（852）2137 2338　傳真：（852）2713 8202
電子郵件：info@chunghwabook.com.hk
網址：http://www.chunghwabook.com.hk

□
發行
香港聯合書刊物流有限公司
香港新界大埔汀麗路 36 號
中華商務印刷大廈 3 字樓
電話：（852）2150 2100　傳真：（852）2407 3062
電子郵件：info@suplogistics.com.hk

□
印刷
美雅印刷製本有限公司
香港觀塘榮業街 6 號 海濱工業大廈 4 樓 A 室

□
版次
2016 年 2 月初版
© 2016 中華書局（香港）有限公司

□
規格
16 開（240 mm×170 mm）

□
ISBN：978-988-8340-64-4

中文繁體字版在香港和澳門地區出版發行

本書篇幅，令人咋舌。

猶幸各章，短小精悍。

窺視人間百態，

稍增人生樂趣。

——黃宇和

序言

2014 年 6 月 24 日，出版界八十八歲的老前輩、香港三聯書店前總經理蕭滋先生，熱情向筆者建議：把筆者幾十年來檔案鑽研結合實地調查與歷史想像的治史方法與經驗撰寫成書。

茲承雅命，方式是以「本偵探」的名義現身説法，把本人曾運用這種三管齊下的治史方法所解決了的一些懸案，不拘大小，娓娓道來。因此本書章節，有嶄新的探案，諸如「林則徐是製毒巨梟？」；有把過去「本偵探」已經破解了的懸案，作進一步追查，例如污衊「葉名琛為六不總督」的順口溜，究竟元凶是誰？以及由於進一步發掘了新史料而更上一層樓並予以破解了的懸案，包括「孫中山的民族主義與英以色列信仰」。

案情繁簡決定了各章長短，而各章的上文下理（context），則見本偵探其他拙著，尤其是 2011 年出版的《三十歲前的孫中山》，2015 年出版的《孫文革命：聖經和易經》，以及行將出版的《文明交戰》（暫定名）。蓋本書的部份章節是取材自該三本拙著當中、短小精悍而獨立性極強的片段。因此，讀者會注意到，本書各章的題目分別屬於兩大領域：其一是有關兩次鴉片戰爭時期（包涵太平天國）的探案；其二是對孫中山生平具關鍵性事件的偵察。

其中第一部份「鴉片戰爭」有 8 章，第二部份「第二次鴉片戰爭」有 12 章，第四部份「是甚麼激勵孫中山『成龍』？」有 19 章。賴以貫穿這三大部份的第三部份「太平天國」雖然只有 3 章，卻起着關鍵性的作用。因為鴉片戰爭引發太平天國——太平天國引發第二次鴉片戰爭——第二次鴉片戰爭引發孫文革命。近代史上的大事一環扣一環。

把帝國主義壓迫、民族主義反抗，這兩大領域再放到宏觀的角度檢視，則兩次鴉片戰爭是本偵探對帝國主義的個案研究；孫中山則是本偵探對民族主義的個案偵查。帝國主義和民族主義恰似一塊銅板的兩面，而這塊銅板就

是近代史——不單是中國近代史，而且在某程度上可以說是世界近代史。本偵探追蹤近代史的發展，不能偏重帝國主義或民族主義，因為如此就猶如偏聽一面之詞。治史必須在檔案鑽研、實地調查與博覽群書的基礎上，兼視兼聽，藉此廣開言路。

至於為何本偵探選擇兩次鴉片戰爭和孫中山兩大領域作為個案來探索，則完全是由於機緣巧合。事緣 1968 年本偵探從香港大學畢業後馬上前往牛津大學當研究生時，長期由英國駐北京大使館保存的葉名琛檔案剛剛移交英國國家檔案館並終於開放了，本偵探趁上這個難得的機會，再結合英國各地的英語檔案，正好兼顧了中英雙方的態度、處境與追求，避免了偏聽。於是本偵探決定以葉名琛作為個案，切入帝國主義的研究。

研究愈來愈深入之後，總覺得缺少甚麼的。適逢 1979 年廣州市中山大學歷史系代主任胡守為先生盛情邀請本偵探當訪問學人；更由於該校的陳錫祺先生，屢屢不恥下問有關孫中山的史事和史料，故突然想到孫中山乃中國近代史上的民族英雄，孫中山的民族主義、民權主義暨民生主義——通稱三民主義——是其畢生學習、思考與實踐的結晶，於是本偵探決定以孫中山作為個案，藉此研究民族主義。

終於，在 2015 年 6 月 26 日比原定計劃提前四天完成了本書初稿共 60 章。但馬上碰到兩隻凶猛的攔路虎：其一是「炒冷飯」之嫌；其二是哪怕當時還只有 60 章的初稿只不過是烏合之眾。試想：把「獨立性極強的片段」結集在一起，「隊伍不整，放槍時參差不齊」，[1] 真是貽笑大方！說是一本論文集也夠不上。準此，唯一能同時打垮兩隻猛虎的武器是，為全書譜寫出一首主旋律。而這首主旋律必須具備兩個條件：既能凝聚共識——把 60 種不同聲音編織成一首既多姿多彩而又和諧悅耳的交響樂，更藉此全面克服「炒冷飯」之嫌。

怎麼啦？擺明是把曾經出版過的片段再拿出來獻醜，還說不是「炒冷

1　此乃孫中山之言，描述 1883 年清朝閱兵大臣方耀到香山縣，在濠頭鄉檢閱清兵時的情況。見陸文燦：《孫中山公事略》（稿本，藏翠亨村孫中山故居紀念館）。該稿後來刊登於《孫中山研究》第一輯（廣東人民出版社，1986）。

飯」？此點正是中西治史方法巨大分別之一。在西方，若某甲發掘出大量史料，並解讀及運用此大批史料來建構出一套理論，大家熱烈鼓掌。某乙運用某甲所發掘出的大量史料，加上自己的新發現，從另外一個角度解釋同一種歷史現象，得出不同甚至相反的結論，大家同樣熱烈鼓掌。同樣地，若某甲再接再厲而發掘了更多新的史料，加上經過星移物換而在思考問題時更為深思熟慮，又從嶄新的一個角度審視同一種歷史現象，終於得出不同的結論甚至推翻自己過去的結論，大家更是熱烈鼓掌，因為這是人類進化的積極表現。把這種治史方法昇華到思想的境界，則思想家稱之為「水平思維」（lateral thinking）。即不偏限於某一種思維方向，而是從不同的方向、甚至反方向解讀史料和思考問題。

中國史學界則至今仍然深受清朝乾嘉時代的純考證之風所影響，結果多是致力於史料的考證，不注重史料的運用，遑論解讀史料並藉此以建構理論。這種特殊現象，歸根結柢是清代的文字獄——順治帝施文字獄七次，康熙帝施文字獄 20 多次，雍正帝施文字獄 20 多次，乾隆帝施文字獄 130 多次——把華夏的文化精英嚇得噤若寒蟬。誰敢建構理論並抒發己見，等待誅九族好了！君不見，清朝在所有孔廟前面的空地上都樹立一塊臥着的石碑，上面刻有「士子不得議論時政」之類的字樣。違者的命運將會像該石碑一樣——馬上躺下來！難怪中央研究院某院士前輩，聽了本偵探在 2006 年 11 月 6 日於廣東省中山市舉行的「紀念孫中山誕辰 140 週年國際學術研討會」上的發言後，當場衝口而出地說了一句話：「走火入魔！」[2]

也難怪 2015 年 8 月 3 日，本偵探接台灣某學術期刊、對拙稿「孫文的信教與被逐」的審查意見是：「尊稿過半內容文字已見於閣下近年兩本巨著：《孫文革命——聖經和易經》（2015.01）、《三十歲前的孫中山——翠亨、檀島、香港 1866-1895》（2011.09），重複比例過高，與本刊宗旨不符，本會只得割愛，敬請原諒。」哈哈！此言一針見血地指出該審稿人的注意力全盤灌注在史料的發掘，完全忽視史料的解讀和運用以解決問題。他沒有理解到：

2　詳見行將出版的拙著《文明交戰》當中，題為「救亡從教育入手」的第二十五章。

本偵探撰寫《三十歲前的孫中山》之目標，在於解決孫中山「如何」走上革命道路的問題；撰寫《孫文革命》之目標，是為了解決孫中山「為何」走上革命道路的問題。至於為何「孫文信教與被逐」之作為一個獨立專題，至今還沒有人運用筆者所發掘出來的史料嘗試解答，因而是一個嶄新的探索項目。若本偵探運用自己過去發掘出來、哪怕已經收入其兩本著作的資料，加上本偵探最新發現的、滴滴皆甘露的珍貴史料，合力試圖解決一個前人解決不了的問題，有何不可？

唉！西方學術界發明「水平思維」快一個世紀了，為何傳來傳去，總是傳不進兩岸三地？是華夏精英不屑接受、不願意接受、還是害怕接受？拒收的現象是否證明了乾嘉時代那種沒思想的純考證貽害之深？華夏精英不單漠視「水平思維」的治史方法，又竟然以拒收為榮，傲然「割愛」，又是否證明華夏文明的天朝上國心態，至今歸然不動？

沿着這條思路進一步考量，就更難怪 2015 年 11 月 12 日，本偵探在台北國父紀念館舉辦的「傳承與創新：紀念國父孫中山先生 150 歲誕辰」國際學術研討會上，宣讀過拙文「孫文之信教與被逐」後，評論人、台灣中央研究院近代史研究所兼任研究員朱浤源教授，衝口而出地說了一句話：「走火、入魔」。

哈哈！好事成雙：本偵探「走火入魔」之美名，先後刻進「紀念孫中山誕辰 140 週年國際學術研討會」主辦單位的錄音機，和主辦「紀念國父孫中山先生 150 歲誕辰」國際學術研討會的國父紀念館的錄音機，留存萬世。

對於本偵探運用「水平思維」來解讀和運用史料是可行的治史方法，若兩岸三地的學者仍然不服氣，則容本偵探再舉一個例子。本偵探的師弟，劍橋大學歷史學皇家講座教授艾文斯爵士（Professor Sir Richard Evans），大半生專攻德國史。他在 1990 把他歷來所寫的書評結集成專著，書名是《重新審視德國史》，[3] 出版後受到西方史學界高度重視。甚麼？炒自己過去所寫過的書評的冷飯？重複已經出版了的書評，有甚麼價值？竟然也會受到廣泛的

3　Richard J. Evans, *Rethinking German History : Nineteenth-Century Germany and the Origins of the Third Reich* (London: Unwin Hyman, 1990).

高度重視？關鍵是：艾文斯爵士藉着結集其眾多書評的機會，總結他那一代人研究德國史所取得的成績、心得，指出不足之處和有待努力的地方，並建議將來研究的方向以及可能加強或糾正的史論。歸根結柢，他的眾多書評在出版以後，已經變成史料了，他正在運用史料——哪怕是他自己所創造的史料（書評）——來宏觀地開闢史論新天地。若出版社所禮聘的審稿人，只顧史料之重複而漠視史料的運用，肯定會建議出版社「割愛」。我的天！

準此，本偵探接下來艱鉅的任務是：構思出一首主旋律作為本書的主心骨，藉此凝聚各自為戰的初稿共 60 章的精神。最後想通了：主旋律應該是當前西方世界天天隱喻地厲聲高叫的「中國該打！」。

「中國該打！」？為何筆鋒一下子變得如此竣厲？並採此作為本書的主旋律？因為治史之理想是以史為鑒，避免重蹈前人覆轍。因而治史的最終目標應該是經世致用，這也是本偵探畢生奮鬥的目標。

事緣哈佛大學政治學家塞繆爾‧亨廷頓（Samuel Huntington）教授在 1993 年撰文，謂此後世界上的戰爭將是各大文明之間的衝突（Clash of Civilizations）。[4] 2001 年的九一一恐怖襲擊，似乎證明他有先見之明。而從 2012 年開始在法國首都巴黎發生的連環槍擊案，尤其是駭人聽聞的 2015 年 11 月 14 日連環槍擊案，更是轟動全球。

竊以為不待今時今日，一千多年以來，文明交戰一直大規模地進行着。遠至 1095 年第一批十字軍東征所展開的曠日持久的生死搏鬥，近至十九世紀的兩次鴉片戰爭（1839－1841，1856－1860）所拉開序幕的、同樣是曠日持久的百年屈辱，皆顯著的例子。君不見，在鴉片戰爭之前，盎格魯‧撒克遜民族已經嘗試過用「糖衣炮彈」來「開化」華夏。那就是 1834 年 11 月在廣州外國人商行區成立的「在華傳播有用知識協會」（Society for the Diffusion of Useful Knowledge in China）。該會理事會開宗明義就說：「當華夏扼殺了一切促使它與世界上所有文明國家結盟的努力之後，我們現在嘗試

---

4   Samuel P. Huntington, 'The Clash of Civilizations?', in *Foreign Affairs*, vol. 72, no. 3 (Summer 1993), pp. 22—49.

使用智性大炮（intellectual artillery），讓知識取得和平。」[5]

英文 intellect 此字，一般翻譯做知識，例如 intellectual property 就毫無例外地翻譯為知識產權。其實單純的知識，英文叫 knowledge。而 intellect 則包含了比單純知識更高層次的思想境界，余英時先生就把 intellect 此字翻譯為「智性」，又把英文的 anti-intellectualism 翻譯為「反智論。」並詮釋說：「『反智論』並非一種學說、一套理論，而是一種態度。」又說：「中國雖然沒有『反智論』這個名詞，『反智』的現象則一直是存在的。因為這個現象可以說普遍地存在於一切文化之中，中國自然也不是例外。」具體來說，「反智」就是「對代表『智性』的知識份子（intellectuals）表現一種輕鄙以至敵視。」[6]

消除華夏文化當中的「反智論」無疑是一件好事。可惜「在華傳播有用知識協會」的骨幹成員——在穗英商和基督宗教傳教士，毫不掩飾他們是正在「從事一場戰爭」（engage in a warfare）來改變華夏對境外世界的認識。[7]他們試圖利用知識來取得的「和平」，是要炎黃子孫貼貼服服地當其順民。難怪他們的「智性大炮」（intellectual artillery）終於發展成為鴉片戰爭中的實彈射擊。正如歷史學者希爾拉曼在其《亞洲帝國與英國知識》一書中所指出的：該協會的骨幹成員，把過去歐洲人通過基督宗教耶穌會士的報導而對華夏文明所產生的一個「華夏愛好和平」的良好印象，改變成為一個半野蠻的、落後閉塞的文明，並由此而隱喻地高喊「中國該打！」之後，盎格魯‧撒克遜民族就可以大膽地想像對華開戰的可行性了。[8]

為何如此極端？該協會的所有中文刊物，都不可能對華夏文明說半句好

5　原文是：'We are now, then, to make the trial, whether the celestial empire, after it has defeated all efforts to bring it into an alliance with the civilized nations of the earth, will not yield to intellectual artillery, and give to knowledge the palm of victory'. 見 'Proceedings Relative to the Formation of a Society for the Diffusion of Useful Knowledge in China', in PRO: FO17/ 89。

6　余英時：〈反智論與中國政治傳統——論儒、道、法三家政治思想道分野與匯流〉，收入余英時：《歷史與思想》（台北：聯經出版事業股份有限公司，1976），頁 1−3。

7　見 Michael Lazich, C. *E.C. Bridgman (1801-1861), America's First Missionary to China* (Lewiston, N.Y.: Edwin Mellen Press, 2000); Murray A. Rubinstein, 'Propagating the Democratic Gospel: Western Missionaries and the Diffusion of Western Thought in China, 1830-1848', *Bulletin of the Institute of Modern History, Academia Sinica,* no. 11(July 1982)。

8　Ulrike Hillemann, *Asian Empire and British Knowledge* (New York: Palgrave Macmillan, 2009), pp. 104-105.

話，因為該協會本身的生存價值是由下面這麼的一個假象支撐着：中國的野蠻落後！它的處境就正如十九世紀的基督宗教傳教士一樣，「若他們表達對華夏文明有絲毫值得肯定的話，就等如否定他們的傳教事業有任何價值」。[9] 確實非常極端、絕對！無他，他們都是戰爭販子，都在竭力鼓吹盎格魯・撒克遜文明對華夏開戰啊！

又例如 1857 年初，當英國國會激烈討論是否要發動第二次對華開戰——即後來的所謂第二次鴉片戰爭——之時，就有位名叫蒙哥馬利・馬丁（R. Montgomery Martin）者，建議英軍佔領全中國。邏輯是中國乃繼印度之後「不列顛文明發展的下一個廣闊舞台，此乃天意安排」[10]。這不是擺明白地說，十九世紀的英國精英已經深切地認識到，他們要發動的第二次鴉片戰爭，是盎格魯・撒克遜文明與華夏文明如火如荼的「文明交戰」！

在第二次鴉片戰爭中，華夏文明全線潰敗。但華夏精英仍然不斷地苦苦掙扎，終於在新中國成立時，把帝國主義從神州大地趕跑，結束了曠日持久的第一場「文明交戰」。但由於繼承和發展了英國盎格魯・撒克遜文明的美國盎格魯・撒克遜文明，目前正積極聯同印度文明，以及已經「脫亞入歐」一百五十多年的日本，與已經取消了漢字近乎一百年的南韓和越南，共同對付華夏文明，下一場盎格魯・撒克遜文明與華夏的「文明交戰」，指日可待？

因此，日夜縈繞着本偵探的一個關鍵問題是，若將來再度發生「文明交戰」，後果會如何？過去，絕大部份國人責怪帝國主義者侵略中國，華夏文明的先知先覺者孫中山先生則早已自我反省，並指出華夏文明確實患有癌症。甚麼癌症？拙著《孫文革命：聖經和易經》除了譴責帝國主義以外，已經同時偵查出一些華夏癌症諸如矢志做皇帝的思想，本書再接再厲，追查其他癌症。

那麼本書又查出華夏文明究竟還患有甚麼其他癌症？如何醫治？

偵查癌症所在，本偵探有辦法。至於如何醫治，就有待炎黃子孫群策群

9　英語原文是 'to say something positive about the Chinese would serve to undermine the rationale of the missionary enterprise'。見 Murray A. Rubinstein, *The Origins of the Anglo-American Missionary Enterprise in China, 1807-1840* (London: Scarecrow Press, 1996), p. 131.

10　Martin to Clarendon, 7 February 1857, FO17/279, p. 330 *ff.*

力了。準此，本偵探決定採取「文明交戰」作為本書的主旋律，向全世界的華裔提供一些參考的線索，幸勿嫌棄。

　　從理論回歸到技術的問題：構思了文明交戰作為本書的主旋律之後，再接下來的任務是按照此主旋律，三番四次地大修全稿：凡是符合此主旋律的各章，就精益求精；不符合者，就割愛。例如，類似長篇偵探小說般的拙著《孫逸仙倫敦蒙難真相：從未披露的史實》[11]，則無論怎樣濃縮，也無法達到短小精悍的標準，只好割愛。但突然想到孫中山「以俄為師」之言，是國共史學家長期爭論不休的議題，因此特別設計了題為「偵破孫中山『以俄為師』之謎」的第六十九章，材料來源是拙著《中山先生與英國》。[12] 若讀者諸君覺得收進本書的各個歷史偵探故事過於短小，讀來不夠過癮，則請詳閱上述各書，如此即可觀全豹。

　　至於每章所含的獨立故事，則力求內容完整。這樣做的副作用是各章難免有少量重複之處。權衡兩害取其輕：少量「內容重複」總要比「衣冠不整」的害處要輕。故採少量重複，容筆者鄭重敬請讀者鑒諒。第四部份共 19 章可以歸納為一句話：孫中山從童年到壯年「如何」、「為何」走上革命道路，最終導向辛亥革命，故廣東人民出版社建議本書副標題為「從鴉片戰爭到辛亥革命」，本偵探欣然接受。他們又認為該第四部份各章頻頻使用「成龍」一詞，跡近「八卦」。但是，為了引起學術圈子以外廣大讀者的興趣，「八卦」可能成為強項，故堅持己見。君不見，台灣出版界的朋友們雖然認為《歷史偵探》這書名太「八卦」，建議改為《孫中山》；但對第四部份眾多章目用上「成龍」一詞，卻無異議。可能他們是希望用「正經」的書名引起嚴謹學者的注意，又用「八卦」的章目來引起廣大讀者對《歷史偵探》的興趣，如此就兩存其美了。

　　一本嚴謹的學術著作，為何要引起學術圈子以外廣大讀者的興趣？要達到經世致用之目標，研究成果必須普及。

11　黃宇和：《孫逸仙倫敦蒙難真相：從未披露的史實》（台北：聯經文化出版事業公司，1998；上海：上海書店出版社，2004）。

12　黃宇和：《中山先生與英國》（台北：學生書局，2005）。

　　還有一個技術性的問題，容本偵探在此預告讀者諸君。孫中山的乳名叫「帝象」——象其出生地翠亨村北帝廟的北帝，非象皇帝。[13]「孫文」這個名字是他童年入讀翠亨村村塾時，老師給他起的。他在 1884 年領洗成為基督宗教徒時取名「日新」，取自《大學‧盤銘》「苟日新，又日新，日日新」之意；而「日新」用廣東話音譯為英語時是 Yat Sen，因此與洋人交往時則一律採孫逸仙（Sun Yat Sen）。至於「孫中山」這個名字，則最初是由於 1897 年秋他到了日本之後化名為中山樵，事緣日本人平山周回憶他與孫中山在日本最初交往的片段時說：「總理來京曰：『昨夜熟慮，欲且留日本』。即同車訪犬養，歸途過日比谷中山侯爵邸前，投宿寄屋橋外對鶴館，掌櫃不知總理為中國人，出宿泊帖求署名。弟想到中山侯爵門標，乃執筆書〔姓〕中山，未書名；總理忽奪筆自署〔名〕樵。曰：『是中國山樵之意也』。總理號中山，蓋源於此。」[14] 後來章士釗將「中山樵」改為「孫中山」，說：「時先生名在刊章，旅行不便，因易姓名為『中山樵』，『中山』姓，『樵』名……顧吾貿貿然以『中山』綴於『孫』下，而牽連讀之曰『孫中山』。始也廣眾話言，繼而連章記載，大抵如此稱謂，自信不疑。頃之一呼百諾，習慣自然，孫中山孫中山云云，遂成先生之姓氏定形，終無與易。」[15] 鑒於孫中山本人從來不自稱「孫中山」，而且他在一切漢語公文以及書信上皆用「孫文」之名簽署，故筆者在本書適當的時候，仍會採「孫文」之名。

　　本偵探熱切期待，兩岸三地一家親，千萬別自相殘殺，否則在未來可能發生的，以美國為首的益格魯‧撒克遜文明與華夏文明的第二場「文明交戰」中，「國必自伐，而後人伐之」！因此，哪怕本偵探是手無縛雞之力的文弱書生，而且已經是風燭殘年，仍然努力試圖為了實踐此熱切期待而稍盡綿力。象徵性的辦法是爭取兩岸三地在 2016 年差不多同步出版本書，藉

13　黃宇和：《三十歲前的孫中山》（香港：中華書局，2011；北京：三聯書店，2012），章 3，節 2。

14　據《總理年譜長編初稿各方簽注彙編》（中國國民黨中央執行委員會黨史資料編纂會編，油印本）。該文是平山周在〈追懷孫中山先生座談會〉上的發言。後來全文收錄於陳固亭編《國父與日本友人》（台北：幼獅，1977 再版）。後來又轉錄於尚明軒、王學莊、陳松等（編）：《孫中山生平事業追憶錄》（北京：人民出版社,1986），頁 528-529。

15　見章士釗：《疏〈黃帝魂〉》，《辛亥革命回憶錄》（北京：文史資料出版社，1981-1982），一套八冊，第 1 集，頁 217-304：其中頁 243。

此慶祝海內外炎黃子孫的團結標誌——孫中山先生——150冥壽（以實齡計算）。經過一番努力，帶病親自奔跑於澳洲與兩岸三地之間，終於夢想成真：承兩岸三地高瞻遠視的三家出版社不棄，先後接受了拙稿，並按照各自的客觀情況例如讀者的愛好，為本書取名如下：

大陸版取名《歷史偵探：從鴉片戰爭到辛亥革命》。

台灣版取名《孫中山：從鴉片戰爭到辛亥革命》。

香港版取名《歷史偵探：從鴉片戰爭到孫中山》（原定名）。

本偵探快慰之餘，頻頻從病榻中掙扎起來，按照本書三種新名字的不同要求，統一增寫了11章，故全書共71章，比華夏聖賢孔子的名言：「七十而知天命，不逾矩」還大一「歲」。但由於大陸和台灣的書名有所改動，再逐一恭請書法家題詞已來不及。情急之下，迫得借用穗友的紙筆墨，親自提筆重寫書名。本偵探談不上是任何意義的書法家，而且五十年來沒有練字，所寫不成氣候，但依稀能代表本人的性格與當時複雜的情緒。為何情緒突然變得複雜？剛買到「中共中央黨校文史教研部歷史教研室主任、教授、博士生導師」[16]劉悅斌先生為藍詩玲博士（Dr. Julia Lovell）翻譯的《鴉片戰爭》（*The Opium War*），封面推介資料印有「著名學者茅海建、馬勇、雷頤、王奇生、止庵、頂帆、陳洪、小寶『傾情推薦』」等字樣。為何觀此就變得感情複雜？看本書題為「孫中山是名夜夜絃歌的花花公子？」的第六十二章，和題為「槍斃孫中山？」的第六十八章，可知大概。閱讀行將出版的拙著《文明交戰》，更會一目了然。

本書定稿前，承剛到本校歷史系當博士研究生的衣慎思同學幫忙，找出一些錯字；部份初排稿亦承其幫忙校正，特致謝意。

黃宇和　謹識

2016年1月20日星期三

二十一稿於澳洲雪梨大學的老中青書房

16　http://baike.baidu.com/view/6536877.htm，2015年11月23日上網閱讀。

目　錄

卷四　中國該打！中國該打？

第一章

當不成偵探者不配治史 [1]

時人從何得知過往事？看書！——這麼簡單的道理也不懂？

寫書的人又從何洞悉過往事？看前人的書。

前人又從何洞悉過往事？語塞。

難怪孟子（公元前 372 – 公元前 289）曰：「盡信書，則不如無書」[2]。據云太史公司馬遷（公元前 145 年或公元前 135 年 –公元前 86 年），用以補救圖書不可盡信的辦法是：「讀萬卷書，行萬里路」。[3] 即用實地調查的方法，核實寫書的前人可有說謊，也藉此增廣見聞。在這個問題上，余英時先生（1930 年 –）音譯為柯靈烏 [4] 的英國牛津大學史學名家羅賓·喬治·科林伍德（Robin George Collingwood，1889-1943）教授，[5] 也認為歷史工作者科研的第一步，猶如偵探破案。[6] 偵探要破案，卻不到案發現場蒐集證據，是不可思議的。科林伍德是西方歷史學理論的鼻祖，司馬遷則是華夏文明的太史公，可知古今中外的大師，皆強調偵探般的實地調查是不容或缺的治史方法。若不

---

1 有位摯友看了這個題目，認為可能用力過猛，會開罪不少人，故本偵探曾擬用「探案與治史」取代之。其後思考再三，仍深感清代乾嘉時期所養成的那種沒思想的純考證，貽害非淺，害得中國史學界幾乎病入膏肓，如此下去，亡國滅種之日不遠矣。詳見本章下文及行將出版的拙著《文明交戰》。沉痾必須用猛藥，開罪某些頑固派也在所不惜。故筆者一咬牙，決定保存「當不成偵探者不配治史」作為本章題目。

2 《孟子·盡心下》。

3 對於這句風行的話，經多人查證也找不到出處。某網友努力不懈的結果是查出西漢劉向（公元前 77 年–公元前 6 年），在其《說苑》當中轉述春秋時代的一個《炳燭夜讀》的故事，曰：「惟平生有三願：登萬重山，行萬里路，讀萬卷書」。見：https://hk.knowledge.yahoo.com/question/question?qid=7008083101469，2015 年 6 月 9 日上網閱讀。

4 余英時：〈章實齋與柯靈烏的歷史思想——中西歷史哲學的一點比較〉，載余英時：《歷史與思想》（台北：聯經出版事業股份有限公司，1976），頁 167－122。

5 他是牛津大學的形而上學教授（Professor of Metaphysical Philosophy）.

6 Robin George Collingwood, *The Idea of History* (1945; Oxford Paperbacks, 1994).

具備偵探般的行事方式、邏輯思維和實地調查的毅力，確實不配治史。

而且，治史的要求，比諸偵探更高。因為，若要偵破幾十年前、幾百年前、甚至幾千年前所發生的歷史懸案，比當代偵探當場破解當代的案件，要困難得多。君不見，司馬遷的《史記》仍然從其他書籍中如實般轉載了不少離奇怪誕、明顯是虛構的故事。當代的中外史學著作也有類似的情況，筆者在各種拙著中，尤其是最近的《三十歲前的孫中山》[7] 和《孫文革命：聖經和易經》[8]，就列舉了不少例子。

為何如此？近世史學大師陳寅恪先生（1890－1969 年）解釋說：「古人著書立說，皆有所為而發；故其所處之環境，所受之背景，非完全明瞭，則其學說不易評論。而古代哲學家去今數千年，其時代之真相，極難推知。吾人今日可依據之材料，僅當時所遺存最小之一部；欲藉此殘餘斷片，以窺測其全部結構」，難以哉。

如何是好？解決辦法是：治史「必須具備藝術家欣賞古代繪畫雕刻之眼光及精神，然後古人立說之用意與對象，始可以真瞭解。所謂真瞭解者，必神遊冥想，與立說之古人處於同一境界，而對於其持論所以不得不如是之苦心孤詣，表一種之同情，始能批評其學說之是非得失，而無隔閡膚廓之論。否則數千年前之陳言舊說，與今日之情勢迥殊，何一不可以可笑可怪目之乎？」。[9]

陳寅恪先生此言是經驗談，因為他本人就曾利用「神遊冥想」的治史方法破解了不少今人目之為「可笑可怪」的歷史懸案。例如他藉此而對魏晉南北朝「宇文泰蘇綽不得不創立關隴文化本位政策之苦心孤詣」，喜獲同情的理解；又例如，他能「論唐太宗對魏徵之所以恩禮不終」，「不得不斥責魏徵於已死之後」，也是他成功地「運用神遊冥想真瞭解之法治史的又一例」。[10]

陳寅恪先生所說的「神遊冥想」，正是西方史學界所強調的「歷史想像」

7　黃宇和：《三十歲前的孫中山》（香港：中華書局，2011 年；北京：三聯書店，2012 年）。

8　黃宇和：《孫文革命：聖經和易經》（香港：中華書局，2014 年；廣州：廣東人民出版社，2015 年）。

9　陳寅恪，〈馮友蘭中國哲學史上冊審查報告〉，《金明館叢稿二編》（上海：上海古籍出版社，1982），頁 247。

10　王永興：《陳寅恪先生史學述略稿》（北京：北京大學出版社，1998），其中第四節：「陳寅恪先生的治史方法──神遊冥想真瞭解之法」，頁 126－131：其中頁 128，130，131。

（historical imagination）。眾多運用此法中的表表者、牛津大學前皇家近代史講座教授 (Regius Professor of Modern History) 休‧崔姆-路普 (Hugh Trevor-Roper，1914－2003) 甚至說：沒有想像力的人不配治史。[11]

著名科學家愛因斯坦（Albert Einstein, 1879－1955）更說，邏輯可以把你從 A 帶到 B，而想像力則可以把你帶去任何地方（Logic will get you from A to B. Imagination will take you everywhere）。[12] 不是說想像優於邏輯：邏輯是證明真假的必須手段，但邏輯很難讓人有所發明。若要發明，思想就必須有所飛躍。若要思想有所飛躍，就必須靠超人的想像力。想像所得是否可行，又倒過頭來必須靠邏輯及實踐來證明，否則就變成想入非非了。

近代著名的上古歷史學家郭沫若（1892 年－1978 年）先生，就是以超人的想像力而做出驕人的成績。對於郭沫若先生的治學方法與成就，當今儒學大師余英時先生作過如下精闢的評價：「郭沫若以新詩人一變而為甲骨、金文的專家，大家都說他聰明絕頂。他的聰明自是不在話下。甲骨、金文在門外漢看來好像是一個一個字地辨認出來的，非日積月累不能為功。事實上治此學的人在具備了關於古史和古文字的基礎知識之後，最重要的是要有豐富的想像力，把初看毫不相關的東西聯繫起來，從而展示出全新的意義」。[13]

且別說古代史研究，其實哪怕是當代探案，若偵探缺乏想像力，就很難在大量證據面前有效地推測、準確地鎖定犯案的人。故本章取標題為「當不成偵探者不配治史」。

本偵探凜遵古今中外前賢的教導，上窮碧落下黃泉，環球飛行發掘原始檔案的嶄新資料，配以世界各大圖書館的藏書以便融會貫通前人智慧，同

11　這是路普在牛津大學退休演說會上所說的話，可以說是總結了他一生教研歷史的經驗。演講全文刊 Hugh Trevor-Roper, *History and Imagination* (Oxford: Clarendon Press, 1980)。

12　像風行東方的司馬遷的名言「讀萬卷書，行萬里路」一樣，這句風行西方的名句，學者至今無法找到其出處。它可能出自 *Autobiographical Notes* in *Albert Einstein: Philosopher-Scientist* (translated and ed. Paul Arthur Schilpp, 1949), 或 *Ideas and Opinions* (1954) 和 *On Science and Religion* (in *Nature*, 1940). Xn4 02:32, 29 September 2007 (UTC)。見 http://en.wikipedia.org/wiki/Wikipedia:Reference_desk/Archives/Humanities/2007_September_29

13　余英時，〈談郭沫若的古史研究〉，香港《明報月刊》，總 322 期（1992 年第十期），頁 28-35 中之頁 29。

時竭盡所能進行實地調查（簡稱調研），更在收集到的堅實史料基礎上努力做「歷史想像」，效應果然妙用無窮。在 1970 年代研究兩廣總督葉名琛時，推翻了當時已經蓋棺定論近一個世紀的「不戰不和不守不死不降不走」之所謂「六不總督」順口溜，偵破了此百年冤案，為葉名琛平反了。[14] 在 1980 年代研究孫中山倫敦蒙難，試圖破解國人爭論了近百年的、孫中山是被綁架還是自投羅網這懸案。碰巧斯特林·西格雷夫（Sterling Seagrave）所著的《宋家王朝》在 1986 年出版了，罕有地暢銷，它力斥孫中山愚蠢地跑到公使館宣傳革命，結果鋃鐺入獄。[15] 本偵探憑着檔案鑽研，實地調查和歷史想像，證實孫中山的確是被綁架進入公使館的。[16] 如此又為孫中山洗脫了「愚蠢到自投羅網」的冤屈。在 1990 年代完成的英文原著《鴆夢：第二次鴉片戰爭探索》，推翻了當時雄踞西方學壇垂半個世紀的所謂「自由貿易的帝國主義」理論，證明鴉片確實是促使英國發動兩次鴉片戰爭的罪魁禍首，而並非「自由貿易的帝國主義」這種籠統概念在作祟。[17] 2000 年代出版的《中山先生與英國》，澄清了所謂孫中山「聯俄容共」（國民黨語）或「聯俄聯共」（共產黨語）的真相。[18] 2010 年代出版的《三十歲前的孫中山》，破解的懸案包括中國史學界長期以來爭論不休，甚至曾引起法律訴訟以及政治風波的所謂「孫中山祖籍問題」。[19] 在 2015 年出版的《孫文革命：聖經和易經》，更用這

14　John Y. Wong, *Yeh Ming-ch'en: Viceroy of Liang-Kuang, 1852-1858* (Cambridge University Press, 1976). 漢語增訂本見《兩廣總督葉名琛》（北京：中華書局，1984；上海：上海書店出版社，2004）。

15　「他認為他喬裝得如此天衣無縫，他相信公使館內沒有任何人會認出他，他可以大搖大擺地進出公使館，視該館職員如無物……若無其事地，孫逸仙向該館職員述說清朝如何不穩定」（He believed that his disguise was so effective that nobody at the legation would recognise him. He could walk right in and chat, and stroll out again without anyone's being the wiser……Coolly, Sun discussed the instability of the Manchu regime）。Sterling Seagrave, *The Soong Dynasty* (New York: HarperPerennial, March 1986), p.80.

16　John Y. Wong, *The Origins of an Heroic Image: Sun Yatsen in London, 1896-1897* (Oxford University Press, 1986). 漢語增訂本見《孫中山倫敦蒙難真相：從未披露的史實》（台北：聯經文化事業出版公司，1998；上海：上海書店出版社，2004）。

17　John Y. Wong, *Deadly Dreams: Opium, Imperialism, and the Arrow War (1856-1860) in China* (Cambridge University Press, 1998)。

18　見拙著《中山先生與英國》（台北：學生書局，2005）。

19　見拙著《三十歲前的孫中山》（香港：中華書局，2011；北京：三聯書店，2012）。

種實證結合歷史想像的治史方法，探索學術界長期以來避而不談的孫中山與基督宗教《聖經》的密切關係。[20]

正如本書序言開宗明義所說過的：「一千多年以來，文明交戰一直大規模地進行着。遠至 1095 年第一批十字軍東征開始的曠日持久的生死搏鬥，近至十九世紀的兩次鴉片戰爭（1839－1841，1856－1860）所展開的同樣是曠日持久的百年屈辱，皆顯著的例子。……下一場盎格魯·撒克遜文明與華夏的『文明交戰』，指日可待？」

在下一場可能發生的「文明交戰」中，華夏文明的生存率有多高？

要生存，就不但需要大量的知識，還急需大量的進化。如何方能進化？想像！愛因斯坦說：「想像比知識重要。知識是有限的，想像則是無涯的，刺激着進步，人類的進化由此而誕生」。（Imagination is more important than knowledge. For knowledge is limited, whereas imagination embraces the entire world, stimulating progress, giving birth to evolution）。[21] 準此，反對想像、壓制想像，就是壓制進化。若華夏精英壓制同胞進化，迫使其遠遠落後於其他民族時，則將來萬一再度發生「文明交戰」時，華夏文明將重蹈第二次鴉片戰爭慘敗的覆轍。[22] 期待着本書能起到警世鐘的作用，是所至祝。

從宏觀再迴歸到微觀：光從治史的方法看，如何從「想像」飛躍到「進步」？關鍵是在發掘了堅實的史料之後，如何解讀這些史料來重建歷史。重建了逼近真實的歷史，才能以史為鑒，並藉此達到經世致用之目標。如何重建歷史？古今中外的歷史學家們歷來都有爭議。就以中國史學界的後起之秀茅海建教授為例，他與房德鄰及賈小葉兩位教授的筆戰，就很有意思。茅海建開宗明義地說：這場辯論「真是一件應該張開臂膀來歡迎的好事」。他殿後的一句話是，若其他「史林高手們果能新入，也必將綻放絢爛之花。歷史學家

20　見拙著《孫文革命：聖經和易經》（香港：中華書局，2015；廣州：廣東人民出版社，2016）。

21　Albert Einstein, *On Cosmic Religion and Other Opinions and Aphorisms*（1931；Dover Publications reprint, 2009）.

22　關於這一點，本偵探在其行將出版的《文明交戰》的第一章「鴉片戰爭、太平天國、孫中山──實證史學兼歷史想像」，卷二的卷首語「文明交戰」和第二十四章「沉思：華夏文明將又一次瀕臨沒頂之災？」，有進一步的論述。敬請讀者留意。

的最終目的，不在於證明了自己的正確，而是使人觸摸到歷史的真實」。[23]

年已古稀的本偵探深深地贊同此言。在重建歷史的過程中，作者無可避免地沁入個人見解。但不用怕，因為哪怕沁入了作者更多個人見解的「史論」，則先賢陳寅恪先生有如下發人深思的高見：「史論之作者，或有意或無意，其發為言論之時，即已印入作者及其時代之環境背景，實無異於今日新聞紙之社論時評，若善用之，皆有助於考史。故蘇子瞻之史論，北宋之政論也；胡致堂之史論，南宋之政論也；王船山之史論，明末之政論也。今日取諸人論史之文，與舊史互證，當日政治社會情勢，益可藉此增加瞭解，此所謂廢物利用，蓋不僅能供習文者之摹擬練習而已也」。[24]

此言與當今西方史學界的最新的理論，有異曲同工之妙：當今西方史學界強調歷史是文化的一部份，而文化本身就是一件不斷發展的事物（culture is a process），它應該是充滿活力（dynamic）而不是凍結了（frozen）的，[25] 它是當今與過去的對話（culture is a product of interchange between past and present）。[26] 竊以為認真地與過去對話，本着求真的態度禮貌地與同儕辯論，以臻「道理愈辯愈明」的文明境界，正是「使人觸摸到歷史的真實」[27] 的最佳途徑。

願與讀者諸君共勉之。

最後，讓本偵探回應本章開宗明義所引孟子的「盡信書，則不如無書」[28] 之呼喚。當今中國大陸的華夏精英當中，像茅海建教授般，既博覽群書，又勤奮地鑽研檔案史料，更頗有心思地查根究底的學者，極為罕有。讓本偵

23　茅海建：〈史料的主觀解讀與史家的價值判斷 ― 覆房德鄰先生兼答賈小葉先生〉，《近代史研究》，2007 年第 5 期，頁 91－107，回應了《近代史研究》2007 年第 1、2 期連載的房德鄰先生論文〈康有為與公車上書――〈讀《公車上書》考證補〉獻疑〉，和第 3 期上刊出的賈小葉先生論文〈也談劉坤一、王文韶的兩件電奏〉。

24　陳寅恪：〈馮友蘭中國哲學史上冊審查報告〉，《金明館叢稿二編》（上海：上海古籍出版社，1982），頁 247。

25　Raymond Williams, *Keywords: A Vocabulary of Culture and Society* (London: Croom Helm, 1984), p. 90.

26　Lawrence W Levine, *Highbrow Lowbrow: The Emergence of Cultural Hierarchy in America* (Cambridge, MA: Harvard University Press, 1988), p. 33.

27　同注 23。

28　《孟子・盡心下》。

深深地憂慮的是，有些當今中國大陸獨領風騷的歷史學精英，既不作檔案鑽研，又不做實地調查，更甚少與其他學者溝通，遑論歷史想像。反而高高在上地自以為是。他們那一代人，從高小開始就遇上號稱十年浩劫的無產階級文化大革命，從未受過中學的基礎訓練，上大學時也是靠工農兵「推薦」。當時剛復課的大學又是百廢待舉，教育質量，彼此心照。終於戴上學士的四方帽時，已是名副其實的「頭重腳輕根底淺」。大學畢業後雖然靠閉門苦讀而成名；但也不折不扣地成為西方學術界譏諷的，「蹲在太師椅上的史學家」（armchair historian）。成名之後，竟然又處處指指點點。[29] 猶有甚者，由於成名後忙得連書也無暇仔細地看，但是為了維持其所謂「大師」的地位，就把別人辛辛苦苦得來的科研成果亂批一通，擺出了一副歷史教父的架子。[30] 架子之大，把他整天掛在口邊的「中學」，當中的群經之首《易經》的「謙卦」，也拋到九霄雲外。如此又犯上西方學術界所不齒的 pretentious〔裝腔作勢〕、waffle〔言之無物〕等等毛病。諸如此類的華夏精英跟其影響所及，與盎格魯‧撒克遜文明的精英和其桃李甫一比較，在可能發生的第二次文明交戰中，誰勝誰敗，不問可知。

　　願與讀者諸君共戒之。

29　例子之一，可參閱朱宗震：〈評桑兵先生對百年來中國史學的挑戰：讀《庚子勤王與晚清政局》〉，2006 年 6 月 30 日，香港中文大學《二十一世紀》網絡版，2006 年 6 月號。www.cuhk.edu.hk/ics/21c/supplem/.../0602016g.htm，2007 年 7 月 24 日上網閱讀。其中警句包括：「十分驚訝桑兵先生以懷古排外心態，挑戰近代中國百年來歷史學的發展」、「以當土包子為榮，實在不是一種好的心態」、「其實是小農社會的狹隘心態」、「為甚麼中國歷史學家一百多年來，向西方先進的人文社會科學（即西學）學習之後，反而今不如古，而且越來越不會研究歷史？」、「不學習西方先進的文化，不融入現代國際社會，中國是沒有出路的」。胡適也早在 1929 年已經說過：「目下就抵抗〔西學〕一說，已不成立」（胡適：〈死裏逃生〉，上海《申報》，1929 年 10 月 28 日）。就連晚清官僚張之洞也懂得「知中不知外，謂之聾瞽」（《勸學篇‧外篇‧設學第三》）。但桑兵教授在 21 世紀的今天，還在懷古排外，真是不可思議。猶幸當局已經開始重視這種「懷古排外心態」，結果至少有十個網站轉載了朱宗震先生的大文，包括中國社科院近代史研究所的官方網站：http://jds.cass.cn/Article/20060713170703.asp，該站並注明了文章來源是《二十一世紀》網絡版。另外，包括「學術批評網」、「學術中國網」、和「國家清史編委會網上工程」的官方網站「中華文史網」等有份量的網站，也有轉載。看來流傳甚廣，影響力也很大。但是朱宗震先生的大文發表後，快十年過去了，似乎仍未見桑兵教授有所回應。反而變本加厲，見下注。

30　典型的例子是桑兵：〈提升孫中山研究的取徑〉，《廣東社會科學》，2013 年第 3 期，頁 91－98；其中頁 91。此文後來收入桑兵教授的另一本論文集，《治學的門徑與取法——晚清民國研究的史料與史學》（北京：社會科學文獻出版社，2014），光是書名主標題的口氣之大，已經令人咋舌。

卷一

文明交戰乃革命之緣起：鴉片戰爭，第二次鴉片戰爭，太平天國起義

文明交戰今昔——鴉片戰爭

第二章

鴉片戰爭與鴉片無關論

2004 年 2 月，八十多歲的澳洲盎格魯‧撒克遜英裔資深學者哈利‧蓋爾伯（Harry Gelber）講座教授，[1] 出版了他的名著《鴉片、士兵與傳教士：1840-1842 英國與中國的戰爭及其後遺症》。[2] 茲歸納他的研究心得如下：「從英國的政治角度看，1840—1842 那場與中國的戰爭，並非一場鴉片戰爭」。言下之意正是：鴉片戰爭與鴉片無關。他繼續寫道：

> 它只是區區一些地方性的小摩擦。英國堅決反抗那腐朽透頂，卻高高在上而又狂妄無知的中國，堅決維護英王的尊嚴，堅決保護英國男女的性命安全，堅決追償被中國政府搶奪了的財物。沒有任何一個倫敦人，也沒有任何一個帶兵攻打中國的軍官，會認為該場戰爭與鴉片有任何關係。若中國人有本事控制鴉片走私，就讓他們大顯身手吧，英軍絕對不會代勞。那場戰爭，打起來不費吹灰之力；卻後患無窮，到了數十年後，傳教士目睹中國的苦難，悲天憫人，竟錯誤地怪罪英國把鴉片強加給中國，由此改變了英美輿論。[3]

因此，蓋爾伯講座教授責無旁貸地以糾正此等所謂錯誤的輿論為己任。筆者讀後極為詫異，因它大別於鄙人所讀過的所有中外有關專著。大別的地方在於：過去哪怕有盎格魯‧撒克遜的文明精英千方百計地為英國發動鴉片

---

1 關於他的履歷，見 http://bloomsbury.com/Harry-Gelber/authors/2636，2012 年 1 月 21 日上網閱讀。

2 Harry Gelber, *Opium，Soldiers and Evangelicals：England's 1840-42 War with China and its Aftermath*. London: Palgrave Macmillan, February2004, p264.

3 見該書封底說明。

戰爭而辯護，但辯護的方式都是防守型的；[4] 蓋爾伯講座教授辯護的方式卻是攻擊型的。這種巨大變化，促使筆者立志查明蓋爾伯講座教授的立論方式，辦法是從逐句鑒定其微言大義做開始。

　　其劈頭第一句，手法就很高明。的確，當時大英帝國的領地遍佈全球，在中國開闢的戰場，只能稱之為局部性戰爭，這是最為明顯不過的事實。當讀者接受了這個明顯的事實以後，蓋爾伯教授之把局部性戰爭等同於這場戰爭並非鴉片戰爭的說法，這也會先入為主地印在讀者的腦海裏。

　　他第二句話的前一段說「英國堅決反抗那腐朽透頂，卻高高在上而又狂妄無知的中國」。此言不但外國讀者熟悉，中國讀者也痛心疾首當時清朝的腐朽及天朝上國的狂妄。英國反對這些現象，是合理的。接下來第二句話的中間一段，謂英國「堅決維護英王的尊嚴，堅決保護英國男女的性命安全」，也合情合理，哪一個政府不堅決維護自己國家元首的尊嚴，不堅決保護本國公民的性命安全？如此，待蓋爾伯教授估計到已經取得讀者信任以後，就在第二句話的後一段畫龍點睛：「堅決追償被中國政府搶奪了的財物」。表面上這句話也合情合理，哪國政府不竭力保護本國公民的財物？讀者同樣會由衷地支持。但問題在於，蓋爾伯教授並沒有告訴他的讀者，這些財物具體是甚麼？

　　容本偵探指出，這些財物非比尋常，正是違禁的毒品鴉片煙！[5] 中國政

4　見 A. J. Sargent, *Anglo-Chinese Commerce and Diplomacy* (Oxford: Clarendon Press, 1907); Hosea Ballou Morse, *The International Relations of the Chinese Empire*. Three volumes (Shanghai: Kelly and Walsh, 1910—1918); David Owen, *British Opium Policy in India and China* (New Haven, CT: Yale University Press, 1934); D. C. M. Platt, *Finance, Trade, and Politics: British Foreign Policy 1815—1914* (Oxford: Clarendon Press, 1968); Peter Ward Fay, *The Opium War, 1840—1842: Barbarians in the Celestial Empire in the Early Part of the 19th Century and the War by Which they Forced Her Gates Ajar* (Chapel Hill, NC: University of North Carolina Press, 1975) and Wakeman, Frederick, Jr. 'The Canton Trade and the Opium War', in John King Fairbank *et al*. (eds.), *The Cambridge History of China, v. 10, pt. 1* (Cambridge University Press, 1978), pp. 163—212.

5　若蓋爾伯教授是歷史學家，而又做過英國經濟領域的研究，就可能像筆者一樣發現，在 1856 年前的英國，鴉片是合法的，與中國的情況迥異。詳見行將出版的拙著《文明交戰》。若此，則蓋爾伯教授又多了一個強詞奪理的根據。但是歸根結柢，哪怕鴉片在當時的英國是合法的，但既然在中國是違法的，中國政府理所當然地依法處理。

府並非搶奪了別國公民的一般財物，而是沒收了英國公民明知故犯所走私的鴉片。但是當今的普通外國讀者不一定知道當時中國政府所沒收的是違禁品，很容易誤會是中國貪污腐敗的官員橫蠻無理地搶奪了英國公民的一般財物。蓋爾伯教授用字遣詞的手法極其高明，他所用的英文字 seize，既可理解為搶奪，也可理解為充公。一般不明歷史細節的外國讀者，會理解為搶奪，因為蓋爾伯整句話是以「英國堅決反抗那腐朽透頂，卻高高在上而又狂妄無知的中國」作為開端的。

他的第三句話的前半段說「沒有任何一個倫敦人〔會認為該場戰爭與鴉片有任何關係〕」。蓋爾伯講座教授有所不知：在鴉片戰爭時期當然有不少倫敦人認為該場戰爭與鴉片有密切關係，但是現代人已經被諸如蓋爾伯教授的高論矇蔽住了，極少人知道當時英國有着非常強烈的反對鴉片貿易及鴉片戰爭的群體。詳見下文。

蓋爾伯教授的第三句話的後半段說：「也沒有任何一個帶兵攻打中國的軍官，會認為該場戰爭與鴉片有任何關係」，則官兵的天職是奉命打仗，絕對不容花半秒鐘問「為甚麼？」這一切都是那麼地合情合理，難怪深得讀者信任。

至於他第四句話：「若中國人有本事控制鴉片走私，就讓他們大顯身手吧，英軍則絕對不會代勞」。當然，英軍不是中國政府所僱傭的警察，自然不會為中國政府緝私。因此，這句話同樣言之成理。關鍵是：蓋爾伯既不是倫敦高層，也不是販夫走卒，他是地位崇高的歷史學與政治學講座教授，天職是明辨是非，主持公道！

他最後一句話的前半段說「那場戰爭，打起來不費吹灰之力」。他有故技重施，說出了大家都知道的事實。在讓讀者不斷微微頷首之際，就說出誤導性很強的最後一段話：「卻後患無窮，到了數十年後，傳教士目睹中國的苦難，悲天憫人，竟錯誤地怪罪英國把鴉片強加給中國，由此改變了英美輿論」。我的天！不待數十年後，也不光是傳教士，其實在鴉片戰爭期間甚至之前，已經有英國貴族、傳媒、大批正當商人、不少家庭主婦挺身而出，反對英國以戰爭方式把鴉片強加給中國了。詳見下文。

蓋爾伯教授這種瞞天過海的寫法，對於那些對鴉片戰爭一知半解的當

今廣大西方知識份子，非常見效。君不見，他這本書，在英國售 70 英鎊，在美國賣 107 美金，仍然供不應求：初版連再版前後共 5 版（見下表倒數第二欄）。

表 2.1 哈利·蓋爾伯講座教授的著作表 [6]

初版年份	書名	初版和再版版次總和	全球藏有是書之圖書館總和
1966	《澳洲、英國與歐洲經濟共同體，1961—1963》（*Australia，Britain and the EEC，1961-1963*）	5	309
1968	《澳洲與美國的軍事聯盟：代價與利益》（*The Australian-American Alliance; Costs and Benefits*）	10	285
1970	《澳洲國防存在的問題》（*Problems of Australian Defence*）	2	266
1973	《核武器與中國政策》（*Nuclear Weapons and Chinese Policy*）	8	219
1979	《中國的科技、國防與外交，1975—1978》（*Technology，Defense，and External Relations in China，1975-1978*）	5	413
2001	《帝國之崩潰與民族之誕生》（*Nations Out of Empires: European National is mand the Transformation of Asia*）	8	310
2004	《鴉片、士兵與傳教士：1840-1842 英國與中國的戰爭及其後遺症》（*Opium，Soldiers and Evangelicals: Britain's 1840-42 War with China，and Its Aftermath*）	5	253
2007	《龍與洋鬼子：公元前 1100 年迄今的中國與世界》（*The Dragon and the Foreign Devils: China and the World，1100BC to the Present*）	7	631

6　WorldCat, 'Gelber，HarryGregory', http://www.worldcat.org/wcidentities/lccn-n50-18267，viewed Tuesday 3 January 2012.

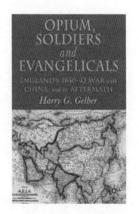

圖 2.1
哈利・蓋爾伯（Harry Gelber）講座教授的名著《鴉片、士兵與傳教士：
1840-1842 英國與中國的戰爭及其後遺症》。

　　書成之後，蓋爾伯教授又環遊世界到處演講來廣為散播他的高論。例如，2006 年 2 月 24 日，他在哈佛大學歐洲研究中心[7]所做公開講座，題目竟然是：「那場並非『鴉片戰爭』的所謂鴉片戰爭」[8]。容本偵探再次強調：英國出兵攻打中國的理由，正是要強迫中國政府賠償所繳去英商的鴉片，為此而打的戰爭，怎能說它與鴉片無關？為了鴉片而發動的戰爭，怎能不稱之為鴉片戰爭？聽眾當中的哈佛大學美國本土學生（包括本科生和研究生），若記得美國紐約州最高法院著名法官約翰・埃德蒙（John Worth Edmonds，1799-1874）的話，肯定啼笑皆非。因為該法官曾說過：「現在英國政府竟然要求中國政府賠償被充公了的東西。容我進言：這將是文明史上第一個案例（若非第一個案例，就讓我們盼望它是最後一個案例），一個用大炮的炮口來提出賠償走私犯的案例」。[9]文明史上用大炮來索引取經濟利益的案例！此言一語道破「文明交戰」的核心。

7　Harvard Center for European Studies.

8　'The "OpiumWar" that Wasn't'，Harvard Crimson，http://www.thecrimson.com/article/2006/2/23/the-opium-war-that-wasnt-one/

9　英語原文是：'And now the British Government demands of the Chinese Empire indemnity for the property thus seized. I will venture to say that this is the first instance in the annals of civilization, (if not the first, it is to be hoped it will be the last,) in which indemnity for smugglers has been demanded at the cannon's mouth'。見 John Worth Edmonds, *Origin and Progress of the War between England and China: a Lecture Delivered before the Newburgh Lyceum*, 11 December 1841 (Newburgh: The Lyceum, 1841), p. 12.

　　最後，為了擴大其影響力，蓋爾伯教授乾脆把其大著全文放在網絡上，任由讀者免費下載。[10] 鴉片戰爭真的與鴉片無關？關係密切極了！如何密切？請看本書題為「內憂外患，一環扣一環」的第二十二章。

　　其實蓋爾伯教授醉翁之意不在酒。他這本大作可以歸納為一句話：華夏冤枉了高尚的盎格魯‧撒克遜民族，該打！這種歪論，雖然滿足當今全球盎格魯‧撒克遜民族當中不少人的好勝心理，但其實對於整個盎格魯‧撒克遜民族的清譽是非常不利的，因為它埋沒了哪怕是鴉片戰爭時代盎格魯‧撒克遜民族當中真正高尚的品質。據本偵探考證，蓋爾伯教授的論調基本上是檢拾鴉片戰爭時期當事人——1830 年代鼓吹鴉片戰爭不遺餘力的鴉片私梟渣顛（William Jardine）與其合伙人孖地信（James Matheson）等鷹派在其《廣州紀事報》（Canton Register）中的叫囂，[11] 而完全忽視了當時在穗哪怕同樣是走私鴉片的英商坦誠的話，諸如下面刊登在《廣州報》（Canton Press）的一段讀者來函：「難道我們不是一個龐大的走私集團？無論我們如何自欺欺人，也無法否認我們是走私犯——一名世界公民〔謹啓〕」。[12]

　　在英國本土的反戰聲音更為嘹亮。1839 年 12 月 2 日，倫敦的《晨報》把英國準備發動的對華戰爭譴責為「玷污了英國的尊嚴」。[13] 1840 年 3 月 28 日，《旁觀者報》（Spectator）更評論說：「政府的御用文人在拼命地替對華戰爭塗脂抹粉，把一名黑得比黑炭還黑的非洲黑人塗成白人：加油吧！盡情地塗白吧！歷史將把此場戰爭命名為『鴉片戰爭』！」[14] 結果在 1840 年 4 月 7 日，「鴉片戰爭」此詞首次在英國國會的下議院辯論中出現了，那是英國

10　http://ebookee.org/Opium-Soldiers-and-Evangelicals_332247.html#wRevK8tozt8KC5dj.99

11　見行將出版的拙著《文明交戰》（暫定名）中題為「中線追蹤帝國主義發展——摧殘國魂」的第二十一章當中題為「摧殘有形的國魂：火燒圓明園」的第一節。

12　英語原文是：'Are we not smugglers on a large scale? Deceive ourselves as we please, we are smugglers. -- A citizen of the world', Canton Press, vol. 1, no. 7, 24 October 1835.

13　英語原文是 'Shame on the honour of England', Moring Post, 2 December 1839.

14　英語原文是：'The Government writers are labouring strenuously to give a respectable colour to the war with China. It is 'washing the blackamoor white': do what they can — gloss it over as they may — THE OPIUM WAR is the name by which history will hand it down', -- The Spectator, 28 March 1840.

戰爭大臣的發言，哪怕他的動機是要譴責某些「英國輿論竟然荒唐地認為英國政府之發動對華戰爭是為了擴大非法的鴉片貿易」。[15] 翌日，議員格拉德斯通反駁說：「擬發動之戰爭，比我曾經聽說過的、或曾經閱讀過的任何一場戰爭，都要使得本國蒙受更大的恥辱」。[16] 結果英國最具影響力的《泰晤士報》在 1840 年 4 月 25 日和 5 月 1 日也用上「鴉片戰爭」這個名詞。[17]

　　哈哈！原來最早——比中國人更早——把該場戰爭命名為「鴉片戰爭」者，竟然是與鴉片煙販同樣是浸潤在基督宗教《聖經》之中、但是言行一致的英國人！還不止此，1840 年 4 月 24 日，三百多名倫敦市民自發地擠進倫敦大皇后街（Great Queen Street）的共濟會堂（Freemasons' Hall），參加一個公眾集會，當中不乏衣冠楚楚的女士。他們熱烈討論當時英國政府擬發動的對華戰爭。集會期間，他們排除了個別鷹派份子的各種干擾，終於以大多數通過決議：對於「本國為了支持英商把鴉片輸往中國而對華開戰」，[18] 由此而「玷污了本國道德和宗教的感情」，[19] 表示強烈不滿。翌日，包括《泰晤士報》的倫敦各大報章都報導了集會過程和決議案；[20] 而以《旁觀者報》的評論最為激烈：「這場戰爭本身已經是罪大惡極；而戰爭的目標竟然是為了把鴉片強行加在三億五千萬中國人頭上，更是滔天的罪惡」。[21] 接下來的好幾

15　英語原文是 the public opinion that 'the Government was advocating the cause of the contraband trade, to force an opium war on the public; but he thought that it was impossible to be conceived that a thought so absurd and so atrocious should have ever entered the minds of the British Ministry'。見 speech of the Secretary at War Thomas Macaulay (1800-1859) in the House of Commons debte: 'War with China', 7 April 1840, *Hansard*, House of Commons, vol. 53, col. 716.

16　原文是：'a war more unjust in its origin, a war more calculated to cover this country with permanent disgrace, I donot know and have not read'，William Gladstone's speech，8 April 1840，*Handard,* House of Commons debate, vol. 53, cols. 800-820，

17　*The Times*, 25 April 1840, and 1 May 1840.

18　英語原文是："this kingdom [should be] involved in a war … in consequence of British subjects introducing opium into China".

19　英語原文是：'the moral and religious feeling of the country should be outraged'.

20　*The Times*, 25 April 1840; *Spectator*, 25 April 1840; *Morning Chronicle*, 25 April 1840; *Morning Post*, 25 April 1840.

21　英語原文是：'the sin of war in general, and the peculiar sinfulness of a war to force opium upon three hundred and fifty millions of people', *Spectator*, 25 April 1840.

圖 2.2
《廣州紀事報》的頭版

天，超過二十份英國的地方報章紛紛轉載！[22]

　　的確，當時確實有不少英國上下人士認為鴉片戰爭嚴重地玷污了盎格魯‧撒克遜民族的尊嚴和基督宗教的崇高道德。[23] 老夫對他們三鞠躬！讓老夫更為感動的是，《南京條約》簽署後，在英國工商界憧憬着從中國取得龐大經濟收益而紛紛舉杯慶賀之際，英國的和平協會（Peace Party）哀鳴曰：

22　*The Examiner*, 26 April 1840; *Caledonian Mercury*, 27 April, 1840; *Dublin Evening Mail*, 27 April 1840; *Taunton Courier*, 29 April 1840; *London Standard*, 30 April 1840; *Fife Herald*, 30 April 1840; *Bradford Observer*, 30 April 1840; *Bath Chronicle and Weekly Gazette*, 30 April 1840; *Essex Standard*, 1 May 1840; *Western Times*, 02 May 1840; *The Northern Star and Leeds General Advertiser*, 2 May 1840; *Northern Star*, 2 May 1840; *Bucks Herald*, 2 May 1840; *Sheffield Independent*, 2 May 1840; *Yorkshire Gazette*, 2 May 1840; *Leeds Mercury*, 2 May 1840; *Caledonian Mercury*, 2 May 1840; *Leamington Spa Courier*, 2 May 1840; *Birmingham Journal*, 2 May 1840; *Carlisle Journal*, 2 May 1840, *Westmorland Gazette*, 9 May 1840.

23　後起之秀陳松全博士對當時英國的反戰聲音有極其優秀的闡述與分析，見其行將出版的 *Merchants of War and Peace: British Knowledge of China in the Making of the Opium War*, chapter 7.

「將來的世世代代都無法洗脫這場罪惡的戰爭替大不列顛所帶來的恥辱」。[24]
《利茲時報》更嚴辭譴責一致舉杯慶祝的人說：「不！一致舉杯慶祝成功地進
行了一場大屠殺，成功地發動了一場罪惡的、百辯莫辯的戰爭；一致舉杯祝
賀海陸兩軍，在鴉片戰爭中，犯下了愧對國家民族的滔天罪行，這一切、一
切，都是為了追求一個見不得光的目標」。[25] 老夫讀來感動得簡直老淚縱橫！

可惜對於這一切一切，蓋爾伯教授就是充耳不聞，一意孤行地情意獨
鍾鴉片私梟渣顛與孖地信等的叫囂。準此，令本偵探心焦如焚的是：在鴉
片戰爭時代，還有大批大批盎格魯‧撒克遜人強烈反對渣顛與孖地信等的
叫囂攻打中國；但當今卻有一批又一批的盎格魯‧撒克遜人廣泛地衷心歡
迎像蓋爾伯教授般的言論！

這種情況是否值得華夏反省？反省些甚麼？首先是貪污腐敗：渣顛與
孖地信等鴉片私梟的主要活動是從印度偷運鴉片到結集在珠江河口名叫伶
仃洋的躉船群，從躉船群散發到珠江上游內陸的正是漢人奸商之「快蟹」，
而漢人奸商的「快蟹」之所以能順利通過像虎門要塞等重重關卡，正是官
商勾結的後果。渣顛與孖地信等鴉片私梟在中國沿海地帶的走私規律也雷
同。[26] 鴉片私梟膽敢胡作非為，正是因 他們天天看到華夏無法無天，由此而
斷言中國不堪一擊！試問當今中國貪污腐敗的情況又如何？更哪怕渣顛與
孖地信等人在《廣州紀事報》中對華夏的批評，諸如以天朝上國自居、目
中無人的狂妄態度，當今還殘留了多少？至於其他必須反省的地方，隨着
本書逐個偵破各歷史懸案之際，容本偵探娓娓道來。

24　英語原文是：'Ages will not wipe from the character of Great Britain the deep and damning disgrace of this war'. 見 Anon, 'Chinese War', *The Advocate of Peace*, vol. 5, no. 1 January, 1843, p. 8.

25　英語原文是：'No; its unanimity was exhibited in rejoicing over successful carnage, committed in an unjust cause,—in congratulations of the success of criminal and indefensible wars. It was in profuse gratitude to the Military and Naval Commanders, who, in conducting the Opium War, were the instruments of national crime and injustice.' 見 *Leeds Times*, 25 February 1843

26　For Lintin opium and unofficial trade see Morse, *International Relations*, vol. 1, pp. 178-84 and Greenburg, *British Trade*, pp. 49-50, 112-3, 136, and 196.

第三章

林則徐乃製毒巨梟？

　　林則徐之成為華夏的民族英雄，最主要的理由是他勇敢地命令英國商人交出他們走私到廣東的鴉片，並在虎門銷掉。屹立在北京天安門廣場人民英雄紀念碑基層的雕塑，就包括了虎門銷煙的場景。遠至美國的紐約市，也樹立了林則徐的塑像。為了紀念 1839 年 6 月 3 日到 25 日林則徐在虎門銷煙的事跡，聯合國宣佈每年的 6 月 26 日為國際禁毒日。[1]林則徐可謂享譽國際。

　　不料 2008 年 3 月 27 日，本偵探接到一位素未謀面，從不認識，也從沒通過信的洋人，名字叫格倫・羅賓倪特（Glenn Robinette）的先生，發來一封英文電郵。接着就是來洲際長途電話，自稱住在夏威夷，但聽不出多大的美國口音，反而其英語文雅之處，更酷似一位英國紳士。他來電之目的是要說他讀過拙著《鴆夢：第二次鴉片戰爭探索》（英國・劍橋大學出版社，1998年）[2]，非常仰慕；而他自己則剛完成了一套兩冊、二十五章、共 728 頁的洋洋巨著電子檔，力證林則徐並沒把英國商人上繳的鴉片銷毀掉那麼「暴殄天物」，而是用水、鹽、石灰等把該繳來的鴉片化解成嗎啡售賣。如此大費周章之目的似乎是要牟取暴利。筆者聽得入神，簡直不敢相信自己的耳朵。

　　按嗎啡是一種精神科藥物，它的作用在於中樞神經與平滑肌，它能改變

1　維基百科對此有如下介紹：The International Day against Drug Abuse and Illicit Trafficking is a United Nations International Day against drug abuse and the illegal drug trade. It is observed annually on 26 June, since 1988, a date chosen to commemorate Lin Zexu's dismantling of the opium trade in Humen, Guangdong, just before the First Opium War in China. The observance was instituted by General Assembly Resolution 42/112 of 7 December 1987. 見 https://en.wikipedia.org/wiki/International_Day_against_Drug_Abuse_and_Illicit_Trafficking，2015 年 10 月 2 日上網閱讀。

2　John Y. Wong, *Deadly Dreams: Opium, Imperialism, and the Arrow War (1856-1860) War in China* (Cambridge University Press, 1998).

神經對痛的感受性與反應性，而達到止痛效果，以口服形式為主。因為嗎啡具有病人夢寐以求的鎮痛效果，所以科學家就以希臘神話當中的夢境與睡眠之神——摩耳甫斯（Morpheus）的名字，將這種麻醉式的鎮痛劑命名為「嗎啡」（Morphine）。但是，像鴉片一樣，嗎啡具有成癮性，因此同樣被列為毒品。該作者不言而喻的結論是：林則徐乃中國首位製毒巨梟，該打！

是耶非耶？本偵探無限好奇，繼續耐心聽他細訴，結果發覺他整套大作的論點建築在林則徐把繳來的鴉片放在無數大缸（large tanks）之中，然後添加水、鹽（ammonium chloride, not sodium chloride——氯化銨，非氯化鈉即食鹽）。水、石灰、氯化銨與鴉片合在一起時所產生的化學作用是：把鴉片所含的生物鹼（alkaloids）化解出來，混在沉澱物之中。鴉片含量最豐富的生物鹼正是嗎啡。

又說，在西方，三百多年以來都是用同樣的程序來製造嗎啡的（Many similar Western processes of alkaloid extraction over three centuries used similar ingredients and similar methods and produced a morphine-rich residue）。該作者問：難道林則徐之目的是絕無僅有的例外？以此類推，該作者就下結論說：林則徐把這種充滿嗎啡的沉澱物，添加一些草藥等調味品，做成戒毒劑，用來幫助癮君子戒煙。甚至以戒煙為名，把大量沉澱物售賣給準備戒煙的癮君子，圖牟暴利。

本偵探細細思考支撐着該高論的兩個磨石後，不禁要問：

第一，該作者確實證明了林則徐所用的鹽是氯化銨？而非氯化鈉即食鹽？若沒有，則其說從一開始就不能成立。

第二，本偵探自從 1979 年開始，就多次前往虎門做實地調查：當年 12 月承廣州市中山大學的專家駱寶善先生陪同到虎門考察。2004 年夏又承廣東省檔案館張平安館長帶領，2008 年 12 月 19 日再承中山市翠亨村孫中山故居紀念館蕭潤軍館長安排。2009 年 4 月 14 日更承廣東省友協幫助，多次再度前往虎門考察。每次實地調查的結果都顯示，林則徐並非把鴉片放在無數大缸之中，而是命人在珠江河畔的大片空地上挖了好幾個大池，然後命人把鴉片倒在大池裏，再加石灰等銷毀後，趁漲潮時引珠江水入池，待退潮時潮水就把沉澱物等帶走，或用人工沖走。既然把沉澱物等付諸流水，「林則

圖 3.1
虎門碩果僅存兩座銷煙池之中的第一銷煙池全貌，2008 年 12 月 19 日，本偵探攝。

圖 3.2
本偵探在虎門第二銷煙池旁向鴉片戰爭博物館的唐立鵬主任請教，2008 年 12 月
19 日，李寧攝

徐是製毒巨梟」之說就不能成立。

　　問題是：普通讀者不會像本偵探般，如此「上窮碧落下黃泉」也要查根究柢，因此也很容易被誤導。

　　該書作者格倫‧羅賓倪特先生對本偵探在洲際電話中三番四次的說理不為所動，徑自將其大作付梓，書名是《林則徐如何製造嗎啡》（*How Lin Made Morphine*），[3] 並於 2009 年 1 曰 26 日空郵快遞擲下一套。

　　盛意拳拳，筆者連忙仔細拜讀，並將其高論歸納如下，以饗讀者：

　　第一，該書第一冊第一部份共 5 章，開宗明義針對中國學術界以訛傳訛的不實歷史，逐一擊破。第一章介紹了該五種不實傳聞。接下來的四章則逐章用以擊破該等傳聞：林則徐把繳來的鴉片（1）一把火燒掉，是為「燒煙說」（The Burning Tale）；（2）拋到大海裏，是為「沉海說」（The Drowning Tale）；（3）放進一艘紅丹船駛往汪洋大海然後一把火燒掉，是為「放洋說」（The Sailing Away Tale）；（4）在地下打個大洞然後把鴉片埋葬算了，是為「活埋說」（The Burying Tale）；（5）拌以膠泥，石灰，是為「打石膏」說（The Plastering Tale）。

　　這種寫法，對於西方一般讀者甚至一些專家學者來說，一鳴驚人；不少更會捧腹大笑，認為好玩極了！英國首相巴麥尊子爵就曾以類似的嬉笑的口吻在莊嚴的英國國會辯論英國是否要發動第二次鴉片戰爭時曾說過，之前在 1840 年林則徐的禁煙運動是個陰謀，目的是想把英國在印度種植的鴉片趕盡殺絕之後，在中國自行種植罌粟！[4]

　　該書作者格倫‧羅賓倪特先生在接下來的第二部份共 6 章中，轉入主題，博引群徵來證明林則徐是用鹽、石灰和水對繳來的鴉片予以處理。是為「銷煙說」（The Salt, Lime and Water Tale）。但對於本偵探曾提出過的、最關鍵的問題，即所用的鹽（salt）究竟是氯化銨非氯化鈉即食鹽，卻完全避而不談。

　　第二冊包涵第三部份和第四部份。第三部份共 8 章用了 144 頁的篇幅，

3　Glenn W. Robinette，*How Lin Made Morphine,* 2 volumes (Valparaiso, Chili: Graffiti Press, 2008).

4　Palmerston, 9 April 1840, Hansard, 3d series, v. 53, col. 940.

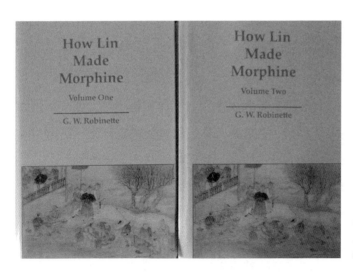

圖 3.3
《林則徐如何製造鴉
片》（*How Lin Made
Morphine*）

詳述古今歐洲如何用鹽、石灰和水，從鴉片抽取嗎啡的各種成功的經驗，讓筆者大開眼界。增廣見聞：學即樂，樂即學，其樂無窮。

　　第四部份（含結論）共 6 章：第二十章述說林則徐其實掌握了從鴉片抽取嗎啡的知識。第二十一章用以證明林則徐確實瞭解到：鹽、石灰和水對於鴉片所能起到的化學作用：抽取嗎啡。但同樣地，對於本偵探曾提出過的、最關鍵的問題，即所用的鹽（salt）究竟是氯化銨非氯化鈉即食鹽，完全避而不談。第二十二章描述林則徐為了「銷煙」所採取的各種步驟：先把大片預備做銷煙的場地用竹木圍繞並封鎖起來，由南北兩路清軍把守。不少紅丹戰船在水路上駱繹不絕地巡邏守衛。五百名工人挖地築池共三個，每個池長 150 英尺，寬 75 英尺，深 7 英尺，移走大約 250,000 立方尺的泥土（頁 537）。看來該書作者相信了本偵探所說親眼看過的三個大池，故雖仍矢口稱之為缸（tanks），但已作進一步研究並找出該三缸（池）的大小了。

　　他繼續寫道：若池底並非石層的話，就要運來 33,750 立方尺的石頭鋪蓋池底。又運來大量木材建築池牆以防塌方（頁 538）。用木材建築池牆？該書作者肯定沒有按照筆者建議做實地調查。據筆者實地調查拍照所得（見上文照片），林則徐是用大石頭建築池牆的，如此工程就更為浩大了！接下來還必須運輸鹽、石灰到這三個大池來「銷煙」，當然還要挖渠引水。

　　搞如此龐大的工程，所為何事？該書作者格倫‧羅賓倪特先生提出了如下非常尖銳的問題：

　　1. 為何林則徐不採傳統的辦法，即用木頭加桐油一把火將繳來的鴉片處理掉？過去林則徐當湖廣總督時，就是如此這般地「燒煙」的。若這樣辦理，則既能節省大量開支又乾淨利落（頁594）。為何林則徐到了廣東以後，反而如此大費周章地「銷煙」？這是否因為林則徐到了廣東以後掌握了從鴉片抽取嗎啡的知識，結果改變初衷？

　　2. 該書作者格倫‧羅賓倪特先生又問：林則徐本來在1839年4月12日就已經奏請道光皇帝說，準備把繳來的鴉片運到北京燒毀，並在5月2日獲得御准（頁549）。為何後來擅自改變初衷？甚至先斬後奏（Lin presents the emperor with a *fait accompli*, 頁548）般在6月3日到25日就地「銷煙」？是否因為「銷煙」所得嗎啡，可以藉口用以幫助癮君子戒煙而出售，最後獲取暴利？

　　3. 該書作者格倫‧羅賓倪特先生更認為林則徐是充份具備了獲取暴利的動機的，理由是林則徐的父親只不過是名窮書生。林則徐本人被任命為欽差大臣奔赴廣東時，沿途還要自掏腰包僱請轎夫、馬車、船夫等（頁552）。更重要的是，林則徐沒有現代意義的公務員薪俸。為了應付自身龐大的開支，更要命的是為了滿足上級及京官以至皇帝的內務府貪得無厭的索取，他必須隨時隨地「開源」（頁593）。

　　這些問題，確實非常尖銳。關於第一點：即「燒煙」與「銷煙」所牽涉到的技術、物流供應、所需費用、部署人力物力、保安等具體問題，筆者沒有做過這方面的文獻鑽研及實地調查，故沒有發言權。若天假我年，筆者願意竭力查明此點。

　　關於第二點：林則徐確實是在1893年4月12日就已經奏請道光皇帝說，準備把繳來的鴉片運到北京燒毀，並在二十一日後的5月2日獲得御准。[5] 若果如羅賓倪特先生所說的那樣，林則徐後來擅自改變初衷，結果欺

5　上諭，1839年5月2日，《籌辦夷務始末》（道光朝），卷6，頁16上。

君犯上，就確實該打！若為了謀取暴利而欺君犯上，更是加倍該打！可是，羅賓倪特先生忽略了道光皇帝在 5 月 8 日即收到浙江道監察御史鄧瀛奏曰：「……煙土盡數呈繳，至二萬二百八十三箱之多……廣東距京，程途遼遠，過剝甚多。廣東江西安徽陸路，多用抬夫，每箱用夫二人，計須四萬餘人。廣東江西水路，須用船隻，其船稍大者，不過裝百餘箱，計須封僱民船百餘號，用水手一二千人。安徽以北，俱用車載，每車裝十餘箱，計須大車千餘輛，用民夫千餘人，驢馬五六千頭。即由江西水路，徑向長江，轉入運河行走，亦抵運解銅鉛船數起之多。此項舟車民夫，誠恐沿途地方，一時驟難僱備。即分數起押解，可無短絀，而經費之多，終不能減。……不值以國家有用之財，縻至於無用之物。……可否敕令該大臣將起獲煙土，毋庸解京。收繳完竣，即在該處督率員弁，公同查覈，目擊銷燬，以省解運之煩。而早除一日，即可免一日之患」。[6] 5 月 9 日，道光皇帝諭內閣曰：「着毋庸解送來京，即交林則徐、鄧廷楨、怡良，於收繳完竣後，即在該處，督率文武員弁，公同查覈，目擊銷燬」。[7] 若以上述驛馬日程計算，該諭旨應該在之後第二十一日的 5 月 29 日左右到達廣州。那麼，林則徐在 6 月 3 日開始銷煙，是真真正正的奉旨行事，何來先斬後奏？

但如何解釋林則徐早在 6 月 3 日銷煙之前，已經挖地築池等大興土木？羅賓倪特先生推測說，林則徐很可能早已估計到，必定有人指出把大量上繳鴉片送京之不可行。結果，就有浙江道監察御史鄧瀛上奏勸止。準此，羅賓倪特先生煞有其事地說，過去林則徐也曾在浙江任事，當過鹽道（頁 549），言下之意，是林則徐必然像鄧瀛一樣熟識水陸交通的情況。結果，羅賓倪特先生堅稱林則徐先斬後奏。竊以為嚴格來說，一天林則徐沒有在接旨之前銷煙，就沒有先斬後奏，預先築好的大池可以不用。他預先築池，能否歸功於他在豐富的人生經驗的基礎上料事如神？他到底是從寒士遞升至湖廣總督啊！

若說羅賓倪特先生不懂中文，無法像筆者那樣鑽研刊刻在《籌辦夷務始

6　上諭，1839 年 5 月 8 日，《籌辦夷務始末》（道光朝），卷 6，頁 18 下－頁 20 上。

7　上諭，1839 年 5 月 9 日，《籌辦夷務始末》（道光朝），卷 6，頁 20 下。

末》的上諭和奏稿，那麼羅賓倪特先生是三番四次地引用了張歆保先生的英語大作，尤其是其中的頁 172－173，[8] 而該兩頁詳細地翻譯了上述浙江道監察御史鄧瀛的奏摺。[9] 羅賓倪特先生甚至點名提到該奏摺，但避開鄧瀛所詳述的四萬餘抬夫，百餘號民船，一二千水手，千餘輛大車，五六千頭驢馬等情，卻獨鍾「此物最易偷換，近來各省多有假造煙土……」之先例（頁549），所引當然也是張歆保先生大作的頁 173。羅賓倪特先生有選擇性地取材，讓本偵探深信他取材的標準是：順我者生，逆我者死。如此這般地斷章取義，他就可以隱喻地厲聲高喊「林則徐該打！」了。

關於第三點，即林則徐沒有現代意義的公務員薪俸，則筆者敬重的前輩錢穆先生早已做過深入研究並證實了這一點：清朝官員只有少得可憐的所謂「養廉」。[10] 但在這基礎上就含沙映射地說林則徐必然是藉「銷煙」來發大財，則嚴缺證據，因為兩者之間沒有必然的關係。而且在藉「銷煙」這個問題上，關鍵的因素有二：第一，林則徐用甚麼鹽來銷煙？氯化銨還是氯化鈉（即食鹽）？羅賓倪特先生說林則徐是用海鹽（sea salt, 頁547）！又說廣東鹽道也曾親往視察（頁539）。海鹽就是食鹽，廣東鹽道督辦的也是食鹽。用食鹽、石灰和水加諸鴉片，是無法取得嗎啡的！既然林則徐沒有故意製造嗎啡，更沒取得嗎啡，則從法律上說，林則徐並非製毒巨梟，遑論中國首位製毒巨梟！第二，儘管林則徐用食鹽拌鴉片而不可能得出嗎啡，但可曾把三個銷煙池的沉澱物售賣？該書作者格倫·羅賓倪特先生說無法證實這一點。因為沒有找到售賣者向購買人發出的收據（頁595）。若此言是羅賓倪特先生以事論事時所說的話，那麼他不愧是位說實話的嚴謹研究者。若此言是反話，藉此映射林則徐確實曾售賣了銷煙池的沉澱物，那就太不應該了。

羅賓倪特先生繼續追查，發覺林則徐曾不斷追問當時在廣州行醫的美國傳教士醫生彼得·伯架（Rev. Dr. Peter Parker），如何根治癮君子的煙癮

8　Chang Hsing-pao, Commissioner Lin and the Opium War (Cambridge, MA: Harvard University Press, 1964), p. 172－173.

9　Glenn W. Robinette，How Lin Made Morphine, 2 volumes (Valparaiso, Chili: Graffiti Press, 2008), p. 548, n. 71; p. 549, n. 75, 76, 77, 81; p. 550, n. 82, 87.

10　錢穆：《中國歷代政治得失》（北京：生活·讀書·新知三聯書店，2001 年）。

（頁 597－598）的辦法。明顯地，林則徐如此大費周章地建築銷煙池以便提取大量沉澱物的動機並非志在牟利，遑論牟取暴利，而是要徹底根絕癮君子的煙癮，造福曾受到鴉片毒害的炎黃子孫。若如此，則林則徐確實是中華民族的英雄。不但是中華民族的英雄，而且是世界人民的英雄：君不見，為了紀念 1839 年 6 月林則徐在虎門銷煙，聯合國宣佈每年的 6 月 26 日為國際禁毒日。無奈羅賓倪特先生在其大作開宗明義第一章，就表達了其要推翻林則徐作為中華民族英雄、甚至國際禁毒英雄的形象。如此，則其大作所涉及的就不光是純學術以找出逼近歷史真相的問題，而變成是一個政治取向的問題了。其政治取向是否正是：羅織罪名來隱喻地厲聲高呼「林則徐該打！」

　　在此必須進一步指出的是：該書的出版地竟然是智利，目的似乎是重點向南美洲各國宣佈，中國的民族的英雄林則徐是製毒巨梟，藉此打擊當前中國向南美洲穩步發展的影響力。若如此，則其政治取向就更為明顯，為下一場「文明交戰」鋪路的味道就更濃了。

第四章

鴉片有益論

在英國發動鴉片戰爭前夕，走私鴉片的巨梟渣顛（William Jardine）在 1840 年 5 月於英國國會下議院作證時，矢口否認鴉片對於人類的健康有任何不良影響。[1] 不料到了 2004 年，本偵探偵得竟然有倫敦大學的講座教授更上一層樓：他著書立說，力陳鴉片有益！

事緣當時在倫敦大學亞非學院任近代史講座教授的荷蘭裔歷史學者馮客（Frank Dikotter），[2] 承英國社會科學研究基金會給予一大筆研究經費，成立了一個學術團隊，研究並出版了《毒品的文化：中國毒品史》。[3] 該書轟動了西方廣大社會。

馮客教授在該書第一章就說，他要推翻整整半個世紀以來西方學術界研究中國近代史的學者們所達成的共識。該共識，用已故哈佛大學費正清教授在《劍橋中國史》中的話說，就是十九世紀的鴉片貿易是「近代史上為時最久的、最有系統的犯罪行為」。如何推翻這共識？馮客準備用其大作來證明長期服用鴉片：

(1)「對健康與長壽沒有重大的不良影響，適量的吸用甚至是有益的」；

(2) 在十九世紀的歐洲和美洲都甚為普遍；

(3) 很少會產生「非吸用鴉片不可」的、失去控制的「癮君子」而造成嚴重的經濟損失；

(4) 在舊中國，吸用鴉片是「招待客人的上品、娛樂的上方、生活在優

1　British Parliamentary Papers (Blue Books), *Report from the Select Committee on the Trade with China*, ordered by the House of Commons to be printed, 5 June 1840, p. 111.

2　當今，馮客教授已經轉到香港大學任教多年。

3　Frank Dikotter，Lars Laamann and Zhou Xun，*Narcotic Culture: A History of Drugs in China*，London: Hurst & Company, 2004 (xi+319pp).

圖 4.1
馮客的大作《毒品的文化：中國毒品史》(*Narcotic Culture*)。

越的上層社會的標誌、精神貴族的象徵」；

（5）後來被西方傳教士和中國政府官員杜絕了；杜絕的方法是用海洛英、嗎啡、可卡因等另類毒品作為代替品以便患者戒毒，結果造成了一場公共健康的災難，真是好心做了壞事。

　　本偵探被深深地吸引住了：尤其是其中的第三點，吸用鴉片不會上癮?!果真如此，則第五點的所謂戒毒又從何談起？是馮客找到了真憑實據以證明其自相矛盾之說不假，還是在玩文字遊戲？甚至在語不驚人死不休？

　　馮客教授的第二章描述了自從十五世紀以來茶葉、咖啡、可可、烈酒、菸草、鴉片等物品的全球化。竊以為除了鴉片以外，其他物品與馮客所要推翻的共識毫無關係。馮客把茶葉、咖啡、可可、烈酒、菸草等普通物品與鴉片混為一談，目的是否要淡化鴉片是能上癮的毒品之特殊地位？

　　馮客教授又說，在十九世紀的歐美也有人大量服用鴉片。在這裏他又把口服鴉片和吸入肺裏鴉片煙混為一談。在歐美甚至中國，口服鴉片作為止痛藥的用法由來已久，消除痛楚後就不會繼續服用。這種作為藥物而短時間地、少量地服用——更重要的是口服的方式——讓人上癮的機會相對地少。吸入鴉片煙到肺裏的做法則能很快讓人上癮。馮客教授把歐美口服與中國吸用混為一談之目的是甚麼？他是否也是在企圖淡化鴉片在中國所產生的嚴重後果？此外，他的另外一個目的是否在說明，既然十九世紀的歐美人仕

都在普遍服用鴉片，那麼有人在十九世紀把大量鴉片推到中國售賣並因而製造了大批上了癮的煙鬼就不構成國際罪行？

馮客教授的第三章拾詹姆斯‧波拉切克（James Polachek）博士的餘唾說：如果道光皇帝在 1839 年聽信主張弛禁的滿州貴族之言，「很可能那場鴉片戰爭就不會發生」。言下之意是：中國在鴉片戰爭中的慘敗以至此後的百年屈辱，是咎由自取。

馮客教授又說，主張禁煙的漢族大臣只不過是希望以此作為藉口而向滿州人奪權而已。這就奇怪了，身為滿州人的道光皇帝，不站在滿州人的一邊捍衛滿州人的政權，反而支持那些被視為藉故向滿州人奪權的漢人？他這種說法與他要推翻的共識又能拉上甚麼關係？他是否認為，若不是華夏不奮起抵抗而結果導致鴉片戰爭，鴉片貿易就不會成為國際罪行？他是否認為林則徐禁煙是別有用心而且注定失敗？後來中國在鴉片戰爭中被打敗也是咎由自取？

馮客教授的第四章認為十九世紀下半葉鴉片氾濫中國的原因是由於「蒸汽輪船促進了鴉片的運輸、銀行服務的改善促進了金錢往來、現代的化學提高了鴉片的質量」。但馮客教授卻絕口不提當時鴉片氾濫神州大地最重要的原因，那就是在第二次鴉片戰爭中華夏戰敗，在 1858 年《天津條約》附屬的商業條例中無形地把鴉片貿易合法化，1860 年英法聯軍進入北京後所簽訂的《北京條約》確定了鴉片貿易的合法地位，從此外商可以肆無忌憚地大量向中國輸出鴉片，結果鴉片泛濫了神州大地！

此外，馮客教授的第四章又為其第一章中的第三點，即吸鴉片不會上癮，提供了似是而非的證據。說：「1930 年代後期，廣州鴉片價錢暴漲，大多數吸煙者迫得把平常的吸煙量減半」。準此，馮客教授下結論說：「由於吸煙者可以自由地選擇所吸鴉片的份量和質量，所以吸服鴉片導致嚴重經濟損失之說是把問題簡單化了」。在此，馮客教授把（1）吸用鴉片會上癮和（2）吸用鴉片會導致嚴重經濟損失這兩個問題混為一談，並藉這混為一談的辦法把嚴重經濟損失等同上癮；既然沒有嚴重經濟損失那自然就未曾上癮。最後在這個基礎上就下結論說，吸用鴉片不會上癮。

竊以為 1930 年代後期，廣州鴉片價錢暴漲，煙鬼減半吸用，有如米價

暴漲，窮人減半吃飯，兩者都在「挨餓」，是迫不得已的事情，沒有選擇的餘地。以這種「挨餓」的情況來證明他們沒有遭到嚴重經濟損失，既不合邏輯也不符實情。由此而進一步宣佈長期吸用鴉片不會上癮，更是荒唐。

但馮客教授仍然勇往直前，發揮他的宏論。他說：「有關的數據是互相矛盾的，但它們都絲毫不足以證明大多數吸用鴉片的人都陷入煙癮的泥沼之中而不能自拔」。這些數據在甚麼地方？馮客教授沒有提供，他甚至沒有提供一個注解以便讀者追查。馮客教授更上一層樓，說：「有不同的數據顯示，雖然鴉片〔在中國〕被廣泛地吸用，但每人吸用的份量是相對地少的」。這些數據在哪裏？這次馮客教授倒提供了兩個數字：第一、在 1879 年，中國人吸用了大約 25,000 公噸（25,000 tonnes）的鴉片；第二、一個人若每天平均吸用超過 3.78 克（3.78grams）的鴉片就是一個「依賴」（dependent）鴉片的人。讀者們可以自己計算一下，在 1879 年大約有多少中國人可以被列為「依賴」鴉片的人。

其實，甚麼「依賴」不「依賴」！馮客教授在玩文字遊戲，所謂「依賴」鴉片者，上了癮的煙鬼也。由於馮客教授矢志要證明長期吸用鴉片不會上癮，故儘量避免採用「癮君子」的直白說法而已。到了實在迫不得已而必須用上該詞時，就把它放進引號裏，像 'addicts'（「癮君子」）和 'addiction'（「上癮」），以表明該字並不反映真實情況，並藉此勸告讀者別用「上癮」、「癮君子」等詞彙。

為了進一步證明「癮君子」之類的詞彙並不恰當，馮客教授花了很大的篇幅描述晚清的上流社會——包括大文豪、書法家、藝術家、當然還有富貴人家——如何在銷金窟裏吞雲吐霧，以證明其第一章第四點中所謂鴉片是「生活在優越的上層社會的標誌」等話所言屬實。又引 1932 年一位外國傳教士的話說：「無論是在葬禮、婚禮、宴會等這些有大量客人出席的場合，主人家都必定預先安排了好幾個房間，內邊放有床舖、鴉片、煙槍、煙燈等等，以接待客人」。馮客教授藉此以證明其第一章第四點中所謂鴉片是「招待客人的上品」等話所言不虛。

馮客教授所描述的這種社會現象，有其真實性的一面，本偵探幼時也曾

聽長輩談過這種情況。嚴謹的學術研究也曾證明這一點。[4] 悲乎！神州大地，煙鬼遍野，造成這種現象的責任應由誰負？馮客教授既然否認長期吸用鴉片能讓人上癮，那麼順理成章的結論就是這大批人不是因為上了癮才不得不吸煙，絃外之音就是中華民族有嗜毒的癖好，該打！關於「中國該打！」這一點，馮客教授在該書下半部談到當代菸草問題時更有機會盡情發揮。

馮客教授的第五章可稱之為「馮客的鴉片讚歌」。他說，鴉片既能止痛，又能退燒，止咳防瀉，妙用無窮。它又對於預防痙攣，對付痢疾、霍亂、瘧疾等也有效用。它更能幫助克服疲勞與飢餓。既然鴉片有如斯妙用，為何 1906 年起竟然有人提倡禁煙，並投身戒煙運動？馮客教授在第六章中解釋說：都怪那些別有用心的中國政客與華夏精英，他們故意把當時的嚴重社會問題全說成是吸用鴉片所造成的，「鴉片成了代罪羔羊」。而這些別有用心的華夏精英還說，癮君子所代表的全是負面的東西，例如身體衰老、意志薄弱，成了鴉片與帝國主義的奴隸等等。

如果馮客教授認為投身禁煙、戒煙運動的華夏精英都別有用心的話，難道提倡禁煙、戒煙的另外一批人——外國傳教士——也別有用心？是的，馮客認為外國傳教士醉翁之意不在酒，他們只不過是藉禁煙、戒煙為名來爭取更多的中國人入教而已。我的天！幾十年來，本偵探所查閱過的英國倫敦傳道會（London Missionary Society）、英國聖公會海外傳道會（Church Missionary Society），和美國綱紀慎會的海外傳道會（American Board of Commissioners for Foreign Missions）的原始檔案中，從來沒有一份足以證明基督宗教的傳教士絲毫存有這種別有用心的文件。大批、大批傳教士背井離鄉、滿懷熱情到陌生甚至敵意甚濃的中國去傳教，不少還客死異鄉，若他們在天有靈，看到馮客教授的宏論後，他們的遺軀也會在墳墓裏打滾！

馮客教授的第七章描述了那些接受戒毒的中國人，在得不到鴉片的供應後，如何「被煙癮煎熬，全身痛楚，虛脫難名，同時感到無限悲傷，徹夜難眠」。在此，馮客教授重重地自打了一記嘴巴：他不是一直堅稱中國沒有癮

4　Zheng Yangwen，*The Social Life of Opium in China* (Cambridge University Press，2003).

君子嗎？

　　馮客教授繼續寫道：於是那些幫助他們戒毒的人就用「電流震盪他們的身體；或用熱水袋甚至熱浴來燙他們，讓他們出大汗；或為他們按摩，或讓他們聽音樂。為了減少他們的痛楚，就為他們注射嗎啡（morphine）和顛茄鹼（atropine）。[5] 同時，為了讓他們脫癮，又大量地給他們服用安眠藥（soporifics），防止痙攣藥（antispasmodic），和所謂強身劑（tonics），譬如砒霜（arsenic）、鹽酸（hydrochloricacid）、馬錢子鹼（strychnine）等毒性比鴉片更烈的代替品」。「有些戒毒者由於得不到及時醫治而痛得死去活來甚至賠了性命」。馮客教授寫這一章的目的雖然是要説明鴉片不易戒；但從另一個角度來看問題，則既然鴉片是這麼難戒，不就有力地證明了吸用鴉片確實能讓人上癮。馮客教授又一次重重地打了自己的嘴巴。

　　馮客教授的第八章描述戒毒運動所帶來的嚴重後果：無論用口服、吸用、或注射嗎啡（morphine）和海洛英（heroin）等代替品來幫助吸鴉片的人戒毒，到頭來他們反而染上這些毒性更烈的代替品的毒癮，結果「嗎啡和海洛英氾濫了近代中國」。第九章描述近代中國在 1890 至 1950 年間注射毒品（syringe）的問題。第十章描述了戒除鴉片運動所採取的代替品諸如碘造影劑（diodone），美沙酮（methadone），可卡因（cocaine），麻黃素（ephedrine），坎那比斯（cannabis）與菸草等，氾濫近代中國的情況，尤其是菸草，更是目前中國最嚴重的問題之一，舉國上下的菸民比世界其他國家多好幾倍。在這裏，馮客教授似乎在説，這個生性嗜毒的民族，不是嗜鴉片就是嗜菸草，該打！

　　馮客教授的第十一章宣佈，他的大作成功地推翻了他要推翻的共識。哈哈！是嗎？

　　歸根結底，這個共識的主要內容是甚麼？簡要地説，十九世紀大量在英屬殖民地印度生產的鴉片湧入中國市場，造成中國對外貿易嚴重逆差，導致白銀（當時中國的貨幣）大量流失。問題在於老百姓平日通用的貨幣是銅

5　上述兩種藥名、以及本章所有藥名，從英文名字翻譯成中文時，均採《新漢英詞典》(香港：三聯書店，1989 年增訂本) 的譯法。

錢，到了納稅的時候就必須用他們辛辛苦苦積下來的銅錢買白銀來納稅，因為政府規定只收白銀不收銅錢。當白銀外流而造成嚴重短缺時，白銀與銅錢的匯價就相應地上漲，以致老百姓必須用上兩三倍的銅錢才能換得一塊同等重量的白銀來納稅。當老百姓窮得實在納不起稅時，如狼似虎的差役就封其屋抓其人。老百姓稍事抵抗，官府就血腥鎮壓，結果導致太平天國之類的慘劇，賠上了三千多萬條性命。這就是為甚麼費正清教授說，十九世紀的鴉片貿易是「近代史上為時最久的、最有系統的犯罪行為」。[6] 這就是為甚麼一名退役的國民黨士兵說，由於他和其他士兵都窮得實在買不起任何其他藥物治病，以至「鴉片就是我們的醫藥，它是我們唯一的醫藥，無論害甚麼病都靠它」。[7]

馮客教授對該共識的主要內容視若無睹，全書沒有任何針對該共識主要內容的文字，卻一個勁地說要推翻該共識。在其試圖推翻該共識的過程當中，無意地增強了該共識的公信力，例如他對那些接受戒毒的人所受到的種種苦楚的描述，讓人感同身受。對於那些在戒毒運動中所用過的鴉片代替品之如碘造影劑（diodone），美沙酮（methadone），可卡因（cocaine），麻黃素（ephedrine），坎那比斯（cannabis）等等，事後若果真取代了鴉片的地位而氾濫中國，則為害更烈。那麼進口鴉片的始作俑者便難辭其咎，這不是「國際罪行」是甚麼？

馮客教授之能向英國社會科學研究基金會成功地申請到一大筆款項來支持他的寫作計劃，證明他要達到之目的得到英國盎格魯‧撒克遜文明精英的認同與支持。而申請這種研究經費時，必須預先書明該研究項目要達到甚麼目標。可以想像，馮客教授在申請時清楚書明其研究之目的，和採取甚麼辦法來達到該目的。而且當前英國當局批准研究經費時，大前提是該項研究項目的社會效應。這是否意味着，該學術委員會期待着馮客教授的書能積極教育英國以至英語世界的下一代，包括目前成千上萬在英國、美國、加拿大、澳大利亞等英語世界學習的中國留學生，繼續進行何偉亞教授所謂的「改造

6　Quoted in Frank Dikotter，et al.，Narcotic Culture: A History of Drugs in China, p. 1.

7　Quoted in ibid, p. 74.

中國」的大業？辦法是百般砌詞，隱喻地厲聲高喊「中國該打！」

　　奇軍突起，麥丹喜（Joyce A. Madancy）的博士論文終於發表了。[8] 該書既回顧了林則徐時代的禁煙措施，更重點描述福建省從 1906 年到 1920 年代的禁煙和戒毒運動。該運動非常成功，可惜接下來的內亂把這些輝煌成績化為烏有，土鴉片的種植和吸毒故態復萌，而且變本加厲，為始料所不及。但福建在 1906 年到 1920 年代期間所取得的成功，有力地說明一個問題，即林則徐若沒有遭到外力的干擾，他的禁煙運動很可能會獲得成功。而且成績會維持下來，因為在林則徐那個時代，中國還是比較安定的，不像 1920 年代的福建那麼動盪。麥丹喜博士的研究成果，有力地反駁了馮客教授上述對林則徐禁煙的種種批評。

　　可惜該書及其作者的名氣，遠遠不如馮客教授，哪怕在西方學術界，也沒引起足夠的注意，遑論重視。比諸馮客教授和哈利・蓋爾伯教授之備受青睞，猶如天壤。這種現象說明了甚麼問題？遍佈全球的廣大盎格魯・撒克遜文明精英，仍然屬意「中國該打！」，並認為麥丹喜博士竟然斗膽唱反調，好不識趣：活該坐冷板櫈！

　　難怪當今這麼多嘩眾取寵的人！

　　另外一支奇軍是台灣中央研究院近代史研究所林滿紅博士在 1989 年於哈佛大學寫成的博士論文〈貨幣與社會：世界蕭條、嘉道銀荒與經濟思想〉，[9] 經過多年修訂後，終於在 2006 年出版了。[10] 林博士認為，十九世紀上半葉拉丁美洲的獨立運動使其白銀的產量減少一半，造成滿清王朝銀根短缺。滿清政府沒有錢為百姓做事，連水利工程也荒廢了，以致水災頻發，終於導致了太平天國之亂。這種說法非常新穎，有效地加強了上述史學界的共識：即白銀產量減半使到中國的鴉片進口導致白銀外流的嚴重問題猶如雪上加

8　Joyce A. Madancy，*The Trouble some Legacy of Commissioner Lin: The Opium Trade and Opium Suppression in Fujian Province，1820s to 1920s*，Harvard East Asian Monographs 227，Cambridge: Harvard University Asia Center，2004 (xviii+430pp).

9　Lin Man-houng，'Currency and Society: The Monetary Crisis and Political-economic Ideology of Early Nineteenth Century China'，Ph.D.thesis，Harvard University，1989，699pp.

10　Man-Houng Lin，*China Upside Down: Currency，Society，and Ideologies，1808-1856*，Cambridge: Harvard University Asia Center: 2006(362pp).

霜，進而造成太平天國、廣東紅兵等等的社會動亂。巾幗勝鬚眉，後浪超前浪，信焉！可惜該書及其作者的名氣僅僅局限於台灣。

更大的後浪超前浪，是原籍台灣的後起之秀陳松全博士[11]：鑒於英國藉鴉片戰爭而奪得了香港作為殖民地後，香港變成了英商的印度鴉片輸華集散地，鴉片戰爭確實是名副其實。陳松全博士又發掘了英國作家內森·艾倫（Nathan Allen）的大作，當中艾倫指責鴉片戰爭是「英國性格最漆黑的黑點」，又說它「深深地玷污了英國歷史」。[12]陳松全博士繼而耙梳英國議會辯論文書，又發掘了下列一條珍貴史料：「竊以為越南戰爭〔1955－1975〕是鴉片戰爭以來最無法辯護的一場戰爭」[13]。更發現在香港回歸中國前夕的1997年6月，孟斯維爾勳爵（Lord Monkswell, 原名 Gerard Collier 1947- ）在上議院發言時說：「我雖然不是一名出色的歷史學生，但我發覺英軍之攻打中國是為了保護那些向中國人售賣鴉片的英商。放在今天的價值觀來看，任何人都會感到驚駭」。[14]

遺憾的是：時至二十一世紀的今天，西方學術界非但不感到驚駭，反而湧現了百般砌詞替鴉片戰爭辯護的大學教員暨作家。本書第二至第四章發現：這些大學教員和作家包括蓋爾伯教授、馮客教授、駱菲爾博士，以及羅賓倪特先生。他們所開的課程、所廣為傳誦的書，都能深遠地影響着下一代。這種現象說明了甚麼問題？是否「中國該打！」的叫喊已經掩蓋了良知？

11　詳見其大作 *Merchants of War and Peace: British Knowledge of China in the Making of the Opium War* (Hong Kong: Hong Kong University Press, 2016), chapter 7.

12　英語原文是：'the blackest stain on the character of Britain' and 'a deep stain on the page of Britain's history'。詳見 Nathan Allen, *The Opium Trade: Including a Sketch of Its History, Extent, Effects, Etc., as Carried on in India and China* (London: J. P. Walker, 1853), p. 52.

13　英語原文是：'I regard it as the most indefensible war since the Opium War'。詳見 'Lords Sitting Address in Reply to her Majesty's most Gracious Speech', House of Commons, Debates, 03 November 1971, *Hansard*, vol. 325, p. 129.

14　英語原文是：'I may not be a very good student of history, but I was amazed to discover that campaigns were mounted by British armed forces to protect capitalist entrepreneurs who were selling opium to the Chinese people. If one thinks of that in the modern context one is absolutely horrified'. 詳見

'Hong Kong', House of Commons Debates, 12 June 1997, *Hansard*, vol. 580, p. 1043.

第五章

鴉片戰爭期間中英秘密武器

　　林則徐因銷煙惹怒英國而被道光皇帝撤職後，英國還不罷休，決定發動戰爭。交戰中，雙方各自有甚麼犀利武器？本偵探查出，英國當時最秘密也是最犀利的武器是中國人稱之為「鬼船」的「復仇女神」（HMS *Nemesis*）號軍艦。

　　英國著名歷史學家、加拿大籍的英裔倫敦大學帝國史講座教授（1949－1970）格雷厄姆（Gerald S. Graham, 1903-1988），則宣稱中方的秘密武器是「笑臉虎」。

　　先談英國的秘密武器「復仇女神」號。她是英國第一艘遠洋汽輪軍艦，用鋼皮作外殼包裝木船而成。1839 年建造時，還是一種史無前例的大膽嘗試。她平底，吃水只有五英尺深，轉動非常靈活，在淺水的河床作戰最為理想。她同時裝有兩條活動的龍骨，能往下再伸展五英尺，讓她能吃水總共十英尺，足夠在大海航行了。她的舵也採取同樣辦法，在原來固定的舵上再加上一個活動的舵。淺水航行時，用固定的舵。大海航行時，再伸展出活動的舵。[1] 她的動力來源除了水蒸汽輪外還有風帆（見圖 5.1），靈活自如。

　　1840 年 3 月 28 日，「復仇女神」號在船長威廉‧霍爾（Captain William Hall）的指揮下，離開母港、英國皇家海軍總部樸茨茅斯（Portsmouth）港。為了隱蔽她的行蹤，官方編了一個故事，對外宣稱她要駛往奧德薩（Odessa）。

　　1840 年 7 月 1 日她卻出現在非洲南端好望角（Cape of Good Hope）的

1　W.D. Bernard, *Narrative of the Voyages and Services of the Nemesis from 1840—1843* (London, 1844). See also Gerald S. Graham, *The China Station: War and Diplomacy, 1830—1860* (Oxford: Clarendon Press, 1978), p. 140.

圖 5.1
「復仇女神」號

角城（Capetown）。該地的桌灣（Table Bay），時值季候風強勁，所有帆船早避得遠遠的。「復仇女神」卻安然逆風駛進該海灣，把當地居民嚇了一大跳。再從桌灣出發時，官方又聲稱她的目的地是澳大利亞。當她到了錫蘭〔今名斯里蘭卡〕時，官方才宣佈她要去遠東攻打中國。

　　當時英國公使義律（Captain Charles Elliot）麾下的兵艦正在珠江河口結集，得到了「復仇女神」號的增援，聲威大振。「復仇女神」號也不負眾望，在風平浪靜，諸帆莫動的時刻，她卻能開動汽輪把其他兵艦拖往戰場，[2] 琦善給打個措手不及，被逼答應割讓香港。義律老實不客氣，馬上在 1841 年 1 月 26 日就揮兵佔據當今香港特別行政區範圍內的港島。[3] 翌日，義律乘坐「復仇女神」號逆流而上，到達本偵探的故鄉蓮花山上的蓮花城，接受琦善的宴請。[4]

　　當本偵探第一次接觸到這條有關蓮花城的史料時，心裏確實曾數度狐疑：這蓮花城是否就是本偵探故鄉番禺縣（現改稱廣州市番禺區）蓮花山上

2　Graham, *China Station*, p. 147.

3　Elliot to Palmerston, Desp.5, Macao 21 January 1841, FO17/47.

4　Graham, *China Station*, p. 150.

的那座蓮花城？兒時在蓮花山上放牛，經常在蓮花山上的蓮花城裏捉迷藏，雖覺這小地方已殘破不堪，但仍可見規模。後來本偵探於 1977 年重臨舊地考察。1998 年 1 月又為構思本章而再登蓮花山實地考察，則文昌塔與蓮花城均已回復舊觀，還有「清兵」把守，像模像樣。

但本偵探過去也曾聽鄉耆說過，不單番禺縣有蓮花山，「隔海」的東莞縣也有。後來本偵探有幸邀得廣州市中山大學的專家駱寶善先生於 1979 年 12 月陪同到虎門及東莞其他地方考察，並沒看到甚麼蓮花山。駱先生說：即使東莞有同名之山也不在江邊，更絕對沒有蓮花城。反觀番禺的蓮花山，就在江邊，屬黃埔埠的外圍。

本偵探仍不放心，2004 年夏承廣東省檔案館張平安館長帶領；2008 年 12 月 19 日又承中山市翠亨村孫中山故居紀念館蕭潤軍館長安排；2009 年 4 月 14 日更蒙廣東省友協幫助；多次再度前往東莞考察，都證明該地並無蓮花城。故鑒定文件上所說的蓮花城應該是本偵探故鄉的那一座。說了這一大堆，目的是要分析和衡量上述著名的英國歷史學家傑拉爾德‧格雷厄姆講座教授已蓋了棺的定論如下。

當琦善與義律對酒當歌之際，道光皇帝下令「痛剿逆夷」。[5] 準此，格雷厄姆教授指責中方在「歡宴」英方的同時又籌劃「痛剿」對方，於是嚴斥中國人是陰險奸詐的笑面虎，[6] 該打！

竊以為格雷厄姆教授言重了，也實在無知：第一，道光與琦善不是同一個人，他們各做各的，事前也沒向對方打招呼。第二，穗京相隔那麼遠，在信息要靠驛馬傳遞的時代，道光和琦善絕對無法知道對方在同一時間正在做甚麼。而且，這個時期從北京發往廣州的上諭，哪怕驛馬日夜奔跑，日行四百華里接力傳遞的話，最快也要 21 日方能到達目的地，相反也如是。君不見，林則徐在 1839 年 4 月 12 日發出的奏摺，道光皇帝要到 5 月 2 日才

5　*Chinese Repository*, v.10 (February 1841), p. 113.

6　Graham, *China Station*, p. 150.

收到並批下來。[7] 第三，格雷厄姆教授如果願意到北京和蓮花城之間來回走走，更能親身體驗到在中國的空間觀念，跟生活在英倫這個島國裏的空間觀念，是完全不同的。「讀萬卷書，行萬里路」，其理至明，欽差大臣琦善宴請義律當天，道光皇帝在紫禁城，琦善於遠在天邊的蓮花城，天南地北，怎麼能扯到一塊？第四，儘管假設道光、琦善都是笑面虎，他們能代表整個中華民族嗎？若不能，則怎能說中國人通通是陰險奸詐的笑面虎？

戰火重開，「復仇女神」號再度發揮其威力，拖三帶四般把大小兵艦領到廣州周邊登陸。到了 1841 年 5 月 26 日，廣州城周圍的炮台通通落入英軍手裏，炮口都倒轉來對準了廣州城。[8] 格雷厄姆教授欣喜地寫道：「這族奸險狡詐，狂妄自大的人」，[9] 馬上就要受到「公正的懲罰，可謂罪有應得」。[10] 他的第一句話，原文出自義律，[11] 格雷厄姆教授不假思索地引用。據此又得出第二句話的結論。作為一個歷史學家，拿不出證據來證明粵人狡詐狂妄，卻拾帝國主義急先鋒義律的涎沫來下結論，未免太過兒戲了！

義律挾兵臨城下之威，威逼廣州當局以六百萬西班牙銀元（約 1.5 百萬英鎊）[12] 贖城。[13] 他向英軍水陸將領解釋他這一決定時説：「傷害這麼富有的一座大城及其無辜的居民」，既罪惡又不划算。[14] 據説各路英國官兵聞訊後極為不服，憤怒地[15] 指斥區區贖款「萬萬彌補不了所受過的侮辱與傷害」。[16] 結果，

---

7 Chang Hsing-pao, Commissioner Lin and the Opium War (Cambridge, MA: Harvard University Press, 1964), p. 172. Glenn Robinette has compared Chang's findings with those of Peter War Fay, Kuo Ping-chia, and John Slade, and has found them more or less in agreement with one another. See Robinette, *How Lin Made Morphine,* p. 550.

8 Elliot to Palmerston, Macao, 8 June 1841, quoted in Graham, *China Station*, p. 163.

9 Graham, *China Station*, p. 163，n. 36.

10 Graham, *China Station*, p. 163.

11 Graham, *China Station*, p. 163,

12 每元西班牙銀圓約值 5 先令 (Parl.Papers1840,v.37,pp.276—7)，6 百萬西班牙銀圓折合 1.5 百萬英鎊。

13 Elliot to Gough, HMS *Hyacinth*, off Canton, 27 May 1841, Adm.1/5506.

14 Elliot to Gough, 24 May 1841, FO17/48

15 Graham, *China Station*, p.163.

16 Senhouse to Elliot, 28 May 1841, Adm.11/5506.

格雷厄姆教授又倒過頭來認為義律的決定是絕對錯誤的，[17] 並一口咬定其見識還不如一名來華服役不到三個月的士兵，甚至説枉費義律曾當了七年的英國駐華代表。[18]

官兵的情緒，值得深思，因為它是炮艦政策的重要組成部份——軟實力當中的心理戰。而炮艦政策是恃強凌弱的政策，所以炮艦政策的心理順理成章是恃強凌弱的心理：不管有理無理，總之先下手為強地厲聲高喊對方該打！否則炮艦政策就無所施其技。準此，雖然帶兵的義律正在採用上兵伐謀以達到不戰而勝的策略，而被帶的官兵們仍然只會光是瞎着眼睛喊打喊殺，把自己的盲目無知暴露無遺，已經令人歎為觀止。但令人更為驚駭的是，見識應該比丘八高超何止百倍的倫敦大學帝國史講座教授格雷厄姆先生，竟然拾官兵的餘沫作為根據，批評義律「贖城」的問題上的判斷大錯特錯！

官兵們為甚麼喊打喊殺？格雷厄姆教授説是曾在華受到侮辱和傷害，但作為本偵探同行的格雷厄姆始終沒有具體地説出，當時英人在華曾受到甚麼侮辱、甚麼傷害、多大的侮辱以致非兵戎相見不可；而只是整天掛在口頭喊得震天價響。本偵探曾一度想過，格雷厄姆教授可能把梳過 1830 年代鼓吹鴉片戰爭不遺餘力的鴉片私梟渣顛（William Jardine）與其合伙人孖地信（James Matheson）等鷹派在其《廣州紀事報》（*Canton Register*）中的叫囂，[19] 因而受到他們天天抱怨在華受辱的申訴所影響。而他們之所以抱怨在華受辱之主要動機是要鼓吹英國政府對華用兵啊！但翻閱格雷厄姆教授大作的參考書目，《廣州紀事報》闕如，卻有英語的 *Chinese Repository*（《中國叢報》[20]）。該報為基督宗教傳教士所辦，與《廣州紀事報》相輔相成，大家都認為在華受辱，大家要打開中國的大門，結果好戰的取態彼此彼此。終於真相大白！格雷厄姆教授在俯拾鴉片戰爭時代在穗英商和傳教士的牙慧。

17　Graham, *China Station*, p.165.

18　Graham, *China Station*, p.166.

19　見行將出版的拙著《文明交戰》（暫定名）當中，題為「中線追蹤帝國主義發展——摧殘國魂」的第二十一章當中題為「摧殘有形的國魂：火燒圓明園」的第一節。

20　舊譯《澳門月報》，1832 年在廣州創刊，在鴉片戰爭期間一度搬到澳門及香港，1845 年再移回廣州。

　　格雷厄姆教授的科研既然有既定方針，就不難理解凡是適合他愛好的史料，例如義律誣衊中國人「奸險狡詐」時，[21] 他就高調採用義律的觀點。不適合他需要的史料，例如義律改「屠城」為強迫中國人「贖城」的行動，他就譴責義律大錯特錯。[22]

　　從義律採用「不戰而勝」的上策，可知他是有頭腦的。從他一手向林則徐繳煙，另一手則在收到英國煙販向他交煙時馬上以英國國家代表的身份發出收據這一做法，更可知他很能深謀遠慮。因為發出政府收據，表示英國政府接收了那批煙土。英國煙販拿了收據便可以理直氣壯地跟本國政府按法討償。英國政府不願意平白損失，就會轉逼中國政府賠償。不賠就派「復仇女神」號等軍艦到廣州去揍他一頓兼討個好價錢。如何調動剛開到東方來的官兵的積極性？乾脆天天跟他們說英商在華不斷遭到侮辱與傷害。

　　平時習慣了只會說「遵命！」的丘八，對長官的洗腦深信不疑，毫不奇怪。應該是有頭腦、習慣了獨立思考和獨立判斷的格雷厄姆講座教授，卻拾義律替丘八洗腦所用的牙慧，就令人百思不得其解了。除非他是藉義律之言，轉過來向讀者洗腦。

　　本偵探長期研究兩次鴉片戰爭，「遭到侮辱與傷害」之類的控訴看多了，決心花點工夫調查研究。結果發現，就連歷史權威如馬士也舉不出實例，他的洋洋巨著裏只有泛泛之詞。[23] 美國學者諾德（John Nolde）在冷戰時期刻意要塑造一個「中國人歷來病態般憎惡外人」的形象時，列舉鴉片戰爭前 150年來在中國發生過的所謂「仇外事件」共十八樁；但本偵探發覺，在這十八樁事件當中，要麼是外國人的不法行徑所引起，要麼是外國人故意惹事生非所挑起，中國人往往都是在「是可忍，孰不可忍」的情況下才被逼出手。[24]

　　這個發現，讓本偵探覺得義律在沒有大量確鑿證據的情況下，天天閉上眼睛嚷着曾遭到「侮辱和傷害」，主要是一種宣傳手段，既能籍此讓官兵們

21　Graham, *China Station*, p. 163，n. 36.

22　Graham, *China Station*, p. 165.

23　H. B. Morse, *International Relations of the Chinese Empire*, 3 vs. (Shanghai: Kelly and Sons, 1912—8).

24　見行將出版的拙著《文明交戰》（暫定名），當中題為「霸道對王道」的第七章。

氣鼓鼓地決心狠揍中國人，也可自我安慰説，並非無故欺負華夏：華夏被揍主要是因為經常侮辱和傷害在華的盎格魯・撒克遜商人和傳教士，咎由自取，活該！

自我安慰的另一個辦法，就是堅稱中國人「奸險狡詐，狂妄自大」。所謂狂妄自大，則當時義律以堂堂國家代表的身份而總是被迫要上「稟」衙門老爺和下接他們的「諭」，相信絕大部份的中國歷史學家現在都已認識到，封建王朝時代的華夏以天朝上國自居，的確是狂妄自大。但是，當時大英帝國的臣民也不見得就謙虛到那裏。且聽當時盎格魯・撒克遜民族到了歐洲以外是怎樣説的：*Civis Romanus sum*（「我是羅馬公民」〔直譯〕。「你敢碰我？滾蛋！」〔意譯〕）。[25]

至於奸險狡詐，如果是以上述琦善宴請義律，道光同時下令進勦英軍之類的事情作為依據，則實在冤枉，明眼人應該都能看出來。以義律的聰明，相信不會看不出來。若看出來還揹昧着良心説話，自有他的動機，他要説中國人那麼「奸險狡詐」，該打！這正是炮艦政策所需要的自我安慰的心理基礎：「不是我故意欺負他，只是他五行欠揍」。

以上種種均讓本偵探懷疑，格雷厄姆教授謂英人在華受辱之説，是受了英國政府為了發動第二次鴉片戰爭而特意編印的《在華受辱事件》英國國會藍皮書文件集[26]的影響。若格雷厄姆教授像本偵探一樣，詳細分析、鑒定、比較、印證該集所收入的眾多案例，就會像本偵探一樣，得出如下的結論：查無實據。但格雷厄姆教授似乎並沒有這樣做，結果當然是嚴重地犯了「探而不思」的弊病。

真相是否如此？本偵探總覺得格雷厄姆教授作為英國海軍史的權威學者，地位尊貴，並非泛泛之輩。他的大作凝聚了他的畢生功力，在英語世界

25　巴麥尊説過：「過去，羅馬人只要説一句：我是羅馬公民，就不會有人敢輕侮他。今天，英國的臣民也一樣，無論他在甚麼地方，都可確信會得到英國關顧的目光和有力的臂膀保護，使他免遭任何不公和惡待。」Hansard, 3d series, v. 62, cols. 380—444, Lord Palmerston's speech, 25 June 1850. 引自 *Brewer's Dictionary of Phrase and Fable* (London: Cassell, 1963), p. 207。然而，廣州的英國商人濫用他們在關顧的目光保護下所享有的特權。

26　Parl. Papers 1857, v. 12, pp. 325—560.

的影響既深且巨；他對於炮艦政策的理論基礎與機制應該瞭然於胸。為何他總是似乎不假思索就接受了在華受辱之說？為何他總是怪罪義律曾經輕而易舉地讓廣州當局贖城？

若不單純從學術邏輯角度，而是從「文明交戰」的宏觀視野審視格雷厄姆教授的高論，馬上另有洞天。其實他在指責華夏文明總是羞辱盎格魯・撒克遜文明，總是笑臉虎般欺騙、欺凌盎格魯・撒克遜民族；如此，其政治目的正是要高呼華夏該打！怎麼？在盎格魯・撒克遜文明也有「歷史為政治服務」這回事？當然有！君不信，且看近至 2014 年英國的教育部部長米高・戈夫（Michael Gove），藉着紀念第一次世界大戰爆發一百週年之際，大力推行愛國主義教育種種，可見一斑。[27]

格雷厄姆教授之譴責義律贖城之舉，也是醉翁之意不在酒。因為格雷厄姆教授接着就寫了下面這段來歷不明、更似虛構的敘述：「成千上萬的粵民，在江邊和山上目睹英艦離開，一直退到虎門以外的外洋，便自以為孔武有力，戰無不勝。看！英夷也給他們打敗了。從此便種下以後粵民抗英的禍根」。[28] 在一本嚴肅的學術著作中卻採取如此戲劇性的寫法，無非是要用娛樂性的方式向廣大西方人士傳遞一個信息：半野蠻的華夏竟然斗膽抵抗盎格魯・撒克遜文明的教化，故其抗拒的意志必須徹底打垮！格雷厄姆教授之言，明顯地與第二次鴉片戰爭期間的英國外相巴麥尊子爵、[29] 十九世紀下半葉「改造中國」者，以及二十世紀上半葉的「天才張」與「傅滿楚」等的作者，[30] 誣衊中華民族的言論，是一脈相承的。目的都是隱喻地厲聲高喊「中國該打！」

---

27 詳見拙著《孫文革命：聖經和易經》當中題為「以史為鑒」的第二章。

28 Graham, *China Station*, p.165.

29 見行將出版的拙著中文增訂本《鳩夢：第二次鴉片戰爭論縱橫》（暫定名）第十、十一章。

30 見行將出版的拙著中文增訂本《鳩夢：第二次鴉片戰爭論縱橫》（暫定名），第二十一章。

第六章

巴麥尊子爵姓巴名麥尊、名字縮寫是 H.J.T.

2015 年 2 月 17 日，蒙中國大陸某編輯發來其編輯過的拙稿，本偵探閱讀之下，大吃一驚。原來該編輯把本偵探所言的倫敦《河濱雜誌》（*Strand Magazine*），按照大陸慣例改為《濱海雜誌》。

過去，無論台灣的學者在編輯《國父全集》，或的大陸的學者在編輯《孫中山全集》時，遇到 *Strand Magazine* 這個名詞時，查看字典，發覺 Strand 意指濱海，Magazine 意指雜誌，於是把 *Strand Magazine* 翻譯為《濱海雜誌》。

我的天！

究竟 *Strand Magazine* 當中這個 Strand 字是甚麼玩意？本偵探幾十年來頻頻飛倫敦實地調查時發現，Strand 乃倫敦市中心一條哪怕是不太長但非常著名的通衢大道的名稱。1890 底，該雜誌創刊時，其總部就設在 Strand 附近的伯理街（Burleigh Street）。於是以 Strand 來命名自己的雜誌，稱之為 *Strand Magazine*。1891 年 1 月創刊號的封面就展示了 Strand 的街景，其中包括了一塊位於 Strand 與伯理街交界的路牌。

而該條鬧市中的通衢大道本來也沒 Strand 這個名字，只緣該地是世界上著名的泰晤士河，流經倫敦市中心當中的一段河濱，慢慢成為集市，[1] 於是大家就稱它為河濱，並逐漸變成專有名詞，甚至變成該段河濱的街名了。這段河濱，距離大海遠呢！絕對不能稱海濱。

該雜誌是月刊，面世後馬上洛陽紙貴，原因之一是它填補了當時市場上的兩大需求：短篇小說及大眾關心的議題。其中最著名的小說之一是《福爾摩斯探案》（*Sherlock Holmes short stories*）；每月出版時，該雜誌辦公室門

---

1   It was briefly part of a trading town called Lundenwic that developed around 600 AD - John Clark, *London Archaeologist*, Volume 9 No.2 Autumn 1999.

圖 6.1
《河濱雜誌封面》

前就大排長龍，等候購買。大眾關心的議題則包括在中國 1911 年 10 月 10 日爆發的武昌起義，故 11 月孫中山抵達倫敦時，承恩師康德黎醫生介紹，就接受了該雜誌的採訪。採訪文章在翌年 3 月號刊登，題目是〈我的回憶〉（My Reminiscences）。[2] 當時該雜誌的銷路是每月五十萬份，孫中山也因而名聲大噪。《國父全集》和《孫中山全集》的編者們，正是為了編輯孫中山的大文〈我的回憶〉，才設法翻譯該雜誌的名稱，結果鬧出個大笑話。

　　為何鬧出這樣的笑話？恐怕與中國傳統讀書人那種「秀才不出門，能知天下事」的豪言壯語有關。結果手裏拿一本《英漢詞典》，就理直氣壯地把 Strand Magazine 改名換姓為《海濱雜誌》，中了廣東話所說的：「一本通書睇到老」。這樣的學者，在西方史學界也大有人在，他們被譏笑為 armchair historian（蹲在太師椅上的史學家）：既不做檔案鑽研，更不做實地調查，卻口若懸河滔滔不絕，令人忍俊不禁。其實，「秀才不出門，能知天下事」這句諺語，源自老子在其《道德經》第四十七章中「不出戶，知天下；不牖，見天道」句，所指乃悟道，非普查。

2　詳見 Sun Yat Sen, 'My Reminiscences', *The Strand Magazine,* (March 1912), pp. 301-307.

　　關於《海濱雜誌》這個笑話，差不多 30 年前本偵探在拙著《孫中山倫敦蒙難真相》中，已經解釋過了，現在迫得再來一次解釋，感慨萬千。因為此事讓本偵探聯想起更為要命的另一宗「蹲在太師椅上的史學家」的案例。中國史學界總是把盎格魯‧撒克遜民族至今崇拜的偶像、鼎鼎大名的巴麥尊首相的英文名字接二連三地搞得一塌糊塗，讓本偵探無地自容。須知巴麥尊子爵乃英國古今政要當中，與中國的命運有着最為密切的人物之一。在打鴉片戰爭（1839－1842）的時候，他是英國外相，力主攻打中國。戰略部署，也是在他徵詢過頭號鴉片販子威廉‧渣顛（William Jardine，1784－1843）之後，一手締造的。

　　英軍打敗清軍而奪得香港後，巴麥尊又大叫港島是汪洋大海中的一個荒島而聞名遐邇。在打第二次鴉片戰爭（1856－1860）的時候，他更是大英帝國的首相，同樣是天天叫囂着要攻打中國。中國的百年屈辱史上，頻頻出現他的名字。但是，中國史學界就連他的英文名字也連綿不斷地搞錯了，讓人多麼難堪！

　　首先出錯的是，權威的齊思和（等編）：《中國近代史資料叢刊：鴉片戰爭》。（上海：上海人民出版社，1954 初版；1955 年修訂版。上海：上海書店出版社，2000 年三版）。其中第六冊第 413 頁「鴉片戰爭時期英國執政表」中，就把巴麥尊的中英對照開列如下：外相巴麥尊子爵 Lord Henry John Palmerston.

　　錯在甚麼地方？且看 1999 年 10 月 3 日，本偵探寫給《近代史研究》的總編輯曾業英先生的一封信，是怎樣說的：

　　　業英編審如面：
　　　頃接《近代史研究》1999 年第四期，內有拙文〈英國對華『砲艦政策』剖析〉，先睹為快。但讀到第 10 頁時，則大吃一驚，貴刊把我原文的 Viscount Palmerston 改為 H. J. T. Palmerston。前者是正確的，後者是絕對錯誤的。同時，又把我解釋為甚麼對與錯的注解刪掉了。

　　　Palmerston（巴麥尊）是封號。Viscount（子爵）是爵階。稱他為 Viscount Palmerston（巴麥尊子爵），是對的。

若稱他為 H. J. T. Palmerston，就是錯誤地認為他姓 Palmerston，同時誤認 H. J. T. 是他名字的縮寫。

H. J. T. 代表甚麼？代表了 Henry John Temple，代表了他的真實姓名：蓋 H. J. 代表了他的名字 Henry John，T 代表了他的姓氏 Temple。

因此，若稱他為 H. J. T. Palmerston，第一是改了他的姓（把 Temple 改為 Palmerston）；第二是誤把他的真實姓氏縮寫作名；第三是把他的姓名與爵號混淆了。長期以來，不少人誤稱他為 H. J. T. Palmerston，我覺得應該改正的時候了，所以特別設計了一個短注解釋這件事情。

現在貴刊把錯的代替了對的，又把我的注解刪掉，是加深了過去的錯誤，憾甚。從貴刊創刊開始，我就訂閱。喜見貴刊的學術水平不斷提高。我出於愛護貴刊與貴刊讀者的心情，寫了這封信，相信貴刊會體會我的好意，並在貴刊下期將比信刊出，以正視聽。敬頌

編安

黃宇和

謹上 1999 年 10 月 3 日星期天。

曾業英先生火速行動，在《近代史研究》11 月出版的 1999 年第六期（總 114 期）的的第 284 頁刊登更正啟示曰：

更正

本刊 1999 年第 4 期發表了黃宇和先生〈英國對華 "砲艦政策" 剖析〉一文，其中第 10 頁倒數低行原文為 "巴麥尊子爵（Viscount Palmerston）"，現誤為 "巴麥尊子爵（H. T. P. Palmerston）"，特此更正。

本刊編輯部。

這樣的一個更正啟示，完全沒有澄清錯在哪裏，結果遺害至今。君不見，時至 2012 年 11 月，馬克思主義理論研究和建設工程重點教材《中國近

代史》（北京：高等教育出版社暨人民出版社）在第 615 頁同樣把巴麥尊的名字、封號等搞混了，結果不倫不類地稱巴麥尊為 H. P. T. Lord Palmerston，真是一塌糊塗。須知該套教材乃中國教育部規定全國各大學必須採用的教科書！編寫該教科書的專家，為何就不閱讀一些英國人自己寫的英文書？若這樣，就會發覺英國的學者要麼是專稱他為 Viscount Palmerston（巴麥尊子爵），要麼就通稱他為 Lord Palmerston（巴麥尊勳爵）。

華夏精英當中「蹲在太師椅上的史學家」，塗鴉巴麥尊子爵的尊姓大名為 H. P. T. Lord Palmerston, 案情就比擅自把《河濱雜志》塗改為《海濱雜志》要嚴重得多了，因為這已經不是鬧笑話而是侮辱別國的民族英雄了。華夏精英可知道，在世世代代的盎格魯·撒克遜民族心目中，無論是在英國本土的，或是老早已經移民到美國、加拿大、澳洲、紐西蘭、甚至南非等地的英裔（見本書題為「孫中山的民族主義與英以色列信仰」的一章），巴麥尊子爵是他們的民族大英雄，因為他是十九世紀中葉建立大英帝國的大功臣之一，又是在 1854 年克里米亞戰爭（Crimean War）當中，群龍無首之際挺身而出的大無畏。華夏精英總是塗鴉他的名字，對英國人以至散居海外的英裔諸如八十多歲的澳洲英裔資深學者哈利·蓋爾伯（Harry Gelber）講座教授來說，是奇恥大辱。難怪他們藉題發揮，厲聲高叫中國該打！

盎格魯·撒克遜民族的畫家，把其筆下的領袖巴麥尊子爵美化得出神入聖，比諸另一位盎格魯·撒克遜畫家之把葉名琛醜化得連英國記者也慘不卒睹！論者謂只有故意吃了生牛扒生洋蔥而藉此產生無窮幻想的人，才會繪出如此脫離現實的速寫，證明十九世紀中葉的盎格魯·撒克遜藝術家，已經深明軟實力的重要性。[3] 無奈當今的華夏文明的精英，仍然連綿不斷地塗鴉盎格魯·撒克遜文明的精神領袖，給人以話柄，讓別人不斷隱喻地厲聲高喊「中國該打！」奈何！奈何！

為免中國學術界繼續以訛傳訛，貽笑大方，更不要總是開罪另一個民族崇拜的大英雄，本偵探迫得在此再一次正誤。囉嗦之處，敬請讀者鑒諒。

3　見本書題為「生牛扒生洋蔥妙用無窮論」的第十四章。

圖 6.2

巴麥尊子爵肖像（油畫，oil on canvas by
John Partridge, 1850，copied from Julia
Lovell, *The Opium War,* London: Picador,
2011, Plate 18）。

像恭親王並不姓恭一樣，巴麥尊並不姓巴，其理至明，為何中國學術界總是
糾纏不清？千萬別小看諸如此類的技術細節，因為錯誤的觀感足以貽害大局
的，茲就巴麥尊子爵與兩次鴉片戰爭的關係，作為論述點進一步剖析「觀
感」（perception）這個問題。

　　1835 年，怡和洋行兩位合伙人之一的孖地信（James Matheson），專程
從廣州返回英國，使盡渾身解數，動員一切能調動的力量，[4] 勸說當時任外相
的巴麥尊子爵攻打中國。攻打的理由主要是野蠻落後不堪的中國，竟然以天
朝上國自居，頻頻侮辱大英帝國：例如在 1834 年羞辱英國政府的代表律卑
勳爵（Lord Napier，1786-1834），害得他英年早逝；又向懸掛着英國國旗的
英艦發炮；更利用廣東十三行把在華英商限制得死死的。英國必須懲罰中
國，以維護英國的國家尊嚴，並擴大對華貿易。巴麥尊外相問孖地信，為何
在穗英商總是與中國政府天天爭吵不休？孖地信回答說：「因為我們從中國
政府那裏得不到公義」[5]。巴麥尊子爵反駁說：「啊，你與其他人一樣，根本不
懂公義是甚麼回事；你們都在想入非非，認為公義等同獲得你們想得到的一

4　孖地信動員了英國中北部的工商集團，參加其說服英國政府對華用兵的行列。又印製了不少宣
　　傳品，廣為散發。詳見 Alain Le Pichon, (ed.), *China Trade and Empire: Jardine, Matheson & Co.
　　and the Origins of British Rule in Hong Kong, 1827-1843* (Oxford University Press, 2006), p. 30.

5　英語原文是：'we do not receive justice from their government'. 出處見下注。

切」[6]。巴麥尊甚至讚揚中國的官方文書「最為公平公正，既大方又得體」。[7] 孖地信無功而退，返穗後借助其喉舌《廣州紀事報》（*Canton Register*）加倍鼓吹攻打中國。

隨後在 1839 年 1 月，怡和洋行的另一位合伙人渣顛（William Jardine），離開了山雨欲來風滿樓的廣州，帶着大批橫財回到英國，近水樓台地不遺餘力煽動英國上下攻打中國。1839 年 3 月 10 日林則徐抵穗，雷厲風行禁煙，根本地動搖了英國在廣州，在印度，甚至在英國本土千絲萬縷的利益。渣顛趁勢把其走私船長歷年在中國沿海航行時所繪製的地圖和測量圖，連同其著名的〈作戰計劃〉（俗稱 Jardine Plan）[8]，呈外相巴麥尊子爵，馬上獲得接納！

對於巴麥尊子爵這一百八十度的轉變，後起之秀陳松全博士有發人深思的解釋。首先，他認為正是十六及十七世紀基督宗教耶穌會傳教士曾把華夏描述成一個優越的文明，很多方面比當時的歐洲還進步。所以歐洲人普遍地對華存有仰慕之情。1835 年 8 月的外相巴麥尊，仍然深受這種仰慕之情的影響，以致他婉謝了孖地信對華開戰的遊說。[9]對此，本偵探深表同意。君不見，在行將出版的拙著《文明交戰》（暫定名）卷一之中題為「英國報界的唇槍舌劍」的第八章，就發覺《每日新聞報》就仍然表達了這種仰慕之情：「當戰斧菲茨（Fitz Battleaxes）的祖先還是遊牧部落時」，他們已經建立起帝國。在他們看來，想要平步青雲，就非有高潔的德行不可。他們不理家

6　英語原文是：'Ah! You are like the rest, do not know what justice is; you fancy justice is getting it all your own way'. 孖地信與巴麥尊的對話，似乎官方沒有記錄。孖地信從倫敦回到廣州後，把兩人見面的情況演繹為一場話劇。本注及上注的引文，來自該話劇。孖地信把該話劇刊登在《廣州紀事報》。在該話劇中，孖地信以「某廣州居民, C. R. (Canton Resident)」的姿態出現。詳見 *Canton Register,* vol. 9, no. 21, 24 May 1836. 對話的日期大約是 1839 年 8 月 1 日，見 Jardine Matheson Archives, Cambridge University Library, JM, B1/10, f. 18.

7　同上。英語原文是：'most just and equitable and would make no bad protocol'.

8　Jardine to Palmerston, 26, 27 October 1839, British National Archives, FO 17/35. For Jardine's meeting with Palmerston see Jardine Matheson Archives, Cambridge University Library, B6/10, L2240 and 2251.

9　Chen Song-Chuen, *Merchants of War and Peace: British Knowledge of China in the Making of the Opium War* (Hong Kong: Hong Kong University Press, 2016), chapters 2, 3, 4, 6。其實，耶穌會士與渣顛、孖地信等人都如實地描述了他們親身經歷。耶穌會士所接觸到的都是有學問有教養的文人雅士。渣顛、孖地信等人天天慪氣的販夫走卒及衙門差役，兩者不可同日而語。

世，用人惟才，重視正心誠意，這對於行政改革者來說，是政治美德的最高
境界。他們很早就重視全民競爭考試，而且遠較查爾斯・特里維廉爵士（Sir
Charles Trevelyan）和斯塔福德・諾思科特爵士（Sir Stafford Northcote）更加
熱衷。[10]

　　其次，陳松全博士認為在穗英商的好戰派諸如渣顛和孖地信等人，經
過近十年的努力，不斷在其所創立、資助、主持及經常撰稿的《廣州紀事
報》，歷數華夏的種種不是，罵華夏既野蠻落後又夜郎自大，天天壓迫、羞
辱遠人。當然還有他們無休無止的私人及業務往來的通信。慢慢地營造了廣
大盎格魯・撒克遜民族對華夏極其負面的觀感，蓋《廣州紀事報》暢銷英商
所到的亞洲各通商口岸，英國本土的報章也經常轉載。終於改變了不少英國
人——包括 1839 年的外相巴麥尊子爵——對華夏的觀感。[11]本偵探對陳松
全博士這解釋也深表贊同。君不見，到了 1857 年初，巴麥尊子爵對華夏的
觀感已經負面到在國會上下議院的辯論中，以及接下來的「中國大選」期
間，天天破口大罵華夏精英葉名琛野蠻了！[12]君又不見，1835 年孖地信對華
用兵的理由——對英國公使不恭，侮辱了英國國旗，擴大中國市場——不
足以打動巴麥尊子爵。1856 年包令公使極為相同的對華用兵理由——拒絕
包令進入廣州城是對英國公使的不恭，所謂「亞羅」號辱旗事件，擴大中國
市場，巴麥尊子爵全聽進去了。

　　巴麥尊子爵一百八十度的轉變，又一次說明了行將出版的拙著《文明
交戰》（暫定名）卷一之中第十五章到第十八章所強調的、觀感的重要性，
因為它可以直接影響到一個人以致一個政府所作出的舉足輕重的決定。在當

10　同上注，2 January 1857。查爾斯・特里維廉爵士 (1807—1886) 和斯塔福德・諾思科特爵士
　　(1818—1887) 所撰、題為《永久公務員制度的組織》(*The Organisation of the Permanent Civil
　　Service*)（日期為 1853 年 3 月 20 日，載於 Parl. Papers 1853, v. 28, p. 161）的報告，最終促
　　使英國當局採用考試來招募公務員。這些考試旨在考核考生對於希臘、羅馬經典和數學的知
　　識，就像中國科舉考試考核考生的儒家經典知識一樣（分別見 *DNB*, v. 19, pp. 1135—6；及 v.
　　14, pp. 639—44）。另參 Oliver MacDonagh, *Early Victorian Government, 1830—1870* (London,
　　Weidenfeld & Nicolson, 1977)。

11　見其大作 *Merchants of War and Peace: British Knowledge of China in the Making of the Opium
　　War* (Hong Kong: Hong Kong University Press, 2016), chapter 6.

12　見行將出版的拙著《文明交戰》（暫定名）卷一之中第十五章到第十八章。

今盎格魯・撒克遜文明的學術界和教育界某些精英隱喻地高聲大喊「中國該打！」之際，華夏精英繼續塗鴉巴麥尊子爵的名字，猶如火上加油。

第七章

論三元里抗英是乃民間「仇外狂」

　　鴉片戰爭期間的 1841 年，在廣州城以北的三元里，英軍跟怒憤的三元里及附近鄉民組成的團練爆發衝突。本偵探查出村民的怒憤，似乎最初是由於英軍佔據了廣州城以北的炮台並勒索該城而激起的。猶有甚者：在中方繳付贖款之前，有些英國軍官在三元里附近閒逛，忽發奇想，亟欲看看中國人如何保存其先人的遺體，因而開棺暴屍。另一些人則跟隨其後開棺盜墓。[1] 中國人對祖先的尊敬，是世界上數一數二的，先人墓棺遭到如此褻瀆糟蹋，自然引起民怨沸騰。

　　不久又有英兵在三元里附近強暴中國婦女。哪怕是現代婦女慘遭強暴，心靈所受到之創傷，已是痛不欲生。清朝的禮教深嚴，慘遭強暴的婦女一般會馬上自殺以示貞忠。茲事體大，英國當局馬上否認曾發生過英兵強姦中國婦女的事件。但八年後，英國駐華公使德庇時（Sir John Davis，1795 – 1890）委婉地承認確有此事，[2] 應為信史。強姦婦女！廣州民眾義憤填膺。結果在 1841 年 5 月 29 日，約有七十五名三元里附近的鄉民群起襲擊再度來犯的英兵。一場突如其來的雷雨，把一隊由英國軍官率領的印度兵淋成了落湯雞。英兵走進了稻田，身陷泥濘，手上的火繩槍又被雨水淋濕，再也燒不

1　《廣州府志》，第八十一卷，頁 39a。這個中方紀錄得到英方資料所佐證。見如 J. Elliot Bingham, *Narrative of the Expedition to China* (London, Colburn, 1842), v. 1, pp. 231—2; and D. McPherson, *Two Years in China: Narrative of the Chinese Expedition from Its Formation in April 1840 till April 1842* (London, Saunders and Otley, 1842), p. 148。

2　見 Davis to Palmerston, Desp. 23, 8 February 1848, FO17/140。

圖 7.1　及圖 7.2 牛欄崗戰役繪畫

圖 7.3　三元古廟

響，由此被鄉民打殺，一人致死，十五人受傷。[3]

　　本偵探除了閱讀文獻以外，更有幸承中山大學歷史系胡守為代主任悉心安排，先後在 1979 年 12 月和 1980 年 12 月由駱寶善先生和邱捷、周興樑和桑兵等研究生陪同，參觀過三元里人民抗英鬥爭紀念館，館內蒐集和保存了相關文獻，還有地圖和模型顯示戰鬥爆發的地點，並展出鄉勇們使用過的武器。本偵探同時也造訪了鄉勇用作指揮部的三元古廟，以及戰鬥現場的牛欄崗。在此特致謝忱。

　　不料美國歷史學者諾德（John J. Nolde）博士，把三元里村民之奮起還

3　見 Frederick Wakeman, *Stranger at the Gate: Social Disorder in South China, 1839—1861* (Berkeley and Los Angeles, University of California Press, 1966), pp. 17—19。關於三元里抗英的史實，包括傷亡人數多少，三元里鄉勇的組織和性質等，茅海建教授都做過認真細緻的研究，見其〈三元里抗英史實辨證〉，《歷史研究》1995 年第 1 期，頁 145－155。

擊侵略者的精神，稱之為「仇外狂」（xenophobia），[4] 他採用了《牛津字典》
（*Oxford Dictionary*）對「仇外狂」的定義曰：「對於外國人的病態性恐懼和
厭惡」。[5] 諾德博士的高見，讓本偵探大吃一驚，因為三元里鄉民並非與生俱
來就患有恐懼和厭惡外國人的心理病態，只是被英國軍官所帶領等英兵和印
度兵壓迫得忍無可忍時，才爆發的。況且在 1841 年後的中英關係中，類似
三元里的事件再也沒有重演，怎能把一次過發生的個案，說成是中國人普遍
地存在着的「仇外狂」病態？但是，令人費解的是，諾德博士聲稱中國人乃
「仇外狂」的理論卻受到西方學術界的垂青。為甚麼？因為諾德博士成名的
1975，正是世界早已陷入冷戰而幾乎無法自拔。而雖然美國政府早已經深感
不妙而暗中極力拉攏中國以對抗蘇聯，但應該是先知先覺的美國文化精英仍
然沉醉於輿論上圍堵中國而不遺餘力。這種沉醉當然有其來自中國的因素。
中國無產階級文化大革命（1966－1976）那種瘋狂的排外心態，震驚中外，
也肯定震撼了成文於 1975 年的諾德博士。如此，則諾德博士以今況古，也
毫不奇怪。總之，「人必自侮然後人侮之」《孟子‧離婁上》，若諾德博士以
「文革」況「三元里」，怪誰？結果哪怕中國人並非「仇外狂」，美國的文人
雅士諸如諾德博士，仍然力斥華夏是「仇外狂」，目的最為明顯不過：他仍
在隱喻地高喊「中國該打！」

　　但是，話得說回來：諾德博士的結論是多年以來科研積累的成果，儘管
他能夠隱約地感覺到美國的政治氣候已經起了變化，他也無法馬上改變口
風，否則他的博士論文就變成無的放矢了。結果諾德博士變本加厲地說，
1841 年三元里事件所引發的情緒，影響了以後廣州的一系列事件，終於成
為第二次鴉片戰爭的導火索——1856 年的「亞羅」號事件——的發生。言
下之意是，中國人在三元里事件中所呈現的「仇外狂」，導致他們遷怒於英
國國旗，結果把它扯下來了。我的天！諾德博士把 1856 年「亞羅」號那子
虛烏有的所謂辱旗事件附會到遙遠的 1841 年的鄉民禦侮三元里事件，嚴欠

4　John J. Nolde, 'Xenophobia in Canton, 1842 to 1849'. *Journal of Oriental Studies*, 13, no. 1 (1975),
　　pp. 1—22.

5　Ibid., p. 1, col. 2.

邏輯、學理和證據。但他繼續含沙射影地說：中國人本來就有根深柢固的「仇外狂」，所以肆意侮辱英國國旗。如此這般地砌詞加罪，隱忍未發的一句話又一次呼之欲出：「中國該打！」

到目前為止，華夏精英似乎沒有出面以正視聽。而所謂「三元里精神」卻從大為不利華夏的各方面發展：

第一，這種精神像野火一樣燃燒到廣東其他鄉村，甚至省城。事緣廣州城被英國大炮的陰影所籠罩，並被英國軍官勒索，令廣州民眾丟盡了臉，現在三元里精神似乎扳回一城，由此強化了廣州民眾的抗英情緒。廣州民眾本來就不肯讓英人進城，現在更加鐵了心要把英人拒諸門外。在鄉郊地區，英軍在三元里附近開棺及強暴婦女的醜聞，令鄉民惶惶不可終日。甚至後來在 1849 年上任英國駐廣州領事的包令博士（Dr. John Bowring）也觀察到，與廣州市的民眾相比，鄉郊的農民和鄉民在看到他時疑慮更大——婦孺一律趕緊逃跑，一面尖叫一面找地方躲藏。[6] 這種恐懼意味着，如果有外國人膽敢進入三元里一帶或其他地區的村莊，無論是否他首先挑釁，都難免受襲。英國商人自然痛恨這種反抗和敵意。但正如德庇時（Sir John Davis）公使也認識到的：「即使殺掉幾百人甚至幾千人，都無助於令活下來的人與我們和解」。[7] 冤冤相報何時了？結果當然是雙方僵持不下：那本厚厚的、臚列了 1842 年後「在華受辱事件」的英國國會藍皮書每一頁證明了這一點。[8] 外國人在這些村莊的「受辱」，無可避免地把廣東當局捲入到了外交角力之中。另一方面，許多英國人卻把這些「受辱」事件歸咎於廣州城門對他們緊閉，仍然漠視三元里禦侮精神的起源。連篇累牘地關於廣州城問題的通信，一直在自欺欺人。[9]

第二，1841 年，終於驅散三元里鄉勇的並非英軍，而是廣東當局；他們之後還支付英國人六百萬銀元的贖城費。在葉名琛檔案中有一份授權廣州

---

6   Bowring to Palmerston, 12 May 1849, Broadlands MSS, GC/BO/84.

7   Davis to Palmerston, Desp. 23, 8 February 1848, FO17/140.

8   Parl. Papers 1857, v. 12, pp. 325—560.

9   Ibid., pp. 1—283.

知府余保純談判贖城費用的文件說明，[10] 趕到三元里驅散鄉勇領袖（即鄉紳）
的，也正是余保純本人。余保純威脅這些鄉紳說，如果他們的手下生事，就
會嚴懲他們。於是鄉紳悄悄溜走，剩下滿心怒氣的群眾，也只得心不甘情不
願地散去。[11] 廣東當局一時的勝利卻招致嚴重的反彈。之後，監察御史曹履
泰巡視廣東，博採輿論，蒐集民情，發現當時粵人怨聲載道，對廣東政府極
為憤恨。他們認為如非遭到地方官的彈壓，三元里的鄉勇就能夠殲滅英兵，
也就不用付出高昂的贖城費。閉塞可見！

而廣東政府不放一槍一炮就支付贖城費，恰恰是激起民憤的另重大一原
因，因為羊毛出在羊身上：贖城費所需，終於由賦稅來填補。曹履泰認為，
三元里事件是粵民與地方官結為仇讎的根源。[12]

第三，每次英國人要求進城，例如在 1849 年和 1856 年，廣東士紳馬上
敵愾同仇，他們除了招募省城工人為僱傭兵以外，也召集周圍鄉村的其他
士紳率領團練進城防守。因此，鄉民守衛廣州城，就像守護自己的村莊一
樣。廣州民眾和鄉民都認為，廣州古城象徵着粵人的獨立精神和尊嚴，無奈
1841 年的廣府官員卻屈服於英人的威脅，任其生殺予奪，令這種獨立精神
和尊嚴受到重大損害，他們痛心不已。總之，他們因外國人強行要進入廣州
城而萌生的敵意，完全是出於自衛，而且只有受到挑釁時才會顯現。儘管廣
東人太過高估自己的長矛、弓箭等冷兵器的威力，低估了英軍的後膛槍和格
林機槍，[13] 但應該看到他們確實珍惜自己的尊嚴和獨立自主。

第四，為了強化這種尊嚴和獨立自主的願望，當時的中國文人，矢志在
士人之間廣泛傳播所謂三元里精神，結果將三元里事件神化了。他們所採取

10 FO682/912. 欽差大臣給廣州知府余保純的一份文件，授權他商議廣州城的贖城費，1841 年 5 月
27 日。

11 Wakeman, *Strangers at the Gate*, p. 19.

12 曹履泰奏摺，1846 年 3 月 10 日，《籌辦夷務始末·道光朝》，第七十五卷，頁 13a—14b

13 持這種看法的不限於十九世紀的廣東人。如見牟安世：〈從鴉片戰爭看勝敗的決定因素是人不
是武器〉，《人民日報》，1965 年 10 月 11 日。對於這個時代歐洲火力革命的介紹，見 D. R.
Headrich, *The Tools of Empire: Technology and European Imperialism in the Nineteenth Century*
(Oxford, Oxford University Press, 1981), chapter 2。1996 年 11 月本偵探造訪中國社會科學院，
很高興讀到茅海建所著的《天朝的崩潰》（北京：三聯書店，1995），更喜見茅海建在其大
作中合乎實際地評價了中英兩軍的戰力差距。

的傳播行動包括：把三元里團練領袖警告「懷恨在心」的英國人不要再來的公啟，重新鈔錄，廣為傳播。這些加鹽加醋的版本，與其說反映了保衛鄉里的村民的關注，不如說是這些紙上談兵的戰略家過份地誇大了民氣的威力。還不止此，本來已被加鹽加醋的所謂三元里公啟，又轉而衍生了大量文藝作品，包括通過士人之間的交往而流傳於全國的動人詩詞，以及傳播至北京的民謠。一名士大夫甚至在私人通信中宣稱，三元里的鄉民包圍了千餘英軍，殺死八九十人，英人受傷無數。[14] 真是自欺欺人。「文人多大話」，確實是華夏文明的癌症，並將要為此付出沉重的代價，本書其他章節對此癌症還有進一步分析。

14　波拉切克細心追溯、辨別和分析那些似乎是衍生自三元里告示的文獻。見 Polachek, *Inner Opium War*, pp. 165—9。

第八章

論三元里抗英乃官府「仇外狂」

承接上一章，本偵探查出 1841 年 9 月 16 日，即三元里事件發生後三個半月，廣州府開考文童試，廣州知府余保純到場主考。他甫一進入試場，文童立刻大嘩，群呼：「我輩讀聖賢書，皆知禮義廉恥，不考余漢奸試」。[1] 還向他擲墨硯，將他趕出試場。最後余保純只得託病去任。[2]

1844 年 5 月，三元里事件後三年，英國駐廣州領事發覺當地「民不畏官，而是官畏民」。[3] 又過了不足兩年，欽差大臣耆英在 1846 年 1 月 13 日貼出告示宣佈允許英人進城，憤怒的民眾馬上把告示撕毀。有傳言說新到任的廣州知府劉潯的府第藏有「英夷」，知府隨即受襲，府第被搜掠並燒毀。[4] 民眾認為：「官方清道以迎洋鬼，其以吾民為魚肉也」。他們對知府的意見是：「彼將事夷，不復為大清官矣」。[5]

官方雖然認為他們大逆不道，但卻不能如此赤裸裸地對這些憤怒的廣東民眾說這樣的話，反而要曲意讚揚他們，以免動亂加劇。兩廣總督耆英和廣東巡撫黃恩彤為平息民憤，低聲下氣共同為此前發出的告示道歉。[6] 他們說：「若百姓均不願英人進城，本閣部堂、部院何肯大拂民情，曲（應作徇）外國人所請。勿得各懷疑慮，競相怨讟，致本閣部堂、部院一片苦心，無以

1　Quoted by Wakeman, *Strangers at the Gate*, p. 73.

2　曹履泰奏摺，1846 年 3 月 10 日，《籌辦夷務始末・道光朝》，第七十五卷，頁 13a—14b。

3　Lay to Pottinger, Desp. 8, 1 May 1846, FO228/40.

4　Qiying and Huang Entong to Davis, 18 January 1846, FO682/1979/4a.

5　《中西紀事》，卷十三，頁 2、3。

6　耆英、黃恩彤道光二十五年十二月十九日告示，錄自佐佐木正哉編：《鴉片戰爭後之中英抗爭》，頁 31。

共白於我紳民也」。[7] 至於那位廣州知府劉潯，又將如何處置？他們建議皇帝將他暫行撤任。[8] 但再三思考後，又覺得暫行撤任要有個理由，所以匆匆於同日再發另一道奏摺，解釋說，如果讓劉潯知府留任，粵民將更加敵視官府，難免有騷動之虞。[9] 須知道：知府乃朝廷命官！但儘管粵民如此挑戰朝廷的權威，皇帝還是批准將劉潯知府暫行撤任 [10]——天聽自我民聽！[11]

不料美國史學家約翰・諾德（John Nolde）博士，卻把如此萬分複雜的廣東民情與官民關係，用他自己發明的一個極端簡單化的「廣東官民仇外」的概念來解釋。不單如此，他還雄心勃勃地用這個概念來解釋第二次鴉片戰爭為何爆發了。[12]

約翰・諾德博士賴以建構其偉論的歷史證據，大部份是第二次鴉片戰爭導火索的所謂「亞羅」號事件在 1856 年 10 月 8 日發生後，於 1857 年初英國上下議院在辯論是否要發動該場對華戰爭時提交各議員閱覽的文件，俗稱藍皮書。事緣英國執政黨為了爭取議院支持對華開戰，搜集、裁剪並印刷了大量有關原始文獻，共 639 頁。[13] 偵探欲破案必須首先探求犯案人的動機：本偵探查出英國政府大費周章地搜集、裁剪印刷該藍皮書的動機是，為了說服議員們支持其發動對華戰爭，不在於查明真相！若諾德博士的動機是求真，他也應該認真地鑒定該藍皮書內容是否可靠。

該藍皮書分幾個部份。第一部份題為「在華被辱」。但細閱該批文獻時，則發覺每一宗中英民眾之間的摩擦而被英國商人誇大為「被辱」的案件，均已由戰敗國的中方忍氣吞聲地作出讓英方滿意的彌補，何來憤怒？更

7　耆英、黃恩彤道光二十五年十二月十九日告示，錄自佐佐木正哉編：《鴉片戰爭後之中英抗爭》，頁 31。

8　耆英、黃恩彤奏摺（1846 年 2 月 26 日寄達北京），《籌辦夷務始末・道光朝》，第七十五卷，頁 9a—10b。這是他們當天發出的第一道奏摺。

9　耆英、黃恩彤奏摺（1846 年 2 月 26 日寄達北京），《籌辦夷務始末・道光朝》，第七十五卷，頁 11a—12b。這是他們當天發出的第二道奏摺。

10　道光帝上諭，1846 年 2 月 26 日，《籌辦夷務始末・道光朝》，第七十五卷，頁 12b。

11　非常諷刺的是，包令在他的私人信件中常引用這句話。

12　John J. Nolde, "Xenophobia in Canton, 1842-1849", *Journal of Oriental Studies*, 13, no. 1 (1975), pp. 1-22.

13　Parl. Papers 1875, v. 12, "China".

重要的是，所謂英人在華被辱的事件在 1849 年以後就差不多已經全部消聲匿跡，距離戰爭爆發時的 1856 年底，足足已有七年，兩者可謂風馬牛不相及。[14] 該藍皮書的第二部份是廣東進城問題，尤其是 1849 年到戰爭爆發時之 1856 年的中英有關談判。諾德博士將此批文件升華為「官府仇外」的概念來解釋戰爭起因。[15] 官民上下仇外，不言而喻的結論，呼之欲出：「中國該打！」

按照諾德博士的邏輯說，英國政府因不得進入廣州城便發動戰爭，那實在太小看英皇陛下政府了！能夠創建起日不落大英帝國的政治家，相信胸襟不會是諾德博士所暗示的那麼狹隘。如果我們不認為該政府的胸襟這麼狹隘，那麼其發動戰爭恐怕自有其深謀遠慮之處。該藍皮書的第三部份收集了「亞羅」號事件發生以來的有關文獻。像進城問題一樣，很難令人相信英國政府會因為這種雞毛蒜皮而大動干戈。第四部份與「亞羅」號的牌照有關，題為「船隻在香港註冊的有關文獻」。第五部份亦與「亞羅」號有關，題為「干預在華走私的有關文獻」。第六部份為「外交部與利物浦的東印度及中國商會的來往信件」。本偵探咬文嚼字地看了這一批又一批文獻後，對於戰爭爆發的主因仍茫無頭緒。換句話說，當時的英國政府是希望通過這大批文獻，引導國會議員們以致世人相信他們發動戰爭是為了報復「在華被辱」、「粵人仇外」、「被拒入城」、「『亞羅』號上的英國國旗受辱」、等等，雖然說服了諾德博士，卻令本偵探堅信這個能橫掃天下的盎格魯·撒克遜政府是在欲蓋彌彰。

其實，光是題為「在華被辱」的第一部份的欺騙伎倆，早已被英國下議院議員理查德·科布登（Richard Cobden，1804–1865）看穿。他說，許多尊貴的議員是純樸憨直的鄉村士紳，光是看了這本厚得驚人的印刷品，就會情不自禁地驚呼：「天啊！這本厚達 225 頁的書，全是關於我們在中國所受到的侮辱呢！」他們會理所當然地覺得中國該打！這場仗非打不可，並且正得其時。

14　Malmedbury, 26 February 1857, Hansard, 3d series, v. 144, cols. 1346-1347.

15　Nolde, "Xenophobia in Canton", p. 1.

　　科布登以其洞若觀火的眼光閱讀該厚厚的印刷品，他發現了甚麼？說它們都是一些從 1842 至 1846 年間的書信中斷章取義地摘錄的段落：幾起街頭騷動；幾宗鄉村爭執；一個英國人打獵時闖出狩獵範圍以外，遭農民喝止；一個英國人打獵時，開槍將一個男孩射瞎。所謂「受辱」事件，如此而已。科布登認為，拿一本如此低水準的藍皮書來聲稱中國該打，是侮辱了議員們的智慧。[16] 不料一百多年後的美國學者諾德博士，卻奉為至寶。

　　更不堪的是，那些所謂「受辱」事件，全都是因英國商人挑釁所致，而藍皮書卻故意漏掉顯示這些關鍵因素的書信。科布登引述一封故意未被編入的信，它是德庇時公使在 1847 年 2 月 15 日所寫的：「……如果我方人員稍有節制，暴力事件和騷亂就不會發生」。德庇時補充說，海軍少將科克倫、德庇時本人和英國領事都深感有必要坦率地說明英方理虧。而當時在廣州的達圭勒（D'Aguila）少將所寫的一封信，更足以佐證他們所言不虛。[17] 德庇時公使的結論是：「我深信，一切全繫於我們，態度和善一些，舉止不要總是那麼咄咄逼人，是保障我們免遭暴力和侮辱的最佳方法」。科布登接着讀出了其他沒有被載入藍皮書的類似信件節錄。[18] 德庇時如此這般地毫不祖護英國商人在華的劣行，就難怪時至今天，英語世界的網民還在網絡上攻擊他，說當時居住在香港的英國商人都非常憎恨他（英語原文是：Davis was much hated by Hong Kong residents and British merchants），攻擊的藉口當然是顧左右而言他，說他施行苛捐雜稅（英語原文是：due to the imposition of various taxes），最後強迫他提前離職。[19]

　　另一位議員威廉‧格拉德斯通（William Gladstone）更指出，英國政府挑選這些書信背後的動機為司馬昭之心、路人皆見——煽動英國人的反華情緒。他說：「我真的不敢相信在『在華受辱』這個玄之又玄的說法之上，還

16　Cobden, 26 February 1857, Hansard, 3d series, v. 144, col. 1405.

17　Ibid., col. 1406.

18　Ibid., col. 1407.

19　http://en.wikipedia.org/wiki/John_Francis_Davis，viewed on 10 June 2015.

有甚麼可以討論的餘地」。[20]

　　煽動反華情緒？在二十世紀，高調反覆重彈「中國人仇外」的泰山北斗正是哈佛大學的費正清教授。在其與鄧嗣禹先生合作編著的《中國對西方的反應》（*China's Response to the West*）中，矛頭更直指孫中山，批評他「半唐不番」（英語原文是：something of a half-caste），[21] 誕生在全中國率先煽動「愛國主義仇外情緒」（英語原文是：led the way in nationalist anti-foreignism）[22] 的珠江三角洲。

　　對帝國主義者來說，任何爭取國家民族獨立自主的人，均是「仇外」的壞蛋。帝國主義者最愛受害者乖乖地當順民，任由宰割而不吭一聲。這就難怪，有些西方學者之如諾德博士，不遺餘力地把中國人民在兩次鴉片戰爭中抵抗外來侵略的奮鬥，歪曲成為「仇外」的鐵證。[23] 不單是「仇外」，而且是「仇外狂」（xenophobia），[24] 並藉《牛津字典》（*Oxford Dictionary*）對「仇外狂」的定義曰：「對於外國人的病態性恐懼和厭惡」。[25] 諾德博士製作其高論的目標顯而易見：隱喻地高呼「中國該打！」

　　準此，約翰·諾德博士絕非曲高和寡。無情的歷史是：十九世紀中葉英國以「在華被辱」為藉口而發動了第二次鴉片戰爭。當今的現實是否會同樣無情？

―――――

20　Gladstone, 3 March 1857, Hansard, 3d series, v. 144, col. 1793.

21　Teng, Ssu-yu and John King Fairbank eds., *China's Response to the West*（New York: Atheneum, 1963），p. 223.

22　Teng, Ssu-yu and John King Fairbank (eds.), *China's Response to the West*（New York: Atheneum, 1963），p. 224.

23　詳見行將出版的拙著《文明交戰》。

24　John J. Nolde, 'Xenophobia in Canton, 1842 to 1849'. *Journal of Oriental Studies*, 13, no. 1 (1975), pp. 1―22.

25　Ibid., p. 1, col. 2.

第九章

偽造聖旨　龍顏大悅論

美國學者約翰・諾德博士（Dr John Nolde），宣稱他證實了 1849 年駐紮在廣州的封疆大吏之所以成功地拒絕了英國公使喬治・文翰爵士（Sir George Bonham, 1803 – 1863）堅要進入廣州城的要求，所賴者乃一道「偽詔」，即兩廣總督徐廣縉在 1849 年 4 月 1 日照會文翰公使時所附的上諭是假的。[1] 在該上諭中，道光皇帝拒絕讓英國人進入廣州城，文翰公使信以為真，最後同意將爭議暫時擱下。

在諾德博士之前，黃延毓博士已發現一道更早的聖旨，發出日期為 1849 年 3 月 11 日，該道聖旨事實上已准許英人進城。[2] 前後兩道互相矛盾、前言不對後語的聖旨，促使諾德博士深入探究並得出兩個結論，第一、傳給文翰的聖旨是偽造的；第二、這是徐廣縉一手策劃的把戲。[3]

中國學者對諾德博士的著作大不以為然。因為偽造聖旨是冒天下大不韙之事，徐廣縉這樣做，不但自己的性命財產不保，連與他有血緣和姻親關係甚至他的朋友的所謂九族都將被誅連。[4]

因此，亟盼推翻諾德博士的結論的中國史學家大不乏人。第一位是北京故宮檔案專家酈永慶先生。但儘管酈氏近水樓台地遍尋多年，依然無法找出徐廣縉附給文翰的那道所謂聖旨。[5] 當時在中國社會科學院近代史研究所當副研究員的茅海建（現為華東師範大學教授）則更擴大搜尋網，不只尋找該份

1　John J. Nolde, 'The False Edict of 1849', *Journal of Asian Studies*, 20, no. 3 (1960), pp. 229—315.

2　道光帝諭旨，1849 年 3 月 11 日，《籌辦夷務始末・道光朝》，第七十九卷，頁 39b—41a。

3　Nolde, 'False Edict', pp. 229 and 312.

4　即所謂「誅九族」。

5　酈永慶：〈關於道光二十九年的「偽詔」考析〉，《歷史檔案》，1992 年第 2 期，頁 100—106。重印於《中國近代史》1992 年第 6 期，頁 79—85。

圖 9.1
文翰爵士

聖旨，還耙梳了軍機處隨手登記檔、上諭檔，以及清朝中央政府不同部門之間的公文往來記錄。如此，則就算該聖旨原件遺失了，也希望能找到有關紀錄，但可惜同樣毫無結果。[6]最終兩位學者都迫得承認，諾德博士的推斷很可能是正確的。

其實，諾德博士的結論雖然瘋魔了當時的西方學術界，但並非建築在直接的、堅實的史料上；而是間接地、採用比較相關文件的用詞而得出來的推論。更為關鍵的是，他用來比較相關文件用詞的文件並非中文本，而只是英文翻譯本，而該英文翻譯本又似乎是出自當時在廣州出版的基督宗教傳教士所辦的《中國叢報》（*Chinese Repository*）的美籍編輯衛三畏（S. W.

6　茅海建：〈關於廣州反入城鬥爭的幾個問題〉，《近代史研究》，1992 年第 6 期，頁 43—70。

Williams）的手筆。[7] 筆者窮追中文原件多年，終於在英國國家檔案館所藏的兩廣總督葉名琛檔案中得償夙願，原來該中文原件抄本附錄於徐廣縉致文翰的照會之中。[8]

這一發現，意義重大。

這份傳說中的聖旨原件的抄本，除了一些藻飾之詞外，關鍵的句子可以追溯到徐廣縉先前上呈道光帝的奏摺，説他將如何答覆英國人。[9] 這個發現，讓筆者相信果然是徐廣縉偽造了他交給英國公使的所謂聖旨，如此可以順利解釋為何在故宮博物館沒有存檔，隨手登記檔和相關文件也沒有提及。在這份更為直接、堅實的史料基礎上，筆者認為諾德博士的「偽詔說」成立。

但諾德博士的另一個結論卻令人疑竇叢生：茲事體大的一個圖謀，若説只由徐廣縉一人單獨策劃和執行，是難以令人置信的。諾德博士尋遍所有已出版的中國第一手資料，均未找到能令他進一步佐證其「偽詔說」的真憑實據。[10] 然而，葉名琛的原始檔案中卻藏有關鍵文件。原來，除了兩廣總督徐廣縉以外，當時任廣東巡撫的葉名琛也曾上奏道光皇帝。葉名琛在奏摺中強烈反對讓英人進入廣州城，認為英國包藏禍心，想挑撥離間官民之間的關係，從而顛覆廣州政府。[11] 葉、徐的奏摺看來是同時於 1849 年 4 月 14 日送達北京，因為當天所發的一道上諭，説已收到這兩道奏摺。該道上諭還將葉名琛的説法原文照錄：「外患固屬堪虞，內變尤為可慮」。更將葉名琛奏摺的結論，換一個説法提出，變成新的指示：「以安民為撫夷之本」。[12] 由此撤回

7　此外，在英國的檔案中有另一份譯本，兩者字眼不同但意思相似，見 Xu to Bonham, 1 April 1849, Parl. Papers 1857, v. 12, p. 237。這是由德國傳教士郭士立所譯，他當時受聘為文翰的正翻譯官。（譯注：Chinese Secretary，這個職位後改稱漢文正史）。

8　本偵探把此件存入 FO682/1982/17, Xu to Bonham, 1 April 1849，並把徐廣縉的照會做提要收進拙著《兩次鴉片戰爭與香港的割讓：史實和史料》（台北：國史館，1998），頁 231–232。

9　徐廣縉奏摺（1849 年 4 月 14 日送達北京），《籌辦夷務始末・道光朝》，第七十九卷，頁 44a–b。

10　Nolde, 'False Edict', p. 312, n. 88. 他爬梳的史料包括《籌辦夷務始末》、《大清歷朝實錄》和《東華續錄》。

11　葉名琛奏摺（1849 年 4 月 14 日送達北京），FO931/810。舊參考號是 FO682/112/3/19。見下注。

12　致徐廣縉、葉名琛等上諭，1849 年 4 月 14 日，FO931/787。舊參考號是 FO682/325/5。

了之前准許英國人「入城一遊」的上諭。[13] 這一道較早之前發出的上諭，是回應徐廣縉更早之前報告他在 2 月 17 和 18 日與英國公使文翰爵士會面情況的奏摺。[14] 徐廣縉在該奏摺中，要求皇帝「指授權宜」，[15] 以至諾德認為徐廣縉已「計窮智盡」。[16]

現在葉名琛似乎提出一個讓徐廣縉和道光皇帝都能接受的方案，藉以改變兩人的想法。諾德博士的結論因而需做修正——那就是：並非徐廣縉獨斷獨行，而是有葉名琛這位同謀者。

魏斐德（Frederic Wakeman, Jr.）教授及其高足詹姆士·波拉切克（James Polachek）教授曾相繼指出，徐廣縉和葉名琛之所以決定採取強硬態度對付英國人，是因為 1848 年間，徐廣縉一直從中國商人那裏得到消息，指「英夷現與佛蘭西構釁，各存戒心，幾有不暇顧及貿易之勢」，據此進而忖測英國不會冒險與中國開戰。[17] 但是，大多數徐廣縉所得到的「情報都傳到了北京」[18]，卻仍然無法令道光皇帝帝下決心拒絕英國人進入廣州城。徐、葉兩人就更不可能這種做了，尤其是道光帝已經下諭准許英人進城一遊。因此，魏斐德和波拉切克的結論同樣不能成立。

關鍵是：葉名琛所建議的辦法被道光帝採入上諭之中而變成指示。更重要的是，葉名琛所建議的、嚴拒英人進城的策略，在 1849 年反敗為勝。從此以後，葉名琛已勢成騎虎，不可能再改變立場了。結果，只能一直守恪着這一立場：嚴拒英人進城。

1849 年的葉名琛，為甚麼要在這節骨眼上提出反對英人進城？並且是反對得如此堅決？道光帝在 1849 年 3 月 11 日之決定「暫准」英人進城後，

13　道光帝諭旨，1849 年 3 月 11 日，《籌辦夷務始末·道光朝》，第七十九卷，頁 39b—41a。

14　致徐廣縉、葉名琛等上諭，1849 年 4 月 14 日，FO931/787。

15　徐廣縉奏摺（1849 年 4 月 14 日送達北京），《籌辦夷務始末·道光朝》，第七十九卷，頁 36b—38b。引自 Nolde, 'False Edict', pp. 308—9。

16　Nolde, 'False Edict', pp. 308.

17　見 Wakeman, *Stranger at the Gate*, p. 103; Polachek, *Inner Opium War*, pp. 252—3。

18　Polachek, *Inner Opium War*, p. 358, n. 29, 指《籌辦夷務始末·道光朝》，第七十九卷，頁 15a—16b、17b—19a、23a—24a，以及特別是 31a—32b。

似乎是因為擔心廣州會爆發嚴重民變。於是他在同一天發出第二道上諭，要求巡撫葉名琛及將軍、副都統、水陸各提督慎密嚴防，務必處處周匝，不令多事，否則嚴行懲治負責官員、將領。[19] 葉名琛非常清楚，如果讓英國人進城，他就無法「不令多事」，因為暴亂必然會發生。退一步說，如果拒絕英國人進城，而英國人強闖，結果導致英國人與廣州人之間爆發衝突，葉名琛等人仍然要負責任。但是，若僥倖地阻止了英國人進城，那就一切問題都解決了。於是葉名琛孤注一擲，決定阻止英國人進城。而葉名琛這個決定，正是那道提出要嚴懲廣州大員的上諭，迫使葉名琛走投無路才作出的；自此以後更杜絕了他與英國人妥協的路子，他必須義無反顧地堅持到底。

此外，造成葉名琛其後堅不讓步的原因，還有他曾採取過的另外一項措施：他和徐廣縉將 1849 年 4 月 1 日所發的、附有偽詔的照會，「印刷刊行於整個廣州城」。[20] 他們的意圖很明顯，竭力爭取廣州人的支持，團結一致抗拒英人進城。葉名琛這樣做，確實是破釜沉舟之舉，從此以後，他怎麼還敢與廣為傳佈的「諭旨」背道而馳？

而且，他堅不妥協的態度，又被其事後所獲得的殊榮進一步鞏固強化了。道光帝加封他為男爵：須知封爵是清朝歷史上少有之事，一般只有戰績顯赫的統兵大員，方有此典。葉名琛身為文臣，竟然也封爵，更是絕無僅有！全國各地的大員紛紛寫恭維詩詞給他道賀，廣州人豎立牌樓紀念他的功勳。[21] 如此這般，騎虎難下的葉名琛，還怎可能在 1856 年的「亞羅」號事件發生後，准許英國人進城！

結果是：老羞成怒的英國當局，更加認為中國該打！加倍決意闖入廣州城，最後用大炮轟開城以至屍橫遍野在所不惜！益格魯‧撒克遜文明矢志雄霸全球，容不得任何抵抗勢力的存在。

19　道光帝給廣東巡撫葉名琛、將軍穆特恩、副都統烏蘭泰、水師提督洪名香、陸路提督祥麟的上諭，1849 年 3 月 11 日，FO931/781。舊參考號是 FO682/325/4/4。

20　Bonham to Palmerston, 23 April 1849, Parl. Papers 1857, v. 12, pp. 241—7, para. 9.

21　見拙著：《兩廣總督葉名琛》，頁 168。

第二部份

激烈的文明交戰
——第二次鴉片戰爭

第十章

第二次鴉片戰爭華文專著為何欠奉

1978 年，一套六冊的《第二次鴉片戰爭》資料篇，由上海人民出版社出版了，是史學界的一件盛事。

當其姊妹篇《鴉片戰爭》資料篇在 1954 年由上海人民出版社出版時，[1] 華裔學者張歆保先生即充份利用它來寫就其哈佛大學博士論文，並於 1964 年作為哈佛大學東亞研究系列（Harvard East Asian Series）出版了。[2] 中文學術界不甘後人，牟安世先生的《鴉片戰爭》也在 1982 年由上海人民出版社出版了。茅海建教授的《天朝的崩潰》（北京：生活、讀書、新知三聯書店，1995 年），更是一鳴驚人，原因之一是他採用了更多的，該《鴉片戰爭》資料篇沒有收進去的故宮原始檔案資料。

可是，《第二次鴉片戰爭》資料篇出版半個世紀快過去了，除了英文拙著《鴆夢：第二次鴉片戰爭探索》（英國：劍橋大學出版社，1998）[3] 以外，中文世界似乎還沒有人利用該資料篇寫成專著。為甚麼？

因為，如果中國有人，像法國學者白吉爾教授的洋洋巨著《孫逸仙傳》[4] 一樣，「除了《國父全集》外，白女士就沒有利用過任何中文一手文獻，滿眼望去都是『轉引自』某某英文文獻，其中以史扶鄰的名著《孫中山與中國革命的起源》頻率最高。試想一下吧，有個中國學者寫本洋洋幾十萬字的《華盛頓傳》，只用《華盛頓文集》一種英文文獻，其它資料全部來自中文著

---

1   翌年再版。詳見上海：新知識出版社，1955 年再版。

2   Chang Hsin-pao. *Commissioner Lin and the Opium War*. Cambridge, MA: Harvard University Press, 1964

3   John Y. Wong, *Deadly Dreams: Opium, Imperialism, and the Arrow War (1856-1860) in China* (Cambridge University Press, 1998).

4   Marie-Claire Bergère，*Sun Yat-sen* (Stanford: Stanford University Press, 1998)

述所引用的片斷，會被能人們嘲笑到甚麼地步？」[5] 茅海建教授的《天朝的崩潰》過人之處，在於它除了充份利用了採用了《鴉片戰爭》資料篇以外，更多的是採用了該資料篇沒有的故宮原始檔案資料。而且，它的焦點是天朝的崩潰，不是中英外交以至更廣闊的國際關係，若能用上更多的英國原始材料固然好，用不上也沒有造成嚴重的缺陷。

但是，英國前外相韓達德（Douglas Hurd, b. 1930），就完全根據本國的英文史料來寫一本有關該戰爭的專著了，書名挺有意思的，叫《亞羅戰爭：一場中英混亂》。[6] 本偵探不具備白吉爾教授與韓達德外相般膽色，深感事情太錯綜複雜和難以處理，故遲遲不敢動筆。單從史料上說，該中文《第二次鴉片戰爭》資料篇所收集的、哪怕甚具權威性的史料，也確實雜亂無章，互相矛盾。矛盾的例子諸如咸豐皇帝於 1858 年 1 月 27 日指責葉名琛，在英國「兩次投遞將軍督撫副都統等照會，該督並不會商辦理，即照會中情節，亦秘不宣示，遷延日久，以致英人忿激，突入省城」。[7] 可是，查核該兩道照會，乃分別於 1857 年 12 月 24 日和 28 日送到葉名琛處，已是「亞羅」號事件發生之後近十四個月的事情了。[8] 當時已是英法聯軍兵臨城下，該兩道照會乃是最後通牒，命令葉名琛舉城投降，葉名琛無論怎樣回答（除了同意投降以外）都難免戰火。況且，咸豐皇帝從何得悉葉名琛不曾會同將軍督撫等商辦？這顯然是葉名琛的同僚在葉名琛被俘後，把一切責任都推卸到他身上，並且無形中藉此指責他乃挑起戰爭的罪魁禍首！以便自己推卸責任。

又例如，葉名琛的部下南海縣令華廷傑，事後亦撰書指責葉名琛，說他「待外人不好挑釁，亦少恩撫，每遇諸國照會，或略覆數語，或竟不答，數年來雖幸無事，而憤懣愈積愈深矣」。[9] 區區縣令，怎會知道中堂隱秘？華

5　學海無涯：〈孫中山為何要上書並求見李鴻章？〉，2012 年 8 月 1 日，http://book.douban.com/review/5529660/，2015 年 6 月 20 日上網閱讀。

6　Douglas Hurd, *The 'Arrow' War: An Anglo-Chinese Confusion 1856—60*（London：Collins, 1967. New York：Macmillan, 1967）.

7　1858 年 1 月 27 日上諭，《咸豐朝實錄》卷二四一、頁二十六。

8　《籌辦夷務始末》（咸豐朝）二，頁 621-622。

9　華廷杰撰：《觸藩始末》，《中國近代史資料業刊．第二次鴉片戰爭》（一），頁 164。

廷傑看過欽差大臣葉名琛的照覆嗎？本偵探在編寫《鴉片戰爭時代中英外交文件提要》[10] 時，把當時中英每道照會都細閱、比較並作出提要。葉名琛有來必往，而且都回答得很詳盡；有時回答稍遲，英國駐遠東公使包令爵士就大發雷霆。但是，當時葉名琛總理五省軍務，生死存亡之秋，包令卻像蒼蠅那樣總是在那裏嗡嗡地嚷着要進入廣州城，如此芝麻綠豆般大的小事，也難怪葉名琛有時遲覆。諸如此類的細節，拙著《兩廣總督葉名琛》中已有所交待。現在再花幾十年時間進一步探索，更覺得從當時英國的政治、經濟、軍事、殖民地（印度）、全球貿易、全球戰略等等角度全盤考慮，其揮軍犯華是勢在必行的。這一切，華廷傑做夢也不會知曉，卻竟然斤斤計較於葉名琛的照會字數有多少，更錯誤地認為葉氏有照不覆。其實，包令公使不覆葉氏照會的次數，算起來要比葉氏不覆的多。不想，華廷傑的妄猜臆說卻成為中國史學界重點依託的史料之一，並隆而重之地收入《第二次鴉片戰爭》資料篇，結果不少華夏精英又據此大事鞭撻另一位華夏精英葉名琛。

收入該《第二次鴉片戰爭》資料篇的，還有筆名「七弦河上釣叟」的大作，該叟比華廷傑更離譜：認為葉名琛若「能畏夷，惟夷言是從，或相安至今，未可知也」。[11] 讓葉名琛不顧一切地，對盎格魯‧撒克遜民族所求全部都無條件接受下來？該叟真是個百份之一百苟且偷安的投降派。而且，如果該叟有機會看到英國內部的機要文件，清楚地瞭解到英國當局胃口之大，恐怕要嚇得發抖。就是假設他還有一點點炎黃子孫的骨氣的話。如此種種，待本偵探的拙著《文明交戰》（暫定名）出版後，就大白於天下。

收入該《第二次鴉片戰爭》資料篇的也有李鳳翎的鴻文。他認為：「賊首關巨、梁榥等，堅請夷酋巴夏禮，先攻廣東，則眾夷可制。因師出無名，留香港數月，日夜訓練」。終於，「亞羅」號事件提供了出師之名，巴夏禮於是便「聽降賊慫恿，遂於九月二十八日，開仗攻城」。[12] 本偵探曾參閱過的所

10　John Y. Wong, *Anglo-Chinese Relations, 1839-1860: A Calendar of Chinese Documents in the British Foreign Office Records* (Oxford University Press, 1983).

11　七弦河上釣叟：《英吉利廣東入城始末》，《中國近代史資料叢刊‧第二次鴉片戰爭》（一），頁220。

12　李鳳翎：《洋務續紀》，《中國近代史資料叢刊‧第二次鴉片戰爭》（一），頁223。

有中、英、法、美等國的原始文獻，沒有一道佐證李鳳翎所謂巴夏禮曾接受過紅巾軍（又名廣東紅兵））首領關巨、梁棉等投降；更不要説甚麼巴夏禮後來又聽其慫恿攻城。李鳳翎虛構故事，已經到了信口雌黃的地步。「文人多大話」，確實是華夏文明的癌症。

遺憾的是，薛福成（1838－1894）的〈書漢陽葉相廣州之變〉照抄照搬李鳳翎之言。[13] 結果不單在「亞羅」號的所謂辱旗事件上搞錯了，在論述1849 年廣州進城的中英爭執上同樣出了問題。本偵探從英國國家檔案中發現，當年徐廣縉是前往停泊在虎門的英艦「黑斯廷斯」（HMS Hastings）號上會見英使文翰的。[14] 從地圖上，虎門在珠江快入海處，兩岸相隔甚遠。不過看圖不如親歷其境。本偵探承廣州中山大學歷史系同仁熱心安排，早在1979 年 12 月即有幸親臨虎門考察，此後在廣東省檔案局、廣東省外事辦公室、翠亨村孫中山故居紀念館等領導熱情安排下，也曾先後多次重臨虎門海面，均只見汪洋一片，僅僅能依稀看到對岸，薛福成之所謂「兩岸練勇呼聲震天」云云，真是天方夜譚。薛福成曾當過英、法、意、比公使（1890－1893），是知名的士大夫，其著述被趙爾巽的《清史稿》、蕭一山《清代通史》等名著廣為引用，又被左舜生先生（1893－1969）收入《中國近百年史資料》中供研究生使用，更被《清朝野史大觀》等大眾化，其不良影響，可謂深遠。

蕭一山（1902－1978）在撰寫《清代通史》時，恐怕已經覺得徐廣縉和文翰的會談若是在停泊於虎門的兵艦上舉行的話，確實是無法聽到所謂「兩岸練勇呼聲」的；於是乾脆把歷史改寫為「越日，英艦闖入省河」，[15] 所謂省河者，當時一般理解為省會河面，即廣州市區之內的珠江河面。那裏的河面雖然也很寬，但若是十萬練勇在兩岸齊呼，而英艦又的確是泊在該江面的話，那麼徐廣縉和文翰儘管在船內會談，相信還是能聽到呼聲的。無奈蕭一山教授在改寫此段歷史時忽略了一點：英艦「黑斯廷斯」（HMS Hastings）

13　薛福成：〈書漢陽葉相廣州之變〉，《庸盦全集續編》，收入《《中國近代史資料叢刊・第二次鴉片戰爭》（一），頁 228。

14　HMS Hastings 是主力艦. Parl. Papers 1875, v. 12, pp. 205-267。有關中文史料，見 FO931/778-810。

15　蕭一山編：《清代通史》第 3 冊，中華印刷局 1925 年版，頁 460。

圖 10.1
息帆的英艦「黑斯廷斯」
（HMS *Hastings*）

號是遠洋船，食水甚深，頂多能駛到黃埔，但無論如何駛不進河床較淺的廣州河面。無數的英國原始文獻均可證明這一點。

　　若以本書題為「當不成偵探者不配治史」的第一章，所論及之治史方法而論，則中國傳統讀書人諸如華廷傑、「七弦河上釣叟」、李鳳翎、薛福成、趙爾巽、蕭一山、左舜生等先生治史學，似乎皆欠缺實證史觀的概念。這是否可以解釋《第二次鴉片戰爭》資料篇出版快半個世紀了，中文世界還沒有一本像樣的專著？甚麼時候能出書？華夏文明等不了，因為第二次鴉片戰爭的結果是，帝國主義搶掠圓明園後付之一炬，喪權辱國的《北京條約》、《中俄條約》，幾乎摧毀了華夏國魂，[16] 是華夏文明慘敗於盎格魯‧撒克遜文明的典型例子。時至今天，快一百六十年過去了，而有關第二次鴉片戰爭的華文專著至今欠奉，這是否意味着炎黃子孫缺乏反省能力？還是甚麼其他原因？若是由於其他原因，這些原因是甚麼？治史，若如前人華廷傑、「七弦河上釣叟」、李鳳翎、薛福成、趙爾巽、蕭一山、左舜生等欠缺實證史觀和實證經驗，今人可以刻苦追趕。史料闕如，可以刻苦發掘。若是缺乏反省，則在當前英美的盎格魯‧撒克遜文明再次隱喻地高呼中國該打的叫喊震耳欲聾之際，應該是反省的時候了。反省些甚麼？曾子曰：「吾日三省吾身：為人謀而不忠乎？與朋友交而不信乎？傳不習乎？」（《論語‧學而》）。當前中國

16　詳見行將出版的拙著《文明交戰》（暫定名）當中，題為「摧毀國魂」的第二十一章。

人在國際上的誠信有多高？又是否只傳而不習——即自己沒有創新？

　　關於此等問題，拙著《文明交戰》（暫定名）還有進一步闡述。

第十一章

偵破 1856 年英國人聲稱其國旗
在廣州受辱案

英美眾多史學權威，堅稱 1856 年 10 月 8 日，英國船隻「亞羅」號（*Arrow*），停泊在廣州的珠江河面期間，其桅桿上飄揚着英國國旗；不料該國旗竟然被中國水兵扯下來了。是可忍孰不可忍，中國該打！英國為了報復此奇恥大辱，所以發動了第二次鴉片戰爭。

本偵探大惑不解。按照英國航海慣例，英船在航行中當然會升起了英國國旗，以識國別。但是，一旦它駛進別國的任何一個海港，拋錨後即降下國旗，[1] 藉此表示客國對東道國主權的尊重。若說「亞羅」號停泊在廣州河面期間，其英國國旗竟然依舊飄揚着，則其中必然有詐！於是本偵探決定查個水落石出。

據查，「亞羅」號是一艘華艇。所謂華艇（*lorcha*），是一種中西合璧的帆船：船身葡萄牙式，帆纜中國式。是澳門華人把葡萄牙船本地化的一種造船模式。它於 1854 年由一位名叫蘇阿成的華人在中國境內建造。[2] 翌年，蘇阿成把這條船賣給了另一位華人方阿明。[3]

在 1842 年香港被英國奪取作為殖民地後不久，方阿明就前往那兒謀生

---

1 W. C. Costin, *Great Britain and China* (Oxford University Press, 1937), p. 207.

2 Yeh to Parkes, 14 October 1856, enclosed in Parkes to Bowring, Desp. 158, 14 October 1856, FO228/213. 英文原文對華人的姓名只有英語音譯（即 Su Acheng），沒附原來的漢文姓名。看來 Su Acheng 是廣東音，姑且倒譯作蘇阿成。

3 Extract from the *China Mail*, 11 December 1856, Parl. Papers 1857, v. 12, pp. 190—1. 英文原文對華人的姓名只有英語音譯（即 Fong Aming），沒附原來的漢文姓名。看來 Fong Aming 是廣東音，姑且譯作方阿明。中方的記載如《南海縣誌》(2.60b)，《番禺縣誌》(22.32b)，《廣州府誌》(82.311)，則說船主是蕭成，看來是蘇阿成的別名。如果這推測屬實，則中文文獻似乎只記載了建船的人而沒有記載買船的人。

了；到他購買「亞羅」號的時候已經在香港居住了十年，註冊成為香港居民。因此，他把船買下以後，就以香港居民身份，替其向香港殖民地政府註冊，領取香港船照。船照的有效期為一年，從 1855 年 9 月 27 日開始。

它的船長是一名英國籍的北愛爾蘭青年，名叫托馬斯‧肯尼迪（Thomas Kennedy），剛滿 21 歲，他很坦然地自認只是一位掛名船長，因為船上的任何事情都不用他操心。而船主之所以僱用他，主要是看上他的藍眼睛紅鬍子，外表能為該船作英國式的裝飾。[4] 至於該船的其他人員共十四名水手，全部都是中國籍的華人。[5]

就這樣，一條在中國境內建造，由一位中國籍的華人（哪怕已經成為香港居民）所擁有，水手全部是中國籍，並在中國水域內游弋的船隻，卻受到英國國旗的保護。這種矛盾，最容易引起誤會。如果該船正在航行中並升起了英國國旗，那當然大家都可以看出它是一條擁有英國籍的船隻。但是，一旦它駛進中國的任何一個海港，拋錨後按照英國航海慣例降下國旗[6]。如果此時洋人船長又不在船上，而剩下清一色的華人水手，那麼它很容易就會被誤認為是一條中國籍的船。

「亞羅」號事件，就是在這種情況之下發生的。按英國駐廣州領事館的記錄，「亞羅」號於 1856 年 10 月 3 日駛進廣州市內的珠江河面，在現今廣州海關博物館附近停泊。[7] 按照英國航海慣例，必須馬上降下英國國旗。而看該船上、下人等如此重視它英國式的喬裝打扮，相信也會凜遵英國慣例，馬上降下英國國旗。或許萬一當時沒有及時降旗，相信很快就會降旗的。而到了五天以後，即 1856 年 10 月 8 日，該船上的英國國旗自然是早已降下了。否則要引人猜疑：怎麼一條自稱是英國籍的船，連最基本的英國航海禮節也不懂？是不是冒牌的假貨？同時，在 10 月 8 日當天早上，該船的洋人船長

4　Parkes to Bowring, Desp. 153, 10 October 1856, FO228/213.

5　同上。

6　Costin, *Great Britain and China*, p. 207.

7　Parkes to Bowring, Desp. 153, 10 October 1856, FO228/213.

又離開了該船而轉到別的華艇上，跟其他碧眼紅鬚的掛名船長共進早餐。[8] 剩下清一色的華人水手在船上。既沒外國國旗又沒白人船長在場，這條不倫不類的中葡合璧船，真的很難讓人辨別它是否擁有外國國籍。就是在這種情況下，廣州內河水師因接獲線報而登船逮盜。[9]

線報是由一位名叫黃連開的華人殷商所提供的。1856 年 9 月 6 日，黃連開與他親自駕馭的兩艘貨船遭到海盜攻擊，雙方從清晨七點打到下午四點，由於這麼長時間的近距離打鬥，他對這批海盜中的一些臉龐都認識得很清楚。其中一名缺了一隻門牙，頭戴紅巾，腰纏紅帶，不斷高呼其同袍加油，更是讓他畢生難忘。最後，黃連開這方的人後勁不繼，結果四人被殺，其他被制服，黃連開本人跳水逃亡，幸免於難。一個月後的 10 月 8 日清晨，他來到廣州，馬上從「亞羅」號的水手當中認出那個崩牙海盜。於是火速報告內河水師。[10] 其實這個崩牙水手，名叫李明太，是在打劫過黃連開的貨船後，於 1856 年 9 月 27 日剛剛加盟「亞羅」號，當助理領航員。[11]

內河水師接報後，立即派守備梁國定帶領屬下趕往「亞羅」號逮人。梁國定事後被傳作證時說，他到達現場時，既沒看到該船桅桿上懸有任何旗幟，船上也沒有任何外國人，有的只是華人水手，於是按中國規章辦事，把全部水手均當作嫌疑人犯帶走。[12] 「亞羅」號的年輕洋人船長事後也作證，說當他趕回該船時，發現所有水手都已被帶離，於是他懇求留下兩名水手看守

---

8   Kennedy's deposition, 9 October 1856, enclosed in Parkes to Bowring, Desp. 155, 11 October 1856.

9   Yeh to Parkes, 14 October 1856, enclosed in Parkes to Bowring, Desp. 155, 11 October 1856, FO228/213.

10   Yeh to Parkes, 10 October 1856, enclosed in Parkes to Bowring, Desp. 154, 10 October 1856, FO228/213. In Yeh's despatch was transcribed Huang Liankai's testimony.

11   Yeh to Parkes, 10 October 1856, enclosed in Parkes to Bowring, Desp. 153, 10 October, 1856, and containing the deposition of Wu Aren. The Chinese characters for Huang Liankai and Mingtai may be found in Yeh to Seymour, 31 October 1856, FO682/1989/15.

12   Yeh to Parkes, 10 October 1856, enclosed in Parkes to Bowring, Desp. 154, 10 October 1856, FO228/213. In Yeh's despatch was transcribed Huang Liankai's testimony.

該船，並得到中方同意。[13]

雙方的共識還不只這一點。梁國定説他到達現場時沒有看到該船上有任何外國人，「亞羅」號的船長事後也作證説他當時的確不在場，反而是在另一條名叫「達特」號（*Dart*）的船上跟其他洋人船長共進早餐。[14]同桌的「達德」號船長約翰‧利奇（John Leach）和「舟山」號（*Chousan*）船長查爾斯‧厄爾（Charles Earl），事後作證時都異口同聲地證明「亞羅」號船長在事發時確實早已離開了他自己的「亞羅」號船，並來到「達特」號，跟他們一同用早餐。[15]

但是，這三位洋人船長卻先後堅稱事發時「亞羅」號的桅桿上飄揚着英國國旗，並被中方扯了下來。「亞羅」號的洋人船長更補充説，他們吃早餐的船停泊在距離「亞羅」號大約在五十碼到一百碼（91.44 公尺）之間的地方，所以都能看到「亞羅」號甲板上發生的事情。[16]據英國駐廣州領事巴夏禮説，這三位洋人船長所言，得到那兩名經由「亞羅」號船長懇求而留下來看守該船的華人水手的佐證。奇怪的是，巴夏禮從來沒有出示過這兩名華人水手作證的自述記錄和簽字或畫押，而他本人卻向其上司包令公使堅稱這兩人確實説過這樣的話。這個虛無的查詢報告卻讓巴夏禮得出這樣一個結論：「英船『亞羅』號，當停泊期間國旗飄揚之際，竟然被中國水師登船逮走幾乎全部水手；這還不算數，中國水師居然扯下英國國旗」[17]。這樣的結論顯然自相矛盾，既説該船處於停泊狀態，又説英旗被扯下，處於停泊狀態的

13 Kennedy's deposition, 9 October 1856, enclosed in Parkes to Bowring, Desp. 155, 11 October 1856, FO228/213.

14 Kennedy's deposition, 9 October 1856, enclosed in Parkes to Bowring, Desp. 155, 11 October 1856, FO228/213.

15 Kennedy's deposition, 9 October 1856, enclosed in Parkes to Bowring, Desp. 155, 11 October 1856, FO228/213; Leach's deposition, 9 October 1856, enclosed in Parkes to Bowring, Desp. 155, 11 October 1856, FO228/213; Earl's deposition, 16 October 1856, enclosed in Parkes to Bowring, Desp. 160, 16 October 1856, FO228/213.

16 Leach's deposition, 9 October 1856, enclosed in Parkes to Bowring, Desp. 155, 11 October 1856, FO228/213; Earl's deposition, 16 October 1856, enclosed in Parkes to Bowring, Desp. 160, 16 October 1856, FO228/213.

17 Parkes to Bowring, Desp. 150, 8 October 1856, para.1, FO228/213.

船隻怎又會有國旗被扯下？這樣的矛盾好解釋，巴夏禮說此話時醉翁之意不在酒，其意在該句結尾部份：「真是奇恥大辱！」[18] 他在強調「中國該打！」這個結論所含的火氣真不小，為甚麼？

要弄明白這個問題，本偵探細閱巴夏禮寫給上司的書面報告，且看他還說了些甚麼話。其中有一段提及他在接到上述的查詢結果後，知道中方把建到的十二名水手拘留在廣東內河水師的一條水師戰船上，於是他就前往該水師戰船要求放人。沒想到中方不但拒絕；而且，巴夏禮說，「如果我親自動手為水手解綁的話，他們也會動手制止」。[19] 這短短一句話，讓人懷疑事情毫不簡單。如果巴夏禮不首先威脅說要親自動手，相信中方不會回答說要動手抵抗。盛氣凌人者若遭到反唇相稽，下不了台之餘，只會更為光火。這句話是他寫給上司看的，火氣尚且如此之猛，實際情況肯定比他的書面報告糟糕得多。

巴夏禮寫給葉名琛的照會就肆無忌彈地大發雷霆了。且看他是怎麼樣說的：他說他勒令[20] 該船的中國水師軍官（即該水師戰船的船長），名叫李永勝的，把抓獲的人犯「送往英領館，等我來親自審訊，那軍官居然拒絕；而當我堅決要人時，該軍官竟然表示要用武力抵抗武力」。[21] 這一段文字添加了一條細節，那就是，巴夏禮從一開始就採取高壓手段，勒令李永勝交人，而不是像他跟他上司所說的、禮貌地要求放人。軍人有軍人的尊嚴，那容得一個外國的小年輕來指手畫腳地威逼勒令？肯定要拒絕！這一點，巴夏禮作為哪怕是年輕的外交人員，應該很明白，但他偏偏要這樣做。為甚麼？是他故意這樣做來製造麻煩？還是生性如此？

結果，他遭到嚴拒了，下不了台。怎麼辦？此節巴夏禮甚至在其肆無忌彈地照會葉名琛時也沒交代。本偵探能找到的、巴夏禮寫過的所有其他公文

18　Parkes to Bowring, Desp. 150, 8 October 1856, para.1, FO228/213.

19　Parkes to Bowring, Desp. 150, 8 October 1856, para. 2, FO228/213.

20　原文是 require，一般是必須的意思。在某種情況下也有命令的意思，以當時巴夏禮用詞的環境與用意，若要用漢語表達的話，則勒令最為貼切。

21　Parkes to Yeh, 8 October 1856, para. 3, enclosed in Parkes to Bowring, Desp. 150, 8 October 1856, para. 2, FO228/213.

裏也沒有。於是本偵探轉移方向，追查巴夏禮的私人文書和有關著作。結果
發現他在一封私人信中這樣寫道：「他們不單拒絕我，還嘲笑我……甚至要
打我，後來我真的給他們打了一拳，雖然我在所有的公文裏，對這一點都避
而不談，因為我不想公開私人的事」。[22] 巴夏禮在執行公事時因為行為不檢
而公開出醜，竟然反而把公開出醜說成是私人的事。無他，巴夏禮在假公濟
私，當然不能把私事公開。

　　在上述史料的基礎上，本偵探重構了這一段歷史如下：巴夏禮從一開始
就採取高壓手段，勒令中方軍官李永勝把人犯送到英領事館拱手奉獻。這無
疑是有意羞辱中國軍方。李永勝公開反駁，巴夏禮怒不可遏，衝到人犯面前
要親手為他們解綁。李永勝麾下的士兵出手制止。雙方交手當中，誰先打了
誰一拳，不清楚。相信誰是最憤怒的人必定就是最先出拳的人。李永勝克制
有加，他的部下也止於反唇譏諷，都不是憤怒的表現。怒不可遏的，只有老
羞成怒的巴夏禮本人。既然巴夏禮不顧身份而竟然率先大打出手，但又苦於
孤掌難敵眾手，結果下不了台還要加緊硬闖。丟人現眼且不說，更要命的是
褻瀆公職，有辱國體：巴夏禮愈想愈氣，怒上加怒。他的憤怒，在他當天寫
給欽差大臣兩廣總督葉名琛的申陳中，表露無遺。茲全文翻譯如下：

　　　英國領事館
　　　廣州，1856 年 10 月 8 日
　　　閣下，
　　　1、急啟者，彌補辱國之事，刻不容緩。
　　事緣今晨剛過 8 點鐘左右，中國水師登上停泊在海珠炮台附近的一
艘英國船名「亞羅」號者，雖有該船的英人船長在場勸阻，仍然拘捕，
捆綁並帶走該船的 12 名華人水手，並扯下該船桅桿上飄揚着的英國國
旗。我聽了該船船長的報告後，覺得茲事體大，不宜偏聽，忙派人查
詢，方知屬實。探報又說，守備梁國定把「亞羅」號的水手帶到他的水

22　Lane-Poole, *Parkes*, v. 1, p. 229, quoting one of Parkes's private letters dated 14 November 1856.

師戰船後，即把水師戰船移泊永靖門附近。

2、於是我在副領事陪同下，親自到該水師戰船。接見我們的是一位名叫李永勝的軍官。我對他說，中方登上英船，用武力帶走船員，扯下英國國旗，已構成嚴重事故。我命他必須把擄去的人送到英領事館等待審訊。他拒絕。而當我一定要他把人交我時，他耍了一下功夫，然後告訴我說：他會用武力抗拒。

3、準此，我敬告閣下：以閣下的英明，一定會認識到、並承認，這種公開的侮辱必須得到同樣公開的彌補。所以，我認為閣下必須命令梁國定把擄去的水手帶回「亞羅」號，在我面前，「人歸原主」。如果發現他們其中有任何嫌疑犯，到時再送到英事領館，等候閣下派人與我共同審訊。

4、在我申陳閣下的同時，我已另行咨會英國駐華公使以及英國皇家海軍駐珠江河艦隊的司令員。此外，「亞羅」號由於水手被扣留而不能啟航所引起的一切損失，皆由貴國負責。

您忠實的，

巴夏禮[23]

這道申陳的第二段結束得很突然：巴夏禮沒有交待雙方在劍拔弩張的情況下，是如何收場的。但正如本偵探所揭，結果是雙方大打出手，巴夏禮挨了一拳（至於中方挨多少拳腳就不知道）後，苦於寡不敵眾，在眾多華人嫌疑犯的眼前，華人水兵的嘲笑聲中，丟盡了面子，悻悻然離去。懷恨之情越深，報仇之心越切，這可以解釋為甚麼在這道申陳的第二段，即打鬥之前，巴夏禮只要求中方水師戰船的船長李永勝把人犯送往英領事館。在第三段，即打鬥之後，他強逼中方公開認錯和彌補，而且具體規定認錯和彌補的方式：要求李永勝的上司、最初帶兵登船抓人的守備梁國定，把人犯帶回到事發現場「亞羅」號，在同樣眾多的華人嫌疑犯面前，羞辱守備梁國定及其所

23　Parkes to Yeh, 8 October 1856, para. 4, enclosed in Parkes to Bowring, Desp. 150, 8 October 1856, FO228/213.

代表的中國軍方。

　　現在事情比較清楚了：整個「亞羅」號事件的關鍵在於後來發生在中方水師戰船上的這場打鬥，巴夏禮誓報丟臉之恥，一拳之仇。為了雪恥，巴夏禮對中方的要求猛升了一級，從羞辱中方的水師戰船船長李永勝暴升到羞辱其上司梁國定守備。須知守備者，將軍也，位於千總之上，千總帶一千兵，守備該帶兵多少？在打鬥的時候，梁國定是否在場，文獻失載。看來他不在場，而是讓部下李永勝率領水兵在水師戰船上看管逮到的人犯後，回衙辦公去了。他到底是將軍之尊，成功地抓到人犯就交了差，哪會整天呆在水師戰船上看守人犯？巴夏禮是在李永勝手上吃過虧，按理應該羞辱李永勝才是，為甚麼要羞辱那位跟他毫無過節的將軍？箇中玄妙當然是當眾羞辱地位愈高的人愈困難，而地位愈高的軍官愈是象徵式地代表了中國軍方，如此更是難上加難。巴夏禮在故意給中方出難題！

　　從這個角度探案，那麼巴夏禮申陳的最後一段就好解釋了：他已經準備好中方不答應，所以同時間通知了英國軍方。區區一個年輕的代理領事，採取如此高壓的手段來對付欽差大臣兩廣總督，竟然斗膽挑戰當時英國人稱為「一人之下，萬人之上」[24] 的葉名琛，[25] 巴夏禮的背後必定有人為他撐腰。他是誰？案情太複雜了，在短短的本文無法交待，容謎底將在拙著《文明交戰》（暫定名）中揭曉。

　　但在此必須向讀者交待的，乃英國牛津大學著名史學家柯士丁教授説：「該船是有可能懸掛着英國國旗的，因為它似乎也掛起了啟航旗（Blue Peter）——表示它即將啟碇。因為如果按照慣例，靠港時是不會升起國旗的」。[26] 這個説法實在太匪夷所思了！船長不在船上，船員就起錨準備開船，豈不

24　George Wingrove Cooke, China: Being 'The Times' Special Correspondence from China in the Years 1857—8, with Corrections and Additions (London: 1858).

25　George Wingrove Cooke, China: Being 'The Times' Special Correspondence from China in the Years 1857—8, with Corrections and Additions (London: 1858).

26　Costin, Great Britain and China, p. 207.

是要撤下船長不顧？[27] 此舉在英國航海法例中等同叛變（mutiny）。另一方面，船長肯尼迪説事件發生在早上八點鐘至八點三十分鐘之間。[28] 但是，本偵探發現，當時「亞羅」號的船照仍然在領事館保存。[29] 據本偵探查英國法律所得：英國船長在船入港後，必須將船照呈交當地的英國領事館保存。待再度啓航之前，才能到領事館蓋印並領回船照，否則無法離港。領事可以藉此監控船舶和查緝不法行為。若「亞羅」號的船照仍然保存在領事館裏，該船怎敢開航？若硬着頭皮啓航，就變成「無牌駕駛」，在英國法律中是嚴重的違法行為。最後，本偵探更發現，英國駐廣州領事館要到早上十點鐘才開門辦公。[30] 即使肯尼迪計劃準時十點鐘到達領事館辦理手續，最快也要到十點鐘過後才能離開領事館，再走路回「亞羅」號，則最快也要到十點半鐘才能夠回到船上。因此，若該船在早上八點——他正和其他船長吃早餐的時候——就起錨，是不可思議的。本偵探更查證到，當時河水正值退潮，[31] 退潮時份，潮水愈退愈猛。如果當時起錨，等到肯尼迪領了船照回來時，該船已經在江上漂流了好幾個小時，漂流到了早就連廣州也看不見的地方去了。

可是英國的御用畫家為了施展其軟實力而弄虛造假，仍然不顧一切地精心繪出一幅憑空想像的守備梁國定扯下英國國旗的油畫如下，甚至繪出船長肯尼迪在場並欲上前制止卻被士兵攔阻！

27　唯一可能的解釋是船員一見到中國水師，就試圖起錨。但這個可能也不大，因為船員不可能預先知道水師是來抓他們的。

28　Kennedy's deposition, 9 October 1856, enclosed in Parkes to Bowring, Desp. 155, 11 October 1856, FO228/213.

29　Lane-Poole, *Parkes*, v. I, p. 228, quoting Parkes's letter to his wife, 14 November 1856.

30　Parkes's letter to Patterson, 27 October 1852, quoted in Lane-Poole, *Parkes*, p. 169.

31　Earl's deposition, 16 October 1856, enclosed in Parkes to Bowring, Desp. 160, 16 October 1856, FO228/213.

圖 11.1
英國人繪形繪聲的說中方扯下了英國國旗。
圖片來自 K. Robins Collection, in Richard H. Stuart, *The Pictorial Story of Ships*（London:
New English Library, 1977），p. 145. 不料網絡圖片資料又把圖片翻過來，真是以訛傳訛！

第十二章

中國船受英國國旗保護之謎

上章提到，中國人方阿明在 1842 年，即香港被英國奪取作為殖民地後翌年，就前往那兒謀生，十年後購得「亞羅」號之後就向香港政府註冊，領取船照。船照的有效期為一年。英國駐廣州代理領事巴夏禮認為，「亞羅」號既然擁有香港政府所發出的船舶執照，該船就擁有了英國國籍，並受到英國的保護。[1]

在此首先必須澄清該船與其船主各自的國籍問題。方阿明本人並未擁有英國國籍。按照當時大英帝國法律，只有在英國本土或者在英國殖民地出生的人才有資格領取英國國籍。方阿明不是在香港而是在中國內陸出生，所以只能擁有中國國籍。

為甚麼一個擁有中國國籍的人卻能為他的船隻領取一張可以被解釋為英國國籍的船照？矛盾就在這裏。以後有關「亞羅」號事件的諸多糾紛，也就從這裏開始。

製造這個矛盾的不是別人，正是當時香港殖民地政府的頭頭，港督包令爵士。他有鑒於當時中國沿海的船隻都沒有船照，混亂不堪，更沒法鑒別從事的是正業還是走私，於是他在香港立法局動議，經立法局討論並通過一條殖民地法例，規定所有香港的船隻必須向香港政府註冊，交費後領取船照，有效期為一年，期滿前必須重新申請，領取新照。船照有效期間，該船享有懸掛英國國旗的權利，並受到英國政府的保護。[2]

---

1   S. Lane-Poole, *The Life of Sir Harry Parkes* (London: Macmillan, 1894), v. 1, p. 228, quoting one of Parkes's private letters dated 14 November 1856.

2   See blue book no. 2166, entitled 'Correspondence Respecting the Registration of Colonial Vessels at Hong Kong', in Parl. Papers 1857, v. 12, pp. 579—94. See also Hansard, 3d series, v. 144, col. 1160.

如此這般，「亞羅」號便取得了懸掛英國國旗的資格。

這種做法，從行政上雖然說得過去，按但是按照法律，「亞羅」號算是英國船嗎？英國上議院的德比伯爵認為不算。「亞羅」號的歷史[3]顯示，她是「由中國人建造、中國人獲得、中國人出售、中國人購入、中國人駕駛和中國人擁有的」。[4]令她搖身一變而成為英國船的，是1854年香港政府頒佈的一條殖民地法例，容許當地英國臣民向香港政府登記他們的船隻，藉以獲得英國保護。

德比伯爵認為這條殖民地法例牴觸了英國本土的法律，因此無效。[5]在特殊情況下，女王陛下可以御准樞密院豁免這種無效。但直至當時為止，女王陛下並沒有御准樞密院頒令批准並確認上述殖民地法例，[6]原因是商務部（Board of Trade）表示反對。[7]所以，這條殖民地法例形同具文。[8]

德比伯爵又說，即使該殖民地法例有效，「亞羅」號的華人船主並非英國臣民，因為據香港律政司指出，該地六萬多名華人居民，法律上能稱得上是英國臣民的不足十人。當時英國方面不讓當地居民入籍，而香港是1841年才成為殖民地的，尚未有足夠自然出生而獲得英國國藉的成年人。[9]既然「亞羅」號船主不是英國臣民，自然不能登記申領船舶執照。此外，「亞羅」號的船主是中國臣民，香港政府不能在法律上解除他對母國與生俱來就應盡的國民義務，不能容許他在幹非法勾當的同時，蔑視中國的執法官員。[10]

德比伯爵向議員同僚詰問：未獲授權的駐華官員，越位行使了女王陛下御准的特權，大家身為有良知、有是非感的人，身為英國的立法者，是否

3　「亞羅號」的詳細歷史可在1856年12月11日的《德臣西報》(China Mail) 的節錄，附於Parl. Papers 1857, v. 12, pp. 134—5。

4　Derby, 24 February 1857, Hansard, 3d series, v. 144, col. 1360.

5　Ibid., cols. 1160—1.

6　Ibid., col. 1163.

7　Ibid., col. 1161.

8　對這個時期英國海事法的分析，見Sarah Palmer, *Politics, Shipping and the Repeal of the Navigation Laws* (Manchester: Manchester University Press, 1990)。

9　Derby, 24 February 1857, Hansard, 3d series, v. 144, col. 1161.

10　Ibid., col. 1164.

會認可這種行為，從而令自己身為女王陛下的殖民地法例法律顧問的身份蒙羞？[11] 德比伯爵還指出，該殖民地法例實質性地改變了《虎門條約》這份國際合約，其後果是地方凌駕中央：香港總督在香港豎立、以及在香港以外的地方實施、該殖民地法例，實屬越權！[12]

外相克拉蘭敦伯爵回應說，如果按照該殖民地法例而發出了英國船舶執照，當然就牴觸了大英帝國的法令。但所發的只不過是殖民地船舶執照，僅適用於往來中國和香港之間的貿易，所以尚不算牴觸大英帝國的法令。[13] 他認為香港發出的執照，就如同直布羅陀、馬耳他、馬六甲、新加坡和馬拉巴所發出的執照一樣。[14]

克拉蘭敦的說法很牽強。因此，大法官林德赫斯特伯爵提出一條他相信是無人能質疑的原則：「你可以賦予一個外國人或一艘外國船任何權利或特權，使該人或該船免於受你掣肘；但你卻不能賦予一個外國人任何權利或特權，使他免於受本國的掣衡」。[15]

阿蓋爾公爵[16] 同意這一原則無可爭議，但認為不適用於當前的議題，因為《虎門條約》取消了這一原則。許多中國人在鴉片戰爭期間為英國人工作，這些人與他們生而所屬的國家對抗，制訂《虎門條約》就是為了保護他們。按照這一觀點，阿蓋爾認為，判斷「亞羅」號是否英國船，應根據制訂該條約的原意，而非中國人聞所未聞的國會法案的技術論點。[17]

竊以為阿蓋爾公爵的論點看似合理，但卻有一個漏洞。《虎門條約》或許剝奪了中國政府的主權，禁止它在中國水域搜捕躲藏在英國船上那些觸犯了中國法律的嫌疑犯；但並沒有容許中國人擁有的、像「亞羅」號這樣的船，可以通過在香港付費就變成英國船，這完全是兩碼事。因此，與公爵的

11　Ibid., col. 1165.

12　Ibid., col. 1167.

13　Clarendon, 24 February 1857, Hansard, 3d series, v. 144, cols. 1197—8.

14　Ibid., cols. 1198—9.

15　Lyndhurst, 24 February 1857, Hansard, 3d series, v. 144, col. 1213.

16　他是巴麥尊內閣的郵政大臣。見 Duke of Argyll, *George Douglas, Eighth Duke of Argyll*。

17　Argyll, 24 February 1857, Hansard, 3d series, v. 144, col. 1241.

説法對照而言，大法官林德赫斯特伯爵所樹立的原則並沒有被《虎門條約》所推翻。可惜沒有人按照此理據來質疑阿蓋爾公爵的高談闊論，因為這場辯論竟然不久就被宣佈休止了，這「在上議院中是不尋常的事」。[18]

　　1857 年 2 月 26 日，當辯論恢復時，卡那封伯爵追問「亞羅」號究竟是英國船還是中國船。一艘船的國籍是由船主的國籍所決定的：[19]「亞羅」號船主不是英國臣民，所以它不可能是英國船。即使「亞羅」號船主已是入籍為香港的英籍居民，中國立法機構都沒有解除他對祖國應盡的義務。而「亞羅」號船主已是入籍為香港的英籍居民這種情況的可能性低，理由已如前述。[20]

　　竊以為卡那封伯爵想像力太豐富了，他以為當時的中國具備像英國國會那樣獨立的、永久性的立法機構。不過，雖然當時中國缺乏這種立法機構，也完全無損卡那封伯爵論據的效力。難怪緊接卡那封伯爵之後發言的梅休因勳爵，提不出任何反駁卡那封伯爵的理據。[21]

　　因此接下來發言的聖萊昂納茨勳爵加強壓力，他就殖民地法例只賦予殖民地船舶執照而非英國船舶執照之事質詢外相克拉蘭敦伯爵：「那麼，討論了這麼久，我們是否應該說，那張執照並非英國執照？『亞羅』號是否一艘沒有英國執照的英國船？」克拉蘭敦插話：「它領有殖民地執照。」聖萊昂納茨勳爵繼續說：「如果只是殖民地執照，那等於廢紙一張；如果它是英國執照，那就讓它在帝國法律面前接受檢驗是否合法。香港的殖民地政府哪有權去管廣州河面上發生的事情？」[22] 他的結論是：「亞羅」號不是條約意義中的英國船。[23]

18　Greville diary, 17 February 1857, as reproduced in *Leaves from the Greville Diary*, p. 782.

19　Carnarvon, 26 February 1857, Hansard, 3d series, v. 144, col. 1311.

20　Ibid., cols. 1312—13.

21　見 Methuen, 26 February 1857, Hansard, 3d series, v. 144, cols. 1321—2。

22　St. Leonard, 26 February 1857, Hansard, 3d series, v. 144, col. 1327.

23　Ibid., col. 1329.

在這泰山壓頂般的雄辯之下，接下來發言的溫斯利戴爾勳爵，[24] 顯得弱不禁風。他只能表達一個願望：盼望同儕以寬泛的意義去理解大英帝國法令中的「英籍」一詞，從而把「亞羅」號的情況也納入其中。[25]

馬姆斯伯里伯爵[26] 接着發言，他的說法對我們現在的分析和思考非常重要。他發覺，世上最有才幹的律師深入爭論過這個問題的正反兩面，但正反雙方都深信對方是錯的。他問道：「如果我們這些擁有崇高地位、淵博學識的英國議員和貴族，都被這個問題的技術細節所難倒，那麼，像欽差大臣這樣半開化的中國官員和他的同胞們，在面對這些指控時，又會將是如何摸不着頭腦呢？」[27] 因此他做了一個重要貢獻：「那是中國人不曾聽聞也不明白的法例，而且……它實際上是一條事後才通過，再附加到條約中的法律。除非訂約雙方都透徹理解和同意這樣的法定文件，否則怎能用它來約束雙方？」[28]

格蘭維爾伯爵[29] 不同意，至少不完全同意。他從一封 1855 年的照會中發現，葉名琛曾將兩艘被裁定為走私的華艇充公和拆散，包令公使為此向葉名琛傳上了殖民地法例的譯本。「葉名琛沒有對照會提出絲毫異議——似乎表示他默許了這條法例」。[30]

這位議員是以「沉默即等於同意」，來證明中國人知道該殖民地法例的存在，甚至可能認同該法例的合法性。但他還是未能反駁中國人不明白這條法例的指控。如果包令公使沒有令葉名琛明白這條法例，包令公使就沒有盡

24　如第二章所說，他名叫詹姆斯·帕克 (James Parke, 1782—1868)。1833 年成為樞密院司法委員會成員。1856 年晉身貴族。*DNB*, v. 15, p. 226.

25　Wensleydale, 26 February 1857, Hansard, 3d series, v. 144, col. 1340.

26　再次，他名叫霍華德·哈里斯 (Howard Harris) 是第三代馬姆斯伯里伯爵 (1807—89)。1852 年出任外交大臣，1858 年再次擔任此職。在 1866 年 6 月出任掌璽大臣。著有《前內閣大臣回憶錄》(*The Memoirs of an Ex-Minister*) 一書。

27　Malmesbury, 26 February 1857, Hansard, 3d series, v. 144, col. 1342.

28　Ibid., col. 1346.

29　再次，他原名格蘭維爾·喬治·萊韋森 - 高爾 (Granville George Leveson-Gower)，是第二代格蘭維爾伯爵 (1815—91)，曾在巴麥尊內閣出任樞密院議長。見 Fitzmaurice, *Life of Granville George Leveson Gower*。

30　Granville, 26 February 1857, Hansard, 3d series, v. 144, col. 1369.

他法律上應盡的關愛責任（duty of care）。因此，由於包令公使並沒有向葉名琛恰當解釋過、並讓他透徹明白這條殖民地法例，就不能向他追究法律責任。

阿爾比馬爾伯爵（Earl of Albemarle）[31] 提出了出人意表的新見解：不管「亞羅」號是否英國籍，它都不是中國船。中國船都叫帆船（junk），而不叫華艇（lorcha）。中式帆船是海上的龐然巨物——完全是一頭怪獸，它有一張巨大的嘴巴，船首破浪部份有可怕的牙齒，還有兩隻巨大眼睛，船尾高翹，像是怪物的尾巴。此外，lorcha 一詞是雙音節的，中國語文裏沒有雙音節的字，全是單音節的，僅從這一點就足以顯示華艇不是中國船。[32] 竊以為這簡直是奇談怪論。阿爾比馬爾似乎忘記了，葉名琛從來爭論的只是擁有權問題，而不是語言上的差異。[33]

如同其他問題一樣，上議院的爭辯雙方對於這一點看法始終存在着分歧。但綜合來看，政府的説法顯得理據薄弱和牽強。

此外，即使假設殖民地法例有效，「亞羅」號所領的執照還是有問題。英國政府狡辯説：「亞羅」號船照到期時，它不在香港水域，而是技術上説的「在海上」。而在正常情況下，一艘「在海上」的船是不會被要求為執照續期的，直至它回到母港為止。但正如德比伯爵所指出的，巴夏禮領事在 1856 年 10 月 3 日收到「亞羅」號的執照時，應該馬上察覺到它已經過期，並理應勒令它的船長立即申請新執照，這「在它停泊於廣州港口的那段時間是可以做到的，因為坐蒸汽輪的話，十二小時即可到達香港」。[34]

外相克拉蘭敦伯爵對這一説法不予理睬，堅稱從法律意義來説，「亞羅」

31　他名叫喬治・托馬斯・凱佩爾 (George Thomas Keppel)，是第六代阿爾比馬爾伯爵 (1799—1891)，曾當 1847 年出任首相的羅素的私人秘書。他在其兄第五代伯爵去世後繼承爵位，著有《吾生五十年》(Fifty Years of My Life) 一書。

32　Albemarle, 2 February 1857, Hansard, 3d series, v. 144, col. 1353.

33　阿爾比馬爾發言的水準似乎完全反映他智力之低。據説他在威斯敏斯特學校（Westminster School）時悠悠忽忽，從九歲唸到差不多十六歲，因而校長認為，任何需要學問的職業都不適合他。他最後獲得了當第十四步兵團第三營少尉的差事，並步步高升，終於在 1874 年官拜上將。DNB, v. 11, pp. 43—4.

34　Derby, 24 February 1857, Hansard, 3d series, v. 144, col. 1170.

號是「在海上」，因此仍然受英國保護。[35]

當然，「在海上」這種説法最先是由「亞羅」號的船長提出的，之後由巴夏禮領事轉告包令公使，[36] 包令公使發覺「亞羅」號的船照已經在1856年9月27日到期，從那天起已經無權接受英國保護。[37] 而且，船長這站不住腳的説詞，只是事後為掩飾自己理虧而提出的。可是，英國政府現在卻被迫要竭力去為這個蹩腳的説法進行辯護，力圖證明「亞羅」號那張已經過期的執照仍然有效。

聖萊昂納茨勳爵把「在海上」的説法徹底駁倒。根據該殖民地法例，每一艘船，毫無例外地，都必須在領照十二個月後重新登記。其用意再清楚不過了：令船隻每隔十二個月定期向當局報到。另外還有一個附帶條件，那就是：這種執照在該年期限屆滿前一個禮拜，必須呈交香港輔政司署。這不是證明執照絕對必須在一年有效期內續期嗎？如果「在海上」的説法得以容許，豈不是大開方便之門，縱容了該殖民地法例想要防止的不當行為？一艘船豈不是只要掛着英國國旗，六、七年仍然享有英國保護。[38] 包令公使自己就曾明確地説，「亞羅」號的船照一過期，就不再獲英國保護。[39]

不料站在政府一方的溫斯利戴爾勳爵，對此無法辯駁之餘，突然變得情緒激昂，他問道：「這是不是説，這些船如果剛巧開到了地球的另一個角落，只要執照規定日期的限期一到，它們就失去了國籍？」[40] 溫斯利戴爾勳爵的反應，竟然是如此激烈，顯示政府方面已理屈詞窮。像「亞羅」號這樣的淺底小船，當然不會遠航至世界其他地方，遑論地球遙遙另一個的角落，而只會在中國沿岸地區的香港和華南五個通商口岸之間的水域活動，這些地方距離母港頂多幾天航程。殖民地法例並沒有向遠洋輪船發出過類似的執

35　Clarendon, 24 February 1857, Hansard 3d series, v. 144, col. 1200.

36　見 Parkes to Bowring, 12 October 1856, Parl. Papers 1857, v. 12, pp. 65—6, para. 3。

37　Bowring to Parkes, 11 October 1856, Parl. Papers 1857, v. 12, pp. 64—5, para. 3.

38　St. Leonards, 26 February 1857, Hansard, 3d series, v. 144, col. 1330.

39　Ibid., col. 1331. 包令的説話，見 Bowring to Parkes, 13 October 1856, Parl. Papers 1857, v. 12, p. 66。

40　Wensleydale, 26 February 1857, Hansard, 3d series, v. 144, col. 1341.

照，而只發給那些在中國沿海進行貿易的小船。

激動的溫斯利戴爾勳爵接着甚至說，這條法例的締造者——包令爵士「以為該執照已過期是搞糊塗了；它明顯沒有過期，證據顯示，該船被拘留之際，船長似乎正打算回香港為其執照續期，他之前已把執照存放到該地的登記處」。[41]

不知道究竟是溫斯利戴爾勳爵自己激動得糊塗了，還是想把其他議員搞糊塗，第一，從條文的任何意義看，船照都已經過期，這點毫無異議。光是打算為它續期，並不能真的令它再次生效。第二，他的意思可能是，儘管「亞羅」號的執照已經過期，但它仍然享有英國保護。可是，如果連這條法例的締造者包令也裁定「亞羅」號的執照已過期，不再享有保護，還有其他人比他更清楚其立法原意嗎？第三，船長是將執照交到廣州的英國領事館，而交到非香港的登記處。

溫斯利戴爾勳爵竟然糊塗到這個程度，顯示那些為政府保駕護航的建制派，確實已經詞窮理屈，處境尷尬極了。

英國上議院為「亞羅」號事件的法律細節爭論不休，是法治的充份表現。孔子拒斥法治觀念，認為立法只會令人想方設計去鑽營法律的空隙。他認為治理人民的最好方式，是以身作則，導之以德。他相信，為政者有德，人民就會見賢而思齊，「其身正，不令而行」，[42] 這就是人治思想。此後大多數中國人，不幾是歷史學家，常常會以道德眼光來批判事物。畢竟，人們歷來認為中國史官應當直書不隱，勸善懲惡，含有道德批判意味。

中國史學家看到英國上議院的辯論，肯定會感到大惑不解，以致妨礙了他們尋找引發第二次鴉片戰爭的確切起因。上議院正反雙方就法律理據你爭我辯，互不相讓，尤其是那些令英國政府尷尬的言論，更會令中國史學家感到迷惑和震驚。中國人治思想歷經發展，成為一個強調「和諧」與「仁愛」

41　同上注。

42　《論語‧子路》。

的強大傳統，[43] 而支撐這種人治思想的，是一些規範人倫關係的準則，即所謂三綱五常。這種原則包括敬老慈幼。但敬老精神往往被延伸至掩飾長輩的錯誤，不管有多麼嚴重；慈幼之心也被延伸至不惜護短式地保護後輩。敬老尊長基本上變成了敬畏權威。至於平輩之間，一旦與第三者發生爭執時，會期望朋友助一臂之力，或者至少給予支持，這樣才不會覺得丟臉。因此，現代中國史學往往與民族主義聯繫在一起，任何中國人如果敢於為外敵說好話（無論是過去的還是現在的），不管多麼有理，都會被指為賣國賊。

上述種種，可以解釋為何蔣孟引教授雖然閱讀過英國國會的辯論記錄，卻一筆帶過「亞羅」號紛爭有關法律細節的爭論；因為他可能無法理解，為何在英軍正與中國交戰之時，有英國人在中國人手中喪命之際，竟然還有些貴族議員會為中國人說好話。他不明白的是，這些貴族議員也許對中國沒有任何好感，但他們心裏非常重視在法治的範疇內伸張正義，如果認定自己的政府舞文枉法，就會不留情面地加以指斥。對他們來說，法律高於一切，就像中國人敬老慈幼高於一切那樣。[44]

除了國會的言論以外，曾在三任內閣中擔任過司法大臣（Lord Chancellor）的林德赫斯特伯爵，以及前任首相德比伯爵（他在之後的 1858 和 1866 年再度拜相），都大加撻伐首相巴麥尊子爵的對華政策，但沒有一個英國人會因此而認為他們不愛國。事實上，據稱林德赫斯特伯爵「的每一次演說，都以高屋建瓴的權威和拳拳愛國之心著稱」，[45] 令與他勢不兩立的政敵也為之折服。德比伯爵也被形容為擁有「強烈的責任感」；事緣 1855 年克里米亞戰事正酣，女王邀請他組閣，他竟然婉拒，理由是他「認為由巴麥尊子爵所組成的、得到反對派保守黨支持的政府，會比自己所組的政府有更大

43　雖然這裏說到和諧與仁，但與同時代的英國相比，古代中國會用非常殘酷的逼供制度來對待犯法者甚或疑犯，而英國和歐洲早在約三百年前起，已不再用酷刑逼供。

44　想更詳細探討這方面的思想，見拙文：'The Rule of Law in Hong Kong: Past, Present and Prospects for the Future', *Australian Journal of International Affairs*, 46, no. 1 (May 1992), pp. 81—92。

45　*DNB*, v. 4, p. 1113.

圖 12.1
英國的立法機關 —— 國會

的作為」。[46]

　　中國人旁觀上議院辯論，可能會覺得某些議員諸如埃倫伯勒伯爵等很親華。其實不然。同一個埃倫伯勒伯爵，在 1842 年 2 月 21 日出任印度總督時，卻增兵準備對付中國，並以政策理由，拒絕因阿富汗發生天災而縮減對華作戰方案。此外，英國政府原本打算在長江作戰，其後改為取道白河，最後埃倫伯勒伯爵聽取了科爾切斯特勳爵（Lord Colchester）的情報，認為中國沿長江一帶防守最為薄弱，因此主動恢復原來的方案，從印度調兵增援；結果對華戰爭大獲全勝。此舉讓他歡欣鼓舞地向內閣報告，對華戰爭圓滿結束。[47]

　　從另外一個角度看，這些或支持或反對政府的上議院法官的言論，對尋找第二次鴉片戰爭的起因，極具價值。就目前所見，否定辱旗事件曾經發生過的理據非常堅實，而企圖證明其曾發生過的理據明顯薄弱，令本偵探更堅信當時英國國旗根本沒有懸掛，因而也不可能被扯落，所謂蓄意侮辱英國之指控，應屬毫無根據，使到英國政府之聲稱開戰是為了維護國家榮譽和尊

46　*DNB*, v. 5, p. 1012.

47　見 Sir Henry Marion Durand, *The First Afghan War and Its Causes*, 2 vs. (London, Longmans, Green, 1879)。

嚴，更顯得蒼白無力。一個在法律上有重重疑點的事件怎麼可能是光彩的和值得自豪的呢？[48]

　　上議院議員為之爭辯不休的是「亞羅」號事件的法律細節，而不是與中國的友誼。討論法律事例，最好是能完全撇除感情因素——不論是善意還是敵意，治史也是一樣。但中國史學家刻意挑選來給讀者看的，卻止於德比伯爵指責包令公使是偏執狂之類的感情因素。[49]這不難理解，因為中國受儒家學說影響，重視個人道德和人倫關係。如果中國和其他受過英帝國主義禍害的國家，能夠深入了解英國歷史，當能大有裨益。反之亦然。[50]

48　然而直至今天，中國史學家似乎都對事件的法理細節沒有太大興趣。如果蔣孟引教授和他的同事有嘗試去了解英國在「亞羅」號事件上的法律立場、英國人對愛國主義的看法，以及國會傳統的對立性質，他們對戰爭起因的解釋，會更具說服力。

49　見蔣孟引：《第二次鴉片戰爭》，頁 43，以及所有其他轉引蔣教授說法的後出著作。

50　戴維‧菲爾德豪斯 (David Fieldhouse) 提出中心與邊緣之間有密切相互關係的概念，如果採取這個概念的邏輯，那麼英國學者對於英倫三島以外他們自己的歷史，也會得出不同的看法。有關菲爾德豪斯的概念，見其 *The Colonial Empires: A Comparative Survey from the Eighteen Century* (London, Weidenfield & Nicolson, 1965)。羅素「抗議『亞羅』號在中國水域被無理拘留」(*DNB*, v. 17, p. 461)，以及「不久後 [1854] 發生太平天國起義」(*DNB*, v. 2, p. 986)，諸如此類的言論是可以避免的。「亞羅」號當然沒有被拘留，被拘留的是它的船員，而太平天國是發生在 1851 年。

第十三章

檢視 1857 年 1 月 15 日的香港毒麵包案

　　1857 年 1 月 15 日，香港發生了毒麵包案。有人暗中把大量砒霜放在主要供應給外國人食用的麵包裏。英國皇家海軍駐華艦隊司令西摩爾少將向英國總部報告說：「香港發生企圖毒害歐裔居民的歹毒事件，有人在麵包中混入砒霜。可幸的是，毒藥份量太多，人一吃下就馬上嘔吐出來」。[1] 連香港總督包令爵士的夫人都中了毒，以致身體變得極為衰弱，終於在 1858 年去世。[2] 包令在英國的姑母極為焦慮，寫信給他說：「我相信，以往一直庇佑你的上帝，今後仍與你同在，使你免受任何傷害。倘若天假以年，讓我看到你們一家平安返歸故里，那就太感謝上帝了」。[3] 香港其他中毒的人也幸虧挽救及時，[4] 沒有造成重大人命傷亡，卻已造成外國人極大恐慌。

　　消息傳到英國時，正值首相巴麥尊子爵為了攻打中國而訴諸國民並舉行大選。支持他的倫敦《晨報》咆哮說：「此等惡行令人髮指，犯案之人難道不是目無法紀？對待他們，難道不應該視之為一無是處的有害生物——衣冠禽獸？」接着咆吼道：「跟這些血淋淋的、茹毛飲血的野蠻人講國際法？！對待這些人面獸心的魔鬼，只有一條法律：殺無赦！」誰是此案的主謀？該報說「魔頭葉名琛」是也。該報更形容他殘酷不仁，是曾屠殺七萬名同胞的惡棍，之後更「懸巨賞殺害我國國民」。因此，《晨報》為攻打中國搖旗吶

1　Seymour to Admiralty, 14 January 1857, Parl. Papers 1857, v. 12, p. 313, para. 4.

2　Ibid.; see also Bowring to Edgar Bowring, 16 and 24 July; 1 and 7 August; 9 September; 13, 16, and 25 October; 25 November 1857; and 14 January 1858—all in Ryl. Eng. MSS 1228/172. See also Bowring to Clarendon, 19 May 1858, MSS Clar. Dep. C85; and the draft biography of Sir John Bowring, Ryl. Eng. MSS 1230/262.

3　Lane to Bowring, 30 March 1857, Ryl. Eng. MSS 1230/211.

4　Bowring to Edgar Bowring, 20 January 1857, Ryl. Eng. MSS 1228/172.

喊：「與如此殘忍嗜血的野蠻人打交道，還談甚麼國際法！對於這種披着人皮的惡魔，只有一種律法，那就是以霹靂手段伸張正義，嚴懲不貸」。[5] 四天後《晨報》更刻意令讀者激憤得血脈賁張，所以極其誇張地説：「我們的同胞離家在外，在一萬二千英里之遙的地方，得不到歐洲醫療照顧，許多人感到嘔吐、打冷戰、體力極度衰竭、惡心、吐血，誰能分辨這是否中毒跡象？」[6]

在英國殖民地的香港沒有西醫？難道他們害病時看中醫熬草藥？《晨報》真是語無倫次。

在競選期間，巴麥尊首相也借毒麵包案盡情煽動英國民情。1857 年 3 月 23 日，他向他自己選區蒂弗頓（Tiverton）的選民們發出書面聲明。這份聲明首先刊於《泰晤士報》，之後在《環球報》等晚報轉載。[7] 他還把這份聲明印刷了幾千份在全英國各地派發。據説這是英國政治史上首次有首相除了向所屬選區尋求支持外，還放下腰段向全國呼籲支持的。[8] 最富感染力、[9] 因而最為人熟知的，是這篇文字的第一句：「廣州大權掌握在一個傲慢跋扈的野蠻人手中……他以謀殺、暗殺和下毒等方式來滅絕我們的同胞」。[10]

巴麥尊的另一忠實支持者《環球報》，為了煽動已經洶湧的群情，憑空捏造毒麵包案的涉案者、裕盛辦館館主張亞霖的供詞：「我是奉總督大人之命行事，命令是由中國官員的一名手下傳來。他們跟我説，英國人與我國交戰，我有責任協助中國政府從事擾亂破壞；士兵以火與劍抗敵，我則用毒藥，對付敵人不擇手段是理所當然的；我若不遵命令，在廣州的家人就會被抄家入獄」。[11]

5　*Morning Post,* 3 March 1857.

6　*Morning Post*, 17 March 1857.

7　同上注，24 March 1857, col. 1. 另見 *Globe*, 24 March 1857, p. 2, col. 6.

8　Jasper Ridley, *Lord Palmerston* (London, constable, 1970), p. 468.

9　同上注。

10　*The Times*, 24 March 1857, p. 9, col. 1. 另見 *Globe*, 24 March 1857, p. 2, col. 6.

11　*Globe*, 24 March 1857. 張亞霖又名張霈霖。見 Choi Chi-cheung, 'Cheung Ah-lum: A Biographical Note', *Journal of the Hong Kong Branch of the Royal Asiatic Society*, v. 24 (1984), pp. 282—7.

《環球報》的作假行為不久就被揭穿。支持另一位政要迪斯累里（Disraeli）的週刊《新聞界》報導了張亞霖獲判無罪。其中一項不利於張亞霖的證據是他在事發當天離開香港去了澳門。但他堅稱去澳門是為了找個較安全之所安置妻兒。他還無知地帶了一些有毒麵包給自己和家人吃，結果全家中毒。張亞霖得悉自己被懷疑下毒後，馬上回香港向當局自首澄清。法庭最後判他無罪釋放。[12]

糟糕的是，在他獲釋之前，連他在內的總共四十二名疑犯，被關押在只有十五平方英尺的狹小囚室內二十天之久，囚室既無廁所，也無寢具，更無替換的衣服。本偵探更發現律政司安斯德（Chisholm Anstey），不待法庭審判就先入為主地一口咬定被告有罪，這是大多數恪守法治精神的英國本土人最為反感的。[13]

但真相來得太遲，無法產生有利於反對派選情的影響，蓋《新聞界》在1857 年 4 月 11 日刊出這則消息時，選舉已經結束。支持巴麥尊的《環球報》已達到其目的，它所煽起的激憤民情發揮了重要作用。之後，《泰晤士報》特派通訊員在香港繼續關注這一事件。他報導說張亞霖再被起訴，這次是控告他所賣的麵包不衛生。律政司再次先入為主地一口咬定被告有罪，理由是根據普通法規定，麵包店所賣的麵包必須適合人類食用，現在張亞霖所賣的麵包含有砒霜，罪行確鑿無疑。陪審團判處罪名成立，張亞霖被罰款 1,010元。[14] 如果律政司的行為反映了在香港的英國人忿恨之強烈，大選期間英國群情之洶湧亦可見一斑。[15]

由於整個事件錯綜複雜，讓人眼花繚亂，為了對事情始末取得一個比較清晰的印象，本偵探特別整理出一個大事記。換一個新的角度審視此案，

12　*Press*, 11 April 1857.

13　同上注。

14　Cooke, *China*, p. 55.

15　巴麥尊再次當選後，其政府認為必澄清事實，故刊印另一本藍皮書來告知它的成員真相。此書名為《有關中國犯人在香港被囚及麵包店東主等人被控下毒案件審判之文件副本或摘錄》(*Copies of, or extracts from, any papers connected with the confinement of Chinese prisoners at Hong Kong, and with the trial of a baker and others on the charge of poisoning*) (Parl. Papers 1857, Session 2, v. 43, pp. 169—206)。

結果有驚人發現。該大事記清楚表明，毒麵包案發生前的三天，即 1 月 12
日，英國駐華艦隊司令員、海軍少將西摩爾爵士，命令其部隊於當天清晨 6
時 50 分開始在廣州市著名的廣東十三行當中的洋行地區週圍有系統、有步
驟地進行放火，目的是清除洋行週遭的中國民房，以便更有效地保護洋行區
的安全。當時正颳着乾燥的西北風，火勢一發不可收拾，焚燒民房無數。而
廣州民眾不顧英兵強行阻止，仍然「在英兵發射的槍林彈雨中，奮不顧身
地整天前赴後繼地救火」。[16] 行動不便的老弱婦孺被燒死無數。試想，老父或
老母甚或雙親皆被活活燒死的孝子賢孫，悲痛之餘會幹出些甚麼？又設想，
兩廣總督葉名琛早在 1856 年 10 月 28 日已懸賞殺敵，為何遲至 1857 年 1 月
15 日才有人不顧一切地深入虎穴，在香港的麵包店中投放砒霜？放毒的人
顯然不是為了領賞而冒這個天大風險。若是沿着這個線索探案，則英方堅稱
是葉名琛派人放毒之說便很難成立，而孝子賢孫誓報不共戴天之仇的推理，
就順理成章。

　　其實孝子賢孫誓報不共戴天之仇，早在毒麵包案之前一段時候，由於英
軍炮轟人煙稠密的廣州城而激起的極大民憤，已經令香港風雨飄搖。港督
包令爵士向英國外相克拉蘭敦伯爵報告說：「綁架、暗殺和縱火，令我們必
須時刻警惕提防」。[17] 他等不及新年結束就在 1857 年 1 月 3 日召集行政局會
議，會上通過決議：香港「殖民地現在的保安情況並不理想，受到了敵方進
逼的威脅，令人甚為憂慮，因此要求海軍總司令大人馬上增強海軍，以鞏固
防務」。[18] 有了這項決議，包令就寫信催促西摩爾少將從廣州返回香港開會。[19]
為了加重這個要求的份量，包令引述前殖民大臣斯坦利勳爵（Lord Stanley）
在 1843 年 11 月 15 日寫給前任港督璞鼎查的公文：「女王陛下政府大致同意

16　J. Mongan's Memorandum of Operations at Canton, 5-13 January 1856, dated 14 January 1857,
　　Parl. Papers 1857, v. 12, pp. 313-315, para. 7.

17　Bowring to Clarendon, 30 December 1856, MSS Clar. Dep. C57.

18　Hong Kong Executive Council Resolution, 3 January 1857, FO17/280, p. 61, enclosed in Bowring
　　to Seymour, 3 January 1857, FO17/280, p. 60. 這些文件其後提交國會，見 Parl. Papers 1857, v.
　　12, pp. 319—20。

19　Bowring to Seymour, 3 January 1857, v. 12, pp. 319—20.

你的意見，即我們必須仰賴我們海軍的優勢，保障我們在這個海島（香港）上的商業安全無虞」。[20] 西摩爾少將不得不遵從。當他甫一抵達香港，馬上就「發現這個殖民地人心惶惶。中國官吏命令那些德高望重的華人離開，否則處死他們在內地的親人。留下來的龐大人口中，有許多人是受僱於中國政府，我們擔心他們有人會縱火」。[21] 結果不是縱火，而是在麵包中下毒。

有了這個新發現，再倒過頭來衡量英國《晨報》的社論，認為下毒之人是「人面獸心」；[22] 那麼，故意放火把老弱婦孺活活燒死，同時又開槍射殺救火的人，難道通通都是英雄好漢？難道「以牙還牙」來報復不共戴天之仇的孝子賢孫，反而通通是「人面獸心」？

本偵探認為，《晨報》、《環球報》等英國報章的咆哮，正是英國人的排外心態在吶喊與狂呼。根據《晨報》的看法，英國皇家海軍炮轟人口稠密的廣州城沒有甚麼大不了，但中國人如果想要還手，就是披着人皮的惡魔。本偵探曾在其英文原著《鴆夢：第二次鴉片戰爭探索》（劍橋大學出版社，1998 年）第六章中指出，在廣州的英國外交官和商人被孤獨無援的陰影所困擾，可能是令他們萌生排外心態的原因。但《晨報》的論調顯示，英國人的排外心態可能有更深層的根源。事實上，威廉斯·亞當斯（William Adams）在探討二十世紀初比較解剖學時發現，要直至 1930 年代，即他所探討的報告之後的一代，「才開始有人質疑種族優越和低劣的概念」[23]。亞當斯所說的是指歐洲人的概念，包括格拉夫頓·埃利奧特·史密斯爵士（Sir Grafton Elliot Smith）這批英國人的概念。一些可視為英國排外心態的不經意和說漏嘴的話。[24]

但本偵探在經過二十個寒暑的思考，尤其是鑒於現在中國重新崛起，

20　Ibid., para. 3.

21　Seymour to Admiralty, 14 January 1857, Parl. Papers 1857, v. 12, p. 313, para. 9.

22　*Morning Post*, 3 March 1857.

23　見其 *Nubia: Corridor to Africa* (London, Allen Lane, 1977), p. 92。

24　見 James Lees-Milne 的日記 *Prophesying Peace* (London, Chatto & Windus, 1977)。另見 V. G. Kiernan, *The Lords of Human Kind: European Attitudes towards the Outside World in the Imperial Age* (London, Weidenfeld & Nicolson, 1969).

「中國該打」的呼聲再度不絕於耳，又是甚麼心理病態在作怪？於是無可避免地想到十九世紀益格魯‧撒克遜建立起其日不落的大英帝國時，最盛行的一句話正是：*Civis Romanus sum*（「我是羅馬公民」〔直譯〕「你敢碰我？滾蛋！」〔意譯〕）君不見，在 1850 年巴麥尊子爵就豪氣萬丈地說過：「過去，羅馬人只要說一句：我是羅馬公民，就不會有人敢輕侮他。今天，英國的臣民也一樣，無論他在甚麼地方，都可確信會得到英國關顧的目光和有力的臂膀保護，使他免遭任何不公和惡待」。[25]

　　至於張亞霖，本偵探查出他是當時中英角力中，一名在狹縫中幾乎喪命的可憐香港居民。他似乎出生在廣東省香山縣（今中山市，毗鄰澳門），到香港謀生後，由一名工人慢慢積累資本及技術而變成麵包店主。在毒案發生之前不久，他的故鄉香山縣貼出告示，命令所有在香港謀生的香山人通通回去，否則一經拿獲，以叛徒論處。他的祖母馬上寫信催促與他同住的父親，命他帶領全家回鄉。張亞霖誓死不從，結果被懸賞五千銀元捉拿。不得已，張亞霖與父親商定，把家眷經澳門送還故里，他則準備單獨留在香港。他妻子深恐獨行出意外，就說既然從香港開往澳門的輪船當天往返，她希望丈夫至低限度陪他們到澳門，然後折返香港，再由公公從澳門護送一家回鄉。14 日晚，張亞霖吩咐麵包師傅為小孩們做些長麵包。翌晨，天剛破曉，張亞霖一家就上船，在船上吃隨身帶着的麵包做早餐，結果小孩率先大哭，其他家人亦相繼嘔吐，張亞霖則由於心事重重沒食慾而逃過一劫。張亞霖懷疑有人下毒並連累了他，結果當船抵澳門時，他並沒有率領全家上岸逃跑，反而決定全家馬上折回香港善後。他商諸船長立即返航，船長告以照例要到夜裏兩點鐘才開船。張亞霖說明必須火速返航的原因，並願意付五十銀元。船長拒絕，說首先要卸下鴉片，然後為一名商人上載一批貨物。待該商人到來時，張亞霖又向該商人表示，若他讓船立即開行，願意給他一百元，該商人仍然拒絕。張亞霖轉求船長准許他全家在船首的二等艙過夜，等待開船。結果他

25　Hansard, 3d series, v. 62, cols. 380—444, Lord Palmerston's speech, 25 June 1850. 引自 *Brewer's Dictionary of Phrase and Fable* (London, Cassell, 1963), p. 207.

們就在該二等艙等待返回香港時被捕，遭押解回香港受審。[26]

　　若另一場文明交戰再度爆發，恐怕無數像張亞霖這樣奉公守法的無辜良民塗炭。

―――――
26　Parliamentary Paper, 1857, Session 2, vol. 43, no. 2223, pp. 11-13.

第十四章
生牛排和生洋蔥妙用無窮

英國海軍陸戰隊的克利樂（Crealock）上校，在 1858 年 1 月葉名琛被俘後，火速為他繪了這幅速寫，傳媒輾轉地廣為傳播到英語世界每一角落，影響深遠。本偵探堅持「盡信書不如無書」的道理，上窮碧落下黃泉也要全面地發掘有關資料，結果有幸地神交了一位當時的英國記者，他像本偵探一樣矢志做實地調查。他的機會終於來臨了：那就是 1858 年 1 月，鑒於歐洲的外交慣例，英國派遣其皇家海軍主力艦之一「不屈」號（HMS Inflexible），專程承載着當時雖然已經成為階下囚的前欽差大臣兩廣

圖 14.1
葉名琛肖像（克利樂上校速寫，sketch by Colonel Crealock, 1858, from Douglas Hurd, *The Arrow War*〔London: Collins, 1967〕, opp. p. 33.）

總督葉名琛放逐往印度，而從廣州到達香港並暫作停留以便補給。於是該記者登船親往看望葉名琛，然後報導説：

我們的讀者之中，無疑有不少人都見過據稱是欽差大臣葉名琛的正面和側面畫像。過去，亨利·富澤利（旅英瑞士畫家）為了令自己腦海中浮現出恐怖事物，故意去吃生牛排和生洋蔥。繪畫葉名琛肖像的這位畫家，一定也是採用了同樣的飲食方式，並在腸胃翻騰的時候作畫。因為我們剛巧得以好

好端詳真人，實在看不出他和那位畫家畫中面目猙獰的惡棍有何相似之處。[1]

真實的葉名琛是甚麼長相，該記者這樣描述：

> 他的頭很大，臉頰飽滿，看起來饒有智慧，比耆英長得好看多了，
> 也不像 1845 年和〔滿洲人〕耆英一起在這裏〔本偵探按：即香港〕的
> 那個魁梧的漢人黃恩彤那麼大塊頭。他身穿一襲寬鬆而褪了色的藏青色
> 絲綢長袍，胸口處有兩大片鼻煙的污跡，頭戴小圓帽……偶然有其他
> 人登艦，脫帽向葉致意，他就從椅上站起來，欠身脫帽還禮。

該記者繼續說：「非常英國氣的艦上官兵似乎都對這位階下囚頗有好
感。他們敬重葉名琛之泰然處理自己的淪落和被囚，敬重他的沉着鎮靜、不
亢不卑。在他們心裏，他是位才智兼備之人。」[2]

哦！原來在盎格魯·撒克遜民族眼中，葉名琛不但彬彬有禮，而且還才
智兼備。那麼，長期與葉名琛共事的下屬，態度又如何？「共服葉制軍之識
定力堅」。[3] 此言出自不避英軍炮轟兩廣總督衙門時的連天炮火而頻頻前往探
望葉名琛的南海縣令華廷傑手筆，可知是真心話。此外，在英法聯軍攻破廣
州城而到處搜索葉名琛時，也有部屬挺身而出自稱是葉名琛。[4] 樂於代主受
難，更是毫不簡單。

至於葉名琛的副手、廣東巡撫柏貴，以及身形龐大的廣州將軍穆克德
訥，「他倆聽到葉名琛的腳步聲就發抖」。[5] 為何如此？容本書題為「重建葉
名琛被俘的現場過程和表現」的一章中分解。

好個高深莫測的葉名琛！他的內心世界，能否一窺？英國《泰晤士
報》的戰地記者柯克（Wingrove Cook），全程陪同葉名琛坐着「不屈」

1　*Hong Kong Register* (newspaper clipping), 16 February 1858, Ryl. Eng. MSS 1230/84.

2　同上。

3　華廷傑：《觸藩始末》,（崇仁華氏 , 1885); 收入齊思和（等編）：《中國近代史資料叢刊：第二次
　　鴉片戰爭》(上海：上海人民出版社，1978)，第 1 冊，頁 163-196：其中頁 164。

4　Cooke, *China*, p. 431, lines 12-39.

5　Cooke, *China*, pp. 344, paragraph 2, lines 6-9.

號，從香港駛往印度，天天密切注視他的一舉一動，並通過翻譯員阿查利（Alasbaster）頻頻與他交談。柯克後來撰寫了一篇專文，在《泰晤士報》發表。該文對於我們瞭解一位中國近代史上重量級人物的內心世界、價值觀等，難能可貴，是不可多得的實地調查報告。簡又文先生（1896－1978）曾將其翻譯成中文，題為〈葉名琛浮海記〉，載《大風旬刊》1939 年至 1940年第 57－59 期。若天假我年，本偵探改天重譯，也很有意思。

總而言之，英國畫家把葉名琛醜化得連英國記者也慘不卒睹，說是只有故意吃了生牛扒生洋蔥而藉此產生無窮幻想的人，才會繪畫出如此脫離現實的速寫。比諸另一位英國畫家之筆下的巴麥尊子爵，把其領袖美化的出神入聖，證明十九世紀中葉的英國藝術家，已經深明軟實力的重要性。（見本書題為「巴麥尊姓巴名麥尊論」的第六章插圖）。

對！軟實力。克利樂上校在 1858 年 1 月故意把葉名琛速寫為洪水猛獸，似乎是為了響應其首相巴麥尊子爵在 1857 年 2 月的英國下議院辯論中、以及在接下來的英國全國大選中對葉名琛的惡毒攻擊。而這些惡毒攻擊，都馬上由當時的英語報章輾轉傳遍全球。跟清兵接過仗的克利樂上校，相信曾如饑似渴地閱讀過，故心領神會地繪了這幅葉名琛的畫像。目的是要向全世界宣佈：中國該打！

首相巴麥尊說過些甚麼？在 1857 年三月初英國下議院辯論中，巴麥尊說葉名琛是個「殘酷不仁的惡魔」，說他作惡多端，說他侮辱和貶損人性，說他是個足以令華夏民族蒙羞的最殘暴的野蠻人。更說：若英國不嚴厲製裁葉名琛，他必定為所欲為，並會說英國人懦弱，都怕了他。巴麥尊又模仿葉名琛的口吻說：「我把原本在這裏的番鬼統統趕走了。人們都說英國是擁有強大海陸軍的大國，但英國人對我卻退避三舍」。巴麥尊隨即刻意觸碰英國人最為敏感的神經，聲稱葉名琛因而會放縱中國人掠奪英國人財產。[6]

巴麥尊更操弄議員們的情緒：「據說在短短幾個月間，有七萬顆頭顱——中國人的頭顱，被葉蠻子屬下的劊子手的斧頭砍下」。他繼續說：「還

6　Palmerston, 3 March 1857, Hansard, 3d series, v. 144, col. 1830.

有，五六千具屍體被留在刑場腐爛發臭」。更惡劣的是，中國當局「不移走那些無頭死屍，任由它們留在原地，存心讓其他被押赴刑場行刑的人目睹」。[7]

英國國會的議員們可不是傻瓜，不會隨便被人擺弄的，結果以大多數投了不信任政府的票。於是巴麥尊悍然解散國會，準備舉行全國大選。

古爾利醫生（Dr. W. Gourley）聞訊，馬上去信外交部：「我不希望內閣總辭，但不管他們是否總辭，我都決定盡我所能破除大多數公眾的謬見，而他們之所以產生這種謬見，乃受科布登先生〔Richard Cobden, 1804–1865〕等人的言論所蒙蔽」。古爾利醫生顯然曾見過中國官員對老百姓施加酷刑的繪畫。他把這些圖畫交給友人——「歐洲首屈一指的藝術家」喬治·克魯克香克（George Cruikshank）。[8] 克魯克香克是極富才華的畫家，古爾利請他擱下手頭工作，用他那獨特的畫風重繪這些圖畫，「必定在首都每家著名畫店內掛出」。他很有信心，經克魯克香克重繪的圖畫必定能令內閣博得公眾同情，效果更勝國會內外的發言。他憑甚麼如此肯定？他聲稱：克魯克香克「以無與倫比的筆觸繪畫酗酒的遺害，大有功於本國和美國的戒酒運動，其成效遠超所有戒酒講座」。[9]

外相克拉蘭敦甚為高興。他在一份備忘錄中寫道：「應致謝忱。人們以為中國人富有高尚的人道精神，他〔古爾利醫生〕想做的事無疑有助於破除這種謬見」。[10] 古爾利醫生在 3 月 11 日 [11] 回信，對「克拉蘭敦伯爵的贊同」

7　Ibid., col. 1822.

8　克魯克香克的生平，見 Michael Wynn Jones, *George Cruikshank: His Life and London* (London：Macmillan, 1978)。他作品見 John Wardroper, *The Caricatures of George Cruikshank* (London：Gordon Fraser, 1977)；以及 Richard A. Vogler, *Graphic Works of George Cruikshank: 279 Illustrations, Including 8 in Full Colour* (New York：Dover, 1979)。可惜的是，古爾利博士提及的那些圖畫，在這些著作中一幅都沒有收錄。

9　Gourley to Foreign Office, Regent's Park, 5 March 1857, FO17/280, pp. 39—40. FO17/280 是一本裝訂成冊的文件彙編，標明「國內雜項」字樣，與官方公文不同的是，它並沒有寄發編號。因此，為方便辨別起見，以下會標出各份文件的頁碼。

10　Clarendon's minutes, dated 6 March 1857, on Gourley to Foreign Office, Regent's park, 5 March 1857, FO17/280, pp. 39—40.

11　Foreign Office to Gourley, 11 March 1857, FO17/280, p. 105.

感到表示非常振奮。[12]

　　1857 年 3 月 24 日，古爾利醫生再次致函外交部：「克魯克香克先生這位當代賀加斯（William Hogarth, 1697-1764），正忙於描畫中國律法的野蠻行為」——斷手割膝、凌遲、五馬分屍、剝皮等等。古爾利醫生寫道：「全體文明世界應當聯手制止這些可怕暴行，並致力令這些惡棍認識到普遍的人道原則」。[13]克拉蘭敦在備忘錄中再寫道：「告知來函已收悉並致謝」。[14]

　　古爾利醫生所做的事情和克拉蘭敦的認可，或許在當時當地是權宜之計，但長遠來說它們會嚴重地危害中英兩國人民之間的友好關係。1857 年 3 月，在全國大選臨近，英國好勇鬥狠的愛國主義呼聲響徹雲霄之際，克魯克香克的繪畫嚴重地誤導選民，英國報章更把中國人形容為「凶暴乖戾的民族」、[15]「奸險詭詐的野蠻民族」，[16]如此圖文並茂，難怪英國選民敵愾同仇。

　　克魯克香克繪畫的原意可能並不是讓人產生盎格魯・撒克遜民族對另一個民族的偏見，他本人就曾在 1818 年目睹兩名英國婦人在倫敦市中心的拉德蓋特山（Ludgate Hill）被問罪吊死而大感震驚，[17]她們被處死僅僅是因為使用了一英鎊的偽鈔，但不至於有人因此而指摘盎格魯・撒克遜民族是「凶暴乖戾的民族」。也許更準確的說法應該是：清朝統治者是非常殘酷地對待他們視為犯法之人。[18]

　　1857 年 3 月 26 日，首相巴麥尊乘火車抵達他的選區蒂弗頓。火車站有

12　Gourley to Foreign Office, 12 March 1857, FO17/280, p. 128.

13　Gourley to Hammond, 24 March 1857, FO17/280, p. 226.

14　Clarendon's minute, dated 25 March 1857, FO17/280, p. 226. 第二天寫了一封感謝信，見 Foreign Office to Gourley, 26 March 1857, FO17/280, p. 238。

15　如見 *Globe*, Friday, 6 March 1857, p. 2, col. 3: 'Look on the Picture and Then on That'。

16　*The Times*, 16 March 1857.

17　John Laurence, *A History of Capital Punishment* (New York, Citadel, 1963), p. 13. 另見 V. A. C. Gatrell, *The Hanging Tree: Execution and the English People, 1770—1868* (Oxford, Oxford University Press, 1994)；以及 Leon Radzinowicz, *History of the English Criminal Law and Its Administration from 1750, v. 1, The Movement for Reform* (London, Steven, 1948)。

18　四十年之後孫中山也同樣譴責清政府野蠻的司法程序（見其 'Judicial Reform in China', *East Asia* , 1, no. 1 [July 1897], pp. 3—13）。孫中山被扣留在中國駐倫敦公使館時，英國公眾對他的安危大感憂慮，因為許多人看過克魯克香克的畫作，這也顯示古爾利醫生為巴麥尊政府助選努力的成功。

大批民眾迎候，他們熱烈歡迎他，一路歡呼簇擁到他下榻的賓館。之後，他向選民們演説，歡呼喝采聲雷動，不絕於耳。在雷動的陣陣歡呼聲中，他説倨傲不遜的蠻子葉名琛「集普天下的頑固、殘忍、背信棄義於一身。（群眾的歡呼和笑聲）」。還説葉名琛長期以來一直蔑視和違反條約規定，現在則肆無忌憚地攻擊英國國旗來發難。「我們在當地的官員對於受到到這樣的攻擊自然感到憤慨，要求對方為此道歉，並保證不會再犯（群眾喝采）」。他説，有關船照、殖民地法例和帝國法律的技術性爭論，英國人已聽得夠多了，對他來説，問題是那麼地清楚而單純。他稱，那是一艘掛着英國國旗、領有英國執照、由英國臣民指揮的船，唯一落人口實的是「一個當了老爸的老頭子，他的兒子在中國某處地方被指是海盜（哄堂大笑和喝采）」。[19] 眾人向巴麥尊伉儷歡呼三聲，再向女王陛下歡呼三聲。[20]

巴麥尊以壓倒性的優勢贏得大選後，以嬉笑的口吻在議院説，1840 年林則徐的禁煙運動是個陰謀，目的是想在中國自行種植罌粟。[21]

真是豈有此理！

從這宏觀角度看，克利樂上校之把葉名琛繪成惡魔般的模樣，只不過是為了迎合英帝國主義高喊「中國該打！」的口號而已。軟實力兮，軟實力！據本偵探繼續偵察所得：克利樂在繪該速寫時只是少校（major），[22] 待他的速寫發表後不久就跳級晉升為上校了，他是在沙場上還是在宣傳的戰場上立了大功而跳級晉升，就不可得而知之了。

不料在葉名琛當時身處的中國，他一旦失寵，耳邊所能聽到的盡是國人對他的謾罵和指斥。全國上下：上至皇帝 [23] 下至販夫走卒，[24] 皆異口同聲地把第二次鴉片戰爭的爆發怪罪於他，把帳全部算在他一人頭上。甚至瘋傳所謂

---

19 同上注。

20 同上注，col. 6。

21 Palmerston, 9 April 1840, Hansard, 3d series, v. 53, col. 940.

22 George Wingrove Cooke, *China: Being 'The Times' Special Correspondence in China in the years 1857-8, with corrections and additions* (London: Routledge, 1858), p. 398，paragraph 3.

23 上諭，1858 年 1 月 27 日，《籌辦夷務始末‧卷十七》，第二冊，頁 623。

24 篠園：《粵客談咸豐七年國恥》，載《第二次鴉片戰爭》，第一冊，頁 236—51。

六不總督順口溜，嘲諷葉名琛「不戰、不和、不守、不死、不降、不走；相臣度量，疆臣抱負，古之所無，今亦罕有」。這又是甚麼道理？四十年前，本偵探已經證明此溜屬假。[25] 但究竟是誰做的假？且看本偵探再大顯身手，如何？

最後，回應本章開宗明義所引孟子說的：「盡信書則不如無書」（《孟子·盡心下》）。竊以為克利樂上校為葉名琛所作的速寫固然不能盡信，難道「生牛排和生洋蔥」之說也能盡信？難道速寫沒有任何真實的因素？若有真實的因素，那麼這些因素是甚麼？且看本偵探在本書題為「負面的葉名琛」的第二十章中，如何破此懸案。

25　見拙著 *Yeh Ming-ch'en: Viceroy of Liang-Kuang, 1852-1858* (Cambridge University Press, 1976).
　　中文版見《兩廣總督葉名琛》（北京：中華書局，1984；上海：上海書店出版社，2004）。

第十五章

追捕捏造六不總督順口溜的歹徒（一）：
江上蹇叟？七弦河上釣叟？李鳳翎？

　　中國在過去長期廣為流傳着一首影響深遠的順口溜，痛斥欽差大臣兩廣總督葉名琛在第二次鴉片戰爭中：「不戰不和不守，不死不降不走，相臣度量，疆臣抱負，古之所無，今亦罕有」。[1]

　　好不尋常的一首順口溜！它挑起本偵探無限好奇，決心追查到底。事緣道光皇帝與布衣出身的葉名琛非親非故，卻賴之為相臣、疆臣。除非「聖上」是白癡，否則不至於此。

　　經過近半個世紀的追查，尤其是先後藉着拙著《兩廣總督葉名琛》和《鳩夢》（英文原著）的發掘所得，發覺蒙天蓋地般的堅實證據均顯示，葉名琛曾經是全中國上下崇拜的，抵抗外來侵略的英雄人物。葉名琛曾享有歷久不衰的英雄形象——哪怕 1858 年 1 月葉名琛被英法聯軍俘虜之後相當長的一段時間，他仍然是國人心目中地位崇高的抗外英雄。但不出一代人（華夏習慣以三十年為一代），葉名琛就被國人視為歷史罪人，舉國詬罵。如此一百八十度的轉變，讓人震驚。究竟是甚麼原因造成這翻天覆地的變化？這百年懸案，必須偵破。

　　首先值得慶幸的是，本偵探的《兩廣總督葉名琛》[2]證實了此順口溜不

1　薛福成：〈書漢陽葉相廣州之變〉，載《庸盫文集續編》（上海：1897），第 2 卷，頁 14a—21a。該文收入齊思和等（編）：《中國近代史叢刊：第二次鴉片戰爭》（上海：人民出版社，1978），第一冊，頁 227-235：其中頁 233，以後本文所引，皆出於此，簡稱：薛福成，《二鴉》，（一），頁 233。

2　英文原著見 Yeh Ming-ch'en: Viceroy of Liang-Kuang, 1852-1858 (Cambridge University Press, 1976). 中文翻譯本見《兩廣總督葉名琛》（北京：中華書局，1984；上海：上海書店出版社，2004）。

可靠之後，中國史學界慢慢就接受了本偵探的見解，還原了接近真相的歷史原貌，令人欣慰。[3] 令本偵探更為欣慰的是：證明了過去英國人上至尊貴的首相諸如巴麥尊子爵，下至那位把葉名琛的樣子歪曲成惡人惡相的克利樂少校的速寫（Colonel Crealock），所用來高喊「中國該打」的證據，全屬造假！[4]

但是，新的問題來了：誰是編造該順口溜的作者？廣大中國學術界多方推測之際，一位筆名「子湯」的學者把杜譔該順口溜的責任算到咸豐皇帝頭上：

> 棄國而逃的咸豐皇帝將戰爭失敗的責任推給了葉名琛，譏為「不戰、不和、不守、不走、不降、不死」的「六不」總督，實際上是在轉移視聽，找了個替罪羊。[5]

中國的學者，從中國的客觀現實出發，推論出那首順口溜是咸豐皇帝撰寫的，或致低限度是授意其御用文人杜譔的，毫不奇怪。因為咸豐皇帝有明顯的動機推卸責任！但真正的罪魁禍首是否確實是他？那就必須考證該順口溜是誰寫的？甚麼時候寫的？寫作動機是甚麼？釐清此案，本偵探責無旁貸。

該順口溜能在中國廣為傳誦，都拜薛福成把它引錄在其〈書漢陽葉相廣州之變〉一文裏，[6] 並被其他刊物輾轉相傳。[7] 由於缺乏豐富的第一手資料，長期以來國內學者迫得倚重現成的逸史諸如薛氏該文，以及他賴以成文的李鳳

3　見西豐客人：〈怪獸：被妖魔化的葉名琛〉，2007 年 7 月 3 日，《豆瓣》，http://book.douban.com/review/1175463/，2013 年 10 月 12 日上網閱讀。中國價值：〈葉名琛〉，2010 年 03 月 25 日星期四，《中國價值》，http://www.chinavalue.net/Wiki/ShowContent.aspx？titleid=343651，2013 年 10 月 12 日上網閱讀。史誠：〈「六不」總督葉名琛的百年冤屈〉，2011 年 06 月 16 日 13：47，來源：《小康》雜志。《人民網》http://history.people.com.cn/BIG5/205396/14920675.html，責任編輯：董倩超。2013 年 10 月 12 日上網閱讀。子湯：〈葉名琛〉，「百度百科」網 http://baike.baidu.com/view/74340.htm，2012 年 9 月 9 日星期天上網閱讀。

4　見本書上一章，即題為「生牛扒生洋蔥妙用無窮論」的第十三章。

5　子湯：〈葉名琛〉，「百度百科」網 http://baike.baidu.com/view/74340.htm，2012 年 9 月 9 日星期天上網閱讀。

6　薛福成，載《二鴉》，（一），頁 227-235：其中頁 233。

7　見左舜生（編）：《中國近百年史資料初編》（上海：中華書局，無出版時間），頁 51—63。又見《二鴉》（一），頁 227-235。

翎《洋務續記》[8]與七弦河上釣叟的《英吉利廣東入城始末》。[9]此等靠軼聞而成的逸文，以訛傳訛的史料，又全部被收錄進 1978 年出版的一套六冊《第二次鴉片戰爭》資料篇，隆重出版，[10]在眾多學而不思的人的心目中，此套資料從此搖身一變而成為正史了。負責收集和整理該套資料的編輯們，都是嚴謹的學者，恐怕不料有此！學而不思！學而不思！

更由於薛福成是很有學問的讀書人，官至湖南按察使，接着出使英、法（1890-1893），見多識廣，[11]所以其文甚具權威性。不單國內學者，就是國外華裔也深受影響。黃延毓先生在哈佛大學的博士論文就是以薛福成的逸文為中心寫成的。該博士論文共有四章：第一章描述薛福成的生平及史識，藉此豎立〈書漢陽葉相廣州之變〉的可靠性。我的天！藉某人的學術地位來包裝其逸文為權威的學術著作？該博士論文又把該文的英語翻譯作為第二章，[12]結果華語的逸文搖身一變又而成為英語的權威學術著作。後來黃延毓先生把他的博士論文在《哈佛亞洲研究》全文發表，[13]如此這般，〈書漢陽葉相廣州之變〉這篇名副其實的逸文，就藉着權威的學術期刊在國際學壇樹立起不可動搖的權威地位，以至該順口溜在國外學術界同樣被廣為傳誦。

既然該順口溜長期以來決定了國內學者對葉名琛的評價，又左右了國外學者對他以及中國近代苦難史的瞭解，倍增本偵探徹查其來源、作者是誰、動機為何等的決心。最終目的是要解答中國是否真的「該打！」

首先，薛福成從哪兒錄得該順口溜？他沒說。該順口溜是誰寫的？他只

8　載《二鴉》，（一），頁 222-6。

9　載《二鴉》，（一），頁 211-221。

10　上海：上海人民出版社，1978 年。

11　《清季中外使領年表》，北京：中華書局，1985，頁 3，7。

12　第三章是葉名琛的小傳；第四章略述第一次鴉片戰爭到 1858 年 1 月初葉名琛被俘之間的中英糾紛。見 Huang Yen-yu，'Viceroy Yeh Ming-ch'en and the Canton Episode，1856—1861'，Ph.D. dissertation，Harvard University，1940.

13　Huang Yen-yu，'Viceroy Yeh Ming-ch'en and the Canton Episode，1856—1861'，*Harvard Journal of Asiatic Studies*，no.6(1941)，pp.37—127，in which pp.37-100 is the text and footnotes，pp.101-121 contains 13 appendices and a map，pp.123-127 contains the bibliography.

說是「時人」。[14] 該順口溜所據為何？他不詳。事發時薛福成在不在廣東？不在。他是不是廣東人？不是。他曾經到過廣東任事？沒有。[15] 他甚麼時候錄入該順口溜？1897 年，距肇事時間已四十年。事隔四十年，國人對葉名琛的評價，已經做了一百八十度的轉變！

但薛福成的「自識」卻耐人尋味：「葉相廣州之變，亦中外交涉以來一大案，記載者不下十餘種，或怨誹過當，或傳聞失實。」[16] 此言馬上引發諸多問題：第一，據本偵探考證所得，葉氏御穗多年，團結民眾對外，故其外交甚得民心，[17] 為何這十餘種記載的作者，通通對他「怨誹過當」？第二，該十餘種記載，當是身歷其境的粵人所寫，為何其記載就連長期身在外省的薛福成也認為是「傳聞失實」？可惜這十餘種記載都沒有全部保存至今。本偵探只好集中研究被薛福成保存下來並賴以成文的那兩種記載，即李鳳翎的《洋務續記》[18] 與七弦河上釣叟的《英吉利廣東入城始末》。[19] 薛福成對這兩種記載的評價如下：

> 惟粵人李鳳齡《洋務續記》一卷，七弦河上釣叟《英吉利廣東入城始末》一卷，所書較為明覈。余病其選詞未盡雅馴，且月日尚有未審，事跡尚有未確者，乃集十數種書，大加考訂刪次，並參覈江上蹇叟所著《中西紀事》，復附益以余平日所素聞於粵人者，稍加論斷以垂鑒戒焉。[20]

薛福成認為最可靠的兩種記載尚且如此，其餘當可知。而且，其所「集

---

14 在這種情況下，有位當代學者乾脆就說薛福成正是順口溜的作者。見茅海建："入城與修約"，《歷史研究》，1998 年（12 月），頁 73—91：其中頁 73。文曰："晚清名士薛福成譏評其為「不戰不和不守⋯」"。

15 見《清史稿》，第 446 卷，中華書局排印本第 41 冊（北京：中華書局，1977），頁 12480—1。

16 薛福成，載《二鴉》，（一），頁 227-35：其中頁 234，自識。

17 見下文及拙著《兩廣總督葉名琛》。

18 載《二鴉》，（一），頁 222-6。

19 載《二鴉》，（一），頁 211-221。

20 薛福成，載《二鴉》，（一），頁 234，自識。

圖 15.1
薛福成
圖 15.2
江上蹇叟的《中西紀事》（1865 年）封面
圖 15.2
江上蹇叟的《中西紀事》（1865 年）內容

十數種書」以便「大加考訂」者，是甚麼書？是否正是他所摒棄了的那「十
餘種，或怨誹過當，或傳聞失實」的記載？他沒說。

　　徵諸薛福成所言三種記載，則沒有一種載有該順口溜。為甚麼？薛福成
同樣沒說。此線索既斷，本偵探改為考究這三種記載的作者，亟望從中找到
新的線索。結果發現：

　　（1）江上蹇叟，學界已考定他是夏燮，籍貫安徽，1802 年舉人，鴉片
戰爭時期任直隸臨城訓導，所著《中西紀事》成書於 1850 年，重訂於 1859
年，改訂於 1865 年。[21] 夏燮既然不是親歷其境的人，難怪薛福成只用其所書
作參考而已。

　　（2）七弦河上釣叟，來歷不明。[22] 但自稱從 1859 年後，「往來南北十餘

---

21 《二鴉》，（二），頁 639。

22 書目解題（下），《二鴉》（二），頁 639。

年，遇粵人及曾為粵客者，輒詢當日情況，瑣屑必記」。[23] 原來所記乃道聽途說。

　　（3）李鳳翎，自稱嶺南人，[24] 是三位作者當中唯一以真實姓名和籍貫示人者。又說「歲庚申，鳳翎奉耆九峰中丞大公奏調回粵，勷辦夷務」。[25] 就是說，他本來是廣東人，一直在外邊生活，廣州城 1856 年第二次鴉片戰爭爆發時也不在廣州。只是四、五年之後的 1860 年，耆齡被派到廣東當巡撫時，才招了他這個廣東人為幕僚，幫辦外交事宜。那麼他的所記都是 1860 年之後、聽了粵人複述的故事，同樣是道聽途說。

　　中方的記載，經前賢多年血汗，收集到的，只有李、七叟、薛等人的逸文。如此這般的道聽途說，卻長期以來雄踞着中國學壇！甚至有人鑒於中國的客觀現實，推測該順口溜出自咸豐皇帝之手。[26] 更淒涼的是，薛福成的大文嚴重地誤導了中國大陸研究第二次鴉片戰爭的權威、已故的南京大學資深教授蔣孟引先生，以及研究兩次鴉片戰爭卓然有成的後起之秀、當今華東師範大學的茅海建教授。結果是：蔣孟引先生譴責葉名琛是「三個促使〔第二次鴉片〕戰爭爆發的人」之一──即包令，巴夏禮和葉名琛。[27] 我的天！若蔣先生復生而看到行將出版的拙著《文明交戰》（暫定名），恐怕要頓足不已。

　　蔣孟引先生所持的理由，正是薛福成力數葉名琛的種種不是，說葉名琛拒絕在廣州城內接見包令等是出於傲慢；而「據說在他的傲慢態度下，隱藏着畏懼，即『心憚洋人詭譎，慮既見而受辱』〔薛福成：〈書漢陽葉相廣州之變〉〕。」[28] 結果在眾多「據說」是證據的基礎上，就批判葉名琛的外交要麼是「誇誇其談」，要麼是「荒唐可恥」。[29] 這就難怪蔣先生譴責葉名琛是促使

23　同上，（一），頁 219。

24　李鳳翎，載《二鴉》，（一），頁 223，自序。

25　李鳳翎，載《二鴉》，（一），頁 222。

26　百度百科：〈葉名琛〉，《百度百科》http://baike.baidu.com/view/74340.htm，2012 年 9 月 9 日星期天上網閱讀。

27　蔣孟引：《第二次鴉片戰爭》（北京：三聯書店，1965），頁 41－49。

28　蔣孟引：《第二次鴉片戰爭》（北京：三聯書店，1965），頁 48。

29　蔣孟引：《第二次鴉片戰爭》（北京：三聯書店，1965），頁 48。

第二次鴉片戰爭爆發的人之一了。

正如本書第一章所指出，歷史是文化的一部份，而文化本身就是一件不斷發展的事物，它應該是充滿活力而不是凍結了的，[30] 它是當今與過去的對話。[31] 經過幾代人與過去的對話，葉名琛的歷史真象比較明朗了：葉名琛並非促使第二次鴉片戰爭爆發的人之一。發動第二次鴉片戰爭的人正是英帝國主義的政客——首相巴麥尊子爵和外相克拉蘭敦伯爵；他們的工具是英帝國主義在華的悍將——包令公使和巴夏禮領事。[32] 葉名琛竭盡所能抵抗外來侵略了，何來「荒唐可恥」？[33]

茅海建教授則在其「論葉名琛的外交」[34] 時，開宗明義就說葉名琛「在戰爭期間的表現不無乖戾之處」，[35] 結果接下來他所做的出色的檔案鑽研，目的就變成集中在於如何「解釋葉名琛諸多乖戾行為之原委」了。[36] 茅海建教授之所以從一開始就認為葉名琛的外交行為「乖戾」，似乎同樣是懾於「晚清名士薛福成」[37] 的威望，就像哈佛大學的黃延毓博士一樣。既然茅海建教授認為葉名琛的外交行為「乖戾」，呼之欲出的一句話正是「葉名琛是促使第二次鴉片戰爭爆發的人之一」，其受蔣孟引先生的影響，也顯而易見。若茅海建教授不是事前就接受了薛福成和蔣孟引的成見，那麼他為其大文所做那出色的檔案鑽研，可能會讓他反過來衡量薛福成和蔣孟引的立論是否建築在堅實史料的基礎上，如此就可能得出完全不同的結論，甚至可能推翻薛福成和

30　Ramond Williams, *Keywords: A Vocabulary of Culture and Society* (London: Croom Helm, 1984), p. 90.

31　Lawrance, W. Levine, *Highbrow Lowbrow: The Emergence of Cultural Hierarchy in America* (Cambridge, MA: Harvard University Press, 1988), p. 33.

32　詳見行將出版的拙著《文明交戰》（暫定名）。

33　蔣孟引：《第二次鴉片戰爭》（北京：三聯書店，1965），頁48。

34　茅海建：〈入城與修約：論葉名琛的外交〉，《歷史研究》1998年第6期，頁73-91。

35　茅海建：〈入城與修約：論葉名琛的外交〉，《歷史研究》1998年第6期，頁73-91：其中頁73，第1段，第1－2行。

36　茅海建：〈入城與修約：論葉名琛的外交〉，《歷史研究》1998年第6期，頁73-91：其中頁73，第2段，第2行。

37　茅海建：〈入城與修約：論葉名琛的外交〉，《歷史研究》1998年第6期，頁73-91：其中頁73，第1段，第2行。

蔣孟引的觀點。本偵探有信心茅海建教授能取得這樣的傑出成就，因為他具備非常健康的治史態度。正如本書第一章所引述過他所說的：「歷史學家的最終目的，不在於證明了自己的正確，而是使人觸摸到歷史的真實」。[38] 在當前中國大陸所有的後浪之中，老夫最欣賞茅海建教授扎扎實實的檔案鑽研，從來不事浮詞。

雖然從宏觀歷史的大方向上，老夫的話不能不如此說。但從微觀考察來說，老夫對茅海建教授的大文確實心折。他發掘了眾多證據，證明葉名琛外交行為上「乖戾」的表現，主要由於兩個原因所造成。其一是葉名琛囿於自身在 1849 年曾成功地抗拒英人進城的經驗而對國際大勢的急劇發展惘無所知；其二是嚴重地被他派往香港偵察的探子所誤導。尤其是後者，害得葉名琛完全誤判英法美俄的兵力和意圖：「對照歷史真實，葉名琛的情報完全顛倒，這也毫無疑問地使其對局勢的判斷發生根本性錯誤！今天若要一一查證這些情報的出處，已無可能。但從常識來推斷，很可能是葉名琛所僱的探子根本無情報來源，但為獲得巨額獎金，乃揣摩葉之心思而隨意編造，以圖其歡心。不然的話，就很難解釋，為甚麼這些情報會如此整齊一律，又恰恰是對葉最為有利的。」[39]

竊以為茅海建教授這個推斷極為有理，也讓人聯想到胡謅故事的江上蹇叟，七弦河上釣叟，李鳳翎，趙沅英，[40] 以及大躍進時期「畝產萬斤糧」的彌天大謊。華夏文化有很強的「文史不分」、「文人多大話」的傳統；「實證史學」和「講真話」的根基還是非常薄弱。葉名琛能怪誰？1849 年他成功地抗拒了英國人強行進入廣州城的巨大壓力，正是由於他與徐廣縉「偽造聖旨」[41] 啊！更為諷刺的是：中國的傳統文人慣於「多大話」，但對於其他文人

38　茅海建：〈史料的主觀解讀與史家的價值判斷 ── 覆房德鄰先生兼答賈小葉先生〉，《近代史研究》，2007 年第 5 期，頁 91－107，回應了《近代史研究》2007 年第 1、2 期連載的房德鄰先生論文〈康有為與公車上書───讀《公車上書》考證補〉獻疑，和第 3 期上刊出的賈小葉先生論文〈也談劉坤一、王文韶的兩件電奏〉。

39　茅海建：〈入城與修約：論葉名琛的外交〉，《歷史研究》1998 年第 6 期，頁 73-91：其中頁 87，第 2 段。

40　見本書題為「追捕捏造六不總督順口溜的歹徒 (四)」的第十八章。

41　見本書題為「偽造聖旨 龍顏大悅」的第九章。

的「大話」又總是一廂情願的深信不疑。葉名琛之深信其文人探子的謊言，
薛福成相信江上蹇叟，七弦河上釣叟，李鳳翎的道聽途說，李星沅之深信三
元里盡誇張能事的戰果而寫下「義律大懼，即退出各砲台，逃匿下船，並乞
制府出示安民」[42] 這種完全違反史實的日記，都是典型的例子。還有那位號稱
「知識淵博、分析冷靜而頗具影響力的湖南名士包世臣」，也對茶商探子送來
的「三元里義民示諭」和「奮發如雲，溢形於色」兩件深信不疑。[43] 為何如此？
是否因為中國的傳統精英都缺乏「實證史學」的基本訓練？

　　言歸正傳，由於在中方的故紙堆中以及當代人的著作中，再也找不到可
供破案的其他線索，於是本偵探決定從另外一個角度重新追查，即從探索
大英帝國主義侵略大中華的客觀現實出發，結果懷疑該順口溜的罪魁禍首可
能是英帝國主義者。但明明該順口溜是用漢語寫的，且其順口之處，流傳之
廣，可為明證。這當如何解釋？且看下回分解。

42　李星沅：《李星沅日記》一套兩冊，（北京：中華書局，1987），上冊，頁 251。

43　茅海建：〈三元里抗英史實辨正〉，《歷史研究》1995 年第 1 期，頁 145−155: 其中頁 153。

第十六章

追捕捏造六不總督順口溜的歹徒（二）：
視線轉向英方

承上接下，結果本偵探在倫敦的印度部圖書館（India Office Library）找
到一份來自英國海軍部的文件，可作為破解該「六不總督」順口溜的關鍵。[1]
既屬關鍵，則必須化點筆墨解釋它的背景和分析它的內容。

（甲）文件的背景

英法聯軍攻陷廣州城，葉名琛於 1858 年 1 月 5 日被俘，[2] 囚禁於停泊在
廣州河面的英國軍艦「不屈」（HMS *Inflexible*）號上。[3] 英法聯軍馬上對廣
州城進行軍管。但幾經熟商以後，又覺得還是以華制華為上策。於是英國全
權公使額爾金伯爵，就於 1858 年 1 月 9 日，把早已被俘的廣東巡撫柏貴召
來，教訓一頓以後，讓他恢復辦公。但立即又成立一個由三位洋人組成的管
治委員會，並由英國駐穗的代理領事巴夏禮當頭頭，佐以一位英國陸軍上校
和一位法國海軍上校，以便「對柏貴嚴加監管和以他的名義管轄廣州」。如
此這般巴夏禮就成了「真正的巡撫」。[4] 對於巴夏禮的任命，香港一家英文報
紙評論說：

> 他虛構了連我們都認為是卑鄙的戰爭藉口，害得廣州千萬百姓苦不

---

1 Elgin to Gros，24 January 1858，enclosed in Admiralty，29 March 1858，Bundle 2h (India)
   General Correspondence. See also Elgin to Gros，24 January 1858，L/PS/5，v.164，Secret
   Letters from India，India Office Library，London.

2 Loch to Elgin，5 January 1858, enclosed in Elgin to Clarendon Desp.7，5 January 1858，
   FO17/285.

3 G. W. Cooke，'Yeh's Portrait', *The Times*, 10 May 1858.

4 Stanley Lane-Poole，*The Life of Sir Harry Parkes*，two volumes (London: Macmillan, 1894)，
   v.1，p. 275.

堪言。現在反而把他捧為廣州人民的太上皇，如此很難讓他們相信，他們的苦難是葉名琛造成的。[5]

結果粵民多次企圖「暗殺那個罪魁禍首」巴夏禮，[6] 而有關「廣州附近地區的農村不斷武裝起來抵抗的消息則絡繹不絕」。[7]

為了自身安全與順利地控制廣州，巴夏禮準確地認識到，被俘後的葉名琛餘威未盡，仍然發揮了抗英的強大號召力。[8] 不但巴夏禮，就是香港的新聞界也普遍持有這種看法。1858 年 1 月 5 日，當葉名琛於廣州被俘虜的消息傳到香港後，當地的英語報章《每日快報》就在翌日的社論中說：

> 由於過去八年以來葉名琛成功地抵抗了英國當局對他不斷地施加的各種壓力，他已經成為粵人崇拜的偶像。他堅毅果斷，粵人因為有了他這樣一位帶頭人而引以為榮、為幸。[9]

該報所謂的「八年以來」，葉名琛具體幹了些甚麼？首先在八年前，即 1849 年，葉名琛頂住了英國駐遠東公使文翰爵士（Sir George Bonham）進入廣州城的強硬要求。當時局勢非常緊張！文翰率領了軍艦，浩浩蕩蕩地闖進虎門。中方也把駐穗八旗、綠營、內河水師甚至各鄉練勇通通動員起來，嚴陣以待，由廣東巡撫葉名琛負責調度。兩廣總督徐廣縉則專心與文翰交涉。交涉結果，文翰放棄了進城之議。[10] 粵人狂喜，神州歡騰。道光皇帝為之動容，降旨曰：「不折一兵，不發一矢，該督撫安民綏外，處處皆抉根源。……朕嘉悅之忱，難以盡述，允宜懋賞，以獎殊勳。葉名琛著加恩賞

---

5 *Daily Express*，6 January 1858(newspaper clipping), Ryl. Eng. MS1230/67，Bowring Papers deposited in the John Rylands University Library of Manchester.

6 Lane-Poole, *Parkes*, v.1，p. 282.

7 Lane-Poole, *Parkes*, v.1，p. 281.

8 Lane-Poole, *Parkes*, v.1，pp. 279-80.

9 The *Daily Press* (Hong Kong), 6 January 1858，Ryl. Eng. MS1230/67.

10 見本書第九章.

給男爵」。[11] 須知封爵是清朝歷史上罕有的大事，一般只有戰績顯赫的統兵大員，方有此典。葉名琛身為文臣，竟然也封爵，更是絕無僅有！而支撐着這罕有殊榮的基石，正是葉名琛成功地抵抗了侵略者以武力為後盾的無理要求。

達官顯貴亦紛紛向葉名琛道賀，曰：「閣下與仲升制府同心籌國，消夷酋之反側，揚中夏之威聲，十年無此快意之事，此不獨國譜之光，實載籍之壽也，能不縱躍三百！」[12] 又曰：「閣下與仲翁同心協力，大局主持，不拂輿情，此為探驪得珠，深為心服。二年之約，當可勿記。不戰而屈人，非至勇其孰能之？」[13] 其中提到的二年之約，是指 1847 年、前任英國公使德庇時帶兵壓穗，迫使當時的欽差大臣兩廣總督耆英開啟城門。其實，進城與否，無關宏旨。只是英帝國主義經常要給被侵略者來個下馬威，藉此溶解其抵抗意志，讓其俯首聽命，是為砲艦政策之精髓。[14] 一般粵民雖未必懂得其中奧妙，但誓死爭口氣抵抗。群情洶湧之處，瀕於暴亂。耆英左右為難，許以兩年以後可以進城；英國公使德庇時無可奈何，暫時罷休。1849 年，新任英使文翰帶兵重來，就是要強迫葉名琛等履行耆英的二年之約。粵民嚐過 1847 年「群情洶湧」的甜頭以後，此年加倍「洶湧」。徐廣縉苦無對策，葉名琛則勸其誓死抵抗。[15]

贏了！粵民狂歡之處，英方也不乏記載，剛到任的英國駐穗領事包令博士就被氣得半死。八年以後，當了爵士公使的包令博士，發誓要把葉名琛從高處扯下來！ 並咬牙切齒地説：當時「他們搭起了六座雄偉的彩色牌樓來為徐廣縉和葉名琛慶功！」[16] 又説：「整個廣州城的大官小吏，排班列隊到

---

11 《清史列傳》，第 40 卷，頁 44-50; 及第 48 卷，頁 10-15。

12 致葉名琛函 (不全，無署名，無日期)，英國外交部「葉名琛檔案」，FO931/807(原編號 FO682/112/2/7)。

13 江蘇某官致葉名琛函 (1849)，英國外交部「葉名琛檔案」，FO931/187(原編號 FO682/378B/1/42)。

14 詳見行將出版的拙著《文明交戰》(暫定名)，當中題為「炮艦政策」的第二十二章。

15 詳見行將出版的拙著《文明交戰》(暫定名)，當中題為「葉名琛：是洪水猛獸？」的第六章。

16 John Bowring to his son Edgar Bowring, 2 November 1856，Rylands English MS1228/162.

三十五英里以外的波羅廟，感謝海神保佑粵民成功地打敗了犯穗的海上夷人」。[17]

從那時開始，葉名琛就成了粵人抗英的英雄；並且歷時不衰，因為在這以後的八年中，英使文翰和包令先後不斷地要求進入廣州城，均遭到葉名琛嚴拒。尤其是當包令在 1854 年升任全權公使以後，逼迫更急。1854 年 10 月，廣東紅兵把廣州城重重圍困。在此關頭，包令想趁火打劫，帶着軍艦赴穗迫葉名琛開啟城門。葉名琛仍然無動於衷，更深得民心。[18]

1856 年，包令又提出修訂《南京條約》。葉名琛一如過往地覆照嚴拒。[19] 粵民當然高興，但當有關公文於 8 月 30 日送達倫敦時，外相克拉蘭敦伯爵怒不可遏，說：「等不了！貨惡其棄於地也，必須為己！」[20] 於是，內閣開會，通過了糾合法、美等國對華用兵的決議。時距 1856 年 10 月 8 日發生「亞羅」號事件還有一個多月。可知英國早已因為葉名琛拒絕其修約要求而決定動武，只是一直苦無冠冕堂皇的藉口而已。

終於，這個冠冕堂皇的藉口從天而降，那就是本書第十一章偵破的、1856 年 10 月 8 日發生的「亞羅」號所謂辱旗事件，證實了該事件全屬子虛烏有，都是當時的駐穗代理領事巴夏禮一手炮製出來的謊言。就連當時在香港的英國人都認為是巴夏禮「虛構了卑鄙的戰爭藉口」，[21] 粵民的憤慨更是可知。接着巴夏禮竟然強迫葉名琛道歉，粵民憤怒不已。葉名琛拒絕道歉，粵民鬆了口氣。不料英國公使包令爵士竟然聽信巴夏禮代領事之言，並接受其建議，下令砲轟廣州城。葉名琛堅不就範，粵民寧不雀躍？英方把戰火不斷升級，葉名琛決不屈從，苦苦支撐，甚至一有機會就以牙還牙，粵民又怎能

---

17 同上。函中謂該廟的名字叫 Pooloo。據考證，當為南海神廟，俗稱波羅廟，內有大碑刻了「海不揚波」等字樣。該碑自古有之，原非針對英人而刻，而是祝福進出廣州港口的商船出入平安。1940 年英人鬧事以來，似乎粵人又對海神寄予新的期望，即先求海神別讓英人再度「揚波」，現在又謝海神曾不讓其「揚波」。

18 見拙著《兩廣總督葉名琛》，頁 126-127 暨本書第七、八、九章。

19 葉名琛覆照包令，1856 年 6 月 30 日，FO682/1989/9.

20 FO minute, dated 30 August 1856，on Bowring to Clarendon Desp.202，3 July 1856，FO17/248. 本偵探是藉《禮運‧大同篇》之言做諷刺式的翻譯。

21 *Daily Express* (Hong Kong)，6 January 1858 (newspaper clipping), Ryl. Eng. MS1230/67.

不把他視為抗英大英雄？又怎能不把巴夏禮恨之入骨？

　　本偵探如此這般不厭求詳地剖析能供破解該「六不總督」順口溜的關鍵文件的背景，目標是要用證據來說明葉氏長期以來抗英成績斐然，以致被俘後仍有強大的抗英號召力，迫得侵略軍認真對付。該順口溜冤枉了他。但是，為何如此？

　　（乙）文件內容

　　上述來自英國海軍部原始文件的作者是英國全權公使額爾金伯爵，收件人為法國全權公使葛羅男爵（Baron Gros），日期為 1858 年 1 月 24 日。文件內容的有關部份曰：

> 　　閣下與在下，暨兩國攻華大軍的兩位統帥，委任巴夏禮等三人組成管穗臨時政府在案。現據巴夏禮等人稟告，臨時政府工作無法展開，因為葉名琛雖已被俘，但人還在廣州河面，以至粵民與我們誓不兩立。[22]

　　全權公使一般不願意輕信人言，但是額爾金伯爵接到巴夏禮的稟告後，馬上展開調查。結果證實其所言不虛，額爾金伯爵下一步就徵詢其法國同僚、全權公使葛羅男爵。上述的關鍵文件，就如此這般地產生了。兩位公使，有商有量，但遲遲不能作出決定。無他，巴夏禮言下之意是要把葉名琛送離廣州。要送的話，問題來了：（1）送往哪裏？送到香港會為香港帶來麻煩，鑒於 1857 年的毒麵包案（見本書第十三章），旅居香港的英國人仍然咬牙切齒，恐怕容不了他；若無賴報復，影響更不好。送到香港以外吧，則最靠近香港的英國殖民地是新加坡，但那裏華人眾多，恐怕會引起騷動。除此以外，最靠近的口岸就是英國印度殖民地最東端的加爾各答。路途之遙，令人咋舌。（2）怎麼送法？葉名琛是宰相級的大官，被俘時的官階是「欽差大臣太子少保體仁閣大學士兩廣總督世襲一等男爵」。按明清官制，內閣大

22　Elgin to Gros, 24 January 1858, enclosed in Seymour to Admiralty, 29 March 1858，Bundle 2h (India) General Correspondence. See also Elgin to Gros, 24 January 1858, L/PS/5，v.164, Secret Letters from India, India Office Library, London.

圖 16.1
英國全權公使額爾金伯爵（Earl of Elgin, 1811 — 1863）。
圖 16.2
法國全權公使葛羅男爵（Baron Gros, 1793－1870)。

學士就是宰相的官階了。而按照歐洲禮數，[23] 把一名宰相級的高官送到另一個地方，必須專船侍候。能馬上徵用的遠洋船，只有英國皇家海軍的軍艦。當時戰事正酣，抽調其中一艘軍艦幹這種事，值得嗎？巴夏禮急如鍋上螞蟻，等到 1858 年 1 月 27 日就不顧一切地再度函催：「葉部堂身囚粵河而威振兩岸，粵民堅信他很快就會重獲自由（無論是被人冒死營救還是英方被迫釋放他），以至無人膽敢與我們合作治理廣州」。[24]

　　為何粵民堅信葉名琛很快就會重獲自由？箇中原由，看來與他八年以來、近乎奇跡地頂住了英方此起彼伏的逼迫有關，以至慢慢地粵民豎立起一種信念：無論如何艱難，葉名琛最終總會勝出。當這種信念傳播到廣東以外的地方，似乎傳得愈遠就愈神奇。傳到北京時，已不再是葉名琛很快就會重獲自由，而是粵方已收復了廣州並打傷了洋人無數。[25]

　　這種現象說明：（1）葉名琛的「八年抗戰」曾為他在中方豎立過崇高的抗英形象。（2）就連英方也不得不承認這個形象而被迫採取對策。

　　英方的對策是：（1）忍痛派一艘遠洋軍艦把葉名琛專程送到印度的加

23　Cooke, *China*, p. 401.

24　Lane-Poole, *Parkes*, v.1，pp. 279-80.

25　李慈銘咸豐八年七月二十九日（1858 年 9 月 6 日）日記，載李慈銘（撰），吳語亭（編注）：《越縵堂國事日記》，共 6 冊（台北：文海，1978 影印本），第 1 冊，頁 133。

爾各答。[26]（2）想盡一切辦法，調動所有力量，「展開一個廣泛浩大的宣傳攻勢，務必把葉名琛的名聲搞臭搞垮，把人們對他的懷念改為對他的憎恨，讓他永世不得翻身！」[27]

　　好大的工程啊！巴夏禮代理領事孤掌難鳴，他必須找人幫忙。準此，本偵探的視線又從英方回歸到中方：因為歷代探案都證明，侵略者必須找本地人當奸細，這是千古不易之理。於是本偵探的視線又從英方轉回到中方。結果如何？且聽下回分解。

26　Elgin to Seymour, 11 February 185, enclosed in Seymour to Admiralty, 29 March 1858，Admiralty records，Bundle 2h (India) General Correspondence, India Office Library, London.

27　The *Daily Press* (Hong Kong), 6 January 1858，Ryl. Eng. MS1230/67.

第十七章

追捕捏造六不總督順口溜的歹徒（三）：
巴夏禮、漢奸

薛福成對葉名琛的外交行為描述如下：「每接文書，輒略書數字答之，或竟不答」。[1] 薛福成憑甚麼這樣說？經比較，他只不過是把七弦河上釣叟的逸文搬字過紙而已。[2] 中國傳統文人抄襲成風，拒絕自己去做獨立調查，結果人云亦云，確實是華夏文明的癌症！

那麼，這七弦河上釣叟（以後簡七叟）又是誰？他是否曾當過葉名琛的幕僚？並曾為葉氏處理過來往照會？因而深悉內情？知道他「每接文書，輒略書數字答之，或竟不答」。[3] 可能性微乎其微。為甚麼？

因為（1）其文風欠佳，就連抄襲他的薛福成也認為是「選詞未盡雅馴」。[4] 比起本偵探看過的、現存英國國家檔案館所藏的葉名琛公文，完全不可同日而語。（2）幕僚乃官員私人所聘用，學問好，辦事能力強，只因科場失意當不上官，退而求其次當幕僚而已。官與僚之間一般相敬如賓。若七叟果真當過葉氏幕僚而又如此這般地辱罵他，當真不可思議。（3）如果所得待遇是量度才幹的標準的話，那麼葉氏的幕僚可能是當時全中國最具聰明才智之士了：在 1800 年，於廣州任事的大小幕僚的年薪是全國最高的：在 1，500 兩到 1，900 兩白銀之間。[5] 葉氏給他幕僚的年薪竟然高達白銀 4，800 到

1　薛福成，載《二鴉》，(一)，頁 228。

2　見七弦河上釣叟，載《二鴉》，(一)，頁 212。

3　同上。

4　薛福成，載《二鴉》，(一)，頁 234，自識。

5　Ch'u T'ung-tsu，Local Government in Chinaunder the Qing (Cambridge，Mass.：Harvard University Press，1962), p.112.

6，000 兩之間。[6] 七叟從其逸文所表現出來的智慧，絕對不配。（4）七叟自己也承認與葉氏府第從來未沾上邊，惟自 1859 年以降，「往來南北十餘年，遇粵人及曾為粵客者，輒詢當日情狀，瑣屑必記」。[7] 嚇！原來所據竟然是道聽途説的謠言！

對於七叟逸文中「每接文書，輒略書數字答之，或竟不答」[8] 的指責，最強有力的反證，莫過於葉名琛的覆照本身。本偵探曾把散居英國國家檔案館內各部份所藏的葉氏來往照會全部收集起來整理並作提要，發覺葉氏有照必覆，鮮有遺漏。[9] 事實與謠言又是天壤之別：如何解釋此巨大差距？

有一條線索可供思考。英國公使包令爵士老是抱怨葉氏不照覆，看包令的公私文書可見他因此而煩躁極了。[10] 問題在於包令為人極其性急，甚麼提問都要求馬上得到答覆，完全不考慮葉氏先後為了應付太平軍的威脅和廣東紅兵的攻擊而疲於奔命。葉氏的覆照遲了一兩天，包令就指責對方不照覆。等得不耐煩了，即發第二道照會催覆，同時又提出新的要求，以至覆照來了，包令還是埋怨葉氏沒照覆——因為葉氏還未覆他的第二道照會的新要求。[11] 這種沒完沒了的抱怨，連他的部下巴夏禮領事初時聽得多了也感到不耐煩。但到了 1858 年，情勢逆轉，巴夏禮到處蒐集材料用來攻擊葉名琛，包令的抱怨正是上好的材料！如此這般，葉名琛又多了一條莫須有的罪名，就是「有照不覆」。而「有照不覆」的後果是甚麼？七叟説是「諸酋咸怨」。[12]

6　Cooke, *China,* p.417.

7　七弦河上釣叟，載《二鴉》，（一），頁 219。

8　薛福成，載《二鴉》，（一），頁 228。

9　見拙著，*Anglo-Chinese Relations，1839-1860：A Calendar of Chinese Documents in the British Foreign Office Records* (London：Published for the British Academy by Oxford University Press，1983). 漢語本收入拙著《兩次鴉片戰爭與香港的割讓：史實和史料》（台北：國史館，1998 年）。

10　他的公文見諸英國外交部檔案 FO17 系列。私人文書則分別藏於曼轍斯大學特拉倫圖書館的家書，全宗號 Ryl.Eng.MSS1228—1229; 藏於牛津大學圖書館的克拉蘭敦手稿 (Lord Clarendon Papers)——其中包令致外相克拉蘭敦的私人信件；及藏於英國手稿協會的巴麥敦手稿 (Broadlands MS)——其中包令致首相巴麥敦的私人信件。

11　見本書第五、六章。

12　七弦河上釣叟，載《二鴉》（一），頁 212。

而「諸酋咸怨」的後果又是甚麼？那還用說？——砲轟廣州城。把挑起第二次鴉片戰爭的罪名如此輕巧地從巴夏禮領事轉移到了葉名琛總督身上，絲毫不露痕跡。

最後，七叟的結論中的一些話發人深省：

> 必不敢仇夷而畏夷，惟夷言是從，由由然以為必不辱國之道在是也。[13]

我的天！七叟說了這句話以後，似乎恐怕讀者沒充份注意，在臨近尾聲時又下結論說：

> 能畏夷，惟夷言是從，或相安至今，未可知也，此當世所以集矢漢陽也。[14]

我的天呀我的天！重複又重複地強調「惟夷言是從」！陽裏高喊「中國該打！」陰裏催促炎黃子孫「惟夷言是從」，從長遠看，這是甚麼玩意？但從短期看，則本偵探聯想到：(1) 當時在粵誰比專責治穗的巴夏禮更渴望粵人「惟夷言是從」？(2) 短短的結論，其文風與結論以前的正文大不相同，看來不是同一人所寫。下這結論的人是誰？(3) 上述引文的兩句話，文辭不順等各種特徵，酷似英方發給中方照會中的英人漢語。該等照會，由英國駐遠東公使的英文秘書，按照公使之意起草，交漢文秘書（英國人）翻譯。1856 年 10 月底，英國皇家海軍駐中國艦隊司令西摩爾少將炮轟廣州城時，他寫給葉名琛的照會，正是由巴夏禮代理領事翻譯成漢語，且看巴夏禮的漢語素質如何：「省垣通座居業生命，實懸於掌中，設若不得已而興此舉，烈

---

13 同上，頁 220。
14 同上。

圖 17.1
巴夏禮

焰毀燒，頃刻間為之而何難，不亦為憫惜乎？」[15] 兩天以後，巴夏禮向粵民張貼公告，把此句修改得稍微通順一些：「試思省垣一座生命產業，實懸於掌中，頃刻毀滅，是亦何難，豈不慘乎？」[16] 上面那句關鍵的話──「能畏夷，惟夷言是從，或相安至今，未可知也，此當世所以集矢漢陽也。」[17]──具備了當時粗懂漢語的英國人諸如巴夏禮之流所寫的漢文之特徵──生硬彆扭。漢人，無論漢語如何不濟，所寫出來的東西都不會有這種特徵。這是本偵探多年以來鑑定和整理了大批珍藏在英國國家檔案館裏的中英外交文件的一點心得。把巴夏禮寫給葉名琛的照會[18] 拿來與上面那句關鍵的話比較，赫！口氣與用詞等倒挺相似。

　　結合這三點，本偵探懷疑上面那兩句話很有可能出自巴夏禮。而該話輾轉傳開來以後，七弦河上釣叟聽了，也不管它通順與否，不假思索就紀錄下

---

15 〈西摩爾致葉名琛照會〉，1856 年 10 月 30 日，載《丙辰粵事公牘要略》，收入齊思和等編：《第二次鴉片戰爭》（一），頁 200－201：其中頁 201。此照會的英語原文見 Seymour to Yeh，30 October 1856，Parl. Papers 1857，v. 12，p.101，para. 4，

16 巴夏禮：〈告示〉1856 年 11 月 1 日，載《丙辰粵事公牘要略》，收入齊思和等編：《第二次鴉片戰爭》（一），頁 198－200：其中頁 20。

17 同上。

18 見 FO228/904, pp. 316-338.

來。難怪薛福成「病其選詞未盡雅馴」[19] 了。

中西史學界至今沒人查出那順口溜的作者是誰。但本偵探找到一些蛛絲馬跡：當葉名琛仍然被囚於停泊在粵河的英國軍艦「不屈」號上時，該順口溜似乎已具雛型。該雛溜曰：「葉是頭號大傻瓜，不寫不戰。葉是頭等壞官僚，不揮刀自刎」。[20] 重要的是，該雛溜最初出現時，不是用粵語唱出來，而是用洋涇濱英語（Pidgin English）疙瘩、疙瘩地說出來的。[21] 這雛溜是英國《泰晤士報》的特派戰地記者柯克（G. W. Cooke）在 1858 年 1 月 28 日聽到的。[22] 時距葉名琛被俘已有二十三日，也就是說，「務必把葉名琛的名聲搞臭搞垮」的廣大宣傳攻勢 [23] 展開已有二十三天。當時教導洋人漢語的漢人老師，能說的英語正是這種疙瘩、疙瘩的洋涇濱英語。他們的漢語修養及個人際遇又如何？

> 這些所謂「老師」，是中國知識界最下流的人。讀書不成三大害，作奸犯科以至夾帶私逃者比比皆是。逃到洋人處當老師，薪金與他們本國的幕僚所得是小巫見大巫。如果他們之中有誰能寫一手比較工整的字體，能唸幾句之乎者也，能說一口稍為正確的漢語，就會被他們的洋學生奉如神明。[24]

本偵探把這評價結合上面本偵探對巴夏禮的各種聯想，就懷疑是否巴夏禮構思了那則雛溜，然後用那些「老師」們能聽懂的疙瘩、疙瘩的洋涇濱英語傳授給了他們，並給予小費，讓他們在廣州的商業區先唱開來——洋涇

19　薛福成，載《二鴉》，（一），頁 234，自識。

20　原話是 "Eep(粵語 " 葉 " 字的英語拼音)number one fools; he no make writee(不寫，可能是不寫降書的意思) pigeon，he no make fightee pigeon; he number one bad mandalin; he no cut teeth loat". 見 Cooke，China，p.363.

21　見前一個注解。

22　Cooke, China，p. 352，由本偵探翻譯成漢語。

23　The Daily Press (HongKong)，6January1858，，Ryl. Eng. MS1230/67.

24　Cooke，China，p.394，由本偵探翻譯成漢語。

濱英語最通行的地方正是商業區。

　　先在商業區傳播比較保險，廣州商人的抗英情緒比其他粵民都要薄弱，而恨葉之情也深，因為自從英軍為了「亞羅」號事件而炮轟廣州城、葉名琛封關停貿的十五個月以來，粵商都沒有生意可做。怪誰？怪巴夏禮不划算，他已成了廣州的太上皇；還是怪葉名琛為上策。而且為了鎮壓廣東紅兵，葉氏多年以來從粵商所抽的苛捐雜稅，多如牛毛，[25] 粵商敢怒不敢言，現在可正好罵個暢快！粵商接受了雛溜，痛快地傳開了，巴夏禮再請那些「老師」們或他自己的同路人（見下文）用粵語把它加工，不費吹灰之力就能成為那首膾炙人口的順口溜。

　　慢慢地似乎其他粵民也接受了，為甚麼？因為紅兵都是粵人，葉名琛鎮壓紅兵，屍橫遍野，積怨甚深。[26] 粵人既敬他抗英，又恨他殺害同儕。他一天活着抗英，粵人還沒甚麼；一旦被俘，樹倒猢猻散。尤其是一年之後，他在印度去世，消息傳來，粵人再無任何後顧之憂，多年積怨猶如山洪般爆發，一發不可收拾。而那順口溜就如特大山洪般氾濫整個廣東，繼而泛濫整個神州大地。[27]

　　1849 年葉名琛抗英成功，舉國歡騰。1860 年火燒圓明園，舉國悲憤。怪誰？怪朝廷腐朽無能？不划算，要殺頭的！還是怪葉名琛軟弱無能為上着。那順口溜的精髓，正是嘲諷葉名琛無能。就藉該順口溜盡情地發洩吧！怨氣必須發，否則憋死人。結果該溜就如此這般地氾濫全中國，殃及海外華裔學者之如美國哈佛博士黃延毓先生，殃及在英國倫敦經濟學院寫就其博士論文的老前輩蔣孟引先生，殃及當今長期蹲國內檔案館的華夏精英茅海建教授。但是，葉名琛早在 1859 年已於印度絕食而死，1860 年火燒圓明園與他

25　見拙著《兩廣總督葉名琛》，第 7-8 章。

26　見拙著《兩廣總督葉名琛》，第 5-6 章。

27　應該指出，這一段文字是本偵探對史料的聯想，本來是不放心寫出來的。但正如本書第一章所提到過的。「沒有想像力的人不配治史」（見 Hugh Trevor-Roper，History and Imagination (Oxford：Clarendon Press, 1980)）。所以本偵探就作大膽的遐想，想出來的東西不一定是真相，但若能在史學界引起一些討論，於願足矣。

何干？「若廣東不失，夷必不敢竄陷天津，大肆猖獗」，李鳳翎寫道。[28] 是「異想天開」還是「童言無忌」？是「文史不分」還是「文人多大話」？正如前述，英法聯軍在天津赴京路上把清朝當時最精銳的部隊都轟得血肉橫飛，葉名琛區區的地方軍（而且是師老的地方軍）加練勇，算得了甚麼？怪葉名琛是不合邏輯也不符事實的，但李鳳翎照樣怪。這與他在廣州傀儡政權裏當幕僚可有關係？

　　葉氏果如該順口溜所述般軟弱無能？且看他的主子過去是怎麼一個看法。滿人入主中原，在仕途升遷的問題上百般歧視漢人：漢官必須具有加倍的本領才能與滿、蒙等官並駕齊驅。但歧視由他歧視，1809 年出生的葉名琛，1838 年就當府尹，1848 年已當上封疆大吏——廣東巡撫，年僅 38 歲。待 1856 年春，已是世襲一等男爵體仁閣大學士暨兩廣總督，年僅 46 歲。[29] 在中央和地方同時身兼要位並封了爵的漢人，在葉氏之前是沒有的，之後也沒有。[30] 國人崇拜的林則徐，也沒有封爵。

　　葉名琛的死對頭，英盎格魯·撒克遜文明的精英對他的評價又如何？——本偵探指那些沒有任何政治需要來污蔑葉名琛的英國人。《泰晤士報》的特派戰地記者柯克在其他方面把葉名琛批得體無完膚，説他髒，[31] 討厭他隨地吐痰，[32] 罵他殺人如麻等等；[33] 但在評價他的才幹時卻稱他為「當今偉大的中國人……全國第二把手」。[34] 柯克當然是站在外國人的立場説話，他能看到的，自然是葉名琛以欽差大臣的身份全權主理外交事務，所以在外交方面，當然是一人之下萬人之上。但外國人同時也能看到的是，太平軍所向披靡，清朝的封疆大吏倒的倒、死的死，獨葉氏卻巋然不動。而曾國藩、李

28　李鳳翎，載《二鴉》(一)，頁 222。

29　見拙著《兩廣總督葉名琛》。又見華廷杰：〈觸藩始末〉，載《二鴉》，(一)，頁 164。

30　這個結論，是分析錢實甫（編）：《清季重要職官年表》（北京：中華書局，1959）所列而得。

31　Cooke, *China*, p.404.

32　Cooke, *China*，pp.402 and 403.

33　Cooke, *China*, p.404.

34　"…the great Chinaman of the present day…the second man of the empire" - G. W. Cooke，'Yeh's Portrait'，*The Times*，10 May 1858; see also his *China*, p. 396.

鴻章等當時只能算是「新秀」，無法與權傾中外的葉名琛相比。至於英國軍艦「不屈」號上官兵對葉名琛的態度也很能說明問題：「葉名琛雖已成階下囚，但絲毫不減個人尊嚴與莊重，給人精明能幹的印象，故全船官兵都尊敬他」。[35] 按理對敵人，一般是沒有甚麼好話說的。英國官兵對這位曾經殺害過他們同袍的葉名琛敬禮有加，說明了甚麼？是識英雄者重英雄的表現？

　　筆鋒一轉，上面提到巴夏禮的同路人，他們是誰？且看下回分解

35　同上。

第十八章

追捕捏造六不總督順口溜的歹徒（四）：
柏貴等一應奴才

本偵探在上一章提到巴夏禮的同路人，他們是誰？

在葉名琛還未被俘虜之前，他的同僚已經出賣他了。英方檔案中有一份珍貴文件。皇家海軍駐中國司令員西摩爾少將寫了一封私人信給包令公使說：「我們可能很快就會同不包括葉名琛在內的廣州當局講和。柏貴與廣州將軍等已表示願意上摺彈劾葉名琛，並答應把奏稿送來讓我們先過目以後才拜發」。[1] 甚麼！封疆大吏把奏摺先給敵人看？並得其首肯之後才拜發？這不是欺君犯上是甚麼？私通敵人，出賣上司，通番賣國！

他們是甚麼貨色？柏貴者，廣東巡撫也，任期為 1852-1859。[2] 廣州將軍者，穆克德訥也，任期為 1856-1863。[3] 按大清律例，失城者問斬。但後來兩人都保住了性命，靠甚麼？那道欺君賣國的奏摺。該奏摺為葉名琛羅織了兩項罪名：（1）獨斷獨行。摺曰：「該夷遂於初九日〔按咸豐七年十一月九日即 1857 年 12 月 24 日〕送來將軍、督撫、兩副都統五銜照會。督臣並未會商，不知如何回覆」。[4]（2）無故啟釁。摺曰：「該夷…聲稱…此番舉動，因督臣拒之太甚，不得已而為之」。[5]

本偵探在英國國家檔案館找到一道覆照，是由「將軍、督撫、兩副都統

1　Seymour to Bowring, 3 January 1858, Ryl. Eng. Ms1230/62. Yeh was captured two days later.

2　見錢實甫（編）：《清季重要職官年表》（北京：中華書局，1959），頁 1180-5。

3　見章伯鋒（編）：《清代各地將軍都統大臣等年表，1796-1911》（北京：中華書局，1965），頁 33-7。

4　廣州將軍穆克德訥等奏英法軍途入粵城擄去總督並拘禁巡撫等情形摺，1858 年 1 月 7 日，軍機處錄副。載《二鴉》（三），頁 130-2：其中頁 131。

5　同上。

五衙」簽發的。日期是 1857 年 12 月 25 日，內容證明葉名琛曾與各相關同僚會商過後才照覆。[6] 可見第一條罪名不能成立，柏貴等又一次欺君犯上。關於第二條罪名：「督臣拒之太甚」，則葉名琛抗拒的是甚麼？英國公使額爾金伯爵讓他舉城投降的最後通牒！[7] 葉名琛豈能不嚴拒之？柏貴等責備葉名琛「拒之太甚」是甚麼意思！而且，過去葉名琛堅決抵抗外來侵略，不是曾經得到道光、咸豐兩朝皇帝暨舉國上下（包括現在彈劾他的柏貴等同僚）的一致讚許嗎？咸豐可不管：出了亂子，必須找替罪羔羊，結果撤了葉名琛的職，[8] 可謂千古奇冤。咸豐護短到了砌詞保護通番賣國的封疆大吏，[9] 漢語詞典可有適合的詞彙？以這種方式治理國家，若將來歷史重演，在未來可能發生的「文明交戰」中，華夏文明必敗無疑。這是從大局看。

從局部、即本章用實證方法的探案的角度看，咸豐皇帝此舉為葉名琛及後世帶來了意想不到的難題。柏貴等藉誣告葉名琛而死裏逃生，當然絕不容許葉名琛有翻身說話的日子，否則謊話一旦被拆穿，勢將誅九族。結果當然是柏貴等人紛紛爭先恐後地加入了巴夏禮的讒葉行列：盡最大的努力，調動所有人力物力，不惜一切代價把葉名琛打入十八層地獄，永世不得翻身。在這種情況下，似乎柏貴他們自己的宣傳機器及訶諛奉承他們的群醜也積極出謀獻策，結果炮製出了另一套天方夜譚。

夜譚之一曰：「遂執制軍而黜之囚之，視如犬馬」。[10] 夜譚之二曰：「夷擄至香港，居為奇貨，大會各國夷酋。葉猶每日親寫字畫，送各夷，以乞其

6　葉名琛，柏貴，穆克德訥，雙禧，雙齡等照會額爾金等，1857 年 12 月 25 日，FO230/75(cross-referenced in FO682/1990)。

7　見黃宇和《兩廣總督葉名琛》(北京：中華書局，1984)，頁 133，表二十，解讀葉名琛，柏貴，穆克德訥，雙禧，雙齡等照會額爾金等，1857 年 12 月 25 日，FO230/75(cross-referenced in FO682/1990。本偵探署為此件做提要，見拙著：*Anglo-Chinese Relations, 1839-1860:A Calendar of Chinese Documents in the British Foreign Office Records* (Oxford University Press, 1983), p. 262; 以及《鴉片戰爭與香港的割讓：史實和史料》(台北：國史館，1998 年)，頁 323。

8　內閣發廣州失守粵督葉明琛等革職議除上諭，1858 年 1 月 27 日。載《二鴉》，(三)，頁 137。

9　同上。

10　（清）趙沅英：〈平夷策〉(稿本)，載《二鴉》，(一)，頁 270。

憐」。[11]真實情況，則已如前述：英國當局遵守歐洲慣例而給予葉名琛宰相級的禮遇，派「不屈」號軍艦專程送他往印度，艦上官兵目睹其為人而對他由衷地尊敬。而且，根據那位分配給葉名琛專門為他當翻譯、因而天天跟他在一起的英人阿查里（Chaloner Alasbaster）[12] 的日記，[13] 以及隨船跟隨葉名琛去印度的《泰晤士報》的特派戰地記者柯克為該報所寫的報導，[14] 在在說明英國當局給予葉名琛崇高的禮遇。如果這批英國人當時知道中方竟然泡製出這樣兩篇顛倒黑白的謊言，肯定會氣得發抖！尤其是「不屈」號軍艦的艦長布特魯卡上校（Captain Brooker）更會為之髮指，因為他把自己的船長辦公室（captain's cabin）讓給了葉名琛專用。[15] 甚至葉名琛與他的隨從因暈船而把一塵不染的船長辦公室弄得一塌糊塗時，也毫無怨言。[16] 華夏文明那種「文人多大話」的作風，多麼丟人！

　　這兩份夜譚所表現出來的見識閉塞與主觀臆說，讓人懷疑很大程度也是柏貴等人授意寫成的，或者是某些阿諛奉承的華人為了討好他們而寫的。目的正是要將葉名琛「搞臭搞跨、永世不得翻身」。

　　夜譚之一的作者是廣東省新會縣三江地方的生員趙沅英。讀其文可知是寫於 1858 年，當時正是柏貴等傀儡官僚為了護葉自保而忙得不可開交的時候。趙沅英開宗明義地說：「英夷復擾珠江 … 葉名琛不以為意，屬官及紳士數輩，請制御之，協義民擊之，而葉夙有金數百萬，寄夷取利，恐失夷歡，失其金，惟欲與夷和」。[17]我的天！本偵探從 1968 年開始研究兩次鴉片戰爭，至今共約半個世紀，查遍歐美各大小有關檔案，包括當時在中國提供存款服務的怡和洋行（Jardine Matheson and Company）和霸菱商業銀行（Baring Brothers）的有關帳目，沒找到絲毫葉名琛存款的蹤影。不是說找不到證據

11　李鳳翎，載《二鴉》（一），頁 226。

12　Cooke，China，p.400.

13　這批日記由阿查理的一位後人 David St Maur Sheil 先生保存。

14　Cooke，China，pp.385-432.

15　Cooke，China，pp.404，405.

16　Cooke，China，pp.405.

17　（清）趙沅英：〈平夷策〉（稿本），載《二鴉》，（一），頁 270。

就沒其事，只是説在已找到的大量資料印證下，對趙沅英的指控打了一個天大的問號。

趙沅英繼續説，由於葉名琛怕失去存款，故「畏夷、信夷而媚夷，任其轟擊，欲脅屬官紳民以和。……漢人殺夷者，治以重罪。……官紳苦求捍御，不許，復撤回火藥，軍不給糧，士卒不戰，城門不閉」。[18] 我的天！趙沅英的「文人多大話」同樣大話到胡扯！蓋英方的原始材料無情地拆穿了此彌天大謊：1857 年 10 月 27 日，英艦開始砲轟廣州城後，[19] 翌晨，葉名琛下令三軍總動員，並廣貼告示，謂取一英夷首級，賞西班牙銀三十圓。[20] 結果中方兵民開始暗殺英兵，包括錯殺了無辜的洋人。[21] 為何英方史料與趙沅英的文章有如此天淵之別？巴夏禮正愁葉名琛的抗英餘威感召了粵民抗英，柏貴等傀儡官僚也正愁粵民抗英而為他們帶來麻煩，趙沅英把葉名琛描述成是一個用高壓手段禁止抗英的人，正是要迎合柏貴等的胃口？趙沅英的最終目標是要替自己謀個差事？若不顧一切地謀差事乃其最終目標，恐怕當漢奸也在所不惜。

怎麼扯到漢奸的問題了？不嫌上綱上線？不！事緣趙沅英鴻文的題目是〈平夷策〉。是「平定英夷之策」還是「平撫夷憤之策」？趙沅英沒説。如果是前者，則為何從一開始就長篇大論地造謠譭葉？造謠譭葉怎能平定英夷？倒不如説是「平撫夷憤」更為適合。「平撫夷憤」之目的是甚麼？謀個差事？不錯，趙沅英後來又提出聯結義勇、禁止通販、離間夷黨、陰攻夷船等等策略。但是，這些建議，在葉名琛檔案裏比比皆是，都是些生員之類想謀個差事而寫的、紙上談兵的廢話，在當時稱霸全球的英國皇家海軍面前，這些都只不過是雕蟲小技。[22] 所以，若不是廢話，是甚麼？葉名琛在位時，廢話對他説。柏貴當了漢奸之後，廢話對漢奸説。兩者的最終目標不過是為了謀個

18　（清）趙沅英：〈平夷策〉(稿本)，載《二鴉》，（一），頁 270。

19　Parkes to Bowring，28 October 1856，Parl. Papers1857，v.12，p.93，para.1.

20　Ibid.，para. 4; and Yeh's public proclamation，28 October 1856，ibid.，p.94. 這份葉名琛的告示中文抄本，附在 Bowring to Clarendon Desp. 168，7 April 1857，FO17/267.

21　見本書第七、八、九章。

22　見拙著《兩廣總督葉名琛》，第 10 章。

差事。分別是，替漢奸柏貴出謀獻策「平撫夷憤」，就是要在大漢奸手下當個小漢奸了。

　　本偵探作出這個聯想，正是由於趙沅英這個「閒鋤藝圃」[23] 的生員，在明顯地望風張帆。他觀察到柏貴等意在大肆誣蔑葉名琛，於是添油加醋地虛構故事，目的正是希望討好柏貴等，因為當時廣州的傀儡政權既要平撫夷憤以便自己的日子稍為好過些，又憤憤不平地予以消極抵抗。在這種泰山壓頂的情勢下，既無歷練又無勇無謀，更是手無綁雞之力的一介書生，能幹些甚麼？哈哈！趙沅英的〈平夷策〉的第一、二、三、四條正符合廣州傀儡政權的需要。此外，〈平夷策〉諸條是分成不同的組合擬分別寄給不同人士的。其中一位是新任欽差大臣黃宗漢。[24] 他不屬於廣州傀儡政權。故〈平夷策〉的第六條是專門上他的。[25] 而第五、七條則似乎是上黃宗漢的親信以便轉他的；難怪第五、六、七條的內容無隻字誣葉，而只是建議以美名鼓秀士，大義徵豪門以派軍需，引夷離巢，深入仙城等等。

　　這麼一耙梳、條理、分析，趙沅英撰寫該策乃是為了謀差事的個人動機，就愈來愈明顯了：〈平夷策〉名為抗英，實際是變相的阿諛奉承權貴，以至在必要時造謠誣葉也在所不惜。趙沅英此舉，使本偵探聯想到《孫文革命：聖經和易經》中日思夢想着榮華富貴的傳統讀書人諸如陳炯明、劉師培與胡蘭成，只是才華欠奉而已。

　　夜譚之二的作者李鳳翎，1860 年回粵幫辦外交事宜。[26] 當時柏貴已於1859 年卸任，但廣州將軍穆克德訥與副都統雙齡還在。[27] 葉名琛亦已於1859 年去世，但粵民的抗英情緒還是很高，對穗城內的傀儡官員也無好感，將軍副都統等繼續讒葉以便把粵民對他們的不滿轉移到葉的身上，是很自然的事。但也不完全排除巴夏禮可能起過作用。在李鳳翎回粵的 1860 年，巴

23　趙沅英〈平夷策〉，載《二鴉》，（一），頁 282。

24　趙沅英，載《二鴉》，（一），頁 280。

25　趙沅英，載《二鴉》，（一），頁 280。

26　李鳳翎，載《二鴉》，（一），頁 222。

27　章伯鋒（編）：《清代各地將軍都統大臣等年表，1796-1911》，頁 33-7，134-5。

夏禮已隨額爾金北上，但北京條約簽定後又回到廣州繼續當其太上皇，直到
1861 年 10 月把廣州城交還中方時才撤退。[28] 而在此之前，一起幫助老巡撫柏
貴辦理外交事宜的伍崇曜、俞文昭、梁綸樞等三人，在巴夏禮的淫威之下，
「神色愴惶，畏巴如虎，實在可憐」。[29] 該三人乃廣州富商，幫辦外事有幾十
年的經驗，尚且如此。李鳳翎孤零零一個人從外地跑回廣州幫助新巡撫辦外
事，假如巴夏禮命他寫點甚麼東西，或他的上司秉承巴夏禮的旨意命他寫那
個夜譚，他敢說半個不字？如果說這些中方的華語史料屬一面之詞，那麼英
方的英文史料所呈現出來的巴夏禮，同樣是霸道得令英國學者也感到震驚。[30]

　　據本偵探考證，巴夏禮 1828 年出生，五歲失怙恃，沒受甚麼教育，熬
到十三歲就於 1841 年 10 月遠涉重洋從英國到達澳門依靠其嫁給傳教士郭
士立（Charles Gutzlaff）的姊姊，並從該傳教士那裏學習華語。當時鴉片戰
爭正酣，巴夏禮就憑着他那半瓶醋的華語，當了全權公使璞鼎查（Sir Henry
Pottinger）的隨員，並經常陪同英兵上岸「採購」雞鴨牛羊，從此就習染了
橫行霸道的作風。1842 年 8 月 29 日，他作為公使隨員而出席了《南京條
約》的簽訂儀式，目睹清朝最高官員——欽差大臣——那種低聲下氣的模
樣，讓他滋生了絲毫不把中國當局放在眼內的氣習。1843 年他受聘在廣州
的英國領事館任事，因而又出席了 1843 年《虎門條約》的簽訂儀式，再一
次目睹華夏欽差大臣威風掃地。以後他就一直在穗以及中國其他通商口岸的
英國領事館任事。就是說，他不像英國其他外交官員那樣，曾經在本國受過
良好的正規教育，經過正式銓選進入外交部，並在外交部通過正規任事、培
訓、銓考、遞升、受上司同儕的優良素質薰陶等，待培育成熟之後才被派到
海外。所以，巴夏禮不具備一般盎格魯‧撒克遜文明所培養的外交官良好素
質，無知妄為之處，比比皆是。就連老巡撫柏貴也飽受其凌辱。以至柏貴向
額爾金表示要自殺以抗議。[31] 而一家倫敦雜誌早在「亞羅」號事件發生後，就

28　Lane-Poole，Parkes，v.1，p.455.

29　廣東巡撫柏貴函件，《二鴉》，（一），頁 284。

30　Gordon Daniels，'Sir Harry Parkes：British Representative in Japan，1856—83'，Unpublished
　　D.Phil. thesis，University of Oxford，1967.

31　柏貴照會額爾金，1858 年 1 月 31 日，FO682/1991/12。

諷刺他説：「巴夏禮啊巴夏禮，為何你不讀點國際法！」[32]　正因為巴夏禮不懂國際法，連歐洲慣例也一竅不通，所以如果他果真曾直接或間接命令李鳳翎寫下「居為奇貨，大會各國夷酋」[33] 等無恥謊言，也毫不奇怪。

但衡量再三，總覺得在時間上這個可能性不太大。倒是早在 1858 年初、巴夏禮最憂心忡忡時説過這樣的話和授意把這話傳開來的可能性最大；或柏貴等傀儡在 1858 年初、最害怕葉氏拆穿他們欺君犯上的謊言時説過這樣的話和授意把這話傳開來的可能性較大。因為柏貴等同樣是不懂國際法與歐洲慣例。

如此説來，李鳳翎在 1860 年到達廣州後重複地把他從四面八方聽了類似的謠言紀錄下來，七弦河上釣叟也是從 1859 年開始從各方面聽了類似的謠言而紀錄下來的，恐怕都是巴夏禮及其傀儡譭葉宣傳的結晶與見證。它們證明由巴夏禮啟蒙並發動、柏貴等傀儡積極推廣的譭葉宣傳攻勢是成功了。薛福成抄襲李鳳翎和七弦河上釣叟的逸文，是被人利用了而不自知，此後大批中國專家據薛福成的大文論史，同樣是被人利用而不自知。

那順口溜在 1858 年 1 月已具雛形，相信不久之後就流傳開了。但無論是李鳳翎或七弦河上釣叟的逸文都沒把它收進去。為甚麼？很可能他們都認為該溜太離譜了：葉名琛「八年抗戰」，有目共睹，怎能説他「不戰不和不守」呢？李鳳翎與七弦河上釣叟不像趙沅英，他倆沒有謀差事的個人動機或其他目的，故不致於説出完全顛倒是非黑白的話。但到了 1897 年薛福成撰寫他的鴻文時，有目共睹的人已死得七七八八，薛氏本人既未曾目睹，更從未在廣州任事，於是信以為真地順手把該溜收了進去。

趙沅英責怪葉名琛「信乩仙」誤事。[34] 國人多相信同類的指責而罵葉名琛迷信誤國。但君不見，趙沅英自己卻在〈平夷策〉第四條中説：「卜筮不吉，謂『如蜂採花成蜜，定自辛苦』，故遂止而不寄」。[35]「止而不寄」？不知

32　'……if you *would* read a little international law', *Punch*, 24 January 1857.

33　李鳳翎，載《二鴉》，（一），頁 226。

34　趙沅英，載《二鴉》，（一），頁 270。

35　同上，頁 278。

他是藉卜筮自我解嘲還是自知才華欠奉，結果「止而不寄」，因為柏貴、黃宗漢甚至黃宗漢的幕僚通通都不是傻瓜；別忘記，哪怕是黃宗漢在廣東的幕僚，其年薪也是全國最高的。[36] 在他們眼中，趙沅英那名待業在家的生員所提供的種種彫蟲小技，算了吧！

36　Ch'u T'ung-tsu，*Local Government in China under the Qing* (Cambridge, MA：Harvard University Press, 1962)，p.112.

第十九章

正面的葉名琛

罵葉名琛無能，所據之一乃「信乩仙」的傳説。本偵探在英國人搶走的葉名琛檔案中，的確發現扶乩之類的文獻。難怪英國戰地記者柯克（W. G. Cooke）一口氣問了葉名琛五次可曾扶乩。每次葉名琛的回答都是「沒有」，並補充説：「我為了公事已忙不過來，哪裏有空幹這事兒？不錯，占卜問卦者曾被差遣到過我處，但他們的話從來就未曾影響過公事」。[1] 葉名琛無疑是個超級大忙人，但如果他不願意接見占卜問卦者，誰敢差遣他們去打擾他？他的老子，而他又不便拒人於千里之外。

準此，話題就轉到葉名琛的父親葉志詵身上。當絕大部份中國人對解剖既害怕又反對的時候，[2] 葉志詵支持解剖學，這是他進步的一面。他又專藥劑，[3] 是他經世的一面。他更精金文，[4] 而金文不少是占卜問卦的紀錄，這是他學問與愛好的一面。他兒子被囚禁在英軍「不屈」（HMS *Inflexible*）號軍艦上後，他差人送去一些佛道的書籍，是他關心兒子精神生活的一面，也反映了他自己的人生觀。[5] 那麼兒子被囚前，他出於同樣關懷兒子的心情而遣些專於占卜問卦者去看他，也在情理之內。在烽煙四起的時代，當父親的葉志詵心情可以理解。一句話，清代中葉的中國知識份子是複雜的：既繼承已經積累了華夏文明五千多年的傳統，又開始接受益格魯·撒克遜文明的挑戰。何去何從？他們都在摸索中。

1　Cooke, *China*, pp.408-9.

2　Cooke, *China*, p.411.

3　Cooke, *China*, p.411.

4　葉志詵：《葉氏宗譜》(1873 年刊)，第 20 卷。東京東洋文庫藏。

5　Cooke, *China*, p.410.

　　像其父親一樣，葉名琛同樣是既承擔了歷史的包袱，更必須迎戰盎格魯·撒克遜文明的挑釁，包括軍事挑釁。所以他也在積極地摸索。先説歷史包袱吧。本偵探在葉名琛的檔案裏，發現了六件有關占卜問卦的文獻，日期從 1851 到 1857 年。就是説，七年當中出現了六份有關占卜問卦的文獻。所有六份文獻都與平亂有關：不單是廣東的叛亂，還有廣西，江西以至全國的叛亂。茲列表如下：

表 19.1　有關扶乩占卜的文獻 [6]

日期	所問何事	FO931/
1851 年	江西硤江縣曾教職所占六壬問廣西賊匪何時可平。	81
1851 年	占獲清遠首要各犯何日得手。	1596
1853 年 7 月 23 日	關於南昌能否避免太平軍圍困事，江西李凡來信有「謹得兩次請仙判語抄錄，祈將此意轉達」。	1506
1855 年 11 月 29 日	丁卯，命卜占潯州府城可保並勇得力否。	1580
1855 年 11 月 29 日	丁卯，命卜占援救潯州府城利於何日進兵。	1579
1857 年 2 月 15 日	占天下大勢何時清靖。	1619

　　表 19.1 所列各條，第一、第三是江西寄來的。第四、第五是有關廣西的。第六是占天下大勢的。唯一關於廣東的只有第二條。奇怪的是，1854 年末 1856 年初，廣東紅兵把廣州重重圍困，葉名琛的處境最困難的時候，[7] 卻沒有一條有關扶乩占卜的文獻。

　　此外，又發現了四份與風水占星顯聖有關的文獻。其中第一、二份是關於風水的。第三份是葉名琛與柏貴的聯銜奏稿，第四份是討英檄文。茲列表如下：

6　本表錄自拙著《兩廣總督葉名琛》第 4 頁，其中第三棟則按新的檔案編號列出。

7　見拙著《兩廣總督葉名琛》，第 6 章.

表 19.2　有關風水占星顯聖的文獻[8]

日期	內容摘要	FO931/
1853 年	訪聞得洪秀泉〔原文如此〕有祖山在花縣清遠之界石角里雞含坑胡姓客家村左右，系土堆北向，萬山羅列，宜密諭花縣行查，令人速速發掘。	1042
1853 年	督署後堂擴建並改動若干房舍，以善兩院風水。	1619
1855 年	〔葉名琛、柏貴〕具奏關聖帝君顯應請加封號。	1536
1856 年 10 月	《合省紳士討英夷檄文》：「惟時天色晴明，大風無雲，占之天文書，主有急兵，彼來侵我，我利彼不利。」	1822

　　葉名琛相信乩卜星占嗎？他回答：「說不準，有時候我相信，有時候又不相信」。[9]他說的可能都是實話。占卜本來就是華夏文明重要的組成部份，中國最古老的典籍之一正是《易經》，它記錄了上古時代占卜的結果。

　　上古，上古！葉名琛修心養性的方式也很有上古的味道：「盤腿打坐，面朝東方，入靜十來分鐘就夠了」。當他最初被囚於「不屈」號軍艦時，每天多次打坐入靜。慢慢安定下來後，則每天一次就夠了。他不需要任何神像。當被問及為何不朝西以便面對如來佛祖時，他回答說，如果他在祈禱，那麼他應該朝西；但他不是祈禱。朝東是因為東方是「生氣」而西方卻是「死氣」。[10]

　　「這是甚麼道理？儒家的？」——「是。」

　　「佛家的？」——「是。」

　　「道家的？」——「是。比儒家更早就有了。是上古的禮儀。」

　　「這上古的道理是否高於儒、釋、道的道理？」——「是。上古的道理包羅萬有，當然包括了儒、釋、道的道理。自從有東方就有這個道理」。[11]

　　柯克對這些回答理解如下：「當葉氏朝東入靜時，他是崇拜大自然，而

8　本表錄自拙著《兩廣總督葉名琛》第 5 頁，其中第三棟則按新的檔案編號列出。

9　Cooke，*China*，p.409.

10　Cooke，*China*，p.402.

11　Cooke，*China*，p.402.

不是崇拜大自然的創造者」。[12] 準此，柯克認為：「葉氏是沒有宗教信仰的。如果他有任何信仰的話，那麼他是屬於那最超然脫俗的佛家中人，絕對沒有膜拜神像、吃素念佛等庸俗的做法，而是靠全心全意地修心養性以求自我完善」。[13] 難怪柯克又注意到：(1) 葉氏非常藐視和尚、道士、牧師等人；[14] (2) 葉氏自己在私生活上無懈可擊，「絲毫沒有染上其他中國人那種普遍的、害得那善良的耆英也聲名狼藉的、讓人噁心的陋習」。[15] 耆英那讓人噁心的陋習是甚麼？柯克沒有言明。從常理推，不會是吸鴉片：若朝廷重臣吸毒，甫一被發現即殺無赦。從當時基督宗教的價值觀看，很可能是柯克極端鄙視耆英縱情酒色等物質享受吧。

　　柯克又察覺到，葉名琛睡得很香，「香得像個嬰兒入睡——從來不會半夜扎醒的。孤兒寡婦的悲慘嚎啕，似乎對他沒有絲毫影響。這個劊子手，砍了成千上萬的人頭以後，卻比吃了水魚大餐的倫敦市政廳議員睡得更香」。[16] 看來葉氏是修練得比較到家的人，能達到心境平和，漠視人間一切，包括苦難。不單是別人的苦難，還有他自己的苦難：1856 年 10 月 27 日，英軍炮轟廣州城，南海縣令華廷杰目睹「敵船桅上，及海珠砲台上，均飛炮入城，督署尤多。葉相危坐二堂上，絕無懼色。予在大佛寺軍需總局內，司道命往白一事，入督署，則材官、門役逃匿一空，僅一文巡捕引入，謁於二堂東偏廳事，炮屢及席前，夷然不動」。[17] 英軍轟城，是要強迫葉名琛就範。葉名琛堅決不屈，迫得那位下令轟城的英使包令也哀嘆：「我們不斷向他增施壓，壓力愈大，他愈是不屈，真拿他沒辦法！」[18] 一年多以後的 1857 年 12 月 28 日，英法聯軍攻打廣州城，華廷杰再一次經歷到：「連珠炮聲如千萬爆竹，接續不斷，又似專擊督署。予念一署受如此炮，則相國全家休矣。急趨

12　Cooke，*China*，p.420

13　Cooke，*China*，p.406.

14　Cooke，*China*，p.405.

15　Cooke，*China*，p.401.

16　Cooke，*China*，p.404.

17　華廷杰：〈觸藩始末〉(1885 年刊本)，載《二鴉》，(一)，頁 166。

18　Bowring to Edgar Bowring，29 November 1856，Ryl.Eng.MS1228/165.

視，則轅門內不見一人。冒煙入 …… 至花廳，見葉氏袍襟上挽，獨在此尋檢緊要文件」。[19] 再過了一年多，葉名琛隨身帶往印度的糧食用盡之後，恥食英粟，決定不吭一聲地絕食以示不屈，並於 1859 年 4 月 10 日無聲無色地身亡。絕食過程中，病態露出來了，隨從喚來一位英國醫生。葉名琛談笑風生，連該西醫也被他瞞過去了，結果醫生看不出一點端倪。再不出幾十個小時葉名琛就歸西了。[20]

　　再談葉氏對待西學的態度。像其父一樣，他對「歐洲解剖學表示極大興趣」，雖然他明知當時的中國是絕對不容許的。為甚麼他與一般人不一樣？因為他認為解剖是格物致知的必經程序。[21] 格物致知？──在「不屈」號軍艦上，當他孤身獨處時，會坐在舷窗邊饒有興趣地注視軍艦經過的地方。到達印度後，他每週都接見許多來訪者，其中有軍官，文官，法官，傳教士。[22] 他每天起床甚早，起來後就坐立不安，直至收到當天的報紙──《加爾各答英國人報》（*Calcutta Englishman*）──才安靜下來。這時，他就請翻譯阿查禮（Chaloner Alabaster）把新聞翻譯給他聽。若報上刊登了英國議會辯論的消息，他會全神灌注地聽。若沒這類報導，他就會顯得極度失望。當他聽到議員們攻擊那鴉片煙的罪魁禍首──東印度公司，他顯得特別興奮。當他聽到巴麥尊子爵（Viscount Palmerston）[23] 下台的消息，自然感到痛快，但最痛快的當數當他聽到新上任的首相（原反對黨領袖）德比伯爵（Earl of Derby）表達了儘快與中國媾和的願望，因為葉氏聽後樂得全身發抖。當他聽到英、法、美、俄四國聯手向中方投函時，他霍地站起來，顯出從來沒有

19　華廷杰：〈觸藩始末〉，載《二鴉》，（一），頁 180。

20　見拙著《兩廣總督葉名琛》，第 11 章。

21　Cooke，China，p.411.

22　Herbert'sreports，1858，passim，Range202-3，India Political and Foreign Proceedings，India Office Library，London..

23　長期以來，國內不少刊物搞錯了他的名字，故本偵探特別設計了題為「巴麥尊子爵姓巴麥尊，名字縮寫是 H. J. T」的第六章以正誤，敬請讀者留意。總祈國人不要永遠被外國人恥笑，為禱。

過的激動　。[25] 看來，這位在神智清醒時連炮彈也打不動的理學高手，卻為有關國家民族生死存亡的隻言片語擊得神魂不寧。

把這樣一位關心國家大事、有氣有節、盡忠職守的封疆大吏，竟然說成是不戰不和不守、不死不降不走的惛憒庸吏！確實證明了杜譔該順口溜的人，矢志摧毀這位中國人抵抗帝國主義侵略的英雄形象。本偵探在上兩章已經查出，該順口溜的始作俑者極可能是巴夏禮，推波助瀾者則極可能是巡撫柏貴等大小和漢奸。

但本偵探還是不放心。因為日夜縈繞着本偵探的一個問題是，若將來再度發生文明交戰，後果會如何？在葉名琛那個時代，華夏文明與盎格魯·撒克遜交鋒，華夏文明全線潰敗。百年屈辱，除了責怪帝國主義者侵略中國以外，炎黃子孫難道就不必負上任何責任？不必反省？華夏文明是否患有癌症？若有，該癌症是甚麼？如何醫治？從本書發掘所得，葉名琛可以說是華夏精英當中的佼佼者。若華夏文明真的患有癌症，精英當中的精英葉名琛，很可能也有。如此，本偵探在下一章，就必須鍥而不捨地繼續偵查葉名琛的表現了。

在結束本章之前，謹提供一條線索，恭請讀者把本書題為「生牛扒生洋蔥妙用無窮論」的第十四章開宗明義所複製了的一幅葉名琛被逮時的速寫，與葉名琛被送到印度後一位攝影師為他所拍的一幅照片——圖 19.1 做比較。

此外，圖 19.2 所顯示的葉名琛油畫，是本偵探特意邀請一位不願意透露姓名的香港藝術家，根據圖 19.1 繪成的油畫。該圖 19.1 是葉名琛被送到印度後，由加爾各答的一位英國人攝影師伊文思 (E. Evan) 為他所拍的一幀照片，伊文思並在照片上簽署了他的名字。當時《泰晤士報》的戰地記者柯克（Wingrove W. Cooke）也在場，並取得一幀照片，後來就收入他的大作。[26] 這幀照片，突顯了葉名琛「任他日把丹青繪，恨態愁容下筆難」的詩句。此

24　George Wingrove Cooke, *China: Being 'The Times' Special Correspondence in China in the years 1857-8, with corrections and additions* (London: Routledge, 1858), p. 399, footnot.

25　Cooke，*China*，p.429-30.

26　George Wingrove Cooke, *China: Being 'The Times' Special Correspondence in China in the years 1857-8, with corrections and additions* (London: Routledge, 1858), p. 399，footnote.

圖 19.1
葉名琛被送到印度後
一位攝影師伊文思（E.
Evans）為他所拍的一幀
照片 [24]
圖 19.2
葉名琛油畫

油畫與本書題「巴麥尊姓巴名麥尊論」的第六章中巴麥尊首相的插圖，把失敗者與勝利者之間強烈的對照發揮得淋漓盡致。文明交戰兮，文明交戰！此油畫與本書題為「巴麥尊姓巴名麥尊論」的第六章中巴麥尊首相的插圖，把失敗者與勝利者之間強烈的對照發揮得淋漓盡致。文明交戰兮，文明交戰！

　　此外葉名琛油畫與葉名琛速寫互相比較之下，同樣猶如天壤。為何如此？英國駐香港的記者與葉名琛會面之後，認為速寫說謊。但油畫有沒有說謊？且聽下回分解。

第二十章
負面的葉名琛

承上啓下：本書題為「生牛扒生洋蔥妙用無窮論」的第十四章結尾時說：孟子曰：「盡信書則不如無書」（《孟子·盡心下》）。竊以為克利樂上校為葉名琛所作的速寫固然不能盡信，難道「生牛排和生洋蔥」之説也能盡信？難道速寫沒有任何真實的因素？若有真實的因素，那麼這些真實的因素是甚麼？

1857 年 12 月 28 日黎明，英法聯軍開始炮轟廣州城。「連珠炮聲如千萬爆竹」，[1] 專擊廣州新城內的兩廣總督葉名琛督署。南海縣知縣華廷傑急趨視，則轅門內不見一人。冒煙入，至花廳，見葉氏袍襟上挽，獨自在此尋檢緊要文件。華廷傑請速徙。葉氏不允，繼續收拾要緊文件。不久，紳士林福盛帶勇百餘入內敦勸，葉氏乃遷入廣州內城越華書院。「不愈刻而全署火發，盡化灰燼，行李重物無得出者」。[2]

上面華廷傑這段記錄，有兩份外國人的目擊記可作佐證。第一份是英國全權公使額爾金伯爵（Earl of Elgin）的私人秘書奧利芬（Laurence Oliphant）的目擊記。他説，劫後的督轅盡是一片灰燼。[3] 第二份文獻則説得更具體：它正是《泰晤士報》特派戰地記者柯克（G. W. Cooke）的目擊記。當英法聯軍炮轟葉名琛的督轅時，柯克早已爬到英國軍艦「獵人」號（HMS *Nimrod*）的主桅桿最高處觀戰。他目睹連天炮火之下，佔地約兩英畝的兩廣總督衙門內之庭台樓閣，一棟一棟地倒下去，無一幸免。與此同時，大批附近的居民蜂

1　華廷傑：《觸藩始末》，載齊思和等編《中國近代史資料叢刊：第二次鴉片戰爭》（上海：上海人民出版社，1978），（一），頁 180。以後簡稱《二鴉》。

2　同上。

3　Laurence Oliphant, *Narrative of the Earl of Elgin's Mission to China and Japan*, two vs. (Edinburgh and London: Blackwood, 1859), v. 1, p. 137.

擁而至。他們冒着槍林彈雨，不顧一切地搶奪傢俬雜物。甚至門戶窗框，屋樑木柱，凡是能搬得動的都全搬走了。最後剩下來的只有瓦礫一片，兩根被炮彈打斷了的旗桿，和兩頭熏黑了石獅子。[4]

由此可知，葉氏未來得及收拾的文件當然是盡化灰燼，或被附近居民搶回家裏生火做飯。那麼，葉氏已檢起來的要緊文件，下落又如何？華廷傑沒有說明。本偵探從英方的檔案資料中發現，葉氏是帶出了。是否把欲帶走的都全帶了，就不清楚。[5]無論如何，學術界真的要感謝這位葉相。他在炮火連天當中，冒着性命危險，拼命收拾的不是金銀細軟，而是一批具關鍵性的文獻。

翌日，英法聯軍佔據了廣州的制高點觀音山，「守城滿兵全潰」。[6]由於葉名琛藏身的越華書院離觀音山太近，「敵兵已常到門」。於是華廷傑等又勸葉名琛再搬，終於在 1858 年 1 月 2 日晚上，轉移到左都統雙齡署中。雙齡住第三院，葉氏住第五院。[7]這麼一搬再搬，葉名琛星夜又能隨身帶了多少文件？可有遺留？華廷傑沒有說。外國文獻也無從斷定，只憑常理推測，說可能丟了一部份。[8]

上述華廷傑所述有關葉名琛一搬再搬情節，由於華氏曾親歷其境，娓娓道來，非常確鑿。至於葉名琛具體如何被俘，則由於葉氏被俘時華廷傑不在場，所以說得比較模糊。只說 1858 年 1 月 5 日，敵人「先挾雙都統出署而去，並不知葉相在內。葉相家丁有勸令他避者，葉相堅不肯避。轉瞬敵人復至，擁之而去」。[9]葉名琛隨身帶着、輾轉逃命的要緊文件是否也被擁之而

4　這位戰地記者寫了不少通訊，刊登在英國《泰晤士報》。後來他把這些通訊集中在一起整理出版成書。見 George Wingrove Cooke, *China: Being 'The Times' Special Correspondence in China in the years 1857-8, with corrections and additions* (London: Routledge, 1858), p. 368。此後簡稱 Cooke, *China*.

5　Wade to Elgin, on board HMS *Furious*, Fuzhou 10 March 1858; enclosed in Elgin to Clarendon, Ningbo 18 March 1858, FO17/287.

6　華廷傑：《觸藩始末》，載《二鴉》，（一），頁 182。

7　同上，（一），頁 184。

8　Wade to Elgin, on board HMS *Furious*, Fuzhou 10 March 1858; enclosed in Elgin to Clarendon, Ningbo 18 March 1858, FO17/287.

9　華廷傑：《觸藩始末》，載《二鴉》，（一），頁 184。

去了？華廷傑沒説。英國人説，擁去了！[10]

　　如何擁去？葉名琛如何被俘？英國《泰晤士報》的特派戰地記者柯克（G .W. Cooke）機緣巧合地目睹事情經過。原來在 1858 年 1 月 5 日當天，英國陸軍的赫洛魏上校（Colonel Holloway）奉命帶兵搜索葉名琛。巴夏禮（Harry Parkes）則奉命陪同作翻譯。可惜巴夏禮來晚了，他到達集合地點時，部隊已出發。巴夏禮頓足之餘，腦袋一轉，馬上有了主意。他跟英國皇家海軍的艾略特准將（Commodore Elliot）吹噓説，他掌握了機密情報，知道葉名琛藏身的地方。如果艾略特准將願意派兵隨他去一趟，肯定有所斬獲。艾略特准將信以為真，也不向上司請示，就派了部屬跟他去。戰地記者柯克也跟着去了。[11]

　　為何阿艾略特准將如此輕率地就派兵出動？原來這位海軍准將，正是 1856 年 10 月 8 日《亞羅》事件發生當天，巴夏禮就鼓動其帶兵赴穗的那位駐紮在粵河的英國皇家海軍指揮官。當時他也是沒有向上司請示就擅自採取了行動。後來天天跟巴夏禮在一起，向葉名琛尋釁鬧事，非常過癮。[12] 現在巴夏禮又送來過癮的玩意，自然樂從。

　　巴夏禮帶着這股水兵到了越華書院，[13] 翻箱倒櫃地找葉名琛，就是不見他蹤影。正要離開時，巴夏禮踢下一道關着的門。[14] 只見一個酸秀才在那裏搖頭晃腦地唸書。嚴詢之下，酸秀才終於吞吞吐吐地供出了葉名琛曾在該處藏過身，但數天前已離開，不知所蹤。巴夏禮就是纏着酸秀才不放。終於酸秀才又供出了葉名琛藏身的地方，即離越華書院三英里以外的、在粵城西南角的、兩位都統其中一位的衙門之中。巴夏禮等也不馬上趨赴，反而帶了這

10　Wade to Elgin, on board HMS *Furious*, Fuzhou 10 March 1858; enclosed in Elgin to Clarendon, Ningbo 18 March 1858, FO17/287.

11　Cooke, *China*, p. 340.

12　見行將出版的拙著《文明交戰》（暫定名），當中題為「巴夏禮，『為何你不讀點國際法！』」的第四章。

13　原文作 imperial library. 見 Cooke, *China*, p. 340. 參諸上文下理，佐以華廷傑，可知為越華書院。

14　Cooke, *China*, p. 340，last line.

位酸秀才一起趕往巡撫柏貴的衙門。[15]

　　到了巡撫衙門，只見之前已按時出發了的赫洛魏上校（Colonel Holloway）和他所帶領的士兵已逮住了柏貴，而英國遠征軍的陸軍和海軍兩位司令員也同時趕到。嚴詢之下，柏貴竟然供出葉名琛藏身的地方，這名廣東巡撫，又一次出賣了其上司。把兩份口供對比之下，柏貴之言與酸秀才所供相同。司令員命柏貴提供一個人當嚮導。於是，在這個嚮導與酸秀才的帶領下，艾略特准將（Commodore Elliot）所屬的水兵，巴夏禮，戰地記者柯克等，就向目的地出發。狹街隘道似乎是沒完沒了，水兵們心裏發毛，唯恐中伏。祺上校（Captain Key）自我安慰說：「我們知道城牆在何方。按照這個羅盤所顯示的方向，我們必定能殺出一條血路，回到原來的地方」。最漫長的追蹤也總有一個結束的時刻，終於到了！是一所第三流的衙門，重門深鎖，了無人跡。撞開門，水兵們衝進去，下意識地搶前把守着各個要隘。定下神來，不錯！整棟房子到處都是行李箱，大小官員忙個不停。其中一名官員趨前自稱是葉名琛，可惜身形不如葉名琛龐大。巴夏禮認為他不夠格，一把將他推開，繼續往內堂走。[16]

　　巴夏禮等穿堂入室地疾走到後園，發覺一個高大的身形正要爬過後牆逃走。[17]祺上校（Captain Key）與艾略特海軍准將屬下的一名舵手像飛鏢一樣衝向他，祺上校死死地抱着他的腰，那名舵手則一手抓辮子以後反扭他的手，把他扳過臉來，果然是葉名琛！立時五十多名水兵像發了狂般齊呼三聲，又把帽子奮力拋向天空。[18]軍官們把閃亮亮的佩劍與手槍拼命搖晃，水兵們把冰森森的彎刀朝天亂砍。[19]葉名琛全身發抖，束手就擒。[20]

　　英方花了三個小時搜查葉名琛的行李，目標是機要文件。果然，中英

15　Cooke, *China*, p. 341, lines 1-11.

16　Cooke, *China*, p. 431, lines 12-39.

17　Cooke, *China*, p. 431, lines 39-40.

18　Cooke, *China*, p. 342, lines 1-7.

19　Cooke, *China*, p. 399, lines 8-9.

20　Cooke, *China*, p. 342, lines 10-11.

《南京條約》，《中美望廈條約》，中法《黃埔條約》等等的原件俱在。[21] 其實英方的目的不在這些，而是希望找到中方有關軍情、部署作戰計劃等等的機密文件。但是，英方失望了。儘管他們在葉名琛身旁繳獲了四十多箱文件，[22] 但沒有一件對他們的作戰計劃提供了任何有利的情報。英法聯軍諸將領不禁大失所望。

於是英方就把該批文件交給英方翻譯威妥瑪（Thomas Wade）和法方翻譯馬柯（Senhor Marques）共同保管。兩位翻譯又請來一些有文化的華人幫忙，共同審查全部文件。最後兩位翻譯把其中一批、對外國人來說是毫無意思的文件，加上所有葉名琛帶在身邊的書籍，通通交了給軍艦「寶座」號（HMS *Tribune*）的艦長咢戈上校（Captain Edgell），讓他轉給「英法聯軍管理廣州三人委員會」（Allied Commissioners），以便該委員會交還給中方。[23]

該委員會的主席正是巴夏禮。這大批文件和書籍後來是否真的全部交還了中方，交還以後中方如何處理，則無從考核。

被兩位翻譯扣留下來的文件，可以被分為五大類:

1·條約: 中國與英國、美國、法國、和瑞典所簽署過的條約原件。

2·外交文書: 歷任清朝欽差大臣與各國領事的來往公函，包括該大臣等命令下屬所作的有關報告。這批文書，殘缺不全。

3·奏摺: 三任欽差大臣耆英、徐廣縉、葉名琛等有關外事的奏摺。其中百份之九十是有關英國的。

4·情報: 對廣東紅兵的軍情探報和對外情的探報。其中的外情探報，非常定期，都是從香港的報刊翻譯過來的報告，內容錯謬絕倫。

5·地圖: 絕大部份是有關廣東紅兵的的駐軍情況，非常粗劣。[24]

筆者在此略述了這批文件的內容，目的是為了顯示，葉名琛在生死存亡之秋還帶在身邊的，究竟是哪些文獻。這些文獻的命運又如何？最後決

21　Cooke, *China*, p. 342, lines 16-20.

22　Wade to Elgin, on board HMS *Furious*, Fuzhou 10 March 1858, para. 3; enclosed in Elgin to Clarendon, Ningbo 18 March 1858, FO17/287.

23　同上，第4段。

24　同上，第5段。

定，其中第二部份（外交文書）、凡是屬於法國和葡萄牙的，全交給法國公使。剩下來的，則交給香港總督屬下的漢文秘書處高級見習翻譯員摩根先生（Senior Student Interpreter, Mr Morgan），並在他的監督下，由幾位有文化的華人來整理。[25]

現在重點分析上一章殿後一段所做出的呼喚：葉名琛身上何曾患有華夏文明中的一些癌症？若有，它們是甚麼？《泰晤士報》特派戰地記者柯克，對於葉名琛被俘虜時的表現，有細緻入微的描述，並做了非常深刻的評價。評價的標準，當然是按照盎格魯．撒克遜文明的價值觀。他的描述和評價，對於溝通華夏文明和盎格魯．撒克遜文明，促進相互瞭解，有一定的價值，以至本偵探不厭其詳地闡述如下。

柯克説，「葉名琛被俘虜時的表現，絕對不是人們心目中所想像的英雄」。（Yeh is by no means the hero people thought him）。[26] 當祺上校逮着他時，他龐大的身軀由於驚懼而渾身劇烈發抖，頓時神智盡失」。（When Captain Key seized him, his vast carcass shook with terror, and he completely lost all presence of mind）。[27]

「這也難怪，五十名藍衣水手，全部拔出刀劍和手槍，圍繞着他團團轉，像瘋人一樣地跳舞，揮舞他們的短劍和彎刀，狂拋他們的帽子，力竭聲嘶地厲聲高喊。他肯定認為他的大限已到」。（Perhaps this is not be wondered at. Fifty blue-jackets, with drawn swords and revolvers, were dancing round him like madman, flourishing their cutlasses, throwing up their hats, and cheering at the top of their voices. He might well believe that his last moment was come）。

「但是，下令處死了成千上萬人的劊子手，面對死神時也應該有點個人尊嚴吧。但不！他全身發抖，他表示願意屈服，他矢口否認他就是葉名琛。如果不是祺上校摻扶着他，他早就散了架」。（But a man who had sent so many thousands to their great account, might be expected to meet his own fate

---

25　同上，第 7 段。

26　Cooke, *China*, p. 342, line 8.

27　Cooke, *China*, p. 399, lines 6-7.

with dignity. Yeh was not equal to this. He shook, he made gestures of submission, he denied his identity, he would have fallen, had not Captain Key held him up）。[28]

「這種狀態一直維持到他的宿敵巴夏禮，以勝利者的姿態，滿志躊躇地三番四次向他保證他的人身安全，神態才慢慢恢復鎮靜自若」。（and it was not till Mr. Parkes had several times had the satisfaction and triumph of assuring his old enemy of his personal safety that he grew composed）。

「可是，當他甫一感到他的性命再沒有任何危險後，他的狂妄就回來了。他裝腔作勢地坐在太師椅上；當英方要求他交出他的欽差大臣的關防，他嗤之以鼻。當他說要把他帶走時，他傲慢地回答說：『他在此等待接見英法公使』。」（As soon, however, as he felt himself safe all his arrogance returned. He posed himself magnificently in his chair. He laughed at the idea of giving up his seals, and also at the idea of his being led away. He would wait there to receive the men, Elgin and Gros）。[29]

「英軍將領把擒獲葉名琛的消息飛報作戰總部。總部馬上派霍卡上校帶領一大隊英國海軍陸戰隊員來迎接。當葉名琛被邀請上轎時，全身再度發抖」。（The news of the capture had been sent to head-quarters; Colonel Hocker was despatched with a strong body of marines, and Yeh again trembled as he entered his chair a captive）。[30]

把葉名琛帶到哪裏？帶到他原來藏身的越華書院。原來此時的越華書院已經成為英國海軍和陸軍的聯合指揮部，海陸軍司令分別征用了正殿和大堂，其餘大小將領紛紛征用其他房間。1858 年 1 月 5 日星期二大約正午十二點鐘，當他們接報說中方一應高官均已束手就擒時，都興緻勃勃地期待着一睹風彩。[31]

首先被帶進來的是柏貴，隨後是「身形龐大的廣州將軍〔穆克德訥〕，當

28　Cooke, *China*, p. 399.

29　Cooke, *China*, p. 342.

30　Cooke, *China*, p. 342.

31　Cooke, *China*, p. 342，paragraph 3 and 4.

圖 20.1 − 2
越華書院今昔

他在我身前走過時，我暗地裏與他比較高矮，發覺他至低限度體高六英尺零四寸。他倆被帶進一個小房間，英國陸軍司令和英法兩國的海軍司令在那裏等待着他們」。[32] 會面情況如何，容後闡述。蓋不久「中堂到！」（Room for the great mandarin!）[33] 的呼聲已經由遠而近，葉名琛被帶到正殿而不是帶到囚禁柏貴與穆克德訥的斗室：「他倆聽到葉名琛的腳步聲就發抖，若把葉名琛也帶到同一斗室，無異把一條狂吞虎嚥的大魚與兩條只配做魚餌的小魚關在一起」。（To place him with the governor and the general would be to confine a pike with two gudgeon. Pek-kwei and Tseang-kuen shook at the sound of his footsteps）。[34]

　　葉名琛被帶進正殿時的神情如何？「若他的隨從中有六名劊子手，又若我們全部是被他綁架而來聽後他處置的人，他還不至於把頭昂得這麼傲慢的高」。（If he had six headsmen in his train, and if we all stood kidnapped men before him, he could not have hold his head more haughtily）。[35] 柯克同時又注意到：葉名琛「那雙骯髒的雙手上長長的指甲在抬邊不斷發抖的同時，在他銳利的眼光審視堂內每一個角落、每一張臉孔的同時，他露骨的裝腔作勢，不會引起任何人對他絲毫的尊敬」。（While the long nails of his dirty fingers are

---

32　Cooke, *China*, p. 343，paragraph 2.

33　Cooke, *China*, p. 344，paragraph 2, line 1.

34　Cooke, *China*, p. 344，paragraph 2, lines 6-9.

35　Cooke, *China*, p. 344，paragraph 3, lines 1-3.

trembling against the table, and his eyes are searching into every part of the room, scrutinizing every face, his *pose* of dignity is too palpably simulated to inspire respect）。[36]

「他坐在太師椅上，隨他蜂擁而來的隨從馬上站在他週圍，組成一個『小朝廷』。」（He seats himself in an armchair, and some inferior mandarins who have pressed in after him stand round and make him a little court）。[37]

「任何人看着他的臉孔，都無可避免地感覺到他是一位絕不尋常的人。他急躁而不斷轉動的眼睛，充滿凶殘的戾氣，讓人與他目光相接後幾乎馬上下意識地退縮。他的表情屬於一隻凶猛、憤怒，但並非勇敢的動物」。（Yet no one can look upon that face without feeling that he is in the presence of an extraordinary man. There is a ferocity abut that restless, roving eye, which almost makes you shrink from it. It is the expression of a fierce and angry, but not courageous animal）。[38]

真相大白！原來那幅被香港的英國記者描述為只有吃了「生牛扒生洋蔥」才能繪出來的速寫，所寫的正是處於這種異乎尋常狀態的葉名琛——作為階下囚而被帶進越華書院正殿時，悲憤交加以至目露凶光的葉名琛（a profile sketched by Major Crealock[39] at the moment when he was brought in a prisoner）[40]，而並非常態的葉名琛。而且，該速寫在香港被華人工匠製成平板（lithograph）複製又複製，結果成百上千的葉名琛平板畫就附在寄回英國的家書中。該速寫確實有誇大的地方，以至有人誤會它是一幅漫畫。[41]

其實，「當克利樂少校執着鉛筆疾寫的時候，我正站在他身邊，我們把速寫與真人比較之下，都覺得速寫最為酷似真人。當然，葉名琛是在心

36　Cooke, *China*, pp. 344, paragraph 3, lines 17-18 and p. 345, paragraph 1, lines 1-2.

37　Cooke, *China*, p. 344，paragraph 3, lines 1-3.

38　Cooke, *China*, pp. 344，paragraph 3, lines 12-17.

39　本偵探按：克利樂在繪該速寫時是少校（major），待他的速寫發表後不久就升職了，他是在沙場上還是在宣傳的戰場上立了大功而晉升，就不可得而知之了。

40　Cooke, *China*, p. 398，paragraph 3, lines 4-5.

41　Cooke, *China*, p. 398，paragraph 3, lines 8-9.

情極度恐慌的情況下被速寫的，當時他的眼睛不斷地搜索正殿的每一個角落，拼命找尋那名持刀的劊子手」。(But the original sketch is the most striking likeness I ever saw. I stood at the major's side while he was pencilling and we compared the portrait with the man. It is true, it was taken in a moment of mental terror, while the prisoner's eyes were ranging round a large room in quest of a headsman and his sword)。[42]

英法海軍司令及英國陸軍司令來了，他們三人端莊地集體向葉名琛行了個軍禮！葉名琛手足無措，不知如何回禮，讓勝利者尷尬極了！接着英國海軍司令向葉名琛詢問曾被綁架了的英軍水手庫珀（Cooper）的下落。葉名琛大笑不已，笑得讓所有在場的人都覺得他在倖災樂禍。狂笑過後（When he had finished his cashinations），葉名琛回答説：「我不記得他是誰，但明天我會查詢一下，若找到他就把他送回去」。[43]

葉名琛的回答「讓人厭惡極了，因為在場不少人都認識庫珀，並對他很有好感。若他們都能自作主張的話，馬上會把葉名琛問吊」。(The disgust at that moment was so great（for many in the room had known and esteemed poor Cooper），that if the audience could have decided the matter, Yeh would have been taken out and hanged)[44]。

葉名琛被告知，他的回答是不禮貌的。葉名琛説他的回答是禮貌的，而且是他能提供的唯一的回答。(He was told that his answer was not courteous, and he replied that it was, at any rate, the only answer he should give)[45]。

42　Cooke, *China*, p. 398，paragraph 3, lines 9-15.

43　Cooke, *China*, p. 345，paragraph 2.

44　Cooke, *China*, p. 345，paragraph 3.

45　Cooke, *China*, p. 345，paragraph 4.

真是不忍卒睹！本偵探也無法闡述下去。[46]但必須指出，英使額爾金聽了部下對葉名琛這種表現的報告後，似乎吸取了教訓，結果後來在英法聯軍攻陷北京、清廷求和時，恭親王「趨向前英使額爾金合十致禮，額爾金高傲地、非常鄙視地、只把身子微彎作復，使可憐的恭親王汗流浹背」。[47]

之前廣東巡撫柏貴與廣州將軍穆克德訥與英法聯軍三位司令會面時，表現又如何？「兩位大人就座時顯得他們是主動來造訪別人一樣」。（The two mandarins took their seats as though they had come of their own free will to pay an ordinary visit）。「廣州將軍故意表現得高貴和勇猛，但大家都知道，他在裝腔作勢，像所有其他清朝的大官一樣」。（There is a great show of dignity and courage about that martial Tartar, but he is only a type and specimen of the great imperial sham of which he forms a part）.「酣戰之際，他從來未在城牆上出現過」。（During the fight he never appeared upon the walls）。

甚麼！打仗時長官不在場指揮，士兵如何作戰！

「打敗仗以後，他從來不召集他的七千部屬來慰問。當法軍接近他的官邸時，他毫不抵抗，反而從一個房間逃到另外一個房間，最後從一個骯髒的衣櫃裏被扯出來」。（After the fight he did nothing to gather his 7,000 men around him. When the French came he made no defence, but ran from room to room, and was dragged from a filthy closet）。

我的天！他還有一點軍人的尊嚴麼！看來葉名琛早看透了他，所以他才會在聽了葉名琛的腳步聲時，不斷發抖！

「若他是被太平軍俘虜的話，他肯定會抱着他們的腳下嚎啕大哭以求饒。但是一旦他感到被歐洲人俘虜而並無性命危險之後，就拼命地裝腔

46　從今天的價值觀看，葉名琛的態度，固然是草菅人命。但是，那些為大英帝國開疆闢土的人，日復一日、每隔十分鐘就炮轟人口稠密的廣州城而絲毫不感到遺憾，也不認為把數以百計鱗次櫛比的民居一把火燒掉，百姓死傷不計其數有甚麼不妥。但遇有幾名白人平民被殺害，幾個英國士兵被伏擊，他們就呼天搶地般大聲叫囂。難道中國人的性命就是如此不值錢？詳見行將出版的拙著《文明交戰》（暫定名），當中題為「帝國主義的悍將」的第三部份共四章。

47　Sir James Hope Grant, *Incidents in the China War of 1860*, compiled from the private journals of *Sir Hope Grant by H. Knollys* (London: William Blackwood and Sons, 1875), p. 209.

作勢」。（If he had been taken by Taipings instead of Europeans he would be howling at their feet. Knowing himself personally safe, he swells himself and tries to look majestic.）。[48]

是可忍孰不可忍！這位廣州將軍的世界觀！這位廣州將軍的價值觀！這樣的料子！確實難怪在第一次鴉片戰爭時期，「道光帝從湘贛鄂桂滇黔川七省調出的『征討』大軍，仍不免一觸即潰」！[49] 也可見，牟安世之謂「從鴉片戰爭看勝敗的決定因素是人不是武器」，也自有其一定的道理。[50]

「如何處理這樣的貨色？『送他倆到船上去吧』，一名翻譯建議說；『送他們回衙繼續辦公，以免廣州城被盜匪蹂躪』，另一名翻譯建議說」。（What shall we do with these men? 'Send them both aboard ship', advises one interpreter; 'Send them back to resume their functions, and to save the city from pillage', advises the other.）[51] 最後決定派人請示額爾金公使。額爾金公使指示說：「送他們回衙，柏貴在英法聯軍管治廣州三人委員會的監督和合作下繼續辦公，廣州將軍遣散其部隊並全部繳械」。（Let them both return under conditions. Let Peh-kwei re-establish his court under the authority and in co-operation with an European tribunal. Let Tseang-keun return under condition of disbanding his troops and delivering up their arms）.「不行！祖宗之法不可改！」等等。「試試吧」，英方像哄小孩般哄他倆；結果兩位大人縱聲大笑，嘲笑這個荒唐的建議。於是聯軍把他們關在該斗室過夜。翌晨，他倆雙雙變成洩了氣的皮球，不再裝腔作勢。（'Impossible; they couldn't do it; contrary to all Chinese precedents', etc. 'Try'. The trial is made, and the indignant mandarins laugh loudly at the impudent suggestion. Left together for a night to consider the matter, they are found in the morning like pricked windbags, ready to surrender their

48　Cooke, *China*, p. 343，paragraph 2.

49　茅海建：〈三元里抗英史實辨正〉，《歷史研究》1995 年第 1 期，頁 145－155：其中頁 152。

50　牟安世：〈從鴉片戰爭看勝敗的決定因素是人不是武器〉，《人民日報》，1965 年 10 月 11 日。

51　Cooke, *China*, p. 343，paragraph 4.

inflation）。[52]

「裝腔作勢！弄虛造假！」滿洲八旗與蒙古八旗，當初都是能征慣戰的，否則就不會入主中原了。無奈當權後養尊處優，他們的富後代竟然墮落到這個地步。不光是富後代，就連寒士出生的葉名琛，當了大官後就「裝腔作勢！弄虛造假！」了。

終於查出來了：「裝腔作勢！弄虛造假！」。這些是否都是華夏文化的癌症？文官顯赫之如宰相級的葉名琛（漢人），封疆大吏之如巡撫柏貴（蒙族正黃旗人），邊防大將之如廣州將軍穆克德訥（滿族鑲白旗人），通通患上這種癌症。準此，鴉片戰爭後的「開眼看世界」思想，[53] 至今成效如何？若還是那個老樣子，則在將來的「文明交戰」中，像葉名琛般的「戰、和、守、死」；像廣東巡撫柏貴、廣州將軍穆克德訥等的「不戰、不和、不守；不死，不走」但「投降當傀儡」的歷史，是否會重演？

52　Cooke, *China*, p. 344，paragraph 1.

53　潘振平：〈鴉片戰爭後的「開眼看世界」思想〉，《歷史研究》，1986 年第一期，頁 138－153。

第二十一章

論華夏精英對第二次鴉片戰爭的情結

華夏精英對第二次鴉片戰爭有很深的情結。從領土上說，中國在鴉片戰爭中戰敗而已經割讓了香港的港島給英國；在第二次鴉片戰爭中戰敗又割讓了九龍半島給英國；更淒涼的是不明不白就把海參崴〔符拉迪沃斯託克〕等面積大如法國的東北一大片土地割讓了給俄國。這都是有形的創傷，無形的創傷則更為慘痛。事緣西方益格魯・撒克遜（Anglo-Saxon）的現代文明，摧枯拉朽般把華夏古老文明打得一敗塗地。面對亡國滅種的空前危機，華夏精英們苦苦思索，大致想出了兩種對策。

第一是誓死捍衛「國粹」。惟西方文化以雷霆萬鈞之力橫掃中國之後，「國粹」早已望風披靡；若垂死抵抗，終屬徒然。

第二是所謂「西化」，甚至「全盤西化」。[1]但西方文化是一個非常籠統的概念，從地域上說，究竟是西方哪個民族的文化？從主義上說，是西方哪種主義？

竊以為在 1919 年巴黎會議開始至 1920 年代末，大致可從地域這個角度來探索這個問題。1930 年代則可以從意識形態的角度來分析，但歸根結柢還是從地域看——即「英美化」或是「蘇聯化」[2]——似乎比較容易掌握。

首先，從地域這個角度來探索：1919 年正是西方列強為了第一次世界

1　提到全盤西化，大家自然而然就想到鼓吹此說不遺餘力的胡適（1891－1962）。1929 年，胡適為《中國基督教年鑒》(Christian Year-book) 寫來一篇英語文章，題為〈中國今日的文化衝突〉(The Cultural Conflict in China)，文中用了 wholesale Westernization 這個詞。潘光旦將其翻譯為全盤西化。對於胡適所提倡的全盤西化，林毓生院士有很精辟的見解。詳見林毓生（著），穆善培（譯）：《中國意識的危機："五四"時期激烈的反傳統主義》，增訂再版本（貴陽：貴州人民出版社，1988 年）。本章下文也有論述，敬請讀者留意。

2　很多西歐人會否認蘇聯屬於歐洲，哪怕是東歐。但是，從東亞的角度看，在地緣上蘇聯屬於東歐，本書沿用之。

大戰的結束而在巴黎召開善後會議的時候。當時主要的戰勝國為英國、美國和法國，而法國最弱，所以在巴黎和會上幾乎是英、美的盎格魯‧撒克遜民主宰一切。所以，當時中國精英向西方學習的對象正是英、美。具體來說是指英國，以及繼承、延續、並發展了英國文明的美國，統而言之是英美盎格魯‧撒克遜文明，包括整套政治制度，及其最有代表性的所謂西敏寺議會民主制度（Westminster System）。

　　可是，英、美在 1919 年巴黎會議中表現出了讓中國極度反感的雙重標準：在該會議期間，英、美政客決定把孔子的出生地山東省拱手讓予日本。此舉不但激發了中國的五四運動，更粉碎了不少華夏精英——無論是傳統的還是先進的——對西敏寺議會民主制度的幻想。毛澤東就是從五四運動中走過來的，以至像他這樣的激進知識份子，就轉而面向 1917 年俄國十月革命後建立起來的蘇維埃俄國（1922 年改名為蘇維埃社會主義共和國聯盟）。當時俄共對中國精英最大的引誘，是通過電台向中國廣播說，基於人道主義和各國平等的原則，俄共打算取消過去一切沙俄強迫中國簽訂了的不平等條約，並把沙俄過去從中國掠奪了的土地及一切特權歸還給中國。華夏精英深為所動，認為俄共所信奉的共產主義確實能夠創造人間天堂。結果在俄共的共產國際哄誘下，1921 年部份純真的華夏精英成立了中國共產黨。哪怕深受西歐盎格魯‧撒克遜文明影響的孫中山，到了晚年也明確提倡「以俄為師」[3]。

　　到了 1930 年代，世界形勢更是全變了。1929 年開始的西方經濟大蕭條，震撼全球。反觀當時蘇聯的集體經濟，正在蓬勃發展，有些美國人甚至到蘇聯謀求職位。戰敗國的德國經濟，也蒸蒸日上。兩個國家的政體對部份中國精英散發出無窮的吸引力。蘇聯和德國都是專制主義政體，由此區別於英國、美國盎格魯‧撒克遜文明的民主主義政體。為了便利分析，若從此把觀察中國精英向西方學習的對象，改為從主義的角度來看，可能比較方便。

3　孫中山：〈致蔣中正函以俄為師〉，1924 年 10 月 9 日，載《孫中山全集》第 11 卷，頁 145-146。所據乃廣東省社會科學院歷史研究所藏原件照片。本書題為「偵破孫中山『以俄為師』之謎」的第 69 章對此言的歷史背景有比較詳細的分析。

中國精英本來就厭惡了盎格魯‧撒克遜文明西敏寺議會民主制度，除了它的政客們在巴黎和會所呈現出來的虛偽以外，民國初年的「兵臨國會」、「豬仔議員」等，早已貽笑中外。所以當時的華夏精英更是加倍地寄望於蘇聯、德國式的專制主義政體。[4] 結果是，中共繼續緊跟蘇聯；而孫中山的繼承人蔣中正（1887－1975），就邀請大量的德國專家擔任顧問。其中著名的例子是，1930 年代蔣中正第五次派兵圍剿中共在井岡山建立的蘇維埃政權時，最終獲得勝利，其原因除了中共自己的失誤以外，應歸功於當時的德國軍事顧問。

但是從另一方面看，直到 1927 年 4 月清黨為止，蔣中正也沒有完全放棄孫中山晚年「以俄為師」的政策，甚至派他的兒子蔣經國往蘇聯留學，蔣經國留蘇期間又娶了一位俄國太太。總的來說，雖然蔣中正對於蘇聯的野心是時刻警惕着，但對於蘇聯的體制，則蔣中正暨其領導的國民黨所學習的主要還是俄共那一套，不能説完全是德國希特勒的制度。其實，國共都是同一個師傅——俄共——教導出來的。但由於孫中山早年曾接受了英美式民主政制，後來又接受蘇聯那一套，所以國民黨的政治體制是比較混亂的。[5] 從這意義上看，若説近代中國之所謂「西化」其實歸根結柢是「蘇聯化」，也並不過份。

無論如何，專制的德國領袖希特勒首先垮掉了。不久，專制的蔣中正也跑到了台灣。中共則終於在 1949 年從當時已經腐敗透頂的國民黨手中奪取得政權。但部隊還在從北向南奔往解放全中國的戰場時，朝鮮的金日成即揮軍南進，打響了朝鮮戰爭。1950 年 9 月美軍在仁川登陸，開始大反攻，並在 10 月越過三八線。被勝利衝昏了頭腦的麥克阿瑟將軍（General Douglas MacArthur）揚言要跨過鴨綠江、順勢把本來已經從北向南解放全中國的中共掃進中國南海。本來作為以防萬一的解放軍機動部隊東北邊防軍，就成為第一批入朝參戰的中國人民志願軍。部份已經南進的解放軍，也馬上掉頭日

4　關於 1930 年代，中國精英對民主與專制的辯論，見智效民《民主還是獨裁——70 年前關於現代化的爭論》（廣州：廣東人民出版社，2010）。感謝香港的蕭滋先生，慨賜是書。

5　見王奇生：《黨員，黨權與黨爭～1924-1949 年中國國民黨的組織形態》（上海：上海書店出版社，2003）。感謝香港的蕭滋先生，慨賜是書。

夜急行，在到達朝鮮戰場前同樣馬上改變軍服而稱為中國人民志願軍。他們入朝後與當時世界頭號強國及其所率領的聯合國軍隊硬戰，用無數性命穩住了新中國的陣腳。

韓戰停火後，中國在西方列強重重圍堵下，如何重建經過列強百年蹂躪的中華大地？求救無門之餘，迫得更加一面倒地「赤化」，全盤學習「蘇聯老大哥」，把蘇聯的那一套行事方式硬搬到中國來。為了肅清馬克思列寧主義以外的所有思想，中國共產黨在 1957 年大搞「反右」運動，把大批哪怕是非常愛國的知識精英打成了「右派」，放逐邊疆。一個民族的知識精英嚴重缺乏，如何能夠重建國家？結果，中國繼續積弱幾十年。

其實，無論全盤甚麼「化」，都是行不通的。孫中山是從基督宗教的《聖經》走入華夏文明的《易經》，又走回到基督宗教之《聖經》的；結果他綜合畢生學習兩《經》並付諸實踐所得的結論是：「歐美有歐美的社會，我們有我們的社會，彼此的人情風土，各不相同。我們能夠照自己的社會情形，迎合世界潮流去做，社會才可以改良，國家才可以進步。如果不照自己社會的情形，迎合世界潮流去做，國家便要退化，民族便受危險」。[6] 甚麼是孫中山心目中的世界潮流？——提倡銳心、創新的教育制度。關於這一節，拙著《孫文革命：聖經和易經》第十一章已經有所論述，在行將出版的拙著《文明交戰》最後一章也有進一步闡述，故在此不贅。只是懇請讀者容筆者在此重複孫中山的一句話：「我們的最高理想是，藉着《聖經》以及我們所理解的歐美教育作為手段」[7] 來現代化古老的華夏文明。

可惜，1950 年代的中國大陸精英，還是拼命模仿蘇聯那一套而不思創新，結果毛澤東在 1956 年就感慨地說：「藝術上『全盤西化』被接受的可能性很少，還是以中國藝術為基礎，吸收一些外國的東西進行自己的創造為好……。藝術離不了人民的習慣、感情以至語言，離不了民族的歷史發

6　孫中山：〈民權主義第五講〉，1924 年 4 月 20 日，《國父全集》(1989)，冊 1，頁 99 − 113：其中頁 103，行 18−20。

7　Sun Yatsen, "Sun Yat Sen. Tells the Story of His First Revolt against the Chinese Dynasty", *The Daily Chronicle,* 14 October 1911, p. 4, cols. 4-5, para. 7. 對於這段文字，筆者在其《歷史偵探：從鴉片戰爭到孫中山》中題為「論『孫大炮』最『大炮』的『大炮』」的第五十九章中有所闡述。

展。藝術的民族保守性比較強一些，甚至可以保持幾千年。古代的藝術，後人還是喜歡它」。[8]

　　竊以為此言甚是：從廣義上說，藝術正是意識形態的重要組成部份，它離不開人民的習慣、感情、語言和歷史發展。要把中國人的意識形態馬克思列寧主義化，確實是行不通的。後來連毛澤東自己也醒悟了，環顧四周大批盲目死跟蘇聯的人，大有氾濫成災之勢，他說：「各部都有規章制度問題，搬蘇聯的很多，害人不淺。那些規章制度束縛生產力，製造浪費，製造官僚主義」。[9]並因而大發雷霆：「我們歷來提的口號是學習蘇聯先進經驗，誰要你去學習落後經驗呀？有一些人，不管三七二十一，連蘇聯人放的屁都是香的！」[10]如此種種，似乎都顯示，第二次鴉片戰爭中盎格魯‧撒克遜文明的精英，火燒圓明園之摧殘國魂以及接下來的連串屈辱；以及盎格魯‧撒克遜精英在十九世紀下半葉對華夏文明的改造；再加上盎格魯‧撒克遜精英調教出來的華夏精英諸如胡適、陳序經等，在二十世紀上半葉接過棒來繼續試圖對華夏文明的全盤改造，在心理上把華夏精英打得昏頭轉向，大失分寸。正如林毓生院士所指出的：「自從鴉片戰爭以後我們被外國人欺辱得很慘」！[11]

　　問題在於，當時中國精英對馬列主義及蘇聯的瞭解，實在少得可憐。就連毛澤東自己也承認：「我又不懂外國文，外國也沒有去過，只是看了一些翻譯的書。我總是跟一些同志講，馬克思列寧主義是可以學到的，即便學不到那麼多，多少總可以學到一點」。[12]

8　毛澤東：〈同音樂工作者的談話〉，1956 年 8 月 24 日，《毛澤東文集》卷 7（北京：人民出版社，1999 年），頁 76-83：其中頁 82。

9　毛澤東：〈在成都會議上的講話〉，1958 年 3 月，《毛澤東文集》卷 7（北京：人民出版社，1999 年），頁 365-376：其中頁 365。

10　毛澤東：〈增強黨的團結，繼承黨的傳統〉，1956 年 8 月 30 日，《毛澤東文集》卷 7（北京：人民出版社，1999 年），頁 86-97：其中頁 82。

11　林毓生（著），穆善培（譯）：《中國意識的危機："五四"時期激烈的反傳統主義》，增訂再版本（貴陽：貴州人民出版社，1988 年），頁 376。

12　毛澤東：〈關於第八屆中央委員會的選舉問題〉，1956 年 9 月 10 日，《毛澤東文集》卷 7（北京：人民出版社，1999 年），頁 100-109：其中頁 106。毛澤東這句話還是非常謙虛的，了不起！可惜在文革期間，林彪揚言「毛澤東同志是當代最偉大的馬克思列寧主義者」，又命人把此言譜成歌曲，反反覆覆地唱這句話，貽笑中外，把中國人再次陷進深淵。

　　1950 年代華夏精英對於蘇聯的真正意圖，更是懵然不知，結果在 1958 年蘇聯就向中國提議建立聯合海軍了！此舉對一直死跟蘇聯的中國精英來說，彷彿晴天霹靂！蘇聯所持的，算是甚麼馬克思列寧主義？這提議與 1915 年日本向中國提出的二十一條中，強迫中國與其合辦警察，以及中央政府必須聘用日本專家充當軍事、政治、財政等顧問，又有何分別？其欲把中國淪為其亞洲附庸的企圖，昭然若揭。難怪毛澤東面斥蘇聯駐華大使尤金：「要講政治條件，連半個指頭都不行。你可以告訴赫魯曉夫同志，如果講條件，我們雙方都不必談。如果他同意，他就來，不同意，就不要來，沒有甚麼好談的，有半個小指頭的條件也不成。在這個問題上，我們可以一萬年不要援助」。[13]

　　其實在這之前的 1957 年 1 月 27 日，毛澤東已經慢慢看穿了蘇聯意在侵略中國的野心，並憤怒地說：「蘇聯那些頑固份子還要搞大國沙文主義那一套……這叫甚麼共產黨員，甚麼馬克思主義者！」[14] 1957 年 11 月 6 日又說：「帝國主義的豺狼們應該記住，由他們任意擺佈人類命運、任意宰割亞非國家的時代，已經一去不復返了」。[15] 毛澤東這句話是在訪問蘇聯時說的，能否視為一語雙關？

　　準此，我們看「歐化」的問題，又必須從探索「主義」回歸到從「地域」着眼：中國精英突然醒悟到蘇聯與英美同樣是狼子野心。但在堅決拒絕蘇聯的無理要求的同時，馬上腹（美國）背（蘇聯）受敵，美、蘇可是當時全世界的兩個超級強國！華夏文明再一次面臨沒頂之災。

　　極度凶險的國際形勢迫使當時的中國領導人毛澤東更加心急如焚地力圖在短期內「超英趕美」。結果，病急亂投醫：他妄想通過大躍進（1958-1960）的土辦法煉鋼來製造飛機大炮；又企圖通過無產階級文化大革命（1966-

---

13　毛澤東：〈同蘇聯駐華大使尤金的談話〉，1958 年 7 月 22 日，《毛澤東文集》卷 7（北京：人民出版社，1999 年），頁 385-394：其中頁 391。

14　毛澤東：〈在省市自治區黨委書記會議上的講話〉，1957 年 1 月 27 日，《毛澤東文集》卷 7（北京：人民出版社，1999 年），頁 186-201：其中頁 191。

15　毛澤東：〈在蘇聯最高蘇維埃慶祝十月革命四十週年會上的講話〉，1957 年 11 月 6 日，《毛澤東文集》卷 7（北京：人民出版社，1999 年），頁 312-319：其中頁 317。

1976）的暴力方式來徹底改造華夏文化之遺傳基因，奢望中國馬上強大起來。結果造成了一齣又一齣的歷史悲劇，把神州大地推向全線崩潰的邊緣。

這種崩潰，不單是物質上的，同時也是精神上的。從精神上說，一方面是對馬克思列寧主義信仰消磨殆盡；另一方面，在全盤「蘇聯化」的過程中，「從 1950 年開始，中國共產黨就竭力批判華夏傳統價值，包括珍惜生命，尊重別人，『己所不欲勿施於人』等。這一切都全被否定了，結果造成了道德真空」。[16] 如此種種，確實是方寸大亂的表現。因此，從「改造中國」的角度看，比諸十九世紀下半葉盎格魯·撒克遜精英所做過的工作，以及五四運動中冒出來的華夏精英在二十世紀上半葉所做過的努力，對華夏文明的傳統價值和社會結構，無論是好的還是壞的，無產階級文化大革命所造成的破壞，是最為巨大和深切的。

筆者不厭其煩地作出以上闡述，目的有二：分析帝國主義的性質，但也絕不迴避華夏的癌症。突出的癌症之一，正是林毓生院士早已指出的：「功利的衝動」。事緣華夏精英學習西方一百多年，「並不是平心靜氣地學，我們是想把外國東西學好以後，使我們的力量增加，使我們強起來；我們最基本的衝動是一個功利的衝動」。結果功利的衝動「導致我們學習西洋的時候，常常發生一種迫不及待的心情。那麼複雜的外國現象與學問，人家演變了幾千年，我們哪裏有工夫都學呢？我們所要學的是我們最需要的東西。」[17] 結果是「內在失去了傳統的權威，而外在又加上了許多『形式主義的謬誤』——瞭解西洋常常是斷章取義，常常是一廂情願的『亂』解釋」。故林毓生院士提出的補救辦法是「比慢」，[18] 而絕對不能再「比快」。

容筆者補充說：過去胡適、毛澤東等的衝動，皆為公。當前華夏上下

16　這是《墓碑》的作者楊繼繩 2010 年 12 月 20 日在北京接受美國記者 Ian Johnson 採訪時用英語回答時所說的話倒譯回漢語。見 Ian Johnson, 'Finding the Facts About Mao's Victims', *New York Review of Books,* 13 January 2011, http://www.nybooks.com/blogs/nyrblog/2010/dec/20/finding-facts-about-maos-victims/, viewed 13 January 2011.

17　林毓生（著），穆善培（譯）：《中國意識的危機：" 五四 " 時期激烈的反傳統主義》，增訂再版本（貴陽：貴州人民出版社，1988 年），頁 377。

18　林毓生（著），穆善培（譯）：《中國意識的危機：" 五四 " 時期激烈的反傳統主義》，增訂再版本（貴陽：貴州人民出版社，1988 年），頁 386。

「功利的衝動」，皆為私。為了私利，屢屢自相殘殺。如此下去，確實是亡國滅種之日不遠矣。所以，在學習西方先進文化之時，除了「比慢」以外，還必須重點學習孕育了西方文明的基督宗教《聖經》的精粹：「哪怕『人的兒子』之來到這世上都是為了侍人，而非侍於人，並獻出他的生命來贖救眾人」？（筆者意譯馬可 10:45）[19]，並身體力行。孫中山就是這樣身體力行的一位「偉大的民族英雄、偉大的愛國主義者、中國民主革命的偉大先驅」。[20] 其身體力行之處，詳見拙著《孫文革命：聖經和易經》[21]。

總之，中國一百五十多年來長期被列強百般欺凌，身心遭受極大折磨，苦不堪言，幾乎瀕臨絕望。走投無路之餘，屢屢誤入歧途。據說拿破崙嘗言：「讓華夏沉睡吧！若搞醒他，他會震撼世界的！」[22] 歷史證明，從義和團到毛澤東逝世，華夏確實震撼了世界 —— 不過，是厲鬼般的痛苦慘叫震撼了世界。追源禍根，不少中國學者就歸咎於第二次鴉片戰爭中的種種重大創傷，諸如 1860 年英法聯軍搶掠圓明園後付諸一炬的暴行。1991 年，中國開始制定愛國主義教育，更把此暴行比作姦污中國。被姦污的形象，撼人心絃。繼而通過教科書、小説、歌曲、展覽等廣為宣傳。[23]

若英國的盎格魯・撒克遜民族認為這種宣傳過份得不可思議，則建議雙方對調一個位置，外國軍隊把代表英國國魂的英王行宮溫莎堡（Windsor Castle）所藏國寶搶掠一空後，一把火將它燒掉。英國人將作何感受？別説中國人，美國史學家詹姆士・何偉亞（James Hevia），就藉其名著《改造中

---

19 英語原文是 'For even the Son of Man did not come to be served, but to serve, and to give his life as a ransom for many'. — Mark 10:45)。

20 新華社北京 2015 年 11 月 8 日電〈關於舉辦紀念孫中山先生誕辰 150 周年活動的決定 〉，http://news.qq.com/a/20151108/023713.htm?tu_biz=1.114.1.0,2015 年 12 月 6 日上網閱讀。

21 黃宇和：《孫文革命：聖經和易經》（香港：中華書局，2015 年）。

22 有學者認為拿破崙並沒説過這樣的話。見 John Fitzgerald, *Awakening China: Politics, Culture, and Class in the Nationalist Revolution* (Stanford: Stanford University Press, 1996), p. 62 ff. 但其他學者還是樂於引用，因為用它來形容當今的中國，太貼切了。網民更是頻頻引用，見 http://www.godlikeproductions.com/forum1/message318437/pg1, viewed 12 January 2010.

23 See Wang Zheng, 'National Humiliation, History Education, and the Politics of Historical Memory: Patriotic Education Campaign in China', *International Studies Quarterley*, v. 52, no. 4 (2008), pp. 783 — 806. Peter Hays Gries, *China's New Nationalism: Pride, politics and diplomacy* (Berkeley and Los Angeles: University of California Press, 1967; revised edition, 2004), p. 10.

國：十九世紀帝國主義的教化大業》，[24] 細緻入微地述說了火燒圓明園對中華民族心靈上所帶來的嚴重創傷。另一位美國學者也敏銳地指出：鴉片戰爭對中國人心靈的重創，對他們的自我形象，以及他們在其他民族心目中的形象，就像地殼版塊散架時所發生的猛烈碰撞，「他們無可避免地瘋了」！[25]

的確，瘋了！當今中國讓外國人感到憂心忡忡的，正是精神領域的所謂大漢民族主義，而這種主義又正是在第二次鴉片戰爭的斷井頹垣中誕生起來的，在百年屈辱（1842–1949）之哀嚎中成長起來的。這種主義將來會發展成怎樣，誰也不知道。但毫無疑問的是，研究第二次鴉片戰爭，大大有助於瞭解近代中國，乃至中國內地對於香港的情結，及中國人對西方的態度和中國當代國際關係的走向。「瘋了」！既不管用更不利生存！華夏文明可有一首舒緩緊張神經的優美歌曲，能媲美盎格魯‧撒克遜文明的名曲《耶路撒冷》，藉此凝聚全球炎黃子孫的精神，營造一股勢不可擋的的向心力？

當然：情結不是單方面的。英方的情結又如何？最讓英國人耿耿於懷的，莫如 1857 年 1 月 15 日，有人在香港某專門為洋人提供麵包的商店下砒霜，企圖毒死全港洋人。由於下毒的人出手過重，結果中毒者當場嘔吐，把毒藥通通嘔出體外，沒有造成人員傷亡。英國人認為，有勇氣就明槍明劍地比個高低，不要鬼鬼祟祟地暗箭傷人！倫敦的《晨報》咆吼道：「跟這些血淋淋的、茹毛飲血的野蠻人講國際法？！ 對待這些人面獸心的魔鬼，只有一條法律：殺無赦！」[26] 試問，惡霸用明槍打家劫舍，殺人放火；受害者用暗箭還擊，報復，有何不可？[27]

一切的一切，俱往矣！願中英諒解，共創世界之大同。

24　James Hevia，*English Lessons*：*The Pedogogy of Imperialism in Nineteenth-Century China* (Durham, NC: Duke University Press. 2003). 該書曾由劉天路、鄧紅風翻譯為漢語，書名為《英國的課業：19 世紀中國的帝國主義教程》（北京：社會科學文獻出版社，2007）。

25　Joshua Ramo, *Brand China* (London: Foreign Policy Centre, 2007), p. 7.

26　*Morning Post*, 3 March 1857.

27　詳見本書題為「檢視 1857 年 1 月 15 日香港毒麵包案」的第十三章。

第三部份

失敗的革命嘗試
——太平天國起義

第二十二章
內憂外患，一環扣一環

乍一看，太平天國似乎與兩次鴉片戰爭毫無關係。其實三者之間的關係密切得很！甚至與孫中山為何走上革命的道路，關係也非常密切。據本偵探偵查所得：鴉片戰爭誘發了太平天國。太平天國給予英國政府發動第二次鴉片戰爭的理由與契機。中國在第二次鴉片戰爭的慘敗、火燒圓明園的創傷、《北京條約》的喪權辱國，難道與孫中山終於在 1895 年發動乙未廣州起義，毫無關係？

本偵探藉先後研究而成的拙著《兩廣總督葉名琛》[1]、《中英關係，1839－1860》[2]、《鴆夢》[3]、《兩次鴉片戰爭與香港的割讓》[4]、《中山先生與英國》[5]、《三十歲前的孫中山》[6]、《孫文革命：聖經和易經》[7] 所得，從國際關係的格局出發考量近代史，發覺當時雄霸全球的日不落大英帝國，賴以支撐着這超級大帝國的支柱，正是其全球性貿易網。貿易網當中重要的一節，正是美國棉花，它替英國工業革命之中流砥柱——棉紡業提供了原料。雖然當時英國已經在印度開拓了殖民地，印度又盛產棉花；可惜印棉纖維太短，只宜手紡而不能機紡。甘地那幅著名的手紡照片，正是印棉的具體寫照。印棉甫一機紡，棉

1 見 John Y.Wong，*Yeh Ming-ch'en: Viceroy of Liang Kuang, 1852-1858* (Cambridge University Press, 1976)；中文版見《兩廣總督葉名琛》(北京：中華書局，1984；上海：上海書店出版社，2004)。

2 John Y. Wong, *Anglo-Chinese Relations, 1839-1860*，(Oxford University Press, 1984)。

3 John Y. Wong, *Deadly Dreams: Opium, Imperialism, and the Arrow War* (1856-60) *in China* (Cambridge University Press, 1998)。即本書卷一的英文原著。

4 黃宇和：《兩次鴉片戰爭與香港的割讓》(台北：國史館，1998)。

5 黃宇和：《中山先生與英國》(台北：學生書局，2005)。

6 黃宇和：《三十歲前的孫中山》(香港：中華書局，2011；北京：三聯書店，2012)。

7 黃宇和：《孫文革命：聖經和易經》(香港：中華書局，2015；廣州：廣東人民出版社，2016)。

紗立斷，因此英國必須高價向其前殖民地之美國購買全世界纖維最長的優質棉花。英國人憑甚麼取得大量的美國棉花？憑一紙匯票。

美國人把售賣棉花而得來的英國匯票，兌換後到中國去購買茶葉，同樣開出自己的匯票付款。中國人把售賣茶葉取得的美商匯票，兌換後用來購買英商的鴉片。英商把售賣鴉片所得，向華商購買茶葉運回英國售賣。售賣鴉片所得遠遠超過用來購買茶葉的款項，於是把所得的多餘白銀運走。就是說，英國借助鴉片，無形之中不但幾乎免費取得美國棉花，又確實免費獲得中國茶葉，更免費拿走大量的中國白銀。

英國人把大量中國白銀運走，造成中國白銀嚴重短缺。當時中國老百姓繳稅必須用白銀，但日常使用的貨幣卻是銅板。繳稅時用銅幣換白銀，即由於白銀外流而奇缺，年復一年必須用愈來愈多的銅幣才能換得足夠的白銀繳稅，無疑等於賦稅倍增！結果民不聊生。禍不單行：白銀嚴重短缺又導致通貨膨脹，對民眾而言更是雪上加霜，由此直接導致太平天國運動的爆發。

必須補充和強調的是，英國人不用花甚麼大錢，就從美國取得其工業革命最需要的原材料——美國棉花。因為，英國售賣給中國的鴉片，是在其印度殖民地用各種威逼利誘的手段榨取農民的勞動力來種植的，故成本微不足道。鴉片的成本與其獲利的比例，比諸把海水引進低窪地帶曬乾成鹽的成本與其獲利的比例還要低！關於此節，也恭請讀者靜候拙著《文明交戰》（第十七章）面世。

英商把中國茶葉運回英國售賣，結果徹底改變了英國上下人等的飲喝習慣：他們深深地愛上了熱茶，因為它具有取暖及調劑精神等功能。熱茶成了英國人日常生活必需品，至今依然。[8] 於是，英國政府向茶葉徵收 100% 的進口稅。每年所得，幾乎足以支付那強大的、替英國打天下守天下的皇家海軍（Royal Navy）的開支。所以，對英國政府來說，維護中國茶葉出口供應穩定無比重要。若中國由於內亂而減少甚至停止出口茶葉，周而復始、不斷運

8　普遍之處，非已刊文字能表達其萬一，但 BBC One 在 2013 年 4 月 10 日星期三晚間九點播出的專題節目 "Victoria Wood's Nice Cup of Tea"，則通過實地採訪英國男女老少的上下各階層人士，把這種現象表現得淋漓盡致。筆者也在該節目中接受過訪問。

轉的英國全球經濟網（當中最重要的是英、美、中〔包括印度〕、英的循環）
就會受阻，以致整個網都要塌下來，大英帝國也可能會散架。例如，光是在
英國本土，若沒錢買美國棉花，工廠就倒閉，失業大軍會衝擊政府；若沒錢
支付海軍開支，軍艦就停駛，整個大英帝國就癱瘓，散兵遊勇同樣會衝擊政
府。所以對英國政府來說，十九世紀的中國的茶葉幾乎掌握了英國經濟的命
脈。

　　不料太平天國在 1853 年定都南京後，直接干擾了其週邊的長江中下游
盛產茶葉地方的正常運作，因而也干擾了茶葉的正常出口。但英國隱忍不
發，遲至 1860 年才幫助清廷對付太平軍。為甚麼？因為英國的如意算盤是
首先發動第二次鴉片戰爭，待等到 1860 年把清廷打敗之後，並在北京強迫
其簽訂了城下之盟，才幫助清廷鎮壓太平軍。英國此舉可謂一箭雙鵰：既消
滅這股長期干擾茶葉出口的反叛勢力，又穩定清朝政權以便英商繼續發大
財，真是聰明絕頂。準此，英國插手中國內戰的時機，不是一般學者所說的
那麼單純。

　　太平軍興起，清廷早已國庫空虛，無力應付。曾國藩在湖南舉辦團練
（後稱湘軍）對付太平軍，同時在湖南各地開設關卡，向過路的貨物抽取百
分之一的關稅，稱為釐金，以支付軍費。繼而李鴻章也依樣畫葫蘆在安徽設
卡抽釐金辦團練（後稱淮軍）。從此茶葉由出產地運到上海外銷，沿途被抽
取釐金無數，茶葉成本大漲，直接影響其在英國的售價，傷害到英國上下人
等的生計！英國外交代表在事前通過談判來迫使清廷取消釐金的嘗試，徹底
失敗了。因此，第二次鴉片戰爭，英國是非打不可的。待英國打敗清軍，並
強迫清廷容許英商在茶葉原產地採購後，運往出口港時不再被地方政府抽取
釐金，就保證了英商獲得價廉物美的茶葉，進而保障了英國的經濟利益。誰
會想到，在中國並不如何驚天動地的地方性釐金，在國際間竟然引起軒然大
波。[9] —— 太平天國直接導致英國發動了第二次鴉片戰爭！

　　回頭細說第一次鴉片戰爭。在一般中國人的印象中：1839 年林則徐虎

9　詳見行將出版的拙著《文明交戰》第十五到十八章。

門銷煙。1840 年英國起兵索賠。清軍敗北。1842 年清廷被迫簽訂《南京條約》：割地賠款，開放五口通商。如此而已。

但本偵探發現，實情複雜得多呢！英國學術界有一句名言：印度殖民地是英王的皇冠中最珍貴的寶石（the jewel of the crown）。就是說，在日不落的大英帝國之疆土之內，印度是英國所擁有的殖民地當中最值錢的。但是，印度殖民地之值錢，是十九世紀後期，英國在南亞次大陸建立起一個統一的、名字叫印度的殖民地之後的事情了。因為到了那個時候，英國可以從印度殖民地穫取大量的人力物力。但是，在十九世紀初期，南亞次大陸還是由無數的土邦所割據、分治。而當時英國在南亞次大陸的代理人是英國東印度公司，是英王御准的一家壟斷公司。該公司的商人開始到達南亞次大陸貿易後，慢慢用武力蠶食各土邦，從沿海擴張到內陸。武力擴張，需要經費。霸佔別人土地後更需經費：行政、國防、治安等所費不菲。錢從何來？無論苛捐雜稅如何多如牛毛，也無法對付日益龐大的開支。英國東印度公司被迫在英國本土不斷舉債，待債台高築到連利息也無法支付時，結果該公司屢屢瀕臨破產。若破產，盎格魯・撒克遜民族要在南亞次大陸建立起其皇冠中最燦爛寶石的美夢，就煙消雲散！更會拖累大批英國本土的投資者，直接打擊英國本身的經濟命脈。英國政府被迫出手拯救這家英王御准的壟斷公司，錢從何來？明顯的目標是英國納稅人！若在英國本土加稅，必定引起民怨沸騰，民選政府要倒台的！最好是把英國東印度公司的累累債務，轉嫁給別人。誰是最理想的轉嫁對象？中國！中國地大物博，能承受得起的！

如何轉嫁給中國？英國人的辦法是留心觀察中國的風土人情。當發覺中國人有吸鴉片的陋習，就在印度最肥沃的地方，用壟斷方式大量種植罌粟，用壟斷方式大量製造鴉片，用壟斷方式大量售賣鴉片。本偵探在此重複地運用「壟斷方式」此詞，是因為 1953 年有兩位卓越的劍橋大學年青歷史學者，構思出「自由貿易的帝國主義」（imperialism of free trade）這麼一套理論，來解釋英國盎格魯・撒克遜民族如何建立起一個全球性的日不落大英帝國。他們把大英帝國的領地分為兩種：一種是正式的領地（formal empire），即名副其實的領地。印度殖民地就是這種正式的領地。另一種是非正式的的領地（informal empire），即有實無名的領地。就是說：英國人能從中穫取大量經

濟利益，但不需付出行政、國防、治安等費用，中國就是大英帝國勢力範圍之內這種有實無名的領地。[10] 也就是孫中山所稱的「次殖民地」，理由是當時中國的命運連印度殖民地也不如。

「自由貿易的帝國主義」這套理論面世後，風靡西方學壇垂半個世紀。當時在西方漢學界可以說是最具影響力的哈佛大學費正清（John King Fairbank）教授，全盤接受這種理論，並用以指導其研究生。著名的華裔學者張馨保教授，就是其得意弟子。結果張馨保教授在其英文名著《林欽差與鴉片戰爭》[11] 一書中，信誓旦旦地說：「自由貿易者背後的經濟力量是這般強大，是任何勢力都不能遏制或阻擋的⋯⋯ 如果當時戰爭的導火索不是鴉片而是糖蜜或大米的話，那場戰爭很可能就被命名為『糖蜜戰爭』或『大米戰爭』」。[12]

我的天！糖蜜和大米怎能與鴉片相提並論？後者是毒品，能帶來暴利的毒品！而該暴利又是能促使那些利令智昏者發動戰爭的。「自由貿易主義」有其優越的理論質量，但不能把鴉片煙也牽強附會進去。蓋「自由貿易的帝國主義」這種理論雖然從者極眾，但絕對不能解釋鴉片戰爭爆發的真正原委。[13] 為甚麼？

鴉片戰爭的導火索固然是林則徐銷煙，但英國發動鴉片戰爭背後一股強大的經濟力量並非自由貿易，而是壟斷貿易，是英國在印度用壟斷方式大量種植罌粟，用壟斷方式大量製造鴉片，用壟斷方式大量售賣鴉片的壟斷貿易！本偵探就曾專題撰文闡明此事。[14] 對大英帝國來說，其發動鴉片戰爭背

10　John Gallagher and Ronald Robinson, 'The Imperialism of Free Trade', *Economic History Review*, second series, vol. 6, no. 1 (1953), pp. 1—15.

11　Chang Hsin-pao, *Commissioner Lin and the Opium War* (Cambridge, MA: Harvard University Press, 1964).

12　Chang Hsin-pao, *Commissioner Lin and the Opium War* (Cambridge, MA: Harvard University Press, 1964), p. 15.

13　糟糕的是，該學說竟然被收進教科書裏。見費正清的另一位高足徐中約 (I. C. Y. Hsu) 教授所寫的教科書，*The Rise of Modern China* (New York: Oxford University Press, 1995), p. 192.

14　見拙文 'Monopoly in India and Equal Opportunities in China, 1830-33: An Examination of a Paradox', *South Asia: Journal of South Asian Studies*. New series, vol. 5, (1982), pp. 81—95。

後那股強大的經濟力量，英國的印度殖民地之生死存亡有所繫焉，英國本土的經濟命脈也懸於一線。華夏文明的精英要禁煙，盎格魯・撒克遜文明的精英能不高喊：「中國該打！」這就是鴉片與鴉片戰爭密切的關係所在，絕非國人所瞭解的、林則徐虎門銷煙這表面現象所能圓滿地解釋的。更絕非盎格魯・撒克遜英裔資深學者哈利・蓋爾伯（Harry Gelber）講座教授，如何欲蓋彌彰，也無法證實「鴉片戰爭與鴉片無關」！[15] 更絕非年輕的盎格魯・撒克遜漢學家藍詩玲博士在其《鴉片戰爭》中所描述的那樣。[16]

此外，茶葉對中國學者來說，又似乎與鴉片戰爭沒有直接關係。其實關係密切極了。清廷在 1757 年規定廣州為唯一的對外通商口岸。從此，在長江流域生產的茶葉，必須從陸路翻山越嶺到達廣州才能出口。翻過甚麼山越過那個嶺？一道由東到西的漫長峻嶺把長江流域和珠江流域分隔開來，是為兩大流域的分水嶺。峻嶺之高之陡，過去長期有效地保護了廣東不受中原諸如五胡亂華之類的干擾，例如漢語的發音。君不見，粵語最接近唐朝的發音，讀唐詩時用粵語朗誦才押韻。此漫長的崇山峻嶺在江西與廣東交界之處稱大庾嶺，唐朝為了打通與廣東的陸路交通，開闢了「梅關古道」。承廣東省人民政府外事辦公室的區少武廳長暨周旭科長，韶關人民政府外事辦公室的黃衛平處長，南雄市政府外事辦公室的曾華主任等，多次親自陪同本偵探做實地調查，從廣東走梅關古道翻越大庾嶺到達江西的大庾縣縣城又走回來。沿途，本偵探按照文獻記載結合眼前景物一起神遊冥想：1757－1842年間的運茶大軍，把江西和安徽盛產的茶葉集中到江西省大庾嶺的山腳後，分別裝在無數的竹籮，每人一籮地背着，絡繹不絕地沿着梅關古道翻越大庾嶺。待到達粵方山腳，還要走十來天的陸路才能到達南雄。沿途有旅舍、飯館甚至戲院為那龐大的運輸隊伍提供食宿和娛樂。[17]

湖南省與廣東省交界的崇山峻嶺，其最高峰稱金雞嶺。湖南盛產的茶

15　見本書題為「鴉片戰爭與鴉片無關論」的第二章。

16　藍詩玲（著），劉悅斌（譯）：《鴉片戰爭》（北京：新星出版社，2015）。英文原著：Julia Lovell, *The Opium War: Drugs, Dreams and the Making of China* (London: Picador, 2011).

17　黃宇和：〈韶關、南雄、梅關古道調查報告〉，2009 年 2 月 10－11 日，2009 年 12 月 20－22 日。

圖 22.1
梅關古道大庾嶺廣東省方面接近山腳的地方，2009 年 2 月 11 日，周旭攝。
圖 22.2
毗鄰湖南的廣東樂昌武江三星坪碼頭。2009 年 12 月 24 日，黃宇和攝

葉，同樣必須翻閱此崇山峻嶺到達廣東的樂昌，然後在沿武江途徑韶關進入
北江順流而下到廣州出口。[18]

　　又無論是這陸路還是水路的廣大週邊地帶的民眾，都種植稻米、蔬菜、
水果；養豬、養雞、養鴨、養羊，為這水陸運輸大軍提供食物。此運輸要道
也為各種服務行業提供了就業機會。這一切一切，共同組成一顆威力無比的
計時炸彈！試想，一旦這條「Ｙ」型的水陸運輸大道貨運銳減，大批運輸工
人、船伕、旅社飯館的服務員甚至農民，頓失生計！這就是鴉片戰爭的必然
結果。蓋英國藉《南京條約》銳意增開上海等其他四個通商口岸；從此，在
湖南、江西、安徽等省生產的茶葉就可以沿着長江順流而下，從上海出口，
節省了茶葉翻山越嶺地被運輸到廣州的沉重成本，英國人可以喝到價廉物
美的茶。但在粵北、贛南、湘南所造成的失業大軍，餓飯之餘，紛紛參加太
平軍！這就是外患造成內憂的重大證明。結果呢？內憂又造成外患：正如前
述，用以平定太平天國的釐金促使英國發動第二次鴉片戰爭來取消釐金！

　　這就是本偵探所説的：中國近代史，是由內憂外患一環扣一環地編織而
成的。至於第二次鴉片戰爭、尤其是鴉片，又如何促使孫中山走上革命的道
路？且看本書題為「鴉片激勵孫中山成龍」的第三十一章。

18　黃宇和：〈韶關、樂昌調查報告〉，2009 年 12 月 20－24 日。

第二十三章

太平天國是革命？是內戰？是運動？

美國學者史蒂芬·普拉特（Stephen R. Platt）的《太平天國之秋》[1]，有一個不同於海峽兩岸學術界的視角，他認定太平天國為一場內戰（civil war）。他同時指出當今台灣的教科書已改稱之為「太平天國之亂」，大陸則仍視之為革命或農民起義。容本偵探對這三種視角略作比較分析，謹供讀者參考。

先談台灣教科書的「太平天國之亂」這個稱謂。孫中山與蔣中正先後領導的國民黨，很長時間沒有從革命黨的心態轉變成執政黨，以致其治下之史學家長期地歌頌太平天國。國府遷台已超過一甲子，國民黨也早已從革命黨轉型為執政黨，台灣史學家治史的出發點也相應地改變了，不能再讚揚造反者，否則等於自尋煩惱。這就難怪普拉特發覺台灣的教科書已經冠以「太平天國之亂」了——國法不容叛亂。結果口風做了一百八十度的轉變，從讚揚革命變成譴責叛亂。

次談普拉特自己所稱之「內戰」。按國際法，若一個國家之內的某種勢力用武裝對抗政府，而其他國家公認其為交戰的一方（belligerent party），這樣的戰爭才能稱之為內戰。這就是為甚麼，1895 年孫中山領導乙未廣州起義前夕，委託香港《德臣西報》編輯黎德（Thomas H. Reid）起草宣言，並恭請其恩師、香港大律師何啟先生修訂，以便屆時通告各國，要求他們承認起孫中山的義軍為「民主國家交戰團體」，[2] 即 belligerent party。這也是為

---

1 Stephen R. Platt，*Autumn in the Heavenly Kingdom: China, the West, and the Epic Story of the Taiping Civil War*（New York: Knopf，2012），512 pages。中文本由台灣衛城出版公司於 2013 年出版，名叫史蒂芬·普拉特（著），黃中憲（翻譯）：《太平天國之秋》。簡體字版見裴士鋒（著），黃中憲（翻）：《天國之秋》（北京：社會科學文獻出版社，2014）。

2 馮自由：〈廣州興中會及乙未庚子二役〉，載馮自由：《革命逸史》，第 4 集，頁 11。

甚麼，武昌起義成功，孫中山等人立即努力爭取列強承認革命派為交戰的一方。[3] 反觀太平軍，它雖然在南京建都多年，但沒認識到爭取列強承認其為交戰一方的重要性，自然不會去爭取。待外國使節到訪，太平天國將領甚至視之如藩屬來朝，傲慢之處，無以復加，當然也就長期沒有獲得列強承認。既不獲承認，內戰就名不正，害得普拉特也就言不順了。

又按照國際慣例，若造反成功，則稱之為革命（revolution）；若失敗，則只能貶之為叛亂（rebellion）。這與中國的「成王敗寇」論，有異曲同工之妙。著名的國民黨史學家簡又文先生，用英文完成了其有關太平天國的巨著後，堅稱太平天國乃一場革命，耶魯大學出版社不同意，折衷辦法就是雙方協定英文書名採取革命運動（revolutionary movement）一詞。但是，新的問題來了，革命一般來說牽涉到暴力，像法國大革命；運動一般來說不牽涉到暴力，像五四運動。把太平天國說成是一場運動、哪怕是「革命運動」，可能是沒有辦法之中的折衷辦法吧。

中國共產黨的史學家稱太平天國為革命，同樣不符合國際慣例。中共史學家之所以稱太平天國為革命或農民起義，其理論根據似乎主要是由於毛澤東以領導農民起義崛起。由此而牽強附會之餘，以至在毛澤東奪取中國政權之後，大陸掌管意識形態的部門，就動員大量的人力物力研究太平天國。後來毛澤東發動文化大革命的十年（1966－1976），更強調繼續革命，企圖藉此不斷煥發國人的革命精神。就是說，雖然毛澤東執政共二十八個春秋（1949－1976），他所領導的中國共產黨的心態，還沒有從革命黨轉型為執政黨。諺云：「馬上得之，焉能馬上治之？」結果毛澤東把中國經濟推向崩潰邊緣，而龐大的太平天國研究隊伍，受制於意識形態，也無法寫出一本足以媲美《太平天國之秋》的傑作。

其實，年輕時代的毛澤東是非常仰慕那位曾經成功地鎮壓了太平軍的湖南老鄉曾國藩的。他曾寫道：「愚於近人，獨服曾文正，觀其收拾洪楊一

3　Liam Burgess, "Cheque Book Revolution 1911", Honours thesis, University of Sydney, 2002.

役，完滿無缺。使以今人易其位，其能如彼之完滿乎？」[4] 只是由於毛澤東後來從事革命，才改變初衷，以致大約十年之後，他逆轉過來説：「打倒太平天國出力最多的是曾國藩，他當時是地主階級的領袖。曾國藩是團練出身，團練即是地主階級壓迫農民的武力，他們見洪秀全領導一班農民革命，於他們不利，遂出死力來打倒他。故太平天國之事，不是滿漢的戰爭，實是農民和地主的階級鬥爭」。[5] 真可謂見仁見智！

1949 年以後，毛澤東延續了這種革命的意識形態，中央宣傳部奉命行事，傾全國之力編輯了大型的《中國近代史資料叢刊——太平天國》，1952年面世，共八冊；[6] 2004 年再推出續編，共十冊。[7] 考證方面，有羅爾綱先生（1901－1997）的《太平天國史料辨偽考》（1955 年）、《太平天國史事考》（1955 年）、《太平天國史記載訂謬集》（1955 年）、《太平天國史料考釋集》（1956 年）、《太平天國史跡調查集》（1958 年）、《太平天國史叢考甲集》（1981 年重印）等。[8] 專著方面，有酈純的《太平天國軍事史概述》上、下編共五冊（1982 年），[9] 郭毅生的《太平天國經濟制度》（1984 年），[10] 茅家琦的《太平天國對外關係》（1984 年），[11] 王慶成的《太平天國的歷史和思想》（1985 年）[12]等。當然，還有廣西人民出版社，由於其位於太平天國的發源地，更奮力組織全國專家撰成一套大型寫作計劃《太平天國叢書》，書名分別為太平天國的《地主階級》（1991 年），《地理誌》（1991 年）、《經濟史》（1991 年）、《開國史》（1992 年）、《與列強》（1992 年）、《避諱》（1993 年）、《軍事史》（1994

4　毛澤東：〈致黎錦熙信〉，1917 年 8 月 23 日，《毛澤東早期文稿》(長沙：湖南出版社，1990)，頁 85。

5　毛澤東：〈紀念巴黎公社的重要意義〉，1926 年 3 月 18 日，《毛澤東文集》卷 1 (北京：人民出版社，1993)，頁 35。

6　上海：上海人民出版社，1952。

7　《中國近代史資料叢刊續編——太平天國》(桂林：廣西師範大學出版社，2004)。

8　均由北京三聯書店先後出版。

9　均由北京中華書局出版。

10　北京：中國社會科學出版社。

11　北京：人民出版社。

12　北京：中華書局。

年）、《經籍志》（1993 年）、《綜論》（1993 年）、《政權建設》（1995 年）、《刑法、曆法》（1993 年）等。位於前太平天國首都南京的太平天國歷史博物館也不甘示弱，獨力編輯了一套兩巨冊的《太平天國文書彙編》（1979 年）。北京中華書局更慨然負責出版《太平天國學刊》，便利廣大專家投稿。筆者手頭就有五輯，平均每輯 500 頁……有關太平天國各式各樣的書籍，堪稱汗牛充棟。

1978 年後鄧小平推行「改革開放」政策，共產黨的行事方式慢慢地由革命黨轉型為執政黨，也愈來愈討厭人民造反。這就難怪普拉特近期訪華時發覺，曾被數代中國人痛罵為漢奸的曾國藩，竟然變成「今日中國境內最受歡迎的歷史人物之一，在任何機場書店裏都陳列了數十本有關他生平、書信的書籍。拙著則是八十多年來試圖重現他生平的第一本英語作品」。[13] 而對於曾國藩的檢索量、借閱量也位列中國國家圖書館第一名，且各大書店都在熱賣《曾國藩家書》！國法難容叛亂，目前的中國大陸與隔海的台灣別無二致了。

曾痛罵曾國藩為漢奸的幾代中國人，當然包括蔣中正時代的中國史學家。他們把太平天國的反清與孫中山先生的反清相提並論，並由此而一口咬定中山先生的革命思想，來自洪楊。例如簡又文就堅稱孫中山所領導的辛亥革命，是太平天國反清的延續，是自然而然的一脈相承，沒有絲毫間斷。[14] 中共的史學家更繪形繪聲地說，孫中山的故鄉翠亨村，有位曾經參加過太平軍的老人，名字叫馮觀爽。他經常坐在孫中山家前的大樹下乘涼，並因而常常對孫中山講述太平國的故事。[15] 又說孫中山非常愛聽馮觀爽所講的故事，而愈聽愈敬慕洪秀全，[16] 結果自己也決心推翻滿清。

13　見該書自序。

14　Jen Yu-wen, 'The Youth of Dr Sun Yat-sen', *Sun Yat-sen: Two Commemorative Essays* (Hong Kong: University of Hong Kong Centre of Asian Studies, 1977), pp. 1－22.

15　李伯新採訪陸天祥（八十三歲），1959 年無月日，載李伯新：《孫中山史蹟憶訪錄》中山文史第 38 輯 (中山市：中國人民政治協商會議廣東省中山市委員會文史學習委員會 , 1996), 頁 59-64：其中頁 60。據說翠亨村村民中曾參加過太平軍者，就只馮觀爽一人，孫子亞容，後死在南洋，後繼無人。見李伯新採訪陸天祥（八十八歲），1964 年 5 月 13 日，載同上頁 73-78：其中頁 76。

16　李伯新採訪陸天祥（八十三歲），1959 年無月日，載李伯新：《孫中山史蹟憶訪錄》中山文史第 38 輯，頁 59-64：其中頁 60。

圖 23.1
用翠亨村太平老兵馮觀
爽對孫中山細說太平天
國故事的塑像向小學生
宣傳（翠亨村孫中山故
居紀念館供稿）

　　如此這般，國共雙方的史學家都把孫中山走向革命道路那極其漫長而複
雜的心理歷程簡單化、絕對化了。本偵探充份肯定洪楊故事曾在孫中山的幼
小心靈打下不可磨滅的烙印，孫中山曾親身經歷過苛政猛於虎，故對於洪楊
之奮起反抗，由衷地佩服。[17] 但由此而下結論說一個不到十歲的孩童就決心
義無反顧地投身革命，既言之過早也言過其實。小孩子思想不會成熟的嗎？
思維不會愈來愈複雜嗎？成長以後他會懂得，造反是殺頭的事兒，是誅連九
族的事兒，可不是兒戲。

　　在這個問題上，孫中山本人曾偶發言論：

　　宮崎：「先生，中國革命思想胚胎於何時？」

　　孫：「革命思想之成熟固予長大後事，然革命之最初動機，則予在幼
年時代與鄉關宿老談話時已起。宿老者誰？太平天國軍中殘敗之老英雄是
也。」[18]

17　見本書題為「內憂激勵孫中山成龍」的第四十章。又見拙著《三十歲前的孫中山》，章 3 節 5「社
　　會學校」和章 7 節 10「行醫目睹『苛政猛於虎』」。

18　孫中山：〈與宮崎寅藏的談話〉，[1897 年秋]，《孫中山全集》，卷 1，頁 583-584：其中頁
　　583。

本偵探認為孫中山所言不虛，但據此而作出如國共史學家的推斷則不確。

為何筆者刻意撰寫這一章？它與之前的章節似乎不咬弦？內亂、內戰云云，皆見證華夏精英接受了 1860 年火燒圓明園的慘痛教訓，一直在默默耕耘，企圖撥開雲霧見月明，為華夏文明的再生，找出一條途徑。

第二十四章

論洪仁玕的《資政新篇》與
孫中山的《實業計劃》

美國學者史蒂芬·普拉特（Stephen R. Platt）的《太平天國之秋》[1]，對洪仁玕（1822－1864）新政研究有嶄新的貢獻，使到本偵探聯想到孫中山的《實業計劃》（*International Development of China*）。

革命所為何事？孫中山不顧個人安危，義無反顧地投身革命，最終目標是促使中國現代化，爭取中國的獨立自主，並使中國強大起來，再不受列強欺負。洪仁玕的新政，也是朝着這個目標邁進的。因此把兩人略作比較，就特別有意思。

先談孫中山。他在夏威夷受過三年基督宗教英國聖公會（Church of England）所辦意奧蘭尼（Iolani）學校的正規教育（1879－1882），半年基督宗教法國天主教傳教士所辦的聖路易學校（St. Louis School）的正規教育（1882 年下半年），[2] 半年基督宗教美國綱紀慎會（Congregational Church）所辦瓦胡書院預備學校（Oahu College Preparatory School）的正規教育（1883上半年），再在香港接受了半年基督宗教英國聖公會所辦拔萃書室（Diocesan

---

1　Stephen R. Platt , *Autumn in the Heavenly Kingdom: China, the West, and the Epic Story of the Taiping Civil War*（New York: Knopf，2012），512 pages。中文本由台灣衛城出版公司於 2013 年出版。

2　過去曾有此說。見 John C.H. Wu, *Sun Yat-sen:The Man and His Ideas* (Taipei: Sun Yat Sen Cultural Foundation, 1971), p. 82. 由於筆者沒有找到確鑿證據，故在拙著《三十歲前的孫中山》中存疑。見該書章 4，節 15. 如今又有突破。有某英文報紙總編與孫中山詳談時，聽孫中山親口說他自意奧蘭尼學校畢業後，即在一所法國傳教士所辦的學校讀書。見 Anon, 'English Sketch of Dr Sun Yat Sen's Career: Says he was born near Macao', *The Hawaiian Star* (Honolulu [Oahu]), 1893-1912, 2 January 1912, Second edition. Image provided by University of Hawaii at Manoa, Honolulu H1. Persistent link: http://chroniclingamerica.loc.gov/lccn/sn82015415/1912-01-02/ed-1/seq-9/

圖 24.1
洪仁玕的《資政新篇》
圖 24.2
孫中山的《實業計劃》英文原著 *International Development of China*。

Home）的正規教育。[3] 在理論上對基督宗教心悅誠服之後，才於 1884 年接受了喜嘉理牧師（Rev. Charles Robert Hager）的施洗，成為基督宗教教徒。[4] 讓他心悅誠服的理論基礎，是他發覺基督宗教的教義與時俱進，不斷自我更新來滿足人類對現代化如饑似渴的要求。[5]

反觀中國的儒家、佛家和道家，把中國綑綁了兩千多年，令中國一直裹足不前。若華夏要重新建立起自己的現代文明，用甚麼作為根基才會受到全世界人士的尊敬？ 他愈來愈覺得基督宗教那種忘我奉獻的「侍人」精神可取，不是取其純粹的宗教信仰，而是取其「侍人」精神的實用價值以促使中國現代化。[6]

由此轉入普拉特筆下的洪仁玕（1822－1864）。1852 年洪仁玕從廣東老家到達香港後，認識了瑞典籍傳教士韓山文（Theodore Hamberg，1819－1854）。韓山文回憶他們第一次見面時，讓他感到最為奇怪是，洪仁玕似乎已經非常熟悉上帝和耶穌的名字。但聽洪仁玕娓娓道來，卻又一頭霧水：甚麼異夢和戰鬥，軍隊與禮拜會，清朝特務追捕，易名到處躲藏等等。無他，

3　見拙著《三十歲前的孫中山》，章 4、章 5。

4　見拙著《三十歲前的孫中山》，章 5，節 18。

5　見拙著《孫文革命：聖經和易經》（香港：中華書局，2015 年），第三章。

6　孫中山對林百克所表明之心蹟。見 Linebarger, *Sun Yat-sen* (1925), p. 152.

洪仁玕是洪秀全 1843 年創立的拜上帝會最先的信徒之一（另一人為馮雲山，1815－1852）。同樣地，洪仁玕也覺得與韓山文無法溝通，故不吭一聲就離去。

翌年韓山文到廣東傳教，洪仁玕再度找上門來。但此次兩人卻結成密友：「一個是三十四歲的傳教士，一個是三十一歲的難民。一八五三年九月洪仁玕終於在韓山文主持下受洗入教，然後隨韓山文回香港。韓山文細心教導洪仁玕認識路德宗（Lutheran）教義，打算把他培養成外國傳教士的助手，最終則希望他把他們的基督教派帶到南京的太平天國」。[7] 但洪仁玕身在香港而心在天京，故 1854 年即趕往上海，欲赴天京，未果。在上海期間，他住在倫敦傳道會（London Missionary Society）的墨海書館。該書館是 1843 年英國倫敦傳會的傳教士麥都思（Walter Henry Medhurst，1796－1857）、艾約瑟（Joseph Edkins，1823－1905）等在上海創建的，是上海最早的一家現代出版社，培養了一批通曉西學的學者，如王韜、李善蘭等。他們和艾約瑟、偉烈亞力（Alexander Wylie，1815－1887）等撰寫、翻譯了許多介紹西方政治、科學、宗教的書籍。墨海書館設有宿舍，洪仁玕投宿該館時，麥都思和王韜都住在那裏。洪仁玕與他們共同相處了半年，之後又回到香港，成為倫敦傳道會傳道者，並繼續向傳教士學習西方文化。

1858 年 6 月，洪仁玕從香港出發，採陸路經廣東、江西、安徽，於次年 4 月，輾轉到達天京。洪秀全見面後得知洪仁玕曾學習西方文化，大喜，封為軍師、干王，讓他總理天國政務。洪仁玕隨即根據他在香港及上海多年所見所學，撰成《資政新篇》，作為太平天國長遠發展的資政綱領。例如，在經濟上要學習西方：興商業，辦銀行，建築鐵路、開礦、辦郵政；要有保護人身的司法制度、辦報紙傳遞訊息、監督政府等等；外交上，請天王別再把外國視作藩屬，更不要奢望來使跪拜；同時必須向西方開放，雙方平等對待。

洪仁玕《資政新篇》有些改革方案，比日後清廷的洋務運動及維新運動

7　普拉特：《太平天國之秋》（台北：衛城，2013），章 3.

更為全面而且徹底。但當時太平天國處於長期戰爭狀態，故一直未獲實行，也一直遭到偏重革命心態的中國史學家冷落。當今的兩岸史學家，似乎還未追上時代，反而被普拉特《太平天國之秋》迎頭趕上。孫中山的《實業計劃》所提出的改革與各項重大建設，當然比《資政新篇》更為先進，更為豐富，更切實際、更有長遠眼光。但由於當時中國局勢長期動盪不安，也無法付諸實踐，卻由當今的中國政府逐步推行了。例如，改革開放，引進外資與技術，建設全國的鐵路網，皆孫中山夢寐以求的理想；從華北之開拓渤海經濟區、開發大西北，到華中的建築長江大壩，再到華南的海南島建省等等，無處不見到孫中山及其《實業計劃》的影子。其實，從《資政新篇》到《實業計劃》到當今中國政府的新政，自有其虛心學習西方強項的一脈相承。而促成這種虛心的因素之一，正是兩次鴉片戰爭對國人所帶來的慘痛教訓。

正是由於這個原因。筆者刻意撰寫這一章：它見證華夏精英接受了1860年火燒圓明園的慘痛教訓，一直在默默耕耘，企圖撥開雲霧見月明，為華夏文明的再生，找出一條途徑。準此，從下一章開始，本偵探更要不厭其煩地，把畢生奉獻於找出一條途徑為華夏文明再生的孫中山，細緻地娓娓道來，並從他出生是怎麼樣的房子開始。

卷二

新型革命之啓發和激勵

是甚麼激勵孫中山「成龍」?

第二十五章

孫中山乃中原貴胄，祖籍在陳留？

著名的史學前輩羅香林先生，寫了一本影響深遠的名著《國父家世源流考》，[1] 聲稱孫中山乃中原貴胄，祖籍在陳留。

權威的《國父年譜》全盤接受羅香林的說法，結果開宗明義就宣佈：「孫氏先世本中原望族。唐僖宗時，河南陳留有孫誗者，中書舍人孫拙子也，娶陳氏；黃巢亂作，充承宣使，領兵閩越江右之間，因屯軍定居於江西寧都。四世孫承事公，遷福建長汀之河田。明永樂中，有友松公者，再遷廣東東江上流紫金縣之忠壩公館背，為先生上代入粵始祖。十一傳至定標公，嘗參加反清義師，兵敗流徙，於康熙時又自紫金遷增城。十二傳至連昌公，復移家香山縣」。[2] 香山縣者，今之中山市也。

若光從家世的角度看，孫中山是否中原貴胄的後裔，無關宏旨。但從本書主旋律看，則耕讀世家的望族後裔與貧窮的農家子弟，對於革命思想之萌芽，其腦袋提供了不同的土壤！而且，據本偵探大半生科研所得，皆證明孫中山乃貧窮的農家子弟。[3] 本偵探是否有眼不識泰山，走寶了？

首先，羅香林所持的證據是甚麼？是他自言他「新發現」之廣東省紫金縣忠壩區的《孫氏族譜》。他追憶說：「由新發現之忠壩《孫氏族譜》，更可上溯其先世，原居河南陳留。自唐末黃巢變亂，有孫誗公者，南下平亂，遷

1　羅香林：《國父家世源流考》(重慶：商務印書館，1942 年 12 月出版；台北：台灣商務印書館，1954 年 8 月修訂台灣 1 版)。

2　羅家倫（主編）、黃季陸、秦孝儀（增訂）：《國父年譜》（台北：中國國民黨中央黨史委員會，1985），頁 1。以後簡稱羅家倫：《國父年譜》(1985)

3　見本書第二十八至第三十章。

江西寧都，以功受封為東平侯。」[4] 據本偵探偵查所得，此言所據乃紫金忠壩《孫氏族譜》舊本當中、「重修孫氏族譜序」裏面的一句話。[5]

這可是關鍵性的一句話。若倡議孫中山之祖籍是紫金，那麼作為翠亨孫氏《列祖生歿紀念簿》後人的孫中山，馬上就從極為平凡的農家子弟，搖身一變而成為東平侯的傳人，貴冑的後裔了。

按紫金忠壩《孫氏族譜》，初修於雍正七年（1729），當時所寫的〈孫氏族譜　序〉，隻字沒提孫誗其人。在描述其唐代祖先時，只輕輕帶過地說：「至隋唐由宋元之時，祖何僅兄弟，魁元登仕冊，擢高科，亦不勝舉。」接着，該譜重修於光緒二年（1876），而當時所寫的「重修孫氏族譜序」，才首次提到唐代東平侯孫誗。[6] 由此可見，孫誗這個名字是重修該譜時，才被加進去的。

名字可以加進去，但獨力負責重修紫金《孫氏族譜》的孫見龍，卻無法一世接一世地上溯到江西寧都的孫誗，而只是在序言中泛指其祖先之中有東平侯孫誗其人。羅香林怎可以單憑紫金「重修孫氏族譜序」裏面的片言隻字，就一口斷定孫中山的祖先是孫誗？

紫金〈重修孫氏族譜　序〉，武斷地把孫誗加進其祖先行列這種現象，讓本偵探聯想到中山大學人類學系黃淑娉教授曾對本偵探說過的話：「過去編族譜，往往為自己家族的祖先找一個顯赫的家世，其實查無實據。」[7] 復旦大學中國歷史地理研究所葛劍雄所長在總結他研究族譜的經驗時也說：「一般的家譜都要找出一位煊赫的祖宗，不是帝王、聖賢，就是高官、名人，甚至要追溯到三皇五帝。」[8] 後來本偵探接觸到各方各面的族譜的數量大增，結

4　羅香林：〈復版再跋〉《國父家世源流考》(台北：台灣商務印書館，1954 年 8 月修訂台灣 1 版)，頁 59－60：其中頁 59，第 7－8 行。

5　見羅香林文書〈忠壩孫氏族譜節抄及有關文件〉(手稿合訂本)，藏香港大學馮平山圖書館特藏部，編號 羅 222 50。

6　忠壩孫氏族譜舊本內封，雍正七年 (1729) 孫宗麟等修，光緒二年 (1876) 孫見龍重修，1933 年孫桂香三修。該譜藏香港大學馮平山圖書館，編號：羅 700/14。

7　黃宇和採訪黃淑娉 (1930 年 8 月生)，2008 年 1 月 28 日。

8　葛劍雄：〈家譜：作為歷史文獻的價值和限局〉，《歷史教學問題》1997 年第 6 期，頁 3－6：其中頁 3。感謝其時任職於香港中文大學出版社的黎耀強策劃編輯，找出該文擲下。

果亦是深有同感。準此，竊以為紫金孫氏宗族自稱是孫訓後人，不必大驚小怪。但從嚴謹的歷史考證角度看問題，則族譜序言當中，高攀達官貴人的片言隻字，實在不能當真。

究竟羅香林是如何發現紫金《孫氏族譜》者？他的文書當中有紫金縣長李蔚春的一封信，提供了線索：

> 香林教授吾兄大鑒：弟前月奉令入川受訓。畢業後返縣，奉惠書敬悉。一是承囑調查孫總理上世源流一節，經派委員前往縣屬忠壩向孫氏族人調查，並索閱該族族譜。足以證明孫公確係由紫金忠壩遷出。茲將調查所得先行轉[9]上，敬希查閱。又弟出席八月一日行政會議，本午始抵曲江，現寓互勵社503號房。孫氏族譜抄本亦已帶來。如吾兄來韶之便，乞用電話通知，以便趨訪。匆匆奉覆，順頌
>
> 　　教祺
>
> 　　　　　　　　　　　　　　　　　　　　弟　李乙蔚
>
> 　　　　　　　　　　　　　　　　　　　七、二十九。[10]

該信沒有寫上年份。但羅香林後來節抄該族譜時注明是民國三十年八

9　這個「轉」字，在全篇手稿之中是最難識別的。本偵探請教過多位專家，均束手無策。2008年6月19日，承香港大學馮平山圖書館的張慕貞女士熱誠幫忙，建議是「敷」字，以成語中有「敷陳」之詞，意思是把不完整的調查結果先行報告。她拿出台灣藝文印書館 (編):《草書大詞典》(台北：藝文印書館，1964) 查「敷」字，似乎有點相似。但竊以為李蔚春並非把自己的調查結果向羅香林「敷陳」，只是把下屬的調查結果呈報羅香林。故對「敷」字仍有保留。同日黃昏向香港出版界的老前輩，三聯書店前總編輯蕭滋先生請教，飯席間不斷推敲，終於蕭滋先生認為是「轉」字。這符合該信之上文下理。本偵探返回澳洲後徵諸《草書大詞典》，則該書下冊頁1418所複印的「凝式」手蹟，與之極為相近，故決定乃「轉」字。

10　李蔚春函羅香林，[1941年] 7月29日，收入〈忠壩孫氏族譜節抄及有關文件〉(手稿合訂本)，藏香港大學馮平山圖書館特藏部，編號：羅222/50。至於該信的具體年份，見下注之考證。

月三日 [1941 年 8 月 3 日] 開始動筆節抄，[11] 如此則可知李蔚春寫信的日期是
1941 年 7 月 29 日。

把李蔚春的信以及所附之調查報告一起分析，可知羅香林最初寫信給李
蔚春時，曾明確要求他派員到指定之地點 —— 忠壩孫屋排 —— 調查並索
取孫屋排居民的族譜。這一點顯示羅香林早已聞知居住在忠壩孫屋排之孫氏
族譜有十二世祖孫璉昌其人。否則紫金縣那麼大，而散居紫金縣各地的孫氏
家族又那麼眾多，要找一位名為孫璉昌的故人，猶如大海撈針，李蔚春也不
會答應幹這種傻事。同時，羅香林很可能開宗明義就說明，若忠壩孫屋排之
孫氏族譜注明十二世祖孫璉昌曾遷往外地居住，此人必定就是國父的祖先無
疑。難怪李蔚春看過該族譜後，心領神會之餘，就言之鑿鑿地說，該族譜
「足以證明孫公確係由紫金忠壩遷出」。[12]

至於羅香林從哪裏早就知該族譜之中有十二世祖孫璉昌其人，則他自言
為了逃避日本侵略軍，而於 1938 年就遷往雲南的中山大學，在 1940 年 9 月
又從雲南遷回廣東北部的曲江 (當今的具體位置是韶關市樂昌縣坪石鎮[13])。
羅香林返校授課，惟「山村講授，如漢初經生，失其本經，口以傳習。香林
懼訛以失實，乃與所授學生，倡史蹟考訪，與資料蒐集」。[14]

2009 年 12 月 24 日，本偵探前往韶關市樂昌縣坪石鎮坪石陳家坪鐵嶺
山中山大學抗戰時期臨時校舍文學院遺址實地考察，則時至今日，仍深覺其
荒涼與落後。村民仍情不自禁地不斷向本偵探投訴，當地在山野間，種植的
多是番薯，抗戰時突然來了大批師生，吃不飽，學生就在夜闌人靜之際，
挖村民的番薯吃。在這樣的環境，哪來書籍？也虧得羅香林想到史蹟考訪與

---

11 「忠壩孫氏族譜 (節抄)」，民國卅年 [1941] 八 月三日抄於曲江子居，興寧羅香林識，[蓋羅香林
　　章]」，收入〈忠壩孫氏族譜節抄及有關文件〉(手稿合訂本)，藏香港大學馮平山圖書館特藏
　　部，編號：羅 222/50。

12 李蔚春函羅香林，[1941 年] 7 月 29 日，收入〈忠壩孫氏族譜節抄及有關文件〉(手稿合訂
　　本)，藏香港大學馮平山圖書館特藏部，編號：羅 222/50。

13 見鄒佩叢：〈羅香林的繼續調研〉，載鄒佩叢 (編著)：《研究與辨析》，頁 178－179：其中頁
　　179。

14 羅香林：〈國父家世源流考跋〉，《國父家世源流考》(台北：台灣商務印書館，1954 年 8 月修訂
　　台灣 1 版)，頁 57－58：其中第四段。

圖 25.1
樂昌縣坪石鎮坪
樂昌市坪石鎮三
星坪老書記朱賤
仁與本偵探等合
照（2009 年 12
月 24 日）

　　資料蒐集這主意，並用以訓練學生。

　　羅香林發動學生訪查蒐集各類族譜之餘，就曾聽一位來自紫金忠壩的學
生溫濟琴說過，家鄉曾有位武師孫大食，聚眾抗清，結果敗走他方。[15] 羅香
林很可能因此進而聞知紫金忠壩孫屋排之孫氏族譜的大概，[16] 於是點名要求
看該族譜。

15　溫濟琴：〈溫濟琴在紫金各界人士紀念孫中山誕辰一百二十週年大會上的講話，1986 年 11 月
　　12 日〉，載《紫金各界人士紀念孫中山誕辰一百二十週年會刊》(1986 年 12 月編印)，頁 10–
　　11：其中頁 10 第 4 段。

16　對於其中過程，羅香林有如下描述：「余於紫金孫氏之源流及現狀，自民國二十二年以後，即甚
　　注意。嘗以東返之便，親往忠壩調查，並向國立中山大學紫金籍學生詢問一切。惟初無結果。
　　二十七年復囑中大助教紫金人郭溫敬君，為致函紫金各界，詳為調查，亦無所獲。蓋以紫金孫
　　族，僻居山地，訪問實甚難也。直至友人李蔚春先生為紫金縣長，始得查出忠壩孫氏之現狀，
　　及其與國父上世之關係。」羅香林：《國父家世源流考》(重慶：商務印書館，1942 年 12 月初
　　版)，頁 49，注 4。羅香林這種說法，似乎倒果為因。

羅香林在 1941 年 8 月 1 日拿到該族譜，[17] 於 1941 年 8 月 3 日開始節抄，[18] 並很快就通知中央通訊社。結果「自民國三十年九月六日 [即 1941 年 9 月 6 日]，中央通訊社桂林分社，發表關於余新近發現國父上世譜牒一專電消息後，各地報紙悉為揭載。」[19] 浙江《東南日報》轉載了中央通訊社所發表的羅文以後，即派記者至江西寧都考察，並在「該縣南門外直街孫世通家，借閱其第八修與第十一修各族譜」，結果發現該譜果然提到孫𥚃其人。[20]

這種現象，讓本偵探聯想到黃淑娉教授的另一句話：「編族譜，常有從其他地方同姓的族譜中抄襲的現象。」[21] 看來紫金忠壩的孫見龍，在重修其《孫氏族譜》時，很可能抄襲了江西寧都《孫氏族譜》有關孫𥚃的記載。

但是，歷史上是否真有孫𥚃其人？若孫𥚃是虛構的，那麼羅香林儘管提倡了紫金説，也不能證明孫中山是貴冑出身。其次，即使歷史上真有孫𥚃其人，但若並非貴冑，那麼羅香林儘管提倡了紫金説，仍屬徒勞。於是，羅香林求證於江西通志館館長吳宗慈。1941 年 11 月 4 日，吳宗慈覆曰：

> 香林先生史席：奉十月廿八日手書，關於國父世系源流考，具悉梗概。現派專員調查其族譜墓地等，尚未蕆事。茲先略覆大概如後：
>
> 初以為孫𥚃之𥚃後，第一步即遷廣東循州等地。第二步再遷香山。今接來函，則有由虔化先遷閩，再由閩遷粵之一段史實。容函探訪員，再據此詳為調查。據已查得之譜系志，將由虔化遷居各地之記載，抄奉其詳，當再及也。

---

17 「本年 (民國三十年) 八月一日，紫金縣長李蔚春先生，至曲江出席廣東省行政會議，始克將其所借得之忠壩孫氏族譜舊抄本攜出相示」。羅香林：《國父家世源流考》(重慶：商務印書館，1942 年 12 月初版)，頁 49，注 5。

18 「忠壩孫氏族譜 (節抄)，民國卅年 [1941] 八 月三日抄於曲江子居，興寧羅香林識，[蓋羅香林章]」，收入〈忠壩孫氏族譜節抄及有關文件〉(手稿合訂本)，藏香港大學馮平山圖書館特藏部，編號：羅 222/50。

19 羅香林：《國父家世源流考》(重慶：商務印書館，1942 年 12 月初版)，頁 50，注 9。

20 羅香林：《國父家世源流考》(重慶：商務印書館，1942 年 12 月初版)，頁 50，注 9。該記者用「留爪」的筆名發表了題為〈國父世系考〉一文。該文剪報藏台北中國國民黨中央當時館，編號 030/176。該文又轉載於鄒佩叢 (編著)：《研究與辨析》，頁 189−190。

21 黃宇和採訪黃淑娉 (1930 年 8 月生)，2008 年 1 月 28 日。

　　詗公之子侯房，遷江西雲都〔即寧都〕青塘等處。

　　詗公之子伯房之第四世曰承事者，譜載其後裔今居福建汀州河田。

　　詗公之子伯房之第七世曰十九秀才者，老譜載今居廣東循州者為其後裔。

　　詗公之子伯房之第五世曰四郎者，即老譜載遷居浙江餘姚。

　　又第六世曰宣教者，譜載其子孫俱遷餘姚。

　　詗公之子子房之第九世曰七郎者，徙居雲城（即雲都，又即寧都）南山下。

　　詗公之子男房之第六世曰大貢員致純者，宋寶慶四年舉人，遷徙廣東韶州。

　　孫姓譜載其子孫由虔化再徙居他處者止此。而由閩再遷粵，祇伯房第四世承事一支。

　　孫詗之墓，今尚在。亦有祠。傳今祀張巡之廟，即孫詗之東平侯廟，然無確據。譜有孫詗像，有東坡贊。核其文，似非宋文，並不似東坡文，疑偽品。餘續詳覆，頌

　　撰安不一。

弟吳宗慈拜啟

十一月四日。[22]

　　由此可知確有孫詗其人，因為既有墓，也有祠等實物為證。至於他曾否被冊封為東平侯，則查無實據。而且把祭祀張巡之廟，傳為孫詗之東平侯廟，是誰散播的傳言？譜有孫詗像，此像是否真實（見下文）？至低限度譜中聲稱之所謂蘇東坡贊揚孫詗像之文章，吳宗慈認為「似非宋文，並不似東坡文，疑偽品」。

　　本偵探同意吳宗慈的判斷，且看這篇所謂東坡贊的水平：

22　吳宗慈函覆羅香林，〔1941 年〕11 月 4 日，收入〈忠壩孫氏族譜節抄及有關文件〉（手稿合訂本），藏香港大學馮平山圖書館特藏部，編號：羅 222/50。我把此函年份酌定為 1941 年，是因為羅香林如此說，見其《國父家世源流考》（重慶：商務印書館，1942 年 12 月初版），頁 50，注 20。

才全文德武備乾剛

兵平閩越屯鎮虔邦

不疾終於桂竹之陽

英靈顯於太平之鄉

廟貌如故至今闡揚

禦災捍患無求不應

護國保民有禱必祥

千枝萬流世代榮昌 [23]

　　如此鄙陋不堪的坊間劣品，怎會出自蘇東坡之手？這使本偵探再一次想起葛劍雄長期研究家譜所得出的結論：「很多家譜都有名人所作序跋，但仔細分析，其中相當大一部份都是假托偽造的」！[24]

　　羅香林把吳宗慈的覆函收錄在其《國父家世源流考》，但略去「譜有孫訵像，有東坡贊。核其文，似非宋文，並不似東坡文，疑偽品」等考證結論。如此這般，羅香林就把否定寧都《孫氏族譜》有關孫訵記載之可靠性的一份調查報告，變成一份肯定東平侯孫訵後人曾移居閩粵的文獻，並在這基礎上著書立說，以證明孫中山是孫訵的後裔。

　　江西寧都《孫氏族譜》的編纂人，為其祖先孫訵繪了一幅東平侯像、然後把它收進族譜這種現象，讓本偵探聯想到 2008 年 1 月 9 日，到廣東紫金縣城實地調查時，參觀新修復劉氏宗祠時所見所聞：劉氏宗親在祠裏左廂房圖文並茂地介紹漢高祖劉邦（公元前 206－195 在位），把劉邦的繪畫像，和漢朝歷代君王的繪像，按時間先後排列並介紹其生平，讓本偵探瞠目結舌。歷代漢王，果真是如此模樣？漢朝的每一個朝代都曾有人先後為他們寫真？但察紫金劉氏宗親之目的，明顯地是要把紫金劉氏追溯到漢高祖，以擡高自

23　江西寧都《孫氏族譜》，轉載於孫燕謀（編纂）：《香山縣左埗孫氏源流考》（無出版社，1994 年印刷）。

24　葛劍雄：〈家譜：作為歷史文獻的價值和局限〉，《歷史教學問題》1997 年第 6 期，頁 3－6：其中頁 5。

己的身價。可惜紫金劉氏宗親同樣沒法列出世系表，以證明其宗族是劉邦嫡傳。[25] 但紫金劉氏要比寧都孫氏藝高一籌，因為歷代漢皇的確曾做過皇帝，但孫訽曾否當過東平侯，則查無實據。

竊以為吳宗慈若進一步考證該江西寧都《孫氏族譜》，會發覺更多破綻：例如其中提及之「宋寶慶四年舉人」，[26] 則宋理宗在寶慶三年 (1228 年) 即駕崩，歷史上並無宋寶慶四年之年號。[27]

此外，江西寧都《孫氏族譜》沒有說明孫訽來自何方，但羅香林原籍廣東省興寧縣，則其中有個地方叫官田的孫氏家族也編有《孫氏族譜》，並言之鑿鑿地說孫訽「原居汴梁陳州」。[28] 對於這個「汴梁陳州」，羅香林的詮釋可圈可點。他寫道「陳州素不屬汴梁」，把官田《孫氏族譜》編者的無知，暴露無遺。但羅香林馬上為其補救說：「此當為陳留之誤」。在這個基礎上，羅香林下結論說：「是忠壩孫氏，其先蓋宅居陳留。至唐末始以黃巢之亂，徙居寧都。」[29] 如此東拼西湊的結果，就是讓孫中山家世更上一層樓：由江南貴冑之後裔，擢升為中原貴冑之後裔。

在此，羅香林好像在為孫中山編家譜。復旦大學的葛劍雄教授寫道：一般編家譜的人都要找出一位煊赫的祖宗；但由於這些古代貴人，「基本都出在北方的黃河流域，要使本族、特別使不在黃河流域的家族與這些先祖聯繫起來，就只能編造出一段遷移的歷史。」[30]

羅香林這樣做之目的是甚麼？

從他接下來所採取的行動，可見一斑：他在 1941 年 12 月 1 日完成了

25　黃宇和：〈紫金調查報告〉(手稿)，2008 年 1 月 9 日 (手稿)。

26　見吳宗慈函覆羅香林所引該譜片斷，[1941 年] 11 月 4 日，收入〈忠壩孫氏族譜節抄及有關文件〉(手稿合訂本)，藏香港大學馮平山圖書館特藏部，編號：羅 222/50。

27　徵諸薛仲三、歐陽頤 (合編)：《兩千年中西曆對照表 A》(上海：商務印書館，1961)，頁 246。

28　廣東興寧官田《孫氏族譜》，轉載於羅香林：《國父家世源流考》(重慶：商務印書館，1942 年 12 月版)，頁 16。

29　羅香林：《國父家世源流考》(重慶：商務印書館，1942 年 12 月版)，頁 16。

30　葛劍雄：〈家譜：作為歷史文獻的價值和局限〉，《歷史教學問題》1997 年第 6 期，頁 3-6：其中頁 3。

《國父家世源流考》初稿後，[31] 馬上把書稿呈孫中山的兒子、當時任立法院長的孫科，並請其賜序。

孫科閱後，大為讚賞，並於 1942 年 5 月 5 日欣然賜序。[32] 他劈頭就說：「羅君深治史學，探究國父家世源流，且十年矣。所闡發，皆明確。」可謂推崇備至。更有趣的是，孫科馬上接着寫道：「或有以譜乘世系，多侈言祖先華寵，不足深究而幾研之者，是不知世系研究有其重要意義與嚴密法則也。」如此這般，孫科把羅香林的弱點（所用的史料屬不足深究而幾研之者），説成是羅香林的强項（讚羅香林的法則嚴密）。在快要結束該序時，孫科更表揚羅香林「貢獻實鉅」，其書「誠賅矣備矣」。[33] 準此，孫科推崇紫金説。

有趣的是，孫科深知「譜乘世系，多侈言祖先華寵，不足深究而幾研之」。[34] 惟一旦在 1942 年羅香林根據紫金《孫氏族譜》、寧都《孫氏族譜》、興寧《孫氏族譜》等，而提出唐代那位來自陳留的東平侯孫訶是孫中山祖先時，孫科就不顧族譜「多侈言祖先華寵」，反而贊同「紫金説」。

同樣有意思的是：鄒魯、吳鐵城、陳果夫等相繼為羅香林的書稿撰寫序言。蔣中正、張繼、于右任等先後為該書題署。這些都是當時的黨國要人，[35] 為了一本正文只有 56 頁、倡紫金説只有 8 頁的小冊子，卻擺出如此陣容，

31　羅香林：《國父家世源流考》(1942)，頁 52 自署落款。

32　該序收入羅香林：《國父家世源流考》(重慶：商務印書館，1942 年 12 月版)，諸序言部份。據說孫科的侄子 (孫眉的孫子) 孫滿，在 1982 年回憶説：「先叔在世時，祝秀俠因事謁見，談話中曾詢及此序是否親撰？哲公答係羅香林送原稿請渠簽名而已；又問吳鐵老，亦復如此。」見孫滿口述，祝秀俠筆記：〈恭述國父家世源流〉，載台北《廣東文獻》第 12 卷，第 4 期 (1982 年 12 月 31 日)，頁 30-33：其中頁 32；轉載於孫中山故居紀念館 (編)：《孫中山家世：資料與研究》(北京：中國大百科全書出版社，2001)，頁 86-92：其中頁 90。以後簡稱故居 (編)：《家世》(2001)。上述所謂孫滿的話的記錄方式，有點奇怪；它不在孫滿談話的正文，而是由紀錄人祝秀俠，用括號的方式，加進祝秀俠他本人的話。究竟這是孫滿的原意，還是祝秀俠的意思？無論如何，該序以孫科的名義發表了，序裏的每一個字，都責無旁貸。

33　孫科：「序」，1942 年 5 月 5 日，載羅香林：《國父家世源流考》(重慶：商務印書館，1942 年 12 月出版；台北：台灣商務印書館，1954 年 8 月修訂台灣 1 版)。

34　孫科：〈序〉，1942 年 5 月 5 日，載羅香林：《國父家世源流考》(重慶：商務印書館，1942 年 12 月出版；台北：台灣商務印書館，1954 年 8 月修訂台灣 1 版)，第一段。

35　當時蔣中正是黨國首領，吳鐵城是國民黨黨中央秘書長，協助陳果夫主持國民黨中央黨務。

可謂空前。接着教育部擢升羅香林為教授，中央黨部又委任他為文化專員，[36] 奉中樞電令赴重慶服務。[37] 接着教育部全國學術審議會決定把羅著「送請吳稚暉先生審查」，[38] 結果該書榮獲「教育部學術審議會民國三十一年度學術發明獎金」。[39] 羅香林有生以來，可從未享受過如斯華寵。

　　為何 1942 年國民政府的黨國要人，包括孫中山的兒子孫科，如此隆重地推介羅香林那本查無實據的《國父家世源流考》？有一條線索可供參考。在羅香林的文書當中，有如下一封信：

　　　　香林吾兄鑒：奉校座諭，寄上鄧函及鄧著「羅香林著：《國父家世源流考》正誤」。校座並言：「此事昨晤哲生先生，伊謂『鄧實糊塗。余十二世祖與紫金者相同其名字，竟稱偶合。且孫氏無祖祠，不能強余認翠亨村之其他孫氏宗祠為余祖祠也。』希為文駁斥，並逕就正哲生先生」。尚此奉達，祗頌
　　　　勛祺 [40]

　　　　　　　　　　　　　　　　弟丘式如敬啟
　　　　　　　　　　　　　　　　[1944 年] 8 月 10 日
　　　　　　　　　　　　　　　　鄧稿用後寄回

　　寫信人丘式如，是鄒魯的秘書。[41] 信中提到的校座，竊以為正是鄒魯本

36　趙令揚：〈香港史學家羅香林教授傳〉，載馬楚堅、楊小燕（主編）：《羅香林教授與香港史學：逝世二十週年紀念論文集》（香港：羅香林教授逝世二十週年紀學術研討會籌備委員會，2006），頁 10 ─ 15：其中頁 12。

37　何廣棪：〈羅香林教授事略〉，載馬楚堅、楊小燕（主編）：《羅香林教授與香港史學：逝世二十週年紀念論文集》（香港：羅香林教授逝世二十週年紀學術研討會籌備委員會，2006），頁 16 ─ 17：其中頁 16。

38　羅香林：〈復版再跋〉，載羅香林：《國父家世源流考》（台北：商務印書館，1954），頁 59。

39　羅香林：《客家史料彙編》（香港：中國學社，1965），頁 34。

40　丘式如函羅香林，[1944 年] 8 月 10 日，收入〈忠壩孫氏族譜節抄及有關文件〉（手稿合訂本），藏香港大學馮平山圖書館特藏部，編號：羅 222/50。

41　見羅香林：〈國父家世源流再證〉，原載羅香林：《客家史料彙編》（香港：中國學社，1965），轉載於故居紀念館（編）：《家世》，頁 341-348：其中頁 345，注 2。

人，因為他是廣州市中山大學創校校長，任校長十餘年後，才於 1940 年 6 月呈辭。他的秘書稱呼他為校座，順理成章。事緣《國父家世源流考》出版後，中國國民黨中央黨史委員會的鄧慕韓撰稿正誤，並把該稿附在他寫給鄒魯的信，又建議鄒魯通知羅香林自動停止出版、宣告錯誤。[42]

信中提到的哲生先生，正是孫科。孫科斥鄧慕韓糊塗，表面上是責其在此「璉」與彼「連」的問題上喋喋不休，骨子裏是罵他缺乏政治智慧。的確，作為歷史工作者，鄧慕韓當然把捍衛歷史的準確性視為神聖目標。但作為政治人物，孫科首先考慮的是《國父家世源流考》的政治影響。

至於鄒魯，他曾當過中山大學的校長。作為大學校長，他當然贊成學術必須有確實的標準。但他同時也是中國國民黨中央執行委員會的常務委員，長期在政壇上打滾。1925 年 3 月 12 日孫中山快逝世時，他與孫科等是孫中山在「總理遺囑」上簽名的見證人。他優先考慮的，同樣是《國父家世源流考》的政治影響。

至於該書的政治影響，則與那位替孫中山起草「總理遺囑」的汪精衛有密切關係。

汪精衛是國民黨元老，1905 年 7 月在東京謁見孫中山，加入同盟會，參與起草同盟會章程。8 月被推為同盟會評議部評議長。後以「精衛」的筆名先後在《民報》上發表〈民族的國民〉、〈論革命之趨勢〉、〈駁革命可以招惹瓜分說〉等一系列文章，宣傳孫中山的三民主義思想，痛斥康有為、梁啓超等的保皇論，受到孫中山的好評。1910 年 1 月，汪精衛在北京暗中策劃刺殺攝政王載灃，事敗被捕。1912 年 1 月 1 日，孫中山的臨時大總統就職宣言，是汪精衛按孫中山囑咐而代為起草的。1925 年 2 月孫中山病危時，汪精衛又受命記錄孫的遺囑。孫逝世後，汪精衛以孫中山忠實信徒的姿態出現。同年 6 月 26 日，汪精衛主持召開國民黨中央政治會議，將國民黨的最高行政機關改稱國民政府。1925 年 7 月 1 日，國民政府正式成立，汪精衛當選為國民政府常務委員會主席兼軍事委員會主席，權重一時。在後來

42　鄧慕韓函海濱盟長 [鄒魯]，[1943 年] 7 月 27 日，收入〈忠壩孫氏族譜節抄及有關文件〉(手稿合訂本)，藏香港大學馮平山圖書館特藏部，編號：羅 222/50。

的權力鬥爭中，由於蔣中正掌握了軍權，汪精衛只能屈居其副。長期積下來的怨憤，終於在 1938 年 12 月 8 日爆發。當天，汪精衛秘密離開抗日戰爭時期的臨時首都重慶，潛赴越南的河內。同月 29 日，當他仍在河內的時候，就通過香港通電全國，表示「抗戰年餘，創巨痛深，倘猶能以合於正義之和平而結束戰事，則國家之生存獨立可保，即抗戰之目的已達。」如何達到此目的？他建議：善鄰友好、共同防共、經濟提攜，以此奠定中日兩國永久和平之基礎。1940 年 3 月 30 日，汪偽國民政府在南京正式成立，汪任「國府主席」兼「行政院長」。繼而展開「新國民運動」和「清鄉運動」向淪陷區民眾灌輸其賣國思想，以消除人們的抗日意識和在心理上對傀儡政權的抵觸。由於汪精衛在國民黨的身份很高，又曾長期以孫中山忠實信徒的姿態出現，他的投日對中國的抗日戰爭造成了無法估量的打擊，光是在軍事上，汪偽集團就策反了近百萬國軍。[43]

國民政府對汪偽國民政府之成立的反應，就是在兩天之後，即 1940 年 4 月 1 日，通令全國尊稱孫中山為中華民國國父。[44] 察其目的，顯而易見是要抗衡汪精衛那自命為孫中山忠實信徒的形象，並以此表示重慶的中央黨部而不是南京的偽中央黨部，才是孫中山的真正繼承者。

在這關鍵時刻，羅香林大約在 1942 年 4 月，把其書稿呈孫科，並聲稱國父的祖先是唐朝的中原貴冑，其十二世祖孫連昌曾參加過明末抗清義舉。對重慶國府來說，這可是及時雨、不可多得的宣傳材料，符合當時緊急的政治需要，國府可藉此大事宣揚一番，表示重慶國府極為尊重孫中山，重慶國府才是孫中山的真正繼承者。難怪黨國要人紛紛賜序題詞，以壯聲威。不單

43　關於汪精衛的傳記，見聞少華：《汪精衛傳》（長春：吉林文史出版社，1988）；黃美真：《汪精衛集團投敵》（上海：上海人民出版社，1984 年）。

44　國民政府 1940 年 4 月 1 日渝字第 319 號訓令，載《國民政府公報》渝字第 245 號（重慶：國民政府文官處印鑄局，1940 年 4 月 3 日），頁 11。轉載於《國父年譜》(1985)，下冊，頁 1305。其實，早在 1925 年孫逸仙逝世之際，各地悼念活動已經廣泛使用「國父」一詞，只是尚未變成正式官方封號而已。見李恭忠：《中山陵：一個現代政治符號的誕生》（北京：社會科學文獻出版社，2009)，頁 346–350。

如此，考慮到當時羅香林在學術界還沒有甚麼地位，[45] 人微言輕，於是教育部把他擢升為教授，大大地增加了快要出版之《國父家世源流考》的份量。中央黨部又召他到重慶，委為文化專員，巡迴演講國父的光明偉大、中華民族的悠久歷史等，為抗日戰爭打氣。[46]

　　讓本偵探把當時錯綜複雜的要事列表，便可一目瞭然：

表 25.1《國父家世源流考》出版前後大事記

19	月	日	要事
38	10	21	廣州淪陷。為了避難而在這之前，廣州市中山大學遷滇。
38	12	29	汪精衛在河內發出其賣國投敵豔電，抗日士氣遭沉重打擊。
39	09	01	中山大學自滇轉遷粵北曲江，羅香林前往復課，廣求族譜。
40	03	30	汪偽國府在南京成立，訛稱汪精衛乃孫中山嫡傳弟子。
40	04	01	為抗衡汪偽訛稱，國府通令全國尊稱孫中山為國父。
41	07	29	李蔚春函羅香林，謂已把紫金《孫氏族譜》帶韶，讓來取。
41	08	01	李蔚春在韶關親自把紫金《孫氏族譜》交羅香林。
41	08	03	羅香林在曲江開始節抄紫金《孫氏族譜》。
41	09	06	中央通訊社發表羅香林新近發現國父上世譜牒專電消息。
41	09	某	浙江《東南日報》記者在寧都發現《孫氏族譜》提到孫訕。
41	10	28	羅香林為了該譜而求證於江西通志館館長吳宗慈。
41	11	04	吳宗慈覆羅香林謂該譜中之孫訕像、東坡贊等，疑為偽品。
41	12	1	羅香林完成《國父家世源流考》初稿。
42	04	某	羅香林就《國父家世源流考》書稿事，求孫科賜序。
42	05	05	孫科為《國父家世源流考》作序。
42	12	某	《國父家世源流考》在重慶出版。羅香林被擢升為教授。

45　羅香林當時的學術地位，從其岳父朱希祖教授寫給朱倓 (羅香林的夫人) 的一封信，可見一斑。該函收入羅香林《乙堂函牘》，第 81 冊，藏香港大學馮平山圖書館，編號：羅 110/81。本偵探會在下文引述該信，敬請讀者留意。

46　趙令揚：〈香港史學家羅香林教授傳〉，載馬楚堅、楊小燕 (主編)：《羅香林教授與香港史學：逝世二十週年紀念論文集》(香港：羅香林教授逝世二十週年學術研討會籌備委員會，2006)，頁 10 — 15：其中頁 12。

自從羅香林的《國父家世源流考》面世以後，國府治權所及地區出版的各種孫中山傳記、年譜等，都採羅說。甚至孫科，在其 1971 年的《八十述略》當中的「先世述略」一節，也公然全採羅說。[47] 這也難怪，到了 1971 年，羅說已經成為國民黨官方眾口一詞的說法，孫科可不能例外。

47　孫科：《八十述略》(台北：孫哲生先生暨德配陳淑英夫人八秩雙慶籌備委員會，1971)。選錄於故居 (編)：《家世》(2001)，頁 82−83。

第二十六章
孫中山乃客家人？

前一章提到，史學前輩羅香林先生的名著《國父家世源流考》，[1] 其基石是他：「新發現之忠壩《孫氏族譜》」。[2] 他憑甚麼認為廣東省紫金縣忠壩區的《孫氏族譜》就是孫中山先世的家譜？他說：

> 余曩者著《國父家世源流考》，蓋純以國父所述家廟在東江公館村，及國父故里所藏《列祖生歿紀念簿》所記十二世連昌公始居香山縣一史實，為研究準則。[3]

分析羅香林所樹立的這兩項準則，則其邏輯似乎如下：

第1、既然孫中山說其「家廟〔即其孫氏家族的大宗祠〕在東江公館村」，那麼，如果羅香林能夠在廣東省、東江流域之內找到一座名叫「公館村」的村落，則這座村落的孫姓人家應該就是孫中山的祖籍。

第2、孫中山故里所藏《列祖生歿紀念簿》所記十二世祖孫連昌，是從外地遷到香山縣創基的始祖；那麼如果羅香林能夠在廣東省東江流域之內各地族譜之中，找到有十二世祖孫連昌其人、而這位孫連昌同時又離開原籍他往者，這個人就是孫中山的祖先。而這位孫連昌的原籍，就是孫中山的祖籍。

1　羅香林：《國父家世源流考》(重慶：商務印書館，1942 年 12 月出版；台北：台灣商務印書館，1954 年 8 月修訂台灣 1 版)。

2　羅香林：〈復版再跋〉《國父家世源流考》(台北：台灣商務印書館，1954 年 8 月修訂台灣 1版)，頁 59－60：其中頁 59，第 7－8 行。

3　羅香林：〈復版再跋〉《國父家世源流考》(台北：台灣商務印書館，1954 年 8 月修訂台灣 1版)，頁 59－60：其中頁 59，第 1－2 行。

至於如何運用這兩項準則，以得出紫金說之結論，羅香林有如下描述：

> 先以之為普遍諮訪之依據，繼乃分析公館村地望，為建立紫金忠壩
> 為國父上代所嘗居止之假設；然後，乃蒐集有關資料，並於紫金為特
> 殊調查，賴友好協助，果於忠壩孫屋排孫桂香家，發現《孫氏族譜》舊
> 本。其譜所記一事，即十二世祖璉昌公，舊居公館背，遭時多艱，遷徙
> 外地。其年代、名諱、世次及地望，皆與國父所述與《列祖生歿紀念
> 簿》所記相密合。由假設而獲致證明，而以科學方法治史之功能以顯。[4]

現在讓我們把羅香林這個結論當中的一些關鍵性的句子進行分析。

第一、羅香林這個結論當中所提到的「公館背」、「忠壩孫屋排」等，都
不是一般的名詞，讀來非常難懂。本偵探不敢妄猜臆想，於是決定親往紫金
實地調查。結果有如下發現：關於「公館背」，承紫金《孫氏族譜》之中的
第十八世老人孫愛雄先生賜告，「公館」者，武館也。紫金孫氏第十一世祖
孫鼎標設武館授徒，勤練武功，抵抗清兵。「公館背」，就是位於該「公館」
之背後的意思。在孫鼎標的「公館」之背後，有一排房子，是孫氏家族聚居
的地方，自成一個據點，無以名之，就叫孫屋排，採其一排孫屋的意思。[5]
2008 年 1 月 8 日，承紫金縣檔案館龔火生館長帶本偵探實地考察「公館背」
舊址，還見到附近遺留下來鄰居溫姓的一座大型泥磚屋。

徵諸文獻，則紫金忠壩《孫氏族譜》的編者、居住在孫屋排的孫桂香曾
書面向羅香林解釋說：忠壩孫氏「總祠附近僅有二十人左右，大都業農。」[6]
此言另有文獻做佐證，忠壩溫秀如等曾書面報告說：孫桂香住「上孫屋
排」，「人口二十人左右」；佐證了孫桂香所言「總祠附近僅有二十人左右」。
溫秀如等的報告又顯示，孫屋排這小小地方，也分「上孫屋排」和「下孫屋

4　羅香林：〈復版再跋〉《國父家世源流考》(台北：台灣商務印書館，1954 年 8 月修訂台灣 1
　　版)，頁 59–60：其中頁 59，第 2–6 行。

5　黃宇和採訪紫金孫愛雄 (1937 年 9 月生)，2008 年 1 月 8 日。

6　孫桂香等函羅香林，1942 年 7 月 23 日，附件第 10、11 項，收入〈忠壩孫氏族譜節抄及有關文
　　件〉(手稿合訂本)，藏香港大學馮平山圖書館，編號：羅 222/50。

圖 26.1
孫屋排旁邊的富貴人家溫性泥磚大
屋，2008 年 1 月 8 日，黃宇和攝

排」，各有祖祠，是兩房人分居。把居住在忠壩之上、下孫屋排的孫姓人口
加在一起，只「約共五六十人」。[7]

　　綜合上述五方史料，可知孫屋排確實是一個人數極少的、談不上是甚麼
村落的孫姓聚居點。毗鄰孫屋排者，還有「溫、張、陳等姓，為人最多；
餘葉、鄒、蕭、孫、劉、李都是小姓。」[8] 準此，本偵探明白了：當地並沒
有一座名為「公館村」的村落。只因為孫氏家族聚居的地方，位於孫鼎標的
「公館」之背後，羅香林就擅自為其取名「公館村」。這一點很重要，下文再
加伸論。

　　第二、羅香林上述結論當中提到的「忠壩」是甚麼地方？當本偵探在
2008 年 1 月 8－9 日到紫金實地調查時，承紫金檔案館客家人李少峰副館
長相告，在紫金的客家方言，壩是小盤地的意思。[9] 後來本偵探採訪紫金老
人、客籍的黃蔭庭，他也是這麼說。[10] 本偵探親臨其地，發覺忠壩果然是一

7　溫秀如等覆溫濟琴，1942 年 7 月 3 日，第 6－7 項；附於溫濟琴覆羅香林，1942 年 8 月 5 日；
　　收入〈忠壩孫氏族譜節抄及有關文件〉(手稿合訂本)，藏香港大學馮平山圖書館，編號：羅
　　222/50。

8　孫桂香等函羅香林，1942 年 7 月 23 日，附件第 10、11 項，收入〈忠壩孫氏族譜節抄及有關文
　　件〉(手稿合訂本)，藏香港大學馮平山圖書館，編號：羅 222/50。

9　黃宇和在紫金縣城採訪李少峰，2008 年 1 月 8 日。

10　黃宇和在紫金縣城採訪黃蔭庭 (1940 年 7 月生)，2008 年 1 月 9 日。黃蔭庭是《紫金黃氏族譜》
　　編者，住紫金縣城。

個小盤地，四面環山。小盤地的中央地帶有一條小河，發源在北部的山區，往南流經孫屋排旁邊，然後穿過南部山區的峽谷繼續往南流。這條小河的名字叫忠壩河，往南流入琴江。[11] 琴江注入梅江；梅江流入韓江；[12] 韓江流入南中國海。就是說，忠壩河是韓江的上游；忠壩及其轄下的孫屋排這個孫氏聚居點，位於韓江流域。它並不屬於東江流域。[13] 這一點同樣重要，下文也會詳加討論。

現在讓我們回過頭來衡量羅香林紫金說所採用之準則和提出之證據。

他的第一項準則，是「純以國父所述家廟在東江公館村」。[14] 至於證據，則正如上文考證所得：首先、公館村這個名字，當時在紫金忠壩並不存在，它只是羅香林發明的一個村名。其次、紫金忠壩並不在東江流域，而是在韓江流域。無奈羅香林硬把紫金忠壩說成是位於東江流域。其實從一開始，羅香林為自己設計的這項準則就不能成立。因為孫中山從來沒有說過「家廟在東江公館村」這樣的話。孫中山只是對美國人林百克（Paul Linebarger）用英語說過："The village of our ancestral temples is at Kung Kun，on the East River"。[15]

徐植仁把這句話翻譯成「我們的家廟，卻在東江上的一個龔公村（譯音）裏。」[16] 徐植仁既把 Kung Kun 音譯為龔公、同時又把 Kung Kun 意譯為村，

---

11 黃宇和在紫金縣城採訪黃蔭庭，2008 年 1 月 9 日。

12 據《廣東省地圖冊》（廣東省地圖出版社，1993 年 12 月出版），頁 151、150、50、59、60、55、57、74、139、29。感謝黃淑娉教授鼎力幫忙。

13 筆者曾考慮過一個微乎其微的可能性：即孫逸仙會不會對中國地理不太瞭解而誤把韓江作東江？經考證，這個可能性並不存在。孫逸仙在 1919 年對林柏克自稱其家廟在東江的同時，也在其正在撰寫的《建國方略》之內的「實業計劃：第三計劃」，「第二部、改良廣州水路系統」，「丁、東江」，第二段寫道：「……自新塘上游約一英里之出，應鑿一新水道直達東莞城，而以此悉聯東江在東莞與新塘之各支流為一……」，可知孫逸仙很準確地認識到，東莞在東江流域。筆者除了實地考察以外，徵諸《辭源》，則「東江」條曰：「東江……在廣東境……至東莞縣，合增江；西南流至波羅南海神廟前；合珠江；由虎門入三角江，注於南海」。可知東莞確在東江流域，且是主流所經。

14 羅香林：〈復版再跋〉《國父家世源流考》（台北：台灣商務印書館，1954 年 8 月修訂台灣 1 版），頁 59−60：其中頁 59。

15 Paul Linebarger, *Sun Yat-sen and the Chinese Republic* (New York, 1925. Reprinted, New York: ASM Press, 1969), p. 5.

16 林百克（著），徐植仁（譯）：《孫中山傳記》（上海：三民公司，1926），第 3 頁。

都存在着問題。首先，他採取音譯此下策，證明他並不知道 Kung Kun 所代表的具體漢語地名為何。其次，他將 Kung Kun 意譯為村，就明顯地錯誤：看英語原文，孫中山說他祖廟所在的那座村莊，坐落在 Kung Kun 範圍之內；就是說 Kung Kun 並非一座村莊，而是比村莊更大的一個範圍。因此，徐植仁把 Kung Kun 視作一座村莊而把它翻譯為「龔公村」，是錯誤的。羅香林把「龔公村」與他自己所發明的「公館村」劃上等號，更沒說服力。

歸根究柢，像林百克這樣一位沒有受過標準漢語發音訓練的外國人，很難用英文字母準確地拼寫出漢語名詞。例如，他把孫中山出生的村莊拼寫成 Choy Hung。[17] 假如我們全都不知道孫中山出生的村落名字叫翠亨村，那麼，居住在香港普遍說白話的廣府人，看到林百克用 Choy Hung 這村名，很自然就會錯誤地聯想到九龍牛池灣的彩虹邨。又由於孫中山的兄長孫眉曾經在九龍牛池灣耕種，供養其母親楊太夫人於附近的九龍城，[18] 一般人更會誤認淵源。在 1950 年代到 1970 年代，彩虹邨的知名度很高。[19] 在這種情況下，不知情的香港人，很容易就會把林百克的 Choy Hung 誤作九龍牛池灣的彩虹邨。這個例子說明，我們不能把林百克用英文字母拼寫出來的漢語地名諸如 Choy Hung、Kung Kun 等，作為可靠的研究資料。[20]

究竟林百克所說的 Kung Kun 是甚麼地方？羅香林心裏很清楚。在他出版《國父家世源流考》之前 10 年的 1933 年，他寫道：「Linebarger 氏謂孫公

17　Paul Linebarger, *Sun Yat-sen and the Chinese Republic* (New York, 1925. Reprinted, New York: ASM Press, 1969), p. 1 and *passem*.

18　馮自由：〈孫眉公事略〉《革命逸史》（北京：中華書局 1981 重版），第二冊，頁 1－9：其中頁 7－8。

19　當時沒有海底隧道，也沒有獅子山隧道；九龍半島市區內，只有 14 條公共汽車路線線。其中第 5、9 兩路從尖沙嘴碼頭出發，分別沿漆咸道和彌敦道等往彩虹 (Choy Hung)；第 13、14 號兩路從佐敦道碼頭出發，分別沿彌敦道和上海街等往彩虹 (Choy Hung)。彩虹之名，路人皆知。在 1950 年代後期，又有人編寫了一篇名叫〈彩虹灣之戀〉的小說，在當時唯一的娛樂電台——麗的呼聲——廣播，廣受歡迎，彩虹之名，更是不脛而走。1950 年代，筆者居住在九龍牛池灣，對這一切都很清楚。

20　1950 年代至 1970 年代，羅香林先生都居住在香港，面對這種情況，不知有何感想？他的感想如何，我們無法知道，但確知他在 1954 年於粉嶺郊寓修訂其《國父家世源流考》時，仍然堅持 Kung Kun 乃公館村。見 羅香林：「復版再跋」《國父家世源流考》（台北：台灣商務印書館，1954 年 8 月修訂台灣 1 版），頁 59－60。

自述，祖祠在東江 Kung Kun，下一字為莞對音，上字當是 Tung 之誤，據其地望推之，當是東莞無疑。」準此，羅香林下結論說，徐植仁在翻譯 Kung Kun 一詞時「誤作龔公，非是。」[21] 在那個年代，漢語拼音以 19 世紀兩位英國人威妥瑪（Thomas Wade）和翟理斯（Herbert Giles）共同設計的方式為標準，稱為威妥瑪‧翟理斯拼音法（Wade-Giles System）（一般稱為威瑪妥拼音法）。按照該拼音法，K 唸 G，而 T 則唸 D；以至「廣東」的英語音譯就成為 Kuang Tung。[22] 至於「東莞」的英語音譯正是 Tung Kuan。[23] 所以，1933 的羅香林認為 Kung Kun 的「下一字為莞對音，上字當是 Tung 之誤」，是猜對了。[24] 無奈到了 1942 年，羅香林為了提倡紫金說，就自食前言，轉而硬說 Kung Kun 即「公館背」，並把「公館背」說成是一條村。

　　隨着研究的深入，本偵探發覺，早在其《國父家世源流考》於 1942 年 12 月出版之前的 1942 年 7 月，羅香林應該已經準確地瞭解到「公館」及「公館背」的意思。蓋 1942 年 6 月間，羅香林已就此函詢當時在粵北馬壩財政廳工作的溫濟琴。[25] 溫濟琴馬上轉而函詢其紫金忠壩的鄉紳溫秀如。1942 年

21 　羅香林：《客家研究導論》(興寧：希山藏書，1933 年)，頁 274。希山藏書是一家作坊式的出版社。香港大學有藏是書，編號是羅 211/33。

22 　而不是現代漢語拼音的 Guang Dong。

23 　而不是現代漢語拼音的 Dong Guan。

24 　筆者在 1960 年代後期唸大學和研究院時，西方學術界普遍採用威瑪妥拼音法 (Wade-Giles System)。直至 1971 年中華人民共和國進入聯合國以後，北京設計的漢語拼音法，才慢慢被西方學術界採納。羅香林當學生的 1920 年代甚至以後執教的歲月，正是威翟拼音法 (Wade-Giles System) 雄踞英語學術界的時期。他熟識地運用威瑪妥拼音法 (Wade-Giles System)，理所當然。按羅香林 1924 年夏畢業於廣東省興寧縣興民中學，然後往上海就讀承天英文學校，他熟識地運用威瑪妥拼音法 (Wade-Giles System)，理所當然。次年 1 月，考取吳淞國立政治大學。1926 年夏，由上海政治大學考入北京國立清華大學經濟系，後轉歷史系。1930 年夏以論文《客家源流考》畢業，獲文學士學位，留在清華研究院繼續深造，師從陳寅恪、顧頡剛，致力中國民族史、唐史和百越源流與文化研究，課外 注重「搜集與客家有關的資料，尤其是閩粵贛客家各姓的族譜」及此前所出中外有關客家歷史、語言、風俗等著述。見鄒佩叢 (編著)：《研究與辨析》，頁 239−240：其中頁 239。

25 　「1937 年，抗日戰爭爆發，我畢業後被分配到廣州市社訓總隊任教官。1938 年廣州淪陷，我隨隊撤退到廣寧，後在馬壩財政廳工作」──溫濟琴：〈溫濟琴在紫金各界人士紀念孫中山誕辰一百二十週年大會上的講話，1986 年 11 月 12 日〉頁 10−11：其中頁 10 第 5 段。全文收錄在《紫金各界人士紀念孫中山誕辰一百二十週年會刊》(1986 年 12 月編印)，頁 10−11：其中頁 10。感謝紫金檔案館龔火生館長把該刊複印後寄贈廣東省檔案館張平安副館長掃描後於 2009 年 7 月 30 日電郵筆者，該文全文又轉載於鄒佩叢 (編著)：《研究與辨析》，頁 459。

7 月 3 日，溫秀如等很清楚地函覆溫濟琴轉羅香林曰：「公館原名連升館，今既頹毀。」[26] 1942 年 7 月 23 日，紫金忠壩的孫啓元（源）等，又已直接函覆羅香林曰：「公館系孫大食公練武場所，兼辦連升學校，故稱為公館。其背，孫家有祭祀田產，有墳數穴。」[27] 1942 年 12 月 20 日，紫金忠壩孫啓元（源）等又函羅香林曰：「鼎標公之墳，系在公館背後。」[28] 可惜羅香林對紫金忠壩各姓居民這三番四次回答其關於「公館」及「公館背」查詢，[29] 皆視而不見，堅決把「公館背」說成是「公館村」。

羅香林的第二項準則，是「國父故里所藏《列祖生歿紀念簿》所記十二世連昌公始居香山縣一史實」。[30] 他能提出的唯一證據，正是紫金忠壩「《孫氏族譜》舊本。其譜所記一事，即十二世祖璉昌公」。[31] 就是說，羅香林認為翠亨村的十二世祖孫連昌，與紫金的十二世祖孫璉昌，是同一人。準此，讓我們來評估羅香林為自己所樹立的、這第二項準則以及所得到的結論。

徵諸紫金忠壩《孫氏族譜》舊本，果然有下面具關鍵性的一句話：「十二世祖璉昌公，移居曾城，於後未知。」[32] 羅香林認為這句話符合他預先樹立的第二項準則：那就是，在廣東省東江流域之內眾多孫氏族譜之中，若能找到有十二世祖孫連昌其人、而這位孫連昌同時又離開原籍他往者，這個人就

26　溫秀如等函覆溫濟琴，1942 年 7 月 3 日，收入〈忠壩孫氏族譜節抄及有關文件〉（手稿合訂本），藏香港大學馮平山圖書館，編號：羅 222/50。

27　孫啓元（源）等，又已函覆羅香林，1942 年 7 月 23 日，收入〈忠壩孫氏族譜節抄及有關文件〉（手稿合訂本），藏香港大學馮平山圖書館，編號：羅 222/50。

28　孫啓源等函羅香林，附訴訟一紙，1942 年 12 月 20 日，收入〈忠壩孫氏族譜節抄及有關文件〉（手稿合訂本），藏香港大學馮平山圖書館，編號：羅 222/50。

29　孫啓源等函羅香林，附訴訟一紙，1942 年 12 月 20 日，收入〈忠壩孫氏族譜節抄及有關文件〉（手稿合訂本），藏香港大學馮平山圖書館，編號：羅 222/50。

30　羅香林：〈復版再跋〉《國父家世源流考》（台北：台灣商務印書館，1954 年 8 月修訂台灣 1 版），頁 59－60：其中頁 59，第 1－2 行。

31　羅香林：〈復版再跋〉，《國父家世源流考》（台北：台灣商務印書館，1954 年 8 月修訂台灣 1 版），頁 59－60：其中頁 59，第 4 行。

32　忠壩孫氏族譜舊本，雍正七年 (1729) 孫宗麟等修，光緒二年 (1876) 孫見龍重修，1933 年孫桂香三修。該譜藏香港大學馮平山圖書館，編號：羅 700/14。又見〈忠壩孫氏族譜（節抄）〉，民國卅年 [1941] 八 月三日抄自曲江子居，興寧羅香林識，[蓋羅香林章]，收入〈忠壩孫氏族譜節抄及有關文件〉（手稿合訂本），藏香港大學馮平山圖書館特藏部，編號：羅 222/50。

是孫中山的祖先。但這個邏輯，哪怕在表面上也存在着三個問題：首先，紫金的孫璉昌與香山的孫連昌是否同一人？此「璉」是否即彼「連」？其次，「璉」的父親是孫鼎標，「連」的父親是孫瑞英，難道孫鼎標與孫瑞英又是同一人？孫鼎標逝世後，埋葬於紫金忠壩的水口。[33] 孫瑞英逝世後，先埋葬於香山涌口；後移葬於香山翠亨村附近的譚家山。[34] 難道兩座墳墓可以混為一談？又「璉」的母親是葉氏，「連」的母親是梁氏，難道葉氏等同梁氏？三者，紫金《孫氏族譜》只說孫璉昌「移居增城，於後未知」，並沒有說他移居香山。

在這種種疑團面前，羅香林仍堅稱此「璉」即彼「連」；又堅稱彼「連」從增城繼續西走而最後定居香山；更漠視孫鼎標不能等同孫瑞英，葉氏不能等同梁氏等等。這兩個堅稱與一個漠視，本來就談不上有絲毫邏輯。再加上先前邱捷教授所發現的「璉」、「連」出生前後相差了約半個世紀，[35] 則羅香林所採用第二項準則而取得的結論，完全不能成立。

最具關鍵性的問題是：究竟當時孫屋排所在的那條村落叫甚麼名字？本偵探終於查出來了：它當時叫「忠壩村」！[36] 因此，建築在孫中山祖籍是「公館村」的紫金說，再也沒絲毫根據。而道出這條村之名字的公文，在《國父家世源流考》出版前的 1942 年 8 月初，已經轉交羅香林了。[37] 但這並沒有促

33　忠壩孫氏族譜舊本，雍正七年 (1729) 孫宗麟等修，光緒二年 (1876) 孫見龍重修，1933 年孫桂香三修。該譜藏香港大學馮平山圖書館，編號：羅 700/14。

34　黃宇和三訪翠亨譚家山孫氏墓群 (共 39 穴) 的〈調查報告〉(手稿) 以及所拍照片，2006 年 3 月 28 日，2006 年 12 月 4 日，和 2008 年 9 月 26 日。

35　邱捷：〈也談關於孫中山祖籍問題的爭論〉，廣州《嶺南文史》1993 年第 4 期，收入故居 (編)：《家世》(2001)，頁 644－657：其中頁 652。邱捷說孫璉昌曾參加過發生在 1646 年左右的鍾丁先起義，所據乃羅香林：《國父家世源流考》內吳鐵城、陳立夫等序和其他資料。至於孫連昌出生在 1669 年，邱捷則沒有提供注釋。徵諸孫滿 (編)：《翠亨孫氏達成祖家譜》，可知確實如此。該譜收入故居 (編)：《家世》(2001)，頁 12－28：其中頁 16。

36　溫秀如覆溫濟琴，1942 年 7 月 3 日，最後一段；附於溫濟琴覆羅香林，1942 年 8 月 5 日，第 10 項；收入〈忠壩孫氏族譜節抄及有關文件〉(手稿合訂本)，藏香港大學馮平山圖書館，編號：羅 222/50。下文將全文轉錄此件，以觀全豹。詳見本文第 (三)(iv) 節。由於人口迅速膨脹，到了 2008 年 1 月 8 日筆者到該地考查時，所見皆密密麻麻的房子，過去的忠壩村已經升格為忠壩鎮，孫屋排就在鎮政府辦公大樓附近。

37　溫濟琴覆羅香林，1942 年 8 月 5 日；附上溫秀如等覆溫濟琴，1942 年 7 月 3 日；收入〈忠壩孫氏族譜節抄及有關文件〉(手稿合訂本)，藏香港大學馮平山圖書館，編號：羅 222/50。

使羅香林改變初衷，他仍然堅持紫金説。

　　堅持紫金説的作用之一，是暗示孫中山乃客家人，蓋居住在紫金縣忠壩村的民眾，是清一色的客家人。羅香林本人是客家人，他要利用「國父」來為客家人爭光。對本偵探來説，孫中山是否客家人，若光從身份看，無關宏旨。無論客家人還是廣府人，都是漢人。但從本書主旋律的角度來看，本偵探還是決定藉本章徹查，目的是為了探索孫中山最初從事革命時的基本支持者是誰。由於當時的客家人，無論在海內還是海外，都是弱勢社群；加上當時土客之間的敵對情緒，儘管是出了洋的華工之中的廣府人和客家人，也壁壘分明，此點從夏威夷的芙蘭・諦文牧師父子文書，就看得很清楚。若孫中山是客家人，他最初發動革命時，要得到廣府人的支持，難矣哉。[38]

　　所謂壁壘分明，容本偵探略提其於 1968 年初抵牛津大學當博士研究生時所見所聞。當時本偵探的一位師兄 J. A. G. Roberts，寫了一篇博士論文《土客戰爭》（*Hakka Punti War*），[39] 讀來怵目驚心。這位師兄用「戰爭」來形容中國人所通稱的「土客械鬥」，是因為他認為械鬥之慘烈，已經達到歐洲國家對戰爭一詞的定義。後來牛津大學人類學教授 Maurice Freedman 委託本偵探找尋一批有關廣東土客械鬥的學術論文，讀後至今心神不安。[40] 隨着本偵探在自己的博士論文中對兩廣總督葉名琛的研究逐漸地深入，對葉名琛從巡撫到總督的治粵十年（1848-1858）期間之土客情況，也有了進一步認識。[41]最近又得閱劉平的大作，《被遺忘的戰爭——咸豐同治年間廣東土客大械鬥

38　誠然，1895 年的廣州起義和 1900 年的惠州起義，很多基本戰鬥人員均為會黨中人，而這些會黨中人有不少更是客家人。但是，這些客籍會黨中人都是通過客籍的鄭士良去發動的。與孫中山並無直接關係。而且，他們參加起義的主要目的是「反清復明」，與孫中山以及他在夏威夷和香港那些受過西方教育的支持者建立共和的目標，也不一致。

39　J. A. G. Roberts, *The Hakka-Punti War*, Unpublished *D.Phil.* thesis, University of Oxford, 1968.

40　他們都是 1930 年代廣州市中山大學郎擎霄的研究成果，分別是：〈中國南方民族源流考〉，載《東方雜誌》(1933 年)，第 30 卷，第 1 期；〈中國南方械鬥之原因及其組織〉，載《東方雜誌》(1933 年)，第 30 卷，第 19 期；〈清代粵東械鬥史實〉，載《嶺南學報》(1935 年)，第 4 卷，第 2 期。

41　筆者的博士論文後來由劍橋大學出版社出版，書名是 *Yeh Ming-ch'en:Viceroy of Liang-Kuang, 1852-1858* (Cambridge University Press, 1976). 中文譯本見區鉷譯，《兩廣總督葉名琛》(北京：中華書局，1984)。2004 年上海書店出版社出版了該書修訂本，作為《黃宇和院士系列之一》。

研究》，所取英語書名乃 *The Hakka-Punti War in Guangdong*，*1854-1867*。[42]
該書甚為倚重之《赤溪縣志》描述土客：「仇殺十四年，屠戮百餘萬，焚毀
數千村，蔓延六七邑。」[43] 若孫中山是客家人，他最初發動革命時，要得到
廣府人的支持，難矣哉。

42　上海：商務印書館，2003 年出版。

43　王大魯 (主編)《赤溪縣志》(1921 年出版) 第 8 卷，附編〈赤溪縣開縣記事〉，頁 1a。編者皆客
　　家人。感謝黃淑娉教授不辭勞苦，親到中山大學圖書館為我查閱該書。又與我切磋該附編之中
　　「屠戮百餘萬」句，及比較和參考附近各縣之縣志。最後雙方同意，該句有誇大其詞之嫌，但具
　　體數字卻無從查考。與真正的學者一起切磋學問，其樂融融。港澳學者鄭德華對王大魯、J.A.G.
　　Roberts、劉平等的作品有中肯的評價。詳見其〈關於咸同年間廣東土客大械鬥研究的歷史回顧〉
　　《九州學林》，第 8 期：頁 246－267。鄭德華對該事件做過深入細緻的研究，見其〈廣東中路土
　　客械鬥研究（1856－1867）〉，香港大學 1989 年博士論文，未刊稿。更難得的是，他博士畢業
　　後仍長期到事發地點作實地考察，筆者期待着他更多作品面世。

第二十七章
皇帝田預言孫中山成龍

　　孫中山的祖父孫敬賢（1789－1850）篤信風水，他所供養的風水先生替他找了一穴風水極佳之墓地，稱之為「皇帝田」，並預言若葬於此則其孫輩必定成龍當皇帝。[1] 後來孫中山果然當了國家元首——中華民國臨時大總統！孫中山故鄉翠亨村的村民欣喜若狂，奔走相告，盛讚「皇帝田」的風水靈驗，代代傳誦，歷久不衰。

　　若風水果真如此靈驗，一名窮鄉僻壤的農家小子這麼輕而易舉就可以「成龍」，為何孫中山不整天躺在床上睡懶覺等待發跡？但是，孫中山又確實「成龍」了！這究竟是怎麼回事？「皇帝田」在甚麼地方？怎生模樣？強烈的好奇心，吸引着本偵探頻頻跑孫中山的故鄉翠亨村。在此，本偵探再一次感謝翠亨村孫中山故居紀念館的蕭潤君館長暨該館同仁，長年累月不厭其煩地接待本偵探到訪，也不厭其詳地回答本偵探的提問。

　　此外，既然孫中山的祖父孫敬賢篤信風水，那麼孫敬賢的祖先、同輩、後人是否也篤信風水？若是，則孫中山在這樣的家庭環境下成長，哪能不受感染？結果本偵探發現，風水是孫中山一家長期以來日常生活不可分割的一部份：上自最初到翠亨村開基的祖先，到孫中山的祖父敬賢公，到父親達成公（1813－1888），下至孫中山的兒子孫科（1891－1973），都篤信風水。孫中山本人可信風水？歷史證明他並不相信。為甚麼？長期泡在大染缸裏卻不上色？

　　據本偵探的文獻鑽研及實地考察所得，孫中山的祖先系出金陵。其遠祖

1　李伯新採訪楊連合（51 歲），1965 年 9 月 20 日，載李伯新：《孫文史蹟憶訪錄》，《中山文史》第 38 輯（中山：中國人民政治協商會議廣東省中山市委員會文史學習委員會，1996），頁 86-91：其中頁 89。

固，宋代進士。元末大亂，玄孫常德乃遷致廣東南雄珠璣巷，不久沿着廣東
北部珠江流域的北江南下，最後定居於廣東省東莞縣（今東莞市）的圓頭山
鄉，是為來粵之始祖，稱一世祖。二世祖貴華移居同縣瀕臨珠江東岸的長沙
鄉。至明代，五世祖禮贊已嫌長沙鄉人口過剩，耕地不足，無法謀生，就橫
渡珠江往西岸，到達香山縣（今中山市）的涌口村定居。到十一世祖瑞英，
涌口村又患人滿，乃於清代乾隆時期，再往西移，找尋原始土地開墾以謀
生，結果到達當今翠亨村邊緣的逕仔蓢開基。十四世祖殿朝（1745－1793）
遷入翠亨村居住。殿朝生子恆輝（1767－1801），恆輝生子敬賢（1789－
1850），敬賢生子達成（1813－1888），達成生子文（即孫中山，1866－
1925）。溯自常德至粵，孫中山是為第十八代。[2]

　　孫中山的遠祖孫固乃宋代進士這個記載，似乎可以解釋為何孫家有篤信
風水的悠久歷史。蓋宋代的讀書人無不深受程朱理學的影響，而理學的內
容又是由於唐代儒、釋、道融合發展而成，更側重儒家的《易經》，且兼收
並蓄陰陽家的陰陽五行、道家的虛無之說。宋代大儒程顥、程頤號稱二程，
據云對蓍卜、風水等都有高深的研究，而其蓍卜更是靈驗。孫固對於蓍卜的
造詣有多深，無從考核，但其後人篤信風水，卻是不爭的事實。君不見，
孫瑞英初到逕仔蓢開基時，翠亨村所在地之山谷──美國人林百克（Paul
Linebarger）為其取名「翠谷」，[3] 仍有不少有待開墾的土地。孫瑞英有多大
能力開墾多少地，向官府報稅後，就是該等土地之地主，以致 1895 年出身
的翠亨村耆老楊國英先生說：「翠亨村孫姓最早開村場，是村主。孫姓是有
地位的」。[4]

　　此言稍嫌過份，蓋孫瑞英到達翠谷開荒時，翠亨村早已存在，故不能說
是村主。但他是早期開荒的人之一，應該無疑問。但曾幾何時，到了孫達成
就變成「貧無立錐之地」，窮到為了爭取微薄收入而迫得替同村的人幹最下

2　見拙著《三十歲前的孫中山》，章 2，節 4。

3　見 Linebarger, *Sun Yat-sen* (1925)。

4　李伯新採訪楊國英 (70 歲)，1965 年 9 月 25 日，載李伯新：《孫文史蹟憶訪錄》中山文史第 38 輯
　（中山市：中國人民政治協商會議廣東省中山市委員會文史學習委員會，1996)，頁 104-107：其
　中頁 105。以後簡稱為 李伯新：《憶訪錄》(1996)。

賤的活兒——俗稱紅白（嫁喪）二事。這些活兒是一般人不幹的，只有俗稱下戶（家奴）的人，才無可奈何地幹。正因為孫達成總是替同村的人幹那種家奴方才做的低賤活兒，以致有很長的一段時間，有些孫中山研究的權威學者就信誓旦旦地說孫家是下戶。本偵探已力證其非，並指出此說正是馬克思的革命哲學在作怪。該哲學認為愈是貧窮的人愈革命，奴隸最貧窮，結果認為奴隸最革命；因而更進一步認為：既然毛澤東稱呼孫中山為革命先行者，故孫中山必然是奴隸出身。[5] 我的天！

似乎愈說愈遠了，但非常貼題。孫達成貧窮到連奴隸也不如——家奴也不致於苦到白天在租地耕種之後，晚上還必須做更夫那麼一天二十四小時馬不停蹄！[6] 他之一貧如洗，是因為歷代祖先把當初開墾而得的土地逐漸賣掉，把所得經費用來追求風水。孫中山不禁要問：若非祖先輩那麼迷信風水而把父親弄到赤貧，他在翠亨村的童年時代，也不至於那麼淒涼了。[7] 這是否他拒絕相信風水的原因之一？—— 他確實從一開始就對風水反感！

他的祖先輩追求風水，包括供養風水先生。以孫中山的祖父孫敬賢為例，他「終年養一位來自嘉應州的輿師鍾盛陽，修墳整墓，以致經濟困難」。[8] 其實，以當時孫敬賢的經濟能力而言，他已經供養不起一位輿師了。那位鍾盛陽本來是翠亨村馮家養的，住在馮氏宗祠。鍾盛陽替馮氏點了一穴好山墳，後來馮姓子孫命鍾盛陽改動山墳，鍾盛陽認為如此就破壞了風水，不肯改。馮氏一怒之下，就把鍾盛陽驅逐出馮氏宗祠。孫敬賢既是出於同情心，更求之不得，就熱情邀請鍾盛陽到家裏居住。

鍾盛陽之酷愛風水，似乎已經到了如醉如癡的地步，也不計較孫敬賢無

5　見拙著《三十歲前的孫中山》，章 3，節 1。

6　李伯新採訪陸天祥，(88 歲)，1964 年 5 月 13 日，載李伯新：《憶訪錄》，頁 73-78：其中頁 105。又見李伯新採訪楊珍 (68 歲)，1968 年 5 月 15 日，載李伯新：《憶訪錄》，頁 96-97：其中頁 96。

7　孫文童年時代的苦況，見拙著《三十歲前的孫中山》。

8　李伯新採訪楊連合 (48 歲)，1962 年 5 月 24 日，載李伯新：《憶訪錄》，頁 82-85：其中頁 83。楊連合是重複其祖母孫妙茜（孫文的姐姐）之語。據筆者考證，這位輿師的名字叫鍾盛陽，但幾乎所有口述史料都稱他做鍾聖陽，不確。見王斧：《總理故鄉史料征集記》，《建國月刊》第 5 卷，第 1 期。轉載於孫中山故居紀念館編：《孫中山的家世》(北京：中國大百科全書出版社，2001)，頁 113-119：其中頁 114。

圖 27.1
「皇帝田」孫敬賢墓地恍
如龍椅，2006 年 12 月
6 日，李寧攝

力給他任何酬勞，每天吃完飯，就攜着羅盤上山勘查地形。如此這般在孫
家一住就是八年。八年後有一天，鍾盛陽無意中聽到孫敬賢夫妻說話：「今
晚無米，僅一升如何辦？」孫敬賢回答說：「煮給鍾先生吃，說我有人請吃
飯」，說罷就出門去了。鍾盛陽聽到這些話後，待飯煮好時，就推搪不吃。
最後將飯加水煲粥，全家一齊吃。鍾盛陽有感孫敬賢之禮遇，終於點了一穴
他稱之為「皇帝田」的墓地給孫敬賢。[9] 並做批語曰：「皇帝田，上有樓台下
有園，左有旗，右有角，一對鼈魚生兩角」。[10]

　　2006 年 12 月 4 日至 6 日，本偵探再一次到翠亨村實地調查三天。讓本
偵探最難忘懷的是 12 月 6 日星期三，蕭潤君館長派該館的黃健敏、李寧、
羅振雄三位攙扶本偵探爬上犁頭尖山考察孫氏各代祖墓。最後一站是走過迂
迴山脈的羊腸小徑後，終於到達另一座山、靠近山頂的「皇帝田」孫敬賢
墓。疲乏的本偵探拿着羅振雄斬下來扶手的樹枝，坐在墓地靠手的地方，背
向墓碑，面向珠江，睹境思情，神遊冥想：那墓地恍如龍椅，往上一坐，
抬頭一望，確實是氣派非凡！雖然天氣霧霾，「左有旗，右有角」仍然依稀

9　李伯新採訪楊連合 (51 歲)，1965 年 9 月 20 日，載李伯新：《憶訪錄》，頁 86-91：其中頁 89。

10　同上。

圖 27.2
李寧與羅振雄合力
攙扶本偵探下山，
2006 年 12 月 6
日，黃健敏攝

可見。

　　考察完畢下山時，突然發覺山勢陡斜極了，險極了。羅振雄本來就一直攙扶着本偵探，到了這個時候，李寧也來幫忙，一人一邊攙扶着本偵探，才不至翻滾下山。[11]

　　2007 年 12 月 7 日星期五，本偵探第三次重臨犁頭尖山考察孫敬賢的「皇帝田」墓地，發現原來的羊腸小徑已經開闢出泥階，讓遊人可以拾階登山，一直到了「皇帝田」孫敬賢墓為止。比一年前本偵探實地調查時好走多了，路也寬得多。翌日中午向蕭潤君館長提及此事，蕭館長說是中山市市長命林業局派人開闢，在最近兩個月內做成的。

　　本偵探濃墨道出「不至翻滾下山」、「好走多了」種種，目的是要探索一個問題：孫敬賢之下葬在「皇帝田」，是一葬還是二葬。若是一葬，則抬棺材的人，肯定無法把棺材抬上那麼陡的斜坡，遑論載着孫敬賢屍體的棺材。於是本偵探抄下孫敬賢墓的碑文如下：

　　　　咸豐四年五月十一日吉立

11　黃宇和：〈翠亨村調查報告〉，2006 年 12 月 2–6 日。

顯十六世祖敬賢孫公墓

坐戌向辰口【缺字】乾口【缺字】

　　按照這碑文所提供的線索，本偵探事後查出：孫敬賢在道光己酉年十二月廿三日（1850 年 2 月 4 日）逝世。[12] 若葬於咸豐四年五月十一日（1854 年 6 月 11 日），那是四年零四個月以後的事了，故必然是二葬。而二葬只需收拾骸骨帶赴預定的墓地就可以，多輕鬆！

　　本偵探這種由於實地考察而得出「二葬」的結論，有佐證。尤記 2007 年 7 月 11 日採訪孫中山故居紀念館林華煊副館長時，承其相告，翠亨村的墳墓幾乎全部是二葬，極少一葬的。可想而知，自從鍾盛陽把「皇帝田」點了此穴給孫敬賢之後，孫敬賢肯定日夜提心吊膽地過日子，深恐墓地被別人霸佔了。他把這一墓地告訴兒子孫達成，孫達成等到孫敬賢去世後，再等候二葬，同樣是提心吊膽地過日子，恐怕被別人霸佔了。為何如此疑神疑鬼？因為之前，鍾盛陽曾點了另外一穴地給孫敬賢，名叫「爛稈冚珍珠」。本偵探親往勘察時，發覺即現在中山烈士陵園右側的黃草岡。[13] 鍾盛陽對那穴地的評價是：「土名黃草崗，大海作明堂。鼉魚遊北海，旗鼓鎮南方。金星塞水口，燕石在中央。誰人葬得着，黃金大斗量。」[14] 黃金大斗量！孫敬賢欣喜若狂。不料鍾盛陽對孫敬賢所說的話，被其堂叔父孫恆發[15] 偷聽了。孫恆發搶先將其父親孫殿侯（1735－1776）[16] 的骸骨遷葬於此。遲來一步的孫敬

12　見《孫氏家譜》，載《孫中山的家世》頁 17。

13　李伯新採訪楊珍（68 歲），1965 年 10 月 8 日，載李伯新：《憶訪錄》頁 101-102：其中頁 102。楊珍是重複孫妙茜（孫文的姐姐）對其所說過的話。

14　王斧：〈總理故鄉史料徵集記〉，原件藏台北中國國民黨黨史館，曾刊於《建國月刊》第 5 卷，第 1 期。轉載於孫中山故居紀念館編：《孫中山的家世》（北京：中國大百科全書出版社，2001），頁 113-119：其中頁 114。

15　見鄒佩叢：《孫文家族源流考》中山文史第 57 輯（中山：政協廣東省中山委員會 文史資料委員會，2005，頁 110。

16　見鄒佩叢，《孫文家族源流考》中山文史第 57 輯（中山：政協廣東省中山委員會 文史資料委員會，2005，頁 110-111。

賢幾乎被氣瘋了。雙方激烈理論之餘，對簿公堂。[17] 最後雙方還是同意把兩副骸骨葬在一起。結果呢？孫恆發那一支發了，孫敬賢仍是依然故我，倍感憂傷。[18]

　　至於孫達成本人，由於大半生都異常窮苦，無法像其父親那樣追逐風水。但他本人同樣篤信風水，養不起風水先生之餘，「常用自己的長辮作羅盤去拉向」，[19] 聊以自慰。後來其長子孫眉去了檀香山謀生而家境漸趨富裕後，他自己就蓄養一位同樣是來自嘉應州的風水先生，並整天與他踏破鐵鞋尋覓風水最好之地，以便改葬先人。一切就緒，即於光緒六年七月（1880 年 8 月），以祖墳遠在涌口村、清明往來拜掃非常不便為由，向孫眉建議遷葬回翠亨村附近。孫眉樂於從命，匯巨款回家，把祖墳遷回翠亨村犁頭尖山，興師預先選定地名叫「竹篙龍真武殿」的位置安葬。[20] 2006 年 12 月 6 日本偵探到該地考察，風景果然是這邊獨好，但氣派也確實不如「皇帝田」。

　　本偵探如此興緻勃勃地研究孫家風水，讀者肯定問本偵探對風水的態度。本偵探像其對鬼神的態度一樣：遵從先賢的教導「敬鬼神而遠之」；本偵探這凡夫俗子，屬自然界的產物，儘管想穿腦袋也無法一窺超自然界的堂奧。「未能事人，焉能事鬼？」

　　孫中山的態度是否也是這樣？

　　「皇帝田」的預言，相信孫中山早有所聞。若孫中山像其祖父、父親那樣相信風水，他可能真的待在家裏等發跡，但他沒有。不單如此，他還冒着生命危險全情投身革命。關鍵是：他的見識，與他的父執輩以及翠亨村的村民有天淵之別。他們的眼光從未走出翠亨村，孫中山可是胸懷世界！有些孫中山研究的專家興緻勃勃地大談翠亨村人傑地靈，所以產生了中華民國國

17　孫滿口述，祝秀俠筆記：：〈恭述國父家世源流〉，原載台北《廣東文獻》，轉載於《孫中山的家世》，頁 86−93：其中頁 89。

18　見拙著《孫文革命：聖經和易經》（香港：中華書局，2015），當中題為「風水」的第十三章。

19　李伯新採訪楊連合（51 歲），1965 年 9 月 20 日，載李伯新：《孫文史蹟憶訪錄》，《中山文史》第 38 輯 (中山：中國人民政治協商會議廣東省中山市委員會文史學習委員會，1996)，頁 86−91：其中頁 89。

20　孫滿口述，祝秀俠筆記：〈恭述國父家世源流〉，原載台北《廣東文獻》，轉載於《孫中山的家世》，頁 86−93：其中頁 89。

父。若果真是人傑地靈，那麼翠亨村的其他歷代子弟呢？怎能排除個人抱負和努力？

但是，孫中山也確實在其著作中提及蓍卜。例如他寫道：「文之性情行事，天民兄所素知。今三兄願犧牲一切，與文始終，以圖利國家，前途光明，不待蓍卜」。[21] 孫中山之言最後兩個字：「蓍卜」，所指乃古人之卜筮觀，《書‧洪範》曰：「汝則有大疑，謀及乃心，謀及卿士，謀及庶人，謀及卜筮」。孫中山是否也相信蓍卜？還是止於引用諺語「不待蓍卜」？

孫中山對於華夏文明的精髓——《易經》——的態度，尤其是關於《易經》所衍生的風水學說，酷似他對《聖經》的取態，即取其經世致用的價值而貫徹之。[22] 孫中山所處的時代與環境是列強壓迫中國到了瀕臨亡國滅種的邊沿。孫中山要救亡，就把《易經》凝聚為「革命」二字，並不斷引用《易經》中「天地革而四時成，湯武革命，順乎天而應乎人，革之時大矣哉」，以及其他古籍中有關聯的語句。

風水、蓍卜皆為己。過去皇帝做重大國家決策時也採蓍卜，表面上是為國；但其實那個「國」，歸根結柢就是他私人的財產，所以皇帝做蓍卜主要還是為己。孫中山接受了基督宗教《聖經》忘我奉獻的「侍人」精神，真正為人、真正為國，成為炎黃子孫當中傑出的人物。這與他情有獨鍾於《易經》中「應乎人」的教導不謀而合。而且孫中山還把「應乎人」的教導進一步發展為更積極的「侍人」；用當今中國人習慣的語言來說就是「為人民服務」。

無論是對於《聖經》或《易經》，孫中山所追求的都是它們各自的精神而非其形式，更非其迷信。這種追求，可以解釋為何孫中山從事革命以後，就極少在星期日上基督宗教的教堂守禮拜——他連主日崇拜的形式也免了，遑論上教堂祈福那麼迷信。同樣地，他也反對《易經》所衍生的迷信——風水就是其中的形式之一，並認為中國民間迷信替國人造成了無限

21　孫文：〈復呂志伊等函〉，1920 年 3 月 27 日，《孫中山全集》，第五卷，頁 235-236：其中頁 235。

22　見拙著《孫文革命：聖經和易經》第三、四、十、十一章。

痛苦：「我中國之民，俗尚鬼神，年中迎神賽會之舉，化帛燒紙之資，全國計之每年當在數千萬。此以有用之財作無益之事，以有用之物作無用之施，此冥冥一大漏卮，其數較鴉片為尤甚」！[23] 他在說：迷信的毒害比鴉片尤甚！

　　鴉片？孫中山對鴉片的毒害，認識有多深？容下回分解。但離開本章之前，容本偵探提問：若發生新一輪的文明交戰，華夏賴以生存者，是風水、蓍卜，還是自身的智慧和實力？

23　孫文：〈上李鴻章書〉，1894 年 1 月《孫中山全集》，卷 1，頁 8-18：其中頁 13。

第二十八章

一開間泥磚屋激勵孫中山成龍（一）

偉人成名之前，極少有人刻意保存有關文獻。待他成名以後，再去追查，則絕大部份文獻早已湮沒，難明真相。

例如，很長的一段時候，歷史學家連孫中山的出生年月日也說不清楚。孫中山生前的一位戰友汪精衛回憶說：追隨先生多年同志，屢欲知先生生日，先生咸不答。有時笑曰：「我不說給你們知道，但到了那一日我必請你們吃晚飯」。而先生每年約同志晚餐者並非一次，同志終不能確定先生生日也。[1] 孫中山本人也曾兩次親筆手書自傳，第一次是在 1896 年，說他自己生於 1866 年「華曆十月十六日」，[2] 當為 1866 年 11 月 22 日。第二次在 1919 年撰寫，但沒有提及生日。[3]

這種現象被當時一位美國作家抓着作為笑柄，嘲弄一翻說：「據最近出版的一本、由孫中山本人提供材料的孫中山傳記〔按即林百克的英文原著《孫中山傳記》〕，孫中山連他自己是何年何月何日生也不清楚，也從不關心。另據一位在場的人說，最後一次慶祝孫中山生日，是在 1924 年 11 月 2 日舉行。在毫無頭緒的情況下，國民政府爰欽定孫中山的生日為 11 月 12 日，並從此就在每年的 11 月 12 日，大事慶祝『國父誕辰』」。[4]

哈哈，不料誤打誤撞地竟然撞對了！蓋本偵探的同僚近年在孫中山原

1　汪精衛：〈孫先生軼事〉《嶺東民國日報》，1925 年 11 月 18 日；轉載於《國父年譜》(1994)，上冊，頁 8，第 1866 年 11 月 12 日條。

2　孫中山手書自傳墨蹟原件：〈覆翟理斯函〉，中國國民黨中央黨史會藏，轉載於《孫中山全集》，第 1 卷，頁 46-48。

3　孫逸仙：〈建國方略：孫文學說，第八章：有志竟成〉，《國父全集》(1985)，第 1 冊，頁 409-422。《孫中山全集》，第 6 卷，頁 228-246。

4　Lyon Sharman, *Sun Yat-sen, His Life and Its Meaning: A Critical Biography* (New York: John Day Co., 1934), p. 4.

配夫人盧慕貞遺物中，發現孫中山生辰八字云：「乾誕於同治五年十月初六寅時（丙寅、己亥、辛卯、庚寅）。」[5] 可確知為 1866 年 11 月 12 日。此日期比孫中山第一次手書的自傳早了十天。對於這種現象，過去本偵探的解釋是：「孫中山可能記憶有誤，或寫錯了」[6]。最近完成了《孫文革命：聖經和易經》後，更傾向於相信他根本不在乎：鵬程萬里，志不在此。

那麼，孫中山出生的房子是青磚大屋還是泥磚蝸居？蓋家庭背境之貧富會影響到一個人的健康及其成長。若體質孱弱不堪，儘管矢志革命，也有心無力。孫中山當上西醫後，把同村楊鶴齡這樣的富家子弟之實際情況與西醫育嬰的理論結合起來，1897 年在倫敦時就很感慨地說：「中國的窮家嬰兒，粗生粗長，除非有瘟疫，否則一般來說，夭折的比率較低。中國的富家嬰兒，夭折的比率反而很高，遠遠比英國嬰兒夭折率要高；儘管活下來了，體質也孱弱不堪，因為父母把他們全寵壞了，孩子們嚷着要甚麼就給甚麼，甚至那些對孩子健康絕無好處的東西也給」[7]。所以，微觀地徹查孫中山出生的房子是哪種性質，深具重大意義。君不見，差不多同時間在同一條農村出生及長大的孫中山與楊鶴齡，哪怕成年後在香港同是「四大寇」，天天不談革命無以為歡，[8] 但此後卻各自闖出一條截然不同的人生道路。[9]

當今遊人到翠亨村參觀，所看到的孫中山故居是青磚大屋。該景收入孫中山故居紀念館（編）：《中國民主革命的偉大先驅孫中山》（北京：中國大百科全書出版社，2001），頁 9，發行全球。圖片的標題是〈孫中山出生前

5　黃季陸：〈國父生辰考證的回憶〉，台北《傳記文學》11 卷 2 期，1967 年 8 月號。復見黃季陸：〈國父生辰的再考證〉，台北《傳記文學》11 卷 3 期，1967 年 9 月號。均轉載於《國父年譜》（1994），上冊，頁 9，第 1866 年 11 月 12 日條。

6　黃宇和：〈任重道遠：孫逸仙成長之重要性及探索之重重困難〉，中國社會科學院近代史研究所（編）：《紀念孫中山誕辰 140 週年國際學術研討會論文集》，一套兩冊（北京：社會科學文獻出版社，2009），頁 1125-1146。

7　這是柯林斯複述孫中山的話。見 Edwin Collins, 'Chinese Children: How They are Reared — Special Interview with Dr Sun Yat Sen', *Baby: The Mothers' Magazine* (London), v. 10, no. 113 (April 1897), pp. 122-123. 感謝英國朋友 Patrick Anderson 先生傳來該件。

8　孫中山：〈建國方略之一：孫文學説——行易知難，第八章：「有志竟成」〉，1919 年 5 月 20 日，《孫中山全集》，卷 6，頁 228－246：其中頁 229。

9　詳見本書題為「釐清四大寇之謎團」的第四十二章。

圖 28.1
當今大家能看到的孫中山故居（孫中山故紀念館供稿）：孫中山在此青磚大屋出生？
圖 28.2
蕭潤君館長三番四次地熱情接待本偵探採訪，並不厭其煩地回答本偵探打爛沙盤問到底的提問，2006 年 7 月 29 日，黃健敏攝

後的孫家家境（模擬場景）〉。[10]

　　青磚大屋？本偵探決意徹查此事，於是在 2006 年 3 月 4 日星期六，專程到翠亨村採訪孫中山故居記念館蕭潤君館長。他回答說：孫中山故居記念館前副館長「李伯新曾多次對我說：孫中山出生的房子是泥磚屋。李伯新自

10　該景收入孫中山故居紀念館 (編)：《中國民主革命的偉大先驅孫中山》(北京：中國大百科全書出版社，2001)，頁 9，照片標題是〈孫中山出生前後的孫家家境 (模擬場景)〉。

圖 28.3
採訪李伯新先生，2006 年 3
月 28 日，黃健敏攝

言 1955 年被派到翠亨村看管故居時，看到孫中山出生的泥磚屋還剩下一片
泥磚牆的頹垣斷壁。後來水淹故居，該泥磚牆的頹垣斷壁就散掉了。所以，
大家就從其說」。[11] 本偵探想：若「從其說」，則模擬場景應該是泥磚屋，為
何現在陳列的卻是青磚屋？青磚屋之說有何根據？

　　李伯新先生從 1955 年 9 月起就在故居工作，從此孜孜不倦地蒐集有關
孫中山的文物，並採訪翠亨村及附近村莊的耆老，編寫成《孫中山史蹟憶
訪錄》，[12] 為研究者提供珍貴的口述史料，功勞鉅大，本偵探覺得有必要親自
採訪他本人。於是在 2006 年 3 月 28 再次專程到翠亨村採訪李伯新先生，詢
問他為何過去曾相信孫中山出生的房子是泥磚屋，現在模擬場景卻變成青磚
屋？有何根據？

　　李伯新先生對本偵探提問的回答是：「聽老人家如此說」。至於是哪位老
人家？李伯新先生說不出來。他再不提頹垣斷壁之事，讓本偵探甚感奇怪，
於是對他重複了蕭潤君館長的話，並追問說：「您憑甚麼判斷 1955 年您看到

11　黃宇和：〈翠亨調查報告〉(手稿)，2006 年 3 月 4 日。

12　中山文史第 38 輯 (中山市：中國人民政治協商會議廣東省中山市委員會文史學習委員會，
　　1996)。

圖 28.4
〈翠亨鄉地籍總圖〉示孫中山出生之房子比下戶更村邊
（翠亨村耆老楊帝俊藏，2006 年 7 月 21 日黃宇和攝後，俊公慨贈翠亨村孫中山故居紀念館藏。圖
正中最下角標有「總理故居」字樣）

的頹垣斷壁就是孫中山出生的房子的一部份？」李伯新先生同樣回答不了。
當時陪同本偵探的一位年輕研究員馬上插嘴說：「孫中山父親孫達成的鄰居
陳添、陳興漢等都是下戶，而他們居住的全青磚屋。孫達成不是下戶，他的
房子必然是青磚屋」。態度相當堅決，且充滿自信。哦！原來「根據」在如
此這般的推理！

　　本偵探情不自禁地回應說：「目前陳添、陳興漢的青磚屋，是他們父執
輩在上海做生意發了財、贖了身之後才建築的。當他們祖先還是下戶時，住
的房子恐怕不是青磚屋。我們不能以今況古」。[13] 雙方各執一詞，爭持不下。
本偵探苦惱之餘，日夜企盼有高人指點。

13　黃宇和：〈翠亨調查報告〉（手稿），2006 年 3 月 28 日。

　　廣州市中山大學人類學系老前輩黃淑娉教授，長期研究珠江三角洲的農村情況，經驗豐富；對於下戶，更有深入研究。[14]蒙該校歷史系邱捷教授盛情介紹，2006年5月7日星期天，本偵探有幸得以向黃淑娉教授請教。她說，根據她過去在廣東調查所得，下戶的房子必定在村邊。本偵探答曰：「孫中山父親房子的位置，比陳添、陳興漢等下戶的房子更村邊」。她表示吃驚。[15]

　　承黃淑娉教授不辭勞苦，應本偵探力邀，2006年5月19日星期五一道前往翠亨村調研。又蒙孫中山故居紀念館蕭潤君館長再度親自接見，至以為感。蕭潤君館長對本偵探提問孫中山出生的房子是否泥磚屋的回答仍然是：「聽老人家如此說」。[16]調研進入死胡同。

　　中國史學界過去說孫中山出生在泥磚屋。顯著的例子是當今還孜孜不倦地編輯《孫文全集》的廣東省社會科學院榮休研究員黃彥先生，他一直深信是泥磚屋。但他與孫中山故居紀念館前副館長李伯新先生聯名撰寫的〈孫中山的家庭出身和早期事蹟（調查報告）〉，卻模稜兩可說地說是「小磚屋」。[17]2006年3月12日16.30時本偵探致電黃彥先生向其請教，黃彥先生說，其實他所指乃泥磚建成的小屋。同日18.00時再電黃彥先生，則說記憶所及，1965年夏，他到翠亨村調查時，李伯新告訴他是青磚屋，他極度懷疑，故寫報告時就含糊其詞而說是「小磚屋」。但是，鑒於他在此之前看過的材料，他個人至今仍然認為是泥磚屋。至於過去黃彥先生看過甚麼材料，則雖經本偵探屢催，黃彥先生在電話裏還是沒有說明。[18]調研工作又一次進入死胡同。

　　再承熱情的廣州市中山大學歷史系邱捷教授指引，得閱孫科回憶錄。孫

14　其著作包括：黃淑娉、龔佩華（合著）：《廣東世僕制研究》（廣州：廣東高等教育出版社，2001）；黃淑娉（主編）：《廣東族群與區域文化研究》（廣州：廣東高等教育出版社，1999）；黃淑娉（主編）：《廣東族群與區域文化研究調查報告集》（廣州：廣東高等教育出版社，1999）。

15　黃宇和：〈訪黃淑娉〉，2006年5月7日。

16　黃宇和：〈翠亨調查報告〉（手稿），2006年5月19日。

17　《廣東文史資料》第25輯：孫中山史料專輯（廣州：廣東人民出版社，1979），頁274-290；其中頁279。

18　黃宇和：〈廣州調查報告〉（手稿），2006年3月12日。

科謂其祖屋者：「據先母説那幢世居的老房子已有一百年的歷史，房子的牆是由泥土、蠔殼和石灰築成的。有一尺多厚」。[19] 孫科所指，是建築學上通稱為「椿牆」屋，即既非青磚屋也非泥磚屋。準此，本偵探再度多次親往翠亨村及附近村莊考察，目的是來印證孫科之言，結果如下：

（1）椿牆屋：孫科之言，有翠亨村諸耆老的口碑佐證。1964 年，八十八歲的陸天祥説是「泥牆屋」，[20] 那是椿牆屋的別名。1965 年，七十歲的楊國英（男），同樣説是「泥牆屋」。[21]

（2）百年祖屋：孫氏十四世考殿朝公開始到翠亨村定居，孫中山的父親孫達成是十七世，一般一代以三十年計算，三代就約一百年，孫達成遲婚，五十三歲才生孫中山。到了那個時候，祖屋是實實在在地超過一百年歷史了。

至於祖屋的位置，則翠亨村的口碑甚至能道出該祖屋及殿朝公後人所建諸座椿牆屋之位置，那就是在翠亨村靠近村中心的地方。翠亨村耆老陸天祥説：「馮家祠左右多是孫氏屋宅」。[22] 馮家祠的全名是馮氏宗祠，據本偵探實地考察，的確在目前翠亨村靠近村中心的地方。另一位翠亨村耆老楊國英則把孫家祖屋的位置説得更具體：「馮家祠左起有三間屋，〔第〕一間是姓鄧的……第二間是〔孫〕勝好母住的，勝好的父親不認識。第三間是孫興。……馮家祠左起上間是桃母〔即孫學成妻，孫學成是孫中山的二叔——見下文〕住的」。[23]

準此，若孫中山是在祖屋出生，則孫中山出生之屋就是椿牆屋，而非青磚屋或泥磚屋，孫科之言就可一錘定音。但是，1931 年 4 月 26 日孫中山的

19　見孫科：〈孫院長哲生先生 [第一次] 談話〉，1969 年 3 月 15 日，載吳任華（編纂）曾霽虹（審閲）：《孫哲生先生年譜》（台北：孫哲生先生學術基金會，1990），頁 445-449：其中頁 445。

20　李伯新採訪陸天祥 (88 歲),1964 年 5 月 13 日,(其女楊俠雲幫助回憶)，載李伯新：《憶訪錄》頁 73—78：其中頁 74。

21　李伯新採訪楊國英（男，70 歲）1965 年 9 月 25 日，載李伯新：《憶訪錄》，頁 104—78: 其中頁 105。

22　李伯新採訪陸天祥 (88 歲),1964 年 5 月 13 日,其女楊俠雲幫助回憶)，載李伯新：《憶訪錄》頁 73—78：其中頁 74。

23　李伯新採訪楊國英（男，70 歲）1965 年 9 月 25 日，載李伯新：《憶訪錄》，頁 104—78：其中頁 105。

姐姐孫妙茜回答鍾公任提問時卻說：「二叔、三叔均……住於翠亨村祖先遺下之老屋，與達成公異居」。[24] 孫妙茜之言有上述楊國英的口碑佐證：楊國英說妙茜的二叔居住的孫家祖屋在馮家祠左起上間，而不是孫中山父親孫達成的「異居」。[25] 孫錦言也回憶說：「中山出世的屋可能是孫達成建成的」。[26] 三份口碑皆明確地說明祖屋非孫中山出生之房子。準此，本偵探的調研三進死胡同。

　　如何是好？且聽下回分解。

24　鍾公任：〈採訪總理幼年事蹟初次報告〉，[1931 年 4 月 26 日]，原件藏台北中國國民黨中央黨史館，轉載於孫中山故居紀念館（編）：《孫中山的家世：資料與研究》（北京：中國大百科全書出版社，2001）第 120-124 頁：其中頁 121

25　李伯新採訪楊國英（男，70 歲）1965 年 9 月 25 日，載李伯新：《憶訪錄》，頁 104—78: 其中頁 105。

26　李伯新採訪孫錦言 (74 歲)，1965 年 10 月 10 日，載李伯新：《孫中山史蹟憶訪錄》中山文史第 38 輯 (中山市：中國人民政治協商會議廣東省中山市委員會文史學習委員會，1996) 頁 110。以後簡稱李伯新《憶訪錄》。

第二十九章
一開間泥磚屋激勵孫中山成龍（二）

上一章提到，孫中山的父親孫達成離開祖屋「異居」。為甚麼？孫達成是大哥（1813－1888），理應繼承祖屋。無奈有關史料顯示，孫家到了孫達成那個時代，所有祖先遺留下來的耕地已經剩下無多，他在翠亨村無法謀生，1830年他虛齡17歲時，就迫得跑到澳門的一所鞋店當學徒。[1] 二弟學成（1826－1864）比他少13歲；三弟觀成（1831－1867），比他少18歲。兩位弟弟留在父母身邊，自然就如孫妙茜所說的：「二叔、三叔……住於翠亨村祖先遺下之老屋」。[2] 到了1845年孫達成32歲回翠亨村成親時，祖屋當然住不下雙親兼成長了的三兄弟暨家眷，所以孫達成必須另建房子。但孫達成在澳門當學徒三年沒收入，後來當正式鞋匠的13年，在葡人開的鞋店做工，月薪四元，[3] 他能積下多少？

先考證該「月薪四元」口碑的可靠性如下：

1. 比諸1883年鍾工宇在檀香山當裁縫師傅的月薪5銀元；[4]

2. 又比諸當時香港洋人僱用華人廚師所給的月薪8元；[5]

1　李伯新採訪楊連合(48歲),1962年5月24日,載李伯新:《憶訪錄》,頁82—85:其中頁82。

2　鍾公任:〈採訪總理幼年事蹟初次報告〉,[1931年4月26日],原件藏台北中國國民黨中央黨史館,轉載於孫中山故居紀念館（編）:《孫中山的家世：資料與研究》（北京：中國大百科全書出版社,2001）頁120-124：其中頁121

3　孫中山的姊姊孫妙茜言,見王斧:〈總理故鄉史料徵集記〉,載《建國月刊》,第5卷第一期,1931年出版。轉載於孫中山故居紀念館（編）:《孫中山的家世：資料與研究》（北京：中國大百科全書出版社,2001）,頁113-119：其中頁117。又見李伯新採訪楊連合(48歲),1962年5月24日,載李伯新:《憶訪錄》,頁82—85: 其中頁82。

4　Chung Kung Ai, *My Seventy Nine Years in Hawaii,1879-1958.* (Hong Kong: Cosmorama Pictorial Publisher, 1960).

5　Smith, Carl T. *A Sense of History: Studies in the Social and Urban History of Hong Kong* (Hong Kong: The Hong Kong Educational Publishing Co.,1995).

3. 香港洋傳教士僱請私塾老師專門教授中文所給予的每月 8 到 10 元不等；[6]

4. 倫敦傳道會在香港的傳教士，每月付給他們訓練有素的華人宣教師也只是 10 元。[7]

5. 澳門不如香港繁榮，工資歷來比香港低，承澳門草堆街 78 號東興金舖老闆熊永華先生賜告，其祖父熊子鎏僱請的打金師傅月薪 2 元，包食宿。[8]

6. 孫達成在澳門葡國人開的店當鞋匠，洋僱主不包食宿，月薪 4 元[9]這樣的的口碑，竊以為是可信的。

7. 應該指出，這裏所說的「元」，無論是在澳門、廣州、香港和檀香山，皆墨西哥銀元。它是當時的國際貨幣，以銀的重量計算。

接下來的問題是：孫達成在不名一文的情況下到澳門謀生，三年當學徒沒有工資。繼而 13 年當鞋匠，每月能積儲多少錢？準此，竊以為必須考慮下列因素：

第一、不像華資企業那樣，洋資企業既不為員工免費提供吃住，年底也沒雙糧（加倍發薪）。估計孫達成每月在澳門這個城市的食宿費至少需要 2 元（見下文第二條）。

第二、2006 年 3 月 29 日，本偵探採訪澳門草堆街旁邊 78 號東興金舖舖主熊永華（67 歲）先生時，他說其祖父熊子鎏先生所僱的打金師傅月薪 2 元，包食宿。他又熱情地帶領本偵探參觀樓高三層的東興金舖內部，邊走邊介紹說：一百多年來金舖的佈置沒有改變，即金舖的前一部份擺首飾做買賣；金舖的中間一部份是工作坊，當時打金的百年機器仍在；金舖的再後一

6　美國綱紀慎傳道會檔案，Hager to Clark, 19February 1884, ABC16.3.8:South China，v.4, no.15,p. 2.

7　美國綱紀慎傳道會檔案，Hager to Clark, 12April 1883, ABC16.3.8: South China, v. 4, no. 3, p. 4. 美國長老會傳教士在廣州傳道，幫助傳道的華人助手，先讀神學三年，再實習三年，從此薪金每月才七元。

8　黃宇和採訪東興金舖老闆熊永華 (67 歲)，2006 年 3 月 29 日。

9　孫中山的姊姊孫妙茜言，見王斧：〈總理故鄉史料徵集記〉，載《建國月刊》，第 5 卷第一期，1931 年出版。轉載於孫中山故居紀念館（編）：《孫中山的家世：資料與研究》（北京：中國大百科全書出版社，2001），頁 113-119：其中頁 117。

部份是宿舍、飯堂、廚房。[10] 在僱主的工作坊吃住一般要比僱員在外面自己租地方和買菜做飯要便宜。儘管從最保守的標準計算，即孫達成節儉到把吃住的費用保持在月支 2 元，那麼他每一個月能省下來的錢頂多只有 2 元。

第三、當時物價穩定，故工人很少增加工資。例如區鳳墀為倫敦傳道會幹了大半生的宣教師，薪金從未提高。故估計孫達成幹了 13 年鞋匠，薪金都沒有提高。

第四、孫達成在故鄉有雙親，兩名幼弟，他要滙款多少回家才算合理？考慮到後來孫眉初抵檀香山當勞工的 11 個月，月薪 15 元，每月滙 10 元回家，[11] 比率是三份之二。若此言可信，則孫達成每月滙該月能省下來的錢的一半（即 1 元）回家，亦合乎情理。

第五、這樣一計算，孫達成每月能積儲 1 元；一年積儲 12 元，13 年應該能積儲 156 元。但相信實際數目要比這個低，蓋過年過節，總不成空手回鄉。發燒感冒，能不看醫生？寒流襲澳，能不添寒衣？若淨儲得 100 元就很不錯了。這就是為甚麼，孫達成遲到 32 歲才有能力回鄉成親。

在這種情況下，手中拿着大約 100 元的孫達成，要考慮下列開支：

1. 買一塊地皮以建房；
2. 買木樑和瓦做屋頂、買木門等；
3. 建築房子；
4. 買家俬；
5. 成親的費用諸如聘禮、宴請親友等；
6. 預備嬰兒出生時所需的一應費用；
7. 此時孫家甚少自己的耕地，他必須租地耕種。當時他能租到的，只有翠亨村所有孫氏家族共同擁有之所謂「祖嘗地」，並只有二畝半，但必須預

---

10 黃宇和採訪熊永華 (67 歲)，2006 年 3 月 29 日，〈黃宇和澳門調查報告〉（手稿），2006 年 3 月 29 日。

11 黃彥、李伯新：〈孫中山的家庭出身和早期事蹟 (調查報告)〉，《廣東文史資料》第 25 輯：孫中山史料專輯（廣州：廣東人民出版社，1979），頁 274-290：其中頁 281。

先繳交一筆、按風調雨順計算的「期價銀」年租六兩六錢；[12]

　　8. 此外他又必須租用嫂嫂程氏之瘦地四畝，如此也必須預先繳交一筆、按風調雨順計算的「期價銀」租金（數量不明）；

　　9. 添農具；

　　10. 供養年紀老邁的雙親；

　　11. 最好預留一筆儲備金應急：例如萬一雙親去世的費用。

　　出於上述種種考慮，32 歲的孫達成，回鄉後，必須優先在翠亨村的村牆之內買地皮。若住村外，沒有村牆保護及村民之間互相照應，就必須日夜提心弔膽地過日子。當時盜匪橫行，儘管在村內也不保險，孫中山就曾回憶翠亨村被海盜打劫的苦況。[13] 那麼，孫達成在村內能買到的地皮之具體位置是哪裏？在當今故居「屋內北牆下，有石欄杆井一，即總理誕生之所也」。[14] 當今的故居，在翠亨村西南面的邊緣，比陳添、陳興漢等下戶之村邊房子更村邊，其實是當時翠亨村的最邊緣地方，靠近村牆，可能是當時最便宜，亦是他財力所及唯一能買到的村內地皮。

　　至於建築材料：

　　1. 首談青磚。2006 年 3 月 14 日，本偵探到孫中山的原配夫人盧慕貞故鄉外沙村實地調查時，發覺盧慕貞故居面積頗大，青磚瓦頂，看來家道不俗。問青磚何來，答云來自順德縣，蓋香山縣沒磚窰。問翠亨村之青磚是否同樣來自順德。村長詹華興答曰：「是。建築商在順德買了適量青磚後僱船運往靠近翠亨村的碼頭，再僱人肩挑青磚往翠亨村工地。自鄰縣買磚建房，所費不貲」。當天下午本偵探轉到孫中山外祖父的家鄉崖口鄉調研，先到陸紅英的家。陸紅英是楊連合的孫媳，而楊連合又是孫妙茜的孫子，陸紅英與婆婆在家裏接待。本偵探問崖口鄉的人若要用青磚建房子，青磚從哪兒來？

12　黃彥、李伯新：〈孫中山的家庭出身和早期事蹟（調查報告）〉，《廣東文史資料》第 25 輯：孫中山史料專輯（廣州：廣東人民出版社，1979），頁 274-290：其中頁 279。

13　Paul Linebarger, *SunYat-sen and the Chinese Republic* (NewYork:1925；ReprintedNewYork: AMSPress, 1969), chapter 8，pp.59-61. 林百克（著），徐植仁（譯）：《孫中山傳記》（上海：商務印書館，1926），頁 52-54。

14　王斧：《總理故鄉史料征集記》，《建國月刊》第 5 卷第 1 期。轉載於孫中山故居紀念館編：《孫中山的家世》（北京：大百科全書出版社，2001），頁 113-119：其中頁 114。

她們的答案同樣是從順德買回來。

2. 次談椿牆屋：本偵探又查出盧慕貞故居附近就有一椿牆屋，很厚，生了青苔，但能看出是一層一層地把泥土往下壓而成，每層高度與泥磚相若（即約 0.1 公尺）。牆的厚度約 0.5 公尺。做法是先用木板，在將要建築泥牆的地方做模，兩板相隔的距離是將來泥牆的厚度，把拌黏的泥漿灌入板模至大約 0.1 公尺，用木頭從上往下壓，抹平。待曬乾堅固後，再灌壓第二層泥漿。如此一層一層地往上建築。泥漿以外，也摻稻米及石灰以增加其黏性，加蠔殼以增加其堅固性。如此建屋，費用雖然少次青磚屋，但也不菲。準此，大家一致認為，孫達成財力所及，只能是泥磚屋。[15]

3. 三談泥磚屋：本偵探向外沙村村長詹華興、族人盧華成（69 歲）等請教時，他們同聲說：「建築泥磚屋，可以自己動手造泥磚，待建築時才請有建築技術的人幫忙，費用很輕。若青磚，費用就貴大約 20 倍」。

那麼，翠亨村有沒有適合打泥磚的黏土？從孫中山故居試驗田的土質看，竊以為其黏性應該能打泥磚，但本偵探不是地質專家，不能瞎猜。孫中山故居紀念館的蕭潤君館長見本偵探對土質這麼感興趣，就說：「為了建設故居紀念館〔1996 年 11 月 12 日奠基，1999 年 11 月 12 日啓用〕，打椿前曾鑽土抽樣繪圖」。本偵探大喜過望，說：「這樣的工程圖紙更科學！」蕭潤君館長拿出圖紙與本偵探一道研究，結果發覺其中第二層是黏土。[16]

準此，孫達成設計他要建築的新房子，會選擇昂貴的青磚還是自己動手造廉價的泥磚？用青磚，住得舒服。用泥磚，則過了若干年後，泥磚從空氣中吸納了大量的氮（nitrogen）以後，可以打散作為肥田料。當然，每隔數年就把房子打散重建，既大費周章，又必須求鄰居暫時收留。但是，在沒有選擇餘地之時，只好如此。孫達成回鄉後那貧窮苦況，觀之李伯新先生所撰的：《孫中山史蹟憶訪錄》，則所有被採訪的人，無論親疏，都異口同聲地、

15　黃宇和：〈唐家灣、外沙村、崖口楊家村調查報告〉(手稿),2006 年 3 月 14 日。

16　黃宇和：〈翠亨村調查報告〉(手稿),2006 年 5 月 19 日。

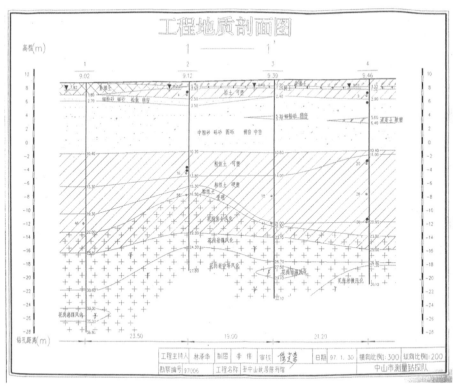

圖 29.1
翠亨村土質鑽探報告，1997（孫中山故居紀念館供圖）

細緻地作了證明。[17]

　　準此，本偵探的第一個結論是：孫中山出生的房子應該是泥磚屋。類似的泥磚屋，在毗鄰翠亨村的後門坑村、竹頭園村等，仍處處可見。

　　本偵探的第二個結論是：1866 年 11 月 12 日，孫中山在珠江三角洲五桂山山脈當中一個山谷裏的一座窮鄉僻壤名翠亨村最邊緣的一所泥磚屋誕生了。

　　該泥磚屋的牆壁，是用未烘烤過的泥巴方塊砌成的。天氣潮濕的時候，在室內活動而揹上牆壁時，衣服都全是泥巴。而翠亨村所在地的珠江三角洲

17　李伯新：《孫中山史蹟憶訪錄》中山文史第 38 輯 (中山市：中國人民政治協商會議廣東省中山
　　市委員會文史學習委員會 ,1996)。

圖 29.2
毗鄰翠亨村的後門坑村泥磚屋（2007 年 12 月 21 日本偵探攝）

圖 29.3
「一開間」泥磚屋

的潮濕天氣，是著名的。牆壁上沒有窗戶，只在較高的地方留了幾個小洞透氣。當颳大風下大雨時，大風會把雨點颳過這些小洞直闖室內。該等用泥巴方塊切成的所謂一開間，在廣東窮苦的山區仍然能找到。2004 年 2 月 20 日本偵探到開平訪問時，汽車經過山區時就親眼見過這樣的一幢所謂「一開間」。可惜當時在高速公路，無法停下來拍照。但廣東省、江門市、五邑大學的張國雄教授曾為這樣的「一開間」拍就一幅照片並收進其參加編寫的：《老房子：開平碉樓與民居》（南京：江蘇美術出版社，2002 年），圖 228。圖 29.3 就是該圖的複製品.

孫達成「一開間」的屋頂，是用瓦砌成的，共 17 坑瓦，約即 4 米。[18] 這是該屋的寬度。該屋的長度則約 8.68 米。[19] 全屋面積約共 34.72 平方米（square metres）。

孫中山排行第五。大哥孫眉，1854 年生。二姐三哥早夭。1863 年四姐妙茜（1863－1955）出生。父親孫達成（1813-1888），母親楊氏（1828-1910），還有祖母黃氏（1792-1869），[20] 一家共六口，就擠在這 34.72 平方米的、幾乎密不透風的泥磚屋過活。1871 年，孫中山添了妹妹孫秋綺（1871－1912），[21] 就變成一家七口了。實在擠不過來，姐姐妙茜稍長就不得不搬到屋

18　李伯新訪問陸天祥 (86 歲)，1962 年 3 月 31 日，載李伯新：《孫中山史蹟憶訪錄》中山文史第 38 輯 (中山市：中國人民政治協商會議廣東省中山市委員會文史學習委員會 ,1996), 頁 65-68：其中頁 66。

19　據孫中山的姐姐孫妙茜及翠亨村耆老陸天祥回憶說，則該屋長約二丈六尺，寬一丈二尺。見黃彥、李伯新：〈孫中山的家庭出身和早期事蹟（調查報告）〉，《廣東文史資料》第 25 輯：孫中山史料專輯（廣州：廣東人民出版社，1979），頁 274-290: 其中頁 279。該文轉載於孫中山故居紀念館（編）:《孫中山的家世》（北京：中國大百科全書出版社，2001），頁 151-155：其中頁 154。筆者將該屋的長度和寬度折算為米，則分別約為 8.68 米和 4 米。

20　孫氏《列祖生沒紀念簿》，廣東省中山市翠亨村孫中山紀念館藏。轉載於該文轉載於孫中山故居紀念館（編）:《孫中山的家世》（北京：中國大百科全書出版社，2001），頁 10-11：其中頁 153。

21　孫滿（編）《翠亨孫氏達成祖家譜》，轉載於該文轉載於孫中山故居紀念館（編）:《孫中山的家世》（北京：中國大百科全書出版社，2001），頁 12-28：其中頁 18。

背後楊成發家中寄居。[22]

孫中山的祖母黃氏，年老體衰。母親楊氏，小腳，不能下田；只能養些豬、雞、狗等小量禽畜。[23] 它們在哪棲身，才免被盜？孫達成就在泥磚屋的門口、屋旁用泥磚建起豬圈、雞窩。結果它們的糞便也在住人的斗室之旁亂撒，臭氣熏天。加上豬叫、雞鳴、狗吠，讓人日夜不得安寧。

鑑定了孫中山出生的房子，是青磚大屋還是泥磚蝸居這芝麻綠豆的小事，意義何在？且看孫中山同村的同儕楊鶴齡：他屬於富有的楊氏家族，住青磚大屋，養尊處優；嬌生慣養之餘，終於「成蟲」。「成蟲」與「成龍」，難道就由青磚大屋與泥磚蝸居來決定。絕對不是，當然還有教育、個人奮鬥等其他客觀和主觀因素。詳見本書其他章節，尤其是題為「釐清四大寇之謎團」的第四十二章。

---

22 孫妙茜言，見黃彥、李伯新：〈孫中山的家庭出身和早期事蹟（調查報告）〉，《廣東文史資料》第 25 輯：孫中山史料專輯（廣州：廣東人民出版社，1979），頁 274-290: 其中頁 279，注 3。又見李伯新採訪楊珍（68 歲），1965 年 8 月 15 日，載李伯新：《孫中山史蹟憶訪錄》中山文史第 38 輯 (中山市：中國人民政治協商會議廣東省中山市委員會文史學習委員會,1996), 頁 96-97: 其中頁 97。

23 李伯新採訪陸天祥（88 歲），1964 年 5 月 13 日，載李伯新：《孫中山史蹟憶訪錄》中山文史第 38 輯 (中山市：中國人民政治協商會議廣東省中山市委員會文史學習委員會,1996), 頁 73-78: 其中頁 76。

第三十章

窮苦激勵孫中山成龍

本偵探在本書題為「皇帝田預言孫中山成龍」的第二十七章已經偵查出，孫中山的父親孫達成父完全沒有自己的耕地。

孫中山幼小，嗷嗷待哺。一家七口的生活，主要靠父親孫達成租來土名「龍田」的祖嘗田二畝半耕作。[1]「龍田」的土質較好，年中每畝有十多石穀收成。[2] 但因為這「龍田」是祖嘗田，不一定是孫達成耕作。孫達成耕一段時間，孫光賢（孫林漢父親）也耕過該田；所以誰來耕作也不用投標來決定。[3] 看來是輪流受惠罷。但對孫達成來說，收入如此不穩定，怎辦？於是他又租來乃弟孫學成的寡婦程氏所擁有的劣田四畝來耕種。該地土名「聚寶盤」，[4]

1　李伯新訪問陸天祥（83 歲），1959 年無月日，載李伯新：《孫中山史蹟憶訪錄》中山文史第 38 輯（中山市：中國人民政治協商會議廣東省中山市委員會文史學習委員會，1996），頁 59-64：其中頁 59。至於龍田的具體位置，則 2006 年 3 月 4 日，承翠亨村孫中山故居紀念館蕭潤君館長帶筆者作實地考察時，即發覺在翠亨舊村牆以南，瑞接長庚閘門以東地方，與故居近在咫尺。現在是試驗田。

2　李伯新採訪陸天祥（89 歲），1965 年 9 月 4 日，載李伯新：《孫中山史蹟憶訪錄》中山文史第 38 輯（中山市：中國人民政治協商會議廣東省中山市委員會文史學習委員會，1996），頁 78-79：其中 78 頁。

3　李伯新採訪陸天祥（89 歲），1965 年 9 月 4 日，載李伯新：《孫中山史蹟憶訪錄》中山文史第 38 輯（中山市：中國人民政治協商會議廣東省中山市委員會文史學習委員會，1996），頁 78-79：其中頁 78。

4　該土名聚寶盤的具體位置，則 2006 年 3 月 28 日，承翠亨村孫中山故居紀念館黃健敏主任帶筆者作實地考察時，發覺非常靠近孫中山紀念館西圍牆，即在翠亨街市與故居紀念館之間。現在已被高樓大廈掩蓋。

土質很差，[5] 一造畝產三石穀左右，無人願意租來耕的，田租交學成妻。[6]

「龍田」與「聚寶盤」加起來，合共才六畝餘，即約 2,667 平方米（square metres）[7]。然兩地的土質均蹺劣，只是「龍田」比「聚寶盤」稍好而已。孫達成既種水稻也種番薯。但一家大小平常吃的都是番薯。[8] 為何如此？他種植水稻，是因為白米能賣好價錢；他種植番薯，是以其不用施肥也能生長。白米太珍貴了，捨不得吃，賣了好換點錢以應付日常開支，諸如孩子或老人害病時看醫生買葯物等費用。孫達成又為村人補鞋為副業。[9] 待孫中山出生的 1866 年，孫達成已經五十三歲。到了那個時候，耕種與補鞋已經維持不了生計，孫達成還必須在晚上打更幫補。[10] 白天種地晚上打更，日夜不得休息，辛苦可知。[11]

孫父在租來的瘦田劣地中，分別種水稻和種番薯。具體來說，他在哪些田種水稻？哪些地種番薯？據說他租來祖嘗瘦田二畝半的土質雖然很差，但比起租來乃弟孫學成的寡婦程氏所擁有的劣地四畝稍為好一點，故竊以為

5　李伯新採訪陸天祥 (88 歲)，1964 年 5 月 13 日，載李伯新：《孫中山史蹟憶訪錄》中山文史第 38 輯 (中山市：中國人民政治協商會議廣東省中山市委員會文史學習委員會，1996)，頁 73-78：其中頁 73。

6　李伯新採訪陸天祥（89 歲），1965 年 9 月 4 日，載李伯新：《孫中山史蹟憶訪錄》中山文史第 38 輯 (中山市：中國人民政治協商會議廣東省中山市委員會文史學習委員會，1996)，頁 78-79：其中頁 78。

7　見《漢語大詞典》縮印本，一套三冊（上海：漢語大詞典出版社，1997），中卷，頁 4632 第 3 欄，其中所說的公畝即平方米，見《現代漢語詞典》修訂本（北京：商務印書館，1996），頁 901 第二欄。

8　黃彥、李伯新：〈孫中山的家庭出身和早期事蹟（調查報告）〉，《廣東文史資料》第 25 輯：孫中山史料專輯，頁 274-290：其中頁 279。

9　李伯新採訪陸天祥 (89 歲)，1965 年 9 月 4 日，載李伯新：《孫中山史蹟憶訪錄》中山文史第 38 輯 (中山市：中國人民政治協商會議廣東省中山市委員會文史學習委員會，1996)，頁 78-79：其中頁 79。又見李伯新採訪楊連合（48 歲），1962 年 5 月 24 日，載同書，頁 82-85：其中頁 82。在該採訪中楊連合復述其祖母孫妙茜（孫中山姐姐）經常對其說過的話。

10　李伯新採訪陸天祥（83 歲），1959 年無月日，載李伯新：《孫中山史蹟憶訪錄》中山文史第 38 輯 (中山市：中國人民政治協商會議廣東省中山市委員會文史學習委員會，1996)，頁 59-64：其中頁 59。

11　李伯新採訪陸天祥 (89 歲)，1965 年 9 月 4 日，載李伯新：《孫中山史蹟憶訪錄》中山文史第 38 輯 (中山市：中國人民政治協商會議廣東省中山市委員會文史學習委員會，1996)，頁 78-79：其中頁 79。又見李伯新採訪楊連合（48 歲），1962 年 5 月 24 日，載同書，頁 82-85：其中頁 82。在該採訪中楊連合復述其祖母孫妙茜（孫中山姐姐）經常對其說過的話。

他很可能在祖嘗瘦田二畝半種水稻。在風調順的年份，這二畝半祖嘗瘦田每畝可年產 250 市斤稻穀左右，二畝半共約產 625 市斤稻穀。[12]但每年光是付租的稻穀就是十五石，[13]約折合 150 市斤。剩下來的約 475 市斤，若輾成白米時約得 400 市斤，折合大約 200 公斤（kilograms）。這麼少量的白米猶如珍珠，怎捨得吃？至於從乃弟孫學成的寡婦程氏租來的劣地四畝，則土質之差，若是種稻的話，「一造畝產三石穀左右，無人願意耕的」。[14]故竊以為孫達成改為種植番薯充飢。當孫中山看到富有的楊鶴齡家裏的孩子們天天吃白米飯，而自己整家一年到晚吃番薯時，有何感受？

更壞的情況還在後頭。「有時天旱，半年不下雨，農業失收」，[15]就連番薯也變得罕有了。但是，地租還是必須交足的。那就把罕有的番薯也要拿去賣掉，否則就會失去耕地。若連番薯也吃不飽，則苦況可知。

苦況還不止此，當孫家祖先最初到達翠亨村開荒時，他們開墾了的荒地作為自己擁有並報官納稅。當時開墾了的面積是不少的。後來由於經濟需要而多次分批賣掉這些耕地時，為了貪圖省錢，而沒有報官以便用紅契改變地主的名字，只是買賣雙方用白契簽押了事，結果孫家在官冊上還是大地主而必須每年完稅。後來當孫家的男丁愈來愈單薄時，孫達成突然之間變成了孫氏族長及有名無實的大地主！每年稅吏來扣門時，孫家就如大難臨頭。好歹也必須完稅，否則孫達成被抓去坐牢，就一家都完蛋了。但實在無力完稅又怎辦？似乎稅吏也不笨，看着一貧如洗的孫達成，知道無法從石頭搾出牛

12　李伯新採訪陸天祥（86 歲），1962 年 12 月 20 日，載李伯新：《孫中山史蹟憶訪錄》中山文史第 38 輯（中山市：中國人民政治協商會議廣東省中山市委員會文史學習委員會,1996），頁 72-73：其中頁 73。

13　黃彥、李伯新：〈孫中山的家庭出身和早期事蹟（調查報告）〉，轉載於該文轉載於孫中山故居紀念館（編）：《孫中山的家世》（北京：中國大百科全書出版社，2001），頁 151-155：其中頁 153。

14　李伯新採訪陸天祥（89 歲），1965 年 9 月 4 日，載李伯新：《孫中山史蹟憶訪錄》中山文史第 38 輯（中山市：中國人民政治協商會議廣東省中山市委員會文史學習委員會，1996），頁 78-79：其中頁 78。

15　李伯新採訪陸天祥（86 歲），1962 年 12 月 20 日，載李伯新：《孫中山史蹟憶訪錄》中山文史第 38 輯（中山市：中國人民政治協商會議廣東省中山市委員會文史學習委員會，1996），頁 72-73：其中頁 73。

奶。抓了他坐牢反而揩不到甚麼油水，乾脆敲詐一筆後再按白契上的地主名字徵稅去了。[16]

孫達成實在必須設法多賺錢；結果，若村裏有喜事或喪事（翠亨村俗稱紅白二事）時，他也去幫忙，[17] 以賺點外快。須知幫人辦紅白之事，一般是下戶人家做的。下戶者，多是有錢人家買來的男僕及婢女，下戶不能與一般人結婚，只能與其他下戶成親。翠亨村的下戶，有陳、馮、梁、錢等戶。[18] 孫達成為了幫補家用而把自己降到下戶的地位了。不單如此，下戶儘管是僕人，但晚上一般還能睡個好覺。孫達成則實在窮得沒法，就在晚上為村中打更。須知打更是村中最低下的，誰也不願意幹的活。因為，除了辛苦以外，酬勞也少得可憐，每年只有幾石穀！[19]

由於孫達成實在太窮苦了，以致一些無知村民無論丟了甚麼東西，第一個反應就是指他為賊。富有的楊啟煥，有一天發覺他的一隻雞失蹤了。他的夫人大吵大鬧，呼天搶地般誣告孫達成偷去了，並揚言要報告更館抓拿孫達成。孫達成百詞莫辯，正在為難。楊啟煥的婢女說，該雞「跌下屎缸淹死了。我見不能吃，已將雞埋好」。楊夫人急問何處，婢女就帶她到火灰堆中找出了失去的死雞，此事才平息下來。[20]

不光是無知村婦欺負孫達成，就連乳臭未乾的小孩也給他顏色看。有一

16 Paul Linebarger, *Sun Yat-sen and the Chinese Republic* (New York: 1925, Reprinted New York: AMS Press, 1969), chapter 10, entitled 'The White Deed'.

17 李伯新採訪陸天祥（88 歲），1964 年 5 月 13 日，載李伯新：《孫中山史蹟憶訪錄》中山文史第 38 輯 (中山市：中國人民政治協商會議廣東省中山市委員會文史學習委員會 ,1996), 頁 73-78：其中 76 頁。

18 李伯新採訪陸天祥（88 歲），1964 年 5 月 13 日，載李伯新：《孫中山史蹟憶訪錄》中山文史第 38 輯 (中山市：中國人民政治協商會議廣東省中山市委員會文史學習委員會 ,1996), 頁 73-78：其中 74 頁。

19 黃彥、李伯新：〈孫中山的家庭出身和早期事蹟 (調查報告)〉，《廣東文史資料》第 25 輯：孫中山史料專輯 ，頁 274-290。該文轉載於孫中山故居紀念館（編）:《孫中山的家世》（北京：中國大百科全書出版社 ,2001），頁 151-155：其中頁 154。

20 甘灶根覆述孫中山的姐姐孫妙茜言，李伯新記錄，1965 年 9 月 11 日，載李伯新：《孫中山史蹟憶訪錄》中山文史第 38 輯 (中山市：中國人民政治協商會議廣東省中山市委員會文史學習委員會 , 1996), 頁 145-146：其中頁 145。又見李伯新採訪楊珍（68 歲），1965 年 10 月 1 日，載同書，頁 99-100：其中頁 100。

次，儘管他選擇在晚上人少的時候挑了一擔肥糞下田，但經過楊寶常家門口時，仍免不了楊寶常高聲斥罵説：「戇林，以後不要擔肥從我這裏經過！」戇者，廣東語言罵人的話，傻瓜是也！為何稱他為林，因為他的乳名叫茂林也。由於村民全瞧不起他，於是就乾脆藐視地給他取了個花名叫戇林。孫達成被辱罵以後，還是低着頭不敢回話。當時楊寶常的年紀與孫中山相近，而孫父已是接近六十歲的老翁。「你想，達成是上了年紀的人，還遭人如此辱罵！」陸天祥回憶説。[21]

這種故事在小孩子當中是最容易傳開來的，對於受害人的孩子在心靈上的迫害也是極為殘酷的。孫中山飽受迫害之餘，有何感想？就連孫中山的姐姐孫妙茜，儘管被纏了小腳而比孫中山較少外出活動，但對父親的遭遇也感同身受。她回憶説，即使乃父經常「受到別人侮辱欺負，也不敢和人計較，這都因家窮之故」。[22] 正由於孫父逆來順受，低聲下氣地過活，以致有人懷疑孫家是否村奴或家奴。這就惹得過去本來欺負過孫達成的楊氏家人也挺身出來説句公道話：「從未聽誰傳説過！莫説陸楊大姓人家，就是當時哪一家能瞞得了？莫非全村每一家也能瞞下來？」[23] 楊國英也説：「達成一代以上絕不是村奴或家奴，我從來沒有聽人説過」。[24] 楊氏家族出來表態，證明過去落井下石以致刻意中傷孫家者，大有人在。為何態度做了一百八十度的轉變，因為後來孫中山成龍了！

為何孫中山能夠成龍而楊鶴齡卻沒有？不光是「出生寒微」的窮苦人

21　李伯新採訪陸天祥（86 歲），1962 年 5 月 23 日，載李伯新：《孫中山史蹟憶訪錄》中山文史第 38 輯 (中山市：中國人民政治協商會議廣東省中山市委員會文史學習委員會 ,1996)，頁 68-70：其中頁 69-70。

22　楊珍覆述孫妙茜言，見李伯新採訪楊珍（68 歲），1965 年 8 月 15 日，載李伯新：《孫中山史蹟憶訪錄》中山文史第 38 輯 (中山市：中國人民政治協商會議廣東省中山市委員會文史學習委員會 ,1996)，頁 96-97：其中頁 96。

23　李伯新採訪楊國英（70 歲），1965 年 9 月 25 日，載李伯新：《孫中山史蹟憶訪錄》中山文史第 38 輯 (中山市：中國人民政治協商會議廣東省中山市委員會文史學習委員會 ,1996)，頁 104-106：其中頁 105。

24　李伯新採訪楊珍（68 歲），1965 年 10 月 1 日，載李伯新：《孫中山史蹟憶訪錄》中山文史第 38 輯 (中山市：中國人民政治協商會議廣東省中山市委員會文史學習委員會 ,1996)，頁 99-100：其中頁 100。

圖 30.1
孫中山的父親孫達成（1813-1888）
圖 30.2
孫中山母親楊氏（1828-1910）。
圖 30.3
少年孫中山

家，富貴人家最大的願望一般來説都是飛黃騰達，但孫中山竟然志不在此，
而是矢志畢生奮鬥來讓同儕脱離苦海。這正是他最終能夠成龍的秘訣。蓋孫
中山自謂本「農家子也，生於畎畝，早知稼穡之艱難」。[25] 又説：「幼時的境
遇刺激我，……我如果沒出生在貧農家庭，我或不會關心這個重大問題〔本
偵探按：指民生問題〕」。[26] 更説：「中國農民的生活不該長此這樣困苦下去。
中國的兒童應該有鞋穿、有米飯吃」。[27] 沒鞋穿、沒米飯吃而必須天天吃番
薯，[28] 正是孫中山自己童年生活的寫照。他三民主義當中的民生主義，嚴格來
説，即發靭於此。

　　是甚麼讓他產生這種與眾不同的想法？基督宗教《聖經》所教導的忘我

25　孫中山：〈擬創立農學會書〉，1895 年 10 月 6 日，載《孫中山全集》第 1 卷（北京，中華書局，
　　1981），頁 24-26：其中頁 25。

26　孫中山語，載宮崎寅藏著，陳鵬仁譯：《宮崎滔天論孫中山黃興》（台北 ,1977），頁 6。

27　宋慶齡（著）：《為新中國奮鬥》（北京：人民出版社，1952），頁 5。

28　黃彥、李伯新：〈孫中山的家庭出身和早期事蹟 (調查報告)〉，《廣東文史資料》第 25 輯：孫中
　　山史料專輯，頁 274-290：其中頁 289。

奉獻以侍人的精神。因為後來不久孫中山就出洋投靠那位曾賣豬仔往夏威夷做苦工的哥哥孫眉，並在當地的基督宗教英國聖公會傳教士所辦的意奧蘭尼學校唸書了。

　　當然，之前孫中山在翠亨村村塾所受到的華夏傳統文化所強調的「睦族」思想，心領神會之餘，繼而遐想：他自己的家庭，「各人互相尊重他人的權利，接受家長的規則，可以自治。那麼，由許多、許多這樣的家庭而組成的國家，則管理這個國家的政府，只要各個家庭互相尊重其他家庭的權利，對其他家庭盡其義務，同樣能把這個國家管理得井井有條」。[29] 孫中山後來發表的那家長式的民權主義，似乎深受這種想法的影響。看來孕育孫中山童年時代思想的社會學校，真的不容忽視！

　　孫中山確實出生於非常窮苦的家庭。其餘不盡言的苦況，詳見拙著《三十歲前的孫中山》第三章。到此，我們才明白到孫中山之投身革命，是為廣大貧苦大眾請命。結果呢？孫中山果然「成龍」了！——他當上了中華民國臨時大總統。

29　'for a large household such as his father's could be governed from within, each member respecting the rights of the others and accepting the house-governing rules of the head of the household, likewise a government as between such families could be run by respecting and enforcing respect, each family holding to its duty to the otheres.'—Paul Linebarger,*Sun Yat-sen and the Chinese Republic*,p.56. 林百克（著），徐植仁（譯）:《孫中山傳記》(上海: 商務印書館，1926)，頁 59。

第三十一章

鴉片激勵孫中山成龍

容本偵探先做題解：正如題為「皇帝田預言孫中山成龍」的一章一樣，所謂「成龍」者，隱喻孫中山後來在辛亥革命成功後當選為國家元首——中華民國臨時大總統也。孫中山之所以榮膺此重任，主要是因為他義無反顧地為了華夏的現代化而全力以赴革命，赴湯蹈火在所不辭。而本章要查個水落石出者，正是孫中山如何目睹鴉片之毒害中華，由此而激勵他從事革命，以改變中國落後挨打的局面，終於成功了，並當選為臨時大總統。前後各章的題目，諸如「窮苦激勵孫中山成龍」、「西學激勵孫中山成龍」、「《聖經》激勵孫中山成龍」、「污水激勵孫中山成龍」、「內憂激勵孫中山成龍」、「外患激勵孫中山成龍」等，均取此意。採「成龍」一詞，愛其言簡意賅，絕非顯示甚或暗示畢生擁護共和政體的孫中山有任何帝王思想也。敬請讀者明察。

本偵探認為中國近代史上有非常清晰的一條脈絡：沒有鴉片戰爭，華夏就沒有積極仰慕西學之心；若沒有積極仰慕西學之心，就沒有我們所認識的孫中山；若沒有孫中山，就沒有我們所認識的辛亥革命；若沒有辛亥革命，恐怕就沒有今天我們所認識的新中國。

這個宏觀視野，是通過無數微觀細節建立起來的，包括本偵探從 1984 年開始前往孫中山出生的翠亨村實地調查，近年去得更是頻繁，結果發現：

孫中山童年與姐姐孫妙茜上山打柴，無論從村南的金檳榔山山頂，還是從村北的犁頭尖山山腰，都無可避免地看到珠江河口靠西那萬舟雲集的金星門；洋人藉着這些船隻，運來中國的都是鴉片。奉公守法的商船會駛進正當的港口諸如廣州，貨物驗關放行。見不得光的鴉片煙船，早在鴉片戰爭以前就慣於停泊在「治外」的天然「避風港」諸如珠江河口靠西的金星門，或更著名的珠江河口靠東之伶仃洋。

之前，本偵探在拙著《三十歲前的孫中山》中發現，同村的楊鶴齡，家

圖 31.1
從翠亨村村南的金檳榔山遠眺金星門（翠亨村孫中山故居紀念館供稿）

圖 31.2
從犁頭尖山俯視翠亨村、金檳榔山以及金檳榔山以外的金星門。（翠亨村孫中山故居紀念館供稿）

裏有錢，有能力僱請一位私塾老師專門教導楊家子弟，一直到楊鶴齡成長。孫中山家貧，到了適學年齡卻連村塾也無力上，直到他實齡九歲時，哥哥孫眉賣豬仔到夏威夷打工有錢滙款回來，才終於交得起學費進入村塾讀書。

本偵探更探得：孫中山的村塾老師竟然是名癮君子，住在村塾所在地的馮氏宗祠，煙癮發作時，就頻頻缺課；不久更因為鴉片煙癮大發，但由於無錢購買鴉片，無法及時制止痙攣等極端痛楚，結果不久即在村塾中一命嗚呼，嚇得學童們魂飛魄散。從此在孫中山幼小的心靈中種下「反帝、反封建」的種籽。

哈哈！偵探此話言重了。鴉片毒害中華，害死了孫中山的村塾老師：孫中山初嚐帝國主義侵華的痛楚，萌生了反帝的感情，還說得過去；怎麼突然之間又扯上「反封建」了？此節容本文章稍後交待，因為當務之急，是必須進一步探索鴉片如何激勵孫中山「成龍」。孫中山目睹村塾老師因缺乏鴉片而死，又天天看到鴉片煙船雲集金星門，都是感性的事情。可有真憑實據，證明孫中山曾理性地把鴉片與國運聯繫在一起考慮問題？有！

從題為「外患激勵孫中山成龍」的本書第四十一章可見，天天「非談革命則無以為歡」[1]的孫中山，在 1894 年中日戰爭爆發時，突然上書李鴻章建議改革。[2]為何孫中山改弦易轍？而且改變得這麼突然和這麼快捷、這麼徹底？這些問題留待本書第四十一章解答。當務之急是偵查孫中山曾否理性地把鴉片與國運聯繫在一起。準此，集中精神分析孫中山上書李鴻章時，曾建議了那些改革，就非常切題。蓋當中有鮮為世人注意的一段話：「近以憤於英人禁煙之議難成，遂勸農人栽鴉片」。孫中山勸農民種植鴉片？是！結果如何？「舊歲於農隙試之，其漿果與印度公土無異，每畝可獲利數十金。現已群相仿效，戶戶欲栽，今冬農隙所種必廣。此無礙於農田而有補於漏巵，亦一時權宜之計也。他日盛行，必能盡奪印煙之利，蓋其氣味較公土為尤佳，迥非川滇各土之可比。去冬所產數斤，凡嗜阿芙蓉之癖者爭相購吸，以

1   孫中山：〈建國方略之一：孫文學說——行易知難，第八章：「有志竟成」〉，1919 年 5 月 20 日，《孫中山全集》，卷 6，頁 228－246：其中 229。

2   孫文：〈上李鴻章書〉，1894 年 1 月初稿，《孫中山全集》，卷 1，頁 8-18：其中頁 16。

此決其能奪印煙之利也必矣。印煙之利既奪，英人可不勉而自禁，英人既禁，我可不栽，此時而申禁吸之令，則百年大患可崇朝而滅矣。」[3] 志氣可真不小！

孫中山的結論是：「勸種罌粟，實禁鴉片之權輿也」。聰明！並由禁煙這具體事例，衍生到整個大局：「由栽煙一事觀之，則知農民之見利必趨，群相仿效，到處皆然，是則農政之興，甚易措手。其法先設農師學堂一所，選好學博物之士課之，三年有成，然後排往各省分設學堂，以課農家聰穎子弟。又每省設立農藝博覽會一所，與學堂相表裏，廣集各方之物產，時與老農互相考證，此辦法之綱領也。至其詳細節目，當另著他編，條分縷晰，可以坐言而起行，所謂非欲徒托空言者此也」[4]。

確實是「非欲徒托空言者」。首先，孫中山從實踐開始，「勸農人栽鴉片」，待有成就之後，總結了經驗，才按照此經驗展開進一步發展中國農業的藍圖。當時中國以農立國，若農業總是落後不前，則國家永遠挨打，農民永遠挨餓。若要革新農業，光靠本地力量還不夠，還必須參考外國先進經驗：「文之先人躬耕數代，文於樹藝收〔牧〕畜諸端，耳濡目染」。在這個基礎上，孫中山擬盡快訪問歐洲那個同樣是以農立國的先進國家法國，「從遊其國之蠶學名家，考究蠶桑新法，醫治蠶病。並擬順道往遊環球各邦，觀其農事。如中堂有意以興農政，則文於回華後可再行遊歷內地、新疆、關外等處，察看情形，何處宜耕，何處宜牧，何處宜蠶，詳明利益，盡仿西法，招民開墾，集商舉辦，此於國計民生大有裨益。所謂欲躬行實踐，必求澤之沾沛乎民人者此也。惟深望於我中堂有以育成其志而已」。[5]

孫中山從微觀考察鴉片如何毒害華夏；到試驗禁煙之具體辦法諸如鼓勵農民試種鴉片以取代進口的印度鴉片，然後自己再厲行禁煙；到宏觀思考華夏立國之本的農業；到籌劃出一套革新中國農業的具體辦法，包括在國內實地調查和到外國爭取先進經驗。如此種種，都是這麼按步就班，有條不紊，

3　孫文：〈上李鴻章書〉，1894 年 1 月初稿，《孫中山全集》，卷 1，頁 8-18：其中頁 17-18。

4　孫文：〈上李鴻章書〉，1894 年 1 月初稿，《孫中山全集》，卷 1，頁 8-18：其中頁 18，段 1。

5　同上。

一切都是那麼科學，孫中山真不愧是西醫的醫科畢業生！更不愧是憂國憂民的優秀中華兒女，因為這一切都證明這個時期孫中山日夜認真思考的正是如何振興中華的長遠計劃。他與四大寇的其他三寇之天天「非談革命則無以為歡」，[6] 當初只不過是年輕人發牢騷的表現。孫中山與他們不同之處，在於他並不滿足於光是發牢騷；而是在發過牢騷之後，他認真地思考救亡的辦法，並身體力行。再把孫中山與本書中題為「追捕捏造六不總督順口溜的歹徒（四）」的第十八章所及、那名酸溜溜的生員趙沅英相比較，則趙沅英挖空心思來污衊抗外英雄葉名琛，目的不外是為自己謀個差事。唉！趙沅英真是太渺小了。

　　孫中山不但在 1894 年 6 月上書李鴻章時，是這麼從微觀的鴉片毒害深思熟慮到宏觀的國運。之前很長時間已經是這樣做和這樣想了。君不見，孫中山在 1891 年左右撰寫的〈農功〉，已經有這麼一句話：「今吾邑孫翠溪西醫頗留心植物之理，曾於香山試種鶯粟，與印度所產之味無殊。猶恐植物新法未精，尚欲遊學歐洲，講求新法，返國試辦。惟恐當道不能保護，反為之阻遏，是以躊躇未果」[7]。這位「孫翠溪西醫」無疑正是孫中山；而且其中「保護」之詞，一語道破天機：孫中山上書李鴻章的主要動機之一是希望在國外考察時得到中國政府的「保護」；而並非如世人一直以來所強調的、要説服李鴻章必須「人能盡其才，地能盡其利，物能盡其用、貨能暢其流」[8] 等空洞無物的泛泛之詞。這些陳腔濫調只是該〈上李傅相書〉的引子，而且很有可能是那位替他潤色文字的、慣於寫八股文的王韜（1828 年－1897 年）加上去的。孫中山是不會寫八股文的；而且務實的他，恐怕平時也不屑這麼八股。

　　1894 年 6 月上書李鴻章之後呢？孫中山沒有見到李鴻章，當然很失望；但讓他更失望的是在接下來的甲午戰爭中，清軍節節失利，這就迫使他

6　孫中山：〈建國方略之一：孫文學説——行易知難，第八章：「有志竟成」〉，1919 年 5 月 20 日，《孫中山全集》，卷 6，頁 228－246：其中 229。

7　孫文：〈農功〉，1891 年前後，《孫中山全集》，卷 1，頁 6：其中頁 5。

8　孫文：〈上李鴻章書〉，1894 年 1 月初稿，《孫中山全集》，卷 1，頁 8-18：其中頁 8。

做最壞的打算——推翻清朝，從頭再來。

可是，雖然他沒有受到李鴻章親自接見，但還是不枉此行，因為他拿到了出國的護照，而且是中國一人之下，萬人之上的李鴻章命令其幕僚所發出的、可能蓋有總理衙門鈐印的出國考察農業的護照。

關於這份護照，筆名「學海無涯」的廣州學者寫道：「當時的護照不像現在的標準本子，而是一張大開紙，上面具體說明持照人前往他國從事甚麼活動。雖然江海關等單位也可以核發護照，但總比不上總理衙門的面子大呀！」[9] 此言甚是！面子大，保護的力度也相應地強了。

「學海無涯」君更另有高見：「我估計，孫中山想取得總理衙門的護照，並且將《上李傅相書》刊登在《萬國公報》上，還含有一個考慮，就是拿着這兩樣東西作為憑據，向夏威夷的華僑集資比較有號召力。不少港澳同胞、海外華僑應該見過一些大陸人士出示的某委、某部、某局的『批文』，以及某些『大報』的報導，以此來招攬投資合作，這種手法，與孫中山真是異曲同工啊！」[10]

峰迴路轉：甚麼「招攬投資」？原來學海無涯君更有中肯推論：「在《檀香山興中會會員及收入會銀義捐時日進支表》中，我們既看到收取會員的入會『底銀』（會員費）每人 5 元，也看到『又進鄧松盛股份銀三百元，進土人股份銀二百元……』（《興中會革命史料》，國民黨黨史會 1973 年 12 月，第 207 頁）甚麼是『股份銀』？按我的理解，『底銀』是會員交給組織的費用，『股份銀』則是一種投資，在一定期限之後是要加上利息或利潤償還給投資人的。這就說明，檀香山興中會包含兩個層次，核心是搞反清革命的，週邊是類似『風險投資基金』一樣的組織。這個組織準備投資甚麼呢？其所公開宣稱的用途應該是在中國投資農業開發的。所以，才會出現『土人股份銀』這樣的記錄。甚麼是『土人』？是指夏威夷土生土長的原住民。『土人』對中國沒有認同，不可能參與反清行動；他們出『股份銀』的目的，只能是

9　學海無涯：〈孫中山為何要上書並求見李鴻章？〉，2012 年 8 月 1 日，http://book.douban.com/review/5529660/，2015 年 6 月 20 日上網閱讀。

10　同上。

覺得孫中山設想的投資農業計畫（或者，就是指種植罌粟）有很好的獲利前景」。[11]

哈哈，本偵探沒有想到的，「學海無涯」君都想到了，佩服佩服。

孫中山目睹村塾老師因缺乏鴉片而死，由此而得出鴉片害死炎黃子孫的結論；又天天看到鴉片煙船雲集金星門，由此更得出鴉片能亡國滅種的結論。諸如此類的結論，果然在他腦海中打下了不可磨滅的烙印，並促使他下決心用行動來消滅它！他如此深切地關心國家民族的命運，難怪孫中山終於「成龍」！

筆鋒一轉：上文提到，村塾老師的表現激勵了孫中山「反封建」。此話從何説起？且看該村塾老師的來歷，以及他如何教導學生，便之底蘊。

原來該村塾老師是後來五四運動中，華夏精英批判得體無完膚的「封建主義」的典型。本偵探偵得該老師為台山王氏。[12] 當時翠亨村整所村塾，就只僱請這一位老師。翠亨村耆老陸天祥回憶説，該老師是位老人，早已老掉了牙齒，以致説話聲似蟾蜍，被孩子們戲稱「蟾蜍王」。[13]

至於教學，則孩子們在馮氏宗祠正廳上課（見圖 31.4），每人從家裏隨手帶一張木頭小凳，到達後各自放在正廳排排坐，聽老師唸書，他們跟着背誦，沒有任何現代學校的氣色。老師的教導方法是只教背誦而不作解釋。孫中山對自己初入學時的遭遇就有過很生動的描述。他對林百克回憶説，每個學童，在村塾老師那教鞭的陰影下，面壁高聲背誦《三字經》。他們對自己所背頌的東西絲毫不懂其意思，老師也不作任何解釋。如是者一個月，孫中山再也忍受[14] 不了，他造反了：「我對這些東西一點不懂，儘是這樣瞎唱真沒意思！我讀它幹甚麼？」老師驚駭地站起來，拿出一根短竹，[15] 在手中掂量。

---

11 同上。

12 羅家倫（主編）、黃季陸、秦孝儀（增訂）：《國父年譜》（台北：中國國民黨中央黨史委員會，1985），頁 17。所據乃羅香林、簡又文等先生的考證。以後簡稱《國父年譜》(1985)。

13 陸天祥：〈孫中山先生在翠亨〉，《廣東文史資料》，第 25 輯：孫中山史料專輯（廣州：廣東人民出版社，1979），頁 454-459：其中頁 456。又見李伯新採訪陸天祥 (88 歲)，1964 年 5 月 13 日，載李伯新：《憶訪錄》(1996)，頁 73–78：其中頁 77。

14 原文是 stood, 即忍受的意思。徐植仁把它翻譯作站立，似乎是忽視了該字有多重意思。

15 原文是 bamboo rod, 徐植仁把它翻譯作戒尺，恐怕是以今況古了。

圖 31.3
馮氏宗祠外貌

圖 31.4
馮氏宗祠：孫中山上課的正廳

但手臂很快就無力地垂下來了。因為，孫中山是全塾最善於背誦者，打他恐不能服眾。於是厲聲喊曰：「甚麼！你敢違背經訓？」[16]

「不是，我並不反對經訓。但是，為甚麼要我天天背誦這些我絲毫不懂的東西？」

「你離經叛道！」

「但是你光教我認字卻不教我明理」，孫中山不服氣地回答。

---

16 Paul Linebarger, *Sun Yat-sen and the Chinese Republic* (New York, 1925; New York, AMS reprint, 1969), p. 51; 林百克（著），徐植仁（譯）：《孫中山傳記》（上海：商務印書館，1926），頁 44-45。

老師大惑不解。此孩在背誦方面進步神速，為何偏偏如此不快？

「求求您，為我解釋一下我唸的是甚麼？」孫中山央求老師。

老師的心軟下來了，深感此孩子極不尋常。孫中山繼續央求説，任何事物都有一個道理，為何這些方塊字就不包含任何道理？老師無言以對，但對孫中山的反叛，已由憤怒改為友善的同情。孫中山亦不為已甚，基於對老師的尊敬，以後更是加倍努力地背誦那些他毫不理解的古文。但心裏還是反覆地縈繞着這樣的一個問題：「這些古文必定含有意義，終有一天我會找出它的含義。」[17]

這段記載説明，那位村塾老師其實自己對古文也是不求甚解，不然他大可從此就向學生解釋書中的微言大義。學而不思者，大有人在。否則孔子就不會道出「學而不思則罔」[18]這句名言。正如前述，這位老師已老掉了牙齒，以致説話聲似蟾蜍；同時鴉片煙癮很重，常一兩天不上課。[19]竊以為這樣的料子，若果真是學而不思[20]的人，也毫不奇怪。

這一切，對孫中山的幼小但矢志求真的心靈，都是極大的委屈！後來，他先後在檀香山和香港所接受的西學教育，把他的世界觀改變了——華夏有出路，出路在於「現代化」。本偵探把他接受的西學教育做微觀分析，終於明白到為何他最後走上革命道路：他矢志促使華夏「現代化」。詳情如何，且聽下回分解。

17　Paul Linebarger, *Sun Yat-sen and the Chinese Republic,* pp. 52-53. 徐植仁對此段的翻譯稍欠妥帖，故筆者把它從新翻譯。

18　《論語》．第二．為政，第十五章。載 James Legge, *The Chinese Classics* (Originally published by Oxford University Press, Reprinted in Taipei by SMC, 1991), v. 1, p. 150.

19　陸天祥：〈孫中山先生在翠亨〉，《廣東文史料》，第 25 輯：孫中山史料專輯（廣州：廣東人民出版社，1979），頁 454-459：其中頁 456。

20　同注 18。

第三十二章
西學激勵孫中山成龍

孫中山虛齡十三歲時隨母親坐船前往檀香山投靠其大哥孫眉。經考證，他們從澳門出發的日期為農曆四月初一，[1] 即陽曆 1879 年 5 月 21 日。

他所坐的火輪船從澳門起碇後，孫中山馬上驚嘆「輪舟之奇，滄海之闊；自是有慕西學之心，窮天地之想」。[2] 論者謂「此數語不特表示先生在思想上開拓新境界，而且在生命上得到新啓示。此種自我之發現與生命之覺醒，實為先生一生偉大事業之發源」。[3] 既然是如此重要之經歷，必須查個水落石出：究竟在船上發生了甚麼事情？竟然啓發了孫文慕西學之心？以至改變了他的一生？

原來當此火輪船甫一啓動後，初出窮鄉僻壤的孫中山馬上進入了一個嶄新的世界，讓他驚奇不已：「啊！實在太偉大了！那機器的奇妙！那蒸汽機的火焰！而比這兩樣東西讓我更驚奇的，是那橫架在輪船的鐵樑。這麼長、這麼重的鐵樑，需要多少人才能把它安裝上去？我忽然想到，就是那位發明並製造了這些大鐵樑及其妙用的天才，同時也發明了一種足以調動這鐵樑而又揮灑自如的機器。這一發現，馬上讓我感覺到，中國不對勁！外國人能做得到的事情，為甚麼我們就是做不到？」[4] 當時有不少炎黃子孫出洋，為何

1　楊連逢採訪孫緞 (97 歲)，1957 年 5 月無日，載李伯新：《孫中山史蹟憶訪錄》中山文史第 38 輯 (中山市：中國人民政治協商會議廣東省中山市委員會文史學習委員會，1996)，頁 165-166：其中頁 165。

2　孫中山：〈覆翟理斯函〉，手書墨蹟原件，藏中國國民黨中央黨史委員會，刊刻於《國父全集》(1989)，第二冊，頁 192-193。又載《孫中山全集》，第 1 卷，頁 46-48：其中頁 47。又見〈孫中山學術研究資訊網 - 國父的求〉，http://sun.yatsen.gov.tw/content.php?cid=S01_01_02_03。

3　羅家倫（主編），黃季陸、秦孝儀（增訂）：《國父年譜》（台北：中國國民黨中央委員會黨史委員會，1985），上冊，頁 24-25。

4　筆者譯自 Linebarger, *Sun Yat Sen and the Chinese Republic*, p. 106.

只有孫中山發出這樣的提問？確實是先知先覺。

該火輪船震撼了孫中山！為何如此？若孫中山母子是坐火輪船從翠亨村附近的崖口鄉到澳門的話，早就經歷過輪舟之奇；船到珠江口時，也會深感滄海之闊；若中國早就有此種火輪船，孫中山習以為常，後來就沒有坐上從澳門起碇的火輪船後之驚嘆。故必有強烈的對比，才會引起孫中山那同樣強烈的、讓中國現代化的願望。若孫中山沒有讓中國現代化的強烈願望，後來就不會投身革命。故第一步必須查出 1879 年孫中山母子從翠亨村前往澳門的交通工具究竟是甚麼。

據本偵探偵察所得，從翠亨村往澳門當時有兩個途徑：陸路和水路。

陸路方面：本偵探頻頻到翠亨村實地調查，又承翠亨村孫中山故居紀念館蕭潤君館長多次派員派車陪同前往澳門調研，在今天的高速公路奔馳，約一小時可到達珠海市，過拱北再坐出租車到澳門過去的碼頭區約須十分鐘。若以孫中山童年那個時代計算，走崎嶇的山路和田野狹徑，恐怕要走一整天還不夠。君不見，1884 年孫中山與喜嘉理牧師和另一洋人傳教士自澳門走了「一、二天」，才到達翠亨村。[5] 此外，孫母小腳，必須坐轎子，加上一個孫中山，勉強還可以。至於行李箱，就必須另僱挑夫了，這一切都不是問題。關鍵是當時治安不佳，盜匪如毛，挑夫隨轎子，必是遠行無疑，遠行必須盤川，哪名盜匪不會打他們主意？故竊以為當時孫氏母子採陸路往澳門的可能性不大。

至於水路，則似乎比陸路較為安全。當時的珠江河口，遍佈來自沿岸各村的漁船，絕對不像今天那麼冷清清。翠亨村靠近崖口鄉，崖口鄉就在珠江河西岸，鄉民不少是既耕種也「出海」作業。雖然目前在崖口鄉已經看不到一艘船了，但 2006 年 3 月本偵探到崖口鄉楊家村作實地調查時，該村村民說：過去崖口鄉有很多木船活躍在珠江口，像星羅密佈。有些較大的帆船

5　Charles R. Hager, 'Dr Sun Yat Sen: Some Personal Reminiscences', *The Missionary Herald* (Boston, April 1912), pp. 171-174：at p. 171, col.2. 漢語譯本見馮自由：《革命逸史》（北京：中華書局 1981 重版），第二冊，頁 12-18：其中頁 13。該文又收進尚明軒等（編）《孫中山生平事業追憶錄》（北京：人民出版社，1986)，頁 521-524: 其中第 521-2 頁。

甚至被用來跑檀香山之用。[6] 此言有翠亨村的口碑做佐證：村耆陸天祥回憶說：他父親「冒險去檀香山，坐的是桅棒船，船身不大，有時前船下浪坑，後船連杆也看不見的」。[7]

若從崖口鄉前往澳門，必須經過金星門。有口碑說，若海上合潮流的話，孫中山經常隨外祖父楊勝輝駕小艇從崖口到金星門附近的海邊採蠔（牡蠣）。[8] 為甚麼不在崖口採蠔而必須往金星門附近的海邊？2006 年 6 月 4 日本偵探到金星門的淇澳島實地調查，該島耆老鍾金平說：「崖口過去沒蠔，故必須到淇澳來採蠔」。從崖口到淇澳島，水路大約 10 華里，[9] 完全可以平安到達。2006 年 6 月本偵探頻頻到翠亨村考察時，登上該村南側的金檳榔山時，既能看到崖口也能遠眺金星島，的確很近（見本書圖 31.1 從金檳榔山遠眺金星門）。

從金星門到澳門的水路又如何走？2006 年 6 月 4 日本偵探到崖口鄉以南的淇澳島實地調查，承淇澳島鍾金平（62 歲）、鍾教（69 歲）等耆老接待。本偵探問：「從金星港坐船到澳門需要多長時間？」鍾金平答曰：「若是自己作業，搖船，趁上退潮的話，約 3－4 個小時」。又問：「從崖口坐船到澳門需要多長時間？」鍾金平答曰：「若是自己作業，搖船，趁上潮水漲退的話，約 10 個小時。因為半途必須在淇澳或香洲歇腳，以趁潮流」。淇澳島的居民所種的西洋菜（water crest），大都用船載往澳門售賣，以至「淇澳西洋菜」在澳門非常著名。[10]

最後，本偵探找到有力證據——林百克根據孫中山口述而寫成的《孫中

6　黃宇和：〈唐家灣、外沙村、崖口楊家村調查報告〉(手稿)，2006 年 3 月 14 日。

7　李伯新訪問陸天祥 (88 歲)，1964 年 5 月 13 日，載李伯新：《孫中山史蹟憶訪錄》中山文史第 38 輯 (中山市：中國人民政治協商會議廣東省中山市委員會文史學習委員會，1996)，頁 73-78：其中頁 75。

8　見李伯新採訪楊連合 (48 歲)，1962 年 5 月 24 日，載李伯新：《孫中山史蹟憶訪錄》中山文史第 38 輯 (中山市：中國人民政治協商會議廣東省中山市委員會文史學習委員會，1996)，頁 82-85：其中頁 84。當時是楊連合復述楊帝賀說過的話。

9　李伯新訪問陸天祥 (86 歲)，1962 年 5 月 23 日，載李伯新：《孫中山史蹟憶訪錄》中山文史第 38 輯 (中山市：中國人民政治協商會議廣東省中山市委員會文史學習委員會，1996)，頁 68-71：其中頁 70。

10　黃宇和：〈淇澳島調查報告〉(手稿)，2006 年 6 月 4 日。

山傳記》——證明孫中山母子確實是從水路到澳門的港口之內直接登上遠洋輪的。在這裏，林百克的原文是 'went directly by water to Macao'。[11]

從水路去，不但搖槳辛苦費勁，也受潮水漲退限制，更飽受風浪折磨。風帆又同樣受風向和潮流影響。火輪船就不同了，由機器推動，多省勁；逆風逆水也能破浪前進；同時比帆船穩定得多！難怪孫中山嘆為觀止！

但是，孫中山所坐的那艘從澳門開出的火輪船，是英國人的船還是葡萄牙人的船？若是英國人的船，孫中山會產生仰英學之心；若是葡萄牙人的船，孫中山會有慕葡學之意。筆者帶着這個問題到 1998 年 9 月 18–20 日於台北中央研究院近代史研究所舉辦的「港澳與近代中國學術研討會」上請教高明，來自澳門大學歷史系的霍啟昌教授莊嚴宣佈：是葡萄牙人的船，並說孫中山是通過澳門的葡萄牙文化去瞭解世界的，與香港的英國文化無關。他的發言，像其他發言一樣，全部當場錄音備案，供後人參考。

感謝霍啟昌教授提供了如此重要的一條線索，於是本偵探接下來就緊緊抓住這條線索竭力追蹤。像本書第二十八和第二十九章探索孫中山出生於甚麼房子一樣，現在大費週章地考證他坐甚麼國籍的船往夏威夷此微觀小節，是要瞭解一個宏觀的重大問題，探索孫中山現代化革命思想來源的西學，究竟是英國的盎格魯·撒克遜文明，還是葡萄牙文化。

按理，從澳門開出的船，大有可能是葡國的船，故霍啟昌教授之言，表面上自有其能夠取信於人之處。但本偵探三思之後，認為從澳門出發的葡萄牙船而駛往檀香山的機會很微。當時葡萄牙的殖民地，分佈在東南亞的東帝汶（East Timor）、南亞的果阿（Goa）、和南美洲。檀香山遠遠脫離了從澳門前往東帝汶、果阿、南美洲甚至在歐洲的祖家葡萄牙之間的正常航線。若是超乎正常航線而包僱（charter）某船的話，則葡萄牙當時擁有的船隻數目與日不落的大英帝國相比，是小巫見大巫。尤其是在澳門這彈丸之地，能騰出來可供包僱的船隻絕無僅有。因此，若要從澳門找尋一艘閒着的遠洋輪船以便包僱專程前往檀香山，恐怕成功的機會極微。

11　Linebarger, *Sun Yat Sen and the Chinese Republic*, p. 104.

第二種可能性是美國的船，因為雖然當時檀香山還未被美國併吞，但從東亞往北美的輪船多數經過檀香山。

第三種可能性是香港的英國船。理由是當時英國是世界上航海業最發達的國家。日不落的大英帝國，二十四小時都有大小輪船在世界各地行走。而自從 1841 年英國人佔據香港以後，就把香港這天然良港闢為國際自由港，航運業在遠東一枝獨秀。

合理的推測，是偵探破案時邁出的第一步。實際探求，方為正辦。故本偵探當場就向霍啟昌教授請教。他回答說：他曾與廣東省社會科學院的張磊院長合作編寫過一本書，裏面就說明了孫中山從澳門所乘坐前往夏威夷的船，是葡國人的船；並再次強調，孫中山是通過澳門的葡萄牙文化去瞭解世界的，與香港的英語文化無關。霍教授在這樣一個大型的國際學術研討會上，進一步作如許莊嚴的宣佈，本偵探當然高度重視。所以從那分鐘開始，追蹤證據的活動再度展開。

在研討會的中場休息，本偵探連忙虛心向霍教授請教他大作的名字以便拜讀。他說該書是一本三語圖片集。中文書名是《澳門：孫中山的外向門戶和社會舞台》；英文書名是 *Macau: Sun Yat-sen's gateway to the world and stage to society*；葡文的書名是 *Macau: Portal e palco por onde Sun Yat Sen ganhou acesso ao mundo*。本偵探聽後，覺得中文書名的意思比較模糊，但英文和葡文書名的意思則非常清楚：孫中山是通過澳門的葡萄牙文化去認識世界和瞭解社會的！

光是書名，就引起本偵探莫大興趣。因為，據本偵探過去所閱讀過的書籍和看過的材料，都說孫中山是通過香港這個英國殖民地和英美的盎格魯・撒克遜文明來認識外邊世界的。現在有先進已經與廣東省社會科學院的院長共同出版了一本有關著作，並說該書已充份證明了孫中山是通過澳門和葡語文化去認識世界和瞭解社會，那麼本偵探當然非拜讀不可。但是，霍教授說，該書早已絕版，而他手頭也沒有多餘的一本可以割愛！怎辦？

本偵探退而求其次，請問他在其大作中是否採用了確鑿的原始文獻多方面證明和佐證孫中山確實是坐了葡國人的船，而不是坐了英國人的船到夏威夷去。他回答說是有確鑿的原始文獻為根據；但是，對於引用過的原始文獻

已經記不住了。於是本偵探懇請他在會議結束後回到澳門，把該書有關的一頁複印擲下，如此本偵探便可以按照注釋追閱。他欣然答應。

但是過了約兩個月，還未奉霍教授覆示。[12] 又記得霍教授曾說過，他曾把該書多本送廣州有關單位。於是本偵探就飛到香港轉飛廣州，往該市市區內的中山圖書館和廣州圖書館查閱，但沒有結果。[13] 再到河南康樂地區的中山大學圖書館查閱，又請了該校的同仁幫忙，同樣失望。最後本偵探想，時間無多，既然廣東省社會科學院張磊院長曾與霍啓昌教授共同編寫過該書，應知下落。而張磊院長又是本偵探多年友好，若電求幫忙，想不會見怪；但他夫人說他已出差他往。再電該院的孫中山研究所王杰所長，得知該所藏有是書，於是興高采烈地跑往天河區該所，急不及待地翻閱該書的有關圖片和說明。找到了：「1878 年 5 月，12 歲的孫中山跟隨母親經澳門乘 *Grannoch* 號英輪赴檀香山讀書」。[14] 雖然日期是把 1879 誤作 1878，但其言卻正是孫中山所坐的船確實是英國人的船而非葡國人的船。

解決了第一道難題！但孤證不立，該言可有佐證？尤記廣州市中山大學歷史系當時的系主任邱捷教授賜告，美國人林百克（著），徐植仁（譯）的《孫中山傳記》，曾提到過「格蘭諾去」號這樣的一條船名。本偵探想，這樣的一條船名的拼音與 *Grannoch* 吻合。馬上追閱徐植仁的譯著。[15] 所說是「一隻約二千噸的英國鐵汽船」，[16]「水手都是英國人」，[17] 是孫中山的哥哥孫眉，「在翠亨村外設了一個移民事務分所」[18] 而「僱定」[19] 的，「將要離開澳門的港

12　時至今天、整整 18 年後的 2016 年，仍未接霍教授覆示。

13　感謝陳裕華舅舅他老人家，不辭勞苦，整天陪筆者跑圖書館研究所。由於他對人事和道路都非常熟悉，替筆者節省了不少時間。

14　張磊、盛永華、霍啟昌 (合編):《澳門：孫中山的外向門戶和社會舞台》(澳門，版權頁上沒有注明出版社是誰，1996)，頁 140。這本圖片集裡的每一幅圖片都有葡、中、英等三種語言的說明。

15　感謝粵社科院中山所的同仁，在筆者趕到該院求助時，馬上從該院圖書館借來這本書，並當場為筆者影印了有關的數頁。見下注。

16　林百克 (著)，徐植仁 (譯):《孫中山傳記》(上海：商務印書館，1926)，頁 95。

17　同上，頁 100。

18　同上，頁 95。

19　同上，頁 95。

口」[20]「預備載運中國僑民，到火奴魯魯去」。[21]

　　找來[22]英文原著[23]核對，船名果然是 S. S. *Grannoch*。[24] 至於上一段所引譯文，則英語原文分別為 'an English iron steamer of some two thousand tons'[25]、'manned by English sailors'[26]、'the China branch of the emigrant business which the elder brother had established in the region beyond the BlueValley'[27]、'chartered'[28]、'The *Grannoch* was to sail from the harbor of Macao'[29]、'to make the voyage to Honolulu with the Chinese emigrants'[30]。準此，可知譯文準確無誤。

　　根據林百克提供的訊息，可以得到下列一些初步結論：

　　第一、孫中山首次出國所坐的船是從澳門出發的。

　　第二、該船是一艘英國人的船，所屬公司很可能是香港的，因為能僱到一艘可以從澳門出發的英國船，除了近在咫尺的香港以外，還有哪個地方？

　　第三、林百克之言有佐證：陸燦（又名陸文燦）的回憶錄。他説，孫中山是「從澳門乘英國輪船「格拉默克」號啓程」前往檀香山的。[31] 所謂「格拉默克」號，與該船英語原名 *Grannoch* 雷同，也與徐植仁之音譯為「格蘭

———————

20　同上，頁 95。

21　同上，頁 95, 97。

22　感謝中研院近史所呂芳上所長為筆者借來該英文原著。當時筆者到台灣政治大學當客座半年 (1998 年下半年)，在找尋材料方面，每次到了計無可施的時候，都承芳上兄不厭其煩地救筆者燃眉之急，至以為感。

23　Paul Myron Wentworth Linebarger (1871-1938), *Sun Yat Sen and the Chinese Republic* (First edition, 1925; New York: AMS Press reprint, 1969). 其兒子也叫 Paul Linebarger (1913-66)，但中間的名字則是 Myron Anthony，著有 *The Political Doctrines of Sun Yat Sen* (Baltimore: Johns Hopkins University Press, 1937).

24　Linebarger, *Sun Yat Sen and the Chinese Republic*, pp. 101 and 104.

25　Ibid., p. 104.

26　Ibid., p. 109.

27　Ibid., p. 101.

28　Ibid., p. 104.

29　Ibid., p. 102.

30　Ibid., p. 104.

31　陸燦：《我所認識的孫中山》(北京：中國和平出版社，1986)，頁 6。

圖 32.1
陸燦（全名陸文燦）

諾去」號，[32] 極為相近。陸燦者，孫中山的同鄉，比孫中山小七歲。[33] 後來也去了檀香山。1895 年孫中山在廣州起義失敗時，陸燦剛好回到翠亨村成親。當陸燦聽到他叔叔陸皓東由於參加起義被捕而壯烈犧牲時，已大吃一驚，更目睹孫中山的家人還留在翠亨村，無異坐以待斃。「乃自告奮勇擔任搬取先生及眉公家眷之事。於是老夫人、眉公夫人、盧氏夫人及公子科全家隨其遷往澳門，復至香港得陳少白兄之接濟而乘輪赴檀」。[34] 可見陸燦與孫家是非常熟識和友好的。他親歷其境的話，可信程度甚高。他在檀香山肄業的同樣是採全英語教學的意奧蘭尼學校，與孫中山交談而提到船名時，相信都會採其英語原名，以致後來陸燦的回憶錄被翻譯成漢語時，音譯時採取了與徐植仁不同的漢字，是很正常的事。

　　第四、另一份佐證是孫緞的話。她說「中山〔虛齡〕13 歲於四月初一從香港搭招商局船廣大或廣利號往檀。當時一年三次船期往檀香山，航行時間約 25 天。是由三鄉鄭強夫婦帶他去的。七月由陸庭燕帶其母和我嫂及我〔孫緞她自己〕一齊赴檀」。[35] 孫緞（1861-1960）者，又有云孫殿，是孫中山

---

32 林百克 (著)，徐植仁 (譯)：《孫中山傳記》(上海：商務印書館，1926)，頁 95、97。

33 陸燦：《我所認識的孫中山》(北京：中國和平出版社，1986)，頁 1。

34 鄭照：〈孫中山先生逸事〉，載尚明軒、王學莊、陳松等編《孫中山生平事業追憶錄》(北京：人民出版社，1986)，頁 516-520：其中頁 518。

35 楊連逢採訪孫緞 (97 歲)，1957 年 5 月無日，載李伯新：《孫中山史蹟憶訪錄》中山文史第 38 輯 (中山市：中國人民政治協商會議廣東省中山市委員會文史學習委員會，1996)，頁 165-166：其中頁 165。孫緞丈夫姓陳，生女陳淑芬，嫁孫科為妻。

堂姐，孫觀成之女兒。孫觀成在孫達成、孫學成、孫觀成三兄弟之間排末。1867 年孫觀成歿，妻譚氏改嫁。[36] 孫緞成了孤兒。極可能沒讀過書，1879 年農曆七月赴檀依靠孫眉時虛齡 19 歲，赴檀後相信沒有像孫中山、陸燦等上英語學校讀書。因此，若孫中山、陸燦等告訴她英文的船名諸如 *Grannoch*，她會聽不懂。但若告訴她該船的中文細節諸如在「香港搭招商局船『廣大』號」，她就能聽懂並能記住。「廣大」與 *Grannoch* 的聲音也相近，可能所指乃同一艘船。她同時又能記住，該船所屬的公司乃香港的招商局。至於她說該船從香港出發，是與林百克的記載有矛盾。可能孫緞自己是從香港出發，所以誤認為孫中山也如此。又至於她說孫中山是農曆四月一日出發，則該天為陽曆 1879 年 5 月 21 日，證明記憶不錯。她說一年三次船期往檀香山，航程約 25 天，[37] 那就是在很珍貴的史料中摻雜了誤導性非常強烈的信息。珍貴之處在於她說航程約 25 天，佐證了林百克所說的二十來天。誤導性非常強烈的信息則在於她說一年三次船期往檀香山，這種說法很容易被誤會為一年三次船期是從澳門出發（因為孫中山是從澳門出發的），而她所指的卻是一年三次船期是從香港出發。孫中山 1879 年所坐的船，是孫眉的合伙人臨時從香港租用來運載華工赴檀香山做工的，沒有固定船期。[38] 當時澳門並沒有定期開往檀香山的客船或貨船。

　　準此，容本偵探下結論說：孫中山泛指之西學，其實是英國的盎格魯・撒克遜文明。他所驚歎的、推動該船乘風破浪前進的機器，是英國人發明的。讓他讚歎不已的鐵樑，是英國人製造的。該船的每一寸甲板，每一口釘，所噴的每一道煙火，都是英國人的工藝。該船的船長、大副、二副、水手、設備等等，全部是英國的。

　　在這結論的基礎上，容本偵探宣佈：激勵孫中山成龍的西學，乃盎格

36　孫滿 (編)《翠亨孫氏達成祖家譜》，轉載於該文轉載於孫中山故居紀念館 (編)：《孫中山的家世》(北京：中國大百科全書出版社，2001)，頁 12-28：其中頁 18-19。

37　孫科則說，他在 1895 年 11 月所坐的船，歷時共一閱月才從香港抵達檀香山。這可能是因為該船途徑日本的長崎、神戶、橫濱等港口。見 孫科：〈孫院長哲生先生 [第一次] 談話〉，1969 年 3 月 15 日，載吳任華 (編纂) 曾霽虹 (審閱)：《孫哲生先生年譜》(台北：孫哲生先生學術基金會，1990)，頁 445-449：其中頁 446。

38　Linebarger, *Sun Yat Sen and the Chinese Republic*, p. 104.

魯・撒克遜（Anglo-Saxon）文明。

　　寫到這裏，筆者不禁感慨萬千。華夏文明與盎格魯・撒克遜文明互相學習，互補短長，以臻大同，不是很好嗎？為何一定要「文明交戰」！

第三十三章

《聖經》激勵孫中山成龍（一）：
夏威夷國王藉《聖經》驅散巫術與迷信[1]

　　容本偵探首先做個題解：在這裏所言之《聖經》，隱喻孫中山在夏威夷接受了的英美傳教士賦予他基督宗教教育所包涵的德育、智育、體育等整體而言；並非指《聖經》之中具體某段的微言大義，激發他從事革命。成龍之後的孫中山感歎說：「憶吾幼年，從學村塾，僅識之無。不數年得至檀香山，就傅西校，見其教法之善，遠勝吾鄉。故每課暇，輒與同國同學諸人，相談衷曲，而改良祖國，拯救同群之願，於是乎生。當時所懷，一若必使我國人人皆免苦難，皆享福樂而後快者」。[2]

　　承接上一章所言：孫中山母子所乘坐的那艘英國火輪船，自 1879 年 5 月 21 日啓碇後，[3] 經過約 25 天的旅程，[4] 即到達了夏威夷群島之中奧阿厚島 (Oahu Island)[5] 的火奴魯魯 (Honolulu，俗稱檀香山) 市。孫眉在碼頭迎接母親和那個「穿着中國長衫、辮子盤在頭頂、戴着紅頂綢瓜皮帽」的弟弟孫

1　Ernest Villers, 'Iolani School' (1940), pp. 29 - 30.

2　孫文：〈在廣州嶺南學堂的演説〉，1912 年 5 月 7 日，《孫中山全集》，卷 2，頁 359-360：其中頁 359。

3　見拙著《三十歲前的孫中山》第三章第三節「追查原文」。

4　楊連達採訪孫緞 (97 歲)，1957 年 5 月無日，載李伯新：《孫中山史蹟憶訪錄》中山文史第 38 輯 (中山市：中國人民政治協商會議廣東省中山市委員會文史學習委員會 , 1996)，頁 165-166：其中頁 165。

5　Oahu 有多種音譯。孫中山自稱之為奧阿厚。見孫中山：〈覆翟理斯函〉，載《孫中山全集》，第 1 卷 , 頁 46-48：其中頁 47。檀香山華僑宋譚秀紅、林為棟等稱為奧雅湖，見其《興中會五傑》(台北：僑聯出版社，1989)。香港的吳倫霓霞音譯作瓦湖，見其《孫中山在港澳與海外活動史蹟》(香港：聯合書院，1986)。本書從孫中山而稱之為奧阿厚：故 Oahu Island 稱奧阿厚島，Oahu College 稱奧阿厚書院。

文。[6]

孫文當時沒有做筆記，日後也沒有追憶抵達檀香山的情景。但後來成為孫文同班同學的鍾工宇卻有憶述。由於鍾工宇也差不多在這個時節到達火奴魯魯，所以他的憶述可以作為孫文到達時此情此景的寫照：

> 我們的三桅帆船到達火奴魯魯外港時，正值美麗的六月某日黃昏時節，漲潮，我們的船由拖船拖着越過沙洲（sand bar），進入內港，在當今的第七號碼頭所在地附近拋錨。由於當時還沒有建築碼頭，我船無法靠岸，我們必須涉水上岸。於是我們等到翌日清晨退潮時才上岸。結果我們上岸時水深只有十五英呎。當時沒有邊防檢查，也沒有海關，旅客可以自由出入。
>
> 第一座映入眼簾的建築物是沃特豪斯樓（Waterhouse Building），上面掛着那面由獨角獸與獅子等肖像所組成的國徽。有一個哈帕好樂（Hapahaole）的年輕土著在那裏兜售青蘋果。[7]

那座上面掛着由獨角獸與獅子等肖像所組成的國徽的沃特豪斯樓 Waterhouse Building，是當地的郵局。當孫文得悉，若把一枚郵票貼在信封上然後投進郵箱，該信就會乘風破浪地回到翠亨村，而不用像在翠亨村那樣，到處請求行將外出的旅客帶信；他感到奧妙極了！[8]

為何夏威夷王國的國徽如此酷似英國國徽？事緣 1778 年英國航海家詹姆士・庫克上校（Captain James Cook）發現夏威夷群島後，夏威夷國王慕英國之名，1861 年應邀訪英。英國之行，給他極好的印象，於是他邀請英國國教、基督宗教聖公會的傳教士到夏威夷進行教化。在英國聖公會傳教士到達夏威夷之前，絕大多數學校是以夏威夷土語教學。傳教士到達後，認為用

6　陸燦：《我所認識的孫中山》(北京：中國和平出版社，1986)，頁 6。

7　本偵探翻譯自 Chung Kung Ai, *My Seventy Nine Years in Hawaii, 1879-1958.* Hong Kong: Cosmorama Pictorial Publisher, 1960, p. 43.

8　本偵探翻譯自 Linebarger, *Sun Yat Sen and the Chinese Republic*, p. 116。

圖 33.1
火奴魯魯海港舊貌（翠亨村
孫中山故居紀念館供圖）

英語教學能讓孩子們更直接了當地理解盎格魯・薩克遜（Anglo-Saxon）文明
和科學知識，同時避免再受那種充滿迷信的土文化毒害。[9] 在這個問題上，夏
威夷王比英國傳教士們更為着緊，故進一步建議馬上成立寄宿學校，以便孩
子們從早年開始就遠離那種牢牢地籠罩着夏威夷社會的巫術與迷信。[10] 孫文
自言「是年夏母回華，文遂留島依兄，入英監督所掌之書院 (Iolani College,
Honolulu) 肄業英文」。[11] 這所 Iolani College——意奧蘭尼學校，正是英國聖
公會傳教士所創辦的。由此可知孫文就讀的第一所西方正規學校乃英國人所
掌。那是繼他乘坐來檀的在那艘英國火輪船上所受到的啓發之後，他在檀香
山繼續接受盎格魯・撒克遜文明的熏陶。

　　孫文何時入學？鍾工宇的回憶同樣提供了珍貴參考信息：「七月，家父
從凱魯阿 (Kailua) 回到火奴魯魯，為我向意奧蘭尼學校註冊。當時學校放暑
假，辦公室關門。剛巧，校監韋禮士主教的養子埃德蒙・斯蒂爾 (Edmund

9　Mildred Staley, 'The Story of Iolani School', *Hawaiian Church Chronicle* (June 1933), p. 4, quoted
　　in Ernest Villers, 'Iolani School' (1940), p. 29.

10　Ernest Villers, 'Iolani School' (1940), pp. 29 - 30.

11　孫中山：〈覆翟理斯函〉，載《孫中山全集》，第 1 卷，第 46-48 頁：其中頁 47。

Stiles) 在場，他讓家父等到九月開學時，再來註冊。……」。[12] 若孫文同樣地在到達火奴魯魯即前往該校報名，遭遇也雷同。

等到九月開課，鍾工宇單獨前往正式報名：「韋禮士主教親自面試我。他第一道提問，我根本聽不懂，但猜測其意，想是問我名字，我回答說：「Ai」〔宇〕，從此，我就變成姓宇，而不再姓鍾」。[13] 韋禮士主教者，該校校監也。鍾工宇說：「1879 年 9 月，我註冊進入意奧蘭尼學校之後的兩個星期，孫帝象就來了」。[14] 看來孫文到埠後，先住在孫眉家，很快就學會一點英語，所以當韋禮士主教面試他時，他能準確地說出他姓孫名帝象。孫眉本人就沒這福氣，他抵檀後就像鍾工宇一樣，在不明底蘊的情況下就被改了姓氏，以至他在檀島產業買賣和英語通信裏，都被稱、或自稱為「阿眉」（S. Ahmi）。[15] 代表其姓氏 Sun 的英文字母簡寫 S，反而成為他的名字了。

在孫中山入學之前，除了鍾工宇以外，校中只有其他兩名華裔學生，一名是唐雄，另一名是李畢。李畢性情暴烈，不久就退學，去當記者，但很快又不知所終。[16] 如此就剩下鍾工宇與唐雄，結果他們很快就成為好朋友。[17] 兩年後，鍾工宇因事回到夏威夷群島當中、土名康納 (Kona) 的地方其父親處，休學一年。當他再次在意奧蘭尼學校學習時，唐雄與他重新成為好朋友，甚麼事情都一起做，像兄弟般。[18] 孫中山到達後，三人也成為好朋友，

12　Chung Kung Ai, *My Seventy Nine Years in Hawaii, 1879-1958.* Hong Kong: Cosmorama Pictorial Publisher, 1960, p. 46。

13　Chung Kung Ai, *My Seventy Nine Years in Hawaii, 1879-1958.* Hong Kong: Cosmorama Pictorial Publisher, 1960, pp. 46—47。

14　Chung Kung Ai, *My Seventy Nine Years in Hawaii, 1879-1958.* Hong Kong: Cosmorama Pictorial Publisher, 1960, p. 106.

15　夏威夷檔案館：S. Ah mi to His Excellency J. King, 25March 1893, Hawaiian Government Archives, Interior Departmentt: Land, Box 95.

16　Chung Kung Ai, *My Seventy Nine Years in Hawaii, 1879-1958.* Hong Kong: Cosmorama Pictorial Publisher, 1960, p. 53。

17　Chung Kung Ai, *My Seventy Nine Years in Hawaii, 1879-1958.* Hong Kong: Cosmorama Pictorial Publisher, 1960, p. 47。

18　Chung Kung Ai, *My Seventy Nine Years in Hawaii, 1879-1958.* Hong Kong: Cosmorama Pictorial Publisher, 1960, p. 47。

其中一個原因是他們都是香山人，鍾工宇雖説他自己來自廣州，[19] 其實他是香山縣三鄉的西山村人，[20] 距離孫中山的故鄉翠亨村只有數十華里。[21] 唐雄則來自翠亨村以南、靠近金星門的唐家灣，三人説的都是香山式的白話，交談沒有隔閡。

　　據本偵探偵查所得，孫中山等人就讀的意奧蘭尼學校，是全英國制度的學校。孫中山所説的「英監督」，正是英國聖公會在夏威夷主教區的韋禮士主教（Bishop Alfred Willis of the Church of England，1836 – 1920）。他主辦的意奧蘭尼學校 (Iolani School)，本來就是他於 1872 年創辦的。[22] 看來該主教是一位雄心勃勃、要創一番事業的人。他在 1872 年才從英國到達火奴魯魯上任，[23] 當年就創辦了意奧蘭尼學校。又經考證，該校所佔的土地以至該土地上所有的建築物全都是他出資購買和建築的私人財產。[24] 這又説明另一個問題：此人有魄力而又獨斷獨行。因為，若向教會申請經費來創辦一所學校，曠時日久。若他自己掏腰包辦學，那麼馬上就可以辦起來。正因為如此，該校沒有設立董事局之類的管理委員會，以至該主教可以完全按照自己的意志而設計一所讓他自己稱心滿意的學校。

　　但是，主教的事務繁重，哪能分心主管學校？他必須僱請校長專責其事。翻查有關資料，可知 1879 年 9 月孫中山進入意奧蘭尼學校讀書時，該校的校長名字叫阿貝‧克拉克 (Abell Clark, 任職 1875 - 1880),[25] 1880 年初辭

19　鍾工宇：〈我的老友孫逸仙先生〉(中譯本)，尚明軒、王學莊、陳松等編《孫中山生平事業追憶錄》(北京：人民出版社，1986)，頁 726-733：其中頁 726。

20　佚名：〈鍾工宇 (1865-1961)〉，載中山市孫中山研究會 (編)：《孫中山與香山相關人物集》(香港：天馬圖書有限公司，2004)，頁 117-118：其中頁 117。

21　據孫中山的姐姐孫妙茜口述，載黃彥、李伯新：〈孫中山的家庭出身和早期事蹟 (調查報告)〉，《廣東文史資料》第 25 輯：孫中山史料專輯 (廣州：廣東人民出版社，1979)，頁 274-290：其中頁 284。

22　Benjamin O. Wist, *A century of public Education in Hawaii October 15, 1840 -October l5, 1940* (Honolulu: Hawaii Educational Review, 1940), p. 117.

23　C.F. Pascoe, *Two Hundred Years of the S.P.G.: An Historical Account of the Society for the Propagation of the Gospel in Foreign Parts, 1701-1900* (London: S.P.G. Office, 1901), p. 912.

24　Benjamin O. Wist, *A century of Public Education in Hawaii October 15, 1840 -October l5, 1940* (Honolulu: Hawaii Educational Review, 1940), p. 118.

25　Arlene Lum (ed.), *At They Call We Gather: Iolani School* (Honolulu: Iolani School, 1997), p. 246.

職；由唐瑪士 · 蘇普理 (Thomas Supplee) 代理。[26] 在 1880 年 3 月，韋禮士主教聘請了布魯克斯 · 貝克（Brookes Ono Baker）醫學博士當校長，是一位英國人，在紐約取得醫學博士，在英國和美國有過豐富的教學經驗。[27]1882 年的校長是赫伯特 · 沃理牧師 (Rev. Herbert F. E. Whalley)。[28] 就是說，孫中山在意奧蘭尼學校唸書三年期間，經歷了四位校長。這就很能說明問題。

甚麼問題？竊以為極可能是韋禮士主教過問該校的事情太多，以致校長都不安於位。何以見得？有蛛絲馬跡可尋：

第一、當韋禮士主教在 1880 年 3 月向英國總部報告他聘請了布魯克斯 · 貝克醫學博士當校長時，韋禮士主教的用詞很能說明問題。他說：「布魯克斯 · 貝克博士被聘任為我的學校的校長」，[29] 而不是說被聘任為意奧蘭尼學校的校長。

第二、當時夏威夷王國的政府報告稱該校為「那位主教的學校」(The Bishop's College School)。[30]

第三、韋禮士主教獨斷獨行的美譽，連遠在澳大利亞西澳洲的聖公會主教也知道了，並給與綽號曰：「像一頭公牛般頑固的一位英國人」。[31]

韋禮士主教的頑固與孫中山的教育有何關係？該主教堅持意奧蘭尼學校的「教學方式完全按照英女王陛下的學校督察團屬下考試委員會所制定的教學方案辦事。講授的課目包括主流的英國課程和商業課程。商業課程包括一

26　Arlene Lum (ed.), *At Thy Call We Gather: Iolani School* (Honolulu: Iolani School, 1997), p. 246.

27　Alfred Willis to H.W. Tucker, private, 13 March 1880, Ref 9694/1880, Willis Papers, USPG/CLR217/pp. 39-41, at p. 40.

28　Arlene Lum (ed.), *At They Call We Gather: Iolani School* (Honolulu: Iolani School, 1997), p. 246.

29　Alfred Willis to H.W. Tucker, private, 13 March 1880, Ref 9694/1880, Willis Papers, USPG/CLR217/pp. 39-41, at p. 40.

30　*Biennial Report of the Department of Public Instruction* (Honolulu：Territory of Hawaii, 1880)，p. 35, quoted in Ernest Gilbert Villers, 'A History of Iolani School' (M.A. thesis, University of Hawaii, June 1940), p. 60, Iolani School Archives, Panko 050216.

31　'[A] bull headed Englishman', said the Bishop of Perth, Western Australian Australia. Quoted in Henry Bond Restarick, *My Personal Recollections: The Unfinished Memoirs of Henry Bond Restarick, Bishop of Honolulu, 1902-1920*. Edited by his daughter, Constance Restarick Withington. Honolulu: Paradise of the Pacific Press, c1938),p. 318.

些特殊項目，這些特殊項目就是木工和印刷。為了講授這兩個特殊項目，韋禮士主教又不惜自掏腰包在學校裏設置了木匠作坊和印刷作坊，以便那些對這兩種手藝有興趣的學生盡量發揮他們的天才。[不久] 有些畢業生已經在城裏成長為享有盛名的工匠」。[32]

至於主流的課程又有哪幾項？除了一般學校所講授的普通課目以外，還特別設有「代數（algebra），幾何學 (geometry)，生理學 (physiology)，拉丁文（Latin）與繪圖 (drawing).」。[33] 其中拉丁文一科也真夠英國氣！當時牛津、劍橋兩所大學招收新生時，規定考生入學的先決條件是拉丁文與古希臘文兩種古文都必須及格。究其原因，則大約有二：

第一、培養文質彬彬並具有古雅風度的紳士階級當領袖人才來管理大英帝國。

第二、也是更重要的，是拉丁文邏輯性很強，故借助拉丁文來培養邏輯性強、思路清晰的的領袖人才。

至於所謂「一般學校所講授的普通課目」，自然包括歷史和算術。歷史課程的內容，則「全是英國歷史，教科書都是從英國運來的。其他歷史諸如美國史都不教。在算術課程裏講授的，都是英鎊、先令、便士；美國的圓、毫就完全沾不上邊！」[34]

再徵諸孫中山就學時期意奧蘭尼學校教員的名單（按英文字母順序排），可知只有一位教員不具益格魯·撒克遜的名字。他們是：

Baker, Brookes Ono,M.D.；Headmaster1880-81.

Blunden, F.；1873-?

Clark, Abell；1874-79.Headmaster1875-80.

32　*The Anglican Church Chronicle* (Honolulu, 6 January 1883), v. 1, no. 2, p. 1, Iolani School Archives, pamphlet files. Panko 050216.

33　'The ordinary branches plus algebra, geometry, physiology, Latin, and drawing'，*Biennial Report of the Department of Public Instruction* (Honolulu：Territory of Hawaii, 1880)，p. 35, quoted in Ernest Gilbert Villers, 'A History of Iolani School' (M.A. thesis, University of Hawaii, June 1940), p. 60, Iolani School Archives, Panko 050216.

34　Henry Bond Restarick, *Sun Yat Sen, Liberator of China* (New Haven, Yale University Press, 1931; London: Oxford University Press, 1931), pp. 12-14.

圖 33.2
意奧蘭尼學校舊圖（翠亨村
孫中山故居紀念館供圖）

Hore, Edward；1872-7,1878-81.

Meheula, Solomon；1880-?

Merrill, Frank Wesley；Teacher (Iolani)1878-80.

Supplee, Thomas Supplee；Headmaster 1879 (Bishop's College〔Iolani〕).

Swan, William Alexander；1873-74,1881-? Headmaster1873-74,1882-?

Taylor, Wray；Teacher (Iolani) 1880.

Whalley, Herbert F. E.；Headmaster1882.[35]

　　原來孫中山在正規現代教育方面的首批啟蒙老師，其「教法之善，遠勝吾鄉」，並不斷地激勵着他「改良祖國，拯救同群」[36] 者，正是這批英國盎格魯・撒克遜文明的精英。至於校舍，它與翠亨村那所馮氏宗祠比較之下，同樣猶如天壤。

35　Arlene Lum (ed.), *At They Call We Gather: Iolani School* (Honolulu: Iolani School, 1997), p. 246.

36　孫文：〈在廣州嶺南學堂的演説〉，1912 年 5 月 7 日，《孫中山全集》，卷 2，頁 359-360：其中頁 359。

第三十四章

《聖經》激勵孫中山成龍（二）：
十足英國氣的學校

　　為甚麼意奧蘭尼學校這麼英國氣？因為它的創辦人韋禮士主教堅持如此。而且，這位主教不單是基督宗教英國聖公會的主教，他還是英國牛津大學聖約翰學院的畢業生！[1] 他決心把優越的盎格魯‧撒克遜文明帶到夏威夷王國這化外之邦！

　　他的這種態度，即使從二十一世紀的眼光看問題，也不能怪他。因為，正如韋禮士主教自己所說的、英國聖公會之決定在夏威夷王國設立主教區，完全是應夏威夷國王卡麼哈麼哈四世 (Kamehameha IV) 的摯誠要求。[2]

　　正如前述，夏威夷國王曾應邀訪英。時間是 1861 年，他受到英國王室隆重接待，對英國貴族階層所表現出來的恭謹與他自己曾接受過的特殊禮遇和光榮，印象深刻，模仿之情，油然而生。同時他愛上了英國聖公會舉行彌撒時的隆重禮節：唱聖詩時那動人的旋律, 頌經文時那莊嚴的神態，牧師們那高貴的袍子與那崇高教堂內彩色繽紛的玻璃窗互相輝映！他流連忘返之餘，對於他年青時在夏威夷曾接受過來自基督宗教美國綱紀慎會傳教士那種自我清貧得要命的教育，更為反感。把英國文化移植到夏威夷的決心益堅。馬上向英國聖公會當局表示願意在火奴魯魯捐獻一塊土地以建築主教座堂 (cathedral)，以後每年捐獻 $1,000 作為主教的薪金。英國聖公會的聖經聯合傳道會 (United Society for the Propagation of the Gospel) 熱烈響應，既撥款以

1　C. F. Pascoe, *Two Hundred Years of the S.P.G.: An Historical Account of the Society for the Propagation of the Gospel in Foreign Parts, 1701-1900* (London: S.P.G. Office, 1901), p. 912.

2　Alfred Willis to Rev. H.W. Tucker, official, [12 February 1881], USPG/ OLR/D58/No. 6719, Rec'd 12 March 1881.

襄善舉，又於翌年派出斯特利主教（Bishop Thomas Nettleship Staley）往主其事。該主教於 1862 年 10 月 11 日抵達當時的首都拉哈阿意納 (Lahaina)，正式成立英國聖公會在夏威夷的主教區（diocese）。兩星期以後，夏威夷王后受該主教施洗入教，取名娥瑪 (Emma)。同年 12 月，酋長 (High Chief) 加拉鳩阿 Kalakaua 接受堅振 (confirmation)。[3]

國王又任命斯特利主教為政府內閣成員，並命其在國境內廣設男子學校和女子學校，作育英才，以備將來管理國家之用。事緣夏威夷王國本來就相當落後，1841 年美國傳教士開始到達以後，國王急於同國際接軌，迫得臨時聘用外國人當高官。但為了長遠計，還是必須訓練本土人才。故對斯特利主教作出如是要求。準此，1862 年斯特利主教抵達後，就在當時的首都拉哈阿意納設立了聖十字架 (St. Cross) 學校，[4]1870 年 5 月斯特利主教辭職。1872 年韋禮士主教接任，第一件事情就是在新的首都火奴魯魯購地創建意奧蘭尼學校。土語「意奧」是指當地特有的一種大鷹，「蘭尼」是上天的意思；意境不可謂不高。

韋禮士主教在奧蘭尼學校扮演甚麼角式？他既當校監又當舍監。[5]原來他所創辦的、是一所寄宿學校，讓筆者聯想到當時英國聞名世界的所謂「公學」(public school) 制度。

英國的所謂公學，最初（中世紀時代──約即公元 500–1500 年間）的確是公開的。事緣英國各主教座堂需要設立聖詩班，以便每日早經晚課及主日彌撒時唱聖詩。設立聖詩班就必須男孩，於是廣招窮苦男孩來教他們唱聖詩，並附帶給予免費住宿與教育。中世紀時代的英國，沒有一套教育制度。當時能讀書識字、最具文化的，都是基督宗教教會中的神職人員。他們所提供的教育，自然是最好的。當英國的貴族醒覺到這種聖詩班其實是提供了高質量的教育以後，就爭先恐後地把兒子們送去參加聖詩班。既然學員再不

3　Alfred Willis to H.W. Tucker, 3 January 1880, Ref 5383/1880 USPG/CLR217/pp. 35-37.

4　Alfred Willis to H.W. Tucker, 3 January 1880, Ref 5383/1880 USPG/CLR217/pp. 35-37.

5　Arlene Lum (ed.), *At They Call We Gather: Iolani School* (Honolulu: Iolani School, 1997), p. 246.

是一窮而白的男孩而是貴族子弟，於是這些學校慢慢就徵收昂貴的學費和宿費，性質也由公開辦學變成閉門收費——無錢不必問津——的私立寄宿學校。但仍然保留着原來的名字——公學。這樣的學校，直到 1828 年為止，全英國只有七所。[6]

但是，在 1828 年到 1840 左右，英國的公學制度又有了一次重大的變革。事緣一所名字叫如鄂畢 (Rugby) 公學的校長唐馬士·安奴 (Thomas Arnold)，有一套嶄新的教學理念。他認為教育的最高目標是培養高尚人格：以當時的道德標準來說，就是培養深具基督精神的紳士 (Christian gentlemen)。朝着這個目標，學校的教堂就成了學生精神生活的中心，所有學生都必須參加校方安排在教堂的一切活動。其次是培養學生合作互助的團隊精神；準此，球賽就變成學校體育的重點項目。為了達到這個目的，他又與同儕精心設計一種特別能促進隊員通力合作的嶄新球賽，並以該校的名字命名，翻譯成漢語就是欖球。這種球賽也是強迫性的，所有學生無論胖瘦高矮、近視遠視都必須參加。他與同儕又擴大該校講授課目的範圍以便包括各種理科。其他的改革包括所有學生都穿着同一款式的校服，和挑選能幹的學生當學生幹部 (school prefects)，幫助校方維持紀律。[7]

他的改革，轟動一時。在他去世以後於英國新建立起來的私立寄宿學校，大都按照他的模式建校。而細察韋禮士主教在火奴魯魯創立的意奧蘭尼學校，處處可以見到這種新型英國公學的影子。例如宗教生活方面：「每名學生都必須參加每天在該校教堂舉行的早經晚課……該主教親自講授基督宗教的教義，教導他們必須破除迷信和批判膜拜異端神像」。[8] 在意奧蘭尼學校被潛移默化了三年以後的孫中山，甫回故鄉即毀瀆翠亨村村民視為最神聖的北帝神像，亦與此有關？

韋禮士主教規定所有宿生在星期天必須參加主日崇拜，崇拜儀式在他的主教准座堂 (pro-cathedral) 舉行。同學們列隊從位於卑斯街 (Bates Street)

6　Michael McCrum, *Thomas Arnold Head Master* (Oxford University Press, 1989), p. 116.

7　Michael McCrum, *Thomas Arnold Head Master* (Oxford University Press, 1989), p. 116-7.

8　Lyon Sharman, *Sun Yat-sen: His Life and its Meaning* (New York, 1934), p. 13.

的意奧蘭尼學校，像行軍般步操經過奴安奴街 (Nuuanu Street)，到達貝熱坦尼阿街 (Beretania Street)，左轉到堡壘街 (Fort Street), 然後直趨娥瑪王后街 (Emma Street) 的聖安德魯 (St. Andrew's) 主教准座堂 (pro-cathedral)，以便參加 11 時舉行的英語彌撒。他們按序坐在教堂右邊預定的長椅上。彌撒過後，再列隊步操回學校。

若有英國兵艦到訪，官兵們同樣列隊，在橫笛手與軍鼓手所奏的軍樂節奏帶領下，雄糾糾氣昂昂地步操到聖安德魯主教准座堂參加早上 11 時的禮拜，他們紅色的軍服，燦爛奪目。

軍訓是英國公學不容或缺的課程：「我們每天大清早就在爾本‧盧 (Eben Low) 先生的指導下，進行軍訓，不停大踏步地往前走、左轉、右轉、後轉、跟步走。他用英語下口令時，我都能聽懂，後來突然之間他改用夏威夷語，我就有點迷惘。經瞭解，原來他說：『跟步走！』我本來一直就是跟步走嘛」，[9] 鍾工宇回憶說。孫中山的注意力卻不在左轉、右轉、跟步走這些形式上的訓練，而在戰術和戰略上的意義！[10]

體育方面，像英國那樣打欖球需要很大的場地，費用不菲。儘管有錢買了地皮，而火奴魯魯山地多於平地，要平整廣大的一幅土地，談何容易？變通辦法，就是選擇有集體性質的活動。在這方面，鍾工宇提供了很珍貴的資料：

　　每天下午課餘時份，我們就結隊上山到阿樂可基 (Allekoki) 山水潭游泳，是為每天最快樂的時光。混血兒占姆‧莫士 (Jim Morse) 自告奮勇地當我們教練，他非常耐心，我很快就游得很出色，甚至從十二呎高的懸崖跳進水裏也毫無懼色。每個星期六的下午，就改為進軍卡盆納瀑布 (Kapena Falls)，在那裏游泳兩三個小時，直到晚餐時間快到了，才依依不捨地回校。我實在愛游泳，光是學好了游泳，家父送我到意奧蘭

9　Chung Kung Ai, *My Seventy Nine Years in Hawaii, 1879-1958.* Hong Kong: Cosmorama Pictorial Publisher, 1960, p. 53.

10　Linebarger, *Sun Yat Sen and the Chiese Republic,* p. 129.

圖 34.1
卡盆納瀑布（Kapena Falls, Oahu）

尼學校讀書兩年所花的三百塊錢，就已完全值得。[11]

此外：

　　韋禮士主教安排我們華裔學童共六人全權負責種植學校所擁有的一個菜園。該菜園在校外約五百呎的地方。我們種了生菜，但吃不完，以至生菜老得長花了，我們就向菜花扔石頭取樂。雖然這個種菜的活兒枯燥乏味，我們還是非常喜愛這份差事，因為我們可以藉此多做戶外活動。[12]

多做「戶外活動」，「不做書蟲」，德育、智育、體育「全面發展」，正是英國公學的教育理論基礎。至於寄宿學校有規律的集體生活，更是培養學生合作互助精神不容或缺的組成部份：

11　Chung Kung Ai, *My Seventy Nine Years in Hawaii, 1879-1958*. Hong Kong: Cosmorama Pictorial Publisher, 1960, p. 56.

12　Chung Kung Ai, *My Seventy Nine Years in Hawaii, 1879-1958*. Hong Kong: Cosmorama Pictorial Publisher, 1960, p. 57.

0530　　值班學生搖鈴，所有宿生一塊起床，列隊步行到山溪上洗澡。

0630　　在宿舍陽台列隊，點名，然後列隊進入學校的教堂早經。

0700　　學生輪班集體打掃衛生。

0730　　集體早餐〔餐前餐後由舍監帶頭祈禱祝福與謝恩〕。

0815　　軍事鍛練（逢星期一與星期五）。

　　　　練習演唱聖詩（逢星期二與星期四）。

0900　　上課。

1200　　集體午餐〔餐前餐後由宿監帶頭祈禱謝恩〕。

1300　　上課。

1545　　集體體力勞動諸如種菜、栽花、木工、印刷、大掃除。

1615　　列隊步行到山溪上游泳。

1730　　集體晚餐〔餐前餐後由舍監帶頭祈禱謝恩〕。

1830　　在學校教堂晚課。

1900　　集體在大堂裏自修。

2100　　上牀。

2120　　關燈。[13]

　　別小看這日程，哪怕是進膳吧，都有一定的程序：先是全體肅立，待校監與其他教職人員進場各就各位後，再由校監在主席位上站着祈禱祝福，同學們回應，才開始一齊坐下來用膳。膳畢，校監先站起來，其他教職員和宿生馬上一齊肅立。校監祈禱謝恩，同學們回應，校監離座，教職員隨他離去後，同學們才能列隊離開。[14] 這是一種紀律問題，校方有明文規定。

　　從這個角度看問題，則孫中山從意奧蘭尼學校那裏進一步學到非常珍貴的一點，那就是按章辦事。所有規章制度，明文發表，各人熟識規章後，上下人等，一體凜遵。這是法治精神。可以想像，孫中山在意奧蘭尼學校過了

13　May Tamura, 'Preserving Iolani's Past', insert in *Iolani School Bulletin* (Winter 1980 — Fall 1981), page C, quoted in Irma Tam Soong, 'Sun Yat-sen's Christian Schooling in Hawaii', *Hawaiian Journal of History*, v. 31 (1997), pp. 151-178: at pp. 161-162.

14　這是筆者多年在牛津大學聖安東尼學院當研究生 (1968-71)、研究研究員 (1971-74) 和在澳洲悉尼大學聖安德魯學院 (1974-76) 和聖約翰學院 (1991-94) 生活體驗所重建起來的一幅圖畫。

約三年（1879-1882）有條不紊的生活，在他心靈中留下深深的烙印。

至於挑選突出的學員來當學生幹部，則當時宿生人數有限，沒有這個必要，就由韋禮士主教這舍監親自維持秩序，包括宿生入睡後查房。當他發覺有宿生睡酣後把被子踢開，就靜悄悄地為他重新蓋上，以防着涼。[15] 正如這種新興公學制度的創始人唐馬士・安奴 (Thomas Arnold) 所説，宿生離開了家庭，缺乏家庭溫暖，校方必須填補這個空缺。韋禮士主教就非常自覺地兼嚴父慈母於一身。其父母都在萬里以外的孫中山，這位代理嚴父慈母對他會產生甚麼影響？

韋禮士主教創辦的這所學校，的確辦得很好。夏威夷教育部 1878 年的雙年度報告，讚揚意奧蘭尼學校説：「教學方法既現代化又優越 (modern and excellent)，宿舍的設備齊全，制度完善，清潔衛生，是同類學校的典範」。[16] 報告又説，意奧蘭尼學校共有 58 名學童，其中 12 名獲頒發政府獎學金．[17]1880 年的雙年度報告説，學童當中，43 名寄宿生，九名為走讀生。教育部長比索先生 (Charles R. Bishop) 對該校的評價是：「學校朝氣蓬勃，教學效率高」。他對該校宿舍的評價尤好：「宿舍整齊清潔，宿生體格優良，彬彬有禮，潔身自愛」。[18]1882 年，學生人數如前。[19]

若孫中山沒有接受過這種現代化教育，而是一輩子蹲在窮山溝裏的翠亨村，則無論犁頭尖山上的皇帝田如何預言，孫中山也不會成龍。準此，當本偵探每次想到那些頻頻撰寫有關孫中山論文的專家，哈哈！天天把翠亨村描述為「人傑地靈」的專家，哈哈！哈哈！「蹲在太師椅上的歷史學家」(armchair historian)，一點不假！

15　Chung Kun Ai, *My Seventy Nine Years in Hawaii* (Hong Kong: Cosmorana Pictorial 1960), p. 107.

16　Hawaiian Department of Public Education Biennial Report, 1878, p. 17.

17　*Biennial Report of the Department of Public Instruction, 1878*, p. 35, quoted in Ernest Gilbert Villers, 'A History of Iolani School' University of Hawaii M.A. thesis, 1940, p. 47.

18　*Biennial Report of the Department of Public Instruction, 1880*, p. 35, quoted in Ernest Gilbert Villers, 'A History of Iolani School' University of Hawaii M.A. thesis, 1940, p. 60.

19　*Biennial Report of the Department of Public Instruction, 1882*, p. 36, quoted in Ernest Gilbert Villers, 'A History of Iolani School' University of Hawaii M.A. thesis, 1940, p. 61.

但是，若孫中山在意奧蘭尼學校讀書時不是寄宿生而是走讀生，本偵探所偵查出來的上述一切，都等同白費！意奧蘭尼學校對孫中山現代化革命思想的影響云云，也會大打折扣。所以，接下來的急務，是查清楚孫中山是否寄宿生。結果如何？且聽下回分解。

第三十五章

《聖經》激勵孫中山成龍（三）：
孫中山是寄宿生？

　　上章提到，若孫中山在意奧蘭尼學校讀書時不是寄宿生而是走讀生，本偵探所偵查出來的一切，都等同白費！意奧蘭尼學校對孫中山現代化革命思想的影響云云，也會大打折扣。所以，本章急務，是查清楚孫中山是否寄宿生。

　　林百克 (著)、徐植仁 (翻譯) 的《孫中山傳記》沒有直接說明這個問題。但是它說，孫中山「至檀，居茂宜島〔Maui Island〕茄荷蕾〔Kaului〕埠，初於德彰公〔按即孫眉〕開設之德隆昌米店中佐理商務，習楷耐楷人 (土人) 方言及中國式之記賬法、珠算應用法，覺興味索然，殊非所好。德彰公知先生有志於學也，旋使入設於火奴魯魯之意奧蘭尼書院就讀」。[1] 此說為《國父年譜》所採納。[2] 準此，孫中山應該是寄宿生，因為茂宜島（Maui Island）距離火奴魯魯所在的奧阿厚島 (Oahu Island) 甚遠，以當時的交通條件來說，絕沒可能每天來回上學。

　　但孫中山回憶說，他初抵火奴魯魯時，孫眉帶他到依瓦 (Ewa) 地區的農莊居住。[3] 他的同學鍾工宇也回憶說，孫眉原來在奧阿厚島的依瓦 (Ewa)[4]

1　林百克 (著)，徐植仁 (譯)：《孫中山傳記》(上海：商務印書館，1926)，頁 114-8。

2　《國父年譜》(1994 年增訂本)，上冊，頁 27，第 1897 年秋條。

3　'After he had spent a few days in Honolulu, seeing the sights and getting acquainted in his new midst, Wen was conducted by his brother to a place which he knew under the name of Ewa, and which is now in the Pearl Harbour district.' Linebarger, *Sun Yatsen* (1925), P. 122.

4　全名 Ewa Waipahu。

圖 35.1
奧阿厚島地圖（Map of Oahu）：
包括（Ewa）和火奴魯魯（Honolulu）
（來源：http://Oahulisting.com/area.html）

地方，關有一個農場。[5] 這依瓦 (Ewa) 在奧阿厚島的甚麼地方？距離同是位於
奧阿厚島的火奴魯魯 (意奧蘭尼學校所在地) 有多遠？孫中山能否當天來
回？1996 年本偵探親往火奴魯魯實地探勘時，承牛津大學舊同窗 Dr Kennon
Breazeale 賜告，依瓦是一個山谷，在火奴魯魯以西、比珍珠港更西的地方。
他開車載本偵探先上火奴魯魯山的巔峰 , 然後往西遠眺，勉強可以看到珍珠
港，但已是群山重疊；努力再往西看，就是看不到伊瓦，只看到另有數山群
疊。若開車前往，在現代高速公路上走，超過一小時。以 1879 年的交通工
具來說，翻山越嶺般走路是不行的。若是坐船沿岸航行的話，還可以。但若
是坐當時的土船，則所需時間同樣是排除了孫中山當天來回上學的可能性。
故本偵探認為孫中山在 1879 年入學時必須寄宿。

　　但是歸根結柢，推論不能代替翔實證據，所以多年以來本偵探還是不斷
明查暗訪。待找到鄭照 1935 年的回憶錄時，本偵探的考證就急轉直下。鄭
照說 , 孫中山在英人韋禮士主教當校長的「埃奧蘭尼 (Iolani) 中學」讀書時，
「先兄鄭金是與他同學，共住於宿舍同一房間，臥床毗連，異常友好」。[6] 若
此言屬實，則可被視為孫中山曾在意奧蘭尼學校寄宿的明證。可惜鄭照在同

5　鍾工宇：〈我的老友孫中山先生〉(中譯本)，尚明軒、王學莊、陳松等編《孫中山生平事業追憶
　　錄》(北京：人民出版社 ,1986)，頁 726。

6　鄭照：〈孫中山先生逸事〉，載尚明軒、王學莊、陳松等編《孫中山生平事業追憶錄》(北京：人
　　民出版社 ,1986)，頁 516-520；其中頁 516，第一段。

一段回憶中犯了不少錯誤。例如，開首第一句就錯了：「我最初認識中山先生是在 1885 那一年。其時他正在檀香山的埃奧蘭尼 (Iolani) 中學讀書，年僅十八、九歲」。[7] 但據本偵探所查出的大量真憑實據，皆證明孫中山是在 1879年進入該學校的，實齡還未到十三足歲。而到了 1885 年，孫中山已經去了香港讀書。但竊以為，若鄭照在歲數和年份上搞錯了也不奇怪，因為他的年齡與孫中山差了一大截。可是，聽乃兄說曾與孫中山同宿一室這樣的掌故，記錯的機會就較少。準此，可以初步推測孫中山是寄宿生。

接着本偵探找到另外四份證據：

第一是陸燦的回憶錄的另一部份。陸燦本人也曾經就讀於意奧蘭尼學校，但年紀比孫中山少七歲。他說：當孫中山初抵檀香山時，「哥哥孫眉到碼頭來接他⋯孫眉說他將送帝象〔按即孫中山乳名〕到一個名叫洛拉尼〔按即意奧蘭尼〕的教會學校去上學⋯帝象必須住校」。[8]

第二是韋禮士主教的繼任人、熱斯塔日特主教 (Bishop Henry Bond Restarick) 的著作。熱斯塔日特主教於 1902 年接管意奧蘭尼學校。他說「阿眉拜會了韋禮士主教，結果帝象這孩子就在 1879 年的暑假後進入了意奧蘭尼當寄宿生」。[9] 該主教沒注明其話的根據，若所據乃該校檔案記錄，誠為信

<hr />

7　鄭照：〈孫中山先生逸事〉，載尚明軒、王學莊、陳松等編《孫中山生平事業追憶錄》(北京：人民出版社 ,1986)，頁 516-520：其中頁 516，第一段。

8　陸燦：《我所認識的孫中山》(北京：中國和平出版社，1986) 第 6 頁。應該指出，有關孫中山上學的段落，陸燦的全文是：「孫眉說他將送帝象 [按即孫中山乳名] 到一個名叫洛拉尼 [按即意奧蘭尼] 的教會學校去上學，校長是艾爾弗雷德‧威利斯 [按即韋禮士] 主教。遺憾的是孫眉住在一個遙遠的、名叫莫衣 [按即茂宜] 海島上，他在這個島上經營一個牧牛場。因此帝象必須住校，而且不能常去他哥哥那兒。這實際上正合帝象的心意，他可以自行其事，不受家庭的約束。」孫中山當年登陸的時候，陸燦並不在場。若陸燦有關孫中山曾在意奧蘭尼寄宿的信息是來自該校當局，則由於後來他也在該校寄宿而可信程度極高。若是憑孫眉後來在茂宜島謀生的事實來推斷孫中山曾是寄宿生，則這位比陸燦遲了好幾年才從翠亨村到意奧蘭尼學校讀書的陸燦，到達時只會見到孫眉在茂宜島的情況，而可能不知道孫眉於 1879-1883 年間曾在奧阿厚島生活的事實，以至影響其推斷的說服力。若陸燦原意並不是要把兩句話連在一起，則後一句話是敗筆，徒增混亂。

9　Henry Bond Restarick, *Sun Yat Sen: Liberator of China*，Preface by Kenneth Scott Latourette (New Haven, Connecticut: Yale University Press, 1931. London: Oxford University Press, 1931. Hyperion Press reprint edition, 1981, Westport, Connecticut), p. 12.

史。[10]

第三是孫中山在意奧蘭尼學校的同學唐雄的話，[11] 唐雄對他的妹妹盧唐氏 [12] 說，孫中山當時是寄宿生。而且，當孫中山初入校時，由於孫眉的經濟狀況還不十分寬裕，故他有一段時候在課餘充任意奧蘭尼學校的雜役以補助生活費。[13]

第四是孫眉牧場的長工、原興中會員陸華造 [14] 對楊連合 [15] 所說過的話，內容與唐雄的話相同。[16]

準此，本偵探的結論是：孫中山是寄宿生。理由有二：

第一、根據本偵探所搜集到的各種有關材料，雖然都存在着不同程度的瑕疵，但都一致認為孫中山是寄宿生，而沒有一條說他是走讀生。

第二、根據本偵探對有關材料的分析（見上文），配以 1976、1991 和 1996 三次親到火奴魯魯實地考察所得，皆加深了本偵探對這結論的信心。

鍾工宇回憶說，他入學後的第一個農曆新年，他變成一個有家歸不得的孩子。因為他雙親居住在老遠的夏威夷大島，回不了家，只好繼續留在學校的宿舍。全校其他九個華僑學生都回家去了，只有他一個僑生孤零零地留下來。但入學後的第二個農曆新年就不同了。他被孫中山邀請到孫眉的商店中同渡新春！[17]

10　可惜該校有關孫中山的原始檔案，遷校以來已蕩然無存 (1991 年筆者親訪該校時已承該校當局告知。後為慎重起見函詢，結果亦一樣。見 Panko to Wong, E-mail, 2 February 2005)，筆者無從核對。若所據乃該校舊生口碑 (該主教在其書的序言裏說，其書中所言種種，乃他到達夏威夷後與有關人士頃談所得)，則其可靠性與陸燦、鄭照的回憶錄無異。1991 年筆者親訪該校時亦獲同樣口碑，但筆者所得之口碑似乎源自該主教的書，所以筆者 1991 年之行在這方面沒有突破。

11　黃彥、李伯新：〈孫中山的家庭出身和早期事跡〉，《廣東文史資料》第 25 輯：孫中山史料專輯 (廣州：廣東人民出版社，1979)，頁 274-290：其中頁 284 注 3。

12　同上，其中頁 276。

13　同上，其中頁 284。

14　同上，其中頁 275。

15　同上，其中頁 284 注 3。

16　同上，其中頁 284。

17　鍾工宇：〈我的老友孫中山先生〉(中譯本)，尚明軒、王學莊、陳松等編《孫中山生平事業追憶錄》(北京：人民出版社,1986)，頁 726-733：其中頁 727。

　　甚麼商店？在甚麼地方？在孫中山抵達夏威夷翌年的 1880 年，孫眉在火奴魯魯市內的京街 (King Street) 至賀梯釐街 (Hotel Street) 之間的奴安奴巷 (Nuuanu Street) 開了一片商店，直至三年以後又再遷至茂宜島（Maui Island）的茄荷雷（Kaului）埠。[18] 就是說，孫中山在意奧蘭尼學校讀書期間的第二個學年 (1880－1881) 和第三年個學年 (1881－1882)，孫眉擴充業務，在火奴魯魯的市中心買了一家商店營業，孫中山可以居住在那裏，不一定要繼續在學校寄宿。

　　竊以為儘管 1880 孫眉在火奴魯魯買了一所商店，但這也意味着他必須專心營業。若再進而兼顧乃弟日常生活，可能就鞭長莫及了。不要忘記，孫眉婚後把夫人留在翠亨村，直到 1895 年孫中山在廣州起義失敗後，才由陸燦「自告奮勇擔任搬取先生及眉公家眷……乘輪赴檀」。[19] 若孫中山繼續在學校寄宿，就不必孫眉照顧他起居飲吃那麼麻煩。害病也有學校照顧。而且，眾所周知，十九世紀英國式的寄宿學校所給予寄宿生德育、智育、體育的全面教育是世界著名的。大英帝國的建立和維持，在很大程度上是依靠這種模式的寄宿學校所培養出來的優秀學生創業和守業。縱觀孫眉一生行事，絕對不是一個吝嗇的人，相信不會因為節省宿費而剝奪乃弟接受最佳教育的機會。且看孫中山抵檀之前而孫眉仍在依瓦謀生之時，已經收養了一名同是來自翠亨村的孤兒，並保送他到意奧蘭尼學校讀書、寄宿。[20] 後來他同樣地保送了孫中山前往意奧蘭尼學校讀書、寄宿，每年包括食宿的全部費用也是一百五十銀元，[21] 做生意而又慷慨大方的孫眉完全負擔得起。若命孫中山住在商店，自然而然又會命他幫忙幹這幹那，或孫中山自覺地幫忙，就會干擾他學業。且商店人來人往，又在鬧市之中，同樣地影響他學習。從孫中山後來所取得的卓越成績看，他必然是有專心讀書的條件——那就是寄宿。唐雄

18　鍾工宇：〈我的老友孫中山先生〉(中譯本)，尚明軒、王學莊、陳松等編《孫中山生平事業追憶錄》(北京：人民出版社 ,1986)，頁 726。

19　鄭照：〈孫中山先生逸事〉，載尚明軒、王學莊、陳松等編《孫中山生平事業追憶錄》(北京：人民出版社 ,1986) 頁 516-520: 頁 518。

20　Linebarger, *Sun Yat Sen and the Chinese Republic,* p. 123.

21　陸燦：《我所認識的孫中山》(北京：中國和平出版社，1986) 第 6 頁。

的父親在火奴魯魯也開了商店，樓高三層，但唐父同樣地把唐雄送到意奧蘭尼學校當寄宿生，[22] 可謂英雄所見略同。

孫中山總結他在意奧蘭尼讀書三年的心得時，自言身心所受變化極大，理由是該校紀律嚴明，而他竭誠遵守校中紀律，並因此而渴望中國同樣醒覺到自動嚴守紀律的重要性。[23] 如果他只是日校走讀生，要遵守的紀律不多。不遲到早退，課堂上不亂説話，休息時不打架，衣着整齊，就差不多了。若是寄宿生，那紀律就多得多了。何時早起何時夜寢，何時進膳何時勞動，何時洗澡何時操練，何時上課何時自修，何時上教堂早經晚課等等，像鐵一般的紀律。益格魯．撒克遜文明賴以建立起日不落的大英帝國，正是這種寄宿學校鐵一般的紀律所訓練出一批又一批工作效率高超的人材來打天下、守天下的。孫中山能不感受極深？孫中山既然已經感受到意奧蘭尼學校紀律的重要性，證明他親身經歷過這種紀律，故竊以為他極可能是意奧蘭尼的寄宿生。

若是寄宿生，那麼校監兼舍監的韋禮士主教對孫中山的影響就不容忽視了。理由有二：

第一、從教育心理學上講，小孩的成長，第一道對他最具影響力的是父母。英國公學十九世紀模式的設計者唐馬士．安奴曾説過：寄宿生缺乏父母溫暖，故校監等人必須彌補這個空缺，以便孩子們健康成長。[24] 當時孫中山的父母遠在萬里之遙，能取而代之的就是那位天天帶領他和同學們在學校教堂裏早經晚課，在飯堂裏一天三餐都帶頭祝福與謝恩，在課堂裏講授基督宗教教義與人生哲理，晚上巡房的韋禮士主教。[25] 孫中山遇到這位有教養而又慈愛的主教，會不會在不知不覺之間就把他視為義父？每一位小孩在成長過程中、心理上都需要一個「父親的形象」（father figure）。這位英國主教是否就

22　Chung Kung Ai, *My Seventy Nine Years in Hawaii, 1879-1958*. Hong Kong: Cosmorama Pictorial Publisher, 1960, p. 89.

23　林百克（著），徐植仁（譯）：《孫中山傳記》（上海：商務印書館，1926），頁 121。

24　Michael McCrum, *Thomas Arnold Head Master* (Oxford University Press, 1989), p. 117.

25　May Tamura, 'Preserving Iolani's Past', insert in *Iolani School Bulletin* (Winter 1980 — Fall 1981), page C, quoted in Irma Tam Soong, 'Sun Yat-sen's Christian Schooling in Hawaii', *Hawaiian Journal of History*, v. 31 (1997), pp. 151-178: at pp. 161-162.

圖 35.2
威禮士主教（Bishop Alfred Willis, 1836 — 1920）

曾經為孫中山提供過這樣的一個形象？

第二、從實際情況出發，則有些宿生注意到，該主教在所有宿生都已經就寢後，他還不辭勞苦地深夜查房。鍾工宇回憶說：韋禮士主教「經常在夜闌人靜的時候到我們的宿舍來巡視，若發覺有哪位小朋友踢開毛毯時，就輕輕地為他重新蓋上，慈愛之情，不亞父母」。[26] 似乎是鍾工宇或其他小朋友偷偷地看過這位主教的舉動，在小朋友的圈子中傳起來。既然鍾工宇知道了，他的摯友孫中山當然也知道的可能性極高。退一步說，儘管孫中山不知道，但關鍵是鍾工宇這段回憶傳達了一個重要信息：該主教是一位慈祥長者，他對同學們的慈愛會在學校生活中的其他方面表達出來，以至鄭照也回憶說，該主教「人格高尚，循循善誘」。[27] 陸燦甚至說，韋禮士主教是位「無私的、不尋常的人」。[28] 孫中山也肯定曾感受到該主教的慈愛。

第三、孫中山從事革命後所表現出來的那種不屈不撓的頑強精神，大有

---

26 Chung Kun Ai, *My Seventy Nine Years in Hawaii* (Hong Kong: Cosmorana Pictorial 1960), p. 107.

27 鄭照：〈孫中山先生逸事〉，載尚明軒、王學莊、陳松等編《孫中山生平事業追憶錄》(北京：人民出版社 ,1986)，頁 516-520：其中頁 516

28 陸燦：《我所認識的孫中山》(北京：中國和平出版社，1986)，頁 7。

韋禮士主教那種橫眉冷對別人批評他頑固的作風。正所謂不知我者謂我頑固，知我者謂我頑強。孫中山的頑強，是否曾深受韋禮士主教的「頑固」所影響。

第三十六章

《聖經》激勵孫中山成龍（四）：拔萃書室

　　孫中山在夏威夷的基督宗教英國聖公會傳教士創辦的意奧蘭尼學校讀書三年，以優秀成績畢業。接着在夏威夷的基督宗教法國天主教傳教士創辦的聖路易學校讀書一個學期，緊接着又在夏威夷的基督宗教美國綱紀慎會傳教士創辦的瓦湖書院預備學校讀書一個學期以後，《聖經》對他的影響是如此之深，以至他嚷着要領洗成為基督徒。乃兄孫眉大吃一驚，馬上把他送回翠亨村。回到故鄉以後，孫中山實在無法忍受村民的愚昧落後與迷信。為了破除迷信，他與陸皓東一道毀瀆翠亨村村民視為最神聖的北帝神像。村民鳴鑼聚眾，大興問罪之師，孫中山倉皇逃往香港。[1] 之後如何？學術界存在着很大的爭論，爭論的焦點集中在於他曾否在香港的拔萃書室唸過書。一説他有，但提不出具體證據，結果讓另一批人説他沒有。若有，則孫中山會繼續浸潤在正規的基督宗教學校教育中，若否，則學校式的《聖經》教育，是否到此為止？茲事體大，本偵探決意查個水落石出。

　　《中國人名大字典》(倫敦：1898)，原名：翟理斯 (編)：《古今姓氏族譜》(倫敦，1898)，〔Herbert A. Giles (ed.), *A Chinese Biographical Dictionary* (London, 1898) 〕，其中第 1824 條：〈孫文〉，只是説孫文從夏威夷回國後，不久就入讀香港皇仁書院，隻字沒提拔萃書室 (Shortly afterwards he returned to China and joined Queen's College in Hong Kong)。

　　再徵諸世上第一本《孫中山傳》—— 美國人林百克著的《孫逸仙傳》〔Paul Linebarger, *Sun Yat-sen and the Chinese Republic* (New York, 1925) 〕，也只説孫中山到達香港後，即入讀皇仁書院，隻字沒提拔萃書室；後來徐植

1　見拙著《三十歲前的孫中山》(香港：中華書局，2011；北京：三聯書店，2012)，題為「檀島西學」的章 4。

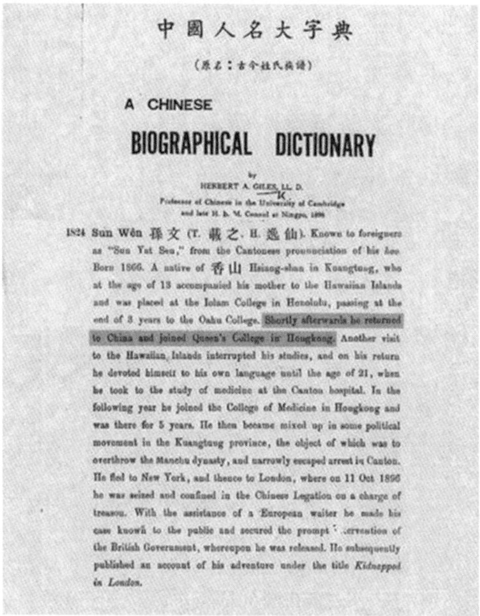

中國人名大字典

（原名：古今姓氏族譜）

A CHINESE

BIOGRAPHICAL DICTIONARY

by

HERBERT A. GILES, LL. D.

Professor of Chinese in the University of Cambridge

and late H. B. M. Consul at Ningpo, 1898

1824 Sun Wên 孫文 (T. 載之. H. 逸仙). Known to foreigners as "Sun Yat Sen," from the Cantonese pronunciation of his *hao*. Born 1866. A native of 香山 Hsiang-shan in Kuangtung, who at the age of 13 accompanied his mother to the Hawaiian Islands and was placed at the Iolani College in Honolulu, passing at the end of 3 years to the Oahu College. Shortly afterwards he returned to China and joined Queen's College in Hongkong. Another visit to the Hawaiian Islands interrupted his studies, and on his return he devoted himself to his own language until the age of 21, when he took to the study of medicine at the Canton hospital. In the following year he joined the College of Medicine in Hongkong and was there for 5 years. He then became mixed up in some political movement in the Kuangtung province, the object of which was to overthrow the Manchu dynasty, and narrowly escaped arrest in Canton. He fled to New York, and thence to London, where on 11 Oct 1896 he was seized and confined in the Chinese Legation on a charge of treason. With the assistance of a European waiter he made his case known to the public and secured the prompt intervention of the British Government, whereupon he was released. He subsequently published an account of his adventure under the title *Kidnapped in London*.

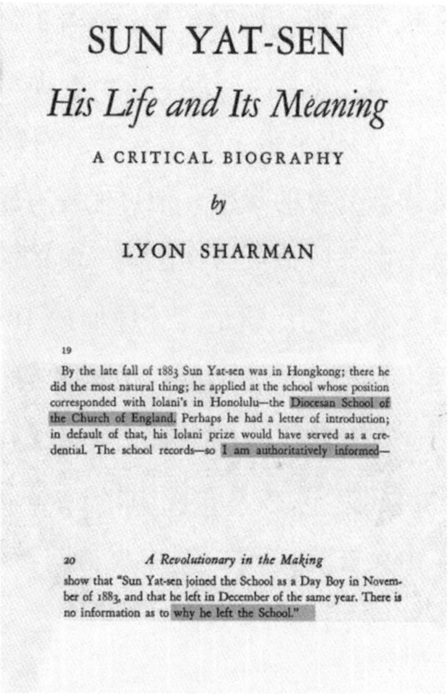

SUN YAT-SEN

His Life and Its Meaning

A CRITICAL BIOGRAPHY

by

LYON SHARMAN

19

By the late fall of 1883 Sun Yat-sen was in Hongkong; there he did the most natural thing; he applied at the school whose position corresponded with Iolani's in Honolulu—the Diocesan School of the Church of England. Perhaps he had a letter of introduction; in default of that, his Iolani prize would have served as a credential. The school records—so I am authoritatively informed—

20 *A Revolutionary in the Making*

show that "Sun Yat-sen joined the School as a Day Boy in November of 1883, and that he left in December of the same year. There is no information as to why he left the School."

圖 36.1
倫敦 1898 年出版的《中國人名大字典》（其中沒提拔萃）
圖 36.2
夏曼（著）《孫逸仙傳》英文原著（紐約，1834）

仁將其譯成漢語：《孫中山傳記》(上海：商務印書館，1926)，也沒備注以作任何補充。但林百克之沒有提及此事並不能證明孫中山並未在拔萃讀過書，因為林百克只是在 1919 年用了幾天時間與孫中山談他的家世後就寫成他的傳記，其中粗略與記憶錯誤之處，在本書題為「聖經激勵孫中山成龍 (三) 孫中山是寄宿生？」的第三十五章中，已經有先例可徵：該章在探索 1879–1882 年間孫中山在意奧蘭尼學校讀書、孫眉是在茂宜島還是奧阿厚島居住以便確定孫中山是寄宿生還是走讀生的問題時，已經證明林百克所提供的信息有時是會錯誤的。至於 1898 年在倫敦出版的《古今姓氏族譜》，則竊以為編者有刪節材料的權力，他沒提孫中山曾在拔萃唸書並不能證明孫中山未曾在該校唸過書。

查 1991 年北京中華書局出版的《孫中山年譜長編》，謂 1883 孫中山曾

在拔萃讀書，所據乃夏曼 (著)《孫逸仙傳》(紐約，1934)；[2] 追閱夏曼的英語原著，則曰：「1883 年冬，孫中山到了香港，接着做他最自然不過的事情 —— 向拔萃書室申請入學，因為香港拔萃是檀島意奧蘭尼同一種體制，皆英國聖公會的學校。他可能持有意奧蘭尼學校寫給他的介紹信，不然他出示意奧蘭尼發他英語文法第二獎的證書，就足以證明他的履歷。承權威人仕賜告，該校記錄顯示『孫逸仙於 1883 年 11 月入學，同年 12 月離開，離校原因不明』。」[3] 很明顯：拔萃書室的原始檔案是關鍵。但該原始檔案往哪找？

查台灣出版的《國父年譜》(1985 年增訂本)，則謂 1883 年，孫中山：「走香港，入拔萃書院 (Diocesan Home) 肄業」。所據乃林友蘭：〈國父在香港中央書院〉一文。[4] 中央書院者，皇仁書院之前身；於是追閱《皇仁書院校史》，其中第 29 頁說：

> 據 Featherstone 所著的《拔萃男校與拔萃孤兒院史錄》，他〔孫帝象〕來中央書院讀書前，曾在拔萃讀過書，時間是 11 月到 12 月之間。為何他這麼快就離開，則無從得知，可能是他爸爸去世了，他回翠亨村奔喪。[5]

其中第二句肯定是錯的：據《孫氏家譜》記載，孫父達成公於 1888 年 3 月 23 日逝世，而不是 1883 年。至於第一句話，則欣悉拔萃有校史，於是電

2　陳錫祺 (主編)：《孫中山年譜長編》一套兩冊 (北京：中華書局，1991)，上冊，頁 35－36，1883 年 11－12 月條。

3　Lyon Sharman, *Sun Yat-sen: His Life and Meaning* (New York, 1834)),pp. 19-20: 'The school records — so I am authoritatively informed — show that "Sun Yat-sen joined the School as a Day Boy in November of 1883, and that he left in December of the same year. There is no information as to why he left the School".'

4　羅家倫、黃季陸主編，秦孝儀 增訂：《 國父年譜 》一套 2 冊 (台北：中國國民黨中央黨史委員會，1985)，上冊，頁 33。

5　'Before coming to the Central School he had spent a few weeks at the Diocesan Home — according to W.T. Featherstone's *History and Records of the Diocesan Boys' School and Orphanage,* he was there from November to December 1883. Why he left so soon is unknown but it is possible that his father's death obliged him to return to his home in Cuiheng.'- Gwenneth Stokes , *Queen's College, 1862-1962* (Hong Kong: Standard Press , 1962), p. 29.

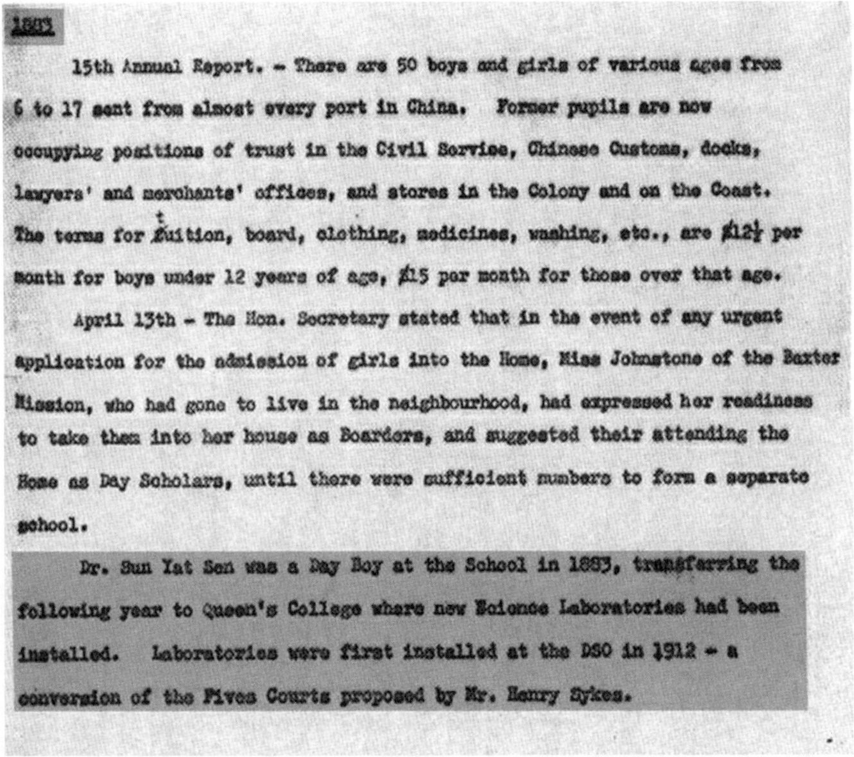

1883

15th Annual Report. - There are 50 boys and girls of various ages from 6 to 17 sent from almost every port in China. Former pupils are now occupying positions of trust in the Civil Service, Chinese Customs, docks, lawyers' and merchants' offices, and stores in the Colony and on the Coast. The terms for tuition, board, clothing, medicines, washing, etc., are $12½ per month for boys under 12 years of age, $15 per month for those over that age.

April 13th - The Hon. Secretary stated that in the event of any urgent application for the admission of girls into the Home, Miss Johnstone of the Baxter Mission, who had gone to live in the neighbourhood, had expressed her readiness to take them into her house as Boarders, and suggested their attending the Home as Day Scholars, until there were sufficient numbers to form a separate school.

Dr. Sun Yat Sen was a Day Boy at the School in 1883, transferring the following year to Queen's College where new Science Laboratories had been installed. Laboratories were first installed at the DSO in 1912 - a conversion of the Fives Courts proposed by Mr. Henry Sykes.

圖 36.3
《拔萃編年史》打字稿 1883 年部份
（2006 年 9 月 25 日，黃宇和、鄧紀傑掃描調整）

求香港歷史檔案館幫忙，該館許崇德先生，自費在公餘時間把有關頁碼掃描傳真擲下，特此致以深切謝意。可惜，校史中 1883 年的部份，並沒孫中山的消息。

於是本偵探改變思路：拔萃男校英文名字是 Diocesan Boys' School，意譯為主教區男校，直屬英國聖公會香港主教，歷任主教可留有文書在英國？查英國聖公會有兩個海外傳道會：

1. Church Missionary Society（教會傳道會）
2. Society for the Propagation of the Gospel（聖經傳道會）

香港主教區原屬前者，原始檔案存英國。於是本偵探馬上飛英，惟到達倫敦方知 Church Missionary Society（教會傳道會）的檔案存伯明翰 (Birmingham) 市的伯明翰大學，承伯明翰大學賜覆：當時教會傳道會的倫敦

總部只存總部檔案，地方檔案仍留在地方。

　　於是本偵探飛回香港，商諸香港歷史檔案館的許崇德先生。承其相告，英國聖公會香港 (包括澳門) 主教區的檔案全部存放在該館，其中就有拔萃男校的檔案。本偵探大喜過望。經他熱情公函代獲該校張灼祥校長許可後，許先生提供了該校一份文件：〈拔萃男校編年史〉(英文打字稿) 的有關部份說孫逸仙是走讀生：

> Sun Yat Sen was a Day Boy at the School in 1883, transferring the following year to Queen's College where new Science Laboratories had been installed. (孫逸仙是本校 1883 年走讀生，翌年轉讀皇仁書院，蓋該院新設立了科學實驗室)。[6]

　　這段內容，所據為何？該打字稿是 1969 年拔萃男校的一位教師威廉‧斯邁理 (William Smyly)[7] 先生所編著者。威廉‧斯邁理先生沒有提供出處，無從考核。若是該校口碑，而威廉‧斯邁理先生又作了如是說明的話，則可省卻部份疑慮。但他連這樣的說明也沒有提供，本偵探向該校校長張灼祥先生瞭解，但張校長表示該校的檔案已於日本佔領香港時期遭毀滅，劫後餘生者皆已全部存香港歷史檔案館。[8] 惟本偵探在該館能找到的有關檔案就只有上述威廉‧斯邁理先生的打字稿！本偵探發覺自己在團團轉地不斷兜圈子。

　　至於孫中山曾否在拔萃男校讀過書的問題，則既然該校校史草稿沒提出有力證據，而該校張灼祥校長又表示愛莫能助，故有待從其它方面追查。死

6　William J. Smyly,〝History and Records of the Diocesan Boys School, Part 3a — Year by Year (1860-1947)〞(typescript, 3 September 1969), HKMS88-294, Hong Kong Public Record Office. 該件脫稿日期是 1969 年 9 月 3 日。

7　Bernard Hui to Wong, e-mail, 24 June 2003.

8　Wong to Hui, e-mail (1), 29 October 2004. Hui to Headmaster of Diocesan Boys' School, fax Ref no:（44）in PRO/REF/38 (XI), 29 October 2004. Hui to Wong, e-mail, 29 October 2004. Wong to Hui, e-mail, 29 October 2004 (2). Hui to Wong, e-mail, Monday 1 November 2004. Wong to Headmaster of Diocesan Boys' School, letter, Monday 1 November 2004. Mr Bernard Hui is an Assistant Archivist of the Hong Kong Public Record Office. Mr Terrance CHANG Cheuk Cheung is the Headmaster of the Diocesan Boys' School. I am grateful to both for their help.

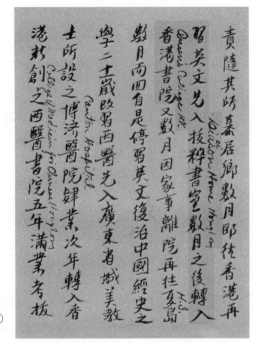

圖 36.4
孫中山致劍橋大學教授翟理斯函（有關部份）
1896 年 11 月 14 日

心不息之餘，2004 年 11 月 1 日又直接向張灼祥校長函索威廉・斯邁理先生的地址；待接其 2004 年 11 月 16 日覆示，[9] 本偵探又猶豫了：是否應該去函打擾一位早已退休並回到英國安享晚年的教師？考慮再三，最後還是不忖冒昧地在 2005 年 6 月 28 日去信了。[10] 可惜至今仍如石沉大海。

　　本偵探苦苦思索之餘，不願守株待兔，於是設法另闢蹊徑：尤記 1994 年應邀參加中國國民黨中央黨史委員會[11] 舉辦的「國父建黨革命一百週年國際學術討論會」時，曾與其他學者被特別帶領到陽明山參觀該會的檔案展覽。展品當中就有一封孫中山的親筆信，略述生平，其中有求學部份。於是再飛台北求助。發覺該文件用毛筆豎書，英文的專有名詞則用中文書寫後再在旁邊加上英文名字。其中就有本偵探窮追不捨的「拔粹【萃】書室

9　Terence Chang to Wong，letter, 16 November 2004.

10　Wong to Smyly, letter, 28 June 2005.

11　該會現已改名為中國國民黨中央黨史館 — 筆者，2004 年 10 月 24 日。

Diacison〔Diocesan〕Home」等字樣。[12] 不勝雀躍！由於此件甚具關鍵性，故將它的有關部份複製作為本書插圖，謹供讀者參考。

　　經考證，它是 1896 年 11 月 14 日孫中山回覆劍橋大學教授翟理斯 (Professor Herbert A. Giles) 的一封信。[13] 當時翟理斯正在編寫一本中國人名辭典 (*Chinese Biographical Dictionary*)，[14] 碰巧孫中山又剛剛由於倫敦蒙難而聲名大噪。[15] 於是翟理斯就決定把孫中山的生平寫進去，並邀請他寫個自傳。如此這般，孫中山就為後人留下了他曾經在香港拔萃書室讀過書的明證。可惜翟理斯把原稿刪略了不少，包括孫中山曾在拔萃書室讀書的歷史。尤幸後來國民政府出資向翟理斯家人買回該信原件，藏中央黨史會。再後來出版《總理遺墨》(出版時間不詳) 的時候，又把它影印收進去。1981 年北京中華書局出版《孫中山全集》第一卷時，就按《總理遺墨》的影印件排版印刷。[16] 如此種種，與國民政府通過外交途徑向英國外交部討回 1896 年 10 月孫中山被幽禁在倫敦公使館時向恩師康德黎醫生所發出的兩封求救簡、[17] 然後複製在《國父全集》[18] 和各種有關孫中山的書籍之做法，如出一轍。如此重視歷史證據，讓本偵探肅然起敬。

　　澄清了孫中山這封親筆信的來龍去脈，樂哉！

　　孫中山在該信裏說：到達香港之後，「先入拔粹【萃】書室 (Diacison

12　後悉該信原件複製在《國父年譜》(1985 年增訂版) 下冊圖片部份。Diocesan 是很彆扭的一個字，孫中山首先寫了 Diason，後來發覺不妥又加 ci 而變成 Diacison，仍然是錯了。

13　見拙著《孫逸仙在倫敦，1896 － 1897：三民主義思想探源》(台北：聯經出版事業股份有限公司，2007)，頁 272 － 273 對該函的鑒定與評價。

14　Herbert A. Giles (compiled), *A Chinese Biographical Dictionary* (London, 1989), reprinted by Literature House, Taipei, n.d., pp. 696-697.

15　見拙著 *The Origins of an Heroic Image: Sun Yatsen in London, 1896-1897* (Oxford University Press, 1986). 中文修訂本見《孫逸仙倫敦蒙難真相：從未披露的史實》(台北：聯經出版事業股份公司，1998 年 10 月)。簡體字修訂本見《孫中山倫敦蒙難真相》，黃宇和院士系列，(上海：上海書店出版社，2004 年)。

16　孫中山：〈覆翟理斯函〉，原件無日期，筆者酌定為 1896 年 11 月 14 日。全文見《孫中山全集》第 1 卷，頁 46-48。

17　見拙著 *The Origins of an Heroic Image: Sun Yatsen in London, 1896-1897* (Oxford University Press, 1986).

18　見《國父全集》(1989 年增訂本)，第 10 冊英文著述圖片部份。

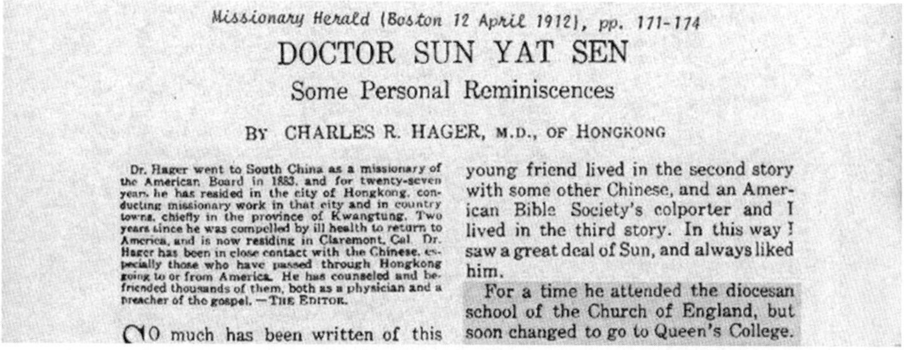

Missionary Herald (Boston 12 April 1912), pp. 171-174

DOCTOR SUN YAT SEN
Some Personal Reminiscences

BY CHARLES R. HAGER, M.D., OF HONGKONG

Dr. Hager went to South China as a missionary of the American Board in 1883, and for twenty-seven years he has resided in the city of Hongkong, conducting missionary work in that city and in country towns, chiefly in the province of Kwangtung. Two years since he was compelled by ill health to return to America, and is now residing in Claremont, Cal. Dr. Hager has been in close contact with the Chinese, especially those who have passed through Hongkong going to or from America. He has counseled and befriended thousands of them, both as a physician and a preacher of the gospel. — THE EDITOR.

○O much has been written of this

young friend lived in the second story with some other Chinese, and an American Bible Society's colporter and I lived in the third story. In this way I saw a great deal of Sun, and always liked him.

For a time he attended the diocesan school of the Church of England, but soon changed to go to Queen's College.

圖 36.5
喜嘉理撰文追憶孫中山（黃宇和、鄧紀傑掃描調整）

〔Diocesan〕Home, Hong Kong)。數月之後轉入香港書院 (Queen's College, H.K.)」。[19] 此段記載，有錯誤的地方。例如：

(1) 把「拔萃」誤作「拔粹」；

(2) 把 Diocesan 誤作 Diacison；

(3) 把 Queen's College 誤稱作香港書院。

其實，孫中山繼拔萃書室而在 1884 年就讀的學校名字叫政府中央書院 (Government Central School), 該中學直到 1894 年才改名為 Queen's College （皇仁書院）。[20] 可是這些都是枝節問題，應該不影響孫中山在該信中所說的、他曾經在拔萃書室讀過書的可靠性。而且，本偵探看不出他有任何不說實話的動機。同樣重要的是：他說曾在拔萃讀書嘗數月，而不是數週，此點容後再探索。

總的來說，此證據最是權威不過，但鑒於「孤證不立」的原則，本偵探不願意依靠一條單獨的史料就下結論，於是努力尋找徬證。2003 年 12 月飛到美國哈佛大學研究時，發現了喜嘉理牧師 (Rev. Charles Robert Hager) 1912

19　孫中山：〈覆翟理斯函〉，原件無日期，筆者酌定為 1896 年 11 月 14 日，原件藏中國國民黨中央黨史委員會。

20　吳倫霓霞 等（編）：《孫中山在港澳與海外活動史蹟》（香港：香港中文大學聯合書院，1986），頁 14。

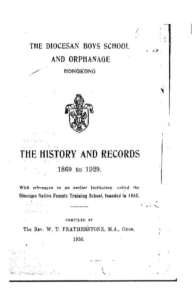

THE DIOCESAN BOYS SCHOOL
AND ORPHANAGE
HONGKONG

THE HISTORY AND RECORDS
1869 to 1929.

With references to an earlier Institution called the
Diocesan Native Female Training School, founded in 1860.

COMPILED BY

The Rev. W. T. FEATHERSTONE, M.A., Oxon,
1930.

1883
Toller, Wm.
Wong Hoi-ping
Man Fuk-lam
Young, Wm.
Ch'an Keung-tso
Tsoi Iu-tong
Yeung Yan
Cheung Shai-pun
Diercks, Christian Wm.
Chow Yue-kwai
Chow Yue-yew
Goodridge, Thomas
Goodridge, John
Leung Ming
Lai Sui-yung
Hunter, Toby
Lam Hung-kwan
Ng Kun-üt
Yeung Man-wo
Leung Ip
Gifford, Thomas
Powers, Rodney
Wong Lai-fong
Sün Tui-chew（孫帝象）
Wong Shai-yau

圖 36.6
《拔萃男校編年史》（封面）（黃
宇和、鄧紀傑掃描調整）
圖 36.7
《拔萃男校編年史》第 155 頁
（此表不以英文字母先後排，則
似乎是按報名先後排列。孫帝
象等字樣是本偵探加上去的）

年 4 月 12 日在波士頓《傳教士先驅報》(*The Missionary Herald*) 上發表的一篇回憶錄，裏邊就提到孫中山到達香港後，「曾經有一段時候在英國聖公會所辦的拔萃學校唸書」(For a time he attended the diocesan school of the Church of England)。[21] 故喜嘉理牧師可以被視為孫中山曾在拔萃書室唸過書的人證。

最後，本偵探覺得拔萃書室本身應該有確實的史料。故再商諸香港歷史檔案館許崇德先生，承許崇德先生幫忙，又一次代本偵探公函向拔萃男校校長張灼祥先生取得許可之後，把《拔萃男校編年史》的 1883 年和 1884 年之部份複印擲下。[22] 閱後可知該書編者是把該校每年的《年報》(Annual Report) 集中起來按時間先後排版印刷並釘裝成冊而成。其中 1883 年之《年報》第 155 頁，赫然印有 Sun Tui-chew 之名字。經鑒定，本偵探的結論是：此乃孫

21　Charles R. Hager,　'Dr Sun Yat Sen:　Some Personal Reminiscences', *The Missionary Herald* (Boston, April 1912), pp. 171-174: at p. 171 col. 2. This article was later reprinted in Sharman, *Sun Yat-sen*,　pp. 382-387. 漢語譯本見馮自由：《革命逸史》（北京：中華書局 1981 重版），第二冊，頁 12-18：其中頁 13。該文又收進尚明軒等 (編)《孫中山生平事業追憶錄》(北京：人民出版社，1986)，頁 521-524：其中頁 521。

22　Bernard Hui to Wong, fax, 28 August 2003, with attachments.

帝象之音譯。[23] 孫帝象之名，在不同時期不同地方有不同的音譯：

1. 1879 年在火奴魯魯意奧蘭尼學校註冊入學時，孫帝象的拼音是 Sun Tai Cheong；[24]

2. 意奧蘭尼學校校史的作者稱其為 Sun Tai-chu，又補充説：Tai Cheong 是其別名；[25]

3. 他在意奧蘭尼學校畢業時，所領英文文法第二獎時，獎狀上寫的名字是 Tai Cheu；[26]

4. 1883 年 1 月在火奴魯魯奧阿厚書院預備學校註冊入學時，孫帝象的拼音是 Sun Tai Chui；但該校 1961 尼校友名單上，孫中山的名字拼作 Tai Chock；[27]

5. 1883 年在香港拔萃書室註冊入學時，孫帝象的拼音是 Sün Tui-chew；[28]

6. 1884 年 4 月在香港中央書院註冊時，孫帝象的拼音是 Sun Tai Tseung。[29]

立此存照。

茲將該《拔萃男校編年史》(英文版) 之封面，以及其中第 155 頁之學生人名表複製如下，並在 Sun Tui-chew 這名字的旁邊加上孫帝象等字樣，同樣是為了立此存照。

既有人證 (喜嘉理牧師)，又有物證 (孫中山的親筆信以及《拔萃男校編年史》，應該可以説，孫中山曾在拔萃書室唸過書無疑。終於查清此懸案，

23　Rev W. T. Featherstone (comp.), *The Diocesan Boys School and Orphanage, Hong Kong* (Hong Kong: Ye Olde Printers, 1930), p. 155.

24　馬兗生：《孫中山在夏威夷：活動和追隨者》(北京：世界知識出版社，2003)，頁 5。

25　Quoted in Ernest Gilbert Villers, 'A History of Iolani School' University of Hawaii M.A. thesis, 1940, p. 49.

26　'English Grammer, 1st, D. Notley; 2nd, Tai Cheu'，see Bernard Martin, *Strange Vigour: A Biography of Sun Yatsen* (London : William Heinemann, 1944), p. 21

27　同注 24。

28　見本章圖 36.3《拔萃男校編年史》頁 155。

29　圖 36.7 孫中山在中央書院註冊入學時所申報的名字拼音。

如釋重負。

　　行文必須首尾呼應。在此，容本偵探回應本文開宗明義的呼喚：孫中山到達香港後繼續浸潤在基督宗教英國聖公會開辦的拔萃書室正規的《聖經》學校教育中。接下來要解決的問題是：孫中山在拔萃讀書共讀了多長時間？上面引述過的美國作家夏曼說「承權威人仕賜告，該校記錄顯示『孫逸仙於1883 年 11 月入學，同年 12 月離開，離校原因不明』。」[30] 實情是否如此？此外，若 11 月底入學，12 月初離開，則猶如蜻蜓點水。此外，〈拔萃男校編年史〉（英文打字稿）說他是走讀生，則走讀生與寄宿生所受的教育是不同的，必須徹查。結果如何？且聽下回分解。

30　Lyon Sharman, *Sun Yat-sen: His Life and Meaning* (New York, 1834)),pp. 19-20: 'The school records — so I am authoritatively informed — show that "Sun Yat-sen joined the School as a Day Boy in November of 1883, and that he left in December of the same year. There is no information as to why he left the School".'

第三十七章

聖經激勵孫中山成龍（五）：
拔萃書室、中央書院

上章發現，拔萃男校前教師威廉・斯邁理 (William Smyly)[1] 先生所編著的拔萃校史中，1883 年那一條說孫中山 1883 年是走讀生，但沒說明何時入學。[2]《孫中山年譜長編》說是 12 月，並云所據乃夏曼的書。[3] 其實夏曼 (Lyon Sharman) 說是 11 月[4]。但夏曼自己卻說所據乃拔萃的原始檔案 (school records), 惟該原始檔案已經在日軍佔領香港時遭毀滅，如何是好？本偵探發覺自己再一次追着自己的影子團團轉！

本偵探另闢巧徑，改為追查孫中山何時從翠亨村重臨香港！若查出此日期，可知孫中山這好學的人在此不久之後就會入讀拔萃了。當時香港自由進出，沒出入境記錄。上一章查出喜嘉理牧師在香港與孫中山相熟，若喜嘉理牧師留有文書，則可能提供珍貴綫索。

本偵探開始追蹤有關喜嘉理牧師的原始檔案。可惜多年皆屬徒然。後承香港大學建築系龍炳頤教授相告，喜嘉理牧師在香港創立的華人教堂名叫公理堂，現屬中華基督教會，現址是銅鑼灣禮頓道 119 號 (Corner of Leighton Road and Pennington Street, Causeway Bay, Hong Kong)。於是本偵探就在 2002 年 12 月 15 日星期六，興沖沖地坐飛機趕往香港，翌日專程拜訪該堂主牧陳志堅牧師。陳牧師讓本偵探翌晨再訪，以便他整理有關資料。待重見

1　Bernard Hui to Wong, e-mail, 24 June 2003.

2　William J. Smyly，"History and Records of the Diocesan Boys School, Part 3a — Year by Year (1860-1947), year 1883〉(typescript, 3 September1969)，p. 30, HKMS88-294, Hong Kong Public Record Office.

3　《孫中山年譜長編》，上冊，頁 35-36。

4　Lyon Sharman, *Sun Yat Sen:His Life and Its Meaning* (New York, 1934), pp. 19－20.

陳牧師時，他把該會出版的一本小冊子贈予本偵探，題為《中華基督教會公理堂慶祝辛亥革命七十週年特刊》(香港：1981)，其中複製了孫中山的洗禮記錄。惟未獲睹真蹟，為憾。本偵探原來希望從該堂的檔案中瞭解到一些有孫中山在該堂活動的情況，可惜未獲睹任何文獻。盛興而來敗興而返。

不必氣餒，另尋綫索就是了。探得美國綱紀慎會在波士頓總部設有圖書館，裏面藏有不少檔案。於是致函查詢。[5] 承其即覆，證實喜嘉理牧師的確遺有手稿文書，且已移交哈佛大學收藏。[6] 樂哉！更承哈佛大學的多年摯友孔飛力教授 (Professor Philip Kuhn) 為本偵探預先安排住宿，並推薦予該校有關圖書館，以便鑽研喜嘉理牧師的文書，不勝雀躍。本偵探就在 2003 年的 12 月 13 日專程飛紐約轉波士頓，在哈佛大學鑽研喜嘉理牧師的文書。

在該等文書中，本偵探發現一條重要綫索。喜嘉理牧師在 1883 年 8 月 18 日向波士頓總部報告説：「這個夏天，本傳道所的房租會降低至每月 $23 甚或 $22，因為有一位年輕人到本所寄宿，付少量房租。」[7] 這位年輕人是誰？能取得 1883 年 3 月 31 日才到達香港傳教 [8] 的喜嘉理的信任而讓其留宿者必須具備下列條件：他必須

1. 懂英語，因為喜嘉理當時還不懂漢語。

2. 有寄宿的必要 —— 譬如家不在香港的人。

3. 有能力付宿費。

4. 是 1883 年 8 月 18 日、喜嘉理寫該信之前到達香港。

5. 是基督宗教教徒，或至低限度對基督宗教感興趣。

6. 懂得喜嘉理的傳道所在哪裏。就是説，他與喜嘉理都認識同一位朋友，而這位朋友為他們穿針引綫。

5　Wong to Worthley, e-mail, 25 August 2003. The Rev Harold F. Worthley is the Librarian of the Congregational Library, 14 Beacon Street, Boston, MA 02108, USA.

6　Worthley to Wong, e-mail, 25 August 2003.

7　美國綱紀慎會傳道會 (ABCFM) 檔案 (下同)，Hager to Clark, 18 August 1883, p. 10, ABC16.3.8: v. 4, no. 7.

8　Hager landed at Hong Kong on 31 March 1883. Hager to Clark, 12 April 1883, p. 1, ABC16.3.8: v. 4, no. 3.

孫中山符合這一切條件：他

1. 懂英語，而且說得不錯。

2. 有寄宿的必要，因為他在香港舉目無親。

3. 暫時能付宿費，因為收拾細軟出走時，家人一定會把些現金塞進他口袋。

4. 1883 年 8 月 18 日之前到了香港，因為檀島的奧阿厚書院預備學校在 1883 年 6 月 30 日學年結束，孫中山坐船離開火奴魯魯，回到孫眉在離島所開的開牧場時當在 7 月初。他迫不及待地求孫眉同意他入教，孫眉馬上買單程船票送他回翠亨村，以當時航程約 25 天計算，[9] 孫中山在 7 月底回到翠亨村，不久就因為損壞北帝像而出走到香港。

5. 對基督宗教非常感興趣。

6. 喜嘉理與檀香山的芙蘭・諦文 (Frank W. Damon) 同是基督宗教美國綱紀慎會傳教士，從教會的《通訊》裏知道喜嘉理去了香港傳教。[10] 孫中山與芙蘭・諦文非常友好。孫中山被乃兄遣返，必須到火奴魯魯坐船。到了火奴魯魯他很可能就前往看望望芙蘭・諦文，告知一切。孫中山早前就是受到芙蘭・諦文及其助手何培的影響才決定要領洗進入基督教。[11] 道別時芙蘭・諦文會提及基督宗教美國綱紀慎會剛派了一位名叫喜嘉理的傳教士到香港開山創業，並希望孫中山與他多聯繫。又把喜嘉理在香港所設傳道所的地址告訴他。

9　楊連逢採訪孫緞 (97 歲)，1957 年 5 月無日，載李伯新：《孫中山史蹟憶訪錄》中山文史第 38 輯 (中山市：中國人民政治協商會議廣東省中山市委員會文史學習委員會 , 1996), 頁 165-166：其中頁 165。孫緞丈夫姓陳，生女陳淑芬，嫁孫科為妻。

10　'I have just read in the *Pacific* that Mr. C.R. Hager has just been ordained, to go out as a missionary to China and to be stationed at Hong Kong and to be under the ABCFM. This is something quite new and unexpected to me. I could wish for many reasons he might visit our Island before going to china. You can hardly realize how our Islands are becoming linked with China, but more especially with that part of China in and about Hong Kong and Canton. The majority of our Chinese are of the Hakkas. I could wish we might be informed more about the design of the Board, with reference to this new station of the ABCFM at Hong Kong. Necessarily we must be weighted to him and his work.' Samuel Damon to N.G. Clark, 6 March 1883, pp. 1-2, ABC 19.1: v. 22, no. 237.

11　見拙著《三十歲前的孫中山》第四章，第 8-9 節。

Imperial Countenance'.) The date of Sun's entry to the school seems beyond dispute, for early in 1937, when the register of The Central School was still in the possession of Queen's College, the record of his admission was reproduced in an article in *The Yellow Dragon* (Volume 37, No. 2, Winter 1936-7). The entry (at page 95) reads:

Admission Number	Name	Residence	Age	Date of Admission	Remarks
2746	Sun Tai Tseung (孫帝象)	2 Bridges Street	18	15.4.84	Parents in Heung Shan (香山)

The county of Heungshan (Xiangshan), in Guangdong Province, is now Zhongshan City. It was there, in the village of Cuiheng, that Sun Yat-sen was born. Before coming to The Central School he had spent a few weeks at the Diocesan Home — according to W. T. Featherstone's *History and Records of the Diocesan Boys' School and Orphanage*, he was there from November to December 1883. Why he left so soon is unknown but it is possible that his father's death obliged him to return to his home in Cuiheng.

圖 37.1
孫中山在中央書院註冊入學時所申報的居住地址是必列者士街 2 號 (No. 2 Bridges Street)。

　　喜嘉理曾在其〈追憶〉之中說過是「1883 年秋冬之交」認識孫中山，如此就與 1883 年 8 月 18 日不符。但「秋冬之交」只是泛指季節，非具體日期。且喜嘉理之〈追憶〉，寫於三十年後，具體日期記不清楚，屬意料中事。但孫中山從一開始就住在其傳道所，則有佐證，因為孫中山在中央書院註冊入學的時候所申報的居住地址提供了一條重要綫索。他說他居住在必列者士街 2 號 (No. 2 Bridges Street)。[12] 該處正是喜嘉理牧師的臨時傳道所。[13] 準此，可確知孫中山到達香港的日期，在 1883 年 8 月 18 日之前。

　　鑒於孫中山在 1883 年 8 月 18 日前已經入住拔萃書室附近的喜嘉理傳道所，故竊以為孫中山不必曠學到 1883 年 11 月才入讀拔萃，很可能在暑假過後的 9 月初就報名入學了；[14] 因為從香港中央書院每年上課日子統計表看，[15]

12　Gwenneth Stokes *Queen's College, 1862-1962* (Hong Kong, 1962), p. 52.

13　《中華基督教會公理堂慶祝辛亥革命七十週年特刊》(香港：1981)，頁 2。

14　從第三十六章圖 36.5 看。

15　見 Table: "Enrolment and Attendance of the Central School, 1886", in the Annual Report of the Head Master of the Government Central School for 1886, 17 January 1887, Government Notification No. 12/87; Presented to the Legislative Council by command of H.E. the Officer Administering the Government on 4 February 1887, *Hong Kong Legislative Council Sessional Papers 1887*, pp. 269-355: at p. 271.

該院 8 月放暑假，只上課 5 天；9 月從新開課，故竊以為拔萃書應該也是 9 月復課，孫中山如飢似渴般的求知慾望也得償夙願，樂哉！

〈拔萃男校編年史〉(英文打字稿) 的作者威廉‧斯邁理先生又説，孫中山翌年轉中央書院。[16] 但沒説明翌年何時轉學。但據中央書院的記載，則孫中山是在 1884 年 4 月 15 日註冊進入中央書院讀書的。[17] 若孫中山在轉學之前沒有輟學的話，則他在拔萃讀書的時間應約半年。孫中山自己也説是「數月」，[18] 而喜嘉理牧師則説有一段時候 (for a time),[19] 又説認識孫中山「數月後」(after some months)，為他施洗，[20] 就與本偵探這種推算吻合。

再接下來要解決的問題是：1883 年的拔萃是甚麼性質的學府？是否像火奴魯魯的意奧蘭尼學校和奧阿厚書院那樣是寄宿學校？課程是否銜接？

今天之拔萃書院，分男校女校，是極為高貴的學府。尤記 20 世紀的 60 年代, 當本偵探在香港唸書時, 拔萃男校被稱為「貴族學校」之一。校址在太子道與亞皆老街之間，佔據了整座山頭。樹木參天，綠草如茵。校園環境之優美，在鬧市之中恍如世外桃源。學習成績又非常卓越, 在九龍半島與喇沙書院和本偵探當年肄業之九龍華仁書院等校齊名。由於當時香港政府容許各校自由招生、自由收費, 富家子弟趨之若鶩，故有「貴族學校」之稱。時至今天，拔萃男校變成直資學校 (純粹的私立中學)；華仁書院則仍然是政府津貼中學，有義務把政府送來的學生，無論貧富，都照單全收。相形之下，拔萃男校更是超級「貴族學校」。若以今況古，恐怕就無法理解，隻身逃到香港的孫中山竟然讀得上學費如此昂貴的學校；故當時的拔萃，肯定不是甚麼「貴族學校」。

16　William J. Smyly，"History and Records of the Diocesan Boys School, Part 3a — Year by Year (1860-1947)" (typescript, 3 September 1969), HKMS88-294, Hong Kong Public Record Office.

17　Gwenneth Stokes, *The Queen's College, 1862-1962*（Hong Kong: Queen's College, 1962），p. 52.

18　孫中山：覆翟理斯函，c.1896 年 11 月，原件藏中國國民黨中央黨史委員會。

19　Charles R. Hager, 'Dr Sun Yat Sen: Some Personal Reminiscences', *The Missionary Herald* (Boston, April 1912), pp. 171-174: at p. 171 col. 2.

20　Charles R. Hager, 'Dr Sun Yat Sen: Some Personal Reminiscences.' *The Missionary Herald* (Boston, April 1912), pp. 382-387：at p. 171 col. 1.

據香港教育署的紀錄，當時拔萃書室的英文全名是 Diocesan Home and Orphanage (Mixed)。直譯的話可作「主教區男女兒童收容所、男女孤兒院」。該所又提供教育，並因此而得到香港政府的教育經費補助 (grant-in-aid)。[21] 這段描述非常重要，因為找出了孫中山就讀的那所學校當時的準確名字，有助於我們瞭解他當時的具體情況。他在 1883 年 7 月底倉猝離鄉，隻身逃往香港。儘非不名一文，盤川想也有限，哪來的經費唸甚麼貴族學校？正因為當時的拔萃書室並非後來的「貴族學校」，孫中山才不至於望門生畏。而且，來到這個陌生的地方，又舉目無親，終於求助於當地聖公會的「主教區男女兒童收容所」，應屬實情。[22] 他找聖公會而不找別的機構，相信與他在檀香山的意奧蘭尼學校唸書時，該校校監、聖公會韋禮士主教的慈愛曾給他留下深刻的印象有關。[23]

但是，本偵探還是不滿足於香港教育署如此簡短的信息，決心徹查拔萃沿革，因為一所學校的傳統、環境、經費來源、學風等，都足以影響學生的成長。

經考證，發覺拔萃的前身是拔萃女子訓練學校 (Diocesan Native Female Training School)，1860 年 3 月 15 日創立，贊助人是香港總督赫區樂斯‧羅便臣爵士 (Sir Hercules Robinson) 的夫人，董事局的成員都是香港權貴的夫人，清一色的洋人。學員的對象是香港華人富有人家的女兒。[24]

1870 年該校改組並易名為拔萃收容所暨孤兒院 (Diocesan Home and Orphanage)。贊助人是香港總督李察‧麥當奴爵士 (Sir Richard Graves

---

21　"Table XI: Number of Scholars attending Schools receiving Grants-in-aid (under the Provisions of the scheme of 1880), Expenses incurred and amount of Grant gained by each in 1883", in E. J. Eitel, *Educational Report for 1883,* Hong Kong, Education Department, 3 April 1884; Presented to the Legislative Council on 29 May 1884; In the Hong Kong Government Notification No. 208, Colonial Office 31 May 1884, p. 14.

22　他在該所登記冊上填寫的名字是 Sun Tui-chew（孫帝象）。見 the year 1883 in "List of Boys' Names from 1870 to January 1912", Hong Kong Diocesan Home and Orphanage (Boys), HKMS91-1-435, Hong Kong Public Office.

23　見本書第三十六章。

24　Rev W. T. Featherstone (comp.), *The Diocesan Boys School and Orphanage, Hong Kong* (Hong Kong: Ye Olde Printers, 1930), p. 14。

MacDonnell)。它的三位副贊助人是香港海、陸軍司令和首席法官。總監是香港聖公會主教。[25] 創辦該校目的是「按照聖公會的教義而為身心健康的男女兒童提供住宿、溫飽和教育，以便培養工業人才和基督教信徒」。[26]

學員的對象本來是「其父母有能力繳交一切費用的男女兒童」。[27] 無奈孩子進來以後似乎很多父母就撒手不管了，以致該校變成名副其實的收容所。為何那些父母不管？則觀其第二年在該校留宿的學生便可見端倪：14 名男孩當中有 12 名是混血兒 (其餘兩名是華人)。9 名女孩當中有 6 名是混血兒 (其餘 3 名是華人)。[28] 看來是有些洋人男士風流過後，由於調職離開香港或其他原因就撒手不管了。

但該校不能忍心不管，於是向社會募捐。最初是在香港、上海、漢口等地的聖公會教堂主日崇拜時募捐。[29] 後來由於在中國其他地區的聖公會從香港主教區劃分出去而各自成立自己獨立的教區，再不能為香港教區募捐。另一方面，從英國老家也捐不到錢。[30] 故該校就在香港向本地的大公司諸如滙豐

---

25 "That the objects of the Institution be to receive Children of both sexes，sound both in body and mind and as may be deemed eligible by the Committee, as soon as they become capable of education; and to board, clothe and instruct them with a view to industrial life and the Christian Faith according to the teaching of the Church of England" - Extract from the Rules, in Rev W. T. Featherstone (comp.), *The Diocesan Boys School and Orphanage, Hong Kong* (Hong Kong: Ye Olde Printers, 1930), p. 17。

26 "1st Annual Report, Easter 1870", in Rev W. T. Featherstone (comp.), *The Diocesan Boys School and Orphanage, Hong Kong* (Hong Kong: Ye Olde Printers, 1930), p. 16。

27 "The Diocesan Home and Orphanage was established more especially to afford a Christian education, on the principles of the Church of England, to Children whose parents were able to pay towards the expenses of their maintenance." - 4th Annual Report, Easter 1872-73, in Rev W. T. Featherstone (comp.), *The Diocesan Boys School and Orphanage, Hong Kong* (Hong Kong: Ye Olde Printers, 1930), p. 20。

28 "2nd Annual Report, Easter 1870-71", in Rev W. T. Featherstone (comp.), *The Diocesan Boys School and Orphanage, Hong Kong* (Hong Kong: Ye Olde Printers, 1930), p. 19。

29 "3rd Annual Report, Easter 1871-72", paragraph 3, in Rev W. T. Featherstone (comp.), *The Diocesan Boys School and Orphanage, Hong Kong* (Hong Kong: Ye Olde Printers, 1930), p. 20。

30 "5th Annual Report, Easter 1873-74", paragraph 3, in Rev W. T. Featherstone (comp.), *The Diocesan Boys School and Orphanage, Hong Kong* (Hong Kong: Ye Olde Printers, 1930), p. 21。

銀行、怡和洋行等募捐。[31]

　　可是，長期募捐不是辦法，於是該校董事局在 1877-1878 年度就決定暫時不再接受男宿生；但已經入宿者則仍容許其留下來。[32]1878-1879 年又改為從此不再接受新的女宿生，待當時已經入宿的女生全部離開後，就把該校變為清一色的男校。[33]1886-1887 年更決定拒收那些不能繳交全部費用的學生，以便該校自給自足。[34]孫中山就是在 1883 年、該校還容許交不起學費的學生入讀的時候，進入該校讀書。[35]

　　孫中山有否考慮過寄宿？若能力夠得上的話，相信他是願意寄宿的，因為他在火奴魯魯的意奧蘭尼學校過了約三年非常有意義和愉快的宿生生活。但據拔萃前校長費達斯敦牧師 (Rev. W. T. Featherston) 所編的拔萃男校史，其中 1883 年的〈年報〉說，在 1883 年當中，該所、院共收容了 50 名男女兒童，年齡在 6 歲到 17 歲之間。至於收費 (包括學費、食宿費、衣服、醫療和洗滌等費用)，則規定 12 歲以下的男童每人每月共收費 $12.50，而 12 歲以上的男童每人每月共收費 $15。[36]該等費用部份由孩子們的父母或監護人負責，部份向社會熱心人士募捐而來。[37]孫中山當時已經是實齡 17 歲，父母

31　"5th Annual Report, Easter 1871-72", paragraph 5, in Rev W. T. Featherstone (comp.), *The Diocesan Boys School and Orphanage, Hong Kong* (Hong Kong: Ye Olde Printers, 1930), p. 21-22。

32　"8th Annual Report, Easter 1877-78", paragraph 4, in Rev W. T. Featherstone (comp.), *The Diocesan Boys School and Orphanage, Hong Kong* (Hong Kong: Ye Olde Printers, 1930), p. 23。

33　"11th Annual Report, Easter 1877-78", paragraph 4, in Rev W. T. Featherstone (comp.), *The Diocesan Boys School and Orphanage, Hong Kong* (Hong Kong: Ye Olde Printers, 1930), p. 24。

34　"18th Annual Report of the Diocesan Home and Orphanage, 1886-87"，paragraph 3, in Rev W. T. Featherstone (comp.), *The Diocesan Boys School and Orphanage, Hong Kong* (Hong Kong: Ye Olde Printers, 1930), p. 26.

35　William J. Smyly，"History and Records of the Diocesan Boys School, Part 3a — Year by Year (1860-1947)〉(typescript, 3 September 1969), HKMS88-294, Hong Kong Public Record Office.

36　"15th Annual Report of the Diocesan Home and Orphanage, 1883-4"，in Rev W. T. Featherstone (comp.), *The Diocesan Boys School and Orphanage, Hong Kong* (Hong Kong: Ye Olde Printers, 1930), p. 25.

37　'3rd Annual Report of the Diocesan Home and Orphanage, 1871-2'，in Rev W. T. Featherstone (comp.), *The Diocesan Boys School and Orphanage, Hong Kong* (Hong Kong: Ye Olde Printers, 1930), p. 20.

兄長又沒有保送他入學，哪來的錢每月付 $15 的費用？當時香港佣人之如廚子等的工資每月只得 8 元左右！[38] 所以，後來拔萃男校老師威廉・斯邁理在 1969 年說當時孫中山乃日校走讀生，[39] 應為信史。

又該所既帶慈善性質，日校走讀生的繳費想也有限，孫中山才可以在那裏讀書。甚至可能鑒於孫中山的特殊處境而免掉他的學費：本偵探這種想法的根據是，1886-87 年度的拔萃〈年報〉說，若拔萃從此以後提高收費並把所有不能繳交費用的學生拒諸門外，該校便可以自給自足。[40] 此件說明在 1886-87 年度以前的拔萃，對有志向學但付不起學費的學生也給予入學機會。孫中山是 1883 年 9 月初進入拔萃讀書的，[41] 而當時他又近乎不名一文，故准其免費入學的可能性極大。果真如此，則竊以為拔萃在 1883 年孫中山經濟極度困難的時刻免費給予教育，功德無量。此舉肯定給孫中山留下深刻的印象。

在拔萃書室就讀期間，孫中山寄居在喜嘉理 (Rev. Charles Robert Hager) 牧師設在附近必利者士街 2 號（2 Bridges Street）的傳道所。該所樓高三層，一樓做福音堂、飯堂，二樓做宿舍以招待過境基督徒，三樓喜嘉理自己居住。孫中山就住在二樓。喜嘉理又僱有廚子，與孫中山天天一起用膳，飯前祈禱飯後謝恩，天天用英語討論《聖經》的微言大義，晨昏一道祈禱。星期天一起做主日崇拜，之後舉行主日學。此外，孫中山在拔萃書室讀書的教師是講英語的英國人，全部課程均用英語講授，教科書也是由英國運到，更用

38　Carl T. Smith, *A Sense of History,* p. 330.

39　William J. Smyly，'History and Records of the Diocesan Boys School, Part 3a — Year by Year (1860-1947)' (typescript, 3 September 1969), HKMS88-294, Hong Kong Public Record Office.

40　'18th Annual Report of the Diocesan Home and Orphanage, 1886-87'，paragraph 3, in Rev W. T. Featherstone (comp.), *The Diocesan Boys School and Orphanage, Hong Kong* (Hong Kong: Ye Olde Printers, 1930), p. 26.

41　正如前述，從香港中央書院每年上課日子統計表看，該院 8 月放暑假，只上課 5 天，9 月從新開課，故竊以為拔萃書室應該也是 9 月複課。見 Table: "Enrolment and Attendance of the Central School, 1886", in the Annual Report of the Head Master of the Government Central School for 1886, 17 January 1887, Government Notification No. 12/87; Presented to the Legislative Council by command of H.E. the Officer Administering the Government on 4 February 1887, *Hong Kong Legislative Council Sessional Papers 1887*, pp. 269-355: at p. 271.

英語重點教授《聖經》。

　　1884 年 4 月 15 日，孫中山轉香港中央書院 (Government Central School) 讀書。教師全是講英語的英國人，全部課程均用英語講授，教科書也是由英國運到。雖然課程不包括《聖經》課，但孫中山仍住喜嘉理傳道所的宿舍，天天與喜嘉理過着豐富的精神生活。終於在 1884 年 5 月 4 日，孫中山接受喜嘉理牧師洗禮，取名日新。[42] 到了這個時候，孫中山確實比較準確地瞭解《聖經》的「侍人」精神，於是譴責洪秀全等醉心「侍於人」的心態，更鄙視地斥責洪秀全與楊秀清之「互爭皇帝」，是太平天國失敗「最大的原因」。[43] 為何孫中山突然扯到太平天國的失敗？事緣 1884 － 1885 年中法戰爭爆發，孫中山大受刺激，自稱推翻清朝的念頭自此始。[44] 要推翻清朝，自然就參考「前車」，結果孫中山的結論是「可鑒」！——革命之目的必須是「侍人」，絕對不能「侍於人」！《聖經》的「侍人」精神不容巫化！

　　《聖經》日夜激勵着孫中山「成龍」！

42　見拙著《三十歲前的孫中山》，第五章。

43　孫文：〈民權主義第一講〉，1924 年 3 月 9 日，《國父全集》(台北，1989)，冊 1，頁 65。

44　見拙著《三十歲前的孫中山》，第五章，節 25。

第三十八章

孫中山在何時何地和哪種情況下
領洗進入基督教？

孫中山在香港讀書期間的大事，包括他正式領洗進入基督教。箇中情節，《國父年譜》(1985 年增訂本) 有如下說明：

> 復結識美國綱紀慎美部會 (American Congregational Mission) 美籍牧師喜嘉理 (Rev. Charles B. Hager, 1850-1917)，喜嘉理力勸先生信奉基督教義，先生云：「基督之道，余固深信，特尚未列名教會耳。」嗣與陸皓東同受洗於禮拜堂，喜嘉理牧師親為施洗。先生署名「日新」，蓋取大學盤銘「苟日新、日日新、又日新」之義。皓東署名「中桂」。厥後區鳳墀據「日新」二字，為先生改號「逸仙」。[1]

與原始檔案互相印證，可知權威的《國父年譜》(1985 年增訂本) 不足之處有三：

(1) 喜嘉理牧師的名字不叫 Charles B. Hager 而是 Charles Robert Hager。

(2) 他所屬之傳道會不叫 American Congregational Mission，而是 American Board of Commissioners for Foreign Missions, Congregational Church——簡稱 ABCFM，本偵探引用該檔案時，也採此簡稱。其所屬乃基督宗教當中，所謂新教[2]各流派當中的「綱紀慎派」(音譯，另音譯作「公理派」)。

(3) 孫中山並非於正規的教堂內領洗，喜嘉理牧師也非馮自由所說的「來

1　《國父年譜》(1985 年增訂本)，上冊，頁 34-35，第 1883 年冬條。

2　新教又稱基督教；舊教又稱天主教。

圖 38.1
香港中環必利者士街 2 號（2
Bridges Street, Hong Kong）

華傳道多年」。[3] 喜嘉理在 1883 年 3 月 31 日才初次踏足香港。[4] 當喜嘉理為孫中山施洗時，還未建立起自己的正規教堂，他只是租了一幢三層樓的房子權充傳道所。一樓用作學校，教華童英語。[5] 他就是在這間「華童課室」內親自為孫中山施洗的：「地不著名，儀不繁重。」[6] 本偵探經過多次反復的檔案調查和實地考察，證實該幢房子的具體地址是香港中環必利者士街 2 號 (No.2 Bridges Street)。可惜該房子與旁邊的幾幢房子已經被拆除，改建為街市。滋覓得舊圖片，按理最靠左的那幢房子應該是必利者士街 2 號 (No.2 Bridges Street)。

　　(4) 孫中山並非與陸皓東同時受洗，是他領洗後才介紹陸皓東予喜嘉理牧師認識者。

　　(5) 孫中山並非於拔萃書室肄業期間領洗，而是在中央書院開始讀書後

3　馮自由：《革命逸史》（北京：中華書局 1981 重版），第二冊，頁 10。

4　Hager to Clark, 12 April 1883, American Board of Commissioners for Foreign Missions (hereafter cited as ABC) 16.3.8: South China v. 4, no. 3, p. 1.

5　Hager to Clark, 12 April 1883, ABC16.3.8: South China v. 4, no. 3, pp. 2-3.

6　Charles R. Hager, 'Dr Sun Yat Sen: Some Personal Reminiscences', *The Missionary Herald* (Boston, April 1912)，p. 171 col. 1 - p.174 col. 2: p. 171 col. 1. This article was reprinted in Sharman, *Sun Yat-sen*, pp. 382-387。漢語譯本見馮自由：《革命逸史》（北京：中華書局 1981 重版），第二冊，頁 12-18：其中頁 13。該文又收進尚明軒等（編）《孫中山生平事業追憶錄》（北京：人民出版社, 1986），頁 521-524：其中頁 521。

入教。

　　掌握了這些證據後，首先讓本偵探查明孫中山領洗之主要動機。當他領洗時，喜嘉理牧師稱讚其對基督宗教之熱誠曰：「蓋彼時先生傳道之志，固甚堅決也。向使當日香港或附近之地，設有完備聖道書院俾得入院，授以相當的課程，更有人出資為之補助，則孫中山者，殆必為當代著名之宣教師矣。」[7]

　　竊以為這句話是喜嘉理牧師一廂情願的想法，當時孫中山對基督宗教的熱情固然甚高，但正如拙著《三十歲前的孫中山》第四章發掘所得，孫中山對基督宗教的態度，不純粹是從宗教信仰這角度，而是從基督宗教所能產生的實際效果出發。他發覺基督宗教與時俱進，不斷自我更新，以滿足人類對現代化如飢似渴的要求。反觀儒家、佛家和道家都是往後看而不是往前看的，它們把中國綑綁了兩千多年，令中國裹足不前。若中國人要重新建立起自己的現代文化，用甚麼作為根基才會受到世人尊敬？他愈來愈覺得基督宗教的精神可取：不是取其純粹的宗教信仰，而是取其實用價值以促使中國現代化，如此而已。[8]

　　接下來探索孫中山領洗的具體日期。1884 年 5 月 5 日，喜嘉理牧師寫了兩封親筆信。第一封是寫給波士頓總部的。內容説，他在香港新建立的傳道所當前有兩位教友，第二位是在先一個主日 'last Sabbath' 才由他親自施洗而增添的。[9] 在該信中，喜嘉理沒有説明該位剛領洗入教的人的名字。徵諸香港公理堂受洗人的名單，他正是孫日新。該名單又説，宋毓林是喜嘉理牧師第一位在香港施洗入教的人，孫日新是第二位，[10] 而孫日新正是孫中山領洗時

7　Charles R. Hager, 'Dr Sun Yat Sen: Some Personal Reminiscences', *The Missionary Herald* (Boston, April 1912), pp. 171-174. 漢語譯本見馮自由：《革命逸史》（北京：中華書局 1981 重版），第二冊，頁 12-18：其中頁 13。該文又收進尚明軒等 (編)《孫中山生平事業追憶錄》(北京：人民出版社 , 1986)，頁 521-524: 其中頁 522。

8　Sun Yatsen's views as recorded by Linebarger, *Sun Yat-sen* (1925), p. 152.

9　Hager to Clark, 5 May 1884, ABC 16.3.8: South China v. 4, no. 17, p. 3. See next section for more details.

10　《中華基督教會公理堂慶祝辛亥革命七十週年特刊》(香港：1981)，頁 2。

所取之名字。[11] 再徵諸日曆，以及喜嘉理在同日所寫的第二封信，[12] 可知他所說的「先一個主日」，正是 1884 年 5 月 4 日星期天。另一方面，香港中央書院的檔案證實孫中山早在 1884 年 4 月 15 日已經註冊入學。[13] 因此，我們可以進一步確定孫中山是進入中央書院讀書以後才領洗進入基督教的綱紀慎會。

再其次探索孫中山領洗的時候，陸皓東是否與他同時受洗的問題。馮自由說是同時受洗。[14] 竊以為此說有誤，理由有二：

第一、上述喜嘉理牧師的兩封親筆信都說，當時他只為一個人施洗，並沒說同時還為另外一個人施洗。

第二、第二、徵諸香港公理堂受洗人的名單，則第三位領洗的人是一名女性，名字叫八媽，來自省城。[15] 徵諸喜嘉理牧師的親筆信，可知她領洗的具體日期為 1884 年 5 月 31 日，喜嘉理牧師並因而高興地說，他的教堂有三位教友了。[16] 準此，竊以為陸皓東不可能與孫中山同時領洗。[17]

澄清了這段歷史，如釋重負。但最讓本偵探感到欣慰的，是確定了孫中山領洗的具體日期——即 1884 年 5 月 4 日星期天，[18] 比他在香港中央書院註冊入學的日期——1884 年 4 月 15 日 [19]——遲了 20 天。

發掘出孫中山領洗的具體日期後，再回顧上述所引《國父年譜》說過的話，味道就不一樣了。該《年譜》說，1883 年冬，孫中山從翠亨村跑到香港後：

- 肄業香港拔萃書院；
- 課餘恒從倫敦傳道會長老區鳳墀習國學；

11　《中華基督教會公理堂慶祝辛亥革命七十週年特刊》(香港：1981)，頁 2。

12　Hager to Pond, 5 May1884, ABC 16.3.8: South China v. 4, no. 18, p. 3 postscript.

13　Gwenneth Stokes *Queen's College, 1862-1962* (Hong Kong, 1962), p. 52.

14　馮自由：《革命逸史》(北京：中華書局 1981 重版)，第二冊，頁 10。

15　同注 11。

16　Hager to Clark, 27 June 1884, ABC 16.3.8: South China v. 4, no. 19, p. 2.

17　至於陸皓東到底有沒有領洗進入基督教，見拙著《三十歲前的孫中山》第五章的分析研究。

18　Hager to Clark, 5 May 1884, ABC 16.3.8: South China v. 4, no. 17, p. 3.

19　Gwenneth Stokes *Queen's College, 1862-1962* (Hong Kong, 1962), p. 52.

• 復結識美國綱紀慎會美籍牧師喜嘉理⋯⋯

短短三句話，每句都啟發了問題：

• 肄業香港拔萃書室——孫中山住在哪裏？這問題啟發了本偵探的考證，發覺孫中山住在喜嘉理臨時傳道所的宿舍。

• 課餘恒從倫敦傳道會長老區鳳墀習國學——據本偵探考證所得，當時區鳳墀在廣州宣道，不可能在香港授孫中山國學。

• 復結識美國綱紀慎會美籍牧師喜嘉理——此言表示孫中山是從翠亨村逃到香港之後，才結識喜嘉理。所據乃馮自由語。[20] 馮自由本人所據是他自己為喜嘉理 1912 年的追憶翻譯成漢語的文章，但該文章很清楚地說明喜嘉理與孫中山「初次謀面」時，「方自檀香山歸」；[21] 就是說，兩人初次見面時是在 1883 年 7 月底、孫中山從火奴魯魯到達香港之後，坐順風船到淇澳轉翠亨之前；而並非等到孫中山回到翠亨村褻瀆神像後再臨香港之時。馮自由根據自己的譯文來寫文章時，會錯了意。

澄清了第三點，當時兩人的對話，意義就完全不同了。喜嘉理追憶當時的對話是這樣的：「余職在佈道，與之見唔未久，即以是否崇信基督相質問，先生答云：『基督之道，余固深信，特尚未列名教會耳。』余詢其故，則曰：『待時耳，在己固無不可』。嗣後數月，果受禮奉教，余親身其事」。[22] 最後一句回答意思模糊，讓人莫名其妙。徵諸原文，則曰：'I am ready to be baptized at any time', he replied.[23] 直譯的話，可作：「我已準備好了，隨時都可以領洗入教。」孫中山的意思很明顯：他在說，他隨時隨地都願意領洗入教。為何喜嘉理不馬上為他施洗？竊以為有兩個可能性：

20　《國父年譜》(1985 年增訂本)，上冊，頁 34-35，1883 年冬條，引馮自由：《革命逸史》，第二集，頁 11。

21　喜嘉理：〈美國喜嘉理牧師關於孫總理信教之追述〉，載馮自由：《革命逸史》(北京：中華書局 1981 重版)，第二冊，頁 12-17：其中頁 13。英文原文見 Charles Robert Hager, 'Doctor Sun Yat Sen: Some Personal Reminiscences', *The Missionary Herald* (Boston, April 1912), pp. 171-174: at p. 171 col. 1.

22　喜嘉理 (著)、馮自由 (譯)：〈美國喜嘉理牧師關於孫總理信教之追述〉，載馮自由：《革命逸史》(北京：中華書局 1981 重版)，第二冊，頁 12-17：其中頁 13。

23　Rev Charles Robert Hager, 'Doctor Sun Yat Sen: Some Personal Reminiscences', *Missionary Herald* (Boston 12 April 1912), pp. 171-174: at p. 171 cols. 1-2.

　　第一、從喜嘉理方面分析，則本偵探閱讀過喜嘉理的文書後，發覺他有一個職業習慣，儘管某人對他表了達對耶穌基督的忠誠信仰，他也不會聽其一席話就馬上為其施洗。他必須對該人觀察一段時候，若認為滿意才為其施洗。這本來是教會的規定，不能逾越。當他聽了孫中山的話，尤其是聽了他描述如何因為希望領洗而被乃兄自檀香山遣返後，會既喜且憂。既喜遇上難得的良材，巴不得馬上為他施洗。但鑒於教會規定必須對他進行觀察一段時候才可以為他施洗，故更憂孫中山會在接受觀察期間被其他教會捷足先登。後來孫中山在翠亨村褻瀆神像後再臨香港找喜嘉理時，喜嘉理會加倍焦急，尤其是當孫中山前往聖公會主辦的拔萃書室讀書以後，就太危險了！兩全其美的辦法是：邀請孫中山在喜嘉理他自己的宿舍居住，讓他天天在自己的眼皮底下過活，既可對他觀察入微，同時若有甚麼風吹草動，也可馬上為他施洗，讓他進入自己的教會，制止其他教會捷足先登！

　　第二、從孫中山方面分析，則他在檀香山的奧阿厚書院預備學校讀書時，在傳教士芙蘭・諦文的影響下，已經決定要領洗入教了。[24] 所以在 1883 年 7 月底孫中山從檀香山坐船到達香港而初遇這位與芙蘭・諦文同樣是屬於綱紀慎會的傳教士喜嘉理，就表示他「已準備好了，隨時都可以領洗入教」，[25] 講的自然是心裏話。但是，當喜嘉理不馬上為他施洗。大約兩星期後他從翠亨村逃到香港，並接受喜嘉理邀請到他的臨時傳道所寄食寄宿時，孫中山可能又產生別的想法。因為，在接受了傳教士的恩惠之下再承其施洗入教，就難免有動機不純之嫌。所以他也決定等待擇吉而行。最後，當他接到乃兄滙來款項接濟，並得以轉學到中央書院讀書，同時也付得起在喜嘉理那裏寄居的全部食宿費用甚至還清過去所欠 (見下文)，因而對喜嘉理再無所求之時，這個吉日就來到了。

　　終於，喜嘉理牧師在 1884 年 5 月 4 日星期天為孫中山施洗了。在寫給總部的信中，喜嘉理只說他為第二名人士施洗了，他在香港新成立的教堂有

24　見本書第三十三—三十五章。

25　Rev Charles Robert Hager, 'Doctor Sun Yat Sen: Some Personal Reminiscences', *Missionary Herald,* Boston 12 April 1912, pp. 171-174: at p. 171 cols. 1-2.

兩位教眾了！但他沒提這第二位教友的名字。不過，他補充說明該人是「一位正在政府中央書院讀書的年青人」。[26] 為何喜嘉理牧師不把孫中山的名字告訴總部？他是不是同樣為了避免嫌疑？蓋先收容孫中山然後為他施洗，到底有賄賂別人入教之嫌。本偵探查遍了喜嘉理的文書，他始終沒有把孫中山寄食寄宿的事情告訴總部。經費由誰負責？要回答這一系列問題，我們又有必要查清楚喜嘉理牧師來華傳教的背景。

喜嘉理牧師出生於瑞士，幼隨父母移居美國。中學畢業後，進入美國加州屋倫神學院 (Oakland Seminary)，1883 年初甫畢業就隻身被派到香港創建教堂。[27] 事緣美國加州的一批華工領洗進入基督教的綱紀慎會以後，宗教熱情高漲，極願故鄉的家人也沾神恩，故請求該會的海外傳道會派遣傳教士到他們的老家傳道。由於該等華工多來自廣東省四邑地區，並皆路經香港放洋或回鄉，故他們要求首先在香港成立教堂，以便接待在香港過境的教友。傳道會同意後馬上物色人選，剛好喜嘉理從神學院畢業，充滿傳教熱情，於是派他去香港創業。他就於 1883 年 3 月 31 日在香港登陸。[28] 他登陸後在香港中環必利者士街 2 號 (No.2 Bridges Street) 租了一幢三層高的樓宇，月租 $28。他自己住在頂樓。二樓則用作接待來往教友之宿舍。一樓則用作課堂教華童英語，[29] 所用課本，乃基督教之《聖經》，[30] 以此吸引兒童入教。

喜嘉理是具備照顧孫中山吃住的條件者。居住方面，他租來的那幢三層高的房子，當中二樓本來就是來用作接待來往教友之用。在那裏安置一個孫中山，不費吹灰之力。用膳方面，則他早已僱了一名廚子天天為他和住客燒菜做飯。[31] 多加一張嘴巴，花不了多少。當然，費用是會稍微增加。但這稍微

26　Hager to Clark, 5 May1884, ABC 16.3.8: South China v. 4, no. 17, p. 3.

27　Anon, 'Dr Charles R. Hager', *The Missionary Herald,* v. 113, no. 9 (September 1917), p. 397, cutting courtesy of Dr Harold F. Worthley of the Congregational Library, 14 Beacon Street, Boston, MA 02108, enclosed in Worthley to Wong, 26 August 2003.

28　Hager to Clark, 12 April 1883, ABC16.3.8: South China v. 4, no. 3, p. 1.

29　Hager to Clark, 12 April 1883, ABC16.3.8: South China, v. 4, no. 3, pp. 2-3.

30　Hager to Clark, 28 May1883, ABC16.3.8: South China, v. 4, no. 4, p.4.

31　Hager to Clark, 12 April 1883, ABC16.3.8: South China, v. 4, no. 3, pp. 2-3.

增加的費用不必在日常賬目中出現；因為，本偵探閱讀過喜嘉理當時的文書之後，發覺他只是在每年一次的報告中道出該年開支的一個總數目。[32] 他從來不把每一項費用都開列清單。儘管有這個方便，竊以為最大的可能是喜嘉理自己掏腰包應付孫中山的大約開支。因為，喜嘉理向總部報告說，他決定只把該幢樓房每月 $28 的租金由總部負責，僱人為該樓房打掃衛生，甚至僱請老師向他講授中文每月所需的 $8 到 $10，都是他自己掏腰包。[33] 準此，若說喜嘉理把孫中山吃飯的費用算進總部的賬，是不符合這個年代的喜嘉理之情操。

真的，喜嘉理這位年輕傳教士，當時宗教熱情之高，其為罕有。他為孫中山所做的一切，都是出於極度渴望孫中山成為美國綱紀慎會的傳教士 ('coveted him for the ministry')。[34] 此時之喜嘉理，對傳教事業之專注，另有旁證。有位美國人姓泰勒 (Mr. J. R. Taylor) 者，曾在香港協助喜嘉理向往返美國和廣東的華工派發《聖經》，[35] 回國後經濟拮据，喜嘉理就寫信給總部說：若泰勒需錢就給他，數目可從喜嘉理自己的薪金中扣除。[36] 喜嘉理樂於幫助那位曾協助他傳教的泰勒，自然也樂於幫助這位可能在將來協助他傳教的孫中山。

終於，喜嘉理牧師在 1884 年 5 月 4 日星期天為孫中山施洗了。為何遲不施洗早不施洗，偏偏在這個時候施洗？本偵探不排除偶然的因素，諸如喜嘉理決定他為孫中山施洗的時機已經成熟。但也聯想到檀香山的因素，因為，在 1884 年 5 月 1 日，那位在檀香山專職負責華人事務的基督教綱紀慎會傳教士芙蘭·諦文，[37] 於廣州結婚了。第二天，他與新夫人及父母從廣

32　Hager to Smith, 19 May 1885, ABC16.3.8: South China v. 4, no. 29, p. 2.

33　Hager to Clark, 19 February 1884, ABC16.3.8: South China v. 4, no. 15, p. 2.

34　Charles Robert Hager, 'Dr Sun Yat Sen: Some Personal Reminiscences'. *Missionary Herald*, Boston, 12 April 1912, pp. 171-174: at p. 174

35　Hager to Clark, 18 August 1883, ABC 16.3.3: South China, v. 4, no.7, p. 10 postscript.

36　"One missionary alone (Rev. A.P. Happer, D.D Presbyterian) coincides with the Pacific view, and *he does not know the Chinese*, although he has been 40 years in China.〉- Hager to Smith, 1 June 1885, ABC 16.3.3: South China, v. 4, no. 30, p. 4.

37　見本書第三十七章。

州到達香港。[38] 芙蘭‧諦文是認識喜嘉理牧師的：在之前的 1883 年 10 月 29 日，芙蘭‧諦文抵達香港並準備前往廣州時，就曾經在喜嘉理牧師的宿舍作客數天。[39] 喜嘉理從芙蘭‧諦文口中知道更多有關孫中山在檀香山的情況。到了 1884 年 5 月 2 日星期五，芙蘭‧諦文等從廣州回到香港而又再次住在同屬美國綱紀慎會的喜嘉理牧師的宿舍時，[40] 喜嘉理牧師從芙蘭‧諦文那裏反覆印證了孫中山過去曾說過的話，證明孫中山是值得培養為傳教士的上好人才，喜嘉理真不敢相信自己的運氣！馬上就在接下來的星期天，即 1884 年 5 月 4 日，為孫中山施洗了。當時新婚的芙蘭‧諦文及其父母很可能也在場，並向喜嘉理道賀、為孫中山祝福。

38　Rev Dr Samuel Cheney Damon (Honolulu) to Rev Dr N.G. Clark, D.D., ABCFM Foreign Secretary (Boston), No. 241, Hong Kong 2 May 1884，p. 1, Papers of the American Board of Commissioners ABC 19.1 vol. 22: Hawaiian Islands Missions, 1880-1889, Documents, Reports, Letters A-E, [Microfilm UNIT 6, Reel 821].

39　Samuel Damon to N. G. Clark, 29 December 1883, p. 2, ABC 19.1: v. 22, no. 240.

40　Rev Charles Robert Hager (HK) to Dr C.N. Clark (Boston), No. 17, 5 May 1884, p. 3, Papers of the American Board of Commissioners, ABC 16: Missions to Asia, 1827-1919, Item 3, Reel 260, 16.3.8: South China, Vol. 4 1882-1899 Letters C-H: Hager: Charles Robert Hager: 3-320: No. 17 [microfilm frame 0048b-0049b]. *See also* Rev Dr Samuel Cheney Damon (Honolulu) to Rev Dr N.G. Clark, D.D., ABCFM Foreign Secretary (Boston), No. 241, Hong Kong 2 May 1884，p. 1, Papers of the American Board of Commissioners ABC 19.1 vol. 22: Hawaiian Islands Missions, 1880-1889, Documents, Reports, Letters A-E, [Microfilm UNIT 6, Reel 821].

第三十九章

污水激勵孫中山成龍

本偵探在上一章查出，1883 年秋孫中山從翠亨村倉皇逃往香港後，先在基督宗教英國聖公會傳教士在香港創辦的拔萃書室，1884 年春轉讀香港政府按照英國傳教士、著名漢學家理雅各 (Rev. James Legge, 1815–1897) 所構思的、不屬於任何教派的政府中央書院。在兩家中學讀書期間，孫中山都在基督宗教美國綱紀慎會傳教士喜嘉理牧師的傳道所寄宿。繼他在夏威夷教會學校所接受的教育，孫中山在香港仍然日夜接受基督宗教《聖經》激勵他「成龍」。

除了《聖經》以外，孫中山也深受移植到香港的盎格魯・撒克遜文明所營造的客觀環境所影響，以至他自言在香港讀書期間的所見所聞，啟發了他徹底改革華夏文明來讓它現代化，結果終於毅然投身革命，建立民國，他自己也當選為臨時大總統；[1] 即本偵探隱喻為「成龍」之謂也。但是，長期以來讓中外歷史學家感到撲朔迷離的一個重大問題是：香港究竟有甚麼具體的客觀事例，啟發了孫中山這種不尋常的思想？本偵探不自量力，決心徹查此案。經過多年的明查暗訪，發覺孫中山曾就讀的香港中央書院大考時，有下列這麼一道漢譯英的考試題目：

> 水為朝夕烹飪之需必求清潔方合飲食之宜鄉村近山之地水多不潔飲之輒易生病此其故亦緣中國以近山附郭之區為墳墓所在掩埋淺薄猝遇暴

---

1   Anon, "Dr Sun Cheered and Chaired. Speech at University. My Revolutionary Ideas", Hong Kong *China Mail*, Tuesday 20 February 1923.

雨沖刷蓁多積屍穢水不免混注於溪澗之中人所食之癘疾遂起。[2]

這段沒有標點的文言文，是 1888 年 1 月大考的漢譯英試題。當時孫中山已經離開了中央書院，而在西醫書院唸醫科了。故表面上，此道試題似乎與孫中山無關。不！據本偵探考證所得，當時：

(1) 中央書院的「翻譯」這門課，是有課本的。

(2) 課本一經編定，便長期使用，多年不變。該校過去甚至有一個制度，學生向校方租用教科書，年復一年，每本每年租金港幣 10 元，升班或畢業時交還校方。[3]

(3) 考試時，老師從課本之中抽一兩段給考生翻譯，以致香港政府教育署派到該校的主考官抱怨說，由於上課時學生把老師教導他們的譯文死背硬記，考試時就憑記憶把譯文默寫出來，只有極少數高年級的考生能夠靈活地運用語法作獨立翻譯。[4]

(4) 當時的中央書院不容許選修，凡是在那一級所開的課程，該級學生都必須攻讀。[5] 儘管是翻譯課中的漢譯英，哪怕是漢語根柢極差的洋學生也必須勉為其難。本偵探又考證出，孫中山在 1886 年極可能已經是最高班的

2　Translation from Chinese into English, First Class Examination, January 1888, Tables and Papers connected with the examination of the First Class at the Government Central School, Government Notification No. 37, *The Hongkong Government Gazette*, 28 January 1888, pp. 89-93: at p. 93.

3　Item 10, in *Report by the Head Master of the Government Central School, Mr Geo. H. Bateson Wright·to the Colonial Secretary, The Hon. W.H. Marsh,* 3 January 1885, attached to E. J. Eitel, *Educational Report for 1884,* Hong Kong, Education Department, 25 February 1885; Government Notification No. 24; Presented to the Legislative Council by command of His Excellency the Governor, n.d, Government Notification No. 24, *Hong Kong Legislative Council Sessional Papers 1885*, pp. 241-258: at p. 247.

4　R.F. Cobbold and Thomas W. Pearce, Joint Examiners, to the Governing Body of Queen's College, 31 January 1896, in Government Notification No. 49, *Hong Kong Government Gazette*, 15 February 1896, pp. 120-124: at p. 124.

5　Item 4, in *Annual Report of the Head Master of the Government Central School for 1887*, 16 January 1888, by Geo. H. Bateson Wright to the Honourable Frederick Stewart, Colonial Secretary; Presented to the Legislative Council by command of H.E. the Governor, n.d., Government Notification No. 2/88, *Hong Kong Legislative Council Sessional Papers 1888:* pp. 107-110: at pp. 107-108.

圖 39.1
翠亨村金檳榔山山腳的山水井（在本偵探背後石級頂端有石碑的地方）
圖 39.2
翠亨村金檳榔山山腰的楊鶴齡墓

第一年級學生了，[6] 而第一級的高班課程又包括翻譯，故孫中山肯定讀過該課本。

這個發現，非同小可。本偵探連忙再次趕往翠亨村實地調查，考察孫中山童年從其取水回家飲用的山水井，水質如何。結果發覺該井就在金檳榔山山腳，且赫然發現山上有多穴墳墓。後來楊鶴齡去世後，他的屍體竟然也埋葬在這山水井之上的金檳榔山山腰！

當孫中山在課堂上讀到上述引文，突然想起他多年從金檳榔山山腳的水井中挑回家裏飲用的山水，原來滲有死屍水！心裏會怎麼想？接下來會產生怎麼樣的情緒？他憤怒地對翠亨村的同鄉說：「天子替你們在這翠亨村幹了甚麼事呢？沒有！」[7] 香港科技大學的陳建華教授認為村民一般把弊政歸咎於地方政府，孫中山卻直接怪罪於天子，殊不合普通故事常例，卻合符偉人傳記應有的情節。陳建華教授此說甚有見地。任何人沿着他這思路想下去，結論必然是：孫中山「自小就有帝王思想」，[8]「足以說明他的狂妄」。[9] 但陳建華教授鄭重地補充説，由於「中山先生堅持『共和』」，反而「顯得更為可

6　當時的班級號數是倒數的，第一級是最高班。見拙著《三十歲前的孫中山》第六章的考證。

7　林百克（著），徐植仁（譯）：《孫逸仙傳記》（上海：三民公司，1927），頁 137。

8　陳建華：〈孫中山與現代中國「革命」話語關係考釋〉，《「革命」的現代性——中國革命話語考論》（上海：上海古籍出版社，2000），頁 60-150：其中頁 102。

9　陳建華：〈孫中山與現代中國「革命」話語關係考釋〉，《「革命」的現代性——中國革命話語考論》（上海：上海古籍出版社，2000），頁 60-150：其中頁 103。

貴」。[10] 本偵探在鑽研和撰寫了《孫逸仙倫敦蒙難真相》[11]、《孫逸仙在倫敦：三民主義思想探源》[12]、《中山先生與英國》[13]、《三十歲前的孫中山》[14] 和《孫文革命：聖經和易經》[15] 之後，對孫中山畢生行事方式有一定程度的瞭解，也覺得他誇誇其談有之，狂妄則不至於此，更絲毫沒有做皇帝的思想。那麼，為何他不罵別人，卻專門大罵天子？

　　百思不得其解之餘，本偵探另闢思路：英國人在 1841 年 1 月 26 日揮兵佔據當今香港特別行政區範圍內的港島 [16] 之後，馬上着手基本建設。港島本來就是光禿禿的，食水奇缺。開埠後人口激增，食水更成問題。香港殖民地政府最初是打井以及在主要溪流上游蓋建儲水池等，皆不敷應用。於是在 1859 年 10 月 14 日懸賞 £1,000, 徵求開發水源的方案，並撥款 £25,000 備用。1863 年建成薄扶林水塘，以後不斷把該水塘的水壩加高及擴大集水區，至 1877 年全部竣工時，集水區共 416 英畝（即 1,683,552 平方米），蓄水量 6,800 加侖（即 30,913 公升）。[17]

　　該水塘距離市區很遠，於是香港政府就不惜工本建設一條長長的暗渠，把乾淨的食水引到市區，供市民飲用。目前港島半山區的干德道，是英文 conduit 的音譯，而 conduit 正是暗渠的意思。當年把食水從薄扶林水塘引到港島中區的暗渠，就是沿目前半山區干德道這條路綫走。1965 至 1968 年間，本偵探在香港大學唸書而在盧格堂 (Lugard Hall) 宿舍寄宿，每

10　陳建華：〈孫中山與現代中國「革命」話語關係考釋〉，《「革命」的現代性——中國革命話語考論》（上海：上海古籍出版社，2000），頁 60-150；其中頁 107。

11　*The Origins of An Heroic Image: Sun Yatsen in London, 1896-1897* (Oxford University Press, 1986)。漢語版見黃宇和：《孫逸仙倫敦蒙難真相：從未披露的史實》(台北：聯經 , 1998)。漢語版簡體字版則見見黃宇和：《孫逸仙倫敦蒙難真相》(上海：上海書店出版社，2004)。

12　兩位不具名的審稿人已向台北聯經推薦出版。

13　黃宇和：《中山先生與英國》（台北：學生書局，2005）。

14　黃宇和：《三十歲前的孫中山》（香港：中華書局，2011；北京：三聯書店，2012）。

15　黃宇和：《孫文革命：聖經和易經》（香港：中華書局，2015）。

16　British Foreign Office records deposited at the British National Archives, Elliot to Palmerston, Desp.5, Macao 21 January 1841, FO17/47.

17　http://www.info.gov.hk/water150/mbook/ENG/Construction/construction_pl_content_txt.html, accessed on 2 May 2006.

天清晨沿干德道跑步，神遊冥想 1883-1892 年間，孫中山先後在干德道下面的拔萃書室、中央書院和西醫書院讀書時的食水，都是來自薄扶林水塘。1967 年的夏天，本偵探在薄扶林水塘腳下、附屬香港大學的「大學堂宿舍」(University Hall) 暫住，晨昏均在水塘旁邊的小路散步。水塘三面環山，山上沒有一座墳墓，沒有一幢民居，有的是純粹的大自然，有的是青蔥樹木、語鳥花香。置身其中，恍若世外桃源。

　　本偵探不禁又神遊冥想當年在香港求學的孫中山，所喝的水，就是來自這水塘。當他喝這乾淨的山水時，回想故鄉翠亨村緊靠金檳榔山山腳那受墳墓污染了的井水，心情會怎樣？改渴其他水井的水不行嗎？則本偵探頻頻跑翠亨村實地調查時，發覺村內無處不是井，大戶人家還有自己家裏的私人水井，當今孫中山故居之內也有一口水井。本偵探詢諸翠亨村村民，他們都異口同聲地說，村內水井的水質不好，不能喝，只能作洗滌之用。但他們又說不出一個道理。本偵探另闢蹊徑，爬上翠亨村附近最高的山頭——犁頭尖山，環視週遭環境。

　　從犁頭尖山頂俯視翠亨村，發覺該村位於五桂山脈眾多山谷之中朝東的一個山谷。該山谷狹而長，三面環山。金檳榔山在東偏南，犁頭尖山在北方，五桂山最高的主脈在西南。據考證，五桂山的主脈高海拔 531 米，[18] 在此發源的一條小溪，過去名叫石門溪，[19] 現在稱蘭溪，由西往東流。蘭溪兩旁有果園、菜地，也有稻田，青蔥怡人，甚為優美。這個山谷，無以名之，美國人林柏克 (Paul Linebarger) 似乎是按照孫中山意思而稱之為 Blue Valley[20]（碧翠的山谷，簡稱翠谷），本偵探覺得此詞甚富詩意，用中文寫作時一直沿用至今。當蘭溪流了約四公里而到達翠亨村附近時，就拐了一個彎，改向東北方向流，注入珠江。[21] 翠亨村位於該山谷靠近珠江的地方，本偵探深深地吸了口新鮮空氣，凝視該谷，陷入沉思：地下水多從五桂山主脈流過來，經

18　黃宇和：〈翠亨調查報告〉（手稿），2007 年 9 月 28 日。

19　厲式金 (主修)：《香山縣志續編》卷二、輿地、山川、頁 11a。

20　Paul Linebarger, *Sun Yat-sen and the Chinese Republic* (New York, 1925. Reprinted, New York: ASM Press, 1969), p. 1

21　黃宇和：〈翠亨調查報告〉（手稿），2007 年 9 月 28 日。

過不少農地、果園，才進入翠亨村。農民在農地上施肥，孫中山那個時代所用的肥料都是人、畜的糞便。口述歷史說：孫中山的父親孫達成，就曾經挑糞經過楊氏大宅時，臭氣薰天，被乳臭未乾的楊寶常當場斥責。[22] 本偵探也曾審視過翠亨村的農地，發覺沙多泥少，糞便很快就會浸入地下水，流進翠亨村家家戶戶的水井，從該等水井取水煮飯泡茶，一定異味難當。

村內的水不能渴，山水井的水又不宜渴，全村沒有能渴的乾淨水！孫中山憤怒地提問：為何遠在天邊的英女王能為香港殖民地的居民解決食水問題，中國的天子對腳下的翠亨村子民就漠不關心？於是乎就破口大罵了。

孫中山憑甚麼認為英國的維多利亞女王，為遙遠的香港解決了食水問題？原來當時香港殖民地政府所幹的一切，皆以英女王陛下的名義進行。君不見，在孫中山那個時代，所有香港政府發出的公函所用之信封，上面都印有 'On Her Majesty's Service'〔為女王陛下服務〕等字樣？實情也符合這名義：香港殖民地政府決定建築薄扶林水塘，必須請示遠在倫敦的殖民地部大臣，說明理由，開列所需費用，需時多久等情節。獲其批准，才能動工。[23] 倫敦的殖民地部大臣用以寄出其批示到香港的公函所用之信封，上面同樣印有 'On Her Majesty's Service'〔為女王陛下服務〕等字樣。

英女王不單為香港居民建築了薄扶林水塘，還在孫中山抵達香港讀書的 1883 年，容量更大的大潭水塘建築工程又如火如荼地展開了。塘址在港島南部，水壩用花崗石和混凝土建造，壩高 27.432 公尺，寬 121.92 公尺，壩基厚 18.288 公尺。配套工程有三：

(1) 一條長 2219.192 公尺的隧道，貫穿黃泥涌峽谷；

(2) 一條長 5027 公尺的引水道，用石頭和磚塊砌成；

(3) 六個濾水池，總面積達 2712.82 平方米，池深 9.144 米，每天可過濾

---

22 李伯新採訪陸天祥（86 歲），1962 年 5 月 23 日，載李伯新：《孫中山史蹟憶訪錄》中山文史第 38 輯 (中山市：中國人民政治協商會議廣東省中山市委員會文史學習委員會，1996)，頁 68-70：其中頁 69-70。

23 且不要所建造水庫這麼大的工程，就是花 $5,000，作為補助拔萃書院擴建工程費用的一半，香港總督也必須請示殖民地部大臣。見 Extracts from the Minute Books, 18 August 1891, in Rev W. T. Featherstone, (comp.), *The Diocesan Boys School and Orphanage, Hong Kong* (Hong Kong: Ye Olde Printers, 1930), p. 106.

圖 39.3
香港大潭水塘引水道

2,5912,200 公升的水。

　　第一期工程在 1888 年完成，已耗資 $1,250,000。該水塘儲水量 250,000,000 加侖（即 1,136,500,000 公升）！[24] 當時孫中山在香港西醫學院唸第二年級，全港上下歡騰，熱烈慶祝之際，孫中山回顧翠亨故鄉的食水，心中會有何感想！

　　本偵探從孫中山在香港的生活體驗出發，來考慮他那怒斥中國天子的話，就覺得該話是青少年怒髮衝冠時自然感情的爆發，而絲毫不存在着「帝王思想」、[25]「狂妄」[26] 等等因素。

　　怒斥天子就是造反了！現實生活把他「拉」向革命！

24　http://www.info.gov.hk/water150/mbook/ENG/Construction/construction_p1_frm.html

25　陳建華：〈孫中山與現代中國「革命」話語關係考釋〉，《「革命」的現代性——中國革命話語考論》（上海：上海古籍出版社，2000），頁 60-150：其中頁 102。

26　陳建華：〈孫中山與現代中國「革命」話語關係考釋〉，《「革命」的現代性——中國革命話語考論》（上海：上海古籍出版社，2000），頁 60-150：其中頁 103。

　　本偵探把上述探案所得，在 2006 年 11 月 6 日於中山市舉行的「紀念孫中山誕辰 140 週年國際學術研討會」公佈後，不料竟然引起軒然大波。為何如此？本偵探過去從純粹治史方法的角度分析該事件時，結論是「孫中山研究任重道遠」[27]。現在再經過十年的思考，在孫中山誕辰 150 週年之際，覺得更應該擴大視野而從「文明交戰」的角度審視該國際事件，結果有驚人發現。詳情敬請讀者耐心等候本偵探行將出版的拙著《文明交戰》（暫定名），當中題為「救亡從教育開始」的第二十五章。

27　見拙著《三十歲前的孫中山》，第九章。

第四十章

內憂激勵孫中山成龍

本偵探在上一章偵得，孫中山自言他在香港讀書期間，所見所聞啓發了他的革命思想，終於投身革命，建立民國，他自己也當選為臨時大總統，[1] 即本偵探隱喻為「成龍」之謂也。本偵探又列舉一具體事例：香港的乾淨食水與翠亨村的污水一比較，馬上激勵了孫中山矢志改革華夏。本章則列舉到目前為止所查出的第二個事例：內憂激勵孫中山「成龍」。

1923 年 2 月 19 日孫中山在香港大學發表演講，[2] 說：

> 回憶三十年前，在香港讀書，功課完後，每出外遊行，見本港衛生與風俗，無一不好，比諸我敝邑香山，大不相同。吾於每年放年假，必返鄉二次，每次約數禮拜。覺得在鄉間在本港，確大不相懸別。因在鄉間要做警察及看更人方可，因斯二者有槍械在手，晚上無時不要預備槍械，以為防備之用。由此可想到香港地方與內地之比較，因為香港地方開埠不過七八十年，而內地已數千年，何以香港歸英國掌管，即佈置如

1　Anon, "Dr Sun Cheered and Chaired. Speech at University. My Revolutionary Ideas", Hong Kong *China Mail*, Tuesday 20 February 1923.

2　史家歷來有所爭議，原因是各自所據不同日期的報紙都說演講在「昨天」舉行了。但承廣州市中山大學的邱捷教授相告，他看過的漢語報刊當中，不少報導中所謂「昨天」是記者撰稿時所指，到該稿見報時一般已是「前天」甚至是「大前天」。由於該演講在中國近代史和香港史都佔重要地位，故本偵探除了究其細節以外，亦願意花點筆墨探索事發的具體日期。陳錫祺先生主編的《孫中山年譜長編》說是 1923 年 2 月 20 日。所據乃香港大學所藏的《華字日報》1923 年 2 月 21 日的報導。本偵探飛香港回母校香港大學查閱該報的縮微膠卷，則 1923 年 2 月 11-21 日的《華字日報》皆闕如。初以為是拍縮微膠捲的技術人員拍漏了。追查原件，的確闕如。向香港政府檔案處查詢，則該處並沒有收藏該報。掃興之至。《孫中山全集》第七卷據上海《民國日報》1923 年 2 月 28 日的報導定為 2 月 19 日。《民國日報》雖然在 28 日才把講詞刊出，但 20 日已報導有演講其事。該報為國民黨的黨報，看來是孫中山的秘書在演講當天就電告該報，以便翌日刊登該項消息。準此，是否可以酌定為 1923 年 2 月 19 日？

許妥當？因是返香山與父老斟酌，各父老莫不謂然。吾有一次返鄉，遂主張由我個人發起親自灑掃街道，為清道夫。（哄堂及鼓掌）。在村內有多數少年，贊成如此做法，極有進步。後面見香山知事，解明來意，欲仿效香港，整頓地方。知縣亦喜，且云：極願幫忙。不幸放假完滿，再要返港。迨第二次返鄉，欲再求縣官幫助，始悉縣官已離任多時，其缺已為繼任者用五萬圓購買之。此等腐敗情形，激起我革命之思想。又見香港之腐敗事尚少，而中國內地之腐敗，竟習以為常，牢不可破。始初以為我敝邑香山一縣如是，及後再到省城，其腐敗更加一等。

　　由此想到中國之官，勢位越高，貪念越熾，所以北京各處，更有甚焉。吾曾與英國之西人朋友閒談，僉云良好之政府，並非與生俱來，須人事造成之，數百年前，英國官僚多係腐敗，迨後人心一振，良好之政府遂得以產生。由是吾之革命思想愈堅，深知如中國無良好政府，辦事必不能成。迨畢業而後，在社會行走，遂毅然決然，脫離醫學，而轉以救國為前提。[3]

　　準此，本偵探決定查出食水衛生以外的其他具體事例諸如治安等問題，以證其言。結果發覺孫中山哪怕在童年時代，已經內憂頻仍：

當時翠亨村有兄弟三人，勤儉致富，建有豪宅花園，待人友善，兒時的孫中山經常應邀到他們園子遊戲。有一天，孫中山在該花園玩耍時，突然來了強盜般的官吏，帶了數十名持槍帶刀的清兵與一群如狼似虎的衙差，把三兄弟上了腳鐐手銬，押去受刑。最後把其中一人斬首，其餘收監。事後，孫中山鼓起勇氣重臨舊地，則看到能搬的已全被搬走了，不能搬的諸如噴水池、石像、花樹等，則全毀了。孫中山向守衛的清兵抗議，清兵拔刀向其直砍，孫中山急忙逃跑。[4]

3　孫中山：〈在香港大學的演說〉，1923 年 2 月 19 日，《孫中山全集》，卷 7，頁 115–117：其中頁 115。

4　Paul Linebarger, *Sun Yat-sen and the Chinese Republic* (New York: 1925, Reprinted New York: AMS Press, 1969), chapter 9.

圖 40.1
楊氏大宅劫後遺址本偵探拍攝，2011 年
2 月 25 日
圖 40.2
翠亨村的村牆（孫中山故居紀念館供圖）

　　徵諸中文材料，可知該楊氏三兄弟，乃楊啟修、啟文、啟懷等，因在汕頭一帶販賣「豬仔」（販賣人口到外國做苦力）暴富而被查抄。[5] 清兵又乘機洗劫鄰人楊啟恆的金銀器皿，還封了房舍。[6] 平心而論，楊氏兄弟非法販賣人

5　李伯新採訪陸天祥（83 歲），1959 年無月日，載李伯新：《孫中山史蹟憶訪錄》中山文史第 38
　　輯 (中山市：中國人民政治協商會議廣東省中山市委員會文史學習委員會，1996)，頁 59-64：
　　其中頁 61。

6　見《孫中山年譜長編》上冊頁 20,1876 年條，所乃據《孫中山年譜新編》(廣州，1965 年油印本)
　　第 1 分冊頁 23。

口，罪有應得。但滿清官吏毀了孫中山的玩耍場地，並持刀刺他，可謂窮兇極惡，也難怪他產生極大的反感！待他稍長後而明白到這是當時中國內憂的重要組成部份，此事就轉而激勵他矢志「成龍」，把華夏現代化了。

又一天，孫中山正在村塾裏唸書，「忽然外面起了極大的喊殺聲，伴着攻牆器擊牆碎石聲，震動翠亨全村。這是水盜對於一個剛由美國回來的僑商住宅的攻擊」。[7] 村塾的學童們聞聲四散，只有孫中山尋聲而趨。他發覺攻牆器是用一條巨型重木造成的，用一根大索掛起前推後送，有節奏地一次又一次地猛撞豪宅的牆門。砰磞！砰磞！木片石塊像雨點般落在孫中山頭上。終於牆門倒在地上，水盜握刀在孫中山面前衝過去，衝進豪宅，主人的驚呼聲夾雜着水盜得寶的歡呼聲。水盜逸去後，主人哀鳴曰：「彼邦有的是強勢領導、法律的保障，在祖國則徒具禁令而毫無保障！」[8]

當時治安如此敗壞，就難怪翠亨村村民早就集資建築村牆，企圖把村子保護起來。

孫中山不禁要問：政府官吏除了敲詐民脂民膏以外，還有甚麼本事？可有能力維持治安、保護良民？難怪孫中山不斷自問：「香港地方開埠不過七八十年，而內地已數千年，何以香港歸英國掌管，即佈置如許妥當？」[9]

從另外一個角度看問題，則當時治安糟糕之處，讓大家提心吊膽地過日子，反而使孫中山自幼就養成一種機靈的性格。話說 1877 年 6 月 9 日，孫眉從檀香山回到翠亨村結婚，在家裏住了三個月。其間孫眉讓孫中山帶了一籃子禮物，獨自前往數十華里（一華里等於半公里）之遙的三鄉平嵐村，送給曾於 1871 年同赴檀香山做工的朋友鄭強的家人。途中，經過屙尿環這一偏僻地方時，一名陌生人上前與他搭訕，偽裝同路，準備伺機作案，引起孫中山警惕。當兩人一起走到河頭埔村前，孫中山托詞入村送禮，甫入村即大

7　Paul Linebarger, *Sun Yat-sen and the Chinese Republic* (New York: 1925, Reprinted New York: AMS Press, 1969), chapter 8，p. 57. 林百克（著），徐植仁（譯）：《孫中山傳記》（上海：商務印書館，1926），頁 51。

8　同上，頁 52-54。

9　孫中山：〈在香港大學的演說〉，1923 年 2 月 19 日，《孫中山全集》，卷 7，頁 115-117：其中頁 115。

呼抓賊。村民連忙把陌生人逮住，經盤問，該人招供是拐賣人口的匪徒。[10]

　　鑒於上述種種不良吏治、大壞治安，難怪孫中山對於那位曾試圖推翻清朝的洪秀全心存敬慕之情。[11] 同時對那有法律保障的遙遠地方——他哥哥孫眉去了謀生的夏威夷，產生無限遐想。[12] 這種遐想很快就會變成事實；因為 1879 年 5 月 21 日，孫中山就隨母前往夏威夷去與他的兄長孫眉過活去了。[13] 此後發生的事情，詳見本書第三十二至三十五章。

　　在夏威夷的教會學校讀了四年書之後，孫中山深受基督宗教《聖經》所孕育的英美盎格魯‧撒克遜（Anglo-Saxon）文明所影響，嚷着要領洗成為基督徒，結果被孫眉遣返翠亨村。孫中山在 1883 年的夏天從夏威夷回國時，當他所坐的遠洋船從火奴魯魯開到香港後，孫中山即在香港上岸，轉坐中國的內河船返翠亨村。不料清朝官吏分別以徵收關稅、釐金、查緝鴉片、火油為藉口，不同的人馬對乘客進行四輪不同的勒索！

　　事情是這樣的。該內河船必須途經香港水域邊緣一個小島上的中國稅務處。當該船接近小島時，飽經風雨的船主召集所有乘客在一起，然後對他們說：「別給釐捐局的吏員麻煩，否則他們會為難你們的」。所以當釐捐局的吏員登船勒索時，乘客們都安靜地忍受，以免給船主麻煩。他們甚至拿些禮物送給這些貪吏，目的是避免他們藉故充公他們的財物，或罰錢，或逮捕他們。孫中山也「入鄉隨俗」，安靜地忍受着。當他看到貪吏們拿去那麼多東西，以為他們一定滿意了，所以把行李收拾起來。但剛上了鎖，不料又來了

---

10 據孫中山的姐姐孫妙茜口述，載黃彥、李伯新：〈孫中山的家庭出身和早期事蹟（調查報告）〉，《廣東文史資料》第 25 輯：孫中山史料專輯（廣州：廣東人民出版社，1979），頁 274-290：其中頁 284。

11 李伯新採訪陸天祥（83 歲），1959 年無月日，載李伯新：《孫中山史蹟憶訪錄》中山文史第 38 輯（中山市：中國人民政治協商會議廣東省中山市委員會文史學習委員會,1996），頁 59-64：其中頁 60。

12 Paul Linebarger, *Sun Yat-sen and the Chinese Republic* (New York: 1925, Reprinted New York: AMS Press, 1969), chapter 8，p. 61. 林百克（著），徐植仁（譯）：《孫中山傳記》（上海： 商務印書館 ,1926），頁 54。

13 楊連逢採訪孫緞（97 歲），1957 年 5 月無日，載李伯新：《孫中山史蹟憶訪錄》中山文史第 38 輯（中山市：中國人民政治協商會議廣東省中山市委員會文史學習委員會, 1996），頁 165-166：其中頁 165。

一批，對他説：「打開行李給我們檢查！」孫中山回答説：「已經檢查過了，為甚麼還要檢查？」貪吏狡猾地説：「上次檢查，只不過是徵收本地的海關稅。我們是來徵收釐捐的！」孫中山無奈地再度打開行李，接受檢查。檢查完結後，他重新收拾行李，再上鎖。殊不知第三批貪吏又來了，他們拿着刀子，叮噹地響，對着孫中山厲聲説：「打開來！」孫中山回答説：「已經檢查過兩次了」。持刀的人説：「我們是查禁鴉片、保護老百姓的官員」。孫中山讓他們作第三次檢查，再把行李收拾起來。這就連船主也以為差不多了，準備啓航，不料第四批又來了。他們穿了制服，攜了軍械，命令乘客們打開行李。孫中山問道：「檢查三次還不夠？」答曰：「我們查禁私運火油，保護公眾。不要遲延，趕快打開行李和囊裏！」孫中山怒火中燒：「胡説！你們看了我行李的數目和大小形狀，就知道毫無空位可藏火油。為何總是給我麻煩！」説罷堅決拒絕打開行李。哪怕其他乘客都央求孫中山打開行李，孫中山仍然堅決不允，結果貪吏們把船扣押起來。直到第二天早上，船主再度賄賂他們，方予放行。該船恢復航行到金星門，孫中山再轉乘其他船隻回翠亨村。[14]

　　此事對孫中山震撼很大，必須查明底蘊。尤其是他所坐的是甚麼性質的船。徐植仁説是「沙船」。甚麼「沙船」？載沙的船有甚麼可敲詐的？為何清朝海關如此獨寵這條航綫？而且，本偵探在珠江三角洲長大，畢生研究鴉片戰爭、林則徐、葉名琛、廣東紅兵、孫中山等，頻頻到有關地點做實地調查，因而與珠江三角洲結下不解之緣，也看過不少中文英語的公私檔案，可從未聽過有「沙船」這名字，倒是長江三角洲尤其是上海有這種船。為了瞭解具體情況，2006 年 6 月 4 日本偵探到翠亨村以南的淇澳島——即孫中山換船的地方，實地調查。承該島耆老鍾金平先生回答本偵探提問説：

　　　　淇澳的西洋菜最為著名，因為用清泉水養殖也，運到香港能賣得好

14　Paul Linebarger, *Sun Yat Sen and the Chinese Republic*, pp. 135-139；本文由本偵探翻譯。其他漢語譯本見徐植仁（翻譯）：《孫中山傳記》（上海：民智書局,1926），頁 126-131；同書（香港：中和出版有限公司重印，2011），頁 50－52。

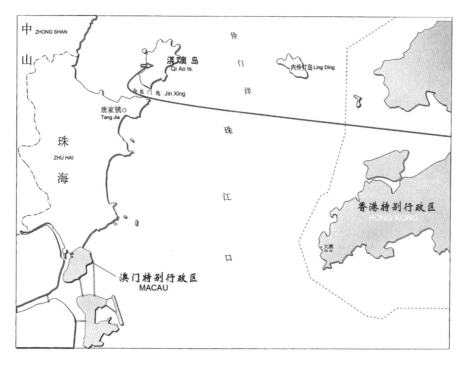

圖 40.3
淇澳島民船自香港返航路線示意圖

價錢。從香港回來，則走私食鹽、花生油、火水〔即火油，一般稱煤油〕。6 小時一漲，2 小時一平，4 小時一退，如此共 12 小時。孫中山 1883 年夏從香港坐船回來，很可能是坐順風船（即英語所說的 hitch a ride）。因為當時淇澳與香港之間，絕對沒有輪渡……

　　如此説來，孫中山所坐的船只不過是普通傳統民用的帆船。再徵諸林百克原著，則所説是 a Chinese junk![15] 與鍾金平之言吻合。在本書題為「西學激勵孫中山成龍」的第三十二章中，本偵探曾説過，徐植仁把水路 (by water) 翻譯成「駁艇」，現在又把普通帆船翻譯為「沙船」，可見翻譯之難，也無意中替史學界造成不少困擾。

15　Paul Linebarger, *Sun Yat Sen and the Chinese Republic*, p. 104.

至於孫中山到達金星港後如何回翠亨村？鍾金平答曰：

> 當時的所謂金星港，不是一個正規的港口，那裏有沙灘，船就在那裏靠岸，乘客涉水上岸。金星港是靠近淇澳的那段水域，所以孫中山要從淇澳坐船到長沙埔〔崖口以南〕，下船後步行回翠亨村。長沙埔也沒碼頭，乘客同樣是必須涉水上岸。解放前，儘管香洲這漁港也沒碼頭。[16]

在結束本章之前，回應本章開宗明義所及 1923 年 2 月 19 日孫中山在香港大學發表演講所說翠亨村治安之壞的呼喚，就很有意思。孫中山把他在檀香山所學到的軍事訓練帶回故鄉翠亨村使用了。他的姐姐孫妙茜回憶說：「孫中山在香港學醫時，逢寒假暑假必回家鄉辦好事。由於當時盜賊四起，因此中山認為要安全必須有組織，將青年組織搞『明更』。全村青年，不論窮富，也出來參加。有錢人多出槍出人；窮人出人力。是當義務的，沒有增加更夫收費」。[17] 把年青人組織起來，省不了要操練，孫中山在檀香山意奧蘭尼學校從英國人那裏學來的步操，正派用場。不單如此，在翠亨村的操練是荷槍實彈的。孫中山回憶說：當時，他每次從香港放假回到家裏，「第一件事情就是檢查隨身帶備的手槍是否運作正常、是否有充足的子彈。因為我必須準備好，哪怕在晚上也可以隨時作自衛戰」。[18]

那麼，孫中山所組織的「明更」如何運作？當時「翠亨村週圍建有四個閘門，每到傍晚將閘上了木柵欄，青年輪班守衛」，相約「若有火箭或電光

16　黃宇和：〈淇澳島調查報告〉(手稿)，2006 年 6 月 4 日。

17　李伯新採訪楊珍 (68 歲)，1965 年 8 月 18 日，載李伯新：《孫中山史蹟憶訪錄》中山文史第 38 輯 (中山市：中國人民政治協商會議廣東省中山市委員會文史學習委員會，1996)，頁 97-99：其中 97 頁。

18　'When I arrived home, I had to be my own policeman and my own protector. The first matter for my care was to see my rifle was in order and to make sure plenty of ammunition was left. I had to prepare for action for the night.'- Sun Yatsen's speech at the Univeristy of Hong Kong, *Hong Kong Daily Press*, Wednesday 21 February 1923.

炮 (爆竹) 響，即全村『明更』起來，拿槍自衛」。[19] 這麼如臨大敵，是否有點神經質？不是。大約在 1895 年，即孫中山從香港西醫書院畢業三年後，一群強盜摸到了村民守衛規律後，天未入黑，就化整為零地先後進入了翠亨村。然後他們集中搶佔更夫館，戴上更夫用的竹帽子，並由一名大個子賊人把一名更夫挾在腋下，魚貫而行，一如孫中山所組織起來的「明更」，只是目的剛剛相反，他們準備打劫翠亨村內的楊姓富戶。突然帶頭的因故停步，後者低聲喝罵：「行啦，丟那媽！」，結果給某村民聽出口音不是本村人，馬上槍擊強盜，全村聞聲紛紛鳴槍響應。強盜拖着兩具被打死的同伴屍體慌忙逃走。留下血跡斑斑。[20] 村民如何槍擊強盜？原來村中富戶都懂得射擊，他們在自己屋頂鋪上階磚，可以迅速行走。如此則既可從屋頂槍擊強盜，也可從屋內向外射擊。若村民必須到村外辦事又如何？例如結婚辦喜事，新郎三朝去新娘母家飲酒，則必定有一班青年帶槍陪同，以防賊人把新郎擄走。[21]

猶記 1877 年 9 月，孫眉從檀香山回到翠亨村成親時，仍放心讓孫中山帶了一籃子禮物，獨自前往數十華里 (一華里等於半公里) 之遙的平嵐村，送給過去同赴檀香山做工的朋友鄭強的家人。[22] 但到了 1890 年代，新郎獨自徒手走路已經不安全，而必須有一班青年帶槍陪同，以防賊人把新郎擄走。[23] 在短短不足二十年之間，治安就變得這麼壞！

---

19 李伯新採訪楊珍 (68 歲)，1965 年 8 月 18 日，載李伯新：《 孫中山史蹟憶訪錄》中山文史第 38輯（中山市：中國人民政治協商會議廣東省中山市委員會文史學習委員會，1996），頁 97-99：其中頁 97。

20 李伯新採訪楊珍 (68 歲)，1965 年 8 月 18 日，載李伯新：《 孫中山史蹟憶訪錄》中山文史第 38輯（中山市：中國人民政治協商會議廣東省中山市委員會文史學習委員會，1996），頁 97-99：其中頁 98。

21 李伯新採訪楊珍 (68 歲)，1965 年 8 月 18 日，載李伯新：《 孫中山史蹟憶訪錄》中山文史第 38輯（中山市：中國人民政治協商會議廣東省中山市委員會文史學習委員會，1996），頁 97-99：其中頁 97。

22 見本書第二章，其中引孫中山的姐姐孫妙茜的口述，載黃彥、李伯新：〈孫中山的家庭出身和早期事跡〉，《廣東文史資料》第 25 輯：孫中山史料專輯（廣州：廣東人民出版社，1979），頁274-290：其中頁 284。

23 李伯新採訪楊珍 (68 歲)，1965 年 8 月 18 日，載李伯新：《 孫中山史蹟憶訪錄》中山文史第 38輯（中山市：中國人民政治協商會議廣東省中山市委員會文史學習委員會，1996），頁 97-99：其中頁 97。

村民對付的辦法是相應地把暴力升級：如果抓到這種盜匪，過去的做法是動用公款，買通香山縣令，要求將其繩之以法。但後來，縣令卻乘機雙管齊下，既向村民、也向盜匪的家屬同時敲詐。待雙方都被榨乾後，盜匪卻往往莫名其妙地溜之大吉。在這種情況下，送官究治既勞民傷財，又遏抑不了盜匪。於是眾村民把心一橫，乾脆把抓到的盜匪，馬上私自將其活埋。因為盜匪均為外地人，將其偷偷地活埋了也神不知鬼不覺。若把他砍了頭，而棄屍荒野，反會招來官府無休無止的勒索。從法治的角度看，這種做法是無法無天，但是在貪官橫行的情況下，村民為求自保，只能出此下策。[24]

如此種種的內憂，都在日夜激勵着孫中山「成龍」。今天安居樂業的國人，若不奮發圖強，就確實辜負了那位為了替國人爭取安居樂業而赴湯投火也在所不辭的孫中山。

24　孫中山（著），黃宇和（譯）：〈中國的法制改革〉，《孫文選集》中冊（廣州：廣東人民出版社，2006），頁 94－104：其中頁 103。英語原文見 Sun Yat Sen and Edwin Collins, "Judicial Reform in China", *East Asia* (London), vol.1, no.1 (July 1897), pp.3-13.

第四十一章

外患激勵孫中山成龍

本偵探在上兩章查出，孫中山自言他在香港讀書期間，所見所聞啓發了他的革命思想，終於投身革命，建立民國，他自己也當選為臨時大總統，[1]即本偵探隱喻為「成龍」之謂也。本偵探又列舉了兩個具體事例：孫中山把香港的乾淨食水與翠亨村的污穢食水比較之下，馬上激勵了他矢志改革華夏；以及孫中山親身經歷過的內憂，啓發了他的救國思想。本章列舉到目前為止已經查出的第三個案例：外患激勵着孫中山「成龍」。

就在孫中山於香港中央書院唸書時的 1884 年，清朝的軍隊在中法戰爭中失利。由於香港的報章享有新聞自由，能衝破清朝政府對消息的封鎖，以致孫中山能從香港的中文和英文報章裏得知實情，因而痛心疾首。到了1884 年 8 月至 10 月，在中法戰爭中攻打台灣受創的法國軍艦開到香港，向與其享有盟國友好邦交英國治下的殖民地香港政府求助。港府應允，但華工不從：拒絕為其修理。法國商船開到香港，艇工拒絕為其卸貨。這些行動都是香港華人自發的、愛國主義思想的表露，弄得香港政府非常尷尬，下令香港各行業合作。各華人行業的員工拒絕屈從，香港政府就對該等員工罰款，導致全港苦力大罷工。罷工工人與警察磨擦之餘又導致警察開槍，造成不少傷亡。[2]香港的《循環日報》評論説：「中法自開仗之後，華人心存敵愾，無論商賈役夫，亦義切同仇⋯⋯此可見我華人一心為國，眾志成城，各具折

---

1 Anon, "Dr Sun Cheered and Chaired. Speech at University. My Revolutionary Ideas", Hong Kong *China Mail*, Tuesday 20 February 1923.

2 Tsai Jung-fang, *Hong Kong in Chinese History: Community and Social Unrest in the British Colony, 1842-1913* (New York: Columbia University Press, 1993), pp. 142-146.

衝禦侮之才，大有滅此朝吃之勢」。[3] 孫中山耳聞目染，能不熱血沸騰？ 翌年清朝不敗反而屈辱求和，對孫中山更是一個很大的衝擊。事後他回憶說：「予自乙酉中法戰敗之年，始決傾清廷，創建民國之志」。[4]

清朝不敗卻屈辱求和，把孫中山及中央書院的華裔同學們氣得發抖，也激怒了中央書院清一色的英籍老師，因為清朝屈辱求和的後果是：法國併吞了中國的藩屬安南！讓競爭對手的法國帝國主義者於近在咫尺的東京灣奪取了殖民地！香港哪不會受到威脅？[5] 師生同仇敵愾之餘，在校園內熱烈地討論其事，以致 1886 年的年終考試，常識一科的試題第六題，就問到中法戰爭了：「細說中國與安南過去和目前的關係，特別是關乎東京灣地區的問題」（試題的英語原文是 State the past and present relations between China and Annam, with special reference to Tonquin）。[6]

道理愈辯愈明，試題發人深省：孫中山在香港中央書院所受的教育，對於培育他的獨立思考能力，既深且遠。對於啓迪他的革命思想，更是不容忽視。當時同樣是就讀於中央書院的眾多華裔同學當中有一位姓王的，本偵探暫時不公佈他的名字，他與孫中山同是基督宗教徒，同樣熱愛中國文化，同樣仰慕盎格魯‧撒克遜文明，並強烈渴望華夏現代化，同樣是血氣方剛，對中法戰爭的感受與孫中山雷同。結果，後來孫中山決定在 1895 年發動乙未廣州起義時，這位王同學就自告奮勇，在重陽節跑到廣州成親並辦婚宴，藉此配合乃父王煜初牧師為孫中山打掩護。此節容本偵探在本書題為「別搞錯新郎哥」的第四十七章中，娓娓道來。

3　香港《循環日報》1884 年 10 月 9 日。所謂「滅此朝吃」者，源自「滅此而朝食」：《左傳‧成公二年》載：晉軍在早晨前來進攻齊国、「齊侯曰：『余姑翦滅此而朝食』。不介馬而馳之。」又，朝食：吃早飯。消滅掉這些敵人再吃早飯。形容急於取勝的心情和高昂的鬥志。《漢語成語詞典》（成都：四川辭書出版社 2000 年 10 月再版）。

4　孫中山：〈孫文學説，第八章：有志竟成〉，《國父全集》(1989)，第 1 冊，頁 409。《孫中山全集》，第 6 卷，頁 229。

5　See MacDonald to Salisbury, Desp. 43, 2 April 1897, FO 17/131, p. 223.

6　See Question 6, in Tables and Papers connected with the examination of the First Class held at the Government Central School during the week 9-16 January 1886, Government Notification No. 24, *Hong Kong Government Gazette,* 23 January 1886, pp. 48-52: at p. 49.

十年人事幾番新。從 1884 年開始即天天「非談革命則無以為歡」[7]的孫中山，在十年後的 1894 年中日戰爭爆發時，卻突然上書李鴻章建議改革：「顧文之生二十有八年矣，自成童就傅以至於今，未嘗離學，雖未能為八股以博科名，工章句以邀時譽，然於聖賢六經之旨，國家治亂之源，生民根本之計，則無時不往復於胸中；於今之所謂西學者概已有所涉獵，而所謂專門之學亦已窮求其一矣」。[8] 為何孫中山改弦易轍？而且改變得這麼突然和這麼快、這麼徹底？過去本偵探在拙著《三十歲前的孫中山》中，曾鑒於孫中山為了動員會黨跟從他革命，被會黨騙得幾乎破產，於是乎孫中山很可能就想到改革。但再經過四年更深入的科研與思考，尤其是完成了《孫文革命：聖經和易經》之後，覺得必定有比個人破產更為要緊的大局問題影響了他的思路。結果發現，孫中山在夏威夷讀書時，察覺美國正準備隨時隨地併吞夏威夷王國，進而深恐中國人遲早也要變成白種人的奴隸。[9] 後來到了 1894 年 7 月 4 日，在夏威夷謀生的美國人果然發動政變。而 1894 年 6 月 26 日[10]孫中山上書李鴻章之時，正是夏威夷的政變山雨欲來風滿樓的時刻，肯定大大觸動了孫中山的神經。同樣地，1894 年 6 月也正是甲午中日戰爭烏雲密佈之時。雖然當時國際輿論都看好清軍，但孫中山卻認為清軍不堪一擊。[11] 若清朝戰敗，恐怕中國就會被列強乘勢瓜分，炎黃子孫就變成亡國奴了。保存中國的領土完整，哪怕仍然是清朝治下的領土完整，總比被列強瓜分為佳。這就難怪孫中山突然一反常態，竭力提倡改革以保住清廷了！如何改革？並非眾多中國歷史工作者不厭其煩地頻頻引述的「人能盡其才，地能盡其利，物能盡其用，貨能暢其流」。其實這些思想，對李鴻章來說已不新鮮。孫中山

7　孫中山：〈建國方略之一：孫文學説——行易知難，第八章：「有志竟成」〉，1919 年 5 月 20 日，《孫中山全集》，卷 6，頁 228–246：其中 229。

8　孫中山：〈上李鴻章書〉，1894 年 1 月初稿，《孫中山全集》，卷 1，頁 8-18：其中頁 16。

9　孫文：〈與梅屋莊吉的談話〉，1895 年 1 月 5 日，《孫中山全集》，卷 1，頁 121。

10　據筆名學海無涯的廣州學者考證，盛宣懷在盛宙懷推薦孫中山求見李鴻章的信上批注的日期為農曆五月廿三日（1894 年 6 月 26 日），孫中山應在該日或早一兩天抵達天津。見學海無涯：〈孫中山為何要上書並求見李鴻章？〉，2012 年 8 月 1 日，http://book.douban.com/review/5529660/，2015 年 6 月 20 日上網閱讀。

11　詳見拙著《孫文革命：聖經和易經》，第三章。

的建議是別開生面並從根本上出發的：消滅鴉片，固本培元，詳情已經在本書題為「鴉片激勵孫中山成龍」的第三十一章中交待過了，在此不再贅述。歸根結柢，孫中山之所以能「成龍」，完全是因為為他全心全意地為華夏的現代化而奮鬥終身，並非為了他自己坐上龍椅。

不料法國學者白吉爾教授竟然把孫中山上書李鴻章之目的說成是為了乞求一官半職！她強調：「很明顯，孫中山的動機是厚顏無恥地企圖打進官僚系統，與中國的傳統士大夫平起平坐。由於他的出身與教育背景，孫一直不得其門而入。孫中山心知肚明，他不會八股文，而這是士子參加科舉考試必備的技巧」。(英語原文是：It does seem that Sun Yat-sen's motivation in this episode was his desire to brazen his way into that world of mandarins and literati-officials to which, by reason of his birth and education, he presumably had no entrée)[12]。鵬程萬里，孫中山的宏圖壯志，豈是麻雀般眼光的白吉爾教授能窺視萬一？白吉爾教授抓住孫中山不懂八股文這一事實，就推論他必然亟望當官，邏輯欠奉與妄猜臆說之處，莫此為甚。又認為孫中山出生寒微，就必然不能當官，其對中國科舉制度堅守公平公開競爭的精神與事實，寒士也能當宰相的歷史之無知，更是莫此為甚。

可惜妄猜臆說並非洋人所獨有，華人之中也存在着不少。準此，話題就轉到孫中山上書時親自見了李鴻章沒有？多種報導都說有，這與本偵探所掌握到的資料，背道而馳，弄得本偵探心癢難搔，決心查個水落石出。

第一種、1928 年由上海商務印書館出版的、並由胡去非執筆的《孫中山先生傳》說：

> ……乃懸壺澳門廣州兩地，託名行醫。其為人治病也，富者取資，貧者施與；遍時國人業西醫者絕少，先生之名大振，黨徒漸多，遣鄭士良結納會黨，聯絡防營，端倪略備。乃與陸皓東北遊京津，以窺清廷之虛實……至北京時，冒險謁李鴻章，密陳北京政府之橫暴腐敗，

12　Marie-Claire Bergère，*Sun Yat-sen* (Paris, 1994. Translated by Janet Lloyd, Stanford: Stanford University Press, 1998), p. 41.

革命之不可緩，議論雄快。李謝之曰：「今日之革命，余亦知其不可已；然余年七十有九，精力既衰，斷不能大有為，幸君努力為之，中國前途，惟君等是賴，余必為君後援」。[13]

此段引文，上半部與拙著《三十歲前的孫中山》發掘所得完全相反：1892－1894 孫中山在澳門和廣州行醫時的確是真心實意地濟世，沒有任何證據顯示他從事革命。至於下半部，怎麼？孫中山上書的內容是勸李鴻章改良的，怎能把這白紙黑字的內容説成是勸李鴻章革命？難道歷史果真是任人打扮的小姑娘？

第二種、1952 年吳敬恆述、楊成柏編《國父年系及行誼》説：「中日交戰前，先生由湖南出揚子江口，由海路入北京，深夜冒險晤李鴻章於私邸，陳説大計，勸李革命，李以年老辭」。[14] 此説不但把孫中山之勸李改良説成是勸李革命，且其「深夜冒險晤李」云云，更大有把孫中山描述成一位本領高強，能飛簷走壁、視傅相侍衞如無物的武林高手了。但我們都知道，孫中山並非武林高手。有人聽翠亨村孫梅生説過：「我和孫中山在翠亨村童年同學，有時我和孫中山、楊帝賀等人，常去客家村的石門坑攸福隆村、生豬寶村和大象埔村偷看三合會中人練武術。自己愚昧，老是學不懂，而孫中山記性好，學得快，很快會打幾路拳腳」。[15] 竊以為孫梅生説過的話即使屬實，則偷學了幾路拳腳，但若是沒有師傅解説其中奧妙，孫中山也沒有天天苦練，更沒跟人過招，怎能當上武林高手？他甚至不算是武林中人。

第三種、1965 年 11 月 11 日，台北《新生報》發出中央社特稿，題為〈萬世風範的國父〉，説過去孫中山演講時曾擔任過記錄的中國廣播公司董事長梁寒操講了八個有關孫中山的小故事。其中第一個故事是這樣説的：

13　胡去非：《孫中山先生傳》(上海：商務印書館，1928)，頁 7。該書在 1968 年由台灣商務印書館重印。

14　吳敬恆述、楊成柏編《國父年系及行誼》(台北：帕米爾書店，1952)，頁 4。

15　李伯新採訪楊連合 (48 歲)，1962 年 5 月 24 日，載李伯新：《孫中山史蹟憶訪錄》中山文史第 38 輯 (中山市：中國人民政治協商會議廣東省中山市委員會文史學習委員會，1996)，頁 82-85：其中頁 83。

有一次他滿懷愛國報國的熱忱，上書李鴻章，並由唐紹儀陪同，去見李鴻章。當時李鴻章還沒有看完國父所上的書，就老氣橫秋地對國父說：「天下大事困難重重，不是你們年青人所能夠瞭解的」。國父辭出後，大為光火，眼睛冒出憤怒的光芒對唐紹儀說：「我起先以為李鴻章很行，現在才知道他根本不行。我的建議他幹不了，我自己來幹！」[16]

說這個故事的梁寒操曾經當過國民黨中央宣傳部部長，說這個故事之目的是為了「紀念國父百年誕辰」。其政治宣傳的目標，顯而易見。

第四種、1983 年 6 月 1 日，台北《傳記文學》刊登了桂崇基的文章，題為〈中山先生見李鴻章〉。文曰：

中山先生上書李鴻章，世人固多知之。他是否見過李鴻章，則因缺乏資料，難以臆斷。據唐紹儀言，一次，他返回香港，曾晤中山先生，見其器宇軒昂，其時不過二十許人，即懷有大志，便斷言其必將為大器。中山先生出示其所擬上李鴻章書，並請唐設法介紹見李鴻章。時唐在高麗袁世凱幕府任事，對北洋有關人物多直接或間接認識，便代為介紹天津海關候補道徐秋畦。中山先生去天津，由徐秋畦向李鴻章為之先容。屆期，徐秋畦陪中山先生往見。李鴻章見中山先生即問你叫甚麼名字？中山先生答孫文。其時中山先生發言猶帶濃重廣東音，把「文」字念「門」音。李鴻章一聽，便說，你官話都不會講，怎能做官？未及二三語，即端茶，差官乃高呼送客。徐秋畦乃拉中山先生一同起身告辭。行至二門，中山先生便在庭中大罵李鴻章是官僚……[17]

該文作者桂崇基是國民黨老黨員，寫該文時 83 歲。調子與國民黨中央

16　中央社特稿：〈萬世風範的國父〉，台北《新生報》，1965 年 11 月 11 日，轉引於李敖：《孫中山研究》(台北：李敖出版社，1987)，頁 11-12。

17　桂崇基：〈中山先生見李鴻章〉，台北《傳記文學》，第 42 卷第 6 期 (1983 年 6 月 1 日)，頁 48。

宣傳部前部長梁寒操有異曲同工之妙。

《傳記文學》的編者是位慎重的學人，鑒於桂崇基「未說明出處」，故「特專函請教桂先生，頃接其覆告，係得自唐紹儀親口所述」。[18] 該編者還是不放心，特將桂崇基先生親筆覆函製版刊出。函曰：「紹唐我兄大鑒：民國二十年左右，唐紹儀任中山模範縣長，弟由澳門往見，唐親為言此一段經過，如能代為注明此一出處，甚感。專此順頌撰祺。弟桂崇基手啟。五、二十二」。[19]

另一方面，可有第一手史料記載孫中山上書時未曾見到李鴻章？有。

那是陳少白的《興中會革命史要》：

> 王韜有一個朋友在李鴻章幕下當文案，王韜就寫了封信，介紹孫先生到天津，見這位李鴻章幕下的老夫子，同老夫子商量，或者可以見李鴻章。孫先生快樂極了，就到天津去見老夫子。那時候，剛剛中日大戰，打得很厲害，李鴻章至蘆台督師。軍書旁午，老夫子把孫先生的大文章送到李鴻章那邊去，李鴻章是否看過，就不得而知了。不過後來李鴻章說：「打仗完了以後再見吧！」孫先生聽了這句話，知道沒有辦法，悶悶不樂的回到上海。[20]

由是觀之，本偵探所搜集到的、孫中山曾否見過李鴻章的有關報導的比例是四比一：四種說見過，一種說沒有。正反雙方，哪方可信？竊以為陳少白所說孫中山並沒有見過李鴻章之言較為可信，原因有六：

(1) 已有眾多學者——《國父年譜》的編輯團隊——指出，李鴻章當時是北洋大臣，常駐天津，上述第一、二種報導說北京相見似不甚合。

---

18 編者按語，附桂崇基：〈中山先生見李鴻章〉，台北《傳記文學》，第 42 卷第 6 期 (1983 年 6 月 1 日)，頁 48。

19 桂崇基覆函，1983 年 5 月 22 日，附桂崇基：〈中山先生見李鴻章〉，台北《傳記文學》，第 42 卷第 6 期 (1983 年 6 月 1 日)，頁 48。

20 陳少白：《興中會革命史要》，轉載於《中國近代史資料 — 辛亥革命》(上海：上海人民出版社，1981)，第 1 冊，頁 27。

(2)《國父年譜》的編輯團隊同時又指出：孫中山勸李革命，揆諸當時局勢，恐無此可能。[21]

(3) 本偵探則已於上文進一步提出「深夜冒險晤李」云云，大有把孫中山描述成能夠飛簷走壁、視傅相侍衛如無物的武林高手的味道。誇張之處，讓人懷疑全文的可靠性。因為我們都知道，孫中山並非武林高手。現在本偵探欲另外補充下列幾點：

(4) 陳少白之得悉孫中山撰寫上李鴻章書，是孫中山親口對他說的，並曾要求他訂正該稿。[22] 後來陳少白之直書孫中山沒有見到李鴻章，相信也是孫中山親口對他說的。當時陳少白是孫中山最親密的戰友，孫中山無事不對他直言。

(5) 在 1928 年提倡第一種說法的胡去非，[23] 在 1935 年陳少白的《興中會革命史要》面世之後的 1937 年才出版他的《總理事略》時，就作了「先生見李鴻章不遂」的更正。[24]

(6) 上述四種指孫中山曾經見過李鴻章的報導，第一、二種說孫中山見到李鴻章時勸他革命，第三、四種說孫中山見過李鴻章後大罵他的官僚作風。該四種說法似乎都在重點顯示孫中山革命家的風範。須知第一、二種說法的出現是國民黨一黨專政的 1930 年代，第三、四種說法則是國民黨遷台後仍然是一黨專政的 1960 年代到 1980 年代初期出爐的。當時的國民黨拼命推行對孫中山的個人崇拜以自重，說他是天生的、自始至終都是堅定不移的革命家。但顧頡剛先生之在上海廣學會《萬國公報》第 69、70 號發掘出孫中山的上李鴻章書，就為國民黨出了難題。堂堂革命家，求見清朝大吏已屬丟臉，不獲接見更是無顏，故非把拒見說成是接見不可，並且硬把孫中山建議李鴻章改良說成是勸其革命；最後痛罵李氏一頓，方顯威風！其完全漠視

---

21 《國父年譜》(1985)，上冊，頁 68 注 4。

22 陳少白：《興中會革命史要》：轉載於《中國近代史資料 ─ 辛亥革命》(上海：上海人民出版社，1981)，第 1 冊，頁 27。

23 胡去非為其《孫中山先生傳》寫弁言的日期是 1928 年 4 月 13 日。

24 胡去非：《總理事略》(上海：商務印書館，1937)，頁 21。該書曾由台灣商務印書館在 1972 年再版。

孫中山上書中的內容之處，莫此為甚。

　　但是一經查出上述第三種説法的作者是國民黨前宣傳部長梁寒操的傑作，馬上就明白到它是政治宣傳品而非嚴肅、負責任的史學著作。同時也明白到與它同一口徑的其他三種説法，都是政治宣傳品。既然屬政治宣傳，就難怪梁寒操的傑作出爐後的一段時間，台灣宣傳媒體「不但把孫中山見李鴻章的電視畫面弄成李鴻章一派誠惶誠恐模樣，並且乾脆就説孫中山當時是去『招降李鴻章』了！」[25] 其滑稽無聊之處，莫此為甚。但是，從事歷史研究的人都很清楚，通過大眾媒體所做的政治宣傳，比歷史工作者寫一百本書的效應要高強得多。其深入人心之處，恐怕好幾代的歷史工作者共同努力也洗不清。本偵探的努力，可有分別？

　　不但過去的中國國民黨治下的學人如此，過去的中國共產黨治下的學者也如是。1963 年 5 月 2 日，廣州市中山大學歷史系主任金應熙教授和該系的黨總支部委員陳勝粦講師，在共同接受翠亨村孫中山故居紀念館徵詢該館展覽的安排時，金應熙教授説：「我們從翠亨中山故居陳列室中也看到孫中山〈上李鴻章書〉，是有些改良主義願望，但革命因素是重大的。你們的陳列室應從正面多點反映革命因素問題」。[26] 利用改良的鐵證來強行為革命因素作政治宣傳，是只有在 1950 年代和 1960 年代中國大陸特定的歷史環境才能作出如此這般的決定。

　　俱往矣！言歸正傳。1894 年 6 月下旬孫中山自上海抵達天津求見李鴻章卻不獲一顧，[27] 促使他哪怕只得同志十人，仍「日日籌劃，日日進行。甲午中東之役後，政學各界人人憤恚，弟等趁此潮流，遂謀舉事於廣州」。[28]

　　準此，下一回就進入孫中山一生當中「革命實踐」的一環了。但是鬧劇並沒因此而結束。白吉爾教授充滿自信地寫道：「1894 年，時任直隸總督、

25　李敖：《孫中山研究》(台北：李敖出版社，1987)，頁 12。

26　翠亨村孫中山故居紀念館徵詢金應熙、陳勝粦，1963 年 5 月 2 日，載載李伯新：《孫中山史蹟憶訪錄》中山文史第 38 輯 (中山市：中國人民政治協商會議廣東省中山市委員會文史學習委員會，1996)，頁 137-139：其中頁 139。

27　見拙著《三十歲前的孫中山》，章 7，節 11、12。

28　孫文：〈在廣州嶺南學堂的演説〉，1912 年 5 月 7 日，《孫中山全集》，卷 2，頁 359-360。

權傾一時的清朝高官李鴻章拒不接見孫中山，這可説是他生平最受辱的冷落」（英語原文是：Perhaps the most humiliating snub occurred in 1894, when Sun was refused admittance by one of the most powerful imperials mandarins, Li Hongzhang (1823-1901), then governor-general of Zhili）[29]。遭到冷落才從事革命？「以小人之心，度君子之腹」，莫此為甚啊莫此為甚！

待本偵探讀到筆名「學海無涯」的廣州學者之大文時，更是大驚失色。學海無涯君發覺大批國人認為：「只要作者來自北美、歐洲，有一些名氣，不管其真實價值如何，就一定有人去捧臭腳」。[30] 甚麼？「學海無涯」君的上文下理是：「法國女學者白吉爾（Marie-Claire Bergère）在中國近代經濟史領域小有名氣，孫中山研究卻是外行，但這並不妨礙白女士放膽寫作一本法文版的《孫逸仙》，也不妨礙有出版社願意出個中文版來讓她出醜。作者承認：『本書有關孫的早歲生活，主要取材自 Schiffrin（史扶鄰），*Sun Yat-sen*』（《孫逸仙》中文版，時報文化 2010 年，第一章注 6，[31] 以下引用都是指該中文版）。流覽一下全書注釋，我猛地發現，除了《國父全集》外，白女士就沒有利用過任何中文一手文獻，滿眼望去都是『轉引自』某某英文文獻，其中以史扶鄰的名著《孫中山與中國革命的起源》頻率最高。試想一下吧，有個中國學者寫本洋洋幾十萬字的《華盛頓傳》，只用《華盛頓文集》一種英文文獻，其它資料全部來自中文著述所引用的片斷，會被人們嘲笑到

29　Marie-Claire Bergère，*Sun Yat-sen* (Paris, 1994. Translated by Janet Lloyd, Stanford: Stanford University Press, 1998), p. 14.

30　學海無涯：〈孫中山為何要上書並求見李鴻章？〉，2012 年 8 月 1 日，http://book.douban.com/review/5529660/，2015 年 6 月 20 日上網閱讀。

31　本偵探徵諸英文版，發覺白吉爾不是在第一章注 6 而是在正文第四頁中説過如下的話：「本書依賴史扶鄰所貢獻的〔有關孫中山的前半生〕和韋慕廷所貢獻的〔有關孫中山後半生〕的研究成果而寫成。跟隨着他們兩位敘事的先後次序，我重建了孫中山如何從一位南海冒險家（本書第一部份）蜕變為創建共和政體之父（本書第二部份），最終成為一位偉大民族主義運動的領導人」。（Drawing upon two fundamental works published quite recently in the West (by Harold Z. Schiffrin and Martin Wilbur), and following the chronology, I have tried to reconstruct the career that turned an adventurer of the Southern Seas (Part I) into the founding father of a republic regime (Part II), and eventually the leader of a great nationalist movement (Part III) －Marie-Claire Bergère，*Sun Yat-sen* (Paris, 1994. Translated by Janet Lloyd，Stanford: Stanford University Press, 1998), p. 4.

甚麼地步？這種雙重標準，眼下真的大行其道，只要作者來自北美、歐洲，有一些名氣，不管其真實價值如何，就一定有人去捧臭腳」。[32]

哈哈！原來還有大批國人捧白吉爾的臭腳啦，真是請恕老夫孤陋寡聞，對於國內這種情況一無所知。若將來再度發生「文明交戰」，率先替侵略軍帶路的將是誰？

32　學海無涯：〈孫中山為何要上書並求見李鴻章？〉，2012 年 8 月 1 日，http://book.douban.com/review/5529660/，2015 年 6 月 20 日上網閱讀。

第四十二章

釐清四大寇之謎團

　　香港著名的文化老人孫述憲先生在 1990 年代香港和澳門知識界最為心儀之刊物《信報》，用「名滿天下」之詞來形容四大寇，[1] 可謂推崇備至。但像所有著名的歷史案例一樣，被人傳誦得愈是厲害，就可能愈是遠離歷史真相，四大寇之傳奇也不例外。實際情況如何？

　　四大寇各人的具體名字是甚麼？孫述憲先生沒說。他對四人的生平都清楚嗎？可能不甚了了。因為，若他都清楚的話，可能他就不會這樣崇拜那「四位一體」了。準此，讓我們來研究分析一下四大寇的個別史略。

　　四大寇為首的孫中山 (1866–1925)，生平是大家知道得最多的。他為了救國救民，奔走一生。可謂鞠躬盡瘁，死而後已，是四大寇當中最為後人所敬仰者。在此不必多費筆墨。

　　四大寇之二陳少白 (1869–1934)，廣東省新會縣人，1888 年 3 月 28 日，廣州格致書院 (1917 年改為嶺南大學) 開辦時，他是第一批入讀的學生。格致書院是美國醫療傳教士核琶醫生牧師 (Rev. Dr. A. P. Happer) 所創辦，所以陳少白從一開始就受到基督宗教《聖經》影響。他有沒有領洗入教，目前還沒有找到有關記錄，但他與當時在廣州的華人宣教師區鳳墀友好，卻是眾所週知。正是區鳳墀在 1890 年 1 月，介紹陳少白到香港與孫中山認識。旋即被孫中山轉而介紹予康德黎醫生，承其俯允即以陳聞韶之名字註冊入讀西醫書院。[2] 1895 年陳少白積極參與策劃乙未廣州起義，因而未完成西醫書院的課程就退學。此後追隨孫中山革命，最大的貢獻是奉孫中山之命，在 1899

1　見孫述憲的書評，香港《信報》，1991 年 9 月 7 日。

2　H. L. Boorman, *et al. Biographical Dictionary of Republican China,* vol. 1, p. 230. 陳占勤：《陳少白先生年譜》(1991)，頁 25。

圖 42.1
四大寇（左起楊鶴齡、孫中山、陳少白、尤列。後排站立是關心焉）

年於香港創辦《中國日報》，藉此宣傳革命和聯絡革命黨人，不畏疲勞，不懼艱苦，不怕危險，為世敬仰。1900 年積極參與策劃惠州起義。1905 年同盟會在香港成立分會時，他當選會長，將《中國日報》編輯工作交給馮自由。辛亥革命成功，胡漢民為廣東都督，委陳少白主外事，不數月自稱不善政治而辭去職務。1921 年 9 月應孫中山力邀而當其廣州政權的總統府顧問。不久孫中山出師廣西，陳少白亦隨師出發，惟很快又自稱缺乏政治才幹而引退，隱居新會老家。1923 年滇軍亂穗，陳少白走香港，文書盡失。1934 年病死北平。[3] 雖然他沒有像孫中山那樣堅持革命到底，未免美中不足。

3　H. L. Boorman, *et al*. *Biographical Dictionary of Republican China*, vol.1, p. 229, col. 1，to p.231, col.1 . 隨孫中山出師廣西事，見余齊昭：《孫中山文史圖片考釋》(廣州：廣東省地圖出版社，1999)，頁 446。

但已經為華夏付出了他的大半生，至今為國人所敬仰。

　　四大寇之三楊鶴齡 (1868–1934)，廣東省香山縣 (今中山市) 人。他與孫中山是翠亨村同鄉，兩人認識最早。後來楊鶴齡到廣州算術館肄業，與尤列同學。楊鶴齡畢業後即繼承父業，到香港歌賦街楊耀記商店經商，毗鄰西醫書院，與當時在西醫書院讀書的孫中山和陳少白交遊，後來尤列也到香港做事，四人就經常走到一起，在楊耀記高談闊論，批評清朝，被店員戲稱為「四大寇」。但是到了孫中山策劃乙未廣州起義時，楊貪生怕死，不敢參與。[4] 此後也始終拒絕參加革命的實際行動。難怪，楊鶴齡為人放誕不羈，喜諧謔。[5] 他與其他三寇高談闊論，批評清朝，都只不過在諧謔而已，從不當真。

　　雖然如此，孫中山在 1912 年在南京當了臨時大總統後，還是懷舊而聘其為秘書。[6]1912 年 4 月 1 日孫中山解職，1913 袁世凱派人暗殺宋教仁，迫使孫中山舉行二次革命時，楊鶴齡袖手旁觀，回到澳門蟄居。1919 年 5 月 16 日，楊鶴齡寫信向孫中山求職，曰：「此數十年中因孫黨二字幾於無人敢近，忍辱受謗，不知凡幾」。[7] 楊鶴齡不思報國，卻埋怨被「四大寇」之名牽累。孫中山批曰：「代答，函悉。此間現尚無事可辦，先生故閉戶著書。倘他日時局轉機，有用人之地，必不忘故人也」。[8] 孫中山的回答已經很客氣了，惜楊鶴齡毫無分寸，於 1920 年 1 月 9 日再度函催。曰：「始謀於我，而

4　陳少白:〈四大寇名稱之由來〉，載陳少白著《興中會革命別錄》，轉載於《中國近代史資料叢刊—辛亥革命》(上海：上海人民出版社，1981)，第 1 冊，頁 76-84：其中頁 83。

5　見陳少白:〈楊鶴齡之史略〉，載陳少白:《興中會革命史別錄》，轉載於《中國近代史資料叢刊—辛亥革命》，第 1 冊頁 76-84：其中頁 77。又見余齊昭:《孫中山文史圖片考釋》(廣州：廣東省地圖出版社，1999)，頁 3。

6　杜元載主編:《革命文獻》，第 11 集 (台北：中央文物供應社，1973)，頁 363。

7　楊鶴齡致孫中山函，1919 年 5 月 16 日，載楊效農主編:《孫中山生平史料及台報紀念特刊選集》(北京：新華社《參考消息》編輯部，n.d.)，頁 42。又見《孫中山全集》，第 5 卷 (北京：中華書局，1985)，頁 57。

8　孫中山:〈批楊鶴齡函〉，1919 年 5 月 24 日，《孫中山全集》，第 5 卷 (北京：中華書局，1985)，頁 56-57。

收效豈可無我乎？」[9] 孫中山批曰：「真革命黨，志在國家，必不屑於升官發財；彼能升官發財者，悉屬偽革命黨，此又何足為怪。現無事可辦，無所用於長才」。[10]

　　孫中山作覆後，似乎又於心不忍，在 1921 年 5 月 5 日在廣州重新當上總統後，於 1921 年 9 月 14 日「敦聘楊鶴齡先生為〔總統〕府顧問」。[11] 同時受聘為總統府顧問者還有尤列和陳少白。孫中山又撥專款修葺在越秀山南麓、與總統府毗鄰的「文瀾閣」，讓陳、尤、楊三位故友居住。孫中山此舉，與其說是「為了能與陳、尤、楊時相聚首，切磋政要」，[12] 不如說是孫中山念舊。因為到了 1921 年 9 月 14 日的楊鶴齡，由於長期蟄居澳門，沒有絲毫實踐經驗，其對政事的認識，仍停留在 1890 年代初期的高談闊論，不切實際。若聽信其信口雌黃，不誤大事才怪！

　　1921 年 10 月 10 日，廣州政府慶祝武昌起義十週年，楊鶴齡應邀參加慶祝大會，並在北校場的閱兵典禮上，驕傲地與孫中山等合照留念。但過了五天，孫中山在 1921 年 10 月 15 日出征廣西時，楊鶴齡這位顧問就貪生怕死地找個藉口遁回澳門去了。只有陳少白像過去一樣，忠心耿耿地隨孫中山出征。[13] 所以說，楊鶴齡雖受厚遇，到底還是經不起考驗，結果在實際困難面前再一次拋棄了孫中山。

　　經此一役，任何稍具自尊心的人，肯定就此罷休。但楊鶴齡似乎就是纏着孫中山不放而再次不斷求職。孫中山不得已，於 1923 年 4 月 4 日「派楊

9　楊鶴齡致孫中山函，1920 年 1 月 9 日，載楊效農主編：《孫中山生平史料及台報紀念特刊選集》(北京：新華社《參考消息》編輯部，無日期)，頁 42。該函藏中國國民黨中央黨史委員會，原日期書 1 月 9 日，16 日收到。經中山大學余齊昭老師考證，年份應作 1920 年，與《國父年譜》所列吻合。見余齊昭：《孫中山文史圖片考釋》(廣州：廣東省地圖出版社，1999)，頁 450，注 8。

10　孫中山：〈批楊鶴齡函〉，1920 年 1 月 16 日，《孫中山全集》，第 5 卷 (北京：中華書局，1985)，頁 205。

11　孫中山：〈對楊鶴齡的委任狀〉，1920 年 9 月，14 日，據楊國鏗藏原件。該件複印於見余齊昭：《孫中山文史圖片考釋》(廣州：廣東省地圖出版社，1999)，頁 446。

12　余齊昭：《孫中山文史圖片考釋》(廣州：廣東省地圖出版社，1999)，頁 446。

13　同上。

鶴齡為港澳特務調查員，此令」。[14] 調查甚麼呢？該令沒說，還不是個閒職！該令也沒提到經費，弦外之音是：楊鶴齡本來就居住在澳門，並經常來往於香港和澳門之間，不需額外經費。而且，若他真心為國，也應該不在乎這雞毛蒜皮！楊鶴齡連一毛錢也撈不到，多少滋味在心頭？

四大寇之四尤列 (1865-1936)，廣東省順德縣人，少肄業於廣州算術館，與楊鶴齡是同學。畢業後充廣東輿圖局測繪生。後來孫中山去了香港新成立的西醫書院讀書，尤列也去了香港華民政務司署當書記。[15] 適逢其會，就參加了「四大寇」的「吹水」行列。為甚麼？尤列本來就生性「放誕流浪，喜大言」。[16]1895 年，孫中山與陳少白等在廣州密謀起義，尤列怕死，不敢參與，[17] 但對孫中山在廣州設立農學會，卻極感興趣，以為有油水可撈，不知死活地跑到廣州，「借宿會中，以創辦織布局相號召，每出入必肩輿，假廚役為長隨，以從其後，其放誕多若此。乙未事敗，始知可危，亦出亡」。[18]

數年後，尤列又「謀諸孫先生，挾數百元走星加坡，資盡則懸牌行醫以資日給。」[19] 這就奇怪了！尤列沒有受過正規醫科訓練，竟然去為病人治病，這已經再不是放誕不羈的問題而是草菅人命了。「尤性本懶而頗多嗜好，行醫每有所入，即入西菜館大嚼一頓，或寄宿西式旅館一宵，以為無上之享受。及資將罄，則以其餘購阿芙蓉若干，麵包若干，攜歸，窮日夜之力以盡其阿芙蓉，覺餓，則嚙麵包以充飢。及兩者皆盡，則擁衿僵臥，經日不起，必俟有來就診者，始起床。所得醫金，用途仍如上述。」[20] 此段記載，出自「四大寇」之一的陳少白之手，讀來有如晴天霹靂。

14　孫中山：〈批楊鶴齡函〉，1923 年 4 月 4 日，《孫中山全集》，第 7 卷 (北京：中華書局，1986)，頁 293。

15　馮自由：《革命逸史》，第 1 冊，頁 26、29-30。

16　陳少白：〈尤少紈之略史〉，載陳少白著《興中會革命別錄》，轉載於《中國近代史資料叢刊—辛亥革命》(上海：上海人民出版社，1981)，第 1 冊，頁 79-81：其中頁 79。

17　陳少白：〈四大寇名稱之由來〉，載陳少白著《興中會革命別錄》，轉載於《中國近代史資料叢刊—辛亥革命》(上海：上海人民出版社，1981)，第 1 冊，頁 83。

18　同上，其中頁 79-80。

19　同上，其中頁 80。

20　同上注。

陳少白又說，1913 年，「二次革命起，尤往滬，揚言能解散革命黨。袁世凱信之，羅致北京，斥數千金為之供張，聲勢顯赫。後悉其偽，諷使之去。自此不敢復見孫先生」。[21] 若說尤列之無牌行醫、吸鴉片煙等等屬私人生活而難找旁證，那麼被袁世凱羅致北京是公開的事情，而且如此鋪張，相信當時會有很多人知道。

陳少白更說 1921 年，「孫先生回廣州，駐觀音山總統府，命許崇智出資三千，修府右之文瀾閣，並建天橋以通之，使予佈置而居之。復憶及居港時之『四大寇』，乃遣人召楊鶴齡與尤俱來，楊至而尤則觀望於香港，促之三四次不應，蓋懼不測也。迨經剴切表白無他意，乃至」。[22] 這段記載，就不缺人證諸如許崇智、楊鶴齡，還有物證諸如那俗稱「四寇樓」的文瀾閣。[23]

尤列受到如斯禮遇，可曾思恩圖報？沒有。陳少白說：「乃坐席未暖，故態復萌，見人輒大言，並刊其語於報端，謂孫先生特修文瀾閣，為伊駐蹕之地，以備隨時諮詢，故勉循孫氏之請而來此。舉止多令人不可耐。府中人惡之，舉以告孫先生，先生使人以數百金，令之退去，自是不復相見」。[24] 若尤列果曾將其言刊諸報端，那就是公開的秘密了。

事情就此了結？沒有。1925 年，陳少白說：「孫先生逝世，尤時在上海，謂孫先生襲其說而倡革命，以後革命黨之領袖，非伊莫屬」。[25]

治史不能依靠一家之言。那麼，可有人挺身而出，為尤列辯護？有。馮自由就寫了三篇文章為尤列辯護。其一說：「辛丑〔1910 年〕後尤至南洋，初在星加坡牛車水單邊街懸壺問世，竟精醫花柳雜病，男婦咸稱其能」。[26] 此段雖讚尤列醫術好，但也佐證了尤列沒有經過正規醫科訓練就行醫之說。

21　同上注。

22　陳少白：〈尤少紈之略史〉，載陳少白著《興中會革命別錄》，轉載於《中國近代史資料叢刊 — 辛亥革命》(上海：上海人民出版社，1981)，第 1 冊，頁 79-81：其中頁 80。

23　余齊昭：《孫中山文史圖片考釋》(廣州：廣東省地圖出版社，1999)，頁 446。

24　陳少白：〈尤少紈之略史〉，載陳少白著《興中會革命別錄》，轉載於《中國近代史資料叢刊 — 辛亥革命》(上海：上海人民出版社，1981)，第 1 冊，頁 79-81：其中頁 80。

25　同上，其中頁 81。

26　馮自由：〈尤列事略〉《革命逸史》(北京：中華書局 1981 重版)，第一冊，頁 26-28：其中頁 27。

馮自由繼續寫道：「尤志在運動工界，恆於煙館賭徒中宣傳革命排滿，遂亦漸染阿芙蓉癖，久之，每有所得，輒購阿芙蓉膏若干，燒肉麵包各若干，歸寓閉門停業高臥不起，必俟黑白二米 (時人稱鴉片曰黑米) 俱盡，然後重理舊業，然就診者固門庭如市也」。[27] 此段與陳少白所言大致相同，唯一不同的是馮自由為尤列開脫，說其抽大煙是由於宣傳革命而引起，又讚尤列儘管如此肆意妄為，但依舊門庭若市。

1912 年孫中山讓位與袁世凱後，尤列去了北京。馮自由說：「袁世凱以為革命元老，謂足與總理抗衡，欲羈縻之，使為己用，特館之於東廠胡同榮祿舊宅，民三後，尤知袁有異志，乃移居天津避之」。[28] 此段與陳少白所言亦大致相同，但不同者有二：

第一、陳少白說尤列主動向袁獻媚而受到招攬，馮自由則說是袁世凱主動羈縻尤列。

第二、陳少白說袁世凱看穿了尤列無能制孫後把他轟走，馮自由則說尤察袁有異志而自動離開。

但陳、馮都異口同聲地說尤列接受了袁世凱長時間的厚待。而且，在榮祿舊宅優居三年，天天抽大煙，費用可是開玩笑的？此事後來頗受非議，馮自由再度撰文為尤列辯護，說：袁世凱「知尤先生乃黨中耆宿，乃委曲招致，居以石駙馬大街醇王邸，待遇優渥。有若曹瞞之籠絡關羽」。[29] 怎麼東廠胡同榮祿舊宅突然又變成更高檔的石駙馬大街醇王邸？至於後來尤列為何離京？馮自由說是由於袁世凱命令尤列「大書孫某罪惡史」；尤列婉拒，乃走天津。[30] 這再度辯護，仍跳不出第一次辯護的框框，只是增加一些細節而已。

至於陳少白指控尤列在 1921 年「見人輒大言，並刊其語於報端，謂孫先生特修文瀾閣，為伊駐蹕之地，以備隨時諮詢，故勉循孫氏之請而來此。

———

27　同上，其中頁 27。

28　同上，其中頁 28。

29　馮自由：〈尤列事略補述二〉《革命逸史》(北京：中華書局 1981 重版)，第一冊，頁 33-41：其中頁 34。

30　同上，其中頁 35。

舉止多令人不可耐」，[31] 以及 1925 年「孫先生逝世，尤時在上海，謂孫先生襲其說而倡革命，以後革命黨之領袖，非伊莫屬」[32] 等情，馮自由就沒有進行任何辯護了。是默認？馮自由的《革命逸史》「寫成於 1939 年至 1948 年」，[33] 比諸 1935 年、陳少白逝世約一週後出版的《興中會革命史要》，[34] 晚了五到十五年，馮自由完全有足夠的時間去為尤列辯護，但他沒有這樣做，是否真的等同默認？

尤門有幸，尤列的曾孫尤迪桓先生娶了一位念念不忘光宗耀祖的媳婦曾家麗女士，她後來儘管當上香港政府高官，但仍於五十開外的年齡，撥冗回到母校香港大學攻讀碩士學位，並寫就碩士論文〈尤列與辛亥革命〉。該論文：

1. 第 3 頁說尤列「1865（乙丑）年 2 月 22 日出生於有水鄉之稱的順德杏壇北水。他在新基坊漱坊園松溪別墅長大，家中亭台摟閣，鄉間儘是小橋流水桑基魚塘。」——本偵探按：尤列像楊鶴齡一樣出生富裕家庭，與那出生於窮苦農家的孫中山，顯然幸福得多。結果是「乙未年廣州之役，楊與尤亦皆不與焉」。[35]

2. 第 6 頁曰：「興中會醞釀期為 1893 年，由尤列借得廣州廣雅書局抗風軒開會，有志之士議定成立興中會以『驅除韃虜，恢復華夏為宗旨』。之後興中會在檀香山及日本先後成立」。——本偵探按：1893 尤列在廣州成立了興中會？比 1894 孫中山在檀香山之成立興中會更早一年？但尤曾家麗沒有為其言提供注釋，不知所據為何？

3. 第 6 頁又曰：「歷史對乙未 (1895) 廣州起義經過，史書已很多詳盡紀

31　陳少白：〈尤少紈之略史〉，載陳少白著《興中會革命別錄》，轉載於《中國近代史資料叢刊 —— 辛亥革命》（上海：上海人民出版社，1981），第 1 冊，頁 79-81：其中頁 80。

32　同上，其中頁 81。

33　中華書局近代史編輯室：〈說明〉，1980 年 6 月，載馮自由：《革命逸史》（北京：中華書局，1981），頁 1。

34　〈編者按〉，載陳少白：《興中會革命史要》，收錄在國使館（編）：《中華民國建國文獻：革命開國文獻》，第一輯史料一（台北：國史館，1995），頁 88。

35　陳少白：〈四大寇名稱之由來〉，載陳少白著《興中會革命別錄》，轉載於《中國近代史資料叢刊 —— 辛亥革命》（上海：上海人民出版社，1981），第 1 冊，頁 76-84：其中頁 83

錄，不在此贅述。」——本偵探按：在此，尤曾家麗對於陳少白所說，到了廣州起義時，尤列拒絕參加之事，就避而不談，反而列了一個表，說尤列是領導人物之一，負責策劃、接應等，但又無法提供任何史料以證明尤列具體策劃、接應了些甚麼。

4. 第 8 頁曰：「1900 年（庚子）惠州三洲田起義。詳情很多歷史書已有記載，故不再在此重複」——本偵探按：尤曾家麗撰寫該碩士論文之主要目的是描述甚至突出尤列在歷次起義中具體做了寫甚麼，不能三番四次地推說「歷史書已有記載」而不提供任何信息。其實，這些歷史書都眾口一詞地說，尤列沒有做了甚麼；若尤曾家麗真的要重複，也只會自討沒趣！結果她接下來寫道「不過必須指出惠州起義的歷史意義，比之五年前的廣州起義更形重要」。這純粹是顧左右而言他的寫法。

5. 第 8 頁說惠州起義失敗後，「尤列不再以香港為大本營，在日本橫濱與孫中山同居前田町 121 番館約半年，便赴南洋經營革命，一去十年」。——本偵探按：換而言之，尤列藉南洋遁，逃避了此後孫中山所領導的歷次起義。

6. 第 11 頁曰：「1911 年武昌起義爆發，尤列命中和堂將領負責廣東軍事，自己則往東三省和雲南聯絡吳祿貞（1880-1911）、蔡鍔（1882-1916）等反正。吳、蔡是尤列在日本時期認識的留學生，回國後任清廷將領，其實都是革命黨人。尤列在途中得悉吳祿貞遇害，遂轉往雲南昆明。蔡鍔於 10 月 30 日起義成功宣佈獨立，並被推舉任雲南都督」。——本偵探按：此段同樣是顧左右而言他，也同樣沒有提供任何注釋以證其言，究竟尤列為辛亥革命具體做了些甚麼？

7. 第 11 頁又曰：「1913 年，袁世凱（1859-1916）繼孫中山總理退位而成為大總統，曾出手籠絡尤列，以為用尤列來牽制孫中山。尤列初未洞悉其動機，民國既已建立，中和堂亦需要正式恢復其實為革命黨（有別於其他會黨堂口）的定位，所以尤列樂於赴京，以中和黨黨魁身份，將中和黨蓋章交給內政部存檔，並立刻獲批」。——本偵探按：難道一句「尤列初未洞悉其動機」，就能掩蓋了尤列接受袁世凱利用「來牽制孫中山」這段史學界公認的史實？

8. 第 12 頁曰：「由 1916 至 1921 年（51 歲至 56 歲）在神戶著《四書章節便覽》（*Oriental Bible*）及《四書新案》二書，先後在日本出版。前者至今仍留有縮微膠卷（microfilm）存於日本國立圖書館」。━━━本偵探按：此段以及該碩士論文共 103 頁的其餘部份，與主題〈尤列與辛亥革命〉完全離題，故在此不再多花筆墨。

9. 尤曾家麗在其碩士論文不斷地讚美尤列是「至情至性」之人；查良鏞先生筆下的楊過也是「至情至性」之人。把三番四次拋棄孫中山的尤列，比諸《神鵰俠侶》的楊大俠，信口雌黃之處，莫此為甚。最關鍵的問題是：尤曾家麗女士究竟是在寫歷史還是虛構故事？

10. 尤曾家麗更在其碩士論文開宗明義用英語寫就〈論文摘要〉（Abstract of thesis）如下：The study aims to present Yau Lit as a brilliant yet subtle revolutionary, an educator, a Confucian scholar and finally as a statesman whose life is dedicated to one Cause for achieving egalitarianism and democratic governance for his country.

11. 謹將此段翻譯如下：「本論文之目標，是要展示尤列那卓越幽香的革命家風範，他作為教育家、儒學家以及政治家的一生，毫無保留地為祖國之平等與民主而奮鬥所做出的不懈努力」。

我的天！也不翻翻字典。卓越革命家的定義是甚麼？？有高明的革命理論，過人的革命實踐，長期從事革命事業者也。儘管孫中山有革命理論諸如《三民主義》，有屢敗屢起的革命實踐，畢生無私奉獻於救國救民的事業，鞠躬盡瘁，死而後已，中國大陸也只稱他為「革命先行者」而已。尤列毫無革命理論，更從未參加過革命的實際行動，連革命者之名也夠不上，有的只是年輕時曾與孫中山等人一起高談（當代大陸年輕人模仿 1980 年代香港俚語而稱之為「吹水」）反滿，如此這般就把他歌頌為卓越幽香的革命家，算是甚麼玩意？

Statesman（政治家）的定義是甚麼？世界史上有哪幾位名人夠得上政治家的稱號？政治家者，有高明的政治理論，卓越的政績，讓千萬人受惠，蔭及廣大後人者也。尤列畢生沒有從政，連政客（politician）之名也夠不上，把尤列描述為政治家，這種「吹水」也太離譜？至於儒學家，難道幼從私塾

老師隨口唱幾句四書五經、年長後胡亂寫幾句相關按語，就能當上儒學家？又至於教育家，唉！尤列曾從事教育？在教育上有創新？曾調教出哪些出色的學生？

　　罔顧史實而「吹水」之處，莫此為甚。究竟這是一篇大學碩士的公開學術論文，還是私藏家裏以逗兒孫的小品？難怪香港黃泥涌峽用筆名「七月流火」著書者，對香港史學界有如下的評價：「我覺得歷史系應該關門大吉，讓對歷史感興趣的人自己去找書看。歷史專業的老師都改行當歷史圖書館的管理員，整理一下目錄和索引之類的，如有造假就立即關進文字獄法辦」。[36] 此言固然失之於偏頗，然其偏頗之言，可視作部份香港人士對當地歷史工作者的不滿，而應該受到充份重視。

　　總之，孫中山在香港西醫書院讀書時經常聚首之所謂「四大寇」，其所放之厥詞，來自肺腑而又真正有意付諸行動者，只有孫中山和陳少白。其中又只有孫中山走盡了革命之途才魂歸天國，可謂鞠躬盡瘁，死而後已。

　　準此，孫述憲先生之用「名滿天下」之詞來形容四大寇，[37] 其褒揚之處，中山先生自是當之無愧，陳少白當然也可以；至於尤列與楊鶴齡，則不提也罷！孫述憲先生身為香港的資深文化人，對一些特定歷史情節，不花點工夫去搞清楚就在報章上大事美化，無助後人以史為鑒。其實，孫述憲先生只需花幾分鐘時間去翻翻四大寇之一的遺著，讀讀以下陳少白那簡潔有力的描述，對四大寇名稱的來源與性質就一目了然：「每遇休暇，四人輒聚楊室暢談革命，慕洪秀全之為人。又以成者為王，敗者為寇，洪秀全未成而敗，清人目之為寇，而四人之志，猶洪秀全也，因笑自謂我儕四人，其亦清廷之四大寇乎，其名由是起，蓋有慨乎言之也。時孫先生等尚在香港醫學堂肄業，而時人亦以此稱之，實則縱談之四大寇，固非盡從事於真正之革命也。而乙未年廣州之役，楊與尤皆不與焉」。[38] 而陳少白之所謂「時人亦以此稱之」，

36　七月流火：《孫中山和他的女人們》（香港：環宇出版社，2011），頁 380。

37　見孫述憲的書評，香港《信報》，1991 年 9 月 7 日。

38　陳少白：〈四大寇名稱之由來〉，載陳少白著《興中會革命別錄》，轉載於《中國近代史資料叢刊—辛亥革命》（上海：上海人民出版社，1981），第 1 冊，頁 76-84：其中頁 83。

這些「時人」是誰？人數有多少？馮自由說：「楊耀記店伙聞總理等放言無忌，遂以此名稱之，而四人亦居之不辭」。[39] 嚇！綽號在幾名店伙之間打轉轉就算是「名滿天下」？看來孫述憲先生對馮自由所寫的《革命逸史》也陌生得很！

其實，被美化了的歷史最能誤導讀者，連內行人有時候也難免掉進陷阱，哪怕《國父年譜》的編者也免不了。茲舉一例：《國父年譜》(1985 年增訂本) 說，孫中山在西醫書院讀書時「與同學楊鶴齡、陳少白、尤列……時人咸以『四大寇』呼之。」[40] 陳少白固然是孫中山在西醫書院的同學，但楊鶴齡與尤列則從來沒在該校註冊及列席上課，說不上是孫中山的同學。但空穴來風，竊以為該書編者可能被一幅照片所誤導 (見圖 42.1)。「四大寇」為後人遺留了唯一的一幅合照之中，四寇平排而坐，關景良站在後排。尤列親筆書明該照片「攝於香港雅麗氏醫院」。[41] 關景良則說得更具體：該照片攝於「雅麗氏醫院三樓騎樓」。[42] 既然該照片攝於香港雅麗氏醫院，而西醫書院的學生都在雅麗氏醫院上課，以至一不小心，就會誤認照片中人全是西醫書院的學生，並因此而進一步誤會四大寇全是西醫書院的學生。如此這般，楊鶴齡和尤列就被誤稱為孫中山的同學了。這些雖屬細節，但不容忽視。從這個意義上說，中山大學的余齊昭老師考證出該照片應該是拍攝於 1892 年而非尤列所說的 1888 年 10 月 10 日，糾正了多年以來的以訛傳訛，就真於無聲處聽驚雷。[43]

四大寇當中，這邊廂是言行一致的革命者孫中山和陳少白，那邊廂是口是心非的革命者楊鶴齡與尤列，這兩派人之間最顯著的分別之一，正是孫中山和陳少白都曾在英美傳教士創辦的教會學校過讀書，深受基督宗教《聖

39　馮自由：〈尤列事略〉《革命逸史》(北京：中華書局 1981 重版)，第一冊，頁 26-28：其中頁 26。

40　《國父年譜》(1985 年增訂本)，上冊，頁 51，第 1890 年條。

41　尤列在該照片上親筆書明，照片藏北京歷史博物館。見余齊昭：《孫中山文史圖片考釋》(廣州：廣東省地圖出版社，1999)，頁 4 及頁 5 注 7。

42　廣東文物展覽會 (編)：《廣東人物》(1941)，頁 102，見余齊昭：《孫中山文史圖片考釋》(廣州：廣東省地圖出版社，1999)，頁 4 及頁 5 注 8。

43　見余齊昭：《孫中山文史圖片考釋》(廣州：廣東省地圖出版社，1999)，頁 3-5。

經》、那孕育了盎格魯‧撒克遜（Anglo-Saxon）文明的基督宗教《聖經》所影響。在這個問題上，孫中山所受的影響又似乎比陳少白深：孫中山到了咽下最後一口氣時仍然念念不忘華夏文明的現代化[44]，陳少白則在晚年就退出革命隊伍了。

在未來可能發生的文明交戰中，能救亡者只有像孫中山那樣的華夏精英。其次是像陳少白那樣的人材。楊鶴齡、尤列之流，算了吧！

44　詳見拙著《孫文革命：聖經和易經》（香港：中華書局，2015 年），章 18。

第四十三章

為何中國人不能在中國的土地上行醫？

眾所周知，孫中山 1892 年 7 月在香港西醫書院畢業後，不久即到澳門行醫。但不出一年，就被澳門的葡國醫生逼走。孫中山難免要問：為何中國人不能在中國的土地上行醫？為何清朝政府無能到讓中國人在中國的土地上被外人歧視的地步？雖然此等問題沒有馬上激勵孫中山走向推翻清朝的革命道路，亦不遠矣。須知革命的思想感情，是積累的。三年後的 1895 年，他就發動乙未廣州起義了。

問題是：為何孫中山在澳門的遭遇會讓他發出此等提問？君不見，孫中山不是同樣地不能在香港行醫？關鍵是：過去英國人在香港的殖民地政策，與葡萄牙人在澳門的殖民地政策，有一條基本的分別。港英通過英語教育刻意培養能說英語的當地精英，以幫助殖民地政府的管治。如此培養出來的當地精英諸如孫中山的恩師何啟，到英國進修後取得正規的醫學學位和法律學位，回到香港後既行醫又做大律師，由此打進港英的主流社會。[1] 孫中山在香港西醫書院取得的文憑，並非英國制度意義上的醫學內外全科（Bachelor of Medicine, Bachelor of Surgery），原因是香港西醫書院並非英國制度意義上的正規醫學院。在香港這個法治社會，若法律禁止缺乏醫學內外全科畢業文憑的人無牌行醫，深受法治意識影響的孫中山，樂於接受此現實。若他像何啟一樣，到英國進修後取得英國正規的醫學學位，同樣可以在香港行醫。故他沒有感到受歧視。

相反地，葡萄牙人在澳門的殖民地政策，施行嚴厲的種族隔離。例如，長期在學校禁止教授葡文，深恐華人學會葡文就能看懂政府的葡文公文，

1　See G.H. Choa, *The Life and Times of Sir Kai Ho Kai* (Hong Kong: Chinese University Press, 1981).

由此洩露政府秘密。諸如此類的政策，把葡人或混血葡人跟華人隔離得遠遠的，華人能打進澳葡的主流社會者，絕無僅有。這本身就是一種歧視。當初孫中山之所以決定前往澳門行醫，事緣「先生在香港學醫時，偶一返鄉，道經澳門，澳紳曹子基，何穗田家人，久病不癒，一藥便療，驚為神奇。乃先生畢業，曹、何與港紳陳賡虞，資助先生在澳門組織中西藥局，掛牌行醫。」[2] 孫中山應邀到澳門，在華人社區為華人治病，沒有觸犯澳葡的禁忌，故雙方相安無事。哪怕後來孫中山在澳門的鏡湖醫院行醫，則「鏡湖醫院者，為澳門華人所設立，向用中醫中藥施贈貧病。中國醫藥經驗數千年，當有可採取之處，惟欠缺近世科學之研究，先生屢以此獻議於該院值理，卒得其接受。一旦破除舊例，兼用西醫西藥，聘先生為之主持，先生慨然擔任義務，不受薪金。」[3] 準此，孫中山在華人社區進一步在華人醫院為華人義務治病，仍然沒有觸犯澳葡的禁忌，雙方仍然相安無事。問題似乎就出於後來孫中山跑到幾乎是葡人專用的心臟地帶——議事亭前地 Largo do Senado (Senado Square)——設立「孫醫館」行醫。

　　關於孫中山跑到議事亭前地設立「孫醫館」的主要信息，源自《澳門日報》前副總編輯陳樹榮先生。他或用真名或用筆名在該報刊登了一系列有關文章。茲列表如下：

2　廣州嶺南大學孫中山博士紀念醫院籌備委員會 (編)：《總理開始學醫與革命運動五十週年紀念史略》(廣州：嶺南大學，1935), 頁 17-18, 轉引於陳錫祺 (主編)：《孫中山年譜長編》，上冊，頁 60-61。

3　陳錫祺 (主編)：《孫中山年譜長編》，上冊，頁 60-61，轉引《總理開始學醫與革命運動五十週年紀念史略》(1937)，頁 17-18。

表 43.1　陳樹榮在《澳門日報》刊登有關孫中山「孫醫館」的文章 [4]
1990－2003 [5]

日期	作者	題目	引文
871109	本報記者・魯傳 1	本報特稿：孫中山當年來澳門行醫寄寓議事亭前地十四號	據一八九五年九月四日仁慈堂管理委員會的「會議紀錄」，孫中山當時寄寓於「議事亭前地十四號」…… 這份會議紀錄，發表在一八九五年十一月九日的葡文《鏡海叢報》。……
880313	本報記者・梅士敏	孫中山醫術精湛鏡湖耀彩 —— 從《鏡海叢報》創刊號發現的新史料	孫醫館位於議事亭前地的仁慈堂右街。據仁慈堂當時的會議紀錄，孫中山於 1892 年秋居澳，租住仁慈堂物業 —— 議事亭前地 16 號，約一年時間。」2]
900318	陳樹榮	特稿：加強研究「孫中山與澳門」	[孫中山]於一八九二年秋來澳工作約一年向仁慈堂租了議事亭前地十四號開設「孫醫館」。
900807	陳樹榮	人物：孫中山與澳門初探（四）	「議事亭前地十四號」… 租與孫中山，稱之為「孫醫館」
900810	陳樹榮	人物：孫中山與澳門初探（七）	曾寓於「議事亭前地十四號」… 紀錄在仁慈堂管理委員會的「會議紀錄」。
911107	本報記者・梅士敏	一八九二年與一八九六年孫中山兩度向鏡湖醫院借錢	仁慈堂旁的孫醫館（六十多年前已拆去）。
911110	陳樹榮	風采：孫中山在澳門居住過的地方	4・仁慈堂右街孫醫館 —— 位於「議事亭前地十四號」。
911114	濠江客	澳門圖說：孫中山在澳門設「孫醫館」	「孫醫館」由孫醫生逸仙開辦，館設於「議事亭前地十四號」。
921006	本報記者・梅士敏	孫中山澳門行醫一百周年	「議事亭前地十四號」… 租與孫中山（每月十二元），稱之為「孫醫館」，孫中山與原配夫人盧慕貞和一歲多的兒子孫科一起住在那裏。

4　陳樹榮後來在《澳門日報》本身，署名說此文是他寫的。見陳樹榮：〈人物：孫中山與澳門初探（三）〉，《澳門日報》，1990 年 8 月 6 日。同時又在《廣東社會科學》署名說「孫中山當年來澳門行醫寄寓議事亭前地十四號」這篇報導是他寫的。見陳樹榮：〈孫中山與澳門初探〉《廣東社會科學》第 4 期，頁 28-36：其中頁 29。

5　飛南第：〈創辦靜海叢報條列利益佈啓〉，中文《鏡海叢報》，1893 年 7 月 18 日，收入《鏡海叢報》(複印出版冊，2000)，頁 1-2：其中頁 3。

日期	作者	題目	引文
940218	本報記者‧梅士敏	孫中山百年前返澳門度歲	一八九二年 …… 十二月底 …… 以月租十五[sic]元，向仁慈堂租借議事亭前地十四號，開設「孫醫館」。
941113	梅士敏	孫中山與澳門關係密切	(4)仁慈堂右街孫醫館（原位於議事亭前地十四號，七十多年前已拆除）
980301	陳樹榮	人物：孫中山與澳門華人	他在議事亭前地開設的診所 …他與原配夫人盧慕貞和一歲多的兒子孫科一起住在那裏。
981112	本報記者‧梅士敏	本報特稿：孫中山的澳門遺物在何方？	[孫中山]每日分別在三處地方掛牌行醫。其中在鏡湖醫院、中西藥局和孫醫館都各自工作二小時。
981114	陳樹榮	特稿：澳門宜發揮孫中山名人效應	三、…曾向仁慈堂租賃其旁邊的一座二層房子開辦的診所，孫中山自稱為「孫醫館」。
000312	本報記者‧梅士敏	本報特稿：澳門須重視孫中山事跡 —— 向特區政府提五項建議。	一處在仁慈堂右側（羅結地巷旁），向仁慈堂月租十二元租賃一間兩層房子，開辦診所，孫中山自稱為「孫醫館」（孫中山夫人盧慕貞與一歲兒子孫科居於上址）……
011028	濠江客	澳門圖說：孫中山‧鏡湖‧公民教材	孫中山在澳門行醫時，…將設在議事亭前地十四號的二層樓，稱為「孫醫館」。
011120	濠江客	澳門圖說：孫中山澳門三地方診症	中午由一點鐘至三點鐘止，在仁慈堂右鄰寫字樓（孫醫館）診症。
011126	濠江客	澳門圖說：孫醫館‧仁慈堂‧月租十二元	孫醫館位議事亭前地十四號，原是仁慈堂物業，由孫中山於一八九三年初向仁慈堂租賃，月租十二元，以孫新的名字租賃了一年多。
011203	濠江客	澳門圖說：孫中山澳門行醫的用品	…………向仁慈堂租屋開設孫醫館。
030915	濠江客	澳門圖說：孫中山‧孫醫館	議事亭前地在一百年前有一座二層洋房，是孫中山於一八九三年在澳門開設的「孫醫館」。…當時的仁慈堂會議紀錄有記載。

　　此表細水長流般，源源不斷地訴說孫中山租了議事亭前地十四號作為診所兼寓所，又屢屢宣佈所據乃葡人所設立的仁慈堂（Santa Casa de

Misericordia, or Holy House of Mercy）的會議紀錄，應為信史。無奈所述各端矛盾百出：忽而説該診所在議事亭前地十四號，轉眼又説是十六號。忽而説月租十二元，轉眼又説月租十五元。其中 921006、980301、000312 等三項，更説孫中山的夫人盧慕貞和一歲多的兒子孫科也與他住在那裏；但幾乎所有史料都説盧慕貞留在翠亨村侍奉守寡的家姑（家翁已於 1888 年去世）。若盧慕貞真的去了澳門居住，則誰照顧那位留在翠亨村的小腳家姑？最後，澳門耆老熊永華先生在接受本偵探採訪時説：過去，議事亭前地那些兩層高的小洋房，房東都是葡人，只是用作寫字樓或商戶，從來不住人的。辦公時間過後，馬上關門大吉，葡人回半山區或海邊寓所，華僕回華人區過夜。[6] 若孫中山真的居住在議事亭前地，豈非破壞葡人哪怕是不成文的規矩？

如此種種，皆直接影響到陳樹榮先生所聲稱的、孫中山曾在議事亭前地行醫之説的公信力。但既然陳樹榮先生信誓旦旦地宣佈，其消息來源是仁慈堂的會議紀錄。而關於這個會議紀錄，在本表出現得最早、描述得最具體、同時又是陳樹榮先生署名的文章，是 900810 那一則，它説：

這份中文《鏡海叢報》出版的三天後〔按：即 1895 年 11 月 9 日〕，飛能第〔sic〕主辦的葡文《澳門回聲》〔按：即 Echo Macaense〕報，又刊登孫中山事蹟的文章，其中談到了在澳門行醫時，曾寓於議事亭前地十四號，這是仁慈堂的物業，紀錄在仁慈堂管理委員會的「會議紀錄」上：「議事亭前地十四號這座房子，曾租給中國人孫中山，租期一年，月租十二元，擔保人葉來新。」這份會議紀錄刊登在這一期的《澳門回聲》報上。[7]

於是本偵探決定首先從 1895 年 11 月 9 日的葡文《澳門回聲》入手調查。

本偵探預先約好了陳樹榮先生，以及澳門歷史檔案館代館長 Marie Imelda MacLeod（漢語譯作張芳瑋）女士之後，在 2006 年 5 月 23 日從廣州專程往澳門拜訪他們。當天本偵探甫出澳門的邊檢大樓，陳樹榮先生已在那裏等候，熱情感人。我倆坐出租車直奔澳門歷史檔案館，道明來意後，本偵探即求張芳瑋代館長派一位熟悉葡文的職員，與我們一道查閱 1895 年 11 月

6　黃宇和：〈澳門調查報告〉（手稿），2006 年 6 月 5 日。

7　陳樹榮：〈人物：孫中山與澳門初探（七）〉，《澳門日報》，1990 年 8 月 10 日。

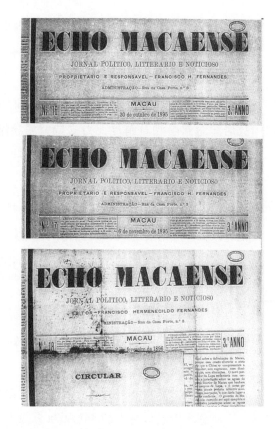

圖 43.1
《澳門回聲》第 16、17 期、18 期。

9 日的葡文《澳門回聲》縮微膠卷。她欣然答應，並委託閱覽室職務主管朱偉成先生親自與我們並肩作戰。結果發覺：

第一、1895 年 11 月 9 日的葡文《澳門回聲》並不存在。有的是 1895 年 11 月 6 日出版的第 17 期。該期共 6 頁，沒有任何有關孫中山租用仁慈堂物業的消息。

第二、往前查閱第 16 期 (1895 年 10 月 30 日出版)，同樣沒有。

第三、往後查閱第 18 期 (1896 年 2 月 2 日出版)，[8] 也沒有。

準此，可確知該報沒有刊登過仁慈堂管理委員會的會議紀錄。但既然陳

8　第 18 期頭版有一說明，謂該刊因為開罪了澳門總督，被勒令停刊 30 天。故第 18 期遲至翌年 2 月 2 日才出版。

樹榮先生曾言之鑿鑿地說過，葡文《澳門回聲》刊登過該會議紀錄，坐在我們旁邊的他，應該很快就能從縮微膠卷中指出該會議紀錄曾出現過的具體位置。可惜他不斷地顧左右而言他。

上窮碧落下黃泉也要查個水落石出。2006 年 6 月 5 日，承翠亨村孫中山故居紀念館蕭潤君館長大力支持，派該館的黃健敏和張詠梅兩位再度陪本偵探專程往澳門歷史檔案館，這次專心追查仁慈堂管理委員會的有關會議紀錄原件。該會議紀錄浩瀚如海，幸有目錄。本偵探拿着葡英字典，慢慢咀嚼、抄錄。又請朱偉成先生核實本偵探所抄者確實是仁慈堂管理委員會的會議紀錄條目。再請黃健敏和張詠梅兩位幫忙一塊核對所抄日期，結果發現，孫中山在澳門行醫期間的 1892 秋到 1894 年初，仁慈堂管理委員會的會議紀錄並不存在。

山窮水盡疑無路，柳暗花明又一村，表 43.1 之中的 911110 一則顯示，陳樹榮先生在其署名文章中提供了另外一條綫索：

> 仁慈堂右街孫醫館 —— 位於「議事亭前地十四號」，為居澳葡人民間慈善團體仁慈堂的物業，租與孫中山，月租十二元，記載在仁慈堂的物業租賃登記冊上（迄今尚可查閱）。[9]

在這篇文章中，陳樹榮先生捨「仁慈堂管理委員會會議紀錄」，改為採用「仁慈堂的物業租賃登記冊」。本偵探凝視「迄今尚可查閱」這句話，於是在 2006 年 6 月 20 日，再度前往澳門歷史檔案館，這次目標是查閱「仁慈堂物業租賃登記冊」，結果又是查無實據。

種種查無實據的現象，該作何解釋？究竟孫中山曾否在澳門葡人的心臟地帶議事亭前地行醫？

竊以為答案是肯定的，因為在現存的葡文《澳門回聲》(Echo Macaense)之中，就有關於孫中山診所的中文廣告，題為〈春滿鏡湖〉。該廣告是澳門

9　陳樹榮：〈風采：孫中山在澳門居住過的地方〉，《澳門日報》，1991 年 11 月 10 日。

春滿鏡湖

大國手孫逸仙先生我華人而業西醫者也性情和厚學識精明向從英美
名師游洞窺秘奧現在鏡湖醫院贈醫數月甚著功効但每日除贈醫外尚
先生原不欲酌定醫金過為計較然而稍情致送義所應衆今我同人為之
釐訂規條載明刻候每日由十點鐘起至十二點鐘止在寫字樓恭請不
受分文以惠貧乏復由一點鐘至三點鐘止在鏡湖醫院贈醫以後出
門就診所訂醫金俱係減贈他如未訂各欵要必審視其人其症不事奢
求務祈相與有成俾盡利物濟人之初志而已下列條目在左
一凡到草堆街中西藥局診症者無論男女送醫金貳毫晨早七點鐘起至
九點鐘止

一凡親自到仁慈堂右鄰寫字樓診症者送醫金壹員
一凡延往外診者本澳街道送醫金式員各鄉市鎮遠近隨酌
一凡難產及吞服毒藥延往救治者按人之貧富酌議
一凡成年包訂每人歲送醫金五十員全家眷口不逾五人者歲送醫金百
員

一凡遇禮拜日十點鐘至十二點鐘在寫字樓種牛痘每人收銀壹員上門
種者每人收銀三員
一凡補崩口崩耳割眼膜癰疽瘰癧瘡淋結等症屆時酌議
一凡奇難怪症報明急症隨時速往決無遷延
一凡外間延請報明急症延請包醫者見症再酌
一凡延往別處診症每日送醫金三拾員從動身之日起計

鄉愚弟　盧焯之　陳席儒　吳節薇　宋子衡　何穗田　曹子基仝啟

圖 43.2
〈春滿鏡湖〉
載葡文《澳門回聲》
〔Echo Macaense〕
（1893 年 9 月 26 日）

的幾位鄉紳盧焯之等出資為孫中山刊登者，其中一項曰：「凡親自到仁慈堂
右鄰寫字樓診症者，送醫金壹圓」。[10]

　　這份廣告證明了孫中山確實曾在議事亭前地設診所行醫。至於該診所是
設在十四號還是十六號，則承黃天先生在 2013 年 12 月來函賜告，澳門的
葡人學者飛安達先生，終於找出了葡文的租約原件，證明是十四號。不過，
此乃後話。關鍵是〈春滿鏡湖〉這道廣告，大有助於我們探索孫中山在澳門
行醫的情況。這就必須感謝陳樹榮先生了，因為這道廣告是他首先發掘出來
的。茲將〈春滿鏡湖〉這道廣告，全文轉錄，以便分析：

10　盧焯之等：〈春滿鏡湖〉，Echo Macaense，26 September 1893, p. 4

春滿鏡湖

　　大國手孫中山，我華人而業西醫者也。性情和厚、學識精明。向從英美名師游，洞窺秘奧。現在鏡湖醫院贈醫數月，甚著功效。但每日除贈醫外，尚有診症餘閒在。

　　先生原不欲酌定醫金，過為計較。然而稱情致送，義所應然。今我同人，為之釐訂規條，著明刻候，每日由十點鐘起至十二點鐘止，在鏡湖醫院贈醫，不受分文，以惠貧乏。復由一點鐘至三點鐘止，在寫字樓候診。三點鐘以後，出門就診。其所訂醫金，俱係減贈。他如未訂各款，要必審視其人其症，不事奢求，務祈相與有成，俾盡利物濟人之初志而已。下列條目於左：

　　1、凡到草堆街中西藥局診症者，無論男女，送醫金貳毫，晨早七起至九點鐘止。

　　2、凡親到仁慈堂右鄰寫字樓診症者，送醫金壹圓。

　　3、凡延往外診者，本澳街道送醫金貳圓。各鄉市遠近隨酌。

　　4、凡難產及吞服毒藥，延往救治者，按人之貧富酌議。

　　5、凡成年包訂，每人歲送醫金五十圓。全家眷口不逾五人者，歲送醫金百圓。

　　6、凡遇禮拜日，十點鐘至十二點鐘，在寫字樓種牛痘，每人收銀一圓。上門種者每人收銀三圓。

　　7、凡補崩口、崩耳；割眼膜、爛瘡、瀝瘤、淋結等症，屆時酌議。

　　8、凡奇難怪症，延請包醫者，見症再酌。

　　9、凡外間延請，報明急症，隨時速往，決無遷延。

　　10、凡延往別處診症，每日送醫金三拾圓，從動身之日起計。

　　鄉愚弟　盧焯之、陳席儒、吳節薇、宋子衡、何穗田、曹子基　同啟。[11]

11　盧焯之等：〈春滿鏡湖〉，*Echo Macaense*，26 September 1893, p. 4

從這道廣告，可知孫中山在澳門行醫的病例、地點和時間。下面逐一鑑定和分析：

病例則包括接生，補崩口、崩耳；割眼膜、爛瘡、瀝瘤、淋結等症。有謂孫中山也「補崩牙」者，[12] 屬手民之誤還是無知？蓋補崩牙是牙醫的專業，也必須特殊器材，孫中山這普通醫生，恐無法勝任。

行醫的地點有三：

第一、議事亭前地仁慈堂右鄰寫字樓。

第二、鏡湖醫院。

第三、草堆街中西藥局。

至於行醫時間，則：

1、從晨早七起至九點鐘止，在草堆街中西藥局診症。

2、從早上十點鐘起至十二點鐘止，在鏡湖醫院贈醫。

3、從下午一點鐘至三點鐘止，在仁慈堂右鄰寫字樓候診。

4、從下午三點鐘以後，出診。出診包括澳門全市甚至澳門以外的鄉郊。

5、星期天也不休息，十點鐘至十二點鐘，在寫字樓種牛痘。

6、動手術，也在星期天進行，有時候恩師康德黎醫生從香港來幫忙。

7、葡醫悍然出面阻止孫中山為葡人治病，證明有不少葡人到議事亭前地的孫醫館看病，甚至延到家裏診治，才會引起葡醫妒忌而出面干預。若孫中山的醫館門可羅雀，葡醫只會在旁竊笑，而不至於出面干涉那麼有失斯文。孫中山自言「予赴澳之初，並不料其有是」，也值得深思。他在香港正是因為沒有取得英國認可的牌照而不能在香港行醫。若澳門例同，他也不會明知故犯，他的恩師康德黎醫生見多識廣，亦會出言勸止。他之決定在議事亭前地設診所為澳門上層人仕治病，當是經過評估後，屬意其可行性，才向鏡湖醫院舉債以便在議事亭前地租屋裝修設診所。果如所料，醫務蓬勃，而蓬勃的原因，也直接與其恩師康德黎醫生有關。康德黎醫生是英國皇家外科醫學院院士，離英前已是倫敦查靈十字醫院的外科顧問醫生，手術高明。孫

12　陳樹榮：〈人物：孫中山與澳門初探 (四)〉，《澳門日報》，1990 年 8 月 7 日。

中山在澳門遇到重大手術，康德黎醫生都在星期天專程赴澳給予援手。[13] 相信當時澳門所有葡籍醫生，很難能與康德黎匹比。而且，當時富甲天下的英國，醫學昌明，葡萄牙的醫學及醫療設施，就相應地顯得落後了。由於在生死關頭有保障，澳門的葡人暨土生葡人很可能對孫中山在議事亭前地的孫醫館趨之若鶩。

8、收入方面，若我們作最樂觀的假設：孫中山在孫醫館行醫兩小時滿員，10 分鐘看一位病人，每位收費 1 元，120 分鐘看 12 位，共收入 12 元。一個星期六天滿員，收入 72 元。一年工作 50 週滿員，收入 3600 元。但世界不是那麼樂觀的，假設收入減半，一年也有 1800 元，若是悲觀一點，收入再減半，一年也有 900 元。加上出診的收入，若悲觀地計算只有 100 元。他一年最悲觀的總收入約有 1000 元。他欠鏡湖醫院 2000 元，[14] 分五年清還，每年必須歸還大約 400 元的本銀，剩下 600 元自用。

9、他在中西藥局的收入，若我們作最樂觀的假設：行醫兩小時滿員，10 分鐘看一位病人，每位收費貳毫，120 分鐘看 12 位，共收入 2.4 元。一個星期六天滿員，收入 14.4 元。一年工作 50 週滿員，收入 720 元。但世界不是那麼樂觀的，假設收入減半，一年有 360 元，若是悲觀一點，收入再減半，一年有 180 元。這是光從診金着眼計算，中西藥局賣藥盈虧不算在內。若一年只有 180 元收入，光是償還預計的一年 400 元債務，已是望塵莫及，遑論其他。

10、他在鏡湖醫院沒有收入，因為他在那裏是贈醫的。不單如此，還要支出，因為按照合約規定，接受他贈醫的病人，可以拿着他所開的藥方，到中西藥局免費領取藥物。所謂合約者，鏡湖醫院借錢給孫中山在議事亭前地開設孫醫館，交換條件是孫中山為鏡湖醫院的病人贈醫施藥。

11、這麼一計算，事情就很清楚：議事亭前地孫醫館，是孫中山收入的

13　Neil Cantlie and George Seaver, *Sir James Cantlie*, p. 97; 馮自由，「孫總理之醫術」，載馮自由：《革命逸史》（上海：商務印書館，1939 年初版；北京：中華書局 1981 重版）第 1 集，頁 9-10：其中頁 10。

14　詳見拙著《三十歲前的孫中山》第七章。

主要來源。若孫醫館辦不下去，他就無法在澳門立足。無牌行醫是犯法的：若孫中山最初推說不知情而在議事亭前地為葡人治病，勉強還能說得過去。若經葡醫抗議，孫中山向澳葡政府申請執照而遭拒後，仍繼續行醫，就是以身試法，肯定遭逮捕檢控，智者不為。儘管醫名顯赫並持有英國行醫執照者諸如康德黎醫生，由於沒有澳葡所發的行醫執照，同樣不能在澳門行醫、動手術、或幫助孫中山動手術，否則同樣會遭到逮捕檢控。所以，葡醫一鬧，孫中山就絕對待不下去了。

　　氣鼓鼓的孫中山，帶着一屁股債離開澳門。氣憤之餘，抱怨在中國的土地上遭到外人歧視，相信讀者諸君也感同身受。

卷三

新型革命之實踐

孫中山起義，失敗；
再起義；再失敗；
直到成功，挽救華夏文明

第四十四章

誰創立興中會？

當讀者看到本章標題時，一定莫名其妙！

興中會的創立人是孫中山，這個街知巷聞，何來疑問？創立日期是1894 年 11 月 24 日，地點是檀香山市內娥瑪皇后巷（Queen Emma Lane）157 號華僑李昌的家，[1] 創會成員是檀香山華僑，其中不少是孫中山先後在當地意奧蘭尼學校和瓦湖書院預備學校讀書時的舊同學。後來孫中山回到香港，與楊衢雲為首的輔仁文社合併，仍稱興中會，成立日期是 1895 年 2 月21 日，地點是香港中環士丹頓街十三號 (13 Staunton Street)，同時成立「乾亨行」做掩護，[2] 由此變成興中會總部，檀香山的興中會反而變成分會。總會決定發動乙未廣州起義，並由孫中山在廣州籌劃具體行動，於是孫中山又在廣州成立興中會廣州分會。這一切，本偵探早已查探明白，並在其《三十歲前的孫中山》第八章「廣州起義」中交待清楚了。怎麼現在本偵探又倒過頭來提問是誰創立興中會？

事緣本偵探又發現：1896 年孫中山在倫敦時撰文說，1895 年的興中會，「在各省設有分會」。[3] 怎麼？請恕老夫孤陋寡聞，除了檀香山和廣州以外，興中會在中國各省還設有分會？這條史料再次挑起興中會的規模，甚至誰是創立人，以及何時創立的陣陣疑雲。

---

1 項定榮：《國父七訪美檀香考述》（台北：台北時報文化出版事業有限公司，1982），頁 48。可惜何寬的房子在 1930 年代被拆掉，李昌的房子亦在 1960 年代被拆除，後人無法憑弔——見馬兗生：《孫中山在夏威夷：活動和追隨者》（北京：世界知識出版社，2003），頁 17。

2 Tse tsan-tai, *The Chinese Republic — Secret History of the Revolution* (Hong Kong, *South China Morning Post,* 1924), p. 7. 馮自由：〈香港興中會總部與起義計劃〉，《革命逸史》，第四集，頁8-9。

3 孫中山：〈第一次廣州革命的起源〉，1896 年 12 月，《孫中山集外集》，頁 3-7：其中頁 5。此文翻譯自 Edwin J. Dingle, *China's Revolution, 1911-1912*。譯者為莫世祥。

　　其他引發此疑雲的史料，還有孫中山在 1897 年旅居倫敦期間用英語出版的《倫敦被難記》。該書用上兩個名詞，一個是 Young China Party ，另一個是 Reform Party。《倫敦被難記》的譯者把他們分別翻譯為「少年中國黨」及「改革黨」。這兩個名詞，一直困擾着中國史學界，以致 1979 年本偵探首次應邀到廣州市中山大學當訪問學者時，該校研究孫中山的前輩陳錫祺先生就不恥下問：「少年中國黨」究竟是甚麼回事？因為，根據文獻記載，孫中山創立的革命組織名字叫興中會，何來一個「青年中國黨」？由於本偵探當時剛剛開始研究孫中山不久，很慚愧無法回答這個問題，結果後來陳錫祺先生在其主編的《孫中山全集》中，就加按語如下：「少年中國黨（按即興中會）」。[4]

　　孫中山又把「少年中國黨」及「改革黨」這兩個名詞交替使用，所指似乎是同一個組織。但興中會是貨真價實的革命黨，不是「改革黨」，更不是一般的政黨諸如「少年中國黨」。可是，孫中山在其《倫敦被難記》中，確實把「少年中國黨」繪形繪聲地描述是一個「改革黨」。茲將陳錫祺先生主編的《孫中山全集》卷一之中的譯文有關部份轉錄如下：「予在澳門，始知有一種政治運動，其宗旨在改造中國，故可名之為少年中國黨（按即興中會）。其黨有見於中國之政體不合於時勢之所需，故欲以和平之手段、漸進之方法請願於朝廷，俾倡行新政。其最要者，則在改行立憲政體，以為專制及腐敗政治之代。予當時不禁深表同情，而投身為彼黨黨員，蓋自信固為國利民福計也」。[5] 在此，孫中山不但間接否認興中會是他在 1894 年於檀香山所首創，也否認了他曾在 1895 年先後於香港和廣州設立分會（香港的分會後來變成總會）；更推說他在 1892 年中至 1893 年底於澳門行醫時，少年中國黨早已存在，於是乎他就加入了。

　　孫中山此言，引起廣州市文化界的學海無涯（筆名）君極大興趣，無奈史料奇缺，於是他另闢蹊徑，從文學作品入手，利用金松岑的小說《孽海花》來探索此問題，得出的初步結論是少年中國黨起源於上海，傳至澳

4　孫中山：〈倫敦被難記〉，1897 年 1 月 21 日，《孫中山全集》，卷 1，頁 49-86：其中頁 50。

5　孫中山：〈倫敦被難記〉，1897 年 1 月 21 日，《孫中山全集》，卷 1，頁 49-86：其中頁 50。

門，孫中山因而得知。「顯然 Young China Party 是興中會最早的英文名稱。至於孫中山當時是『加入』還是『創設』，則是另一個大問題，此處不擬詳論。若以史料愈早可信度愈高的原則衡量，我個人寧願相信，孫中山在澳門是『加入』了一個別人發起的 Young China Party。後來，事易時移，Young China Party 的創辦人，或者已經身故，或者已不想跟孫中山爭這個資格，孫中山也就可以坦然聲明，興中會是他『創設』的了」。學海無涯君又自言其思路源自：「陳寅恪先生『以詩證史』，學者震於他的大名，批評者不多，但相信腹誹者一定不少。蕭一山利用《續孽海花》論證張蔭桓對康有為的進用出力甚多，人多非之。毛潤之斷言『利用小說反黨，是一大發明』。由此看來，利用小說證史，是蕭一山一大發明。不才學殖荒落，『正經』史料不用，卻追隨蕭一山教授之後，妄圖利用小說證史，若遭譏評，正是自找苦吃也」。[6]

　　學海無涯君所言的「正經」史料，是 1919 年孫中山以自傳形式撰寫其《建國方略之一：孫文學說——行易知難》之中的第八章〈有志竟成〉時特意所做的修正：「夫自民國建元以來，各國文人學士之對於中國革命之著作，不下千數百種，類多道聽塗說之辭，鮮能知革命之事實。而於革命之源起，更無從追述，故多有本於予之《倫敦被難記》第一章之革命事由。該章所述本甚簡略，且於二十餘年之前，革命之成否尚為問題，而當時雖在英京，然亦事多忌諱，故尚未敢自承興中會為予所創設者，又未敢表示興中會之本旨為傾覆滿清者。今於此特修正之，以輔事實也。」[7] 這是孫中山用書面形式，用中文正式宣佈他本來就是興中會的創始人。

　　此外，〈有志竟成〉是從英文原著 Memoir of a Chinese Revolutionary: A Program of National Reconstruction for China 翻譯過來的。〈有志竟成〉作為《建國方略之一：孫文學說——行易知難》的一部份，在 1919 年 6 月 5 日

6　見學海無涯：〈金松岑《孽海花》中的孫中山與興中會〉，2012 年 9 月 22 日，http://book. douban.com/subject/10578285/，2015 年 6 月 20 日再次上網閱讀。

7　孫中山：〈建國方略之一：孫文學說——行易知難〉，1919 年 5 月 20 日，《孫中山全集》，卷 6，頁 157-246；其中頁 228。

出版了。[8] 就是説：第一，孫中山曾採英語用書面形式，向英語世界宣佈他本來就是興中會的創始人；第二，在〈有志竟成〉出版之前，*Memoir of a Revolutionary* 已經面世。「之前」到甚麼時候？竊以為不會早過 1918 年 6 月 26 日孫中山自穗抵達上海之時。事緣 1918 年 5 月 4 日桂系軍閥陸榮廷收買國會議員改組廣州軍政府，通過「以多頭式之總裁制易單一式之大元帥制」的決議，孫中山被迫於當日辭掉大元帥之職，[9] 轉而決心著寫包括〈有志竟成〉在內的《孫文學説》。[10] 5 月 26 日孫中山在胡漢民、戴季陶等人陪同下離開廣州，轉道汕頭、日本，終於在 6 月 26 日到達上海。從此閉門謝客，潛心著述《孫文學説》，理由是「據年來經驗，知實現理想中之政治，斷非其時，故擬取消極態度，將來從著述方面啓發國民」。[11]

踏破鐵鞋無覓處，待本偵探終於找到這本像雜誌般寬、每頁兩棟文字共 77 頁的英語單行本 *Memoir of a Revolutionary* 之時，發覺孫中山序言的日期是：上海 1918 年 12 月 30 日〔Shanghai, December 30, the 7th Year of the Republic (1918)〕。好快！半年之內就寫好這本英文書，相信得到能説和能寫流暢英語的宋慶齡的助力不少。

孫中山藉《孫文學説》啓發國民，又藉英文原著 *Memoir of a Revolutionary* 修正他 1896 年在倫敦時迫於形勢所發出過的錯誤信息，「以輔事實」。[12] 準此，孫中山先後用英、中雙語莊嚴宣佈地他乃興中會的創立人。加上本偵探幾十年來發掘所得，除非有人提出更有力的證據，此案可否「蓋棺定論」？

筆鋒回到「文學想像」：本偵探是傳統的、執着的歷史工作者，雖然極為重視並經常運用「歷史想像」來重建歷史，但是採「文學想像」來推測歷

---

8 見何建國：〈《孫文學説》出版探微〉，《安徽史學》2011 年第 1 期，頁 57–64 的分析。尤其其中的頁 59。

9 詳見拙著《中山先生與英國》，章 6，節 1「孫中山第一次在廣州成立政府」，頁 364–374。

10 孫中山：〈致汪精衛電報〉，1918 年 5 月 8 日，《孫中山全集》，卷 4，頁 475。

11 鳳岡及門弟子 (岑學呂) 編：《三水梁燕孫先生年譜》(上海：上海書店出版社，1990)，上冊，頁 428–429。

12 孫中山：〈建國方略之一：孫文學説——行易知難〉，1919 年 5 月 20 日，《孫中山全集》，卷 6，頁 157-246：其中頁 228。

史，儘管充滿創意，本偵探還是怯生生不敢嘗試。至於用史料愈早則可信度愈高的原則衡量，則本偵探曾函詢學海無涯君，但他也無法證明金松岑的小說成文早於興中會在檀香山成立的 1894 年 11 月 24 日，所以在這個具體事例上，只好暫時把此甚富新意的思路列為備用。而且，學海無涯君也在網絡上莊嚴宣佈：「文學作品作史料有其局限，只能配合其他史料使用，也不宜作為普遍方法推廣。」[13] 這是非常負責任的做法，加上他勇於探索新意，更是大有史家風範。

問題是，現在本偵探又發現孫中山本人更曾親自撰文說：興中會「在各省設有分會」。[14] 此言似乎又與金松岑的小說貌合，但竊以為還是神離。因為除了這是孫中山又一次的一面之詞以外，本偵探沒找到任何證據來證明孫中山所言不虛。因此，在找到確鑿證據之前，本偵探只能再一次無奈地把這筆賬算到「孫大炮」的頭上。正如拙著《孫文革命：聖經和易經》所及，孫中山為了說服華人跟隨他革命，或說服洋人支持其革命，總是誇誇其談地說：「這邊風景獨好」。他甚至湊高興而說些場景的話。孫中山的動機雖然良好，但既然他自己有這種跡近騙人的做法，就很難責怪黑社會的頭目把他騙得好苦了！如何騙他？容下回分解。但離開本章之前容本偵探對於「誰創立興中會」這個問題上下結論：維持原判——興中會是 1894 年 11 月 24 日孫中山在夏威夷創立的。

---

13 學海無涯的帖子，2012 年 9 月 26 http://book.douban.com/review/5592819/ ，2015 年 6 月 20 日上網閱讀。

14 孫中山：〈第一次廣州革命的起源〉，1896 年 12 月，《孫中山集外集》，頁 3-7：其中頁 5。此文翻譯自 Edwin J. Dingle, *China's Revolution, 1911-1912*。譯者為莫世祥。

第四十五章
乙未香港會黨魅力無窮

孫中山的興中會在香港與當地的輔仁文社合併而成為香港興中會總部之後，馬上籌劃起義。本來是輔仁文社成員的香港會黨頭目朱貴全等，信誓旦旦地對孫中山等人說，可以派出「敢死隊三千人」，作為乙未廣州起義的主力部隊。孫中山喜出望外，欣然接受。故本偵探在此重點查探孫中山與香港會黨的關係。

1895 年 10 月 27 日傍晚，香港警務處專職負責調查香港會黨之士丹頓探長（Inspector Stanton），在香港的港穗碼頭指揮大批香港員警搜查那所謂「決死隊三千人」，但沒有發現任何可疑物品，於是放行。當時是否確有三千人，容本書題為「重陽拜堂？大吉利是！」的第四十六章和題為「乙未廣州起義為何密謀洩露」的第五十二章分解。當務之急，是處理會黨問題。士丹頓探長由於工作關係積累了大量證據及經驗之後，在 1900 年用英語出版了一本書，題為《三合會，又名天地會》。[1] 他所提供的證據，包括會眾的會員證──稱「腰屏」，就作為本偵探調查孫中山與香港會黨關係的切入點。

無論是三合會，三點會，天地會，都通稱洪門，其會員證亦通稱腰屏。對於洪門腰屏，原籍馬來西亞的澳大利亞華裔學者郭武仁醫生，花了十多年時間研究十九世紀移民來澳洲及其他地方洪門份子的腰屏，造詣甚深。本章就從其大作《洪門腰屏》[2] 中，獲益良多。而本章與郭先生大作的分別是：郭先生研究腰屏的一般性，本章則集中分析香港洪門腰屏的特殊性和它們與香港歷史地理環境的關聯，尤其是洪門與孫中山乙未廣州起義的特殊關係。

1　William Stanton, *The Triad Society or Heaven and Earth Association* (Hong Kong: Kelly & Walsh, 1900).

2　Kok Hu Jin, *Hung Men Membership Certificates: Deciphering Codes, Interpreting Symbols, Determining Aspirations of the Triads* (Sydney: Privately printed, 2015).

而用以分析的原始材料則正是士丹頓探長所提供的。

圖 45.1

香港士丹頓探長所提供的香港會黨腰屏之一 [3]

此腰屏黑字白布底，正中的方印乃紅色。方印正中上方有一個三角，內有一「洪」字。正是香港洪門各派當中的洪順堂所發。

方印之下有四字暗語，若把其中「造字」還原為正字並重新排列，赫然是「反清復明」！孫中山矢志革命，但孤掌難鳴；多年廣覓知音，來來去去就只有包括他自己在內的「四大寇」，[4] 加上一個三合會份子的鄭士良，難成氣候。待 1895 年他真正發動乙未廣州起義時，其中兩寇楊鶴齡與尤列竟然

3 William Stanton, *The Triad Society or Heaven and Earth Association* (Hong Kong: Kelly & Walsh, 1900), Certificate No. 1, on p. 72.

4 當年的四大寇是孫中山、陳少白、楊鶴齡、尤列。詳見本書題為「釐清四大寇的謎團」的第四十二章。

「皆不與焉」。[5] 此語出自身臨其境的「四大寇」之一陳少白，故可信程度極高。同樣身臨其境的孫中山，如何是好？

相形之下，若香港會黨頭目對孫中山說：會眾上下一心反清復明，則孫中山對「反清」求之不得！「復明」則可暫時按下不表，以便求同存異。看來孫中山不假思索就一廂情願地全盤接受會黨頭目諸如朱貴全等人，信誓旦旦地關於派出「決死隊三千人」的保證。又看來楊衢雲、謝纘泰甚至何啟，鑒於會黨中人，表面上是惟一願意賣命者，於是在別無選擇的情況下，也只好把希望寄託在他們身上了。

此腰屏最外圍兩條線也是方型，兩線之間包含不少文字次序顛倒了的句子。若把文字按 1，7，2，6，3，5，4 等次序重新排列，並用正字來代替別字或「造字」，就變成：

> 初進洪門結義兄，
> 當天明誓表真心；
> 長沙灣口連天近，
> 渡過烏龍見太平。
> 松柏二枝兄弟眾，
> 忠節連花結義亭；
> 忠義堂前兄弟在，
> 城中點將百萬兵；
> 福德祠前來誓應，
> 反清復明我洪英。

若會黨頭目對孫中山等人說，他們有「城中點將百萬兵」，並保證派出其中最精銳的決死隊三千人供他差遣，孫中山等人寧不雀躍？又若會黨頭目讓其他句子片段衝口而出，則其中「長沙灣」，是香港九龍一個著名地區

---

5   陳少白：〈四大寇名稱之由來〉，載陳少白著《興中會革命別錄》，轉載於《中國近代史資料叢刊
    ——辛亥革命》(上海：上海人民出版社，1981)，第 1 冊，頁 76-84：其中頁 83

的名字，靠近臥虎藏龍「三不管」的九龍城寨；「太平」似乎指香港港島一個更著名的華人聚居地──「太平山」，該地人煙稠密，三山五嶽的人馬俱全。此外，「烏龍」似乎暗指位於「長沙灣」與「太平山」之間的維多利亞海港，若會黨中人稱之為「烏龍江」，則所謂「渡過烏龍見太平」，更是一語相關。孫中山在香港生活近十年，「太平山」、「長沙灣」等地名，都能給他無限的親切感與真實感，更可能給了他一種假象：該會黨的會眾橫跨港九，勢力浸透全市。可謂極盡誇大之能事！

在九龍半島的「長沙灣」，有學者考證出清嘉慶年間出版的《新安縣志》已有記載。[6] 至於港島的「太平山」，則似乎並非開埠之前的香港所固有，而很可能是前來做工的天地會會眾所命名。蓋 1841 年 1 月 28 日英軍佔領港島 [7] 之前，該島被當時英國外相巴麥尊子爵（Viscount Palmerston）戲稱之為「大海之中光禿禿的一塊大石頭」（a barren rock in the middle of the sea），只有各小溪出海處，由於小溪能提供少量淡水而吸引了少數漁民聚居，成為稀稀落落的十幾座小村落而已，遑論後來變成人煙稠密的港島太平山地區。但自從英國把香港開闢為國際商埠以後，大批華工蜂擁而來謀生。像當時蜂擁前往夏威夷、南北美洲、東南亞、澳洲的華工一樣，他們都是來自中國大陸最為貧窮潦倒的階層，為了互相扶持等原因，他們很多人本來就加入了天地會各支各派的會黨。抵達香港之後，不安份守己者就作奸犯科，以至早在 1845 年，香港殖民地政府就頒佈一項極其嚴厲的法例：嚴禁天地會，會眾一經捕獲，馬上在其臉上烙印，入獄三年，出獄後遞解出境。此例不久被英國政府用法治理由推翻，改為只有犯了罪的會黨份子才被判入獄，並以人道主義理由取消了在臉上烙印的規定，改為在手臂上烙印，且烙印與否由法官酌定。更可能是由於缺乏人力吧，遞解出境的規定也被取消了。

結果是，會黨在香港得以繼續蓬勃發展，而且不斷有大批生力軍到來。

6　見梁濤：《九龍街道命名考源》（香港：香港市政局，1993），頁 53。爾東：《香港歷史文化小百科 16－趣談九龍街道》（香港：明報出版社，2004），頁 26-27，

7　FO682/27，伯麥海軍准將（Commodore Sir Gordon Bremmer）照會大鵬協副將賴恩爵，1841年 1 月 28 日。該件藏英國國家檔案館。

例如 1854－1855 年，廣東各地天地會差不多同時舉義，遍地開花，最後分水陸兩路進攻廣州城，兩廣總督葉名琛（1809－1859）幾乎沒頂，是為廣東紅兵起義。[8] 紅兵起義失敗，為了逃避官兵追捕，敗兵喬裝成難民，紛紛湧向近在咫尺的香港。[9] 此後不久，在 1860 年 4 月 6 日，廣東巡撫兼署理兩廣總督勞崇光（1802－1867）同意把九龍半島租借給港英政府作為暫時駐軍之地時，[10] 1864 年太平天國徹底垮台，洪秀全（1814－1864）的族人洪全福（1835－1910）——那位從一開始就參加金田起義而成為太平天國領袖之一、先後被封為左天將、瑛王的族人洪全福，也逃到香港，成為該地會黨首領之一。

1886 年廣東天地會三千多名客家人在惠州起義，香港的同黨聞訊竟然結集了四百多名會眾，全副武裝地奔赴惠州支援他們。事敗，大批惠州會眾又逃到香港。抵港後更打家劫舍；被港府驅逐而淪為海盜，部份人馬在 1891 年劫殺汽輪「娜姆婭」號（S. S. Namoa）的船長及船員，香港警察逮捕了他們後在九龍公開斬首示眾，以儆效尤。[11]

香港的會黨數目眾多，且各自割據一方，他們之間雖然劃清勢力範圍，仍免不了有「撈過界」的現象；有時為了爭地盤，甚至發生血腥械鬥。上述的福義興，1886 年與其他兩幫械鬥，是顯著的例子之一。[12] 此事再一次促使香港政府立例對付他們：在會黨中持有職位者，一經發現，馬上罰款一千港元及銀鐺入獄，普通會眾罰款五百港元及銀鐺入獄；又嚴禁集會。但禁不勝禁，會黨還是蓬勃發展。香港警察心裏很清楚：全港有大約三十幢房子是

8　John Y. Wong, *Yeh Ming-ch'en: Viceroy of Liang-Kuang, 1852-1858* (Cambridge University Press 1976), Part III。中文本見北京中華書局 1984 年版；中文修訂本見上海書店出版社 2004 年版；均見第三部份。

9　William Stanton, *The Triad Society or Heaven and Earth Association* (Hong Kong: Kelly & Walsh, 1900), p. 22.

10　Lao（勞崇光）to Parkes, 20 March 1860, enclosure 4 in Bruce to Russell, Desp. 85, 6 April 1860, FO 17/337, pp. 94-97。

11　William Stanton, *The Triad Society or Heaven and Earth Association* (Hong Kong: Kelly & Walsh, 1900), p. 23.

12　William Stanton, *The Triad Society or Heaven and Earth Association* (Hong Kong: Kelly & Walsh, 1900), p. 27.

各堂會黨的總部，其牆壁上公然掛滿各式黨旗及刻上會眾的名字。關帝生日時又大張旗鼓地遊街，並舉行大型晚宴，視法例如無物。據士丹頓探長估計，全港大約三份之一的男丁是會黨份子，此外不少婦女在會黨內也非常活躍。[13]

天地會之流派雖多，人數雖眾，作奸犯科也不少，但反清復明之口號則一，而從會黨各種腰屏的內容看，其他綱領也大體相同。且看士丹頓探長出示之第一個腰屏，與其他腰屏比較，可知大概。比較之前，先將上述腰屏其他特點略舉如下：

1. 在正中之方印的兩旁有對聯曰：「關不正便（變），龍開不同（洪）」。——天地會襲《淮南子》説，謂伏羲開天闢地後，用玉柱擎天。後來「共工與顓頊爭為帝，怒而觸不周之山，天柱折」，洪荒接踵而來。[14]龍開口，洪乃止。因此有一種説法是：洪門之名稱，乃源於此。

2. 往外看第二環之東北方：川（順）丁（行）首（道）大（天）——若重新排列並賦予正字，就變成「順天行道」。會黨中人為了守秘密，使外人見之亦不通曉，故千方百計地製造特別之字：或除去偏旁，或採用不見經傳之文字，或用同音異義之字，或以其他文字替代，或以數字合為一字，或分一字為一句等。如「順天轉明」變成「川大車日」、「順天行道」之為「川大丁首」、「關開路現」之為「關井足王」。其「金蘭結義」四字，則有詩云：「人王頭上兩堆沙〔金字〕，東門頭上草生花〔蘭字〕；絲線穿針十一口〔結字〕，羊羔美酒是我家〔義字〕。」

3. 往外看第三環之正南方是「金水土火木」，西南方是「天國式廷」，東南方是「順行道天」。若把這三組字重新安排，就變成「金木水火土」，「順天行道」，「天庭國式」。

4. 往外看第四環之正北方是「五分一詩首開人」，正西方是「身洪無知人英上」，正南方是「此傳眾弟兄得事」，正西方是「後相團時員會來」。若

13　William Stanton, *The Triad Society or Heaven and Earth Association* (Hong Kong: Kelly & Walsh, 1900), pp. 27-28.

14　《淮南子‧天文》。

把這四組字重新安排及賦予正字，就變成「五人分開一首詩」，「身上洪英無人知」，「此事傳得眾兄弟」，「後來相會團圓時」——關於洪門的起源有眾多版本，其中較為流行的一種說法是康熙清剿福建南少林寺，天地會總舵主陳近南收留了逃出來的五名僧人蔡德忠、方大洪、馬超興、胡德帝、李式開（這就是所謂「少林五祖」），令其開設天地會的分支，稱為洪門。

　　下面是香港警務處之士丹頓探長所蒐集到的香港洪門第二份腰屏。

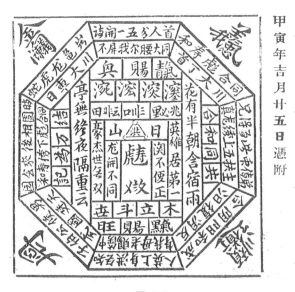

圖 45.2
香港士丹頓探長所提供的香港會黨腰屏之二[15]

　　與圖 45.1 比較，此腰屏之正中央，同樣有一三角，內有一「洪」字，證明是洪順堂的另一分支。

15　William Stanton, *The Triad Society or Heaven and Earth Association* (Hong Kong: Kelly & Walsh, 1900), Certificate No. 2, on p. 75.

但更為重要的是，同樣有「反清復明」、「順天行道」等造字暗語。

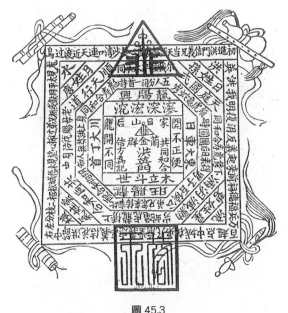

圖 45.3
香港士丹頓探長所提供的香港會黨腰屏之三[16]

圖 45.3 沒有內含「洪」字之三角，但口號比其他兩份腰屏更為火爆：「剿滅滿清」，而其中一首打油詩則曰：

> 忠義堂前兄弟在
> 城中點超百萬兵
> 福德祠前來起義
> 反清復明我洪英。

圖 45.4 相信會給孫中山同樣深刻的印象，其中三軍司命〔令〕等字樣，相信更會引起孫中山無限遐想：

16　William Stanton, *The Triad Society or Heaven and Earth Association* (Hong Kong: Kelly & Walsh, 1900), Certificate No. 3, on p. 79.

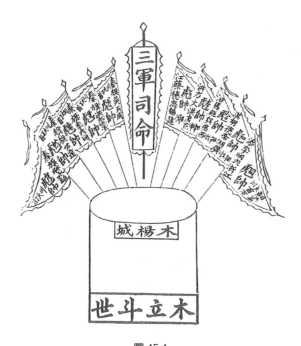

圖 45.4
香港士丹頓探長所提供的香港會黨標誌[17]

　　本偵探總是說孫中山在遐想，又說他幻想，難道幻想不能成真？能否成真，且看本書題為「重陽拜堂？大吉利是！」的下一章如何分解。

17　William Stanton, *The Triad Society or Heaven and Earth Association* (Hong Kong: Kelly & Walsh, 1900), p. 39.

第四十六章

重陽拜堂？大吉利是！

1895 年 10 月 26 日重陽節，中國第一家基督宗教華人自理會——著名的香港道濟會堂——的第一任主牧王煜初牧師，毅然決定替其兒子娶媳。本偵探把婚宴與重陽節登高掃墓的風俗聯想起來，一句廣府話衝口而出：「大吉利是！」蓋華夏的傳統習俗是：在重陽節這天，所有親人都要一起登高「避災」，[1] 王煜初牧師卻把所有親人留在平地辦喜事，無異「迎災」！他瘋了嗎？

王煜初牧師雖然篤信基督宗教，又仰慕西學，但到底是知書識禮的炎黃子孫，[2] 除非真的瘋了，否則不會在重陽節辦喜事。

此外，王煜初牧師長期在香港做事，家在香港，孩子在香港上學、成長；娶兒媳應該在香港宴請親朋戚友，但是他卻跑到老遠的廣州市去設宴。我的天！過去，王煜初牧師曾經憂慮過度以及積勞成疾，曾經精神崩潰而瘋了一陣子，[3] 這次是否舊病復發？

儘管是舊病復發，那還是他個人的事。他的兒子沒有精神崩潰的記錄，

---

1 http://baike.baidu.com/link?url=G4NgVD706mOsKm-wzpBuNVi7OP5jLBoR3n88FLs5EGcM-xr9s6-743iiTRLnEjmP，2014 年 3 月 3 日上網。

2 關於王煜初牧師的履歷，倫敦傳道會有很豐富的原始檔案，見 London Missionary Society Records (deposited at the School of Oriental and African Studies, University of London):；至於教會方面的刊物，則見謝洪賁：〈王公煜初傳略〉（1916 年 2 月於上海），附錄於胡文俊（編）：《王寵惠與中華民國》（廣州：廣東人民出版社，2006），頁 429-432。麥梅生：〈王煜初傳〉，首刊於羅彥彬（主編）：《禮賢會在華傳教史》（香港：香港禮賢會香港區會，1968 年 5 月），附錄於胡文俊（編）：《王寵惠與中華民國》（廣州：廣東人民出版社，2006），頁 426-428。但這些傳記對王煜初在 1895 年 10 月 26 日重陽節為兒子娶媳婦之事，都隻字不提。首次提到此事者，見拙著《三十歲前的孫中山》（香港：中華書局，2011；北京：三聯書店，2012），章六。

3 Rev. John Chalmers (HK) to Rev. R. Wardlaw Thompson (London, LMS Foreign Secretary), 27 July 1889, CWM, South China, Incoming correspondence 1803-1936, Box 11 (1887-92), Folder 3 (1889).

圖 46.1
香港道濟會堂
圖 46.2
王煜初牧師

除非也瘋了，否則不會同意在重陽節成親。他的家人，除非也都瘋了，否則不會同意在重陽節辦喜事。還有他們的親戚朋友，以及香港基督宗教道濟會堂的二百五十多名教眾，其中竟然有不少人跟隨他們的主牧王煜初，在重陽節到廣州張燈結綵，[4] 難道他們也全瘋了？還有那批在廣州當地的，同屬倫敦會的華人基督徒，在他們的宣教師、曾在德國柏林大學執教的國學名師區鳳墀[5]的率領下，傾巢而出幫忙王煜初在重陽節辦喜事。[6]　他們也一起瘋了？

　　當然還有女家：準新娘有何話說？親家是「粵紳陳公善賢」，[7]是有頭面的人物，他也同意？女家的親朋戚友，聞訊後難道不會異口同聲地高叫一

<hr>

4　王誌信採訪黎玩瓊（92 歲），1984 年 1 月 6 日，文見黎玩瓊：〈談談道濟會堂〉，1984 年 1 月 6
　　日，載王誌信《道濟會堂史》，頁 85-87：其中頁 86。

5　關於區鳳墀的履歷，倫敦傳道會的原始檔案和香港道濟會堂的刊物均有記載，見拙著《三十歲
　　前的孫中山》（香港：中華書局，2011；北京：三聯書店，2012），章五，節五；章六，節二。

6　詳見拙著《孫文革命：聖經和易經》，第七章。

7　王達仁：〈王公閣臣傳略〉（1953 年於上海），附錄於胡文俊（編）：《王寵惠與中華民國》（廣州：
　　廣東人民出版社，2006），頁 433－433：其中頁 443。

聲：「大吉利是！」

　　本偵探提出了上述一連串問題，讀者可能已經不耐煩了，更會懷疑本偵探是否有本領偵破此懸案。有！線索是一條街知巷聞的史料。它說：廣州起義失敗後，當天晚上孫中山赴王煜初（1843－1902）牧師的宴會[8]——我的天！逃命要緊，還赴甚麼宴會！孫中山是否也瘋了？不。原來上一章所提到的，香港會黨頭目信誓旦旦地答應孫中山等人派出「決死隊三千人」，1895年10月25日晚可以登船赴穗，作為起義的主力部隊，是一個騙局。香港的會黨壓根兒沒有三千戰士，只是臨近起義日期時，在香港的報章上刊登廣告招募苦力，名義是到廣州當練勇。本偵探此言的根據是香港政府事後的一份調查報告。該報告說1895年10月初，香港警方已獲線報，謂有三合會份子正在香港招募壯勇。10月27日，香港警官士丹頓探長 (Inspector Stanton) 更接獲線報，謂香港的黑社會份子已募得苦力約四百人，並將於當晚乘坐「保安」輪往廣州。甚麼？不是鐵定1895年10月25日晚登船赴穗嗎？怎麼遲了兩天？

　　士丹頓探長親自馳往碼頭調查，發覺為數約六百名的、最窮苦的苦力，因無船票而被拒登船。擾攘間，香港的會黨頭目朱貴全等帶着一袋錢來替諸苦力買票。但不久大批警員也步操進現場搜查軍火，既搜船也將各苦力逐一搜身，但沒有發現可疑物品，於是放行。但已經嚇跑了約二百名苦力，結果只有為數約四百名的苦力登船。「保安」輪啟航後，朱貴全對諸苦力說：船上藏有小洋槍，抵埠後即分發候命。眾苦力方知中計。他們早已被香港政府的威力——如臨大敵的香港警察——嚇得魂飛魄散。現在更是加倍堅決拒絕參與起義。朱貴全等見勢色不對，待「保安」輪抵達廣州後，船甫泊定即潛逃上岸。五十多名「募勇」向碼頭駐兵申冤，東窗事發。[9]

　　當務之急是追查「決死隊」在1895年10月25日晚為何無法如期從香

8　見上述陳少白、鄧慕韓、鄒魯、馮自由等著作。

9　Memorandum by the Acting Assistant Colonial Secretary, F. J. Badeley, on the Canton Uprising of October 1895, enclosed in Robinson to Chamberlain, 11 March 1896, CO129/271, pp. 437-445: here, pp. 441-445.

港出發，而其原因很可能是與會黨濫竽充數不足有關。會黨這樣做，帶來的嚴重後果有四：

第一是誤了出發日期。

第二是喪盡軍心。試想：以募勇之名騙人去造反，誰甘心？那算甚麼「決死隊」？

第三是絕對的誤導：「決死隊」之名給人的印象是訓練有素的軍人，哪怕是會黨中人，也應該暗中受過訓練。但那些苦力卻完全是烏合之眾，甚至可能畢生也未沾過槍枝彈藥的邊，給他們洋槍他們也不會放。

第四是人丁單薄。就算全部四百苦力都同意造反，與預定之人數三千相差懸殊。

第五是招疑以至暴露密謀。香港的一位英國人向當地記者透露，他曾命其華僕僱用四名苦力當其轎夫，1895 年 10 月 27 日開始工作。不料該四名苦力卻沒有如期報到。該華僕解釋說，四名苦力都赴廣州打仗去了！[10] 香港這個鳥蛋般的小地方 (當時還沒有新界，只有港島和九龍半島)，突然缺少了四百苦力的人力供應，能不招疑？

那麼，誰是在香港負責招募苦力的會黨人士？據那四十多名在廣州碼頭被兵勇帶走問話的苦力所供：

係朱貴銓〔全〕[11] 偕其兄朱某及邱四聲言招募壯勇，每名月給糧銀十圓，惟未知何往。其兄朱某前數日經已招得四百人，先行他往。當在火船時有銀八百餘員，由朱貴銓及邱四交輪船水腳〔按即船票〕外，每人先給過銀五毫。其銀係朱貴銓親手分派，並由邱四每人給紅邊帶四尺五寸，以為暗號。又教以除暴安良口號四字，言到省登岸即分給軍裝。[12]

這段供詞的內容，與香港警官士丹頓探長在香港方面所瞭解到的情況雷

10　Anon, 'The Threatened Rising at Canton — Searching the Canton Steamer', *China Mail*, 28 October 1895, p. 4, col. 2.

11　不同文獻用不同名字，在引文之中更是不能改，故本書在引文中忠實地按原文照錄「朱貴銓」或「朱貴全」，而在正文評述該引文時，也只好交替使用，敬請讀者留意。

12　香港《華字日報》，1895 年 10 月 30 日星期三，第 2 版，第 3 欄。

同，[13] 可互相佐證。而其中提到的朱貴銓〔全〕乃兄，招得四百苦力以後就「先行他往」，讓乃弟去送死。看來這位會黨頭目，不但騙了孫中山、楊衢雲等，也騙了乃弟。此人為了金錢而欺騙乃弟讓其當替死鬼，連最起碼的江湖道義也沒有！騙了乃弟，在中國近代史上沒發生深遠影響。騙了孫、楊，就害得乙未廣州起義未舉先敗，又加深了孫、楊兩派之間的怨恨，長期來說破壞了革命事業。

天天把「義氣」二字掛在口邊的會黨中人，結果在關鍵時刻背信棄義，出賣兄弟朋友。倒是沒有經常談義氣的基督宗教牧師王煜初，沒有自告奮勇去衝鋒陷陣，而是靜靜地構思、部署、安排萬一乙未廣州起義失敗時，如何幫助孫中山脫身，辦法就是上述那個婚宴。而這種辦法是在未雨之前就深思熟慮地綢繆好，結果是有計劃、有步驟地付諸實踐，果然救了孫中山一命！

但是，王煜初牧師孤掌難鳴：與他一道冒死幫助孫中山出險的人又是誰？這批人的行動透發出炎黃子孫前所未有的光輝，必須徹查以壯華夏聲威，於是本偵探的提問包括他們的動機是甚麼？他們與孫中山有同樣的使命感？孕育他們和孫中山成長的環境和時代與過去有何不同？其中最關鍵的人物是準新郎，若他不同意在重陽節成親，則天大的壓力也不會令他屈服。他是誰？

還有，婚宴場所肯定具備天時、地利、人和等有利條件，它在甚麼地方？不忙，不忙，本偵探經過四年多（2012－2015）進一步的檔案鑽研和實地調查，包括頻頻到案發現場蒐集證據，已經知道它在哪裏，容本偵探在本書第四十八至第四十九章中，娓娓向讀者報告破案結果。

---

13 Memorandum by the Acting Assistant Colonial 月 Secretary F. J. Badeley on the Canton Uprising of October 1895, enclosed in Robinson to Chamberlain, 11 March 1896, CO129/271, pp. 437-445: here, p. 441-443

第四十七章

別搞錯新郎哥：乙未準新郎是誰？

香港《道濟會堂史》的作者王誌信先生說，乙未重陽成親的準新郎是王煜初的「次男寵光」。[1] 於是本偵探馬上着手鑒定王誌信的消息來源，結果發現並非源自其曾祖父王寵光遺留下來的家傳口碑，而是道濟會堂的一位老教友黎玩瓊女士。[2]

1984 年 10 月 6 日，王誌信先生於香港九龍鑽石山廣蔭老人院採訪了當時已經是九十二歲的黎玩瓊女士。[3] 大約算來，黎玩瓊該是 1892 年生，在 1895 年廣州起義時她三歲，難怪她一開始就說：「小時候常到道濟會堂」。她之這樣說，是因為黎家本來就不是道濟會堂的教友，像王家最初也不是一樣：「初時我們兩家都在德國育嬰堂，後來華人自理會要聘請牧師，就請了王煜初牧師去，創立道濟會堂」。黎玩瓊的父親則仍留在德國禮賢會傳教士所創辦的育嬰堂工作，「星期一到星期六就教嬰女讀書，禮拜日就到道濟會堂講道」。黎家也住在育嬰堂裏。1895 年以後，黎父應邀在道濟會堂「與區鳳墀、何芹甫三人一起做長老，年齡也相若」。[4] 可見，黎玩瓊的消息來源是非常間接的。在誰是準新郎這個問題上，她說：「那年王煜初娶新抱[5]（好似係王〔寵〕光娶妻）」。[6] 口氣是不肯定的。

本偵探繼續追查，發覺王煜初的四子王寵惠曾回憶說：「家仲兄方行婚

---

1 Wang, Zhixin 王誌信（編著）：《道濟會堂史——中國第一家自立教會》(香港：基督教文藝出版社，1986)，頁 35。

2 載王誌信《道濟會堂史》，頁 39 注 31。

3 採訪記錄見黎玩瓊：〈談談道濟會堂〉，1984 年 1 月 6 日，載王誌信《道濟會堂史》，頁 85-87。

4 同上，頁 85。

5 新抱是粵語，即媳婦。

6 同上，頁 86。

禮於廣州」。[7] 他這位仲兄是誰？道濟會堂長老麥梅生的〈王煜初傳〉說，王煜初有六名男孩：「長寵勳，號閣臣⋯；次寵光，號顯臣⋯；三寵佑⋯；四寵惠⋯；五寵慶⋯；六寵益⋯」。[8] 中國傳統，兄弟以伯仲叔季排行，那麼王寵惠的仲兄應該是王寵光。但是，王煜初家族世系表云，王煜初第一個孩子是女的，名王妍怡，第二個孩子才是王寵勳。所以在家裏，王寵惠會習慣於稱王妍怡為大姐，王寵勳為二哥。如此，王寵惠在回憶錄中所言的仲兄，應該是二哥王寵勳。

本偵探這種推測有佐證，王寵勳的兒子王達仁說其父親成長後，「受粵紳陳公善賢之垂青而以其女妻之」。[9] 此言與上一章所發掘出來的、新娘的父親乃粵紳陳公善賢吻合。又說時為 1895 年，故時間也吻合。至於王寵惠的三哥王寵光，則遲至 1896 年才成親，[10] 時間上比 1895 年的乙未廣州起義遲了一年。因此，準新郎應該是王煜初的長男王寵勳無疑。回顧本書題為「外患激勵孫中山成龍」的第四十一章中所提到的、孫中山的同學王某，正是王寵勳。

王寵勳的背景是甚麼？為何他願意為「孫文革命」而甘冒性命危險？王寵勳「初在家延師就讀」，[11] 所讀很可能與乃父王煜初及孫中山所學[12] 雷同。又接受洗禮而成為基督徒，所以像乃父一樣，其心理歷程也可以隱喻為「從《易經》到《聖經》」。至於他與孫中山的關係，則他「後入香港皇仁書院肄

7　王寵惠：〈追懷總理述略〉，《逸經》，第 25 期（1937 你 3 月 5 日），轉錄於尚明軒 等（編）：《孫中山生平事業追憶錄》（北京：人民出版社，1986 年），頁 530-534: 其中頁 530。

8　麥梅生：〈王煜初傳〉，首刊於羅彥彬（主編）：《禮賢會在華傳教史》（香港：香港禮賢會香港區會，1968 年 5 月），附錄於胡文俊（編）：《王寵惠與中華民國》（廣州：廣東人民出版社，2006），頁 426-428：其中頁 428。

9　王達仁：〈王公閣臣傳略〉（1953 年於上海），附錄於胡文俊（編）：《王寵惠與中華民國》（廣州：廣東人民出版社，2006），頁 443-434：其中頁 443。

10　王誌潔：〈王寵光傳略〉（據東莞《王氏家譜》整理），附錄於胡文俊（編）：《王寵惠與中華民國》（廣州：廣東人民出版社，2006），頁 445-447：其中頁 445。

11　王達仁：〈王公閣臣傳略〉（1953 年於上海），附錄於胡文俊（編）：《王寵惠與中華民國》（廣州：廣東人民出版社，2007），頁 443-444：其中頁 443。

12　佚名：〈王煜初〉，2010 年 10 月 28 日，《新浪博客》，http://blog.sina.com.cn/s/blog_4bbafe350100mz21.html，2014 年 5 月 13 日上網。

圖 47.1
王寵勳像

業，每試名列前茅，至 1888 年畢業」。[13] 所謂皇仁書院，當時稱香港政府中央書院，孫中山在 1884 年 4 月至 1886 年 7 月也在中央書院讀書，兩人是同學。若説是同班同學也大有可能，可惜孫中山沒有讀完全部課程就離開中央書院了。[14]

　　孫中山在中央書院讀書時正值 1884－1885 年中法戰爭爆發，孫中山大受刺激，自稱推翻清朝的念頭自此始。[15] 王寵勳與孫文同是基督徒，同樣熱愛中國文化，同樣仰慕西學並強烈渴望中國現代化，同樣是血氣方剛：王寵勳對中法戰爭的感受與孫文雷同？這些細節，本書題為「外患激勵孫中山成龍」的第四十一章中已有所交待，在此本不應贅述，但為了本章所敘偵探故事之完整性，又鑒於重複的字數不多──兩段短文連標點符號總共只有 717 字，為免讀者翻來覆去，姑且重複如下。

　　在中法戰爭中被中方打壞了的法國軍艦駛進香港，要求與其有盟邦友好關係英國的香港殖民地當局替其修理，港英政府慨允，但華人工友拒絕合

13　王達仁：〈王公閣臣傳略〉（1953 年於上海），附錄於胡文俊（編）：《王寵惠與中華民國》（廣州：廣東人民出版社，2007），頁 443－444：其中頁 443。

14　箇中緣由，見拙著《三十歲前的孫中山》，章 5，節 23、24。

15　孫中山：〈孫文學説，第八章：有志竟成〉，《國父全集》(1989)，第 1 冊，頁 409。《孫中山全集》，第 6 卷，頁 229。

作。不但如此，法國商船到達香港，艇民及水上居民拒絕卸貨。法國船至香港採買，中國商民也不與交易。港英政府大為尷尬，命令碼頭工人修理法國軍艦，工友們堅拒，港英政府惱羞成怒，對該等工人罰款，導致碼頭工人與全港苦力大罷工。罷工工人、苦力等與警察磨擦之餘又導致警察開槍，造成不少傷亡。[16] 香港的《循環日報》評論說：「中法自開仗之後，華人心存敵愾，無論商賈役夫，亦義切同仇……此可見我華人一心為國，眾志成城，各具折衝禦侮之才，大有滅此朝吃之勢」。[17] 孫中山耳聞目睹，大受刺激。他的同學王寵勳，感受又如何？

1885 年，清朝政府不敗卻屈辱求和，讓法國併吞了藩屬安南，這就連香港中央書院幾乎清一色的英國人老師的思想感情也感到惱怒異常：大英帝國的競爭對手法國帝國主義者，竟然在與英國殖民地香港近在咫尺的東京灣奪取了殖民地，香港當然受到威脅。[18] 師生由於不同原因而同仇敵愾之餘，在校園內熱烈地討論其事，以至年終考試常識科的試題，就問到中法戰爭了！且看該書院 1886 的常識科試題第六題是怎樣提問的：「細說中國與安南過去和目前的關係，特別是關乎東京灣地區的問題。」（State the past and present relations between China and Annam, with special reference to Tonquin）。[19]

孫中山目睹清朝政府的腐敗無能，非常憤怒，說：「予自乙酉中法戰敗之年，始決傾清廷、創建民國之志。」[20] 王寵勳又有何感想？

---

16 Tsai Jung-fang, *Hong Kong in Chinese History: Community and Social Unrest in the British Colony, 1842-1913* (New York: Columbia University Press, 1993), pp. 142-146.

17 香港《循環日報》1884 年 10 月 9 日。所謂「滅此朝吃」者，源自「滅此而朝食」：《左傳·成公二年》載：晉軍在早晨前來進攻齊國、「齊侯曰：『余姑翦滅此而朝食』」不介馬而馳之。」又，朝食：吃早飯。消滅掉這些敵人再吃早飯。形容急於取勝的心情和高昂的鬥志。《漢語成語詞典》（成都：四川辭書出版社，2000）。

18 See MacDonald to Salisbury, Desp. 43, 2 April 1897, FO 17/131, p. 223.

19 See Question 6, in Tables and Papers connected with the examination of the First Class held at the Government Central School during the week 9-16 January 1886, Government Notification No. 24, *Hong Kong Government Gazette,* 23 January 1886, pp. 48-52: at p. 49.

20 孫文：〈建國方略、孫文學說 第八章「有志竟成」〉，1919 年 5 月 20 日，《孫中山全集》，卷 6，頁 228-246: 其中頁 229。又見《國父全集》，冊 1，頁 409-422：其中頁 410。

　　一波未平一波又起。1890 年 2 月 21 日星期天，是倫敦傳道會（London Missionary Society）香港地區委員會 (Hong Kong District Committee) 一年一度、華洋教友共同慶祝的傳道週年禮拜 (Annual Missionary Service)。委員會特別邀請了該會在廣州河南地區宣道的區鳳墀，到香港的愉寧堂作主日宣道。理由是：由一位著名的本地宣道師向本地人宣道，必定會比一位外國傳教士向本地人宣道的效果要好得多。因為參加這盛會的教眾，除了英國人以外還有大批的本地人。此外，區鳳墀剛應德國柏林大學聘請，行將前往該校教導漢語四年，能邀請到這樣的一位大學教員到香港宣道，應該更具號召力。孫中山、王寵勳等身為基督徒，又通曉英文漢語，與倫敦傳道會和道濟會堂關係密切；孫中山更與區鳳墀是好朋友，故竊以為孫中山當了不懂英語的區鳳墀在宣道時的翻譯，毫不奇怪。英人教眾聽了區鳳墀通過翻譯的宣道後，非常不滿。有些英人教眾甚至鼓噪起來，公然嚷着不應該讓一個華人來向他們講道：「一週以來我已經被那些華人弄得糟糕透了，不料到了星期天休息日，還搞一個華人來給我囉嗦！」[21] 孫中山和王寵惠都能聽懂英語，能聽出其中濃厚的種族歧視，不由此而產生同樣濃厚的民族主義反感情緒才怪！

　　孫中山和王寵勳這種民族主義情緒，在 1884 年中法戰爭期間、香港工人拒絕修理受創的法國軍艦而導致的大罷工時，已激盪起來。[22] 現在更如翻江倒海。為甚麼？因為他們歷來所敬重的外國傳教士，在邀請區鳳墀講道失利後的表現，也真不怎麼樣！由於英國教眾歧視區鳳墀這個華人宣道者，所以在奉獻的時候都以拒絕奉獻或減少奉獻的行動來表達他們的不滿。以致奉獻所得，不及過往同樣場合所得的三分之一。[23] 傳道會損失了超過三份之二的收入，傳教士群也怨聲載道。孫中山和王寵勳聽了，反應會怎樣？

　　1891 年，孫中山在上海的《中西教會報》，署名孫日新發表了一篇題為

21　Rev G.H.Bondfield (HK) to Rev. R. Wardlaw Thompson (London, LMS Foreign Secretary), 7 March 1890, CWM, South China, Incoming correspondence 1803-1936, Box 11 (1887-92), Folder 4 (1890).

22　見本書第四十一章。

23　Rev G.H.Bondfield (HK) to Rev. R. Wardlaw Thompson (London, LMS Foreign Secretary), 7 March 1890, CWM, South China, Incoming correspondence 1803-1936, Box 11 (1887-92), Folder 4 (1890).

〈教友少年會紀事〉的文章，報導了該會於 1891 年 3 月 27 日在香港道濟會堂內成立的盛況：

> 辛卯之春，二月十八，同人創少年會於香港，顏其處曰「培道書室」。中設圖書、玩器、講席、琴台，為公暇茶餘談道論文之地，又復延集西友於晚間在此講授專門之學。[24]

西友講授的專門之學，除了能讓中國現代化的西學還有甚麼？孫中山很可能是發起人之一，目的是希望在全國營造一種提倡西學的風氣，並藉此為中國的現代化造勢。孫中山在該〈紀事〉的結尾部份是這樣寫的：

> 是晚為開創之夕，同賀盛舉，一時集者四十餘人，皆教中俊秀。日叨其列，喜逢千古未有之盛事。又知此會為教中少年之不可少者，望各省少年教友亦仿而行之，故不辭簡陋，謹書之以告同道。[25]

「望各省少年教友亦仿而行之」，志氣可不少啊！同是道濟會堂少年教友、該堂主牧王煜初的兒子王寵勳，能不受感染？

結果呢？事實證明，王寵勳為了中華民族的福祉，華夏文明的前途，願意在重陽節成親，以配合孫中山擬在當天舉行的廣州起義。王煜初父子此舉，可謂空前絕後。

24　孫日新：〈教友少年會紀事〉，無日期，附陳建明：〈孫中山早期的一篇佚文——「教友少年會紀事」〉。《近代史研究》，1987 年第 3 期，頁 185-190；其中頁 189-190 之頁 189。

25　同上，頁 190。

第四十八章

乙未廣州起義中的尹文楷是何方神聖？

　　本偵探在上一章發現，基督宗教香港道濟會堂王煜初牧師特意在重陽節為大兒子王寵勳娶媳婦，又精心安排在廣州設婚宴慶祝，目的是萬一孫中山發動的乙未廣州起義失敗時，掩護他脫身。但是，這麼雄心勃勃的一個圖謀，光是一雙父子兵孤掌是難鳴的。而且他們都是香港人，必須有大批廣州方面的人士衷誠合作，方有希望成事：這大批廣州方面的人士是誰？

　　本偵探在其《孫文革命：聖經和易經》中，查明了在廣州當地與王煜初父子併肩作戰的是，同屬基督宗教倫敦傳道會的廣州支會的華人宣教師和他們的華人教眾。華人宣教師當中的表表者，首先是廣州河南福音堂的區鳳墀，其次是廣州河北福音堂的楊襄甫。其中還有一位關鍵人物尹文楷，本偵探查出他和區鳳墀一道與孫中山在河南的崎興里「同寓」！這就非同小可了。尹文楷是何許人？非查個水落石出不可。

　　據王煜初之姪子王吉民[1]所撰〈尹端模傳略〉，[2]尹文楷的出生年份是1869年，既填補了香港基督教的教會史權威之一李志剛牧師所云「（？－1927）」之空白，[3]又說明了尹文楷比1866年出生的孫中山只少三歲：兩人年紀相若，思想感情就可能比較接近。

　　王吉民又發現，尹文楷的父親尹維清是倫敦傳道會在廣東省博羅縣所設的基督教傳教站宣教師，因而更糾正了李志剛牧師所謂「父親尹維清牧師在

1　見王誌潔（編）：〈王寵惠家族世系圖〉2006年10月（據東莞《王氏家譜》整理），附錄於胡文俊（編）：《王寵惠與中華民國》（廣州：廣東人民出版社，2006）。

2　感謝北京清華大學顧濤博士，在北京大學第三醫院圖書館，代為覓得此件。

3　李志剛：〈慶香港中華基督教青年會一百一十周年，辛亥革命運動一百周年〉，http://zhsw.org/bbs/read.php?tid=2178，2012年6月9日上網。

香港倫敦會任職」，[4]—— 即尹維清既不是牧師，也不
在香港傳教，卻讓我們瞭解到尹文楷的幼年充滿貧窮
憂患，因為當時宣教師的收入比牧師低得多，甚至可
謂低得可憐，而博羅更是廣東最貧窮的山區之一，村
落居民都是窮苦不堪的客家人。洋教士發覺：當地居
民通通靠舉債度日，無米炊時就把衣服或還未收成的
禾稻典當。[5] 因此，博羅地區，無論治安與生活素質都
遠遠低於香港。洋教士更抱怨説：博羅居民，哪怕是
基督教徒吧，他們連珠炮的粗口，屢教不改，實在無

圖 48.1
尹文楷像

法忍受，[6] 可見教化之低。加上尹文楷很快就「幼而失怙，因貧廢學」，[7] 可知
他是一位艱苦奮鬥而終於成才的人士，與孫中山同病相憐，因而更有共同語
言。

　　尹文楷「早歲入香港皇仁書院習英文」，1884 年 7 月初畢業。皇仁書院
者，當時稱中央書院。孫中山於 1884 年 4 月 15 日在香港中央書院註冊入
學，[8] 故兩人同時在一所中學唸書的時間，只有三個月不到：即 1884 年 4 月
15 日到 7 月初。當時兩人是否認識，還是未知數。但同受當時中法戰爭衝
擊，則無可避免。而此時兩人由於敵愾同仇而成為莫逆，也未可知，但有待
進一步考證。

　　孫中山的年紀比尹文楷大，曾在翠亨村的村塾讀過《三字經》、《千字

4　同上。

5　'Many people in China live nearly all their time in borrowed money either on their clothes or crops. This is one great evil which weighs them down very much, and we fear that our Pok Lo Christians are so encumbered.' Rev. H. R. Wells's Annual Report (Canton and outstations) for 1891, 8 January 1892, CWM, South China, Reports 1866-1939, Box 32(1887-1897), Envelope 26 (1891), p. 11.

6　'One thing I have found in this district has distressed me very much. It is that nearly all the members are in the habit of using bad language.' Rev. H. R. Wells's Annual Report (Canton and outstations) for 1891, 8 January 1892, CWM, South China, Reports 1866-1939, Box 32(1887-1897), Envelope 26 (1891), p. 10.

7　尹文楷：〈二十五年來之香港教會〉，《真光》（香港：1927），26 卷 6 號，頁 1-8：其中頁 6。

8　Gwenneth Stokes *Queen's College, 1862-1962* (Hong Kong, 1962), p. 52.

文》，又出過洋讀書，有過夏威夷的學習與生活經驗，比尹文楷見多識廣，談論時局，滔滔不絕，中央書院的同學們給孫中山起了一個綽號，叫「通天曉」。[9] 因此，雖然在中央書院的年級方面，孫中山比尹文楷低，卻可當尹文楷的學長無愧。若孫中山說他受到中法戰爭刺激而立志推翻滿清，[10] 尹文楷是否會對他產生仰慕之情？

因此，李志剛牧師對孫、尹關係的描述，就特別有意思。他寫道：「孫中山和尹文楷醫生應是香港中央書院的舊同學」。根據上述探索，證明他倆確實曾同校，但非同窗，而且時間短促。接下來李牧師寫道：「況且尹文楷醫生父親尹維清牧師是在香港倫敦會任職」。上面說過尹維清是宣教師而非牧師，也非在香港工作，但李志剛牧師仍在此錯誤假設的基礎上，下結論說：「所以孫中山和尹文楷同在道濟會堂聽道成長，關係甚是密切」。[11] 此結論是站不住腳的：當時孫中山不屬於英國倫敦會的道濟會堂，而是在美國綱紀慎會的喜嘉理牧師所設的傳道所寄食寄宿，與喜嘉理朝夕相處，1884年5月4日更接受喜嘉理施洗入教，對紀慎會教義的熱情高漲。[12] 必須指出當時基督宗教各教派之間競爭激烈，喜嘉理屬在香港的綱紀慎會之會與英國倫敦會的道濟會堂屬於楚河漢界，孫中山與尹文楷同校的時間又是那麼短促，若說兩人「在道濟會堂聽道成長」，距離事實太遠了。若說此時兩人之關係已經「甚是密切」，則造成這種密切關係的原因，恐怕不是「在道濟會堂聽道成長」，而是當時中法戰爭喚醒了中央書院當中關心國家大事的學生諸如孫中山、尹文楷以及上一章提到的王寵勳。

當然，後來孫中山在 1887 年進入香港西醫書院習醫後，即與道濟會堂

9　楊連逢複述譚虛谷（孫中山在香港中央書院讀書時的同學）之言，1966 年 4 月無日，載李伯新：《孫中山史蹟憶訪錄》中山文史第 38 輯 (中山市：中國人民政治協商會議廣東省中山市委員會文史學習委員會，1996)，頁 129-131：其中頁 130。又尚明軒：《孫中山傳》(北京：北京出版社，1981)，頁 14-15。尚先生未注明出處，但內容與譚虛谷所言雷同。

10　孫中山：〈建國方略、孫文學說 第八章「有志竟成」〉，1919 年 5 月 20 日，《孫中山全集》，卷 6，頁 228-246：其中頁 229。

11　李志剛：〈慶香港中華基督教青年會一百一十周年，辛亥革命運動一百周年〉，http://zhsw.org/bbs/read.php?tid=2178，2012 年 6 月 9 日上網。

12　見拙著《三十歲前的孫中山》，第五章，第十八節。

的關係愈來愈密切，因為該書院是在倫敦會創辦的雅麗氏醫院內授課的，而該醫院的工作人員絕大多數是道濟會堂的教眾。[13] 但那是 1887 年之後的事情了，不能把 1887 年之後所發生的事情移植到 1884 年。

李志剛牧師的依據是，尹文楷在「1886 年」才去天津北洋醫學堂讀書，[14] 因而推測尹文楷與孫中山就有兩年以上的時間一起在道濟會堂聽道。這種推測與本偵探發掘出來的真憑實據大相徑庭。詳見下文。

李志剛牧師又說尹文楷於 1889 年在北洋醫學堂畢業了。奇怪？三年就醫科畢業？不可思議。現在從王吉民處得悉，尹文楷 1884 年入讀北洋醫學堂，1889 年畢業，就符合英國式的五年西醫醫科學制，因為北洋醫學堂是英國倫敦傳道會的醫療傳教士應李鴻章的邀請而創辦的，學制依照英國制度辦理。這史實又一次推翻李志剛牧師所謂孫中山與尹文楷「在道濟會堂聽道成長」之言。

尹文楷肄業之天津北洋醫學堂，首屆院長是倫敦傳道會馬根濟牧師醫生（Rev. Dr. John Kenneth Mackenzie），與香港的道濟會堂同屬一個教派。尹文楷學成即南返與區鳳墀之女兒之一結婚：那位千金？李志剛牧師説是長女；[15] 楊襄甫則説是次女，並能具體説出她的名字是區綺懷，又如數家珍般道出區鳳墀其他女兒的名字，稱她們為「世妹」，應為信史。[16]

王吉民謂尹文楷「從廣州博濟醫院嘉約翰醫師辦理醫院及醫校，自一八九一至一八九七共計八年」。就是説，尹文楷並沒有在 1895 年廣州起義失敗後，馬上隨區鳳墀逃離廣州。此言有區鳳墀的信函為佐證，他説「是晚（1895 年 10 月 28 日）余攜老少男女數口經附夜輪離鄉，獨留尹婿未行耳」。[17]

---

13 見拙著《三十歲前的孫中山》第六章和《孫文革命：聖經和易經》第三章。

14 李志剛：〈慶香港中華基督教青年會一百一十周年，辛亥革命運動一百周年〉，http://zhsw.org/bbs/read.php?tid=2178，2012 年 6 月 9 日上網。

15 李志剛牧師説是長女，見其〈慶香港中華基督教青年會一百一十周年，辛亥革命運動一百周年〉，http://zhsw.org/bbs/read.php?tid=2178，2012 年 6 月 9 日上網。

16 楊襄甫：〈區鳳墀先生傳〉，載區斯湛、區斯深（編）：《區鳳墀先生傳：追悼會彙錄》，（香港：編者自刊，1914 年），該傳共 14 頁：其中頁 13。

17 區鳳墀：〈乙未年廣州革命失敗説〉，致《中國日報》函，1912 年 10 月，全函轉載於馮自由：《中華民國開國前革命史》（上海：良友印刷公司，1928），上編，頁 23-26：其中頁 24。

尹文楷繼續在廣州博濟醫院工作兩年是可信的，他沒有直接參與孫中山的任何行動；而且事後還留在廣州，因為他有博濟醫院這所極佳的避難處。

最後，王吉民寫道：「氏與孫中山先生交至篤，當中山先生亡命海外之日，其夫人寄居尹氏家中，歷十年之久」，更是極為珍貴之史料。此處的「夫人」，不應理解為孫中山的原配夫人盧慕貞，因為有確鑿史料證明廣州起義之後不久，盧夫人就離開了廣東，去了夏威夷投靠孫中山的哥哥孫眉。竊以為此處的「夫人」，應即陳粹芬無疑。

但王吉民的〈尹端模傳略〉也有不少錯誤及令人不安的地方：

1.　第二段：「中山先生於一八九二 至一八九四年曾與氏同賃一室於廣州中西藥局」，此句冗長得異乎尋常，又不通順；可能是排版者在斷句時搞錯了。若重新標點，把「局」字之後的逗號移到「室」字之後，變成「中山先生於一八九二至一八九四年與氏同賃一室，於廣州中西藥局懸壺行醫」，就通順得多了，意思也更明確，更與本偵探的文獻鑽研及實地調查結果吻合。[18] 即賃一幢房子同住，又另外租賃一幢房子行醫。此句之另一個明顯的錯誤，是把同寓時間說成是三年（1892–1894）。據本偵探考證，1892 年中到 1893 年底，孫中山都在澳門行醫，轉到廣州行醫是 1893 年底、1894 年初的事。[19] 孫中山在廣州行醫不到半年，就在中日甲午戰爭爆發（1894 年 7 月 25 日）之前北上天津，投書李鴻章，學術界把投書時間定為 1894 年 6 月。[20] 筆名學海無涯的廣州學者更鎖定為 1894 年 6 月 26 日或之前一兩日，理由是「盛宣懷在盛宙懷推薦信上批注的日期為農曆五月廿三日（6 月 26 日）」。而孫中山是希望盛宣懷為他引見李鴻章的。[21] 孫中山離開廣州期間，把陳粹芬留在同寓的尹文楷家中。1895 年初孫中山回到廣州成立興中會廣州分會，並恢復與尹文楷同寓，又繼續以行醫作掩護。因此，孫中山與尹文楷合作行醫及同寓的時間，大約是一年半——若把陳粹芬繼續居留時間也算上，則是前後

18　這是本偵探與廣州的陳曉平君切磋的結果。見 2012 年 6 月 21 日黃宇和與陳曉平電郵來往。

19　見拙著《三十歲前的孫中山》，第七章，第八節。

20　見《孫中山全集》，第一卷，頁 8。

21　學海無涯：〈孫中山為何要上書並求見李鴻章？〉，2012 年 8 月 1 日，http://book.douban.com/review/5529660/，2015 年 6 月 20 日上網閱讀。

兩年。

2. 孫中山在廣州開設之藥局名「東西藥局」，非「中西藥局」。「中西藥局」是孫中山在澳門開設的藥局之名字。[22]

3. 王吉民簡單的一句話：「其夫人寄居尹氏家中，歷十年之久」，讓本偵探聯想到莊政先生謂孫中山「時攜廿一歲的陳氏〔陳粹芬〕來，與好友尹文楷醫生，同寓河南，三遷其居，仍不相舍」。[23] 所謂「三遷其居」，是從甚麼地方輾轉遷移到甚麼地方？甚麼時候才終於遷到 1895 廣州起義與尹文楷同寓的地方？莊政先生同樣沒注明出處，令人心癢難搔。此外，上文已經闡明孫中山與尹文楷同寓的時間，連陳粹芬在內大約總共前後兩年，在兩年之內「三遷其居」，有點不可思議。[24] 故竊以為莊政先生之所謂「三遷其居」，應指陳粹芬跟隨孫中山從香港遷澳門再遷廣州「的三遷其居」，而不是孫中山與尹文楷在廣州共同「三遷其居」。至於孫中山與尹文楷何時定居於起義時期那個地方的問題，且看本偵探的《孫文革命：聖經和易經》有何話說。

4. 最後，尹文楷真的是由於不滿「當時主事者對於新醫多所歧視」，就輕率地辭掉海軍醫官之職？還是有更迫切的理由逼使他這樣做？也且看《孫文革命：聖經和易經》第六章至第八章有何話說。

本偵探如此大費周章地徹查尹文楷乃何方神聖，關鍵在於乙未廣州起義期間他與孫中山「同寓」。不單如此，本偵探找出了證據顯示，他們「同寓」的地方，隱喻地說正是起義的「神經中樞」！此話怎說，容下回分解。

22　見拙著《三十歲前的孫中山》，第七章，第三節。

23　莊政：《孫中山的大學生涯》（台北：中央日報出版社，1995），頁 180。

24　承陳曉平君賜告，「三遷其居，仍不相舍」，或可理解成：「陳粹芬一開始在香港與孫中山同居，再遷澳門，又遷廣州。」果真如此，就非指穗三遷了。見 2012 年 6 月 21 日黃宇和與陳曉平電郵來往。

第四十九章
乙未廣州起義的神經中樞在何方？

本偵探大半生跟蹤孫中山，至今無緣遇上任何文獻資料，具體說明王煜初牧師替兒子在廣州所設婚宴場所在甚麼地方。該場所至關重要，因為它是孫中山在乙未廣州起義失敗後，賴以金蟬蛻殼的地方。馮自由卻說，孫中山「宴後從容返寓」。[1] 若宴後能讓孫中山從容返寓的婚宴場所，則該婚宴場所肯定不會距離寓所太遠，可能就在附近。此外，鄒魯謂孫中山當時住在河南崎興里，[2] 而鄧慕韓則說得更具體，謂孫中山「時寓河南崎興里瑞華坊」。[3] 由於「里」大過「坊」，故可以初步推斷是河南崎興里內之瑞華坊。因此，婚宴場所很可能就在瑞華坊附近。

同時，由於拙著《孫文革命：聖經和易經》已經考證出，孫中山與區鳳墀、尹文楷共三家人同寓的地方，正是本偵探所隱喻的：乙未廣州起義的神經中樞。[4] 而考證出「神經中樞」在何方，同樣具有歷史意義，故本章冠以「乙未神經中樞在何方」的題目。當然，據上述史料，該神經中樞正在瑞華坊，但瑞華坊在哪裏？

翻查當今廣州市的河南地圖，則海珠區南華西街這範圍內有崎興直街而無崎興里，有瑞華里而無瑞華坊。查閱廣東省外事辦公室區少武副巡視員慨賜本偵探的 1924 年舊版廣州地圖，則發現如今的崎興直街北部，即雙照坊

1 馮自由：〈廣州興中會及乙未庚子二役〉，載馮自由：《革命逸史》，第四集，第 11 頁。

2 鄒魯：〈乙未廣州之役〉，轉載於柴德賡等 (編)《中國近代史資料叢刊 —— 辛亥革命》，一套 8 冊 (上海：人民出版社，1981)，冊 1，頁 225-234：其中頁 229。

3 鄧慕韓：〈孫中山先生軼聞〉，《建國月刊》卷二，期一 (1929 年 11 月)，頁 19-23：其中頁 19。

4 所謂乙未廣州起義的神經中樞，並非指起義總部。該總部設在廣州市珠江河以北 (廣州人稱河北) 的王氏書舍 —— 這個大家都很熟悉。

圖 49.1
崎興直街，2012 年 4 月 20 日，陳曉平拍攝

以北、南華西路以南之一小部份，標識為「崎興里」，其餘雙照坊以南之大部份則標識為「崎興直街」。同屬一條街，寬度一樣，卻北稱里而南曰街，沒任何邏輯可言。

又據此 1924 年舊版地圖，「崎興里」之內並無瑞華坊；相反地，在「崎興直街」南端靠西則有一塊小地方名「瑞華里」，但無瑞華坊。街之內有里，面積大小合乎邏輯，只是此里短得可憐而已。至於當今的「崎興直街」在 1895 年是否全程稱為崎興里？當今的瑞華里在 1895 年是否稱為瑞華坊？俗稱與文獻記載通常都有出入；為了方便敘述，姑且暫時沿此稱謂。[5]

有幸在拙著《三十歲前的孫中山》出版後，承廣州市海珠區的歷史愛好

5　2012 年 4 月 20 日，有幸認識葉嘉良君（見下文），並與其切磋學問，結果 2012 年 6 月 29 日，葉先生與陳曉平君參觀了廣府文化研究會在中山圖書館主辦的「圖說廣府——廣州老地圖展」，並有機會仔細查看由德國人於 1907 年繪製之《廣東省城內外全圖》（該圖藏中山圖書館）。從中得知，今天同福西之整條岐興直街，於圖上仍全標示為「岐興里」，足見遲至 1907 年，該整條街道的稱謂仍是「岐興里」而非「岐興直街」。（葉嘉良電郵黃宇和，2012 年 6 月 29 日）。竊以為：若由於歷史遺留下來的原因，造成最初稱「岐興里、瑞華里」，就難怪 1895 年的居民私下稱「岐興里、瑞華坊」，以示區別。若 1907 年仍稱「岐興里、瑞華里」，就難怪 1924 年（民國以後）官方改稱「岐興直街、瑞華里」，以正視聽。（黃宇和覆葉嘉良，2012 年 7 月 1 日）。

圖 49.2
同福西路 166 號同
寅醫院舊址，2012
年 4 月 20 日，本
偵探拍攝

者陳曉平君主動來函切磋學問，於是本偵探決定進一步追查乙未廣州起義時期、本偵探懷疑是起義神經中樞所在地「瑞華坊」的具體位置。

2012 年 4 月本偵探與陳曉平君及地理愛好者葉嘉良君，四次訪當今的「崎興直街」及其範圍內之「瑞華里」。當中承海珠區人大常委會辦公室李麗輝主任熱心聯繫，2012 年 4 月 20 日我們二訪該地時，蒙南華西街黨委辦公室林雪欣副主任，及南華西街龍武里社區潘永輝副書記熱情接待，並陪同我們冒雨走訪了、以崎興直街為中心的附近街巷，特此鳴謝。

沿崎興直街從北往南走，在接近南端時必須橫過一條通衢大道——同福西路。該路過去是河南的商業中心，非常繁忙，兩旁都是商店。在橫過同福西路之前，隔路朝西南方看，可見到崎興直街與同福西路交界處之西南角，是同福西路 166 號，該處是一座面積較大的兩層建築物，比毗鄰的同福西路 164 號和 162 號各大四倍。橫過同福西路以後，發覺同福西路 166 號的的柱子上鑲了一塊紀念碑，碑文題目是：「同寅醫院舊址」。怪不得：能做醫院的建築物，面積當然不小。

沿崎興直街繼續往南走，右邊（西方）第一道橫巷正是瑞華里，與崎興直街成「丁」字型。右拐進入瑞華里，右邊（北方）是兩幢大房子。兩幢大

圖 49.3
在同寅醫院後面連體的瑞華里二號或四號，正是宣教師區鳳墀居住的地方？2012 年 4 月 20 日，葉嘉良拍攝

房子加起來的寬度可媲美北面的同福西路 166 號。這兩幢大房子，本來是瑞華里二號和四號。近人把二號一分作二，結果就變成二號之一及二號。[6] 機緣巧合，2012 年 4 月 29 日葉嘉良君隨豆瓣網〈廣州民間文物保護小組尋訪南華西調查報告〉做實地調查，有機會進入同福西路 166 號內部視察，往南望，可知該幢建築物的佔地，大體相等於當今瑞華里二之一號、二號及四號房屋的總佔地；而且，從房頂可清晰分辨出瑞華里二號之一、二號為舊式金字架頂房屋，未經改建，而二號則已明顯經過改建。[7]

徵諸廣州當地的有關文獻，則異口同聲地證實基督教美國同寅會（United Brethren in Christ Mission）於 1895 年在崎興里這片地區之內，買得三間大屋，全部改建為兩層樓房，最大的一幢房子做禮拜堂，名為崎興禮拜

6　黃宇和、陳曉平、葉嘉良：〈歧興直街孫中山故居初步考察報告〉，2012 年 4 月 29 日定稿。

7　葉嘉良君隨豆瓣網〈廣州民間文物保護小組尋訪南華西調查報告〉2012 年 4 月 29 日。後來筆者再訪穗是多次單獨前往考察、拍照，印證了葉嘉良君的觀察。

堂。[8] 本偵探靈機一觸：禮拜堂必須有人看守，就像佛教的廟宇必定有廟祝看守一樣，以至幾乎所有基督教的教堂，旁邊或後面必然有該堂負責人（一般是主牧）居住的房子一樣。同福西路166號可算是位於過去崎興里這片區之內，若它是禮拜堂，後面連體的瑞華里二號或四號，正是該堂負責人居住的地方。此外1895年買屋這年份，也讓本偵探眼睛一亮，這不正是乙未廣州起義之時麼？時間上竟然有如此湊巧者？難道倫敦會在廣州起義失敗後，就把辛辛苦苦建立起來的河南福音堂轉讓了給同寅會？若果真如此，則同福西路166號應該是當時倫敦會河南福音堂，而後面連體的瑞華里二號或四號，正是宣教師區鳳墀居住的地方？

綜合五次或集體或個別的實地調查，八次聚首討論，十多次電郵函商，我們三人春風得意地寫就調查報告自用，[9] 並把副本呈珠區海珠區人大常委會辦公室李麗輝主任，以便當地政府保育革命古跡。可惜，三人經過一個多月來廢寢忘餐地堆砌起來的一幅美好圖畫，部份很快就變成頹垣敗瓦。

為甚麼？

承香港陳劍光牧師博士錯愛，應本偵探要求，終於代為覓得楊襄甫追悼區鳳墀的〈區鳳墀先生傳〉。[10] 該傳謂區鳳墀的福音堂在「河南福場園」，[11] 楊襄甫是身歷其境的人，其話最具權威性，但可惜他也只說了福場園這地名，沒有提供具體地址。本偵探把該〈區鳳墀先生傳〉轉陳曉平、葉嘉良兩位。他們馬上按照這條新線索，就近做文獻調查與實地考察，結果發現中華

8　見海珠區民族宗教科（整理）：〈海珠區基督教歷史參考資料〉，載海珠區政協文史資料研究委員會編：《海珠文史》第一輯（廣州：1986年11月），頁39；譚洲齡〈美傳教士碧基能史略〉，載廣州市政協學習和文史資料委員會編：《廣州文史資料存稿選編 第10輯 華僑宗教類》，（北京：人民出版社，1986年），頁210；雷雨田：《廣東宗教簡史》（上海：百家出版社，2007年），頁493；《廣東省志・外事志》（廣州：廣東人民出版社2005年），頁127。又見香港陸鏡輝醫生〈培靈會與我四十載的回憶〉記載大約在1916年：「那時，我已在穗開業，兼在醫科學校教書，又加入河南岐興里同寅會禮拜堂為教友了。」（http://www.hkbibleconference.org/hk/about-us/share-articles/258-share-articles-12.html）。

9　黃宇和、陳曉平、葉嘉良：〈岐興直街孫中山故居初步考察報告〉，2012年4月29日定稿。

10　載區斯湛、區斯深（編）：《區鳳墀先生傳：追悼會彙錄》，（香港：編者自刊，1914年），該傳共14頁，全書連勘誤表共47頁。

11　楊襄甫：〈區鳳墀先生傳〉，載區斯湛、區斯深（編）：《區鳳墀先生傳：追悼會彙錄》，（香港：編者自刊，1914年），該傳共14頁：其中頁5。

基督教會《神學誌》所載吳子坤〈美瑞丹教會傳道史〉曰：「一八九五年租賃紫來街口講堂，以資宣講，此堂乃倫敦會租地所建，停講已久」。[12] 劉粵聲也說「一八九五年在紫來街口賃屋，以資宣講，聽道的人極多」。[13] 另文又說美瑞丹教會在「紫來街租屋一間為佈道所，歷十餘年」。[14] 本偵探看到「美瑞丹教會」這名字，心血來潮，似曾相識。苦苦思索之餘，突然想起倫敦會檔案，連忙翻查筆記，找到了：倫敦會一份〈十年回顧（1890-1900）〉的工作報告，說「河南福音堂：1895 年春轉讓給瑞丹教會」，[15] 有力地佐證了中文史料。其中所云「1895 年春」轉讓，是個小毛病，若說是 1895 年秋還差不多；因為到了 1895 年 10 月 28 日，主理倫敦會河南福音堂的區鳳墀宣教師，由於害怕受到乙未廣州起義失敗牽連而逃亡香港，該堂沒人接手管理，倫敦會才決定把它出讓。但撰寫該〈十年回顧（1890-1900）〉之倫敦會史提芬士（R. J. Stevens）牧師，1895 年並不在穗，而前人撰寫的報告亦早已全部寄呈倫敦總部，在五年後在廣州光靠口碑做依據來撰寫十年回顧，把秋說成是春的小錯誤，在所難免。

　　中國辛亥革命資料庫對美瑞丹會有如下描述：「美瑞丹基督教會，是美國、瑞典、丹麥三個國家的基督教徒聯合來華傳教所辦的教會，是清末期間丹麥王子寬誇侖（Von Qualen）帶來男女傳教士在廣州傳教所辦起來的。當時寬誇侖選定了河南瑞仁大街這個熱鬧地段為傳教活動地點，購地建築禮拜堂。瑞仁大街連接愛育新街（過河北的橫水渡渡口），是河南尾最熱鬧的地

12　吳子坤〈美瑞丹教會傳道史〉，《神學誌——中華基督教會歷史特號》（上海：1924），頁 224-225。

13　劉粵聲：〈基督教播道總会史略〉，載劉粵聲：《廣州基督教概況 兩廣浸信會史略》（香港：香港浸信教會，1997 年），頁 18。

14　劉粵聲：〈小港路基督教播道會〉，載劉粵聲：《廣州基督教概況 兩廣浸信會史略》（香港：香港浸信教會，1997 年），頁 37。

15　'Preaching Hall — Homan, Canton. This building was handed over to the Scandinavian Mission in the Spring of 1895.' — Rev. R .J. Stevens' Decennial Report (Canton & Outstations) for 1890-1900, 31 December 1900, CWM, South China, Reports 1866-1939, Box 3 (1898-1904), Envelope 35 (1900), p. 16.

圖 49.4
海幢寺：海珠區前統戰
部長黃國強先生（左二）
陪本偵探以及葉嘉良
（左一）陳曉平（左四）
等視察，2012 年 10 月
3 日拍攝

方，居民稠密，商賈雲集，所以瑞仁大街禮拜堂的傳教活動相當活躍」。[16] 劉
粵聲又說美瑞丹教會：「繼於一八八九年在河南之東，瑞仁大街租鋪一間，
修葺成堂，以資宣講。並在附近紫來街租屋一間為佈道所，歷十餘年」。[17]

再查倫敦會的檔案，該會在 1885 年租賃了紫來街的商店做福音堂時，
雖未道出其具體地址，但對該址的描述是這樣的：（1）靠近珠江河畔（2）
位置適中（3）在繁忙的商業中心（4）左鄰右里皆商號。

這一切，與美瑞丹會的描述均一致。

倫敦會的檔案又說，該商店：（5）靠近一所大型廟宇。[18] 此點又由本偵

16　譚洲齡，李耀生（口述），郭偉波（整理）：〈廣州部分基督教會對辛亥革命的支援〉，《辛亥革命資料庫》http://www.xhgmw.org/archive-58280.shtml, 2012 年 6 月 30 日上網閱讀。

17　劉粵聲：〈小港路基督教播道會〉，載劉粵聲：《廣州基督教概況 兩廣浸信會史略》（香港：香港浸信教會，1997 年），頁 37。

18　Rev. T.W. Pearce (Canton) to Rev. R. Wardlaw Thompson (London, LMS Foreign Secretary), 31 July 1885，CWM, South China, Incoming correspondence 1803-1936, Box 10 (1884-86), Folder 2 (1885)，p. 1. See also Rev. T.W. Pearce (Canton) to Rev. R. Wardlaw Thompson (London, LMS Foreign Secretary), 25 November 1885, CWM, South China, Incoming correspondence 1803-1936, Box 10 (1884-86), Folder 2 (1885)，p. 2. See also Resolution of the London Missionary Society Hong Kong District Committee Canton Chapter, Canton 28 May 1885, attached in Rev. T.W. Pearce (Canton) to Rev. R. Wardlaw Thompson (London, LMS Foreign Secretary), 31 July 1885, CWM, South China, Incoming correspondence 1803-1936, Box 10 (1884-86), Folder 2 (1885), pp. 1-2

探的田野調查所證實——據 2012 年 9 月 24 日、25 日，10 月 3 日、7 日，本偵探與陳、葉兩君四訪當今的紫來街，以及此後本偵探無數次單獨實地調查的結果，均證實從該街口西拐進入當今的南華西路往西走 132 公尺，就是大名鼎鼎的海幢寺北門。[19]

倫敦會在 1895 年秋將紫來街福音堂轉租給美瑞丹會（1931 年改稱播道會，Evangelical Free Church of China），順理成章。蓋播道會的資料說，區鳳墀、楊襄甫都曾經從旁援助過美瑞丹會在廣州的傳教事業：「一八八六年，蕭雨滋由芝加哥回國。一八八八年吳碩卿返粵。共寬牧師相助為理，設男女學校，租河南西南岸大街之民房講道，辦永銘齋美術，招生習藝學道，由區鳳墀、楊襄甫助理」。[20] 蕭雨滋後來重返芝加哥，1905 年後成為同盟會芝加哥分會會長；再後來在「永銘齋」從事玻璃彩畫的高劍父、高奇峰、陳樹人又加入同盟會，高劍父任同盟會廣東支會會長。美瑞丹會的牧師、職員積極參加革命，似乎與區鳳墀、楊襄甫、尹文楷、孫中山等以身作則，有一定關係。[21]

倫敦會的資料又說：「在福音堂後面有兩幢民房，與福音堂連為一體。我們希望很快就能租得其中一幢民房，作為宣教師的寓所」。[22] 若該會很快就租得其中一幢民房，那麼區鳳墀就應該住在紫來街後面兩幢房子其中的一

19 黃宇和：〈紫來街實地調查報告〉，2012 年 9 月 24 日、25 日，10 月 3 日、7 日。用電子地圖測距，可知為 132 米（陳曉平電郵黃宇和，2012 年 9 月 28 日）。筆者對當今的紫來街是否即 1895 年之紫來街，是存疑的。筆者用兩個電腦，一個放大 1907 年德國人所繪地圖的所標識之紫來街部份（該圖沒標識紫來里），一個放大區少武副巡視員所賜 1924 年年中國人所繪地圖所標識之紫來里部份（該圖沒標識紫來街）。比較之下，（一）1907 年地圖的紫來街，絕對不是筆者多次考察的紫來街，而是在附近；其具體位置即區廳 1924 年地圖所稱的福場大街西半部。（二）區廳所賜 1924 年地圖沒標識紫來街，只標識了紫來里，那就是今天的紫來街。竊以為 1907 年地圖的紫來街，到了 1924 年就改名為福場大街——同是一條街，不必東西異名。無論如何，關鍵是紫來街與紫來里都非常靠近海幢寺。

20 麥梅生：〈基督教在廣東 8：播道會〉，載廣東文物展覽會（編）：《廣東文物》（香港：中國文化協進會，1941）卷八，頁 102。

21 陳曉平電郵黃宇和，2012 年 6 月 29 日。

22 Resolution of the London Missionary Society Hong Kong District Committee Canton Chapter, Canton 28 May 1885, attached in Rev. T.W. Pearce (Canton) to Rev. R. Wardlaw Thompson (London, LMS Foreign Secretary), 31 July 1885, CWM, South China, Incoming correspondence 1803-1936, Box 10 (1884-86), Folder 2 (1885), pp. 1-2.

此處為 "紫來街"

根據資料此處為
"福音堂" 位置

"福場園"舊址之大致範圍

此處為"岐興里瑞華坊"

圖 49.5
紫來街福音堂距離區鳳墀居住的瑞華坊不遠

幢。但為何眾多中文史料卻説，1895 年他住在崎興里瑞華坊？兩地相距有
多遠？因緣際會，2012 年 6 月 29 日，廣州市中山圖書館舉辦「廣州古地圖
展」，陳曉平、葉嘉良兩位前往參觀，所見多種清末民初地圖，其中一幅由
德國人舒樂（F. Schnock）於 1907 年繪製之《廣東省城內外全圖》（該圖藏
中山圖書館），清楚地把今天同福西之整條「崎興直街」，標識為「崎興里」，
證實了我們過去的推測正確。[23] 同樣重要的是，該圖顯示紫來街位於海幢寺東
北方，南北向，在海幢碼頭附近。因此，葉嘉良君繪製了上面一幅地圖，顯
示出紫來街的福音堂與 1895 年區鳳墀居住的瑞華坊，有一段距離：

關鍵在於 1890 年 10 月，區鳳墀離開河南福音堂而前往柏林任教。由於
其寓所是由倫敦會免費提供，按規定離職就必須搬出。1894 年區鳳墀回到
河南福音堂重操舊業，是否仍住進原來的宣教師寓所？拙著《孫文革命：聖
經和易經》第七章已經提供了否定的答案。該章並證實是區鳳墀投靠其女婿
尹文楷，而尹文楷居住的地方，正是瑞華坊其中的一幢房子。本偵探原先在

23　葉嘉良電郵黃宇和，2012 年 6 月 29 日。

瑞華坊所做的實地調查以及所拍照片，沒有完全白費！

　　至於本章開宗明義要查出來的婚宴場所，則本偵探的調研發現，於瑞華坊近在咫尺的大基頭，當時酒樓林立，又在珠江河南岸，方便孫中山停泊他最後賴以逃生的小汽船。

第五十章
孫中山被喜嘉理驅逐出其教會

　　過去本偵探為了撰寫《三十歲前的孫中山》而做的研究過程當中，發覺孫中山領洗時所屬的香港基督教公理堂出版的《中華基督教會公理堂慶祝辛亥革命七十周年特刊》所複製的孫中山領洗記錄，與該堂平常不肯示人但終於借給香港孫中山紀念館開幕誌慶而展出的孫中山領洗記錄，內容大不相同。關鍵的不同之處，是後者「現住」欄上出現 Banished 之字樣。該堂的解釋是，孫中山後來由於 1895 年企圖在廣州發動起義失敗逃亡，被香港政府驅逐出境，故在其領洗記錄上依樣葫蘆般填上 Banished 一字，本偵探從其說。[1]

　　但本偵探所掌握到的內幕消息則是：孫中山企圖發動廣州起義時，那位替其施洗入教之喜嘉理牧師已經決定把孫中山驅逐出堂（banish），並將此決定付諸實踐，以免影響他的傳教事業。但由於當時本偵探查無實據，故沉默不語。

　　現在終於找到真憑實據以證明該內幕消息的可靠性，那是後來在 1922 年時孫中山親口說的話：「徒以我從事革命之秋，教會懼其波及，宣言去予」。[2]甚麼？用實際行動把孫中山驅逐出其差會還嫌不夠，更發表公開「宣言」說驅逐了孫中山出其差會？難怪！喜嘉理驅逐孫中山出其差會之唯一動機是「懼其波及」他的傳教事業。若靜靜地驅逐，當局、信徒以及廣大未來信眾均不知其事，仍然會「波及」他的傳教事業。必須像當時商店開業當天大燒炮竹般驚天動地，才有成效。至於當時喜嘉理在領洗記錄上寫了甚麼字樣，以表示他「驅逐」了孫中山出其差會，則幾乎是毫無疑問的基督宗教教

1　見拙著《三十歲前的孫中山》，圖 5.15「孫中山領洗記錄」說明。

2　孫文：〈就反基督教運動事發表談話〉，1922 年春，《孫中山集外集》，頁 266。

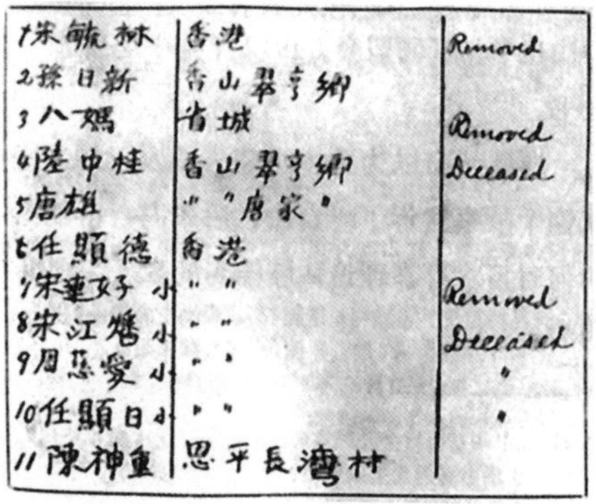

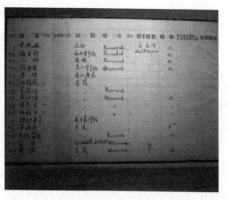

圖 50.1
經過加工的孫中山領洗記錄

圖 50.2
真正的孫中山領洗記錄原件

會慣用的 ex-communication 吧。

　　喜嘉理可能從來沒考慮過，他採取公開「宣言」之方式驅逐孫中山出其差會，對孫中山的心靈造成了如何重大的創傷。Ex-communication「驅逐出教會」，是對犯了最嚴重錯誤的教徒才施予的懲罰，丟臉之處，對中國人來說可謂生不如死。哪怕到了 1922 年孫中山回憶此事時，悲憤之情仍然溢於言表：「予孰非基督徒者？予之家庭且為基督徒之家庭。予妻、予子、予女、予婿，孰非基督徒乎？」[3]

　　但是，雖然孫中山的感情及自尊心均受到極大傷害，卻沒有以牙還牙，而是安靜地接受這殘酷的現實，並平淡地說：「是教會棄予，非予棄教會也」。[4] 為何他能如此忍辱負重？因為他把基督宗教之形式——教會及傳教士的行為，與基督宗教之精粹——忘我奉獻地侍人之心，區別開來。這使到他能進一步理性地、持平地說：「不當在教會，但非教義不足貴也」。[5] 他

3　孫文：〈就反基督教運動事發表談話〉，1922 年春，《孫中山集外集》，頁 266。孫文說這句話的 1922 年，當時他的原配夫人盧慕貞已經於 1915 年 4 月 14 日於夏威夷領洗進入基督教，宋慶齡、陳粹芬則老早已經是基督徒了。

4　孫文：〈就反基督教運動事發表談話〉，1922 年春，《孫中山集外集》，頁 266。

5　同上。

甚至説：「予深信之革命精神，得力於基督徒者實多」。[6] 從這個意義上看，孫中山所醉心的是《聖經》的內核——恩典（grace）。[7] 喜嘉理不顧一切地追求的是人為的形式——信徒的數目。

　　鑒於孫中山之被公開驅逐出教會可以說是他一生人當中的罕有的奇恥大辱，必須徹查其具體在何時發生，以及當時的歷史情況是甚麼。在時間方面，孫中山自言教會「宣言去予」是「我從事革命之秋」，[8] 那應該是 1895 年秋，孫中山積極準備其乙未廣州起義前夕。喜嘉理本人又有何話說？在馮自由收錄了的〈喜嘉理之追述〉一文中有如下記錄：「一八九四年，余返香港，先生偕倫敦會長老過訪，見其神采煥發，溫和莊敬，依然昔時態度焉。又倫敦會宗某長老者，嘗於德京柏林，執華文教鞭者三年，當日指先生顧謂余曰，子果操何術而使之為基督徒乎？蓋先生當時已深為名流碩士所器重，頗有左右一世之概，此長老之所由作此問也（譯者馮自由按，所言倫敦會宗長老，即區鳳墀）」。[9]

　　本偵探閱後大吃一驚。首先，若喜嘉理「返香港」繼續主持其在該地的差會業務，則當時香港是英國殖民地，一切宗教、教徒均受到法律保護。哪怕孫中山在廣州造反，也不會「波及」[10] 喜嘉理在香港的差會與教眾。其次，該譯文所述的關鍵情節與本偵探鑽研過的英語原始檔案——喜嘉理文書以及倫敦會的文書——不符，於是追閱〈喜嘉理之追述〉英語原文，發

6　孫文：〈就反基督教運動事發表談話〉，1922 年春，《孫中山集外集》，頁 266。引言中所謂基督徒者，應該是本書第三部份闡述的王煜初、區鳳墀、楊襄甫等教士以及他們所帶領的教眾，他們在乙未廣州起義失敗後冒死掩護孫中山撤退。

7　'Grace is at the heart of Christianity', said Justin Welby, Archbishop of Canterbury. See Andrew Brown, 'Welby's first year: Faith, hope and tremendous energy', *The Guardian*, Friday 18 April 2014, p. 1, cols. 1-4, p. 16, cols. 1-5, p. 17, cols. 1-5, and p. 18, cols. 1-5: at p. 17, col. 5. A revised version of this article appeared on the web http://www.theguardian.com/uk-news/2014/apr/18/justin-welby-archbishop-canterbury-first-year under the title of 'Justin Welby: the hard-nosed realist holding together the Church of England'.

8　孫文：〈就反基督教運動事發表談話〉，1922 年春，《孫中山集外集》，頁 266。

9　馮自由：〈孫總理信奉耶穌教之經過〉《革命逸史》（北京：中華書局 1981 重版），第二集，頁 9 — 18，附錄〈美國喜嘉理牧師關於孫總理信教之追述〉，頁 12－17：其中頁 15。

10　孫文：〈就反基督教運動事發表談話〉，1922 年春，《孫中山集外集》，頁 266。

覺原文的「余返中國」（my return to China）[11] 被錯譯為「余返香港」。喜嘉理「返中國」之後，在何處傳教？——廣州！（We hope to go to Canton this week and commence our work the coming week）。[12] 此後喜嘉理所寫給總部的報告，均證明他確實從此以廣州作為基地傳教。若喜嘉理去了廣州傳教，則孫中山正在積極籌劃的乙未廣州起義，肯定「波及」[13] 喜嘉理本人、他的差會組織、他的信徒以及他傳教 的對像！

　　為何該譯者主觀地妄猜臆說，到擅自改動原文這麼離譜？因為中國學術界的權威史料一直堅稱孫中山在香港讀書時，「課餘恒從倫敦傳導會長老區鳳墀補習國文」。[14] 既然譯者已經辨認出「所言倫敦會宗長老，即區鳳墀」，[15] 而漢語權威史料又說區鳳墀當時身在香港，於是就削足就履了。此外，譯文中「先生偕倫敦會長老過訪」句，英語原文是「先生偕倫敦會的一位前牧師過訪」（Sun Yat Sen called upon me with a former pastor of the London Mission）[16]。按基督教會編制，長老即英語的 elder，牧師即 pastor。譯者錯把牧師作長老，誤導性太大了，因為據本偵探考證所得，當時倫敦會在遠東只有惟一的一位華人牧師，因而本偵探可以順藤摸瓜而推斷出：他正是香港道濟會堂的牧師王煜初。而在喜嘉理撰寫其追憶的 1912 年，王煜初（1843－

11　Charles Robert Hager, 'Dr Sun Yat Sen: Some Personal Reminiscences', *The Missionary Herald* (Boston, April 1912), pp. 171-174: at p. 172, col. 2.

12　Hager to Smith, 25 September 1894, p. 1, PAPERS OF THE AMERICAN BOARD OF COMMISSIONERS. ABC 16: Missions to Asia, 1827-1919. IT 3 Reel 260, 16.3.8: South China, Vol. 4: 1882-1899 Letters C-H: Hager. Charles Robert Hager: 3-320: No. 204 [microfilm frame 0417b-0419a] Rev Charles Robert Hager (HK) to Rev J. Smith, DD (Boston).

13　孫文：〈就反基督教運動事發表談話〉，1922 年春，《孫中山集外集》，頁 266。

14　馮自由：〈孫總理信奉耶穌教之經過〉《革命逸史》（北京：中華書局 1981 重版），第二集，頁 9 — 18。《國父年譜》（1985）上冊頁 24、《孫中山年譜長編》上冊頁 36，均照錄如儀。本偵探在其《三十歲前的孫中山》中已根據原始檔案力證其非。為何馮自由搞錯了？竊以為他認識區鳳墀的時候，區鳳墀早已於 1895 年乙未廣州起義失敗後逃回香港（見本書第三部份），當道濟會堂的長老，而對於區鳳墀曾在此之前長期在廣州當宣教師之事，並不知道。此外，馮自由的《革命逸史》在 1936 年成書，而區鳳墀（1847-1914）早已於 1914 年仙遊，馮自由無從核實。

15　馮自由：〈孫總理信奉耶穌教之經過〉《革命逸史》（北京：中華書局 1981 重版），第二集，頁 9 — 18，附錄〈美國喜嘉理牧師關於孫總理信教之追述〉，頁 12－17：其中頁 15。

16　Charles Robert Hager, 'Dr Sun Yat Sen: Some Personal Reminiscences', *The Missionary Herald* (Boston, April 1912), pp. 171-174: at p. 172, col. 2.

1902）早已於 1902 年去世，的確是名副其實的「前牧師」（former pastor）了。該譯者對於這一切歷史細節皆懵然不知，只好說「倫敦會長老」，藉此矇混過關。最後，譯文所謂「倫敦會宗某長老者，嘗於德京柏林，執華文教鞭者三年」，譯者是準確地辨認出他乃區鳳墀，[17] 卻漠視英語原文說他是「本地」（native）[18]——即廣州——的宣教師，區鳳墀的確並非在香港的長老。

　　查清楚這些細節後，就可以重建當時的歷史如下。

　　孫中山等待他的乙未廣州起義已經籌備得差不多時，似乎就私下對喜嘉理密告其起義計劃。此舉之目的可能是希望爭取喜嘉理這名外國牧師道義上的支持，這與他早前專程跑香港爭取該地英文報章《德臣西報》（China Mail）的主筆黎德（Thomas H. Reid），和英文報章《士蔑西報》（Hong Kong Telegraph）的主筆鄧勤（Chesney Duncan），在道義上的支持，如出一轍，後來孫中山更企圖爭取日本駐香港領事物質上的支持。[19]

　　喜嘉理聽過孫中山的密告後大驚失色，千方百計勸止；不果，就以驅逐他出教會作為要脅。但孫中山革命之心已決，當然不會屈從，怒髮衝冠的喜嘉理就把他驅逐出教會，並在施洗記錄上如實備注，繼而宣佈此事。喜嘉理反對孫中山造反的態度是非常堅決的，哪怕到了 1904 年兩人在美國三藩市偶遇時，喜嘉理還是喋喋不休地企圖勸止。喜嘉理回顧當時孫中山的反應是：「他告訴我，不推翻清朝誓不罷休。我提醒他說，他過去建議過的改革方案，中國政府真在逐步落實。他就斬釘截鐵地重申必須鏟除清朝的決心」（He told me that nothing less than a change of dynasty was needed in China. I tried to show him that the reforms which he formerly advocated were being adopted, to which he replied merely by saying that the Manchus must be ousted.）

17　馮自由：〈孫總理信奉耶穌教之經過〉《革命逸史》（北京：中華書局 1981 重版），第二集，頁 9—18，附錄〈美國喜嘉理牧師關於孫總理信教之追述〉，頁 12－17：其中頁 15。

18　Charles Robert Hager, 'Dr Sun Yat Sen: Some Personal Reminiscences', *The Missionary Herald* (Boston, April 1912), pp. 171-174: at p. 172, col. 2.

19　見拙著《孫文革命：聖經和易經》，第四章。

[20] 孫中山「過去建議過的改革方案」？原來孫中山把他在 1894 年上書李鴻章的改良方案內容也告訴了喜嘉理。[21]

喜嘉理向誰宣佈他把孫中山驅逐了出教會？首先當然是在當時他於廣州人數還是少得可憐的基督教綱紀慎宗這小圈子之內，甚或他在香港和廣東台山等地他自己的教眾。也會向廣州洋教士同行張揚此事。當中博濟醫院院長嘉約翰牧師醫生很可能是喜嘉理「宣言」的對象之一，蓋 1886 年孫中山欲到博濟醫院習醫時，正是喜嘉理寫信給嘉約翰院長推薦他的。[22] 此外，1890 年喜嘉理勞累到吐血時，嘉約翰院長也曾經診治過他。[23] 待喜嘉理改為以廣州做基地傳教時，光是在 1895 年 8 月就天天「在博濟醫院幫助嘉約翰醫生診治，以便熟識中國最常見的病例，結果一個月內就診治了二千名病人，進行了一百宗手術」（assisting Dr Kerr at the Canton Hospital in order to learn more of the disease prevalent in China; and last month we treated over 2,000 patients and performed over 100 operations）。[24] 嘉約翰院長聽了喜嘉理的「宣言」後反應如何？可能大不以為然，蓋乙未廣州起義失敗後區鳳墀逃到博濟醫院避難時，嘉約翰院長二話沒說就收留了他，並護送他上當晚馳往香港的夜渡。[25]

翌年在香港，1896 年 3 月 4 日孫中山被殖民地政府正式驅逐出境，五年之內不得踏入香港半步，這對孫中山矢志革命的事業一個重大打擊。繼喜

---

20 Charles Robert Hager, 'Dr Sun Yat Sen: Some Personal Reminiscences', *The Missionary Herald* (Boston, April 1912), pp. 171-174: at p. 173, cols. 1-2.

21 本偵探對孫中山上書李鴻章的分析，見本書題為「外患激勵孫中山成龍」的第四十一章。

22 Charles Robert Hager, 'Dr Sun Yat Sen: Some Personal Reminiscences', *The Missionary Herald* (Boston, April 1912), pp. 171-174: at p. 172, col. 2.

23 Hager to Smith, 3 January 1891, p. 1, ABC 16: Missions to Asia, 1827-1919. IT 3 Reel 260, 16.3.8: South China, Vol. 4: 1882-1899 Letters C-H: Hager. Charles Robert Hager: 3-320: No. 120 [microfilm frame 0270b-0271a] Rev Charles Robert Hager (HK) to Rev J. Smith, DD (Boston) 3 Jan 1891

24 Hager to Smith, 6 September 1895, p. 2, ABC 16: Missions to Asia, 1827-1919. IT 3 Reel 260, 16.3.8: South China, Vol. 4: 1882-1899 Letters C-H: Hager. Charles Robert Hager: 3-320: No. 225 [microfilm frame 0465b-0466a] Rev Charles Robert Hager (HK) to Rev J. Smith, DD (Boston).

25 見拙著《孫文革命：聖經和易經》，第六章。

嘉理給予他的精神重大打擊之後，乙未廣州起義失敗又是一個精神上的重大打擊，現在香港殖民地政府更驅逐其出境。革命事業的重大打擊接踵而來，對孫中山來說是雪上加霜。若孫中山只是一名普通教徒，創傷可能沒那麼深重。但是，孫中山是決意藉革命「獻出他的生命來贖救眾人」（本偵探意譯馬可 10:45）的虔誠基督徒啊！若非孫中山「有勇如螭」，[26]「愈挫愈奮」，[27] 喜嘉理把他「驅逐出教會」，加上乙未廣州起義的失敗，再加上香港驅逐他出境，如此種種對他造成的創傷，恐怕無法癒合，甚至垮了！

　　諷刺的是，在孫中山當上中華民國臨時大總統後，喜嘉理趕快撰寫追憶，並刊於美國波士頓他所屬教會出版的《傳教士先驅報》（*Missionary Herald*），並藉區鳳墀之口把自己捧上天：「當日指先生顧謂余曰，子果操何術而使之為基督徒乎？」[28]。（'How were you able', asked [Preacher Au], 'to persuade such a man to become a Christian?' [29] 喜嘉理固然是替孫中山施洗的人，但引導他入教的則絕對不是喜嘉理本人而是孫中山在夏威夷所受四年（1879-1883）教會學校的教育。喜嘉理說得樂極忘形之餘，忘了他在其追憶開宗明義就說過他當初認識孫中山時，「即以是否崇信基督相質問，先生答云，基督之道，余固深信」。[30] 既然孫中山早已深信基督之道，喜嘉理藉口曾替其施洗領功，可謂枉然。他在英語原文中更顯得自打嘴巴，蓋孫中山的英語答覆是：「我已準備好隨時受洗」（I am ready to be baptised at any time）。[31]

26　章太炎：〈祭孫公文〉，《章太炎全集》（上海：上海人民出版社，1985－2014），一套八冊，第五集，頁 355－356：其中頁 356。

27　毛澤東：〈在紀念孫中山逝世十三周年及追悼抗敵陣亡將士大會上的講話〉，1938 年 3 月 12 日，《毛澤東文集》（北京：人民出版社，1993－1999），全 8 卷，卷 2，頁 111－115：其中頁 111－112。

28　馮自由：〈孫總理信奉耶穌教之經過〉《革命逸史》（北京：中華書局 1981 重版），第二集，頁 9－18，附錄〈美國喜嘉理牧師關於孫總理信教之追述〉，頁 12－17：其中頁 15。

29　Charles Robert Hager, 'Dr Sun Yat Sen: Some Personal Reminiscences', *The Missionary Herald* (Boston, April 1912), pp. 171-174: at p. 172, col. 2.

30　馮自由：〈孫總理信奉耶穌教之經過〉《革命逸史》（北京：中華書局 1981 重版），第二集，頁 9－18，附錄〈美國喜嘉理牧師關於孫總理信教之追述〉，頁 12－17：其中頁 13。

31　Charles Robert Hager, 'Dr Sun Yat Sen: Some Personal Reminiscences', *The Missionary Herald* (Boston, April 1912), pp. 171-174: at p. 171, col. 1.

既然孫中山早已「準備好隨時受洗」，喜嘉理「果操何術而使之為基督徒乎？」[32] 的自我吹捧，令人捧腹。

　　喜嘉理在其追憶中的結語更是令人哭笑不得：「向也余固切望其蔚成傳道之健將，以救多數垂斃之靈，今見其效忠上帝，服務祖國，解危機於倒懸，卜景運之日新，循是前進，和四百兆人而共受提攜，余心亦滋慰矣」。[33] 徵諸英語原文，可知譯者畫蛇添足之處甚多，蓋英語原文是：「我曾垂涎他加入我傳教之列，但在目前這危機中若他能真正服務於上帝和他的祖國，我就心滿意足」。(Once I coveted him for the gospel ministry; but if he is true to his God and his country in the present crisis I shall be satisfied that he found his path of service.) [34] 喜嘉理何德何能說這種話？絕對自私自利地在心理上嚴重地戕害過孫中山的革命大業還不算，更在孫中山的革命成功後自吹自擂，真是令人反感極了。

　　是甚麼造成喜嘉理這種異常表現？這就必須從頭說起。喜嘉理中學畢業後即進入美國加州屋崙神學院（Oakland Seminary）攻讀神學，1883 年甫一畢業後，就隻身派到香港創建教堂。[35] 當時喜嘉理的刻苦耐勞，其自我犧牲，全心奉獻的傳教精神，隨着拼命拉攏孫中山當其助手傳教不果而極度失望。本偵探的探案進展愈來愈深入後，發覺喜嘉理基於過度疲勞，竟然經常害病，到了 1890 年初終於病到吐血，[36] 迫得回美國休假。在美國四年期間，

32　馮自由：〈孫總理信奉耶穌教之經過〉《革命逸史》（北京：中華書局 1981 重版），第二集，頁 9—18，附錄〈美國喜嘉理牧師關於孫總理信教之追述〉，頁 12－17：其中頁 15。

33　馮自由：〈孫總理信奉耶穌教之經過〉《革命逸史》（北京：中華書局 1981 重版），第二集，頁 9—18，附錄〈美國喜嘉理牧師關於孫總理信教之追述〉，頁 12－17：其中頁 17。

34　Charles Robert Hager, 'Dr Sun Yat Sen: Some Personal Reminiscences', *The Missionary Herald* (Boston, April 1912), pp. 171-174: at p. 174, col. 2.

35　Anon, 'Dr Charles R. Hager', *The Missionary Herald,* v. 113, no. 9 (September 1917), p. 397, cutting courtesy of Dr Harold F. Worthley of the Congregational Library, 14 Beacon Street, Boston, MA 02108, enclosed in Worthley to Wong, 26 August 2003.

36　Hager to Smith, 3 January 1891, p. 1, PAPERS OF THE AMERICAN BOARD OF COMMISSIONERS. ABC 16: Missions to Asia, 1827-1919. IT 3 Reel 260, 16.3.8: South China, Vol. 4: 1882-1899 Letters C-H: Hager. Charles Robert Hager: 3-320: No. 120 [microfilm frame 0270b-0271a] Rev Charles Robert Hager (HK) to Rev J. Smith, DD (Boston).

他修讀醫科畢業，結婚，[37] 並於 1894 年 9 月底帶同新婚妻子到廣州展開新一輪的傳教事業。[38] 不料 1895 年 3 月 7 日他的妻子在廣州博濟醫院難產，在她病床旁邊的四位醫生均束手無策，結果英年早逝。喜嘉理痛不欲生：「她是我的快樂，我的性命，我的安慰，我的一切」（she was my joy, my life my comfort and my all）。[39] 從此喜嘉理性情大變，處處與同儕不和，與美國波士頓總部天天對峙。這一切，均可從他寫給美國波士頓總部的報告中一覽無遺。正是他在情緒極度不穩定的情況下，盛怒之餘把孫中山驅逐出其差會。此時的喜嘉理酷似《聖經・舊約》中那位苛刻、嫉妒的上帝，把孫中山視作蕩子般嚴懲，結果連《聖經・舊約・利末記》中「愛鄰如己」的教導也視而不見，[40] 遑論吸取《聖經・新約》中耶穌「愛敵如己」的營養，[41] 當然更沒有接觸過《易經》中寬大為懷的泱泱大度。他在 1912 年所寫的追憶中，自我吹捧種種，正是他刻意向美國波士頓總部示威的表現，真是人間悲劇。

像喜嘉理一樣，拙著《孫文革命：聖經和易經》第三部份中所呈現的三位基督宗教華人教士王煜初、區鳳墀、楊襄甫等，當然也重視信徒的數目，蓋當時「明認基督教者，殊不多見。蓋明認基督者，人咸恥與為伍，以故人人咸有戒心」。[42]（This was at a time when few converts were made and when

---

37 PAPERS OF THE AMERICAN BOARD OF COMMISSIONERS. ABC 77.1: 07 C.A. Nelson, 'Rev C.R. Hager, M.D. D.D.' *The Chinese Recorder,* December 1917 (An obituary).

38 Hager to Smith, 25 September 1894, p. 1, PAPERS OF THE AMERICAN BOARD OF COMMISSIONERS. ABC 16: Missions to Asia, 1827-1919. IT 3 Reel 260, 16.3.8: South China, Vol. 4: 1882-1899 Letters C-H: Hager. Charles Robert Hager: 3-320: No. 204 [microfilm frame 0417b-0419a] Rev Charles Robert Hager (HK) to Rev J. Smith, DD (Boston).

39 Hager to Smith, 7 March 1895, pp. 1-3, PAPERS OF THE AMERICAN BOARD OF COMMISSIONERS. ABC 16: Missions to Asia, 1827-1919. IT 3 Reel 260, 16.3.8: South China, Vol. 4: 1882-1899 Letters C-H: Hager. Charles Robert Hager: 3-320: No. 213 [microfilm frame 0448b-0450a] Rev Charles Robert Hager (HK) to Rev J. Smith, DD (Boston).

40 Leviticus 19:18.

41 Matthew 5：44.

42 馮自由：〈孫總理信奉耶穌教之經過〉《革命逸史》（北京：中華書局 1981 重版），第二集，頁 9—18，附錄〈美國喜嘉理牧師關於孫總理信教之追述〉，頁 12—17：其中頁 13。

many feared to identify themselves with Christians.）[43] 但是，他們是從《易經》走入《聖經》的人，融匯了《易經》寬大為懷的泱泱大度與《聖經·新約》中耶穌愛人如己的精神，於是在乙未廣州起義中的表現，就超塵脫俗。實情是：他們當然憂慮孫中山發動的乙未廣州起義會失敗而連累他們，但是他們卻暗中幫助起義「文」方面的工作，甚至絞盡腦汁設計了一個方案，萬一起義失敗時冒着性命危險掩護孫中山逃出生天。同是基督教教士，為何他們的表現與喜嘉理有如天淵之別？[44] 他們都有一股熱愛華夏文明的赤子之心！

孫中山認為教會行為之不當，還不止此：「教會在現制度下，誠不免麻醉青年及被帝國主義者利用之可能」。因此他建議改良在中國的基督宗教教會，「謀求獨立自主，脫去各帝國主義之羈絆，此教友人人應負之天責，亦為一般從事宗教運動者應急起為之者也」。[45] 此言也是王煜初、區鳳墀、楊襄甫等華人教士所深許的，並清楚說明孫中山從事革命，以及該等華人教士之協助他，目的不光在於推翻清朝那腐朽的政權，還要推翻基督宗教傳教士強加在中國基督宗教徒身上的枷鎖──奴化教育。對此，拙著《孫文革命：聖經和易經》第十八章有進一步探索。

現在回應本章開宗明義的呼喚。香港中華基督教會公理堂所珍藏的那份孫中山領洗記錄，即裏面備註欄中注明孫中山被 banished 的那份領洗記錄，究竟是甚麼玩意？正如前述，喜嘉理在 1895 年驅逐孫中山出其差會時，幾乎毫無疑問是寫上 ex-communicated 之字樣。但是，1912 年孫中山當選為中華民國臨時大總統時，香港華人歡喜若狂，該差會保存着一份驅逐孫中山出教會的證據，不太方便吧。故本偵探推測，該差會當局鑒於孫中山曾被香港政府驅逐出境 (banished)，若把 ex-communicated 改為 banished，符合事實。但是，這個事實只符合香港政府的法令，並不符合教會的實際，因為教會無權把孫中山驅逐出境。用 banished 之字樣備註孫中山，對教會來說是一種尷

43 Charles Robert Hager, 'Dr Sun Yat Sen: Some Personal Reminiscences', *The Missionary Herald* (Boston, April 1912), pp. 171-174: at p. 171, col. 2 to p. 172, col. 1

44 拙著《孫文革命：聖經和易經》第三部份有所分析。

45 孫文：〈就反基督教運動事發表談話〉，1922 年春，《孫中山集外集》，頁 266。

尬，於是乎乾脆把 banished 之字樣也塗掉 —— 此所謂空城計也。

那麼，是誰在 1912 年把 ex-communicated 改為 banished？不可能是喜嘉理，因為喜嘉理在 1910 年已經返回美國，並從此一去不復返了。[46] 若要在領洗記錄上做手腳的，只有他的繼任人才能辦得到。如此這般，本偵探的眼光就落在該差會當時的華人長老們了，難道他們真的塗改領洗記錄來面對公眾……

該死的偵探！把不該說的話也說了。難怪本偵探把本章作為學術論文，提交 2015 年 11 月 12－13 日在台北國父紀念館舉行的「傳承與創新：紀念國父孫中山先生 150 歲誕辰」國際學術研討會上討論，並在第一場的研討會上宣讀後，來自香港浸會大學的李金強教授馬上說：黃宇和對香港基督教會的文獻完全陌生，證據就是對 1912 年香港公理堂一位長老所寫過的一篇文章懵然不知，該文章有力地解釋了喜嘉理並沒有把孫中山驅逐出其差會。

本偵探甫一聽到有新史料就喜形於色，立即恭請李金強教授盡快擲下該文獻，以正視聽。李金強教授不屑回答。當天晚餐時，按照東道主的安排，席上本偵探與李金強教授共桌打對面坐下來。李金強教授指責本偵探無事生非。本偵探再次恭請李金強教授把有關文獻擲下。李金強教授不屑地走開，轉到其他飯桌坐下來。翌日傍晚研討會綜合座談時，李金強教授第三次發難，本偵探又是當眾恭請李金強教授把有關文獻擲下，李金強教授又是不屑回答。當晚道別晚宴席上，李金強教授第四次發難，本偵探再一次當眾恭請李金強教授把有關文獻擲下。這次在史學前輩張玉法院士，國史館呂芳上館長，以及國父紀念館林國章館長面前，李金強教授莊嚴承諾：返回香港後即把該文獻用電郵附件方式擲下。本偵探大喜過望，惟至今一個多月過去了，還是猶如石沉大海。

歸根結柢，是心理變了態的洋教士喜嘉理牧師驅逐了孫中山出該差會，後來已經自立自理的華人教士與教徒，何必苦苦為其遮羞？

從另一個角度看問題：既然孫中山已經白紙黑字地訴說他曾被驅逐出教

46　ABC77.1: 07 C.A. Nelson, 'Rev C.R. Hager, M.D. D.D.' *The Chinese Recorder,* December 1917 (An obituary).

會，李金強教授卻千方百計地試圖證明孫中山並沒有被逐，目的是甚麼？是否要證明孫中山撒謊？

更有意思的是，研討會上拙文的評論人朱浤源教授，宣佈本偵探「走火、入魔」。哈哈！好事成雙：繼 2006 年 11 月 6 日，本偵探被台灣中央研究院近代史研究所某院士所長前輩斥為「走火入魔」之後，2015 年 11 月 12 日，本偵探又被台灣中央研究院近代史研究所兼任研究員朱浤源教授斥為「走火入魔」。本偵探「走火入魔」之美名，先後刻進「紀念孫中山誕辰 140 週年國際學術研討會」主辦單位的錄音機，和主辦「紀念國父孫中山先生 150 歲誕辰」國際學術研討會的國父紀念館的錄音機，留存萬世。

求求讀者諸君幫本偵探一個大忙：幫忙解釋為何本偵探總是被斥為「走火入魔」？難道偵查出歷史真相並道明原委就是該死？同時間，本偵探也不敢偷懶，會繼續日夜探索，苦苦思索，總祈若干年後，本偵探撰寫《文明交戰》之時，能理出一個頭緒。

第五十一章
偵破乙未廣州起義中「決死隊三千人」的謎團

孫中山等人決定在 1895 年 10 月 26 日，農曆重陽節當天在廣州舉義。是為著名的乙未廣州起義。賴以舉義的主力部隊，是預定在 25 日黃昏從香港登船，26 日當天早上到達了廣州的所謂「決死隊三千人」。

三千人就能克服廣州？是否「大炮」得太離譜了？須知在清廷的國防部署中，當時駐紮在廣州的滿洲八旗和漢人綠營，就猶如當今中華人民共和國的國防部署中，各大軍區當中的廣州軍區。三千人就能征服清朝「廣州軍區」數以萬計的官兵？

若在這事件裏，孫中山是「大炮」；那麼與他同謀的陳少白、楊衢雲、謝纘泰，也都是「大炮」？可是從來沒人稱他們為「大炮」啊！尤其是那位暗地裏當孫中山等人參謀的何啟醫生大律師，可是以老成持重著名的！難道他也是「大炮」？而且，乙未廣州起義這密謀，是孫中山所領導的興中會，以及以楊衢雲為首的輔仁文社，兩個組織合併後仍稱興中會等同人，一致同意進行的，難道他們通通都是「大炮」？

關鍵是：必須查清楚這批人對清軍的實力如何評估。而關鍵之中的關鍵，正是孫中山本人對清軍實力的評估，因為乙未廣州起義是由他身先士卒，帶領該「決死隊三千人」去衝鋒陷陣的。

從目前發掘出來的史料看，孫中山對清軍實力的評估，建築在兩條支柱之上：

第一條是口碑：他得自其翠亨村的同鄉摯友陸皓東所告訴他的親身經歷。事緣 1883 年秋，孫中山從檀香山回到翠亨村不久，即與同村青年陸皓東結成好朋友，並經常共同談論時政之腐敗，直到深夜。深夜不離，陸皓東就與孫中山同床而睡。當時廣東正在舉辦團防，清朝政府遣派閱兵大臣方耀到香山縣，準備在濠頭鄉舉行檢閱。香山官府由於過去一直虛報兵額，以便

中飽私囊，接命後慌忙向各鄉招募壯丁冒充兵勇。陸皓東與同村多人應徵參加，但更多的應徵者是煙鬼、乞丐、無業遊民。結果檢閱時隊伍不整，放槍時參差不齊，醜態百出。陸皓東回到翠亨村後，將檢閱經過告訴孫中山。兩人皆認為：以清朝軍隊之腐敗，只消五六十名健兒，便可奪取虎門砲台。[1] 若此口碑屬實，則按照孫、陸兩人的邏輯，三千健兒應能克服「廣州軍區」，更何況這三千健兒是「決死隊員」！真是初生之犢！此二犢感情極好，而促進他們真摯友情的因素之一，是「英雄所見略同」。君不見，也就是於 1883 年秋、孫中山從檀香山回到翠亨村不久，二犢就甘冒全村之大不韙，攜手毀瀆該村祖廟裏的北極帝像。[2]

　　第二條是史料：孫中山閱讀歷史，得知在 1895 年 3 月 16 日，孫中山與楊衢雲等，商議起義計劃時，孫中山說：「發難之人貴精不貴多，人多則依賴而莫敢先，且易泄漏，事敗多由於此。當年太平天國時，劉麗川以七人取上海，今廣州防兵之眾，城垣之大，雖不可與上海同日而語，然而只有敢死者百人奮勇首義，則事便可濟。」[3] 按照這個邏輯，若敢死者百人便可濟事，則三千名決死隊員必定綽綽有餘！

　　由此可見，孫中山之相信三千名決死隊員便能攻克清朝的「廣州軍區」，有着極強的「個人自信」色彩。這就難怪章太炎對孫中山有如下的評價：「公之天性，伉直自聖」。「自聖」？孫中山自以為「獻出生命」來「贖救眾人」，就難免「自聖」了。在章太炎眼中，孫中山已經「自信」到「自聖」了。

　　章太炎又說孫中山「受諫則難，而惡方命」。[4]「惡方命」？怎麼這樣不謙

1　陸文燦：《孫中山公事略》（稿本，藏翠亨村孫中山故居紀念館）。該稿後來刊登於《孫中山研究》第一輯（廣東人民出版社，1986）。陸燦（又名陸文燦），乃陸浩東堂姪，檀香山興中會會員。1895 年回翠亨村成親，適孫中山在廣州舉義失敗，陸燦就主動幫助孫家大小逃往澳門轉香港再轉檀香山。

2　李伯新訪問陸天祥（83 歲），1959 年無月日，載李伯新：《孫中山史蹟憶訪錄》中山文史第 38 輯（中山市：中國人民政治協商會議廣東省中山市委員會文史學習委員會，1996），頁 59-64：其中頁 62。

3　鄧慕韓：〈乙未廣州革命始末記〉，《辛亥革命史料選輯》（長沙：湖南人民出版社，1981），上冊，頁 9－19：其中頁 12。

4　章太炎：〈祭孫公文〉，《章太炎全集》一套八冊，（上海：上海人民出版社，1985－2014），第五集，頁 355－356：其中頁 356，第一段其中片段。

虛？答案是：孫中山自以為捨生救人，結果竟然有人拒絕被救，自然就「惡方命」了！其實，孫中山也有不恥下問的時候，最顯著的例子是他在著述期間，而需要準確地引經據典時，就頻頻向人請教了；[5] 關於這一點，總算孫中山有自知之明。

問題是，何啟、謝纘泰等人，都不是「自聖」的人。相反地，謝纘泰把孫中山對革命如癡如醉的表現，批評得體無完膚。他說：「孫逸仙看來是個輕率的莽漢」。又說：「孫念念不忘『革命』，而且有時全神貫注，以至一言一行都顯得奇奇怪怪！……一個人固然可以置生死於度外，但在行動上，卻必須認識到領導人的性命不可能作無謂的犧牲。」[6] 問題是，為甚麼謝纘泰竟然也同意決死隊三千人，即能攻克清朝的「廣州軍區」？

關鍵就在這裏：若謂「五六十名健兒便可奪取虎門砲台」屬於紙上談兵，那麼實踐證明劉麗川確曾「以七人取上海」；難道歷史不能在廣州重演？按劉麗川者，上海名「小刀會」的首領。他本來是福建會黨的頭目，後來去了上海發展。哈！原來劉麗川是條梁山好漢！

日本駐香港領事中川恆次郎注意到，當 1895 年 3 月 1 日，孫中山到日本領事館爭取援助時，孫中山對梁山好漢式的人物，異常尊敬與信賴。中川恆次郎聽孫中山娓娓道來，「恰有閱讀《水滸傳》時的感覺」。[7] 此例強有力地證明，中國的小說在民間所具的巨大影響力。若《水滸傳》影響了孫中山，難道何啟、謝纘泰等人就能「免疫」？事實證明，他們通通中招：他們都同意孫中山帶領香港的「決死隊三千人」去攻打清朝的「廣州軍區」。

可惜的是，孫中山就連劉麗川式的七人敢死隊也不可得，結果乙未廣州舉義，未舉先敗。為甚麼？孫中山被人欺騙了。香港方面的黑社會頭目，看準孫中山嚮往梁山好漢諸如劉麗川這一弱點，於是假稱可以提供「決死隊三千人」，目的全在騙財。廣州方面的黑社會頭目也訛說：在起義當天將組

5　詳見拙著《孫文革命：聖經和易經》，第四章。

6　陳錫祺（主編）：《孫中山年譜長編》，上冊，頁 89，引謝纘泰：《中華民國革命祕史》（英文原著）。

7　中川致原敬函，1895 年 3 月 4 日，《原敬關係文書》（東京：日本放送出版協會，1984），第 2 卷，書翰篇，頁 392、393，轉載於《孫中山年譜》，上冊，頁 81-83：其中頁 83。

織大批綠林好漢，配合來自香港的主力部隊作戰。其實兩批人馬都是子虛烏有，孫中山「噗通」一聲，就同時掉進兩個陷阱！[8]

但孫中山本身也要負一部份責任：此事證明他魯莽、盲動。

孫中山魯莽、盲動的性子，後來在 1913 年他不顧一切地發動「二次革命」試圖倒袁，[9] 1922 年又迫不及待地「北伐」以求統一全中國，[10] 都暴露無遺。細細咀嚼章太炎對孫中山「有勇如螭」[11] 的評價，其中「有勇無謀」的味道可真不少！孫中山也有自知之明，坦言自己大半生的行事方式是「冒險猛進」[12]——如此坦率，確實天真爛漫！

天真爛漫得讓當代人諸如本偵探，對孫中山有時候說話的態度也難以接受，本偵探通讀完孫中山的全部著作之後，發覺都是他訓人的時候多，虛心候教的時候少。一副《聖經》式的救世主姿態，自以為是。

長期密切注視孫中山一舉一動的香港英文報章《南華早報》（*South China Morning Post*）也在其社論中說：「他（孫逸仙）屬於人類極為少數的幾個人，他們為了一個理念，敢於挑戰幾乎一切。當最終審判來臨的時候，他們是屬於天國的人。」（He belonged to that small body who will dare almost anything for an idea; and these, when the final judgment is made, belong to the Kingdom of Heaven.）[13] 所謂「最終審判」，乃《聖經》所言世界末日之時，所有已經死去的人通通復生，排隊接受至高無上的「神」的審判，並由「神」判入天國永遠享福，或降下地獄永遠受苦。本偵探推測此社論的執筆人，極可能是該報的創辦人及長期主筆，同樣是基督徒的謝纘泰（1872－

8　見拙著《三十歲前的孫中山》，第八章，第 5 節。

9　見本書題為「既然讓位給袁世凱，為何孫中山又起兵反袁？」的第六十七章。

10　見拙著《中山先生與英國》，第六章。

11　章太炎：〈祭孫公文〉，《章太炎全集》（上海：上海人民出版社，1985－2014），一套八冊，第五集，頁 355－356：其中頁 356。

12　孫文：〈建國方略之一：孫文學說——行易知難〉，1919 年 5 月 20 日，《孫中山全集》，卷 6，頁 57－246：其中頁 237。

13　Editorial, 'The Death of Sun Yat－sen', *South China Morning Post* (Hong Kong), Friday 13 March 1925, p. 8, cols. 2－3: at col. 3.

1938）。[14]

　　而謝纘泰像章太炎一樣，哪怕出於不同原因，也是長期對孫中山持有極深成見的，[15] 所以此等讚美之詞，實在太不簡單了！不簡單之處在於謝纘泰，像孫中山自己一樣，認為孫中山的「勇」來自《聖經》。就是說，無論當局者的孫中山如何地迷，或是旁觀者兼長期「死對頭」的謝纘泰如何地清，均認為孫中山革命的念頭、勇氣與行動的毅力，皆源自《聖經》。

　　《聖經》，用國人熟悉的東方詞彙說，何來此「無邊法力」？——「哪怕『人的兒子』之來到這世上都是為了侍人，而非侍於人，並獻出他的生命來贖救眾人」（本偵探意譯馬可 10:45）。（For even the Son of Man did not come to be served, but to serve, and to give his life as a ransom for many.— Mark 10:45）。既然「獻出生命」也在所不惜，自然就勇猛無比了，勇猛到魯莽、盲動的程度。於是乎孫中山就依賴原屬子虛烏有的「決死隊三千人」，作為乙未廣州起義的主力部隊了。

　　革命黨人還自以為擁有另外一座靠山，那就是洋槍。楊衢雲是怡和洋行的買辦，有辦法秘密進口洋槍到香港，然後把洋槍偷運往廣州。用號稱火力強大的洋槍去攻打裝備落後的清軍，穩操勝券。君不見，在兩次鴉片戰爭中，清軍不是被英軍打得血肉橫飛？

　　關鍵是：楊衢雲高價買來那批洋槍的質量如何？可惜我們無法知道，因為那批洋槍還未派用場，所謂的決死隊三千人已經作鳥獸散。洋槍被廣州政府沒收，而廣州政府又從未公佈該批洋槍的質量。[16] 但是，1924 年廣州商團，通過香港匯豐銀行在廣州的買辦陳廉伯，直接從歐洲高價購入，專船運往廣州的那批洋槍的質量，可供借鑒——全是殘舊不堪的退役「垃圾」！[17] 若楊衢雲高價偷運入境的洋槍都是同樣的貨色，則哪怕孫中山果真有決死的

14　See Zou Yizheng, 'An English Newspaper for British, Chinese, and Hong Kongnese: The story of the *South China Morning Post, 1903－1941*', Ph.D. thesis, submitted to Lingnan University (Hong Kong), 2012.

15　見拙著《三十歲前的孫中山》，第八章。

16　同上。

17　見拙著《中山先生與英國》，第八章。

圖 51.1
專程從歐洲運載軍火給廣州商團的「哈佛」號（S. S. *Hav*）

三千人，都只能成為清軍的「炮灰」！

　　話得說回來：有一點值得考慮的是：1924 年時國際上對中國實行武器禁運，杜絕了正規購買武器的渠道。而市場上最容易得到的黑市軍火，都是第一次世界大戰時大量生產、使用過度的退役槍枝。因此，1895 年時情況可能有所不同，可以預期槍械成色較佳。實情如何，姑且留待後進探索。但關鍵是：無論槍械的質量如何優越，也靠人來射擊。無奈那所謂能征慣戰的決死隊三千人，根本不存在。最後出師者，只不過是黑社會臨時招募而來的苦力，一輩子沒沾過洋槍的邊。無論如何優越的洋槍，交到他們手裏，他們也不曉得放。

　　總之，由於孫中山、楊衢雲、謝纘泰，甚至他們的秘密高參何啟，似乎是誤信了香港的會黨能提供三千決死隊員；又深信進口洋槍遠遠優越過清兵的武器，於是就決定起義了。準備打頭陣的孫中山能夠倖存，實屬九死一生！阿門。

第五十二章
偵破乙未廣州起義為何密謀洩露

　　舉義是密謀性質，極少留下原始資料甚或蛛絲馬跡。要探索 1895 年的所謂乙未廣州起義密謀如何洩露，難度絕對不亞於本書其他案件。

　　乙未廣州起義鐵定 1895 年 10 月 26 日重陽節舉行。當天清晨 6 時，在廣州各路人馬的首領紛紛來到起義總部王家祠討口令待命，卻遲遲不見楊衢雲答應派來的、由香港會黨頭目朱貴全與邱四率領並配備了槍枝彈藥的「決死隊三千人」。該決死隊是起義的主力，而在廣州方面聚集的各路人馬都沒有現代化武器，且大多數是一般的綠林和散勇，全屬配合性質，不能單獨行動。但遲至當天早上 8 時許，孫中山方接楊衢雲電報說：「貨不能來」。怎麼啦？擬 1895 年 10 月 26 日清晨到達廣州的香港夜渡，1895 年 10 月 25 日晚上就應該從香港開出了。若「決死隊」沒上船，楊衢雲最遲在 1895 年 10 月 25 日晚上就知道，怎麼他的電報竟然遲至 1895 年 10 月 26 日早上 8 時許才遞到孫中山手裏？答案是：當時通用的是有線電報，很慢，第二天收到已經很了不起。

　　孫中山該怎辦？陳少白說：「凡事過了期，風聲必然走漏，再要發動一定要失敗的，我們還是把事情壓下去，以後再說吧！」孫中山同意，便發錢給各綠林首領，讓他們回家，將來待命。孫中山又電楊衢雲曰：「貨不要來，以待後命」。孫中山、陳少白均以處境危險，宜盡快離開。但孫中山讓陳少白先走，自己留下善後。陳少白就和鄭士良於當晚乘「泰安」夜航去香港。[1]

　　孫中山自己留下來善後？善甚麼後？本偵探已經查出，原來孫中山跑回河南住宅通知陳粹芬及同寓的區鳳墀等同志，避免他們矇在鼓裏而可能遭遇到的危險，真是義薄雲天！果然，孫中山還在廣州河南的 10 月 26 日當天，

1　陳少白：《興中會革命史要》，轉載於《辛亥革命》，第 1 冊，頁 21 — 75：其中頁 31-32。

圖 52.1
乙未廣州起義總部王家
祠中的王氏書舍

就走漏了風聲，尤幸兩廣總督譚鍾麟以孫中山為教會中人，若沒有其舉義的
真憑實據而把他抓起來，萬一辦理錯誤，恐怕要被其反噬，故着管帶李家焯
不可鹵莽從事。[2] 李家焯也就不敢逮捕孫中山，而止於派人監視孫中山行動。[3]

關於所謂決死隊三千人究竟是怎麼回事，為何不能依時從香港到達廣州
舉義等情節，本書題為「乙未香港會黨魅力無窮」的第四十五章和「重陽拜
堂？大吉利是！」的第四十六章，已有所及。但為了本章所敘述故事的完整
性，本偵探迫得在此重複其中少量細節，敬請讀者體諒。

據香港政府事後的一份調查報告説，1895 年 10 月初，香港警方已獲線
報，謂有三合會份子正在香港招募壯勇。10 月 27 日，香港警官士丹頓探
長 (Inspector Stanton) 更獲線報，謂該等份子已募得約四百人，並將於當晚
乘「保安」號輪船往廣州。哈哈！原來大名鼎鼎的「決死隊三千人」，本來
就屬於子虛烏有！士丹頓親往碼頭調查，發覺為數約六百名的、最窮苦的苦
力，因無船票而被拒登船。不久大批警員也步操進現場搜查軍火，既搜船也
將各苦力逐一搜身，不果；於是放行。結果只有為數約四百名的苦力登船。
「保安」輪啟航後，朱貴全對諸苦力説：船上藏有小洋槍，抵埠後即分發候

2　鄒魯：《乙未廣州之役》，轉載於《辛亥革命》，第 1 冊，頁 225－234：其中頁 228。

3　黎玩瓊：〈談談道濟會堂〉，1984 年 1 月 6 日，載王誌信《道濟會堂史》，頁 85-87：其中頁
　　86。

命。眾苦力方知中計。他們早已被香港政府的威力——如臨大敵的香港警察——嚇得魂飛魄散，現在更是加倍堅決拒絕參與起義。朱貴全等見勢色不對，船甫泊定即潛逃上岸。上述的香港事後調查報告強調說：當時派駐碼頭的兵勇人數一如平常，可知廣州當局全不知情。待五十多名「募勇」向碼頭駐兵申冤，才東窗事發。[4]

此報告與廣州當局所掌握到的情報，大相徑庭，其不盡不實之處，容下文分析。當務之急是查明為何在廣州方面，10月26日風聲已經走漏。本偵探旁徵其他史料，結果看了《德臣西報》在1895年10月28日星期一刊登的一篇報導，深受啟發。既然是28日星期一刊登，應該是27日星期天發稿。發稿之日，正是那四百苦力在香港登船之時。按西方習慣，新的一週從星期天算起。所以，在27日星期天發稿時說「上週」，所指的日期就包括了含有10月26日星期六的一週。該報導一開始就說：「上週在廣州發現了、由一批革命黨人企圖佔領該城的計劃」。[5]又說這個發現讓廣州當局馬上動員起來，千方百計偵緝禍首以防患於未然。[6]

《德臣西報》又翻譯並刊登了香港本地《華字日報》（Chinese Mail）的有關報導。[7]本偵探將該報導倒譯後不感滿意（理由之一是其中有些專有名詞諸如人名地名等被該報譯者省略或迴避了而令人很難準確掌握），於是在2003年7月下旬，再飛香港查閱《華字日報》原文。[8]喜得珍貴報導數則，茲轉錄以作分析：

4　Memorandum by the Acting Assistant Colonial Secretary, F. J. Badeley, on the Canton Uprising of October 1895, enclosed in Robinson to Chamberlain, 11 March 1896, CO129/271, pp. 437-445: here, pp. 441-445.

5　Anon, 'The Threatened Rising at Canton — Searching the Canton Steamer', China Mail, 28 October 1895, p. 4, col. 2.

6　Anon, 'The Threatened Rising at Canton — Searching the Canton Steamer', China Mail, 28 October 1895, p. 4, col. 2.

7　From our Own Correspondent, 'The Threatened Rising at Canton — Numerous Arrests', China Mail, 30 October 1895, p. 4, col. 3.

8　由於時間緊迫，承香港大學鄭承陳桂英、張慕貞兩位大力幫忙，破格讓筆者翻閱原件，讓筆者很快就查出原文，特致深切謝意。

統帶巡防營卓勇李芷香大令〔按即李家焯〕……查得省垣雙門底王
家祠內雲岡別墅，有孫文即孫逸仙在內引誘匪徒運籌畫策，即於初九日
〔按即 1895 年 10 月 26 日星期六〕帶勇往捕。先經逃去，即拿獲匪黨
程準、陸皓東二名。又在南關鹹蝦欄李公館拿獲三匪並搜獲大飯鑊二
隻、長柄洋利斧十五把。是屋崇垣大廈，能容千人。閱前兩日有數十人
在屋內團聚。續因風聲洩漏，先被逃去。[9]

難怪 1895 年 10 月 26 日當天，孫中山仍在廣州時，就被李家焯派來的
密探盯上了！但是仍有懸而未決的問題：李家焯如何得悉「省垣雙門底王
家祠內雲岡別墅，有孫文在內引誘匪徒運籌畫策」？此節留待本書之中題為
「乙未廣州起義誰出賣革命」的第五十八章解決，因為下一步必須鑒定香港
政府那份事後聰明的報告可靠到甚麼程度。線索之一是香港《華字日報》本
身在省城訪事人發香港的報告：

初十日〔按即 1895 年 10 月 27 日星期天〕，前任西關汛官管帶中
路辦理善後事務鄧守戎惠良會同卓營勇弁潛往城南珠光里南約空屋內，
搜出洋槍兩箱及鉛彈快碼等件，即拿獲匪徒四名。兩匪身著熟羅長衫，
狀如紈袴。〔其〕餘二匪，則絨衫緞履，類商賈中人。是晚番禺惠明府
開夜堂提訊四匪，供稱所辦軍火，因有人託其承辦，並供開夥黨百數十
人，定十一日由香港搭附輪來省，或由夜火船而來。[10]

廣州當局獲得這項情報後，會採取甚麼行動？

十一日早〔按即 1895 年 10 月 28 日星期一〕，鄧守戎於晨光熹微
之際，即帶兵勇駐繫火船埠頭，俟夜輪船抵省，按圖索驥，一遇生面可

---

9 香港《華字日報》，1895 年 10 月 30 日星期三，第 2 版，第 2 欄。

10 同上。

疑之人，立行盤詰。遂拿獲廿餘人，解縣審辦。[11]

這位訪事人的報告可有佐證？有。廣州的《中西報》報導說：

十一早〔李家焯〕派勇前往火船埔頭及各客棧，嚴密查訪。未幾而香港夜火船保安，由港抵省船上，搭有匪黨四百餘人。勇等見其形跡可疑，正欲回營出隊截捕，已被陸續散去，只獲得四十餘人回營訊問，內有朱貴銓、邱四二名，均各指為頭目。[12]

上述中西記者從廣州發出的報導都有一個共同點：1895 年 10 月 28 日星期一清晨，廣州當局在碼頭佈置了兵勇，等候從香港來的夜渡並當場逮捕了朱貴全、邱四等兩名首領。這共同點直接牴觸了香港政府的事後調查報告中所說的、廣州當局事前全不知情，碼頭駐兵人數如常，待為數大約五十名船上的苦力向該等駐兵申訴被騙過程而報告李家焯後才東窗事發，以至朱貴全、邱四等首領成功地潛逃上岸逸去。[13]

為何出現這種矛盾？竊以為香港政府的調查報告本身就提供了線索：

第一、該報告不是當時香港政府為了本身需要而雷厲風行般調查的結果，而是英國殖民地部大臣得悉香港苦力曾牽涉入廣州起義後，在 1895 年 12 月 23 日和 1896 年 1 月 6 日先後公函質問香港總督為何不曾吭一聲，[14] 香港總督轉而下令調查其事，最後由一位署助理輔政司長經過調查後撰寫而成的。

第二、該報告有關保安輪上發生的事情和該輪抵穗靠岸的情況，全賴

---

11 香港《華字日報》，1895 年 10 月 30 日星期三，第 2 版，第 2 欄。

12 香港《華字日報》，1895 年 10 月 30 日星期三，第 2 版，第 2-3 欄。

13 Memorandum by the Acting Assistant Colonial Secretary F. J. Badeley on the Canton Uprising of October 1895, enclosed in Robinson to Chamberlain, 11 March 1896, CO129/271, pp. 437-445: here, p. 444, paragragh 12.

14 Robinson to Chamberlain, 11 March 1896, CO129/271, pp. 438-440: here, p. 438, paragragh 1.

乘客當中的一位香港華籍警察[15]回港後向上司的報告。可以想像，船還沒靠岸，幾百名心急如焚的苦力已經把船的出口塞得水洩不通，該警察能把岸上情況看得有多清楚？船甫一靠岸，就有約五十名苦力急跑向駐兵表示清白，其他約 350 名苦力即發足狂奔，火急逃命，碼頭立刻亂成一團，當然還有其他急於上岸的乘客，在人山人海、你推我擠的情況下，廣州輪渡的碼頭面積又非常狹小，作為乘客之一而不是以記者身份進行採訪或偵探身份進行查案的這位香港警察，對週遭所發生的事情會有多大興趣？

第三、竊以為該調查報告有推卸責任之嫌。本偵探發現，香港《士蔑西報》在其 1895 年 11 月 15 日的社論是這樣寫的：

> 香港的警察當局正快馬加鞭地贏得文過飾非之惡名。就以最近廣州起義為例吧，六百名香港人，在香港政府的眼皮底下，被招募去屠殺我們的鄰居！至於香港政府那禁運軍火的法令，也形同廢紙：看！好幾百枝手槍在香港被購入、裝箱、運往廣州！[16]

香港殖民政府的老爺們，看了該社論後仍是無動於衷。等到英國外交部得悉其事而詢諸殖民地部，[17]殖民地部又轉而公函質問香港總督，該督才下令調查。在這種情況下出籠的報告，不盡推諉之能事才怪！推諉的高招，莫過於把最繫生死存亡的廣州當局也描述成毫不知情！經這麼一擺弄，則早已偵出會黨在香港募勇的香港警方，無形之中就顯得特別高明了。

總的來說，該事後聰明的調查報告中有關香港方面的情節——例如香

---

15 有學者稱其為警長。見霍啟昌：〈幾種有關孫中山先生在港策進革命的香港史料試析〉。載《回顧與展望》(北京：中華書局，1986)，頁 440-455：其中頁 447。筆者查核原文。可知為〈A Chinese Police Constable〉。即普通警員而已。見 Memorandum by the Acting Assistant Colonial Secretary F. J. Badeley on the Canton Uprising of October 1895, enclosed in Robinson to Chamberlain, 11 March 1896, CO129/271, pp. 437-445: here, p. 443. 感謝香港歷史檔案館的許崇德先生。及時為筆者複印原件航空擲下。讓筆者解決了一個關鍵問題。關鍵之處見下文。

16 Editorial, *Hong Kong Telegraph*, 15 November 1895, p. 2, col. 3. 感謝香港歷史檔案館許崇德先生，為筆者掃描相關資料並電郵擲下。

17 FO22134, FO51/95.6, being minutes in the margin of Robinson to Chamberlain, 11 March 1896, CO129/271, p. 438.

港警察在碼頭搜查該等苦力以尋找武器、有六百苦力候命但只有四百苦力登船等——是翔實可靠的，也有其他史料佐證其事。[18] 而在香港眾目睽睽之下，對這些情節既不能誇大也不能隱瞞，只能老老實實地報導，否則是拿仕途開玩笑。至於其對廣州碼頭情況的報導，就有大量反證而顯得有問題了。1986 年在香港大學任講師的某學者依賴這份英方的調查報告所下結論，就顯得同樣有問題。此外，該學者說，該份英方調查報告中有關廣州碼頭情況，所據乃香港的一位華籍「警長」的報告。[19] 本偵探核對原文，可知為該人乃 'A Chinese Police Constable'，即普通「警員」而已。[20]「警長」與「警員」所作的報告，水平自有高低之分。

　　終於，楊衢雲從香港派出的所謂「決死隊」在 28 日清晨 6 時抵穗，比原定時間遲了兩天。軍令如山，誤了軍機是要殺頭的，雖然楊衢雲不是軍人，但這麼簡單的知識難道楊衢雲也不懂？此節容本偵探押後分解。在此必須鄭重聲明的是：本偵探進一步偵查的結果發現，孫中山原來早在 26 日晚上就離開廣州了。準此，必須修訂拙著《三十歲前的孫中山》中、「決死隊」在 28 日清晨 6 時抵穗時比孫中山離開廣州的時間遲了約 20 小時之說。準確的時間應該是 36 小時。

　　還有一個問題亟待解決：決死隊之沒有在 1895 年 10 月 26 日清晨如期抵穗，並沒有因此而引起官府懷疑時，官府竟然開始大肆搜捕革命黨人，其中必定是有人告密。此人是誰？馮自由說，是「駐港密探韋寶珊」。[21] 初閱此件時，本偵探曾有保留，並在拙著《三十歲前的孫中山》第八章的注釋 165 中寫道：「竊以為要麼是同名同姓，要麼是馮自由搞錯了，因為香港

18　Anon, 'The Threatened Rising at Canton — Searching the Canton Steamer', *China Mail*, 28 October 1895, p. 4, col. 2. 該報導說：有四百名不帶任何行李的男漢，坐星期天的夜渡上廣州，香港警察大舉搜查個透徹，目的自然是為了該船的安全而不是為了照顧廣州當局，但沒有找到任何武器。此話有力地佐證了香港政府的事後調查報告。

19　霍啟昌：〈幾種有關孫中山先生在港策進革命的香港史料試析〉，《回顧與展望》（北京：中華書局，1986），頁 440-455：其中頁 447。

20　Memorandum by the Acting Assistant Colonial Secretary F. J. Badeley on the Canton Uprising of October 1895, enclosed in Robinson to Chamberlain, 11 March 1896, CO129/271, pp. 437-445: here, p. 443.

21　馮自由：〈廣州興中會及乙未庚子二役〉，載馮自由：《革命逸史》，第四集，頁 12。

名流韋玉被英女王冊封的名字正是韋寶珊爵士 (Sir Poshan Wei Yuk)。見 G. H. Choa, *The Life and Times of Sir Kai Ho Kai* (Hong Kong: Chinese University Press, 1981), P.18。以這位韋寶珊的身份，不至於淪為滿清密探。而且，若真的曾當過滿清密探，香港政府在調查他身家底細，以便在 1896 年由香港總督任命他為立法局議員，和 1919 年冊封他為爵士時，恐怕都會被查出來。但真相如何，還有待歷史學家去耐心考證。」

　　廣州學者陳曉平君，接受挑戰。經過一番努力，四年之後，提出大量證據，證明韋寶珊確實是兩面派：既千方百計地討好港英，又暗中充當滿清密探。[22] 由此證明馮自由所言不虛。追尋學問，其樂融融。但是還有一個問題亟待解決：哪怕韋寶珊暗中通知了兩廣總督譚鍾麟，卻沒有因此而促使譚鍾麟馬上採取行動。但是後來譚鍾麟又竟然開始大肆搜捕革命黨人，其中必定是有內奸告密。內奸是誰？容本偵探在本書題為乙未廣州起義誰出賣革命的第五十八章中分解。

22　見陳曉平：〈揭韋小寶原型：曾告密破壞孫中山廣州起義〉，2015 年 10 月 26 日，轉載於《騰訊新聞》，2015 年 10 月 26 日，題為：〈媒體揭韋小寶原型：曾告密破壞孫中山廣州起義〉，http://news.qq.com/a/20151026/040052.htm，2015 年 12 月 6 日上網閱讀。

第五十三章

孫中山紅杏出牆？

1895 年 10 月 26 日乙未廣州起義當天，由於主力部隊之所謂「決死隊三千人」沒有如期自香港到達廣州，孫中山等決定取消起義。待疏散了準備配合起義的綠林，燒毀有關文件，藏好器械後，已經時近黃昏。孫中山行蹤如何？鄒魯說：「總理與區鳳墀赴王煜初牧師宴」。[1] 接着，馮自由說孫中山「宴後從容返寓。兵警若熟視無睹」。[2] 本偵探為了撰寫《三十歲前的孫中山》而進行偵查時，深感「此言有待考證，因為孫中山回到自己在河南崎興里的寓所單獨過夜太危險」[3] 了。但當時在找不到更多的史料之前，哪怕是孤證也只能提出與讀者分享，並在這孤證的基礎上推測說，若孫中山必須在河南過夜，則「竊以為很可能要求區鳳墀讓他在其福音堂與香港道濟會堂前來廣州赴宴的教眾一起過夜，較為保險，區鳳墀也會義不容辭」。[4]

現在找到新的證據了！鄧慕韓說孫中山在宴會上「從容與王煜初耳語，告以敗耗，語畢欣然舉杯，與同席共盡一觴，自稱因事失陪，期後會，歡笑作別而去。行後約十分鐘，而緹騎已至，不知先生已乘常備之小輪，由順德而香山，至唐家灣，轉往澳門，其鎮靜敏捷，殊出清吏意想之外，鴻飛冥冥徒歎弋人何慕而已」。[5] 鄧慕韓是在 1929 年專程往南洋拜見現場目擊者陳粹芬，並把陳粹芬的口述記錄下來的！比當時並不在場但憑事後請教高明的馮

---

1 鄒魯：〈乙未廣州之役〉，轉載於柴德賡等 (編)《中國近代史資料叢刊 —— 辛亥革命》，一套 8 冊 (上海：人民出版社，1981)，第 1 冊，頁 225-234：其中頁 229-230。

2 馮自由：〈廣州興中會及乙未庚子二役〉，載馮自由：《革命逸史》，第四集，頁 11。

3 見拙著《三十歲前的孫中山》章八，節九，分節（iii）孫中山如何離開廣州，香港中華版頁 612，北京三聯版頁 588。

4 同上。

5 鄧慕韓：〈孫中山先生軼聞〉，《建國月刊》第二卷，第一期（1929 年 11 月），頁 20-21：其中頁 20。感謝陳曉平君，發掘了此條珍貴史料，解決了筆者一大疑難。

自由之言權威得多。因此本偵探的結論是：孫中山並沒有在河南過夜，而是在宴會上就採金蟬脫殼之計！

過程如何？孫中山說：「我翻越牆頭，藉籬遁」。[6] 這道「牆頭」，應該如何解讀？過去很多史料都說這道牆是在河北的廣州城城牆，若果真如此，則城牆在河北，若孫中山是翻越城牆逃生，那麼當時協助他爬上城頭，再用竹籬緩緩把他放下城牆者，必然是原來在河北準備衝鋒陷陣的興中會革命黨人。若該牆是河南大基頭婚宴場所的圍牆，那麼當時協助他翻牆並藉籬遁者，必然是在河南打後衛的倫敦會華人基督教會的中堅。雖然本偵探在《三十歲前的孫中山》中，[7] 已證城牆之說非是；現在發現了新的史料，更能進一步核實城牆說之不確。

第一位揚言是廣州城的城牆者，是清朝駐倫敦公使館的翻譯鄧廷鏗：他在 1896 年 10 月 24 日星期六接受《倫敦晚報》記者採訪時說：「孫文在一些朋友的幫助下，坐進一隻竹籬，朋友們從城牆上把載着他的竹籬慢慢下放到城外地上，最後逃到香港」。[8] 很可能是孫中山被囚禁在公使館期間，鄧廷鏗多次在深夜找他談話時，孫中山把普通民間的圍牆說成是廣州城的城牆。本偵探愈是閱讀孫中山之言論，愈是發覺其均有前後特定之場景；在特殊場合，場景性更強，故往往為了某些實際的效果而誇大、偏袒某些史實或觀念，未必完全充份地反映其真實思想或真實情況。

待鄧廷鏗向傳媒覆述了孫中山翻越雄偉的城牆藉籬遁之說以後，孫中山

6　'He turned up in a rather sad-looking condition, and said that he had just escaped from Canton by the skin of his teeth, saying: "I got over the wall in a basket, got down in a steamer to Mikow [*sic*] and came from there to here." He wanted me to advise him what to do, and I advised him to go to a lawyer, who I knew understood Chinese business very well, and then I said "Good-bye" to him.' Dr. James Cantlie's statement at the Treasury, 4 November 1896, FO17/1718, pp. 121-122, paragraph 13.

7　見第八章第（ii）及（iii）分節。

8　他的原文是：'Others escaped, among them Sun Yat Sen, who, with the assistance of friends, was lowered, in a large basket over the city wall, and succeeded in reaching Hong Kong and from there to America' - Anon,'Sun's Dramatic Career ─ Interview with Mr T.H. Tang, the official interpreter of the Chinese Legation', in *The London Evening News*, Saturday 24 October1896, p. 2, col. 6。

自己又將計就計，把他的逃亡說得更為緊張刺激：結果，1896 年 10 月 26 日星期一，孫中山接受倫敦《每日記事報》採訪時，也說是朋友們從城牆上把載着他的竹籮慢慢下放到城外地下，並增添了下列細節：「十一名革命首領被斬首了，其他逃脫；我是逃脫的幸運兒之一，辦法是乘籮下牆進入一艘在珠江河上等候的小汽船然後開往澳門」。[9] 果然，這個故事轟動傳媒。真的，翻越高高的城牆多帥！若只是爬過矮矮的普通圍牆，人也矮了半截！

奇怪的是，1912 年康德黎醫生與人合撰《孫中山與中國的睡醒》時又說：「孫逸仙躲進一個朋友的家裏，趁夜闌人靜之際，朋友們從城牆上用籮載着他，然後連人帶籮下放到城外」。[10] 這就與 1896 年 10 月 24 日，康德黎醫生在英國財政部律師面前宣誓後作證時所說的：「翻越牆頭」[11] 所指的普通圍牆，顯得前言不搭後語了。

但康德黎接下來的描述，揭開謎底：「此後他在廣州城外以南縱橫交錯的運河網中躲起來」。我的天！廣州城外以南，何來縱橫交錯的「運河網」？本偵探無數次從廣州坐船往南走，或坐汽車往南走，見到的都是珠江三角洲橫交錯自然河道，從未見過人工開鑿的運河啊！根據幾十年來往倫敦探案的經驗，本偵探推測康德黎此言是為了迎合英國讀者的口味，倫敦市中心就有

9　他的原文是：'Several, including myself, escaped, the manner of my escape being that I was let down from a wall into a steam launch lying in the Canton River. Then I got down the river to Macao,' — Anon , 'Sun and the Plot', in *The Daily Chronicle*, Monday 26 October 1896。

10　'Thereupon, the Central Reform Committee broke up their headquarters in Canton, burnt their papers, hid their arms, and escaped from the city as best they could. Sun gained a friend's house; at night he was let down over the city wall and sought refuge on the canal banks to the south of the city. Here he wandered on towards home, now travelling in canal boats, now seeking the shore when soldiers came to search the boats for refugees, and finally reaching Macao, where he was hidden by friends. Macao, however, became too dangerous, and he went from thence to Hong Kong, and, as we know, sailed for Honolulu and thence to London, via America. ' — James Cantlie and C. Sheridan Jones, *Sun Yat Sen and the Awakening of China,* pp. 59-60.

11　'He turned up in a rather sad-looking condition, and said that he had just escaped from Canton by the skin of his teeth, saying: "I got over the wall in a basket, got down in a steamer to Mikow [*sic*] and came from there to here." He wanted me to advise him what to do, and I advised him to go to a lawyer, who I knew understood Chinese business very well, and then I said "Good-bye" to him.' Dr. James Cantlie's statement at the Treasury, 4 November 1896, FO17/1718, pp. 121-122, paragraph 13.

不少運河。由於實地調查需要，本偵探也曾沿着柯林斯（Edwin Collins）住宅門前及右側的兩條運河多次漫步，神遊冥想當年孫中山與柯林斯合作構思、撰寫〈中國法制的改革〉(Judicial Reform in China) 等文時，也常常沿着該運河漫步細談的情景。

康德黎繼續娓娓道來，説孫中山「慢慢朝着故鄉〔翠亨村〕落荒而逃。有時乘坐運河的船，當兵勇查船時又上岸逃跑。幾經艱苦，終於到達澳門，躲在朋友家。但是，澳門也不是安全的地方，結果去了香港」。[12] 多麼刺激！多麼緊張！也多麼誇張！竊以為在辛亥革命成功之後的 1912 年，康德黎如此誇誇其談之目的是為了鞏固孫中山的國際地位，竭力幫助孫中山建立起其在英語世界中的英雄形象。而 1896 年 10 月 24 日的康德黎，是在英國政府的代表律師面前宣誓後作證；若發誓説他會講實話之後，反而向政府提供誤導的信息諸如翻越廣州城的城牆而不是普通民居的圍牆，就必須負上法律責任了，不是開玩笑的。而且，在康德黎發誓説實話之前，鄧廷鏗、孫中山等翻越城牆之言，已經先後見報，街知巷聞，康德黎之證詞與他們的故事不一，會備受那位蒙政府委託調查倫敦蒙難的財政部律師質疑的，但康德黎還勇敢地説了實話。所以，竊以為康德黎的證詞，比其多年以後在書中的誇誇其談言，真實得多。最後，大量史料證明康德黎非常愛國，發誓説實話之後卻誤導自己政府則是最不愛國的行為，康德黎是不會幹的。至於在書中多説一兩句街知巷聞的話，則無傷大雅。

此外，本偵探所接觸過的所有有關乙未廣州起義的中文史料，都沒有「翻上城牆藉籬遁」這樣的神話。究其原因，這樣的一個神話在中文世界當中，是沒有市場的；因為大家都知道，戰鬥計劃是從城外攻向城內，但由於

---

12 'Thereupon, the Central Reform Committee broke up their headquarters in Canton, burnt their papers, hid their arms, and escaped from the city as best they could. Sun gained a friend's house; at night he was let down over the city wall and sought refuge on the canal banks to the south of the city. Here he wandered on towards home, now travelling in canal boats, now seeking the shore when soldiers came to search the boats for refugees, and finally reaching Macao, where he was hidden by friends. Macao, however, became too dangerous, and he went from thence to Hong Kong, and, as we know, sailed for Honolulu and thence to London, via America. '
— James Cantlie and C. Sheridan Jones, *Sun Yat Sen and the Awakening of China,* pp. 59-60.

天機先泄，革命黨人還來不及攻城就各自落荒而逃，何來翻越城牆逃亡的壯舉？最後，到了所謂翻越城牆的當天晚上，準備與孫中山共生死的前鋒諸如陳少白、鄭士良，已經坐夜渡逃往香港了，陸皓東亦已被捕，剩下來的綠林好漢更早已作鳥獸散，在廣州的河北還有誰來協助孫中山翻越城牆藉蘿遁？

　　最後，容本偵探說個笑話。孫中山逃到澳門後，即叩其葡萄牙朋友飛南第 (Francisco Fernandes) 住宅的門。飛南第發覺孫中山男扮女裝。[13] 孫中山則自言他早在廣州河南大基頭婚宴場所時，已經化了妝之後 [14] 才翻牆逃生。孫中山在婚宴場所化的是甚麼妝？恐怕不是後來葡萄牙人飛南第在澳門見到的孫中山女裝罷？若在廣州時孫中山果然是扮了女裝然後翻越牆頭，就是不折不扣的「紅杏出牆」了，必定加倍引人注目；再跳進汽船，與誰幽會？如此更會引起途人莫大的興趣，更會馬上追究的！真相如何？且留待將來的歷史偵探破案吧。

---

13 《孫中山年譜長編》，上冊，頁 95-96，引當代《澳門日報》1986 年 11 月 11 的文章。該文題為〈創辦《鏡海叢報》與飛南第結友誼〉- 見姜義華：〈《鏡海叢報》序〉〉，載澳門基金會、上海社會科學院 (合編)：《鏡海叢報》〔影印本〕(上海：澳門基金會、上海社會科學院聯合出版，2000)，姜序第 2 頁。《澳門日報》的文章沒有注釋，不知所據為何。徵諸《鏡海叢報》〔影印本〕，則 1895 年 10 月 30 日、11 月 6 日、11 月 13 日、11 月 20 日和 11 月 27 日的週報都沒有是項報道。又《鏡海叢報》另有葡文版，〈二者的內容有較大的差異〉— 見費成康：〈孫中山和《鏡海叢報》〉，載上述《鏡海叢報》〔影印本〕，費序頁 1。故《澳門日報》的文章所據可能是葡文版。飛南第曾親臨其事，由他執筆用葡文寫出來，得心應手。可惜筆者至今無緣閱讀飛南第用葡文撰寫的文章，期待將來有高人賜教。

14 'The leaders fled, but several were captured and executed. Sun, after many hairbreadth escapes, managed, in disguise, to board a steamer, which took him to Macao'. Neil Cantlie and George Seaver, *Sir James Cantlie: A Romance in Medicine* (London: John Murray, 1939), p. 100.

第五十四章
孫中山吃過香江皇家飯！

　　2004 年 11 月 5 日，本偵探在翠亨村實地調查暫告一段落後，途經香港返回澳大利亞。中午時份拜見林鉅成學長時，承林學長賜告，香港盛傳孫中山曾被囚於香港的域多利監獄。本偵探聽後，既驚且喜。既驚自己的工夫遠未到家，怎麼連這種大事也懵然不知；但更喜有賢達提出新説，蓋推陳出新，乃史家夢寐以求之理想，也是推動歷史研究向前發展的動力。

圖 54.1
香港域多利監獄外貌 [1]

　　關鍵是：此説所據為何？本偵探頓覺心癢難搔，決定虛心探求各位賢達所掌握到的證據；並馬上拜託香港朋友代為收集有關報道，以便進行分析。其中本偵探在九龍華仁書院讀書時的老同學伍傑忠先生尤其熱情，連夜送來

1　http://www.arch.cuhk.edu.hk/server1/resch2/livearch/projects/Central_police_station/research_studies/history/prison1.jpg

當天《明報》所刊登的韋基舜先生大文。當本偵探返回澳洲後又陸續收到其他朋友寄來的剪報，感激之餘，深覺香港人如此關心自己的歷史，寧不令人雀躍！

　　拜讀過香港各位賢達的大文後，再參考母校香港大學美術博物館所設有關《中區警署古蹟群計劃》網站中的資料，[2] 特別是其中「專欄文章」那一部份，對於事件的來龍去脈取得了初步認識。孫中山曾被囚域多利監獄之說，似乎是在一片保護中區警署古蹟群的聲中出現。本偵探首先必須聲明自己堅決擁護保育中區警署古蹟的立場，同時對何東家族暨其他四大家族共同斥鉅資五億元港幣作為信託基金以保育該古蹟群致以崇高敬意，也向那批為了保護該古蹟群而奔走呼籲的熱心人士，尤其是執筆最力的韋基舜先生敬禮！本偵探雖然移居澳洲多時，但 1950 年代曾在香港唸小學、1960 年代曾在香港唸中學和大學。對於這個哺育過本偵探的地方，一草一木都有深厚感情。對於香港的古老建築諸如中央郵政局等一棟接一棟地被推倒而感到痛心疾首。有云香港地價高昂，必須把大而不當的古老建築推倒重建。那麼難道倫敦的地價就不高？但有誰曾提出把倫敦的古老建築諸如國會大樓、西敏寺等推倒重建？母校牛津大學各學院的建築難道不是通通都大而不當？但有誰敢提出把它們推倒重建？英國人都非常珍惜他們盎格魯・撒克遜文明自己的文化遺產。儘管曾經是英國殖民地的澳大利亞，也把殖民地時代建築起來的古老建築物保養得甚好，例如本偵探執教四十多年的雪梨大學方形主樓——極具牛津大學古老風味的、中間是綠草如茵的方形主樓，同樣是大而不當，但是其他大學對它饞死了。

　　香港回歸以後，香港人當家作主了，站起來提出保護自己的文化遺產，是理所當然的事，值得所有香港人甚至已經移居海外的前香港人鼎力支持。

　　本偵探同時又是歷史工作者，大半生竭力尋求歷史真相。對於歷史懸案更感興趣。首先查出了英國用以發動第二次鴉片戰爭的藉口、即所謂廣東內

2　Hong Kong University's Museum and Art Gallery, the consultant of Hotung family's proposal, http://www.hku.hk/hkumag/cps

圖 54.2
雪梨大學主樓

河水師曾把「亞羅」號船上的英國國旗侮辱的指控，全屬一派謊言。[3] 後來又鑑定出西方史學家史扶鄰先生所謂孫中山 1896 年 10 月倫敦蒙難是由於孫中山傻乎乎地跑進公使館宣傳革命而被抓起來之說，[4] 是站不住腳的。[5] 結果史扶鄰先生為拙著寫書評時，也坦然承認證據不足，[6] 其胸襟之廣闊，讓人欽佩，成為世界史學界的佳話。現在本偵探不忖冒昧，試圖探索孫中山曾否在香港

3　見拙文 'The Arrow Incident: A Reappraisal', Modern Asian Studies (Cambridge University Press), v. 8, no. 3 (1974), pp. 373-389。該文後來被翻譯為漢語並刊於 廣州市《中山大學學報》（社會科學版），1980 年第 3 期第 45-57 頁。後來經過更深入的探索後即修訂收入拙著 Deadly Dreams: Opium, Imperialism and the Arrow War (1856-60) in China (Cambridge University Press, 1998) 作為第二章。現在本偵探正以「文明交戰」為主旋律修訂甚至重寫該書，又增寫卷二，並採新書名字為《文明交戰》，擬五四運動一百週年之際出版，為華夏精英提供一個討論國運、華夏文明何去何從的平台。

4　Harold Z. Schiffrin, Sun Yat-sen and the Origins of the Chinese Revolution (Berkeley: University of California Press, 1968). 漢語本見史扶鄰（著），丘權政、符致興（譯）：《孫中山與中國革命的起源》（北京：中國社會科學出版社，1981）。

5　見拙著 The Origins of an Heroic Image: Sun Yatsen in London, 1896-1897 (Oxford University Press, 1986)。漢語修訂本見 《孫逸仙倫敦蒙難真相：從未披露的史實》(台北： 聯經出版事業公司，1998)。簡體字修訂本見《孫中山倫敦蒙難》黃宇和院士系列之二（上海：上海書店出版社，2004)。

6　該書評刊於 Journal of Asian and African Studies, v.24,nos.1-2(1986/7),pp.144-6.

域多利監獄吃過皇家飯——香港人俗稱坐牢為吃皇家飯——的問題，若有甚麼遺漏或差錯，敬請讀者諸君海量汪涵，為禱。

孫中山曾被囚域多利監獄之說，始作俑者，似乎是香港建築師學會在 2004 年 9 月 14 日發行的一份問卷，由中區警署古蹟關注組掛帥，該組成員包括香港建築師學會、長春社和其他團體。問卷的標題是〈保育中區古蹟群公眾意見調查〉。該問卷的第二段說：「中區古蹟群作為香港開埠以來的中心發源地，國父孫中山先生曾被拘禁於域多利監獄內，附近的長命斜留下你我上一代以至兩、三代的珍貴集體回憶，你願意見到她們消失嗎？」[7] 短短三句話，卻語重心長。其中最引人注目者，當然是「國父孫中山先生曾被拘禁於域多利監獄內」一句話。而說這句話之目的，顯而易見是要指出域多利監獄有重大的歷史意義，必須作為重點文物來保護。蓋中山先生為了拯救中華民族暨華夏文明，付出了他的一切。

2004 年 9 月 25 日，香港《蘋果日報》刊登了左丁山先生的文章，題為「保留古蹟」。左丁山先生有感北京旅遊局副局長指稱香港沒有文化旅遊景點，於是向「哈佛博士 L」請教。「博士 L」回答曰，其實香港有不少文物古蹟可以吸引遊客者，譬如孫中山坐過牢的地方就是其中佼佼者。於是左先生建議把那座曾經「收押過孫中山」的「域多利監獄」中的各個監房改為藝術家教學或繪畫的畫室、圖片展覽室等。左先生並借「博士 L」之口道出這正是何東等家族集資五億以保存中區古蹟群的目標。最後左先生嘆息香港特區政府一心只想發財而罔顧何東等家族的好意。[8]

這位「哈佛博士 L」是誰？是否李歐梵先生？姑勿論是與否，李先生是接着公開站出來說話了。李先生在 2004 年自哈佛大學退休後，即應香港中文大學之聘，當上該校文學院教授，定居香港。他發表署名文章曰：「最近發生的文物保存事件就是一個明證，中環的舊警察局（孫中山曾在此坐過牢，但香港政府不像澳門，似乎對孫中山毫無感情），是否可以保存得住，仍在未定之天。香港政府處處心思在發展旅遊，卻不把旅遊視為保存文化遺

---

7   香港建築師學會問卷，題為〈保育中區古蹟群公眾意見調查〉，2004 年 9 月 14 日發行。

8   左丁山：〈保留古蹟〉，香港《蘋果日報》，2004 年 9 月 25 日，第 E6 版。

產的一種手段。香港不少專欄作家早已指出：如今中國大陸人來港自由行，除了到各商場購物外，為甚麼沒有設置文化或歷史的自由行？」[9]

李先生大文的精神與左先生的專欄文章如出一轍。

專欄作家喬菁華先生[10]更以醒目的標題——〈拆掉國父遺蹟〉——撰文曰：國父遺蹟包括「國父洗禮處之香港必列者士街二號公理會，皇仁書院荷李活道與鴨巴甸街交叉處，歌賦街與城隍街交叉處，香港西醫書院荷李活道雅麗氏醫院，道濟會堂(荷李活道)，國父密商大計之歌賦街八號，史丹頓街十三，結志街五十二號，史丹利街二十四號（《中國日報》原址）……大都圍繞着荷李活道一帶，域多利監獄便是他曾坐牢的地方。上述古蹟，除監獄外，已從我們的眼睛消失了」。[11]

2004年9月28日，香港的《快週刊》以〈大館保衛戰〉為題，開宗明義地寫道：「風雨百年，流金歲月。有『香港紫禁城』之稱的中區警署建築群，屹立香江一百六十年，任其周遭建築物起得再高，玻璃幕牆再大，映照新時代的光輝再鮮豔，都只算花花俏俏的新潮擺飾。一旦置身遼闊無涯的歷史帷幕，只有包括中區警署、前中央裁判司署，以及曾囚禁孫中山先生的域多利監獄，這三組香港最後僅有、富維多利亞及愛德華特色的建築群，才算價值無可比擬的古玩，見證殖民地時代歷史變遷」。可惜香港特區政府將這三組古建築群擬作商業招標，就連何東家族暨四大世家斥資五億元保護遺產，都難逃「特首[12]請吃檸檬」的命運。該刊指責政府「以商業掛帥，欲發展成第二個上海『新天地』，一切向錢看」。[13]

2004年10月25日，香港的《蘋果日報》以「300人手牽手、保中區警署古蹟」為題，報導了香港市民示威遊行的情況。示威者「要求政府承諾建築群內的十八座建築物『一間也不能拆』，並於招標發展程序中，強制加

9　李歐梵：〈情迷澳門、回眸香江〉，香港《亞洲週刊》，2004年10月31日，頁17。
10　按左丁山和喬菁華都是香樹輝先生的筆名。
11　喬菁華：〈拆掉國父遺蹟〉，香港《明報》，2004年10月9日。
12　當時的香港特首是董建華先生。
13　林因美：〈大館保衛戰〉，香港《快週刊》，2004年9月28日，頁60-63；其中頁60。

入文物保護條款」。參加示威遊行的有七十一歲高齡的體育界名人韋基舜先
生，他對記者說：他自己已經「居於中西區超過七十年⋯⋯對中區警署建築
群一草一木都有深刻印象及感情；國父孫中山先生更被拘留於域多利監獄，
他批評港府發展古蹟時加入新建築物，嚴重破壞古蹟完整性，好似『着長
衫、打領帶』」。[14]

　　專欄作家喬菁華先生閱報後頗感「意外。上星期日（十月二十四日）的
三百人遊行，聽說由民主派中人發起，舜哥與民主派甚少來往，彼此政見不
同，但可能在保護中區警署古蹟這件事情上，不同政治立場的人士，也會走
在一起⋯⋯他告訴喬菁華，域多利監獄曾是國父孫中山給殖民政府扣押、
驅逐的地方，很有歷史價值」。[15]

　　綜觀上述各件，無論是問卷、報道、專欄或是散文，都有三個共同的特
點：

　　第一、它們都熱誠地表達了各撰稿人保護香港中區警署建築群這文化遺
產的衷心願望。赤子之心，感人肺腑。

　　第二、它們都說，必須保護該建築群的強烈理由之一，是國父孫中山先
生曾經在域多利監獄坐過牢。國父在香港活動的其他遺蹟差不多已經全被發
展商的推土機剷平，這碩果僅存的文化遺產，絕對不能容忍它湮沒。讀來讓
人有聲淚俱下之慨。

　　第三、它們都沒有提出任何證據，證明孫中山曾經在域多利監獄坐過
牢，令人頓足。

　　儘管它們沒有提出證據，但是：

　　　　國父孫中山被囚域多利監獄這說法卻經常被人提及，儼然成為「共
　　識」，且變成保護歷史建築群的重要理據。一些記者和專欄作者把這說
　　法引伸下去，把域多利監獄說成是囚禁革命志士的地方。本以為一些研
　　究國父生平的學者很快會出來澄清有關說法，然而故事流傳了近兩個

14　佚名：〈300 人手牽手保中區警署古蹟〉，香港《蘋果日報》，2004 年 10 月 25 日，第 A6 版。
15　喬菁華：〈六四吧關門〉，香港《明報》，2004 年 10 月 28 日。

月，報章亦多次復述，到上星期三才由古物古蹟辦事處的執行秘書吳志華於《明報》提出其中的謬誤。更令人奇怪的是，直到今天，仍沒有學術界中人站出來說明問題。[16]

此事如何了結？且聽下回分解。

16　高添強：〈國父被囚域多利監獄的謬誤〉，香港《信報》，2004 年 11 月 3 日。

第五十五章

孫中山吃過香江皇家飯？

承上接下：吳志華博士在 2004 年 10 月 27 日星期三刊登的大文，可歸納為一句話：根據他所看過的原始材料和有關著作，沒有跡象顯示孫中山曾經在香港的域多利監獄坐過牢。[1]

該文備受中區警署古蹟關注組的關注，蓋「監獄與中央警署及早期的中區裁判處毗鄰，彼此息息相關。疑犯被捕後帶到中央警署落案，然後解往裁判處審訊，定罪後便押往域多利監獄服刑」。「域多利監獄位於亞畢諾道 (Old Bailey Street)，為香港第一所監獄，始建於 1841 年，當時男女犯人均被囚禁於此」。[2]

該組成員當中的甘乃威和韋基舜兩位先生甚至撰文回應。兩位先生的大文同日同版在 2004 年 11 月 5 日的《明報》刊出。拜讀之後，竊以為兩位先生的回應顯示出他們都是有原則的前輩。

甘乃威先生回應說：「筆者曾請教香港歷史博物館總館長丁新豹博士及香港大學龍炳頤教授，他們均認為國父並沒有被囚禁於域多利監獄」。[3]龍炳頤教授是香港大學建築系系主任，歷來關心孫中山在香港活動的古蹟，香港大學最近之豎立孫中山銅像，就是他多年奔走的成績之一。丁新豹總館長更是在香港歷史研究方面卓然有成的學者。甘乃威先生向他們兩位請教，是找對了學者。而且，外行人請教內行人，是既謙虛而又客觀的態度。當內行的意見與自己所掌握到的信息有衝突時不再堅持己見，是有原則的表現。當

1　吳志華：〈孫中山被囚域多利監獄？〉，香港《明報》，2004 年 10 月 27 日，第 D04 版。

2　http://www.arch.cuhk.edu.hk/server2/resch/livearch/projects/Central_police_station/research_studies/history/prison1.jpg

3　甘乃威：〈一間也不能拆！〉，香港《明報》，2004 年 11 月 5 日，第 D06 版。

然，不能說所有內行人都是正確的，關鍵是找到確鑿的證據。像本書上一章有關「亞羅」號事件辱旗之控，英國的史學權威堅持了一百多年，最後本偵探證明他們全搞錯了。[4] 時至四十多年後的今天，他們仍然不再吭一聲。不吭一聲就等同默認。默認是由於沒法回應。而沒法回應是由於找不到更有力的反證以資回應也。

韋基舜先生對吳志華博士的回應同樣是有原則的，因為他不正面回應吳志華博士的主要論點，即沒有證據顯示孫中山曾經在香港的域多利監獄坐過牢。他不作正面回應，竊以為很可能是找不到那些大家都在拼命找的確鑿證據。在找到有力證據之前不作正面回應，是既有原則而又客觀的表現。

另一方面，韋基舜先生從側面回應了吳志華博士。側面回應之一，是：「在該年代，孫中山不用『孫中山』之名，至於『中山』乃後來從『中山樵』之名轉用而來」。[5] 竊以為這個回應之目的很明顯：若吳志華博士連當時孫中山所用的名字也搞錯了，內行有限。翻查吳文，的確自始至終都用孫中山這名字。[6] 至於韋基舜先生所說的「該年代」，[7] 則吳文既提到孫中山在「1883年11月考入拔萃書室」，又提到香港政府「一直到1912年民國成立後才解除」對他的驅逐令。[8] 就是說，「該年代」[9] 從1883年開始，1912年結束。

據本偵探考證，「中山樵」這名字，在「該年代」中間的1897年9月（9月之內的具體日子就不能確定了）間產生的。詳見本書開宗明義的序言。為了故事的完整，容筆者在此簡略複述其大要：日本人平山周回憶他與孫中山在日本最初交往的片段時說：「1896年秋…………總理來京曰：『昨夜熟慮，欲且留日本』。即同車訪犬養，歸途過日比谷中山侯爵邸前，投宿寄屋橋外對鶴館，掌櫃不知總理為中國人，出宿泊帖求署名。弟想到中山侯爵門標，

4　見拙文 'The Arrow Incident: A Reappraisal', Modern Asian Studies (Cambridge University Press), v. 8, no. 3 (1974), pp. 373-389。

5　韋基舜：〈孫中山面見李鴻章？〉，香港《明報》，2004年11月5日，第D06版。

6　吳志華：〈孫中山被囚域多利監獄？〉，香港《明報》，2004年10月27日，第D04版。

7　韋基舜：〈孫中山面見李鴻章？〉，香港《明報》，2004年11月5日，第D06版。

8　吳志華：〈孫中山被囚域多利監獄？〉，香港《明報》，2004年10月27日，第D04版。

9　韋基舜：〈孫中山面見李鴻章？〉，香港《明報》，2004年11月5日，第D06版。

乃執筆書〔姓〕中山，未書名；總理忽奪筆自署〔名〕樵。曰：『是中國山樵之意也』。總理號中山，蓋源於此」。[10]

　　竊以為平山周把事發時間說成是 1896 年秋，是記憶錯誤了。1896 年初秋，孫中山在美國。1896 年 9 月 23 日星期三從紐約坐船往英國，[11]1896 年9 月 30 日抵達英國利物浦。[12]1896 年 10 月 11 日被滿清駐倫敦公使館人員綁架。[13]被釋後一直留在英國，直到 1897 年 7 月 1 日才離開，取道加拿大前往日本。[14]1897 年 8 月 16 日抵達橫濱。[15]接下來才發生平山周回憶中的、孫中山取名「中山樵」之事。竊以為平山周雖然錯把 1897 年發生的事情記憶為1896 年，但不影響他回憶主體的準確性。若把稍有瑕疵的史料都全盤否定的話，就鮮有可用的史料了。關鍵是把每條史料都鑑定其準確部份和不可靠的地方，去蕪存菁，這樣才能重建起最為接近事實的歷史。

　　但是，「中山樵」只是個開始，後來如何變成「孫中山」？探得原來是章士劍後來將「中山樵」改為「孫中山」的，並道明箇中緣由說：「時先生名在刊章，旅行不便，因易姓名為『中山樵』，『中山』姓，『樵』名……顧吾貿貿然以『中山』綴於『孫』下，而牽連讀之曰『孫中山』。始也廣眾話言，繼而連章記載，大抵如此稱謂，自信不疑。頃之一呼百諾，習慣自然，孫中

10　據《總理年譜長編初稿各方簽注彙編》(中國國民黨中央執行委員會黨史資料編纂委員會編，油印本)。該文是平山周在〈追懷孫中山先生座談會〉上的發言。後來全文收錄在陳固亭編《國父與日本友人》(台北：幼獅 1977 年再版)。後來又轉錄於尚 明 軒、王學莊、陳松等編《孫中山生平事業追憶錄》(北京：人民出版社，1986)，頁 528-529。

11　駐美公使楊儒致駐英公使龔照瑗密電，1896 年 9 月 25 日，原藏倫敦公使館，羅家倫先生引用於其《中山先生倫敦蒙難史料考訂》(南京：京華印書館 1935 年重版)，頁 16-17。

12　Chinese Legation Archives, Slater to Halliday, 1 October 1896, 載羅家倫先生引用於其《中山先生倫敦蒙難史料考訂》(南京：京華印書館 1935 年重版)，頁 110-111：其中頁 110。

13　見拙著 The Origins of an Heroic Image: Sun Yatsen in London, 1896-1897 (Oxford University Press, 1986)。漢語修訂本見《孫逸仙倫敦蒙難真相：從未披露的史實》(台北：聯經出版事業公司，1998)。簡體字修訂本見《孫中山倫敦蒙難》黃宇和院士系列之二，(上海：上海書店出版社，2004)。

14　見拙文：〈孫中山第一次旅歐的時間和空間考訂〉，《孫中山和他的時代：孫中山研究國際學術討論會》(北京：中華書局，1989)，第三冊，頁 2298-2303。嚴格來說，當時還沒產生孫中山之名字，但商諸中華書局的編審，則為了全書統一起見，他們認為還是用孫中山這名字較為恰當。筆者從之。

15　明治 30 年 8 月 18 日神奈川縣知事中野繼明致外務大臣大隈重信，秘甲第 403 號。

山孫中山云云，遂成先生之姓氏定形，終無與易」。[16] 哈哈！原來是章士釗幹的好事，把「中山樵」變成名聞遐邇的「孫中山」。

韋基舜先生側面回應吳文之二是，針對吳文之中：「據另一同屆畢業生江英華憶述，羅便臣及後更為孫中山撰寫推薦信，介紹他到李鴻章的官署內任職」[17] 等三句話。韋先生的回應是：「我肯定，孫中山從未做過李鴻章的『幕僚』。」[18] 這就有點對不上號了。吳文只說羅便臣曾寫信把孫中山推薦予李鴻章任職，沒有說孫中山曾上任，更沒說孫中山所任乃李鴻章的「幕僚」。須知從推薦到上任之間是有個過程的：首先看李鴻章是否接受推薦而委孫中山任職，其次看孫中山是否接受聘請。有時候有人儘管接受了聘請也不一定最終上任。韋先生又針對吳文所說、羅便臣曾寫推薦信之事寫道：「既然吳先生言之鑿鑿，有請將港督羅便臣的推薦信刊登出來，一開讀者眼界。」這回應同樣對不上號，因為吳博士從一開始就聲明其所據乃江英華的回憶，而不是根據羅便臣的推薦信而立論的。[19]

吳博士對韋先生的回應是把江英華回憶錄的有關部份全部轉載，並說當時負責採訪江英華和記錄其言的「鄭子瑜教授仍健在」。[20] 言下之意，不信可以問問香港中文大學中國文化研究所的鄭子瑜教授。但由於吳博士在他自己的回應中沒有處理「該年代」孫中山的名字是孫逸仙還是孫中山的問題，以至韋先生在 2004 年 11 月 29 日的再度回應中，藉此窮追猛打。此外，韋先生又重複前言說：「孫逸仙不單只沒有在李鴻章官署任職，更從來沒有與李鴻章會面。」[21]

關於「該年代」孫中山是叫孫逸仙還是孫中山的問題，本偵探在上文已

---

16 見章士釗：《疏〈黃帝魂〉》，《辛亥革命回憶錄》（北京：文史資料出版社，1981－1982），一套八冊，第 1 集，頁 217－304：其中頁 243。

17 吳志華：〈孫中山被囚域多利監獄？〉，香港《明報》，2004 年 10 月 27 日，第 D04 版。

18 韋基舜：〈孫中山面見李鴻章？〉，香港《明報》，2004 年 11 月 5 日，第 D06 版。

19 吳志華：〈孫中山被囚域多利監獄？〉，香港《明報》，2004 年 10 月 27 日，第 D04 版。

20 吳志華：〈認清楚歷史、搞清楚事實：有關中區警署古蹟的種種回應〉，香港《明報》，2004 年 11 月 12 日，第 D08 版。

21 韋基舜：〈事實與真相：回應古物古蹟辦事處執行秘書吳志華先生；及高添強先生〉，香港《信報》，2004 年 11 月 29 日，第 27 版。

有所交代。結論是韋先生與吳博士各對一半。其實對這個名稱的爭論已經遠離雙方討論的焦點：蓋該焦點是孫中山曾否在域多利監獄坐過牢的問題。本偵探為了排難解紛，才在這裏花了如斯筆墨。至於孫中山是否曾與李鴻章會過面，本偵探在本書題為「外患激勵孫中山成龍」的第四十一章已經交代過了，答案是沒有。

竊以為韋先生 2004 年 11 月 29 日的再度回應是顯得情急了。何以見得？他把該回應用廣告方式在香港的《明報》、《信報》、《蘋果日報》、《東方日報》、《星島日報》等各大報章刊登，用詞也比他 2004 年 11 月 5 日的回應強烈得多了，例如他把高添強先生 2004 年 11 月 3 日的文章說成是為吳志華「幫腔」「唱和」。但造成這種情急的原因，看來絕對不是由於一己之私，而是為了中區古蹟群可能遭到損害而心焦如焚。不是嗎？眼巴巴地看着由 2004 年 9 月 14 日香港建築師學會發行問卷之時而慢慢地、無聲無色地建立起來的「共識」，一下子被吳、高兩位像大風颳煙霞般颳得無影無蹤！正因為韋老先生的情急是為了全心全意保護香港的文化遺產而引起，所以讓人肅然起敬，也令人覺得應該有更多的香港人站起來支持他保育香港文化遺產。回顧 2004 年 10 月 24 日星期天舉行的「手牽手、護古蹟」行動，只有三百來人參加。而且，「由於人數不足一千人，未能依原定計劃包圍中區警署一週」。[22] 可謂言者心酸、聽者落淚。

香港號稱有大約七百萬人口，難道只有寥寥三百人關心自己的文化遺產？不見得。是否中區警署關注組的宣傳手法失當？本偵探有感韋先生的熱心，姑且提出一些粗淺看法。有可能香港的廣大市民，由於看到該關注組在未能提出確鑿證據之前就說孫中山曾在域多利監獄坐過牢而有所疑慮。君不見：一些日本人曾修改課本、台獨份子也曾修改課本。無論他們把修改課本的動機說得如何冠冕堂皇，在世界大家庭面前，該舉都是見不得光的小動作。愈是尊敬中山先生、愈是熱愛中山先生的人，愈是不願意見到他的英雄形象蒙上類似的陰影。2004 年 11 月 20 日刊出的龍應台女士的一篇特長文

22　佚名：〈300 人手牽手保中區警署古蹟〉，香港《蘋果日報》，2004 年 10 月 25 日，第 A6 版。

章，似乎就很有代表性：該文題為〈香港，你往哪裏去？〉在文中，龍女士力數香港政府「拆、拆、拆」的不是。而在孫中山曾否在域多利監獄坐牢的問題上，她寫道：「史學家還在辯論」。[23] 看來龍女士是極力支持保護香港文化遺產的有心人，但她同時又不願意為了這個目標而犧牲原則，這個原則就是：不能說沒有事實根據的話。她的態度，是否代表了廣大市民的心聲？

竊以為韋先生也是很有原則的人，儘管記者和專欄作家說他曾自言孫中山在域多利監獄坐過牢，[24] 但這樣的文字從來就不在他所親筆撰寫的兩篇回應文章中出現。又儘管後一篇回應顯得相當激動，仍不寫這樣的話。韋先生的這種很有分寸的風範，是否也是代表了廣大香港市民的心聲？準此，竊以為韋先生甚至所有香港人，都應該感謝吳、高兩位先生曾勇敢地站起來說出忠言逆耳的話。否則，若香港特區政府真的在「中山先生曾在域多利監獄坐過牢」之所謂「共識」的基礎上保存了中區警署古蹟建築群，並以此向外國遊客宣傳，同時又提不出確鑿證據來證明是說，則遲早會成為國際笑柄，到時整個香港就真的無地自容了。

如何能調動香港廣大市民的積極性而同時又能讓香港特區政府信服必須保育中區警署古蹟群？竊以為香港政府與市民都有一個真正的共識，那就是法治是香港繁榮安定的磐石。一旦丟了法治，香港也就完蛋了。

準此，既然該古蹟群當中的警署曾是執法機關，中央裁判司署曾是司法機關，域多利監獄曾是懲教機關，為何不把該古蹟群完全復修原貌而作為法治教育基地？正常運作的警署、法庭，平日都忙得不可開交，很難接待學生參觀，也騰不出人手教育。監獄更是同學們難得一見的地方。中區古蹟群則不一樣，它們不再是辦公的地方，作為法治教育基地，最是理想不過。如此這般，既保育了該古蹟群的完整性，又造福社會，為香港的繁榮安定做出重大貢獻。這種貢獻，金山銀山也買不到！這是千載難逢的機會，稍具頭腦的人都會緊緊抓住這機緣不放！目前中國大陸已經大力推廣法治精神，香港

23　龍應台：〈香港，你往哪裏去？〉香港《明報》，2004 年 11 月 10 日，第 A4 版和 D6 版。

24　佚名：〈300 人手牽手保中區警署古蹟〉，香港《蘋果日報》，2004 年 10 月 25 日，第 A6 版；喬菁華：〈六四吧關門〉，香港《明報》，2004 年 10 月 28 日。

圖 55.1
香港孫中山紀念館外貌

特區政府焉能落後？儘管必須花大錢也要辦好此事，更何況特區政府不必出錢，因為何東等家族已經捐出了共五億大元成立信託基金，若把基金作穩妥投資，所得的回報就能長期維持該法治教育基地的日常經費。萬一不足，相信廣大香港市民會紛紛慷慨解囊，支持這麼有意義的機構。

再宏觀地看這問題，則「法治」是「現代化」的精髓，中國前途的磐石，更是在未來可能發生的「文明交戰」當中取勝的秘訣；中山先生革命的一生，就是為中國的「現代化」、華夏文明的生存而奮鬥。藉修復香港中區古蹟群作為法治教育基地來紀念孫中山，意義之重大，賽過在香港建築一百座孫中山紀念館。

最新消息：承香港中華書局的鄭傳鍏編輯賜告，時至今天，中區古蹟群的用途已經塵埃落定，交了給賽馬會，「成為薈萃文物、當代藝術和消閒元素的文化及消閒目的地」。[25] 我的天！

25　見 http://www.taikwun.hk/ch/

第五十六章

孫中山從未吃過香江皇家飯！

　　由於香港的這項傳聞沒有說明孫中山在香港坐牢的具體時間，所以本偵探在考證時，必須把所有的可能性都考慮進去。就是說，把探索範圍擴大，而不局限於乙未廣州起義失敗後孫中山逃回香港作短暫停留然後再出走這段時間。準此，相信大家都有一個共識，若孫中山果真曾在域多利監獄作客的話，時間會在 1883 年 8 月 18 日到 1912 年 1 月 1 日之間。1883 年 8 月 18 日左右他開始到香港旅居（詳見本書題為「聖經激勵孫中山成龍（五）拔萃書室 中央書院」的第三十七章）；1912 年 1 月 1 日他在南京宣誓就職臨時大總統，此後就似乎再沒有孫中山在香港的可能性。而這兩個日子之間大致可以分為三個階段：

　　(1) 學生時代：1883–1892。

　　(2) 醞釀和策劃廣州起義時期：1892–1895。

　　(3) 被香港政府放逐時期：1896–1911。

　　而造成他在香港吃皇家飯的情況大致有兩種：要麼是他觸犯了香港的法律而被抓起來；要麼是他觸犯了別國法律後逃到香港，而被該國成功地申請引渡回到犯罪的地方去接受審判，因為在引渡過程當中他就會在香港被短暫地關起來了。

　　先談第一種情況之發生在上述第一個階段的可能性，即孫中山在香港讀書的時期（1883–1892）觸犯了香港的法律而被抓起來的可能性。目前史學界所掌握到的史料，一致認為孫中山是品學兼優的好學生，從來未觸犯過香港的法律。準此，竊以為他曾被邀請到域多利監獄吃皇家飯的可能性並不存在。不錯，他經常表示過對清朝政府的不滿，批評它腐敗。在西醫書院唸書時甚至經常與另外三位年輕朋友陳少白、尤列、楊鶴齡等一起，「假楊耀記

圖 56.1
孫中山就讀中央書院時就已經動土興建的維多利亞書院（Victoria College），可惜建成時孫中山已經畢業，無緣與師生搬進新校舍。

圖 56.2
香港雅麗氏醫院（孫中山就讀的西醫書院在香港雅麗氏醫院內授課）。

商號為集會之所，高談革命，意氣激昂，時人咸以『四大寇』呼之」。[1]但他們這種討論都有兩個特點：

第一、他們是關起門來發牢騷，而不是跑上街頭煽動群眾。

第二、他們批評的對象從來就只是清朝政府，而不是香港的英國殖民地政府。若他們公開批評香港的英國殖民地政府，馬上就會被抓起來。英國殖民政府為了有效地控制該殖民地，不會容忍任何對它的公開批評。君不見，香港直到 1967 年暴動期間，無論哪家報章對香港殖民地政府有任何批評，馬上被援殖民地法例而封屋抓人。被抓的人若是香港出生者就被判入獄；若非香港出生者則遞解出境。1967 年還在香港聖保羅男校唸書的高才生、本

1　《國父年譜》(1994 年增訂本)，上冊，頁 55，第 1890 年條。

偵探的摯友曾鈺成的弟弟曾德成，就是因為在學校散發反對香港殖民地政府的傳單而被抓起來。由於他是香港出生，所以被判入獄而不是遞解出境到中國大陸去。但他攻讀醫科的理想從此煙消雲散。[2] 暴動過後，英國人痛定思痛，深感這種嚴刑峻法已經不合時宜，於是有所放寬。退一步說，若孫中山在香港讀書時真的曾因言入罪，在他那個時代恐怕絕對畢不了業。他之能畢業，證明他從未坐過牢。

後人很容易犯的一個毛病，就是以孫中山後來的盛譽移植到當時的歷史環境。以「四大寇」這個問題來說，就有後人認為當時「四大寇」已經「名滿天下」。[3] 若當時孫中山果真是以激烈的反清言辭而名滿天下，他早已被香港殖民地政府垂青：即使他不被邀請到域多利監獄作客，但一踏入中國大陸就會被清朝官吏抓起來，同樣是在西醫書院畢不了業。倒是四大寇之一的陳少白道出當時實際情況。他說：「實則縱談之四大寇，固非盡從事於真正之革命也」。[4] 若孫中山在香港讀書而當四大寇之一的時候就真正從事革命並因而名滿天下，他不被抓起來才怪！但既然有後人一口咬定當時的四大寇已經名滿天下，[5] 就很容易被別人誤會為孫中山曾經在香港的域多利監獄坐過牢。以訛傳訛，莫此為甚！

再談第一種情況的第二個階段、即孫中山在香港醞釀和策劃廣州起義時期（1892–1895）觸犯了香港法律而被抓起來。在這段時期之中的 1895 年 2 月，孫中山在香港成立興中會香港分會。[6] 此舉就觸犯了香港殖民地關於結社

---

2 1967 年香港左派暴動時，筆者正在香港大學讀書，與曾鈺成是同年異科的同學，同住在盧伽堂宿舍 (Lugard Hall)，又是隔壁房間。大家談得來，很要好，所以對他弟弟的遭遇也清楚。後閱張家偉大作《香港六七暴動內情》(香港：太平洋世紀出版社，2000) 第 16 章第 2 節〈曾德成對青春無悔〉，覺得還是符合筆者當時所見所聞。

3 見孫述憲的書評，香港《信報》，1991 年 9 月 7 日。該書評荒謬之處，本書題為「釐清四大寇的謎團」的第四十二章處理過了。

4 陳少白：〈四大寇名稱之由來〉，載陳少白著《興中會革命別錄》，轉載於《中國近代史資料叢刊——辛亥革命》(上海：上海人民出版社，1981)，第 1 冊，頁 76-84：其中頁 83。

5 見孫述憲的書評，香港《信報》，1991 年 9 月 7 日。

6 Tse tsan-tai, *The Chinese Republic — Secret History of the Revolution* (Hong Kong：South China Morning Post, 1924), p. 7. 馮自由：〈香港興中會總部與起義計劃〉，《革命逸史》，第四集，頁 8-9。

的法律，因為法定結社必須向政府申請並註冊，開列執行委員和普通會員名單等，接受政府監管，方能成為合法團體。孫中山之在香港成立興中會總部的目標是推翻清朝政府，屬秘密性質，所以不會向香港殖民政府註冊並接受監管。他不註冊就觸犯了香港法律，若當時被發現就會遭到逮捕。在遭到逮捕之後、提堂審訊之前，就有可能在域多利監獄作客。但沒有證據顯示他當時曾被發現，所以也不存在着他曾坐牢的問題。

在稍後的 1895 年 2 月 21 日，孫中山的興中會又與楊衢雲的輔仁文社合併，會名仍稱興中會並搖身一變成為興中會總部，同樣沒有向香港政府註冊。而且，輔仁文社本身也沒有註冊，聚會時分別在各社友的辦公室不定期舉行，目的是為了避人耳目。[7]

合併後的興中會不但沒向香港殖民政府註冊，甚至開始在香港秘密購買軍火和把軍火偷運往廣州，那就嚴重地觸犯了香港的有關法律。雖然具體負責購買和偷運軍火的是楊衢雲，[8] 但若楊衢雲被抓而供出孫中山是同黨的話，孫中山也會受牽連。目前史學界所掌握到的史料證明，部份軍火隨朱貴全、邱四暨大約四百名苦力坐船於 1895 年 10 月 28 日抵達廣州時就被查出。[9] 被查出的消息傳到香港後，楊衢雲即機警地馬上離開香港而沒有被香港警察抓着。[10] 所以孫中山也沒有因為被楊衢雲牽連而入獄。

孫中山在廣州舉事失敗後逃回香港並往香港滙豐銀行提款時，被香港的偵探盯上了，但沒有當場遭到逮捕。[11] 該偵探事後所作的報告有佐證：香港

7　Mary Chan Man-yue, 'Chinese Revolutionaries in Hong Kong, 1895-1911', M.A. thesis, University of Hong Kong, 1963, pp. 36-37.

8　中文的有關史料見馮自由：〈廣州興中會及乙未庚子二役〉，載馮自由：《革命逸史》，第 4 集，頁 11。英文的原始文獻見 Memorandum by the Acting Assistant Colonial Secretary, F. J. Badeley, on the Canton Uprising of October 1895, enclosed in Robinson to Chamberlain, 11 March 1896, CO129/271, pp. 437-445。

9　《香港華字日報》，1895 年 10 月 30 日星期三，第 2 版，第 2 欄。對該事件的分析，見本書題為「乙未廣州起義為何密謀洩露」的第四十五章。

10　Tse tsan-tai, *The Chinese Republic — Secret History of the Revolution* (Hong Kong, 1924), p. 10. 又見本書題為「論乙未孫文跑回香港大罵楊衢雲」的第五十一章的考證。

11　Memorandum by the Acting Assistant Colonial Secretary F. J. Badeley on the Canton Uprising of October 1895, enclosed in Robinson to Chamberlain, 11 March 1896, CO129/271, pp. 437-447: here, p. 445, paragraph 16.

的李紀堂先生回憶説：孫中山到滙豐銀行提款時「有守衛上海滙豐銀行之偵
探告余，此即在省造反之孫中山先生，由廣州來此。余即往視之，見總理尚
留有辮髮，身着白夏令長衫，余未與接談」。[12]

　　孫中山也夠機靈：甫一發現有人盯上他，馬上轉皇后大道一樓宇，「之
後便失其行蹤，大概是從後門遁走」。[13] 時為 1895 年 10 月 31 日，而偵探也
查出他提款數目是三百元。[14] 孫中山馬上拜訪恩師康德黎醫生，仰詢去留，
康德黎醫生轉詢律師意見，律師勸他趕快離開以免遭清朝刺客奪命。[15] 險地
不宜久留，故「不及與康德黎君握別，即匆匆乘日本汽船赴神戶」。[16]

　　三談第一種情況的第三個階段，即孫中山被香港政府放逐時期 (1896-
1911)，他違反了放逐令（即非法踏足香港）而被抓起來。1896 年 3 月 4 日，
香港殖民政府以孫中山曾在香港組織革命團體反對友邦，有礙香港治安，乃
援 1882 年頒佈的第 8 號放逐出境條例當中第 3 條的規定，下令放逐出境，
從當天開始，禁止孫中山在香港居留，為期五年。在這段期間，若孫中山踏
足香港，馬上就觸犯了該令。倘被發覺，即可能遭到逮捕並扣留起來，等候
法庭審訊。待法官驗明正身，證明他確實是孫中山並違反了放逐令，再驅逐
出境。遭到扣留期間，款待他的地方很可能就是域多利監獄。

　　自從香港殖民政府對孫中山發出了放逐令以後，有多次傳聞他在香港的
足跡。但多數是説他停留在已經駛進香港港口的遠洋船上。這倒沒甚麼，因
為他沒有登陸辦理入境手續或偷偷上岸，不算入境，所以沒有違反放逐令。
但在 1902 年 1 月 18 日至 24 日，他就真正踏足香港土地了：他是從日本乘
坐日輪《八幡丸》號到達香港的。當時，香港殖民政府在對他所發出的、為

12　陳春生：〈訪問李紀堂先生筆錄〉，載《辛亥革命史料選輯》（長沙：湖南人民出版社，1981），
　　上冊，頁 38-43：其中 頁 38。

13　Memorandum by the Acting Assistant Colonial Secretary F. J. Badeley on the Canton Uprising of
　　October 1895, enclosed in Robinson to Chamberlain, 11 March 1896, CO129/271, pp. 437-447:
　　here, p. 445, paragraph 16.

14　同上。

15　見拙著《三十歲前的孫中山》，第八章。

16　孫中山：〈倫敦被難記〉，轉載於《國父全集》(1989)，第 2 冊，頁 197；《孫中山全集》，第 1 卷，
　　頁 54。

期五年的放逐令已經過期，所以登陸無阻。登陸後就住在上環永樂街《中國日報》社三樓。惟居港僅數日，即被警方諷使他適。孫中山就於 1902 年 1 月 24 日離開香港再赴日本。他離開香港以後，港府重申禁令。[17]

至 1911 年辛亥革命爆發後，孫中山到倫敦尋求英國政府對革命派的支持時，才由英國外交部建議英國殖民地部撤銷香港殖民地政府對孫中山的放逐令。儘管孫中山得悉該令已撤，但到達香港水域時，仍留在其所坐的遠洋輪上而不貿然登岸，看來是恐怕其中有變而自找不必要的麻煩。[18] 據本偵探所搜集到的史料，在香港殖民地政府對孫中山所發出和重申的放逐令有效期間，孫中山沒有在香港登陸居留。若有賢達找到證據證明他的確曾經上岸，千萬賜告本偵探，為禱。竊以為治史鮮有蓋棺定論這回事，一切取決於確鑿史料的發掘。發掘了新的反證，就能推翻前說。

英國外交部的文獻有力地佐證了上述本偵探採用中方史料所重建起來的歷史：1911 年 11 月英國外交部對孫中山被放逐的整個歷史過程，作備忘錄如下：

> 孫中山在 1896 年被香港政府放逐五年。五年期滿後他訪問了香港。於是香港政府在 1902 年頒佈了新的放逐令，該令在 1907 年 6 月期滿時似乎再延續五年。

> 1908 年初，中國駐英公使要求把當時居住在新加坡的孫中山驅逐出境，並要求禁止他重新踏入英國屬地諸如馬來亞境內的任何屬地一步。殖民地部不願意在毫無根據的情況下採取這一行動，但警告孫中山說，若一旦發現他在新加坡進行顛覆中國政府的行動，他就會被驅逐出境。

> 他似乎在 1909 年離開新加坡，同時又向殖民地部申請訪問香港，

17　《國父年譜》(1994 年增訂本)，上冊，頁 189，第 1902 年 1 月 18 日條，引謝纘泰《中華民國革命秘史》頁 21。

18　詳見拙著《中山先生與英國》，中山學術文化基金會叢書《中山先生與世界系列》。台北：學生書局，2005 年。

但殖民地部拒絕撤銷［香港政府曾對他發出過的］放逐令。[19]

上述備忘錄，是由於當時（1911 年 11 月）孫中山要求英國政府撤銷香港殖民地政府對他的驅逐令，應運而生。準此，助理外交次長作批示曰：

把有關信件諮會殖民地部，並告訴他們說：格雷爵士傾向於容許孫中山訪問香港，條件是他不能在該殖民地定居，因為我們不能容許該地被利用作為在中國作政治或軍事活動的基地。[20]

備忘錄再上呈：外交次長把助理次長批文中的「訪問」兩字塗掉而代之以「路過」兩字，並把最後一句話改為：「或利用該地顛覆中國政府」。[21] 文件再上呈。外相把外交次長最後那句話塗掉，並批示曰：「刪掉它。咨文就以『殖民地』三字作結束。不管他利用不利用香港作為基地，我們就是不要他當居民。」[22]

如此這般，驅逐令就無形解除了。由於這幾份英國外交部的文獻沒有提及孫中山在該驅逐令有效期間曾踏足香港，所以我們可以相信孫中山沒有觸犯該驅逐令而被關在域多利監獄。

現在談第二種情況：即觸犯了別國法律後逃到香港而被該國成功地申請引渡回犯罪的地方去接受審判。首先談談這種情況發生在第一個階段——即孫中山在香港讀書的時代（1883–1892）——的可能性。目前史學界所掌握

19 W.L.'s minute on Jordan to Grey, Tel. 289, 20 November 1911, FO Reg. No. 46374, FO371/1095, pp.301-306: at p. 301. 按 W.L. 即自 1907 年起擔任助理外交次長的 Sir Walter Lengley 見 *Foreign Office List 1918*, p. 621-623.

20 W.L.'s minute on Jordan to Grey, Tel. 289, 20 November 1911, FO Reg. No. 46374, FO371/1095, pp.301-306: at p. 301. 按 W.L. 即自 1910 年起擔任助理外交次長的 Sir Walter Lengley, 見 *Foreign Office List 1918*, p. 621-623).

21 A.N.'s minute on Jordan to Grey, Tel. 289, 20 November 1911, FO Reg. No. 46374, FO371/1095, pp.301-306: at p. 301. I have identified A.N. as Sir Arthur Nicolson, Bart., Permanent Under Secretary of State since 1910 (*Foreign Office List, 1918,* p. 287).

22 E.G.'s minute on Jordan to Grey, Tel. 289, 20 November 1911, FO Reg. No. 46374, FO371/1095, pp.301-306: at p. 301. 按 E.G. 即外交大臣 Sir Edward Grey.

的有關資料，都充滿了讚揚孫中山品學兼優、見義勇為等熱情洋溢之詞，與作奸犯科的事情絲毫沾不上邊。所以竊以為他曾被引渡的可能性並不存在。

次談第二種情況的第二個階段：即孫中山在香港醞釀、策劃和在廣州準備起義時期（1892–1895）曾被引渡的可能性。在醞釀甚至策劃時期，他肯定未曾被引渡，否則他就活不到廣州乙未重陽之舉。密謀曝光後孫中山逃回香港，留港期間他曾否被引渡？

要回答這個問題，先決條件之一，是必須找出孫中山在哪一天逃抵香港？以及哪一天再離開該地？關於這兩道難題，2004 年 10–11 月間在香港的那場爭論中，湧現出兩個版本。韋基舜先生寫道：「孫中山以當事人身份講明自己在香港停留了兩日，但是吳先生則説『經澳門逃亡到香港，只停留了四天，在滙豐銀行取款三百元作路費便乘船到日本神戶』。到底應該以當事人的自述為準？還是相信吳先生的『考據』？」[23] 韋基舜先生的提問，一語道出所有歷史工作者必須嚴肅對待的問題，即當事人的話是否每句皆可信而不必考證？準此，本偵探又展開新一輪的具體偵查。

陳少白説，由於孫中山兜了一個圈子往澳門，故多費了兩天工夫。以至陳少白他自己在香港「着急了兩天，才見孫先生到我家裏來了」。[24] 考慮到當時交通的落後情況，若孫中山於 1895 年 10 月 27 日離開廣州輾轉往澳門，相信要花上整整一天以上的時間。到達澳門後，喬裝打扮、找朋友幫忙、覓船到香港等等，[25] 相信也需要一整天的時間才能到達香港。所以，竊以為陳少白説兩天以後，即 1895 年 10 月 29 日，才在香港與孫中山重逢，應為信史。其次，孫中山是甚麼時候離開香港他往的？孫中山自己沒有説出具體日期。[26] 陳少白則不斷用「當天」、「第二天」等意思模糊的詞彙：究竟當天具

23　韋基舜：〈事實與真相：回應古物古蹟辦事處執行秘書吳志華先生；及高添強先生〉，香港《信報》，2004 年 11 月 29 日，第 27 版。

24　陳少白：《興中會革命史要》，載《中國近代史資料叢刊 — 辛亥革命》(上海：上海人民出版社，1981)，第 1 冊，頁 21-75：其中頁 31-32。

25　《孫中山年譜長編》，上冊，第 95-96 頁，引《澳門日報》1986 年 11 月 11 日轉載的、《鏡海叢報》1895 年 11 月 16 日的的報道。

26　見孫中山：〈倫敦被難記〉，轉載於《國父全集》(1989)，第 2 冊，頁 197，《孫中山全集》，第 1 卷，頁 54。

體是哪一天？第二天又從哪天算起？陳少白都沒説清楚。[27] 但據香港警方的
報告，他們的偵探在 1895 年 10 月 31 日還親眼看着孫中山在香港滙豐銀行
提款。[28] 若他在「當天」離開，那麼具體日期應該是 1895 年 10 月 31 日，以
至孫中山在香港停留的時間是前後三天。若他在「第二天」離開，那具體日
期就應該是 1895 年 11 月 1 日，孫中山在香港停留的時間前後四天。的確，
孫中山本來在 1895 年 11 月 1 日就打算與陳少白坐船離開，惜無客輪。[29] 幸虧
他們在第二天，即 1895 年 11 月 2 日、就坐上了一艘開往日本的貨輪離開香
港。[30] 所以實際留港時間應該是前後五天。

為何本偵探如此肯定 1895 年 11 月 2 日是孫中山離開香港之時？因為找
到了人證和物證。人證有三位：其中兩位是陳少白和鄭士良。陳少白回憶
説，他與孫中山、鄭士良同坐一艘船離開香港前往日本神戶。他又説，他們
所坐的那條船，名字叫《廣島丸》。[31] 物證是《神戶又新日報》，徵諸該報
1895 年 11 月 6 日的報道，可知「《廣島丸》於 11 月 2 日由香港出發駛往日
本」。[32] 準此，可以確定孫中山離開香港的日期是 1895 年 11 月 2 日。另外，
第三位人證是在該船公司香港辦事處任職的李紀堂先生。他回憶説：

> 過了一二天，總理派人至三菱洋行之日本輪船公司購船票往日本。
> 是日大風，先買三等票。我在該公司當華經理，適在公司，説此船只有
> 普通客位十二個，隨後即買二等票，旋又改購一等票。余覺得奇怪，因
> 往船看下，見了即是孫先生，因與他招呼。總理説：「你何以知我為孫

27 陳少白：《興中會革命史要》，載《中國近代史資料叢刊 — 辛亥革命》(上海：上海人民出版社，
1981)，第 1 冊，頁 21-75：其中頁 31-32。

28 Memorandum by the Acting Assistant Colonial Secretary F. J. Badeley on the Canton Uprising of
October 1895, enclosed in Robinson to Chamberlain, 11 March 1896, CO129/271, pp. 437-447:
here, p. 445, paragraph 16.

29 Schiffrin, *Sun Yat-sen and the Origins of the Chinese Revolution*, p. 98.

30 Schiffrin, *Sun Yat-sen and the Origins of the Chinese Revolution*, p. 98.

31 陳少白：《興中會革命史要》，載《中國近代史資料叢刊 — 辛亥革命》(上海：上海人民出版社，
1981)，第 1 冊，頁 21-75：其中頁 32。

32 〈船報：內外船外航消息〉，《神戶又新日報》，1895 年 11 月 6 日，見安井三吉（編）：《孫中
山と神戶簡譜》。

某？」我說：「早二日在上海銀行見過」⋯⋯⋯談了幾句話，船即開行。[33]

　　船開行的前二天，正是孫中山被香港偵探察覺在滙豐銀行提款的 1895 年 10 月 31 日。[34] 滙豐銀行的全名是香港上海滙豐銀行 (Hong Kong and Shanghai Banking Corporation)。李紀堂所說的上海銀行正是滙豐銀行。因此本偵探可以進一步確定孫中山離開香港的準確日期是 1895 年 11 月 2 日。

　　在這五天當中，沒有任何證據顯示他曾被關起來等候引渡。而且，兩廣總督譚鍾麟是在 1895 年 11 月 1 日才透過英國駐廣州領事向香港總督羅便臣爵士要求把孫中山引渡回廣州。[35] 幸虧英國有庇護政治犯的悠久傳統，而應譚鍾麟的索求就違反了這種傳統。違者將會被千夫所指。因此香港總督在 1895 年 11 月 12 日拒絕了譚鍾麟的要求。[36] 就是說，到了這個時候，儘管孫中山還滯留在香港的話，他也沒有被抓起來等候引渡。既然沒有被抓起來，自然就不存在他被邀請到域多利監獄吃皇家飯的可能性。

　　最後談第二種情況的第三個階段，即孫中山被香港政府放逐時期 (1896–1911) 被抓起來等候引渡的可能性。按照本偵探目前所掌握到的史料，孫中山並沒有在放逐令有效期間踏上香港陸地一步，所以不存在他曾被抓起來的可能性。儘管他曾被抓起來了，香港殖民政府也不可能援用引渡法把他引渡到中國大陸，因為香港政府與清朝政府並沒有引渡犯人的協定。又儘管清朝

33　陳春生：〈訪問李紀堂先生筆錄〉，載《辛亥革命史料選輯》，上冊，頁 38-39。

34　Memorandum by the Acting Assistant Colonial Secretary F. J. Badeley on the Canton Uprising of October 1895, enclosed in Robinson to Chamberlain, 11 March 1896, CO129/271, pp. 437-447: here, p. 445, paragraph 16.

35　譚鍾麟致總理衙門密電，1896 年 4 月 5 日，載 羅家倫：《孫中山倫敦被難史料考訂》(南京：京華印書館，1935)，頁 1-2。同時見 Memorandum by the Acting Assistant Colonial Secretary F. J. Badeley on the Canton Uprising of October 1895, enclosed in Robinson to Chamberlain, 11 March 1896, CO129/271, pp. 437-447: here, p. 444, paragraph 14.

36　Robinson to Tan Zhonglin, 12 November 1895, FO17/1249, p. 46, quoted in Schiffrin, *Sun Yat-sen and the Origins of the Chinese Revolution*, p. 98.

政府提出引渡，也會像 1895 年 11 月 12 日那樣遭到拒絕。[37] 因此，竊以為孫中山於被香港政府放逐時期 (1896–1911) 在香港遭到逮捕等候引渡的可能性並不存在。

綜合上述分析，必然的結論是：1895 年 10 月廣州密謀曝光後，孫中山逃回香港作短暫停留時，並沒有被抓起來關進域多利監獄。相反地，他平安地離開香港他往。儘管本偵探把搜索範圍擴大，往前推到 1883 年 11 月他初到香港讀書之時，往後延遲到 1912 年 1 月 1 日他在南京宣誓就職臨時大總統之日，同樣找不到任何跡象顯示孫中山曾在香港的域多利監獄作過客。

應該指出：沒有找到證據並不等同沒有發生過這種事情，只是在沒有找到有關證據之前：能說發生過這種事情。長江後浪推前浪：若孫中山的確曾在香港的域多利監獄作過客，則期待着將來有後進找到真憑實據，了此懸案，為史學界增光，為中區古蹟群添彩。

容筆者說句題外話，雖然孫中山應該沒有在大館吃過皇家飯，但鄰國越南的偉人胡志明倒是在這裏住了好一陣子。

---

37 Memorandum by the Acting Assistant Colonial Secretary F. J. Badeley on the Canton Uprising of October 1895, enclosed in Robinson to Chamberlain, 11 March 1896, CO129/271, pp. 437-447: here, p. 444, paragraph 14. See also Robinson to Tan Zhonglin, 12 November 1895, FO17/1249, p. 46, quoted in Schiffrin, *Sun Yat-sen and the Origins of the Chinese Revolution*, p. 98.

第五十七章

乙未廣州起義失敗後孫文跑回香港
大罵楊衢雲？

　　1895 年廣州起義失敗了，孫中山跑回香港。在香港期間，除了與陳少白會合，到滙豐提款，拜見恩師康德黎醫生仰詢去留以外，還幹了些甚麼？

　　很明顯的一個探索目標是：他有沒有找楊衢雲理論。按情理推，他會渴望找到楊衢雲，問清楚起義的主力部隊「敢死隊三千人」為何沒有如期到達。如此，則接下來的問題是他有沒有成功地找到楊衢雲？要回答這個問題，就必須確定當時楊衢雲是否已經離開香港避難他往。徵諸《國父年譜》(1994 年增訂本)，則該《年譜》說楊衢雲於 1895 年 11 月 3 日離開香港，輾轉經南洋、印度等地而最終去了南非。[1] 所據乃謝纘泰後來所撰寫的《中華民國秘史》。[2] 謝纘泰是楊衢雲當時最親密的戰友，[3] 其有關楊衢雲行蹤的信息應該甚為可靠。而據拙著《三十歲前的孫中山》第八章考證所得，孫中山在 1895 年 10 月 29 日已經回到香港，又遲至在 1895 年 11 月 2 日才離開香港前往日本。準此，竊以為兩人同時在香港的時間前後最少有三天，孫中山應該能找到楊衢雲。

　　接下來的問題是：楊衢雲有沒有為了逃避香港警察而躲起來，以至連孫中山也找不到不到他？對於這個問題，《國父年譜》和《孫中山年譜長編》都沒交待。究其原因，很可能是沒有掌握到確鑿證據，所以不談為佳。就連

1　《國父年譜》(1994 年增訂本)，上冊，頁 96，1895 年 11 月 3 日條。

2　Tse Tsan-tai, *The Chinese Republic — Secret History of the Revolution*（Hong Kong: South China Morning Post, 1924). 孫中山：p.10.

3　陳少白：〈謝纘泰之略史〉，載陳少白著《興中會革命別錄》，轉載於《中國近代史資料叢刊 —辛亥革命》(上海：上海人民出版社，1981)，第 1 冊，頁 76-84：其中頁 77。

當事人謝纘泰在其後來所撰寫的《中華民國秘史》[4] 和孫中山後來所書寫的追憶中，[5] 也沒提及。按情理推，則在偷運軍火曝光的消息傳到香港後，楊衢雲因畏罪而盡快躲起來伺機逃亡的可能性極高。這也難怪，當時孫中山最關心的問題同樣是留在香港的安危問題而急於向恩師請教。「夫妻本是同林鳥，大難臨頭各自飛」。夫妻尚且如此，跟何況是貌合神離的孫中山、楊衢雲？逃命要緊：所以竊以為孫、楊兩人無暇兼顧聚首的可能性很高。

另一方面，當時兩人都年少氣盛，為了「貨不能來」與「貨不要來」[6] 兩道電文而把對方恨之入骨，是情理之常。不顧一切地非找對方理論一番不可，屬意料中事。但結果兩人有沒有最終碰上頭？史學界目前還沒找到有力證據以證其事，只好存疑。

儘管如此，本偵探尊敬的香港前輩韋基舜先生認為當時兩人是見面了。他寫道：「孫中山曾斥楊衢雲說：『你為甚麼到了時期，你自己不來？那還罷了，隨後我打電止你不來，隔一日，你又不多不少派了六百人來』。」[7] 韋基舜先生稱所據乃陳少白的《興中會革命史要》。查閱《興中會革命史要》1895 年的有關部份，則沒有這項記載。追查《興中會革命別錄》1895 年的有關部份，同樣沒有這項記載。準此，本偵探在《三十歲前的孫中山》中寫道：「看來是引用者記錯了出處」。[8]

2015 年 1 月 18 日，本偵探在香港孫中山博物館演講「孫文革命：《聖經》和《易經》」時，有熱心讀者劉耀光先生就此事與本偵探商榷。惟本偵探當時已經累得腦海一片空白，無法回答。更由於健康急速惡化，迫得結束港、穗科研，提前於 2 月 3 日返回澳洲，抵埠即接劉耀光君 1 月 20 日航空寄來的信件，說：「教授著作《三十歲前的孫中山》一書中，第 639 頁中提

4　Tse Tsan-tai, *The Chinese Republic — Secret History of the Revolution*（Hong Kong: South China Morning Post, 1924).

5　孫中山：〈建國方略：孫文學說第八章「有志竟成」〉，載《國父全集》(1989)，第一冊，頁 410。

6　陳少白：《興中會革命史要》，轉載於《辛亥革命》，第 1 冊，頁 31-32。

7　韋基舜：〈事實與真相：回應古物古蹟辦事處執行秘書吳志華先生；及高添強先生〉，香港《信報》，2004 年 11 月 29 日，第 27 版，引陳少白《興中會革命史要》。

8　見拙著《三十歲前的孫中山》，第八章「廣州起義」，第九節「後話」，第 (vii) 分節「1895 年孫中山可曾再見楊衢雲？」

到教授曾查閱陳少白的《興中會革命史要》找不到韋基舜先生所引孫中山斥責楊衢雲的有關句子，懷疑他記錯了出處（見附件一），但小弟查閱上海人民出版社出版之《辛亥革命》第一冊所載之陳少白《興中會革命史要》頁55，便見有韋先生所引之句子（見附件二）。又《人民日報》出版社在2011年出版之《陳少白自述》（文明國編）所載之《興中會革命史要》頁58，也有韋先生所引之句子（見附件三）」。

本偵探接信，感動得老淚縱橫：當今還有如此耐心細緻追查史料的讀者。

查孫中山面斥楊衢雲那句話，並非孫中山在1895年10月29日到1895年11月2日路經香港時對楊衢雲所說的，而是1898年3月下旬，楊衢雲自南非抵達日本橫濱求見孫中山，孫中山在修竹寄盧與他會談時所說的。[9]劉耀光君寄來附件二的標題赫然正是「六、楊衢雲之重來日本及被擯」。竊以為韋基舜先生可能不是記憶有誤，而是出於一個崇高的目標——保衛中區大館這個香港幾乎是碩果僅存的古跡[10]——而把1898年的橫濱移植於1895年的香港，「直把杭州作汴州」。

其實，1895年10月底至11月初的孫中山，是不可能知道六百人[11]這個數字的，因為該批人在1895年10月27日黃昏於香港登船時，孫中山沒有在場點人頭。翌日清晨他們抵達廣州時，孫中山已於36小時之前離開了廣州。而事後報章的報導也只是提到終於大約有四百苦力自香港登船前往廣州。所以，六百人這個數字孫中山是無從得悉的。但是，到了1898年，孫中山通過閱讀報章，就知道1895年10月下旬，楊衢雲等只招募得大約六百苦力，於是用六百這個數目來挖苦楊衢雲，蓋楊衢雲曾威風凜凜地說他會率領「決死隊三千人」去攻打廣州，結果怕死得竟然臨陣龜縮，光命朱全貴、邱四等兩名會黨頭目「帶兵」前往。

9　見陳錫祺（主編）：《孫中山年譜長編》，第一冊，頁156－157，1898年3月下旬條。

10　關於韋基舜先生這個崇高目標，見本書第五十四章到第五十六章。

11　韋基舜：〈事實與真相：回應古物古蹟辦事處執行秘書吳志華先生；及高添強先生〉，香港《信報》，2004年11月29日，第27版，引陳少白《興中會革命史要》。

圖 57.1
楊衢雲像

可是，還有一些關於乙未廣州起義的其他懸案有待解決。譬如，楊衢雲
既然要當首領，而作為首領應該一切身先士卒，為何處處表現得畏葸不前？
一系列的問題，都能藉 1898 年 3 月孫中山在橫濱關起門來面斥楊衢雲的話
迎刃而解：「你要做總統，我就讓你做總統，你說要最後到廣州，我就讓你
最後到廣州，你為甚麼到了時候，你自己不來？那還罷了，隨後我打電止你
不來，隔一日，你又不多不少派了六百人來，把事情鬧糟來，消息洩露，人
又被殺了。你得了消息，便一個人拼命跑掉。這算甚麼把戲？你好好把你的
理由説來。楊衢雲俯首無詞，最後他便説：『以前的事，是我一人之錯，現
聞得你籌得大款，從新再起，故此趕來，請你恕我前過，容我再來效力。』
我聽了又好笑，又好氣，見他如此認錯討饒，又如此愚昧可憐，只好作罷，
放了他出來」。[12]

廣州起義失敗後，楊衢雲遠走南非，本可就此隱名埋姓而定居下來，終

12　陳少白：《興中會革命史要》，轉載於《中國近代史資料叢刊 — 辛亥革命》(上海：上海人民出
　　版社，1981)，第 1 冊，頁 76-84：其中頁 55-56。

於又冒着性命危險返回香港，並於 1898 年往日本求見孫中山，希望繼續攜手合作。雖經孫中山面斥，楊衢雲仍然接受批評，促成兩人再度合作，共同策劃 1900 年之惠州起義。起義前一年的 1899 年，孫中山邀請長江流域的哥老會和珠江流域的三合等祕密會社首腦在香港成立興漢會，會上眾人推舉孫中山為總會長。孫中山吸取了 1895 年廣州起義兩派相爭的慘痛教訓，請楊衢雲辭去興中會會長之職，楊衢雲當即答應。楊衢雲辭職後不單沒有任何消極表現，而且全身投入惠州起義，就連對他一直成見甚深的孫中山與陳少白也極為感動，以至惠州起義失敗而楊衢雲逃回香港並終於在 1901 年 1 月 10 日被兩廣總督德壽所派的刺客殺死後，[13] 孫中山聞訊即召集同志，為其舉哀；更在海內外籌款以助遺孤；[14] 又親筆修書對謝纘泰説：「痛公之亡，晚膳皆不能下嚥」。[15]

13　見拙文 'Chinese Attitudes Towards HongKong: An Historica IPerspective', *Journal of the Oriental Society of Australia*, v.15-16(1983-84), pp.161-169。又見楊拔凡（著）：〈楊衢雲家傳〉（手稿），1955 年冬定稿。收入楊拔凡、楊興安（合著）：《楊衢雲家傳》（香港：新天出版社，2010），頁 14－50：其中頁 19。楊衢雲被刺殺時才 40 歲。

14　楊拔凡（著）：〈楊衢雲家傳〉（手稿），1955 年冬定稿。收入楊拔凡、楊興安（合著）：《楊衢雲家傳》（香港：新天出版社，2010），頁 14－50：其中頁 22。

15　孫中山函謝纘泰，1901 年 2 月 13 日。該毛筆親筆函全文拍照複製在楊拔凡、楊興安（合著）：《楊衢雲家傳》（香港：新天出版社，2010），書首圖片部份以及頁 22；該〈圖片説明〉卻誤作 1900 年 12 月 25 日。

第五十八章
乙未廣州起義誰出賣革命

乙未廣州起義，未舉先敗，當時深深地困擾着孫中山等革命黨人的問題是：決死隊之沒有在 1895 年 10 月 26 日清晨如期抵穗，並沒有因此而引起官府懷疑時，但是後來官府又竟然開始大肆搜捕革命黨人，[1] 其中必定是有內奸告密。內奸是誰？中文史料説是一名生員，是華夏文明孕育出來的精英。若如此，則與本書的主旋律「文明交戰」非常貼題，非徹查不可。這位儒士的名字叫朱淇。

廣州起義失敗後，朱淇與區鳳墀同船逃往香港。區鳳墀回憶説：「此後港中同志僅有朱淇一人，與余昕夕過從」。繼而「望後數日，朱淇手持一信來告余曰：『此胞兄自省寄來之家書也，其內容當為先生陳之』」：

> 事緣家兄鼪生（本偵探按：正確的名字是鼪生，由於革命黨人把朱淇的胞兄朱湘恨之徹骨，故在刊刻此信時改為豬娘生的鼪生）向辦清平局事務，局內有勇目某，素日遇事生風，不安本分。此次清官能知革命起事，皆由該勇目稟報者。家兄知我名列黨籍，舉家徬徨，將有封產業拘親屬之恐慌。故家兄窮思極想，設法解救，不得已偽託我名，致該勇目一信，係將革命軍舉動機關部住址開出，着密稟緝捕局委員者。隨請其到家，許以厚謝，囑將此信補呈到官，並須稟稱若無朱淇此信通知在先，則大局不堪設想。朱淇雖屬黨人，不啻自行檢舉，亦可以將功贖罪等語。該勇目因貪重賄，一一照行，而李家焯經一時被其瞞過，已將我名從黨冊剔除，且令我即日回省，不致令人疑及在逃。是為至要。

1　詳見本書題為「偵破乙未廣州起義為何密謀洩露」的第五十二章。

　　上文是區鳳墀 1912 年 10 月致《中國日報》的長信中所引述朱淇呈他的一函。本偵探把區鳳墀的信歸納為一句話：朱淇告密是事後之舉，事前朱淇沒有洩露任何秘密。

　　是耶非耶？

　　朱淇繼而對區鳳墀說：「此計不過家兄為性命起見，於同志絕無妨害。問心本無不安，但恐他日孫君等徒，聽一方面之詞，直以此信為實有之事，則剖心明志，亦不能邀見諒於吾黨矣。奈何奈何！」[2]

　　區鳳墀憑甚麼相信朱淇一面之詞？首先，「有朱淇號籙蓀者，本清諸生，後慕義加入興中會，頗為努力，乃得參預機會」。[3] 朱淇與區鳳墀同是讀書人，有中國傳統讀書人那種「先天下之憂而憂，後天下之樂而樂」的追求，而且當時朱淇還未當官，未被官場那種貪污所腐蝕，故贏得區鳳墀等人的信任。他同時可能對西學也感興趣，是希望中國盡快現代化的人，故在某程度上與區鳳墀志同道合。

　　但朱淇之言可信度有多高？後來當上中國國民黨黨史史料編纂委員會編纂的鄧慕韓，致力於調查、蒐集及鑑定有關孫中山的資料。據他調查所得，朱淇之兄「湘，號硯生，清舉人，主持西關清平局事，歲入以萬計。自初九舉義不成，朱湘恐為其弟淇株連，乃迫弟淇將黨中秘密說出，使局勇代為自首於省河緝捕統帶李家焯處，不特其本人功名富貴可保，並可使淇將功贖罪」。[4]

　　鄧慕韓的這個結論再一次挑起時間先後的爭論：朱淇說是他逃到香港之後，乃兄才代他告密。果真如此，陸皓東等人之死，就與他無關。鄧慕韓的

<hr>

2　區鳳墀：〈乙未年廣州革命失敗說〉，致《中國日報》函，1912 年 10 月，全函轉載於馮自由：《中華民國開國前革命史》（上海：良友印刷公司，1928），上編，頁 23—26：其中頁 25。

3　鄧慕韓：〈乙未廣州革命始末記〉（1930 年成文，1948 年校訂），1949 年 3 月首刊於廣東省文獻館（主編）：《廣東文物特輯》（廣州：廣東省文獻委員會刊行，1949），頁 1—5：其中頁 4。又見鄧慕韓：〈乙未廣州革命始末記〉，《辛亥革命史料選輯》（長沙：湖南人民出版社，1981），上冊，頁 9—19：其中頁 16—17。

4　鄧慕韓：〈乙未廣州革命始末記〉（1930 年成文，1948 年校訂），1949 年 3 月首刊於廣東省文獻館（主編）：《廣東文物特輯》（廣州：廣東省文獻委員會刊行，1949），頁 1—5：其中頁 4。又見鄧慕韓：〈乙未廣州革命始末記〉，《辛亥革命史料選輯》（長沙：湖南人民出版社，1981），上冊，頁 9—19：其中頁 16—17。

結論是，朱湘在 1895 年 10 月 27 日迫朱淇招供，朱淇從實招來，結果官府馬上採取行動，導致陸皓東及其他革命黨人在當天早上就被抓，幾天後被殺害。

竊以為朱淇自辯之言，破綻百出：

第一，朱淇説「此次清官能知革命起事，皆由該勇目稟報者」[5]，該勇目是誰？有何通天本領，偵知革命黨人秘密？稍有頭腦之人，都不會相信這種模糊之詞！

第二，1895 年 10 月 27 日星期天早上，兩廣總督譚鍾麟開始逮捕革命黨人之後，區鳳墀在午刻「驚聞之下，即離寓所，偕尹婿文楷僱艇渡河，奔投博濟醫局」躲藏。[6]翌日，即 1895 年 10 月 28 日星期一：「忽見朱淇攜同一幼子跟蹌而來，備述昨日在城內機關部逃出情形，並謂在急遽中，僅將自撰討滿檄文底稿焚毀，其餘黨人名冊無暇顧及，想此時已入清官手中，則彼此大不了等語。」[7]討滿檄文確實是出自朱淇之手，黨人名冊則不會在其手中，因為他只是一名普通興中會會員，不屬於起義的核心領導。而且孫文等已經把黨人名冊，用防水物質包裹後，「投入諸井中」[8]，以備後用，朱淇何來名冊？

第三，朱淇與區鳳墀談次，知區氏「有香港之行，甚為許可，匆匆別去」。[9]這就奇怪極了！若朱淇真的害怕官府逮捕，而攜帶幼子跑到博濟醫院避難，現在再跑出去，不是自投羅網？但是，若朱淇早已將黨中秘密説

5　區鳳墀：〈乙未年廣州革命失敗説〉，致《中國日報》函，1912 年 10 月，全函轉載於馮自由：《中華民國開國前革命史》（上海：良友印刷公司，1928），上編，頁 23—26：其中頁 25。

6　區鳳墀：〈乙未年廣州革命失敗説〉，致《中國日報》函，1912 年 10 月，全函轉載於馮自由：《中華民國開國前革命史》（上海：良友印刷公司，1928），上編，頁 23—26：其中頁 24。

7　區鳳墀：〈乙未年廣州革命失敗説〉，致《中國日報》函，1912 年 10 月，全函轉載於馮自由：《中華民國開國前革命史》（上海：良友印刷公司，1928），上編，頁 23—26：其中頁 24。

8　馮自由：《中華民國開國前革命史》（上海：良友印刷公司，1928），上編，頁 23。

9　區鳳墀：〈乙未年廣州革命失敗説〉，致《中國日報》函，1912 年 10 月，全函轉載於馮自由：《中華民國開國前革命史》（上海：良友印刷公司，1928），上編，頁 23—26：其中頁 24。

出，並已「將功贖罪」，[10] 他就不必害怕，所以他有恃無恐地回家去了。如此說，朱淇之跑到博濟醫院並非為了避難。

第四，若朱淇不是為了避難，那麼他跑博濟醫院的動機是甚麼？他作賊心虛！在 1895 年 10 月 27 日向乃兄供出革命黨人的名字、機關地點等情報後，繼而得悉陸皓東等人隨即馬上被捕，於是怕得發抖：不是害怕官府逮他，而是害怕告密信終於會被革命黨人偵知，進而恐懼革命黨人報復。須知鄭士良是三合會中人，秘密會社對於暗殺等等是家常便飯。區鳳墀就曾以「椎埋」——殺人埋屍——之詞來形容他們。[11] 朱淇愈想愈是發抖，於是在翌日，即 1895 年 10 月 28 日，就跑到博濟醫院。他能估計到，可以逃脫的革命黨人，必然跑到博濟醫院避難。於是他攜帶幼子，裝成逃難的樣子跑博濟醫院，果然皇天不負有心人，遇到區鳳墀，於是給了他機會，推說黨人名冊落入官府手中，官兵按圖索驥，結果逮捕了陸皓東等人；奢望由此遮蓋他告密的劣行。

第五，朱淇得悉區鳳墀當晚會乘船往香港，以及博濟醫院院長會護送他上船等情之後，為何當時不留在博濟醫院以便當晚與區鳳墀結伴同行？不！與逃亡的區鳳墀結伴同行，無異於向官府宣佈他重新效忠革命黨！

第六，區鳳墀於 1895 年 10 月 29 日抵達香港，「行裝甫卸，即探訪老友王君煜初於道濟會堂，瞥見座中有朱淇父子先在，因知其昨夜同船來港者」。[12] 事情就更明白了，儘管朱淇與區鳳墀同船前往香港，在船上也不敢「認親」。待到達香港後，也是帶着幼子徑自單獨前往道濟會堂拜見該堂主牧王煜初。

第七，朱淇跑到香港的目的是甚麼？若是避難，怎能把家眷留在廣州？

10　鄧慕韓：〈乙未廣州革命始末記〉（1930 成文，1948 年校訂），1949 年 3 月首刊於廣東省文獻館（主編）：《廣東文物特輯》（廣州：廣東省文獻委員會刊行，1949），頁 1—5：其中頁 4。又見鄧慕韓：〈乙未廣州革命始末記〉，《辛亥革命史料選輯》（長沙：湖南人民出版社，1981），上冊，頁 9—19：其中頁 16—17。

11　尹文楷：〈二十五年來之香港教會〉，《真光》（香港：1927），第 26 卷，第 6 號，頁 1—8：其中頁 7。

12　區鳳墀：〈乙未年廣州革命失敗說〉，致《中國日報》函，1912 年 10 月，全函轉載於馮自由：《中華民國開國前革命史》（上海：良友印刷公司，1928），上編，頁 23—26：其中頁 24。

圖 58.1
區鳳墀逃出生天後在香港道濟會堂當長老（前排左一）

所以很明顯，他不是避難。他攜帶幼子只是裝出一副逃難的可憐相而已。他
能估計到：若成功地逃到香港的革命黨人，必定跑到道濟會堂，可能他希望
見到孫文、陳少白、鄭士良等骨幹，以便再一次推卸責任，可惜他仍然只見
到區鳳墀！

　　第八，若朱淇果然見到孫文等人，他的焚毀黨員名冊等天方夜譚，恐怕
更足以證明他在胡扯！他的黨員名冊來自何方！所以，在這種情況下他很可
能甚麼也不說，光是裝出一副攜帶幼子逃難的可憐樣，以求取信於人。但此
舉明顯地失敗了，因為後來孫文、陳少白等仍嚴斥朱淇出賣革命。[13]

　　第九，看來朱淇無可奈何之餘，在孫文等人離開香港以後，就讓乃兄寫
了上述那份函，希望盡最後努力說服區鳳墀。區鳳墀是老於世故之人，讀了

13　鄧慕韓在其斥責朱淇出賣革命黨人的〈乙未廣州革命始末記〉一文在中，加注曰：「是役史實均
　　根據孫中山先生所談，及當日親與其事諸同志所述編成。復經陳少白先生核實」．見鄧慕韓：
　　〈乙未廣州革命始末記〉，《辛亥革命史料選輯》（長沙：湖南人民出版社，1981），上冊，頁 9—
　　19：其中頁 19。

那份函，相信不？有一條線索可以追尋：區鳳墀遲不説、早不説，等到辛亥革命成功後，發覺革命黨人對朱淇仍然恨之入骨之際，才替朱淇説句好話。虔誠的基督徒，敵人也寬恕，更何況只是被乃兄逼着招供的人？結果區鳳墀寬大為懷，就寫了那封為朱淇求情的信，但以他的威望，仍然無法説服革命黨人。

第十，1895 年底，朱淇灰溜溜地離開香港，深知回到廣州生活也不安全：孫文、陳少白、鄭士良等皆廣府人；若捲土重來，也會利用廣州作為基地進行革命。若此，則他們必然會首先消滅他，以策安全。於是他逃到老遠的北京，跑到天子腳下尋求庇護，辦他的《北京日報》。[14]

出賣革命、出賣朋友的人，無論如何絞盡腦汁詭辯，也無法取得時人信任，更難逃歷史學家口誅筆伐！

朱淇告密，起到甚麼作用？「先是，香港總督以有人在港招募隊伍入粵。恐於英國商務不利，而議政局紳韋玉以廣東闈姓賭博獲有彩金，亦恐事發，大受損失，均將所聞電知粵督譚鍾麟，請其戒備，鍾麟以未有主名，無從核辦。李家焯亦以得諸道路所傳孫文舉義之事，因職責所關，入稟鍾麟。鍾麟以現在承平，未必有人敢在省垣重地謀亂，又素性懼外，孫文為教會中人，萬一錯誤，交涉隨之，反為所噬，着李家焯不可鹵莽從事。故家焯於初九前，祇派人跟查國父行動，不敢逮捕。」[15]

就是説，韋玉的告密電並不足以促使譚鍾麟對孫文等人採取行動；孫文及乙未廣州起義的命運仍懸於一線。但朱湘代朱淇所寫的告密信改變了這一切：「至初十日，〔李家焯〕得朱淇將黨中秘密自首，遂即稟報粵督，粵督既得確切事實，即派家焯會同千總鄧惠良，往雙門底王家巷農學會，及鹹蝦欄張公館二處，逮捕陸皓東等五人。」[16]

14　馮自由：《中華民國開國前革命史》（上海：良友印刷公司，1928），上編，頁 23。

15　鄧慕韓：〈乙未廣州革命始末記〉（1930 年成文，1948 年校訂），1949 年 3 月首刊於廣東省文獻館（主編）：《廣東文物特輯》（廣州：廣東省文獻委員會刊行，1949），頁 1—5：其中頁 4。又見鄧慕韓：〈乙未廣州革命始末記〉，《辛亥革命史料選輯》（長沙：湖南人民出版社，1981），上冊，頁 9—19：其中頁 17。

16　同上。

　　馮自由也説：「譚督於初十日聞報，極形恐慌，急調長洲之營勇一千五百人回省防衛；並令李家焯率兵至王家祠、鹹蝦欄等處搜獲黨人陸皓東、程耀臣、程奎光、劉次、梁榮五人，及軍器、軍衣、鐵釜等物。」[17]

　　因此，本偵探維持拙著《三十歲前的孫中山》中關於朱淇告密的原判。朱淇之出賣革命，害得乙未廣州起義未舉先敗，也害死了孫文的摯友陸皓東及其他革命同志，孫文對儒士的成見自此始？發掘了上述朱淇的醜惡表演之後，本書題為「貫通：孫文1896─1897年間在倫敦對《易經》的反思」的第十一章分析翌年孫文倫敦蒙難後總結乙未廣州起義時，他那麼嚴厲地評價中國傳統讀書人，就可以理解。朱淇是中國近代史上第一名出賣革命的儒士。接踵而來的是儒學大師劉師培（1884─1919），1907年底被端方收買當暗探，1909年出賣張恭，然後公開入幕。一個人所得的觀感皆現實生活所造成的。孫文的成見也如是。若孫文能活到目睹著名儒士汪精衛（1883─1944）之投日，以及汪偽政權的副宣傳部長、另一位國學大師胡蘭成（1906─1981）的表演，成見會更深。

17　馮自由：〈廣州興中會及乙未庚子二役〉，載馮自由：《革命逸史》（北京：中華書局，1981年重版），第4集，頁10─12：其中頁12。

第五十九章

論「孫大炮」最「大炮」的「大炮」

本偵探所接觸過所有孫「大炮」的事例之中，最「大炮」的莫如《孫中山集外集》所收錄的第一篇文章（譯文），題為〈第一次廣州革命的起源〉。其中孫中山自言他在乙未廣州起義失敗後跑到香港停留了一週，「這週週末，我安頓好家計，讓妻子、孩子和我母親來跟隨我」。[1]本偵探嚇了一跳，竟然有這回事？沒有啊！直到目前為止本偵探能發掘出來的史料都顯示，孫中山並沒「安頓好家計」隨他赴檀香山依靠孫眉，他只是與陳少白和鄭士良坐日本貨船往橫濱，再單獨往檀香山。[2]

本偵探決心追查英語原文。感謝該文譯者莫世祥教授在注釋中提供了下列線索：「此件未署年月，據內容係孫中山倫敦蒙難獲釋後所作。辛亥革命發生，為上海英文《大陸報》1911 年 12 月 8 日所載。但原始出處不詳」。[3]本偵探函詢英國學者安德遜（Patrick Anderson）君，但他在大英圖書館遍尋不獲該上海英文報章《大陸報》(China Press)。[4]於是本偵探函請徐到穩博士就近在上海代覓，可惜上海也闕如。[5]

感謝該文譯者莫世祥教授在注釋中又提供了第二條線索：「1912 年 5 月上海商務印書館英文版《中國革命記，1911－1912》轉載此件。作者係英國埃德溫 · J. 丁格里（Edwin J. Dingle）」。[6]按照此第二條線索，安德遜君

1　孫文：〈第一次廣州革命的起源〉，1896 年 12 月，《孫文集外集》，頁 3-7：其中頁 6。

2　見拙著《三十歲前的孫中山》，章 8。

3　孫文：〈第一次廣州革命的起源〉，1896 年 12 月，《孫文集外集》，頁 3-7：其中頁 3 之注釋。

4　Anderson to Wong, e-mail, 15 April 2014.

5　徐到穩覆黃宇和，電郵，2014 年 4 月 28 日。

6　孫文：〈第一次廣州革命的起源〉，1896 年 12 月，《孫文集外集》，頁 3-7：其中頁 3 之注釋。把 Dingle 音譯為丁高更為準確，但既然莫世祥君已翻譯為丁格里，為免混淆，筆者因循。

在大英圖書館找到 Edwin J. Dingle, *China's Revolution*, 1911-1912（Shanghai: Commercial Press, May 1912）一書，[7] 並進而找到上述譯文的英語原文，[8] 可知上述所引漢譯本片段大體準確，蓋原文是：At the end of the week – during which I had made arrangements for my family, my wife and children, and my mother, to follow me .[9] 安德遜君更發現，英語原文有兩個版本，《中國革命記，1911－1912》收錄的只是較為粗糙的第二手美國版本，安德遜君本人則發掘出甚為文雅的第一手英國版本，是為 1911 年 10 月 14 日刊登於倫敦《每日紀事報》（*Daily Chronicle*）的原文。可能是美國人在轉載該文時，為了照顧當時的美國讀者口味而在用字遣詞方面更為大眾化吧。準此，此後本章凡是引用該文的英語原文，皆從倫敦《每日紀事報》的英語較為優雅的原文，並自己動手翻譯成漢語。

上述所引漢譯本片段應如何解讀？線索不難尋，且看上文下理：孫中山自言從廣州「坐上自己的汽艇馳往香港」。[10]——據本偵探考證，此言屬假：孫中山是中途在香山的唐家灣登陸，坐轎子往澳門，再坐客船赴香港的。他並沒有直截了當地從廣州逕自前往香港。不錯，從圖 59.1 可見，孫中山在唐家灣上岸後，再走陸路赴澳門，然後再坐船前往香港，是拐了一個大灣。但是，孫中山星夜駕駛小汽船從廣州到達唐家灣時，已經筋疲力盡，實在無力馬上再跑香港。於是乎他在唐家灣上岸，往舊同學唐雄家求助。待稍事休息後，坐轎子往澳門。待到達澳門後又往葡萄牙朋友飛南第家求助。飛南第留他寄宿一晚，翌晨親自護送他坐船前往香港，以策安全。[11]

好戲還在後頭。孫中山繼續寫道：「朝廷官員在追捕我，我曾在街上多

7　Anderson to Wong, e-mail, 15 April 2014.

8　Anderson to Wong, e-mail, 22 May 2014

9　Anon, 'Sun Yat Sen — Tells the Story of His First Revolt Against the Chinese Dynasty', *Daily Chronicle* (London),14 October 1911，p. cols. 4-5：at col. 5. 該句譯文的惟一一個小瑕疵是「來跟隨我」，讓人誤會是家人來到香港然後跟隨他身邊一起走，而原文 to follow me 的意思是他走後，家人沿着他的足跡走，到最後會合為止。

10　Anon, 'Sun Yat Sen — Tells the Story of His First Revolt Against the Chinese Dynasty', *Daily Chronicle* (London), 14 October 1911，p. cols. 4-5：at col. 5.

11　見拙著《三十歲前的孫中山》，章 8。

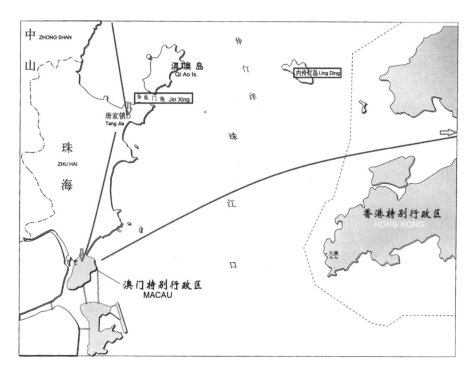

圖 59.1

孫中山中途在唐家灣登陸，坐轎子往澳門，再坐客船赴香港，是拐了個大彎。

次與他們擦身而過，他們卻沒認出來」。[12]——密探當然認出他；而當他甫一發覺密探盯上他之後，馬上慌慌張張地躲避還來不及。[13] 結果閃避到皇后大道中、似乎是日本朋友梅屋莊吉所開設的照相館中，然後從後門脫身。[14]

「我在愚蠢的追捕者們的眼皮底下登上汽輪，一點也沒有引起他們的注意」。[15]——完全沒這回事！[16]

---

12 Anon, 'Sun Yat Sen — Tells the Story of His First Revolt against the Chinese Dynasty', *Daily Chronicle* (London), 14 October 1911，p. cols. 4-5：at col. 5.

13 見拙著《三十歲前的孫中山》，章 8。

14 此節承研究梅屋莊吉的專家黃天先生賜告。

15 Anon, 'Sun Yat Sen — Tells the Story of His First Revolt Against the Chinese Dynasty', *Daily Chronicle* (London), 14 October 1911，p. cols. 4-5：at col. 5.

16 見拙著《三十歲前的孫中山》，章 8。

更離譜的是，孫中山說乙未廣州起義之前，他屬於一個三十人的領導集團，「三十餘名領導人各配備武裝衛隊一百人」。[17]——好威風啊！「孫大炮」吹水吹得忘記了價錢。試想，無論是在香港還是在廣州，有哪名平民百姓能帶着配備武裝的衛隊一百人招搖過市？不馬上被抓起來才怪！

同樣離譜的是，孫中山說：「我們在每一個省份都有分會」，光是「在廣州我們就有三四十個中心或地區，各有一千人以上，一聲信號就動員起來，控制該中心或地區」。「接着一批對於憲法訓練有素、選舉出來的有識之士就接管該區」。[18]完全是無中生有的幻想！當時孫中山的興中會原班人馬再加上楊衢雲輔仁文社的原班人馬總數頂多是二十來人！後來加盟的也寥寥無幾，[19]何來這成百上千久經訓練、甚有教養、深諳憲法的骨幹？而且分會偏佈全國各省？從心理學上說，孫中山這種幻想符合本偵探一直以來所強調的孫中山「着迷」於革命的心態，也代表他一廂情願的、完美的、「理想」的革命程序。[20]

但是儘管本偵探早有此心理準備，卻做夢也沒想到孫大炮會「大炮」到這個地步！因為，他這樣夢想是可以的，寫出來公諸於世就不尋常了，裏面可有文章？而且，以孫中山的英語水平來說，是無法獨力寫出這樣一篇行文如此流暢文章的，槍手是誰？本偵探決心追查該文來源，以及何時在何報刊登等細節。惟當時本偵探剛剛從英國科研回來，無法馬上再飛英國，於是又一次電請安德遜君幫助。兩人再度合作做偵探。

必須強調的是，此後具體的偵探工作是由安德遜君就近在倫敦進行的，本偵探只是當高參而已。具體的偵探工作包括耙梳 1896 年 10 月 23 日孫中山漫步走出公使館而重獲自由起，到 1897 年 7 月 1 日他坐船離開英國之日止，所有英國的報章。可惜都沒該文的蹤影。我們的結論是，雖然該文開宗

---

17 Anon, 'Sun Yat Sen — Tells the Story of His First Revolt Against the Chinese Dynasty', *Daily Chronicle* (London), 14 October 1911，p. cols. 4-5：at col. 5.

18 Anon, 'Sun Yat Sen — Tells the Story of His First Revolt Against the Chinese Dynasty', *Daily Chronicle* (London), 14 October 1911，p. cols. 4-5：at col. 4.

19 見拙著《三十歲前的孫中山》，章 8。

20 見拙著《孫文革命：聖經和易經》（香港：中華書局，2015 年）。

明義就説：「本文是孫逸仙逃出倫敦公使館幾天之後撰寫的」（The article was written by Sun Yat Sen a few days after his memorable escape from the Chinese Legation in London），[21] 但沒有説明撰寫後在何時和哪家報章發表。這種現象，證明成文以後很可能一直沒有付梓，直到快十五年後的 1911 年 10 月 14 日才在倫敦的《每日紀事報》面世。

　　如何解釋這種姍姍來遲的現象？孫中山沒有投稿？可能性不大，他辛辛苦苦與人合作撰文當然是為了見報。被退稿？這個可能性很大，因為自從 1896 年 10 月 23 日孫中山從清朝駐倫敦公使館重獲自由後，記者蜂擁前往採訪，「幾天之後」眾多記者要提出的問題已罄，讀者對此事的興趣亦已大減，本來絡繹不絕地前來採訪的記者群亦已絕跡。但竊以為最大的問題還是該文的內容本身，如此這般的天方夜譚，很難取信於人。關鍵是：為何孫中山還是堅持要亮出這樣的文章？「孫大炮」吹水吹得忘記了價錢？

　　不，孫中山每次吹水皆有目的，他沒有忘記價錢。這次之目標是甚麼？本偵探與安德遜君把我們蒐集到的所有史料放在一起分析、切磋的結果是：第一，該文並非孫中山口述、丁格里記錄而成的。丁格里在 1881 年出生，到了 1896 年才十五歲，在唸中學三年級，不太可能在這個時候與孫中山合作寫文章。第二，孫中山在 1896 年 10 月 23 日星期五黃昏獲釋後，記者鋪天蓋地而來，爭先恐後地追問他這個、那個。孫中山被打個措手不及，倉促間他給記者群的一些答案在政治上不一定是明智的。他事後回想，後悔莫及，急於糾正，於是仰詢恩施康德黎醫生。康德黎醫生似乎就介紹他跟柯林斯（Edwin Collins）認識，恭請柯林斯幫助他有系統地用英語自述。結果孫中山杜撰了一個三十人的領導集團，藉此表示他具備西方民主的、憲法式的領導團隊，像英國的內閣一樣。又杜撰了一批於憲法訓練有數、選舉出來的文人來接管起義地區，更杜撰了「領導人各配備武裝衛隊一百人」，擺出一副有組織有紀律、實力雄厚的姿態。當然還杜撰了他預先撤退了家人到安全

21　Anon, 'Sun Yat Sen — Tells the Story of His First Revolt Against the Chinese Dynasty', *Daily Chronicle* (London), 14 October 1911，p. cols. 4-5；at col. 4.

圖 59.2
新加坡萊佛士大酒店
（Raffles' Hotel）

的地方，以顯示他思想縝密，考慮週全。[22]

　　換句話説，孫中山自編自導了一段主觀的、虛假的、完全為政治服務的歷史，是為本偵探閱讀過眾多「孫大炮」的實例中最為「大炮」的故事。但是報館的主編也不是傻瓜，1896 年孫中山投稿時似乎就被退稿了。從此孫中山一直把此稿（或腹稿）帶在身邊。後來在 1908 年 9 月孫中山在新加坡重逢 1895 年在香港結交的《德臣西報》(China Mail) 主筆黎德 (Thomas H. Reid)，並多次在當地著名的萊佛士大酒店（Raffles' Hotel）共進晚膳，膳後又到黎德的旅寓詳談。[23] 黎德對孫中山的印象極佳，似乎孫中山就把該稿交他（若是腹稿則由黎德默寫），委托他在適當時機代為發表。

　　再過三年之後，武昌起義震撼全球，西方人士迫切要求多瞭解其首領孫中山。畢竟，1911 年 10 月 10 日爆發的武昌起義，距離 1896 年 10 月 11 日

22　筆者與安德遜君的電郵切磋，2014 年 5 月 22、23、24、27 日及各附件。安德遜君目前正在用英語撰寫一本書，題為《失蹤了的一本書》(Lost Book)，到時將會有不少學術上的突破公諸於世。

23　A Correspondent of the London *Daily Chronicle* (Thomas H. Reid), 'English Sketch of Dr Sun Yat Sen's Career: Says he was born near Macao', *Daily Chronicle*（London），19 October 1911, p. 4, col. 4; also reprinted in *The Hawaiian Star* (Honolulu [Oahu]), 1893-1912, 2 January 1912, second section. Image provided by University of Hawaii at Manoa, Honolulu H1. Persistent link: http://chroniclingamerica.loc.gov/lccn/sn82015415/1912-01-02/ed-1/seq-9/

孫中山之被綁架進入清朝駐倫敦的公使館，雖然當時也震撼全球，但整整十五年過去了！十年人事幾番新。結果黎德把握時機，將孫中山預先交他的此文投倫敦的《每日紀事報》，從此在英美等英語世界傳媒中輾轉瘋傳。瘋傳的原因除了滿足了讀者的好奇心以外，其內容中的下列警句似乎起了關鍵性的作用：「我們的最高理想是，藉着《聖經》以及我們所理解的歐美教育作為手段，向我們痛苦的國人傳達一個信息：公正的法律會為他們帶來幸福，文明會為他們帶來歡慰」。（Our greatest hope is to make the Bible and education, as we have come to know them by residence in America and Europe, the means of conveying to our unhappy fellow countrymen what blessings may lie in the way of just laws, what relief from their sufferings may be found through civilisation.）[24]

在該文中，雖然孫中山説「歐美」（America and Europe），但由於他的文章是用英語撰寫的，瘋傳也在英國和美國，其次是加拿大和大洋洲，所以讀者的對象主要是盎格魯・撒克遜民族。從這個意義上解讀他的文章，則孫中山似乎在説：《聖經》所孕育出來的盎格魯・撒克遜文明，尤其是盎格魯・撒克遜文明的法律和教育的內容與制度，是華夏救苦救難的良藥。凡是盎格魯・撒克遜人，尤其是基督宗教教徒，更尤其是基督宗教的傳教士，讀到此句，會感到歡欣鼓舞，更可能會一廂情願地熱切期待着中國的新生政權會把中國基督化。

若果真如此，則他們很快就會感到失望，因為孫中山早已下定決心：政教分離，對國內的各種宗教一視同仁，並期待着他們能起到促進國人的愛國主義感情的作用。所以，當他成為中華民國臨時大總統時，即於 1912 年 6 月 2 日宣佈：「政教分立，幾為近世文明國之公例。蓋分立則信教傳教皆得自由，不特政治上紛擾之原因，且使教會得發揮其真美之宗旨。……今但聽人民自由奉教，一切平等，即傾軋之見無自而生，而熱心向道者亦能登峰造極，放大光明於塵世。若藉國力以傳教，恐信者未集，反對已起，於國於

24　Sun Yatsen, "Sun Yat Sen. Tells the Story of His First Revolt against the Chinese Dynasty", *The Daily Chronicle,* 14 October 1911, p. 4, cols. 4-5, para. 7.

教，兩均無益」。[25]

此言確實很有見地。但是，從「文明交戰」的角度看，可能招惹不必要的麻煩。蓋孫中山在 1896 底所寫的文章似乎在說：他擬採用盎格魯‧撒克遜文明來現代化華夏文明。盎格魯‧撒克遜文明的精英讀後，會感到非常優越。1912 年孫中山當了臨時大總統後的態度，證明他拒絕採用國家的力量來把華夏文明盎格魯‧撒克遜文明化，則無論怎樣合情合理，盎格魯‧撒克遜文明的精英都會感到被潑冷水，老羞成怒之餘，可能甚至重燃征服華夏文明的歹意。該歹意在行將出版的拙著《文明交戰》（暫定名）中，會有詳細剖析，敬請讀者留意。

最後，讓本偵探回應本章的主旋律，即孫中山揚言他的革命隊伍成百上千久經訓練、甚有教養、深諳憲法的骨幹。[26] 其實孫中山本人最清楚。當他大半生奔走的革命終於在辛亥成功之時，正是他建設一個他夢寐以求的現代化中國之際，不料他竟然讓位給袁世凱了，為甚麼？他說理由之一是：「我掌握的現有人員，是無法重建中國的，因此，我確信保留權力毫無用處，只有延長戰爭和流血而已。也因此我已和袁世凱談和，同意由他來統治我以真正民主的精神辛苦建立的民國。」[27] 詳見本書以「既然當了臨時大總統，為何孫中山又讓位給袁世凱？」為題的第六十六章。孫中山憑甚麼說他所掌握的現有人員如此無能？不是有大批大批熱血志士，跟隨他多年搞革命嗎？答案在本書以「既然讓了位給袁世凱，為何孫中山又起兵反袁？」為題的第六十七章。

25　孫文：〈覆高翼聖、韋亞杰函〉，1912 年 2 月 6 日，《孫中山全集》，卷 2，頁 66。

26　Anon, 'Sun Yat Sen — Tells the Story of His First Revolt Against the Chinese Dynasty', *Daily Chronicle* (London), 14 October 1911，p. cols. 4-5：at col. 4.

27　孫文：〈致國際社會黨執行局函〉，1915 年 11 月 10 日，《孫中山集外集補編》，頁 183－186：其中頁 183。

第六十章
槍斃孫文！

上一章提到，1896 年 10 月孫中山在倫敦被清朝駐英國公使館幽禁起來了，是為著名的倫敦蒙難。

若非本偵探曾在孫中山倫敦蒙難這問題上，做過幾十年的中西檔案鑽研和實地調查，並在大量堅實的證據基礎上得出 1896 年 10 月 11 日孫中山被綁架進入清朝駐英國的倫敦公使館這個結論，[1] 恐怕無法拆穿一副非常暢銷的「西洋鏡」——它是斯特林．西格雷夫（Sterling Seagrave）所著的《宋家王朝》的有關部份。[2]

此「西洋鏡」的全部魅力，建築在西格雷夫先入為主地一口咬定孫中山之倫敦蒙難，完全是由於他傻乎乎地自投羅網所致。西格雷夫並以此觀點為基石，一層一層地建築了一幢四層高的樓房。第一層聲稱孫中山之被幽禁起來，絕對是咎由自取。第二層進而斥責孫中山在其《倫敦蒙難》一書中顛倒黑白，把其愚蠢地自投羅網說成是無辜地遭到坑矇拐騙。第三層連編累牘地責罵孫中山下流，誤導了一批又一批的熱血青年走向造反，結果屍橫遍野、血流成河。第四層則說，由於孫中山不斷地誤打誤撞，結果不但能夠苟延殘喘地活下來，而且被神化了：水鬼升城隍。

真是奇文共欣賞，謹將此「西洋鏡」的有關部份轉錄並翻譯如下，並在每一段的文末，用紅筆箋注。本來，西格雷夫的信口雌黃，原不值一哂，問

1　見筆者的英文原著 *The Origins of an Heroic Image, Sun Yatsen in London, 1896-1897* (Oxford University Press, 1986). 該書出版後，西方學術界反應良好，英美德意奧加拿大澳紐香港等地的書評都肯定筆者的結論。中文繁體字增訂本見《孫逸仙倫敦蒙難真相：從未披露的史實》（台北：聯經，1998），簡體字增訂本見上海：上海書店出版社 2004 年的版本。中文本出版後，兩岸三地的書評亦佳。總的來說，中西學術界皆肯定筆者的結論。

2　Sterling Seagrave, *The Soong Dynasty* (New York: HarperPerennial, March 1986).

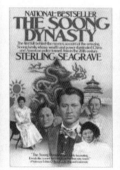

圖 60.1－4
無數版本的《宋家王朝》

題是他的書在西方暢銷之極，版本無數，結果家喻戶曉，就不能不嚴肅處理
了。因為，美國益格魯‧撒克遜文明的精英西格雷夫，如此這般地砌詞構陷
華夏文明的民族英雄孫中山，正是下一場可發生的文明交戰的先聲。作為炎
黃子孫的本偵探，豈能袖手旁觀？

在其大作第 82 頁中，西格雷夫寫道：

> He believed that his disguise was so effective that nobody at the
> legation would recognise him. He could walk right in and chat, and
> stroll out again without anyone's being the wiser……Coolly, Sun
> discussed the instability of the Manchu regime.

他認為他喬裝打扮得如此天衣無縫，他相信公使館內沒有任何人會認出
他，他可以大搖大擺地進出公使館，視該館職員如無物…… 若無其事地，
孫逸仙向該館職員述說清朝如何不穩定。.── 西格雷夫在現場目睹孫中山
這番表演嗎？若非，何來此言之鑿鑿？西格雷夫在把他的幻想小說冒充成歷
史？

在其大作第 82 頁中，西格雷夫寫道：

> By Sunday night Cantlie was desperate. Neither the Foreign Office
> nor Scotland Yard had taken any action. He rushed to the *Times* and

gave the story to their editors. But the Monday edition made no mention of Sun. The editors had chosen to be discreet until the government decided on a proper course of action. The editors of the *Globe* were less concerned about diplomatic protocol. When they got wind of the story, they ran a special edition. Reporters descended on the legation, and one warned translator Teng that if Sun was not released immediately there would be an angry mob outside by morning.

到了星期日晚上，康德黎發急了，因為外交部與倫敦警察總部都毫無意思採取任何行動。於是他連夜跑去《泰晤士報》編輯部，但是該報在翌晨的新聞中竟然隻字沒提孫逸仙，因為該報不願意搶在政府前頭作出任何舉動。倒是《環球報》甚為進取，聞風即馬上出版號外，導致記者群蜂擁到公使館，其中一名記者甚至警告鄧廷鏗說：若不馬上釋放孫逸仙，翌晨將有大批憤怒的群眾把大使館包圍得水洩不通！。——此段抄襲自孫中山的英文原著《倫敦蒙難記》，既然西格雷夫認為此書不可靠，竟然又大肆抄襲它，顯然是自打嘴巴。

Indeed, by dawn the story was in every London paper and the public clamor was deafening in Sun's behalf. The Foreign Office, moved to action, issued an ultimatum to Macartney. At 4.30 P.M. October 23, twelve days after Sun's capture, Scotland Yard Chief Inspector Jarvis arrived at the legation with Dr. Cantlie and a Queen's home messenger sent by the Foreign Office to claim the hostage.

果然翌晨所有倫敦的各大報章都大事報導其事，公眾強烈要求釋放孫逸仙的喊聲震耳欲聾。不得已外交部向馬格理發出最後通牒。結果在10月23日下午四時三十分，即孫逸仙被擒之後十二天，蘇格蘭場的喬佛斯探長（Inspector Jarvis）在康德黎醫生和一名外交部派遣的皇家陛下信使的陪同下，到公使館領人。——此段同樣是抄襲自孫中山的《倫敦蒙難記》，既然

西格雷夫認為此書不可靠，竟然一而再地大肆抄襲它，確實是二打嘴巴。

　　As spectators and newsmen swarmed around the entrance, Dr. Sun was brought out and driven away in a hansom to Scotland Yard, a free man.

　　由於圍觀的群眾和蜂擁而至的記者把公使館的大門擁擠得水洩不通，孫醫生從後門被帶出公使館，繼而被安排坐進一部出租馬車直奔蘇格蘭場。他重獲自由了！——此段又是抄襲自孫中山的《倫敦蒙難記》，既然西格雷夫認為此書不可靠，竟然又一而再、再而三地大肆抄襲它，是三打嘴巴。

　　Once again, a ludicrous blunder had catapulted Dr. Sun into prominence. He was now world famous. Journalists demanded interviews.

　　又是一次冒失的誤打誤撞，使孫逸仙的知名度暴升。現在他成了世界名人。記者爭先恐後地採訪他。——此時的孫逸仙，確實是知名度暴升，確實是成了世界名人，確實是記者爭先恐後地採訪的對象。但難道這一切皆由於孫逸仙誤打誤撞所致，而不是公使館的職員視英國法律如無物、公然在倫敦街頭進行坑矇拐騙的結果？且看負責調查此案的英國政府代表律師的判斷如何？他判斷孫逸仙確實是如其所言，被公使館坑矇拐騙進入公使館的。
　　西格雷夫在其大作第83－84頁中寫道：

　　Sun enjoyed the celebrity. He hid the fact that he had brought the affair on his own head, and glamorized his role by claiming that he had been tricked and captured. His memoir, which was a clever exercise in thimble-rigging, was published in England under the title *Kidnapped in London*. Sun Yat-sen became a household name. Copies of the book were reprinted and distributed in China with great glee by Charlie

Soong and his friends.

　　孫逸仙春風得意，他當然絕口不提他曾自投羅網那麼愚蠢，反而口口聲聲地說遭到坑矇拐騙。他那弄虛做假的《倫敦蒙難記》，成為家喻戶曉。宋嘉樹等人如獲至寶，在中國將其翻印並廣為散發。——孫逸仙重獲自由，當然春風得意。當然絕口不提他曾自投羅網，因為他並沒有自投羅網。當然口口聲聲地說曾遭到坑矇拐騙，因為實情如此，為何不言之鑿鑿？他在《倫敦蒙難記》中當然沒有弄虛做假，所以才成為家喻戶曉。宋嘉樹等人並沒有把《倫敦蒙難記》翻印，當時在中國的華人，有多少能看懂英語？實情是，宮崎滔天首先把《倫敦蒙難記》翻譯成日文，在日本的報章上連載。後來再由章士釗（筆名黃中黃）自日文節譯為漢語。西格雷夫連這基本的歷史知識也不懂，就「想當然」地一口咬定宋嘉樹把《倫敦蒙難記》的英文原著大量翻印。

　　　　Given Dr. Sun's propensity for disaster, we might be forgiven for wondering how he maintained his hold on his followers. What was his magic? In retrospect, with the advantage of hindsight and the collection of information over the years by many scholars, Sun's adventures take on a picaresque folly that would endear him to Viennese fans of *op ê ra bouffe.* This was not apparent in Sun's day. The participants were too close to events. Revolutionary passion lent a terrible drama to each horrific setback. It was not possible to recognize the comic proportions of a fiasco when it resulted in gruesome beheadings, mutilations, and slow strangulation. Sun's pitfalls were not comic opera so much as *grand guignol,* taken with deadly seriousness by the participants, if not by all the audience. (The British Foreign Office did not take him very seriously.)

　　孫逸仙總是那麼冒失，總是那麼無能，何來擁蘁？——受惠於事後聰

明與眾多學者的辛苦勞動，可知孫逸仙無賴般赤膊上陣，雖然愚蠢不堪，卻能贏得那些愛看滑稽歌劇的維也納觀眾般的歡心。孫逸仙在生之時，這一點並不明顯。因為參加革命的人全是當局者迷，看不清。革命熱情衝昏了不少人的腦袋，使到他們視慘重的損失如戲劇人生，使到他們對待每一次造反失敗所帶來的極刑諸如斬首、凌遲、勒死等，猶如兒戲。孫逸仙最易犯的毛病並非滑稽劇而是恐怖劇：參與的人全情投入！觀眾可不上當（英國外交部就從來不把他當作一回事）。——「欲加之罪，何患無辭」，看來西格雷夫是箇中能手。

Also, there were many conspirators involved, and Sun only appears to blame when his case is seen in isolation. He was unquestionably gifted. He was an impassioned orator, able to illuminate the cause he championed, and to inspire to action those who might otherwise have wasted their energy and ardor in drunken conspiratorial discussions, where most revolutions are stillborn. If he was in some respects superficial, it might have been this quality alone that kept him alive while other, better revolutionaries were being murdered. There was a great deal of carnage going on. Many firebrands and plotters died grisly deaths. Perhaps there were among them men and women of much greater nobility than Sun, but they were too engaged to last. Sun's quirks kept him slightly disengaged, so Sun always survived.

孫逸仙有不少同謀者。因此，只有孫逸仙單獨行事的時候，他的愚蠢，才暴露無遺。無可置疑地，他甚富才華。他天賦口才，能清晰地闡明他的目標。他能鼓動那些本來只會紙上談兵的、借酒消愁的有志之士採取激烈行動。若孫逸仙顯得膚淺的話，正是他的膚淺讓他能夠苟延殘喘，而比他卓越的革命家都相繼被殺。屍橫遍野，血流成河之際：不少熱血青年及謀反者被殺害了，他們當中不少人的氣節比孫逸仙高尚得多。正因為他們認真，所以一個一個地倒下去；正因為孫逸仙慣於馬馬虎虎，得過且過，所以總是活下

來。——孫中山確實甚具才華，確實天賦口才，確實能清晰地闡明他的目標。但是，孫中山的同志當中，具體那些人是只會紙上談兵、借酒消愁的有志之士？那些是相繼被殺的卓越革命家？何時屍橫遍野？哪處血流成河？由於西格雷夫無法列舉具體例子，世人必須視他為捕風捉影的高手。

　　Those who also survive also rewrite. History is constantly falsified, creating a perpetual struggle between propaganda and fact. Thus Sun's narrative of the kidnapping in London was heroic, mythic propaganda, and became the gospel. Many years later, after his death, a systematic program of deification raised his image to godlike stature. In the end Sun's true art was levitation, and his leadership endured, like that of some famous leaders, simply because he survived while all around him

（按：從這裏開始是第 83 頁）：

　　were dying. He had the intuition of Don Giovanni — to sense when it is time to leave by the balcony. He was, in a word, China's first modern politician.

　　像孫逸仙一樣活下來的人，就改寫歷史。歷史在不斷地被虛構，宣傳與事實不斷地鬥爭。孫逸仙自述的倫敦蒙難，其實是虛構的、歌頌英雄式的宣傳，卻變成不破的真理。他去世多年以後，就被有系統地神化了。他之能夠變成高高在上，永垂不朽的領導人，正因為他的同志們通通倒下去了，只有他苟延殘喘下來，像一些著名的領導人一樣。他有着唐·喬凡尼 (Don Giovanni)[3] 般的靈感，他知道何時離開騎樓。一言蔽之，他是中國首名政客。——孫中山逝世後被國民黨神化，那是黨外中西歷史工作者長期實證

3　按《唐·喬凡尼》乃莫札特著名歌劇。

研究而得到的共識。至於《倫敦蒙難記》是否為了歌頌英雄而故意虛構，則西格雷夫沒有做過有關調研，卻裝做權威般發言，能不貽笑大方！西格雷夫可知道，本偵探已經查明《倫敦蒙難記》英文原著的槍手是孫中山的恩師康德黎醫生〔後來被英王冊封為爵士〕。西格雷夫說此書「其實是虛構的、歌頌英雄式的宣傳」，是否指責康德黎爵士一直在說謊？

Free to come and go as he pleased, Sun spent the next six months reading in the British Museum Library, making such provocative friends as the revolutionary Felix Volkhovsky, editor of the journal *Free Russia*.

重獲自由之後的六個月，孫逸仙在大英博物館中的圖書館閱讀刊物，廣交惹事生非的朋友諸如《自由俄國》雜誌的編輯、造反者伏爾霍夫斯基（Felix Volkhovsky）。——西格雷夫在上文說孫逸仙在 10 月 23 日獲釋，下文說孫逸仙在 1897 年七月離開英國。所以，孫逸仙有超過八個月的時間，而非六個月，在大英博物館讀書及結交朋友。西格雷夫連基本的算術也不會。

At long last, in July 1897, Dr. Sun turned his back on London and sailed for Japan, which was to be his base for operations for the next few years. He was welcomed there by a group of powerful Japanese political *ronin* — energetic and dangerous men who would have been samurai in medieval Japan but now were freelance adventurers. These were impassioned men of the cut who founded the superpatriotic Black Dragon Society a few years later and thrust Japan into its headlong Asian military adventure. They became Sun's protectors, sponsors, and fellow conspirators. They saw him not only as a way to topple China's imperial government but, more important, as a means of expelling the Western powers from East Asia. The heady vision of Japan as the leader of a pan Asian renaissance consumed them. Among these influential Japanese were Sugarawa Den, Miyazaki Torazo, Inukai Ki,

Okuma Shigenobu and Soejima Taneomi.

　　1897 年七月，孫逸仙終於背棄了倫敦而前往日本。此後數年，他以日本為根據地。一批足以左右大局的政治浪人歡迎他的到來——他們是充滿活力的危險人物。在中古時代的日本，他們很可能就成為武士；現在他們是各自為戰的冒險者。數年之後他們成立那瘋狂地盲目愛國的黑龍會，把日本投進亞洲的軍事冒險。他們成為孫逸仙的包庇人、贊助人、同謀者。他們視孫逸仙為他們推翻清朝政府的工具；更重要的是，他們視孫逸仙為他們驅逐西方列強離開亞洲的工具。他們被一種幻想天天火燒心肝：他們幻想着日本領導亞洲復興。他們之中有深具影響力的岡頭滿，宮崎滔天，犬養毅，……
——背棄——turn his back on——是貶義詞。「背棄了倫敦」，是罵孫逸仙忘恩負義，背棄了曾拯救他性命的倫敦上下的盎格魯‧撒克遜民族，去投靠日本那些矢志把西洋人驅逐出亞洲的東洋人。西格雷夫此言，把他那種不可一世的白人優越感暴露無遺。

　　During the next eight years, Sun orchestrated several more unsuccessful revolts. He was now excluded from British Hong Kong as well as from the Chinese mainland, so he had to work through secret political agents from a distance. He was establishing revolutionary cells in each Chinese city and building his party organization. Charlie Soong kept all the financial records and membership rolls, invested every cent that came in to enlarge party coffers, and held regular planning meetings with other leaders at his printing press on Shantung Road. He was not the primary organizer, but one of the handful of leaders forming the inner circle. Their campaign depended heavily on the circulation of revolutionary literature produced secretly at his Sino-American Press.

　　在接下來的八年裏，孫逸仙發動了多次徒勞無功的叛變。英國殖民地香

港與中國大陸都驅逐他出境。他只能通過他的秘密人員進行顛覆活動。他在中國的每一個城市都建立了他的黨委。宋嘉樹為他管理所有帳目，為他投資捐來的款項，為他保存黨員名冊，在他位於上海山東路的印刷廠召開秘密會議。宋嘉樹不是主要的組織者，卻是少數的圈內人士。他們的戰略依重於他在其「中美印刷廠」印刷的革命宣傳品。——1897 年之後的八年，即 1897 年到 1905 年之內的八年。在這八年裏，孫逸仙的主要活動對象還是廣東，何來「在中國的每一個城市都建立了他的黨委」？那怕同盟會在 1905 年成立了，有了大批來自長江流域的留日學生參加孫中山的革命隊伍，仍然談不上「在中國的每一個城市都建立了他的黨委」！至於「宋嘉樹為他管理所有帳目，為他投資捐來的款項，為他保存黨員名冊」云云，不知西格雷夫所據為何？不！他可能看過一條史料，那就是孫大炮所說的：「我們在每一個省份都有分會」[4] 本偵探已經查出這是孫中山「完全是無中生有的幻想！」，[5] 西格雷夫把「每一個省份」誇大為「每一個城市」，就是更為完全徹底的無中生有。

　　問題出於西格雷夫本人沒有做過基礎調研，而是東抄西襲別人的著作，專門挑選符合他世界觀的東西來盡情發揮。他之堅稱孫中山在倫敦是自投羅網，其實是抄襲了史扶鄰 (Harold Z. Schiffrin) 教授之說。[6] 西格雷夫可不知道，本偵探有關孫中山倫敦蒙難的英文原著出版後，史扶鄰教授泱泱大度地承認自己過去搞錯了，[7] 只有西格雷夫仍然在那裏「嗡嗡叫」而已。

＊＊＊

　　總之，西格雷夫無中生有之處，歎為觀止。但他的書在西方卻非常暢銷，為何如此？若此異象反映了當前盎格魯‧撒克遜民族的某些精英對華夏文明的態度，則炎黃子孫又該作何反思？對未來可能發生的文明交戰，又應該做哪些自我完善的工夫？

4　Anon, 'Sun Yat Sen — Tells the Story of His First Revolt Against the Chinese Dynasty', *Daily Chronicle* (London), 14 October 1911，p. cols. 4-5：at col. 4.

5　詳見本書題為「論最大炮的大炮」的第五十九章。

6　見 Harold Z. Schiffrin, *Sun Yat-sen and the Origins of the Chinese Revolution* (Berkeley: University of California Press, 1968).

7　見其刊於 *Journal of Asian and African Studies*, 24.1-2: 144-6 的書評。

第六十一章

孫中山的民族主義與英以色列「信仰」之謎

　　孫中山在其民族主義第一講中嘗言：包括漢、滿、蒙、回、藏以及五十一個少數民族的「四萬萬中國人可以說完全是漢人」。[1] 甚麼？又是一次孫大炮？為甚麼他這樣說？1980 年代本偵探為《孫逸仙倫敦蒙難真相：從未披露的史實》（台北：聯經文化出版事業公司，1998）所做的檔案鑽研和實地調查，和 2000 年代為《中山先生與英國》（台北：學生書局，2005），以及《孫逸仙在倫敦：三民主義思想探源》（台北：聯經文化出版事業公司，2007），所做的調研，曾找到初步答案。2010 年代所做的進一步調研及思考，讓本偵探對此問題又有了更深刻的瞭解。原來孫中山的民族主義與英國盎格魯·撒克遜民族某些精英的英以色列「信仰」有着密切的關係。

　　「英以色列」者，British Israel 之謂也。奇怪！英國就是英國，以色列就是以色列，怎麼來個英以色列這麼彆扭？還說是一種「信仰」，甚至說孫文曾受到這種「信仰」的影響，真是愈說愈讓人莫名其妙！為何如此？

　　此話又得從頭說起。事緣 1968 年本偵探從香港大學畢業後即往英國牛津大學深造。當時無產階級文化大革命正在中國大陸進行得如火如荼，唱得最多的歌曲、奏得最響的調子是《東方紅》。後來本偵探在研究院裏慢慢結識了一些知心的英國同學後，他們說，有一首英國名曲叫《耶路撒冷》（Jerusalem）者，對盎格魯·撒克遜民族民族來說，其扣人心弦之處，不亞《東方紅》之於紅衛兵。本偵探更是奇怪：《耶路撒冷》對盎格魯·撒克遜民族的思想感情來說，竟然是如斯重要？

　　夏天來了。英國廣播公司的交響樂團（BBC Symphony Orchestra）舉行一年一度的《大眾音樂會系列》（Promenade Concerts），八週之內每晚都在

1　孫中山：〈民族主義第一講〉，《國父全集》(1989)，第 1 冊，頁 6，第 4-6 行。

圖 61.1
顯示 2015 年 5 月 1 日星期六晚上演唱《主宰天下啊，不列顛！》的場面。本偵探攝。

圖 61.2
顯示 2015 年 5 月 1 日星期六晚上演唱《耶路撒冷》的場面。本偵探攝。

倫敦的皇家艾伯特音樂廳（Royal Albert Hall）演奏古典及其他音樂。最後一晚的大眾音樂會（Last Night of the Proms）最為熱鬧暢銷，因為該晚下半場專門演奏、演唱英國最為膾炙人口的名曲諸如《主宰天下啊，不列顛！》（Rule, Britannia!）和《耶路撒冷》（Jerusalem），聽眾們與歌詠團齊聲高歌。聽眾們瘋狂地揮舞着英國國旗，拼命地把綵帶擲向舞台。不少聽眾更披上英國國旗，或穿上用英國國旗為圖案所設計的西裝現身。歐洲大陸以至世界各地很多電台、電視台都當場轉播。

遠在天邊的澳洲雪梨交響樂團（Sydney Symphony Orchestra）暨歌詠團，考慮到當地英裔很難專程飛英國參與盛會，於是在每年 5 月的第一個週末就專門演奏、演唱 Last Night of the Proms 共三場：星期六晚上一場，星期日下午及晚上各一場，門票每位澳幣一百大元，仍然座無虛設！圖 61.1 顯示 2015 年 5 月 1 日星期六晚上演唱《主宰天下啊，不列顛！》的場面。圖 61.2 顯示同晚演唱《耶路撒冷》的場面。本偵探置身其中，也被聽眾真情的狂熱深深地感動了。

《主宰天下啊，不列顛！》合唱部份的歌詞是這樣的：

> 主宰天下啊，不列顛！不列顛主宰海浪！Rule, Britannia! Britannia, rule the waves!
> 不列顛人永遠、永遠、永遠不會當奴隸。Britons never, never, never shall be slaves.

英國曾經長期承受了一浪接一浪來自歐洲大陸各民族的入侵、統治。其中最著名的入侵，當然是羅馬帝國，於是後來的英國人就自命為羅馬帝國的繼承者了。到了十九世紀下半葉，英國人建立起全球性的大帝國，號稱日不落，可謂吐氣揚眉。歌詞中「不列顛人永遠、永遠、永遠不會當奴隸」的豪言壯語，變成了羅馬帝國般欺負別人的進行曲。首相巴麥尊子爵不是早說過了：「英國人，哪怕他是最卑鄙無恥的英國小人，無論他在那裏遇到危險，

我們的兵艦就會打到那裏。」[2] 不列顛主宰海浪的好處就在這裏！

1882 年，英國劍橋大學著名歷史學家約翰·西利爵士（Sir John Seeley）皇家講座教授更說，大英帝國是在漫不經意間「無心插柳柳成陰」的結果。[3] 意思是英國人和過去的羅馬人一樣，是天命注定要主宰這個世界的。這種思想感情，到了 1896 年 9 月底孫中山到達倫敦時，更為膨脹，而廣大群眾藉以表達這種思想感情的方式，就是高唱《主宰天下啊！不列顛》和《耶路撒冷》。

奇怪！耶路撒冷這座城市遠在中東，能與歐洲的英倫三島扯上甚麼關係？原來《耶路撒冷》這首歌曲表達了英國人在其本國的土地上建立起耶路撒冷城的強烈願望和決心。其中部份歌詞是這樣的：

> 我的內心不會停止戰鬥，I will not cease from mental fight，
> 我緊握的劍也不會停止揮舞，Nor shall my sword sleep in my hand,
> 直到我們把耶路撒冷，Till we have built Jerusalem
> 建築在綠油油的英國樂土上．In England's green and pleasant land。

究竟是怎麼回事？這樣的歌曲，與孫中山的民族主義又能拉上甚麼關係？容本偵探將其偵查所得，娓娓道來。

首屆《大眾音樂會系列》，1895 年在倫敦的女王音樂廳（Queen's Hall）舉行。當時的《大眾音樂會系列》並非像現在這樣限制在夏天，而是全年舉行，目的是要把音樂大眾化。據本偵探實地查勘所得，該音樂廳靠近清朝駐倫敦公使館及康德黎醫生的住宅暨醫務所。孫中山在 1896 年 9 月 30 日晚上抵達倫敦後，幾乎天天往訪恩師康德黎醫生，結果途中也頻頻地來回走過該

2　Palmerston to Davis, Draft 37, 10 December 1846, FO17/108.

3　J. R. Seeley, *The Expansion of England* (London: Macmillan, 1883), pp. 8—10.

圖 61.3
倫敦的女王音樂廳（Queen's Hall）外貌

圖 61.4
倫敦的女王音樂廳（Queen's Hall）內貌

音樂廳和公使館。不久孫中山被公使館幽禁起來，這個街知巷聞。[4] 鮮為人知的是：1897 年 2 月 3 日星期三，孫中山在「下午 1 時 30 分從旅寓出來後，先到里昂小吃館，然後到蘭罕廣場（Langham Place）的女王音樂廳（Queen's Hall），在那裏停留了兩個半小時」。[5] 停留了兩個半小時就是聽《大眾音樂會系列》的音樂了。至於當時他是否聽了《耶路撒冷》，本偵探至今無法查出來。若聽了，肯定會像 2015 年 5 月 1 日的本偵探那樣，被英裔那種近乎狂熱的愛國感情所深為震撼！一百二十年後遠在澳洲的英裔尚且如此，在大英帝國鼎盛時期的 1897 年的倫敦，英國人愛國感情的狂熱之處，不問可知。孫中山所受到的震撼，也不問可知。

退一步說，無論 1897 年 2 月 3 日星期三的孫中山聽了《耶路撒冷》這

4　見拙著《孫逸仙倫敦蒙難真相：從未披露的史實》（台北：聯經文化出版事業公司，1998；上海：上海書店出版社，2004），第一章。

5　Chinese Legation Archives, Slater to Chinese Minister, 30 January — 14 February1897, 載羅家倫：《蒙難史料考訂》，頁 142。

首歌曲及目睹了聽眾的反應與否，他置身於 1897 年的倫敦，天天都浸潤在英國人狂熱愛國感情的汪洋大海當中！在這個意義上，引起本偵探莫大興趣的是，孫中山聽了一兩次《耶路撒冷》，當然不比長期浸潤在《耶路撒冷》的氣氛中。此話怎說？本偵探發覺：自從 1896 年 10 月 27 日開始，孫中山就頻頻造訪居住在艾伯特路 12 號（12 Albert Road）的人，而且有一個規律：之前或之後必定拜訪他的恩師康德黎醫生談心，似乎是恭聽恩師分析他與那位居住在艾伯特路 12 號的人交流的結果，或之前做準備。可見師生都非常重視這種交流。本偵探決心統計一下交流的時間，並列表如下。

日期	星期	康德黎家	艾伯特路 12 號	維時	康德黎家
961027	二	24 小時	1 小時	1 小時	24 小時
961116	一	1100-1500	30 分鐘	30 分鐘	
961117	二		1030-1430	4 小時	1500-1800
961119	四	1100-1430	1500-1600	1 小時	
961124	二		1050-1230	1 小時 40 分	1500-2030
961127	五		1115-1500	3 小時 45 分	1545-2000
961128	六		時間不詳	約 5 小時（以事後與康德黎談心時間推算大約）。	1500-2000
961129	天		時間不詳	約 3 小時（以事後與康德黎談心時間推算大約）	1700-2000
961130	一		1500-1730	2 小時 30 分	
961202	三		1300-1615	3 小時 15 分	
961207	一	1410-1530	1550-1850	3 小時	
961219	六		1315-1700	3 小時 45 分	
970102	六	1210-1500	1520-1800	2 小時 40 分	
970109	六		1445-1645	2 小時	
970115	五		1430-1730	3 小時	
970127	三	1230-1500	1520-1730	2 小時 10 分	
970129	五		1500-1630	1 小時 30 分	
970204	四	1225-1530	1550-1650	1 小時	1730-2030
970402	五		1120-1350	2 小時 30 分	
共計				大約 47 小時	
970423-970609 偵探報告闕如					

　　從這表中我們可以看出，初期孫中山在造訪艾伯特路 12 號之後，往往就馬上再訪康家，好像是向恩師匯報。後期則似乎是在艾伯特路 12 號待得太晚了，再去拜訪恩師不太方便，就改為造訪艾伯特路 12 號之前，在中午時份先拜訪恩師，把前一兩次交談的結果跟恩師交換過意見之後，再去柯家。這種現象，進一步加強了本偵探的假設：即師生都非常重視這種交流。而這種交流維持了半年多，實際見面時間加起來總共約 47 小時。

　　居住在艾伯特路 12 號的人是何方神聖，值得孫中山花費如許寶貴光陰？過去在 1980 年代，本偵探經過五年多的明查暗訪，終於查出他的名字叫埃德溫·柯林斯（Edwin Collins）。他在 1876－1877 年度於倫敦大學大學院（University College, London）專門修習希伯來語（Hebrew），並獲得該課程的霍利爾獎學金（Hollier Scholarship）[6]。柯林斯後來在 1900 年替瑪麗·特里威廉（Marie Trevelyan）所作的《預言大不列顛的偉大》（*Britain's Greatness Foretold*）[7] 撰寫了序言，1904 年把希伯來語的《心的責任》（*The Duty of the Heart*）[8] 翻譯成英文出版。1906 年又把希伯來語的《以色列民族的智慧》（*The Wisdom of Israel*）[9] 片段翻譯成英文出版。

　　最能說明問題的則是他為《預言大不列顛的偉大》所寫的序言。該序言長達 49 頁，題為〈預言實現了〉（The Prediction Fulfilled）。甚麼預言？甚麼實現？當時的維多利亞女王（Queen Victoria）實現了傳說中的「不列顛勇武的女王博阿迪西婭」（Boadicea, the British Warrior-Queen）身上所含預言的理想。該序言的內容，強烈地反映了當時在英國盛極一時的一種思潮：「除了英以色列真理以外，沒有別的甚麼能夠解釋大英帝國的成長、強大和它的影響」（'British Israel Truth . . . account[s], as nothing else can, for the growth, power, and

---

6　University College London Fee Receipt Book, Faculty of Arts and Law, Session 1876-77; *University College London Calendar, 1877-78*, p.132.

7　British Library reference 12631.m.11. Published in London in 1900。

8　全名是 *The Duty of the Heart：by Rabbi Bachye*, British Library reference 14003.a.2. Published in London in 1904。

9　全名是 *The Wisdom of Israel：being extracts from the Babylonian Talmud and Midrash Rabboth*, British Library reference 14003.a.10. Published in London around 1906。

圖 61.5
本偵探於艾伯特路 12 號的街門，2014
年 4 月 18 日，Patrick Anderson 攝。

圖 61.6
柯林斯寓所旁邊的運河，2014 年 4 月 18 日，本偵探攝。

influence of the British Empire') [10]。這種思潮盛行之處，當時對於某些人來説已經到了盲目「信仰」的程度。故本偵探稱之為英以色列「信仰」。

話又得説回來。孫中山向柯林斯學習，而一個人的學習興趣，會受到學習環境的影響。若艾伯特路 12 號位於貧民窟，就會大大影響孫中山的學習情趣。於是本偵探偵決心再接再厲，在 1980 年代偵查所得的基礎上，2014 年 4 月再飛倫敦進一步實地調查柯林斯寓所的週遭環境，並拍照存案。照片勝過千言萬語，故本偵探就不再多説了，恭請讀者諸君沉醉於下列圖片所顯示出來的優美環境吧。值得特別一提的是，艾伯特路 12 號在 2015 年 7 月再度出租時，租金的定價是每週五千英鎊。[11]

但是，英國就是英國，以色列就是以色列，怎可以混為一談？原來「以色列」這個名詞，不能以當今「以色列國」這麼一個實體來解讀，而應該以基督宗教《聖經》中的「以色列民族」這樣的一個概念來理解。因為在 1896 年並沒有一個以色列國；古代的以色列國早已滅亡，而 20 世紀的以色列國，則有待第二次世界大戰結束以後才由猶太復國主義者（Zionists）重建。

基督宗教《聖經》認為，「以色列民族」是上帝特殊挑選的、世界上最優秀的、將來會是世界上最強大的民族。十九世紀的大英帝國，強大無比，所以英國的一些思想家就認為，這種現象的唯一解釋，就是英國的盎格魯・撒克遜（Anglo-Saxon）民族本來就是「以色列民族」的一支，是《聖經》上所描述的、迷了途的一支（the lost tribe）。該迷了途的一支以色列民族慢慢西移，終於定居在英倫，名字也因時間和地域的轉移而變成盎格魯・撒克遜民族。其實，盎格魯（Angles）和撒克遜（Saxons）本來就是兩個不同的民族。他們都不是英國的原住民，只是在六世紀時從歐洲大陸入侵英格蘭然後在那裏定居的。其他先後從歐洲大陸入侵英格蘭定居的還有凱爾特人（Celts）、高盧人（Gauls）、朱特人（Jutes）、丹麥人（Danes）、羅曼諦人（Normans）。總之，英以色列信徒認為，英倫三島的所有居民全都是以色列民族的後裔，只不過是在不同時期到達了「選定的地方」（Appointed

10 *Ibid.*, pp.139 and 142.

11 Patrick Anderson to Wong, e-mail, 30 July 2015.

Place）——舊約・撒下 7：10（2 Sam. 7:10），並因而把他們通通總括地稱之為盎格魯・撒克遜民族。正是由於這個原因，信奉實證史學的本偵探，在用字遣詞時，把「以色列民族」稱之為一種概念。

　　但英以色列信徒更進而認為，既然盎格魯・撒克遜民族是以色列民族的後裔，那就是上帝特別精選、特別眷顧的、最優秀的民族，是上帝預定它是世界上最強大的、領袖群雄的民族。如此這般，就似乎解釋了為何盎格魯・撒克遜民族能夠成功地建立起世界上空前強大的日不落大英帝國。[12] 下一步當然就是在綠油油的英國樂土上建立起哪怕是精神上的耶路撒冷城。

　　最近英國學者安德遜（Patrick Anderson）君又發現，柯林斯本人是不折不扣的猶太人，所以沒必要遠攀為以色列民族的一份子。他之所以高度讚揚大英帝國的偉大，正是由於英國收容了大批像他那樣的猶太難民。感恩之餘，就深深地仰慕盎格魯・撒克遜文明的包容，並認為這種包容促進了居住在英倫三島眾多的不同民族的大團結。[13] 正是這種大團結讓英國強大得舉世無雙。孫中山深有同感；君不見，正是英盎格魯・撒克遜民族那種凡是居住在英國疆土之內的人，不論種族，甚至是暫時「到英國旅遊的外國人，只要居英期間像英國臣民一樣遵守『擁護英王』的規定，他就會享受到英國法律的保護」[14] 的法治精神，把他從清朝駐倫敦公使館的死神中拯救出來嗎！

　　而「英以色列」這種思潮對孫中山最具吸引力的地方，正是它強調民族大團結則國家興旺發達。結果後來孫中山構思其三民主義當中的民族主義時，就這樣說了：

12　Charles Braden, *These also Believe* (New York: Macmillan, 1957), p. 357. 雖然這批信徒最初自稱是「英國以色列民族 (British Israelite)」，後來則因為當時在美國佔絕對優勢的民族也是盎格魯・撒克遜人，於是把自我稱呼改為「盎格魯・撒克遜以色列民族」(Anglo-Saxon Israelite)，表示英、美兩國會共同接受那由於與以色列民族認同而帶來的一切責任和利益。見 M. H. Gayer, *The Heritage of the Anglo-Saxon Race* (Haverhill, MA: Destiny Publishers, 1941), pp. 139-42.

13　Patrick Anderson, 'The Lost Book of Sun Yatsen and Edwin Collins', 2014, manuscript yet to be published.

14　原文是 'every foreigner who sets his foot on English soil, and who observes the temporary allegiance which he owes to the English Crown, is entitled to the same freedom from arrest and imprisonment which an English subject enjoys.' F.0.17/1718/p.84, newspaper cutting: *Standard*, 24 Oct 1896.

　　就中國的民族說，總數是四萬萬人，當中參雜的不過是幾百萬蒙古
人，百多萬滿洲人，幾百萬西藏人，百幾十萬回教的突厥人。外來的
總數不過一千萬人。所以就大多數說，四萬萬中國人可以說完全是漢
人。[15]

　　孫中山把滿、蒙、回、藏和中國各少數民族都說成是漢人，正是採納了
「英以色列信徒」把所有居住在英國的民眾都描述成是盎格魯‧撒克遜民族
的說法。為何他採納此說法？他解釋如下：

　　英國發達，所用民族的本位是盎格魯撒遜人，所用地方的本位是英
格蘭和威爾斯，人數只有三千八百萬，可以叫做**純粹**〔着重號為本偵探
所加〕英國的民族。這種民族在目前世界上是最強盛的民族，所造成的
國家是世界上最強盛的國家。[16]

　　當時中國積弱，孫中山急於救國，自然對於英國如何至強的學說，都積
極採納，難怪他在其〈民族主義第一講〉中的第一句話就是：「用最簡單的
定義說，三民主義就是救國主義」。[17]

　　時至今天，英國人以至遠在澳洲的英裔的愛國主義情懷還是那麼熱烈，
而賴以維繫這種熱烈情懷的名曲之一正是《耶路撒冷》。目前中華民族有哪
首歌曲，能讓全球的炎黃子孫都能起到共鳴而產生向心力？在未來可能發生
的「文明交戰」[18] 中，若英美的盎格魯‧撒克遜文明再度與華夏文明交鋒時，
將誰勝誰敗？戰火無情，無論誰勝誰敗，後果都是一片瓦礫！為何就不採華
夏文明倡導的「大同世界」？

15　孫中山：〈民族主義第一講〉，《國父全集》(1989)，第 1 冊，頁 6，第 4-6 行。

16　孫中山：〈民族主義第一講〉，《國父全集》(1989)，第 1 冊，頁 6。第 15-17 行。

17　孫中山：〈民族主義第一講〉，《國父全集》(1989)，第 1 冊，頁 3，第 4 行。

18　關於這個概念，本偵探在其行將出版的拙著《文明交戰》（暫定名）中，將有闡述。

圖 61.7

倫敦的女王音樂廳（Queen's Hall）在第二次世界大戰中被德軍炸毀了：和平穩定來得不易啊！

第六十二章

孫中山是名夜夜絃歌的花花公子？

英國史學新星茱莉亞・駱菲爾（Julia Lovell）博士對孫中山生平作如下
評述：

> 〔在辛亥革命前〕，孫中山獻媚於英、法、日、美等列強，穿梭於強
> 盜、水寇、保皇黨、無政府主義者、外國公使、傳教士、華僑、美國雇
> 傭軍之間，乞求金錢以反清，狡猾地分別對每一個集團細說該集團愛聽
> 的話……
>
> 在〔袁世凱盜國〕後的十年裏，孫中山再度趨炎附勢於國際權貴之
> 間，重溫其燈紅酒綠的生活，先後將其共和國分段拍賣……
>
> 〔1922 年陳炯明部屬炮轟總統府時〕，孫中山倉皇逃命，追殺他的
> 人不斷高聲呼喊：「槍斃他！槍斃他！」……。[1]

若駱菲爾筆下的孫中山果然是如此這般的花花公子，則槍斃他也嫌浪費
子彈。是耶非耶？

本偵探的檔案鑽研和實地調查發現：

孫中山 1892 年夏天在香港西醫書院畢業後，同年秋往澳門行醫時，先
後舉了兩筆重債以便在草堆街開設中西藥局和在議事亭前地設立孫醫館。哪
來的錢夜夜絃歌？而且，很快就招來葡醫妒忌，強迫他離開澳門，血本無歸

1　Julia Lovell, *The Opium War: Drugs, Dreams and the Making of China*（London: Picador，
September 2011），pp. 312 - 314.

之餘，[2]「損失為數不少」。[3]

　　孫中山帶着一屁股債轉到廣州懸壺，完全無力再舉債來應付哪怕是首期租金以便租借地方行醫，遑論重新裝修租來的地方做醫館甚或開設新醫館，他是靠香港的王煜初牧師介紹，才勉強借用聖教書樓行醫的。[4] 何來金錢夜夜絃歌？

　　待行醫漸有起色，才有力重新籌措資本，開設東西藥局，但無論賺了多少錢，很快又憤於官場腐敗而奮起革命，結果呢？他所有的身家也在乙未廣州起義中，毀於一旦──「文恫異族專制之害，實行革命事業二十餘年，至乙未廣州謀洩事敗，文兄弟家產遂蕩然無存」。[5] 何來金錢夜夜絃歌？

　　孫中山從此兩袖清風，仍然全方位投入革命。可是，孫中山可以不顧家，但家人無助而向他求救時，仍不顧耶？結果他迫得轉求同志，情何以堪？──「弟家人住梛，家費向右梛城同志釀資供給，每月百元。自弟離梛之後，兩女讀書，家人多病，醫藥之費常有不給，故前後兩次向港部請撥公款，然此殊屬非宜，實不得已也。自港款撥後，則無向梛城同志取資，蓋每月由金慶君散向同志收集，亦殊非易事，常有過期收不齊者，此亦長貧難顧之實情也。雖曰為天下者不顧家，然弟於萬里奔馳之中，每見家書一至，亦不能置之度外，常以此縈擾心神，紛亂志氣，於進取前途殊多窒礙」。[6]

　　孫中山奔走革命，可以不顧家。但家人無助而向他求救時，仍不顧耶？結果他迫得轉求同志施捨，情何以堪？這一切，都不是孫中山説了算的，有大量的人證、物證、文獻記載等以證其事。但駱菲爾博士卻指責當時孫中山過着燈紅酒綠的糜爛生活！

　　在此，容筆者鄭重提出文獻記載諸如清朝駐倫敦公使館僱請的史雷特私

2　見拙著《三十歲前的孫中山》（香港：中華書局，2011；北京：三聯書店，2012），章 7。

3　孫中山：〈倫敦被難記〉，1897 年 1 月 21 日，《孫中山全集》，卷 1，頁 49-86：其中頁 50。

4　見拙著《孫文革命：聖經和易經》（香港：中華書局，2015），章 5。

5　孫中山：《致參眾兩院議員函》，1916 年 12 月 12 日，《孫中山全集》，卷 3，頁 407-409：其中頁 407。

6　孫中山：〈覆鄧澤如等函〉，1911 年 7 月 18 日，《孫中山全集》，卷 1，頁 525-527：其中頁 526。

家偵探，天天跟蹤孫中山的報告；[7] 以及日本外務省情報人員，長年累月地天天監視孫中山日常生活情形的報告，也沒有任何孫中山夜夜絃歌的記載。[8] 相反地，這些目擊者的記載，處處顯示出孫中山的日常生活是清淡甚至清苦的。他們都佐證了孫中山「長貧」[9] 之言。

最後，革命終於成功了，孫中山當選為臨時大總統。他是怎樣看待如此崇高的權位？——「文以薄德，恭承國民委託之重，就職南京；蒞任之初，即向國民宣誓，以南北統一為解職之期。迨清帝退位，統一告成，遂遵前言，退而下野。夫豈欲藉此以鳴高，良以共和國家，首當守法。藐茲予躬，實欲為法治植其基耳」。[10]

又説：「天下興亡，匹夫有責」；[11]「文毀家奔走國事迄數十年」，[12]「困心衡慮」，[13]「只知有國，不計其私」；[14] 其「淡於私人權利」[15] 之處，雖「曾忝任總統之職，自問流俗權利爭奪之見，去之且遠，何物貨賄，足以污人」。[16]

孫中山「畢生學力盡萃于斯，精誠無間，百折不回，滿清之威力所不能屈，窮途之困苦所不能撓。吾志所向，一往無前，愈挫愈奮，再接再勵，用能鼓動風潮，造成時勢」。[17] 待孫中山去世時，留給宋慶齡的只有一些書籍

7　收入羅家倫：《中山先生倫敦蒙難史料考訂》(南京：京華印書館，1935 年重版)。

8　見俞辛焞等 (譯)：《孫中山在日活動密錄，1913 年 8 月－1916 年 4 月》(南開大學出版社，1990)。

9　孫中山：〈覆鄧澤如等函〉，1911 年 7 月 18 日，《孫中山全集》，卷 1，頁 525-527：其中頁 526。

10　孫中山：〈元旦佈告〉，1918 年 1 月 1 日，《孫中山全集》，卷 4，頁 285。

11　孫中山：〈美利濱分部黨所落成並開懇親大會訓詞〉，1921 年 12 月，《 孫中山全集》，卷 6，頁 51-53：其中頁 51。

12　孫中山：〈致袁世凱等電〉，1912 年 6 月 29 日，《孫中山全集》，卷 2，頁 387。

13　孫中山：〈致彭澤文函〉，1921 年 12 月 12 日，《孫中山全集》，卷 6，頁 41-42：其中頁 41。

14　孫中山：〈致李盛鐸函〉，1921 年 9 月 21 日，《孫中山全集》，卷 6，頁 601。

15　孫中山：〈覆頭山滿犬養毅函〉，1912 年 6 月 29 日，《 孫中山全集》，卷 2，頁 387。

16　孫中山：〈致參眾兩院議員函〉，1918 年 3 月 26 日，《 孫中山全集》，卷 5，頁 421-422：其中頁 421。

17　孫中山：〈建國方略之一：孫文學説——行易知難〉，1917－1919 年間，《孫中山全集》，卷 56，頁 157-246：其中頁 157-158。

和幾套衣服。[18]

　　這一切、一切，似乎均無法說服益格魯‧撒克遜文明的精英。君不見，駱菲爾的書甫一出版，倫敦各大報章諸如《泰晤士報》（The Times）[19]、《衛報》（Guardian）、《獨立報》（Independent）、《經濟學人》（Economist）、《倫敦書評》（London Review of Books），都紛紛邀請知名學者撰文評論；而這些學者又異口同聲地高度讚揚是書，轟動一時。尤其是牛津（Oxford）大學近代中國歷史與政治講座教授羅納‧米特（Rana Mitter）[20]，倫敦大學亞非學院（SOAS）東亞史講座教授蒂姆‧巴雷特（Tim H. Barret）[21]，更把該書捧上天。

　　益格魯‧撒克遜文明精英心目中的孫中山，與華夏精英所認識的孫中山，猶如天壤。印度的甘地，南非的曼德拉（Nelson Mandela，1918－2013），都是反抗帝國主義、殖民主義壓迫的民族英雄，英美益格魯‧撒克遜文明精英都紛紛對他們表示尊敬和仰慕。孫中山在中國同樣是畢生奮力反抗帝國主義、殖民主義壓迫的民族英雄，為何英美學術界卻厚此薄彼？是否帝國主義、殖民主義至今仍然對華夏虎視眈眈並準備捲土重來？若是，則誘因之一是否「物必自腐而後虫生之，人必自侮而後人侮之，家必自毀而後人毀之，國必自伐而後人伐之」《孟子‧離婁上》？

　　沿着這思路探索，結果有驚人發現：2014 年 2 月 22 日下午 1 時 30 分左右，台南市湯德章紀念公園傳出巨大聲響，園內的孫中山銅像被繩索強行扯落，銅像背面早被 上了 ROC OUT！KMT DOWN！（中華民國滾蛋，國民黨下台）等標語，而拉像者是來自台北的台獨團體「公投護台灣聯盟」成員，

18　孫中山：〈家事遺囑〉，1925 年 2 月 24 日，31 日補簽。載《孫中山全集》，卷 11，頁 640。詳見本書第十四章。

19　Jane Macartney, 'A Drug's Long Legacy', The Times (London, UK), 03 September 2011.

20　書評見 Guardian (London, UK), Friday 02 September 2011, http://www.guardian.co.uk/books/2011/sep/02/opium-war-julia-lovell-review/print.Rana Mitter.

21　書評見 Independent (London, UK), Friday, 07 October 2011，http://www.independent.co.uk/arts-entertainment/books/reviews/the-opium-war-by-julia-lovell-2366416.html?printService=print.

圖 62.1
「公投護台灣聯盟」總召集人蔡丁貴腳踏孫中山銅像的頭顱，2014 年 2 月 22 [22]

藉口是「實地測試孫中山銅像基座安全」。[23] 既然是止於測試基座安全，何必腳踩孫中山銅像？而且腳踩的地方，正是孫中山的頭顱，並且拍照放在網絡上。如此侮辱自己的民族英雄，怎能責怪帝國主義這般作賤誓死抵抗它的孫中山？南非人、印度人都沒有踩踏曼達拉、甘地銅像，遑論銅像的頭顱啊！

第二個發現更是觸目驚心：

> 目前中國正在遭受着資本主義社會二大邪惡的折磨，即環境的破壞
> 與人性的喪失。由於中國人天生的貪婪的本性，它們可以毫無保留的接

22　中國新聞網：〈台南孫中山銅像被套脖拉倒 國民黨議員痛斥「獨派」〉http://www.chinanews.com/tw/2014/02-23/5870763.shtml，2014 年 02 月 23 日 09:41。又見 http://tieba.baidu.com/p/2884890372

23　同上。

受資本主義的陰暗面即無止境的追求利潤，忽視人的尊嚴。中國人對西方的技術與產品狂熱追求卻對西方管理文化所強調的坦率、直接、誠實這些品質漠不關心……

大多數中國人發現他們不懂得精神靈性，自由信仰以及心智健康這樣的概念，因為他們的思想尚不能達到一個生命（補：即肉體和靈性的並存）存在的更高層次。他們的思想還停留在專注於動物本能對性和食物那點貪婪可憐的慾望上。

在中國人的眼中，受教育不是為了尋求真理或者改善生活品質，而只是身份和顯赫地位的象徵和標誌。中國的知識份子從別人那裏得到尊敬並不是因為他們為了別人的幸福做過甚麼，而只是因為他們獲得佔有了相當的知識。事實上，他們中的大多數只不過是一群僅僅通曉考試卻從不關心真理和道德的食客。

中國的教育體系很大程度上已經成為一種失敗和恥辱。它已經不能夠服務於教育本應所服務的主體：社會。這個教育體系不能提供給社會許多有用的個體。它只是製造出一群投機分子，他們渴望能夠受益於社會所提供的好處卻毫不關心回報。

大多數中國畢業生對選擇出國，並為外國工作不會感到內疚。事實上，他們首先欠下了中國人民在教育上為他們所做出的犧牲。[24]

確實是「人必自侮而後人侮之」，且看何時發展成為「國必自伐而後人伐之」《孟子‧離婁上》了。

本偵探懷疑此文並非蘭德公司的傑作，因為一個與美國官方關係如此密

---

24 活出恩典：〈震驚！世界第一智庫，竟如此評價中國人！〉，2013 年 1 月 23 日 01:22:23，http://club.autohome.com.cn/bbs/thread-c-530-19284833-1.html，2013 年 2 月 3 日上網閱讀。該文作者自稱其文源自美國蘭德公司在 2008 年發表的一份對中國現狀分析報告，又說美國的蘭德公司是當今美國乃至世界最負盛名的決策諮詢機構。在六十多年前，由於準確預測一旦美國參與朝鮮戰爭，中國必將出兵朝鮮，一炮走紅，從此確立了蘭德公司世界第一智庫的顯赫地位。蘭德公司則發表聲明否認其事。見 http://www.rand.org/news/announcements/2012/01/20.html，並謂該文部份數據來自該公司同仁的一篇證詞，見 http://www.rand.org/pubs/testimonies/CT244。看來該文作者是希望依重德蘭公司的威信，苦口婆心地勤諭國人。

切的智庫，用到「資本主義社會二大邪惡的折磨，即環境的破壞與人性的喪失」這樣的說法，機會甚微。而且，站在美國這個吸收了全世界大量大學畢業生的國家立場來說，中國大學畢業生出國是道德還是不道德，不是他們所關心的事情。最後，蘭德公司也曾出面否認其事。

相反地，本偵探傾向於相信，此文是假託外人批評中國社會現況的文章，而根據經驗和直覺，也覺得大體上是準確的。而且，該文作者並非指整體中國知識份子皆如此，因為本偵探有幸認識了一些非常優秀的中國學者。但是該文所述情況，與 1897 年孫中山之認為當時的華夏知識精英「對朝廷也不忠心」，[25] 與孫中山在 1912 年 8 月之痛斥「一般士子求學之心思，皆以利權為目的，及目的達到，由是用其智識剝害民權，助桀為虐。是學問反為賊民賊國之根由」，[26] 有何分別？過去之所謂對朝廷忠心，用當今的語言來說就是對國家民族忠心。若當今大部份中國精英果真如上述蘭德公司所說的那個樣子，亡國滅種之日不遠矣。若孫中山早在 1897 年提出的教育改革（見《孫文革命：聖經和易經》第十章）付諸實踐，相信情況也早已煥然一新。

第三種「人必自侮而後人侮之」的現象，令人幾乎絕望。正如中國社會科學院榮譽學部委員資中筠教授所說：「張千帆一開始希望我講文化和道德危機問題。但我不想講，因為現在關於道德危機和文化危機太明顯了，大家已經說爛了，說也白說，沒甚麼可說了，說來說去都到了禮崩樂壞、人倫道德失範的地步，可以舉出好多例子來，說了有甚麼用？……現在我不太願意講這個問題，我覺得對於一個病入膏肓的人，連五臟六腑都在潰爛的人，跟他說應該戒酒、戒煙，不應該以不健康方式生活都沒有用，得幫他找出真正的病根來」。[27]

造成「五臟六腑都在潰爛」的主要原因之一是瘋狂的急功近利，具體實

25　Sun Yatsen and Edwin Collins, 'The Chinese Rebellion', Subsection 5, "The Official Class", *The Morning Post*, 22 July 1898, p. 3, cols. 5-6, para. 6. 該文是 1897 年孫中山在倫敦時與柯林斯合著的，是英國學者安德遜（Patrick Anderson）的最新發現。感謝安德遜君發來此件。

26　孫中山：〈在北京湖廣會館學界歡迎會的演說〉，1912 年 8 月 30 日，《孫中山全集》，卷 2，頁 422-424：其中頁 423。

27　資中筠在「公民憲政講壇第 20 期：國家觀與法治」上的發言，升平頤和會議中心，2013 年 10 月 15 日，http://bbs.tianya.cn/post-972-88320-1.shtml。筆者 2014 年 7 月 27 日上網閱讀。

例之一是拙著《孫文革命：聖經和易經》跋言所及「突發事故的肇事者」：
本偵探是親身領教過該人五臟六腑潰爛而溢出來的毒液之厲害的，因而對資
中筠教授的話倍感切膚之痛。但該痛也只不過是個人痛苦，不至於令本偵探
幾乎絕望。大局就不同了，「五臟六腑都在潰爛的人」愈多，空虛的靈魂愈
眾，不良的思想乘虛而入無數人的心中，可怕！以至本偵探置自己於死地而
後生也要迅速出版拙著《孫文革命：聖經和易經》。事緣 2014 年 5 月 28 日
山東省招遠市麥當勞餐廳內，有五名自稱是信奉基督教義的全能神教教徒，
企圖吸收一名女子入教被拒而將該女子活活打死，其中一名嫌疑犯曾讀過大
學。[28] 若該大學畢業生在犯案之前得悉孫中山一生身體力行《聖經》的教導：
「那怕『人的兒子』之來到這世上都是為了侍人，而不是侍於人，並獻出他
的生命來贖救眾人」，（本偵探意譯馬可 10:45）（For even the Son of Man did
not come to be served, but to serve，and to give his life as a ransom for many.—
Mark 10:45)，他是否仍然會殺人？

　　但這宗謀殺案到底也只是孤立的個人行為；更重要的是，若「巫化」了
的基督宗教運動發展成為另一場太平天國，就真的大事不好了！「巫化」基
督宗教教義的所謂基督徒洪秀全、楊秀清，其造反之目的並非為了「侍
人」，而是全心全意地為了「侍於人」。他們更為了爭奪最高規格的「侍於
人」享受——爭做皇帝——而互相殘殺，以至血流成河。[29] 若歷史重演，則
中華民族又會賠上億萬生靈！根據太平天國前後《户部清冊》所載的户口數

28　Baidu 百度新聞：〈招遠殺人案庭審現場：一嫌犯讀過大學 稱自己正當防衛〉，2014 年 8 月
　　22 日，《東方網》，http://news.eastday.com/eastday/13news/auto/news/china/u7ai2349005_
　　K4.html 2014 年 9 月 8 日中秋節上網閱讀。

29　美國普度（Purdue）大學的一位學者寫道：「2014 年 4 月 19 日復活節前夜，英國《每日電訊報》
　　(The Telegraph) 發表報導，〈從位於浙江溫州的柳市大教堂——據說是中國目前最大的基督教
　　堂——說起〉，綜述了基督教在中國的發展狀況。文中引述了我的一個觀點，即中國將在 15 年
　　內成為基督徒最為眾多的國家。」又說：「很多評論認為，中國官方的迅速反擊，恰恰說明中國
　　當局對基督教在中國的迅速發展憂心忡忡，而浙江溫州永嘉地區的一個教堂在近日被拆除，則
　　被視作這種憂慮的例證。」——http://wenku.baidu.com/link?url=u7IG6npNLxV5j9CG52vphO-
　　QGCrEf6nzN6dZ7SRT2QZPWDc4LM1yh94keVWEZqelX9YJLsXLq5z897hgiLB2x1734fmlSAoL
　　88h_Hhshvx7，2014 年 9 月 13 日上網閱讀。竊以為：若眾多教徒皆以行動證明他們矢志「侍
　　人」，那是天大的好事。若他們「巫化」了基督教義而決意「侍於人」，遠則像洪秀全、楊秀清，
　　近則像「全能神教」創教教主趙維山那樣，則必然天下大亂！故關鍵不在於人數而在於「巫化」。

目，從 1851 年到 1864 年中國人口銳減 40%.[30] 試想當今中國 40% 的人口變成冤魂？本偵探不寒而慄。

同樣令人發抖的是：另一場太平天國必然招致帝國主義捲土重來！──「國必自伐而後人伐之」《孟子・離婁上》。在未來可能發生的文明交戰中，華夏必敗無疑。

30　絕對損失數量達 1.6 億。見百度：〈太平天國死亡人數〉，2012 年 5 月 11 日，《百度百科》，http://zhidao.baidu.com/link?url=LOzNsuzYzf9i-DUnX0KUGZhE1YbUcZZRSvb8p4_RNkqSXQDzqHSp-96gWjTxjedC2Dipim6L3K3_l4M4DiYlQa，2014 年 9 月 9 日上網閱讀。

第六十三章
孫中山的第二愛好是女人

本偵探在上一章探得英國史學新星茉莉亞‧駱菲爾（Julia Lovell）博士在 2011 年出書力斥孫中山生是名夜夜絃歌的花花公子。[1]

夜夜絃歌的花花公子，涵義有多種，其一是擁有大量金錢並揮霍無度：本偵探在上一章已經找出眾多具體的確鑿證據，證明駱菲爾博士的指控沒有根據，實際情況與她的指控剛剛相反：她是顛倒了黑白。其二是亂搞女人，言下之意是孫中山既風流又下流：故本偵探決意就此懸案藉本章查個水落石出。

空穴來風，事出有因。查 2010 年香港鳳凰衛視的鳳凰資訊網曾轉載了余世存教授《非常道》[2]的片段曰：「犬養毅曾問孫中山：『您最喜歡甚麼？』孫答：『革命！推翻滿清政府』。『除此外，您最喜歡甚麼？』孫注目犬養毅夫人，笑而不答。犬養毅催問：『答答看吧』。孫回答說：『女人』。犬養毅拍手：『很好，再次呢？』『書』」。[3]

再查：這段對話並非余世存教授親自發掘出來，而是引用台灣學者陳鵬仁先生的《宮崎滔天論孫中山與黃興》（台北：正中書局，1977）當中第 30 頁。陳鵬仁先生的書甫一面世，很快就激發台灣文人李敖先生撰文說：「國民黨黨營書店正中書局出版了一冊《宮崎滔天論孫中山與黃興》……。可見國民黨黨營書店對孫中山喜歡女人的事，尚予以梓行問世，當然，這極可能

1　Julia Lovell, *The Opium War: Drugs, Dreams and the Making of China*（London: Picador，September 2011），pp. 312 - 314.

2　余世存：《非常道》（第一版，北京：社會科學文獻出版社，2005 年；第二版，北京：新世界出版社，2007 年；第三版，瀋陽：遼寧教育出版社，2010）。

3　http://news.ifeng.com/history/zhongguojindaishi/detail_2010_07/08/1737552_0.shtml, 2014 年 3 月 23 日上網閱讀

是國民黨的一項疏忽」。[4]

李敖此言轉而引起香港某學者用筆名「七月流火」在其《孫中山和他的女人們》中寫道：「李敖君和國民黨歷來有深仇大恨，牢獄之災肯定是刻骨銘心的，因此，提起國民黨的陳年舊賬，那是絕對概莫能外，就連國父也毫不留情。他寫的《孫中山研究》，大談孫中山對女人的興趣，其中不避色情嫌疑」。[5]「七月流火」君用了 403 頁的篇幅娓娓道出其博覽過的有關資料之後，下結論說：「孫中山風流不下流」[6]。這個結論無意之中地非常直接地否定了駱菲爾博士之指控「孫中山既風流又下流」。但這到底是間接的否定，直接的證據往哪兒找？

本偵探在追查孫中山與《聖經》和《易經》的關係時，上窮碧落下黃泉地查勘史料，哈哈！意外地發現了不少有關「孫中山風流而不下流」的證據，在此謹向讀者諸君報告一下。

竊以為一個人的風流是否下流，重要的方向標是女方對男方的態度。而要追查這種態度，首先必須查清楚女方究竟是誰。「七月流火」君用畢生功力發掘出來的成果是：「原配盧慕貞、側室或妾陳粹芬、明媒正娶宋慶齡，但是，孫中山的女人緣遠遠不僅於此，例如情感曖昧的女秘書宋藹齡，更加諱莫如深的是兩個日本女人：淺田春和大月薰」。[7]「若不把情感曖昧」等風傳計算在內的話，則「七月流火」君孜孜不倦地挖了幾十年，具體得出五個名字：盧慕貞、陳粹芬、宋藹齡、淺田春和大月薰。本偵探大喜，於是乘勝追擊，且看這五位女士對孫中山持甚麼態度。

先談原配夫人盧慕貞。盧慕貞與孫中山是盲婚啞嫁，婚前談不上有任何感情。嫁了給孫中山之後，離多合少。加上孫中山從事革命，害得她日夜擔

4　李敖：〈孫中山的第二興趣是『女人』〉，1984 年 8 月 25 日，《孫中山研究》（台北：李敖出版社，1987），頁 281–284：其中頁 281。

5　七月流火：《孫中山和他的女人們》（香港：環宇出版社，2011），頁 25。

6　七月流火：《孫中山和他的女人們》（香港：環宇出版社，2011），頁 27。

7　七月流火：《孫中山和他的女人們》（香港：環宇出版社，2011），頁 24。

驚受怕，「一聽到革命就哭」，[8] 故早已怨氣衝天。再加上孫中山在外面又另有新歡，讓她妒火中燒。熬了大半生之後，孫中山竟然召她到東京提出離婚！盧慕貞的反應是怎樣？

盧慕貞出乎意料之外地一口答應！所謂離婚，是現代的語言和概念。從中國傳統價值觀的角度看，孫文之提出離婚無異「休妻」，對被「休」之「妻」來說是一種奇恥大辱，一般是妻子犯了不可饒恕的錯誤才會被「休妻」。盧慕貞是窮鄉僻壤的農村婦女，傳統的價值觀強極了！結果盧慕貞竟然慨允被「休妻」！日期是 1915 年 9 月 1 日。[9] 盧慕貞同意後，「當時同盟會元老　反對孫文先生與盧夫人離婚，而盧夫人當着大家的面慨然表示：『孫先生為革命奔走海外，到處流浪，身心為之交瘁，既然現有人願意照料他的生活，我願意成全其美，與先生離婚』。大家聽完當事人盧夫人都這樣表示意見，自然也就不好說甚麼了」。[10]

任何人聽了盧慕貞的話，都會為之動容，孫中山更是為之心碎。三年多以後，他才鼓起足夠的勇氣，把他與原配夫人離婚以及與宋慶齡結合的事情函告恩師康德黎醫生的夫人，說他深深地愛着宋慶齡，「離不開她。這樣一來，除了同我的前妻協議離婚之外，再沒有別的辦法了」。[11] 不忍之情，溢於言表。他在說，若非基督宗教人為的、僵化的婚姻教條，他就不至於要求盧慕貞與他離婚那麼殘忍了。

為何盧慕貞竟然同意離婚？本偵探在撰寫《孫文革命：聖經和易經》時，從《易經》的角度考量，注意力集中在於之前的 1915 年 4 月 14 日，盧

8　Luke Chan. *Sun Yat Sen -- As I Knew Him: Memoirs of Luke Chan, Boyhood Friend of Sun Yat Sen*, (typescript), p. 71. 同件作為附錄二，轉載自陸燦（著），載黃健敏（譯）：《我所認識的孫逸仙》（北京：文物出版社，2008），頁 129-221：其中頁 188,

9　日本外務省檔案，乙秘第 1267 號，日本情報人員監視孫文報告，1915 年 9 月 2 日，載俞辛焞等譯：《孫中山在日活動密錄，1913 年 8 月－1916 年 4 月》（天津：南開大學出版社，1990），頁 431。

10　佚名：〈盧慕貞〉，http://baike.baidu.com/view/192610.htm ，2013 年 8 月 17 日上網。嚴格來說，盧慕貞是孫夫人，不能稱為盧夫人。但原文如此，在此照錄。

11　孫文：〈致康德黎夫人函〉，1918 年 10 月 17 日，《孫中山集外集補編》，頁 223-225：其中頁 224。

圖 63.1
晚年的盧慕貞，神情多麼慈詳！

慕貞已經於夏威夷領洗進入基督宗教了，[12] 結果她考慮問題的角度從小我變成大我，可歌可泣！這種轉變，顯然與基督宗教所強調的「忘我奉獻」以「侍人」的精神有關——是《聖經》改變了她。現在再三回味盧慕貞的話，更覺得還有另外一個重要因素：她所說「孫先生為革命奔走海外，到處流浪，身心為之交瘁」，不但證明她考慮問題的角度從小我變成大我，而且在轉變之後對孫中山之畢生奔走國事而充滿敬仰之情！

12　眾所周知，盧慕貞晚年成為基督徒，但具體何時領洗？經考量再三，尤記過去在澳門做實地調查時獲悉盧慕貞在一九三三年由澳門浸信會按立會佐，故查「澳門基督教資訊網」，喜獲梁溢長一文曰：「國母於一九一五年四月十四日在美國夏威夷受浸，施浸者為謝北士牧師，一九三三年由澳門浸信會按立會佐」。見梁溢長：〈國母孫盧慕貞（國父孫中山元配）〉，http://www.m-ccc.org/m-infm/Mo/hist/MrsShuen.html，2014 年 10 月 20 日上網閱讀。梁溢長乃澳門浸信教會會佐。此外，筆者承陳劍光博士牧師賜告，該網址乃澳門基督教神職人員與專研澳門本地歷史的澳門學者共同撰稿，所述有關澳門基督教的人與事都甚具權威性。故竊以為該文所及「盧慕貞1915 年 4 月 14 日在夏威夷受洗」之說，可信度甚高。但筆者也發覺，該文對當地基督教以外事情的描述，就強差人意了。例如該文說「年十八歲的國母與孫中山先生結婚，婚後三個月赴港再往夏威夷追隨左右，常與國父奔波，為國效命。曾隨國父遊歷大江南北完成豐功偉績」，就完全錯誤了。關於「盧慕貞1915 年 4 月 14 日在夏威夷受洗」之說，筆者期待着後進發掘出更權威的史料。

第二談陳粹芬。論者謂陳粹芬「功成身退一無所獲」。[13]「功成身退」是事實，「一無所獲」就見仁見智了。從中國傳統價值觀看，尤其是男子的奮鬥目標是學而優則仕，並借此光宗耀祖；而女子則三從四德以便妻憑夫貴的角度看，陳粹芬確實是終於「一無所獲」。但陳粹芬忠於《聖經》所傳達的奉獻精神，畢生像孫中山一樣忘我地奉獻以「侍人」，就會覺得精神生活非常充實，靈魂所獲甚豐。所以她說：「我跟中山反清，建立中華民國，我的救國救民願望已經達到。我自知出身貧苦，知識有限，自願分離，並非中山棄我，他待我不薄，也不負我」。[14] 1925 年 3 月 12 日，孫中山逝世，當時避居南洋的陳粹芬得悉後，遙祭七天，說：「我雖然與中山分離，但心還是相通的，他在北京病危期間，我幾乎每天晚上都夢見他在空中飛翔」。[15] 這種情懷，同樣可歌可泣！

讓陳粹芬回憶得最多的，可能就是 1895 年 10 月 26 日乙未廣州起義失敗後，孫中山冒死跑回家裏並準備與她一起逃命。結果陳粹芬為了掩護孫中山撤退，自己又毅然捨命留下來，力勸孫中山先走。

紅顏知己！紅顏知己！至於盧慕貞之為大局着想而毅然決定把大紅手指印打在離婚書上，難道同樣不是紅顏知己？是《易經》影響了她們兩位？還是《聖經》的「忘我奉獻」以「侍人」的精神觸動了這兩位真正基督宗教徒的靈魂深處？她們處處「為人」，像孫中山一樣。

1915 年孫文與宋慶齡結婚時，隱居馬來半島庇能（檳榔嶼）的陳粹芬已 42 歲，為了安慰獨居的寂寞，她抱養了一位蘇氏華僑的幼嬰為女兒，取名孫容，又名仲英，母女相依為命。據云 1931 年「九一八」事變後，陳粹芬應時任行政院長的孫科之請，攜養女回國，住在廣州。五年間，為孫科操持家務，照顧其子孫治平、孫治強兄弟及自己的女兒孫容，讓他們都先後考入大學。1949 年仲夏，孫科、陳淑英夫婦特往澳門，恭祝其母盧慕貞 83 歲生日，「當盧慕貞挽陳粹芬攜手走下樓梯時，狀至親昵，宛若姐妹，受到親

13　莊政：《孫中山的大學生涯》（台北：中央日報出版部，1995），頁 186。

14　見七月流火﹝筆名﹞：《孫文和他的女人們》（香港：環宇出版社，2011 年 1 月），頁 143-144。

15　同上。

圖 63.2
孫中山與陳粹芬在南洋合照

友們熱烈的鼓掌歡迎」。[16]

　　第三談宋慶齡（1893－1981）：她怎麼會愛上一位年紀比她大二十八歲
的老人家！探得慶齡從美國的大學畢業而到達日本與避難東瀛的父母團聚
時，在 1913 年 8 月 20 日跟隨父親宋嘉樹往訪孫中山，[17]馬上不禁對眼前的
孫中山產生無限傾慕之情。她久仰這位民族英雄的大名，滿以為他既然身經
百戰，言行必定很豪放，不料他斯文有禮、風度翩翩，竟然更像一位英國紳
士。他絲毫沒有一般中國傳統讀書人那種客套、迂腐，但同時又能引經據
典、出口成章。過去諸儒士如緬雲山見了孫中山之後，已經馬上說「了不
起」[18]，程家檉說孫中山「氣度溫和端正得很，我生平未見第二人」，吳稚暉

16　盧古質、豐曉：〈孫中山與陳粹芬分手之謎〉，《廈門早報》，2005 年 6 月 16 日，http://www.
　　qzwb.com/gb/content/2005-06/16/content_1685117.htm，2014 年 9 月 23 日上網閱讀。

17　盛永華（主編）：《宋慶齡年譜，1893－1981》（廣州：廣東人民出版社，2006），上冊，頁 92。

18　毛澤東：〈在中央工作座談會上關於四清問題的講話〉，1964 年 12 月 20 日，載毛澤東（原著），
　　王晁星（編輯）：《毛澤東思想萬歲》，（武漢：武漢鋼鐵二公司，1968），一套五冊：冊 4，頁
　　189。

「驚駭他的好學」[19]。秦力山說他乃「吾東洋人最好標榜」[20]；章士釗說「有孫逸仙，而中國始可為」[21]。宋慶齡的感受也確實是「有孫逸仙，而中國始可為」，因為對宋慶齡來說，最重要的是她從父親與孫中山的交談中，「得悉我們的民國處在很大的危險之中，因為袁世凱陰謀推翻它。一些國家在道義上和財政上支持着袁世凱，因為他們被其狡猾的外交手腕及其手下陰險毒辣的宣傳所欺騙。我國民眾之聲被壓制。革命事業似乎無望。孫博士〔筆者按：應譯作孫醫生，孫文從未拿過博士學位〕的某些追隨者，在絕望中把革命事業看作失敗的事業而放棄了」。宋慶齡認為絕對不能容忍「我們的民國倒退到君主國的想法」。同時醒悟到「國勢岌岌可危，非常痛切」，決心為孫中山的革命事業而工作。她因而決定再到美國深造，「攻讀新聞系，以便使自己瞭解中國的真正事實和形勢」[22]。從此，慶齡頻頻往訪孫中山，初時是隨乃父或姐姐前往，後來更單獨往訪了。

但是，自從 1915 月 3 日孫中山往訪宋家並與慶齡、藹齡見過面[23] 以後，與慶齡見面的記錄，就從日本情報人員的「雷達」中消失了。餘下的記錄就是宋嘉樹在如下日期單獨來訪孫中山三次：5 月 14 日[24] 與 16 日（此日來訪兩次，第一次留了十分鐘，第二次留了四十八分鐘）。[25] 接着宋嘉樹也消

19 兩例均見吳稚暉：〈我亦一講中山先生〉，《總理行誼》（講稿），1939 年，頁 2−3，轉錄於尚明軒等（編）：《孫中山生平事業追憶錄》（北京：人民出版社，1986 年），頁 699−701。

20 秦力山：〈為黃中黃譯孫逸仙倫敦蒙難序〉，轉載於柴德賡等 (編)：《中國近代史叢刊——辛亥革命》，一套 8 冊 (上海：上海人民出版社，1981)，頁 91。

21 黃中黃（章士釗）：〈自序〉，《黃中黃譯孫逸仙》，轉載於柴德賡等 (編)：《中國近代史資料叢刊——辛亥革命》，頁 91。

22 宋慶齡：〈宋慶齡自述〉，載《檔案與史學》1997 年第 1 期，轉引於盛永華（主編）：《宋慶齡年譜，1893−1981》(廣州：廣東人民出版社，2006)，上冊，頁 92−93。

23 日本外務省檔案，乙秘第 829 號，日本情報人員監視孫文報告，1915 年 5 月 4 日，載俞辛焞等譯：《孫中山在日活動密錄，1913 年 8 月−1916 年 4 月》（天津：南開大學出版社，1990），頁 376。

24 日本外務省檔案，乙秘第 975 號，日本情報人員監視孫文報告，1915 年 5 月 15 日，載俞辛焞等譯：《孫中山在日活動密錄，1913 年 8 月−1916 年 4 月》（天津：南開大學出版社，1990），頁 383。

25 日本外務省檔案，乙秘第 1003 號，日本情報人員監視孫文報告，1915 年 5 月 17 日，載俞辛焞等譯：《孫中山在日活動密錄，1913 年 8 月−1916 年 4 月》（天津：南開大學出版社，1990），頁 385。

失了。原來宋氏一家回上海去了。日本情報人員再餘下的記錄是，6 月 11 日上午 11 時 20 分，孫中山發信「致澳門風順堂四號孫宅盧夫人一函」。[26]

9 月 1 日午夜 12 時 5 分，「居中國廣東的孫夫人盧氏偕侍女一人至東京，宿孫寓」[27]。盧慕貞抵達東京，同意離婚，已如本書第上一章所述。10 月 7 日，孫中山派朱卓文從東京啓程赴上海去見宋慶齡。見面時，朱卓文出示孫中山的電文以及孫中山與盧慕貞簽署的協議離婚書，上有盧慕貞按的大紅手指印；朱卓文補充説，他是見證人之一。[28]朱卓文走後，宋慶齡即向父母宣佈孫中山電文的內容，並提出要與孫中山結婚。宋嘉樹伉儷猶如晴天霹靂，強烈反對，無比激動的慶齡馬上昏倒。多年後慶齡回憶當時的情景説：「這時，父親發火了，母親流了眼淚，我自己也不知道怎麼被人抬到樓上」。('My father got angry, mother with tears and I was taken upstairs without knowing how …')[29]她醒來時，發現自己躺在樓上臥室的床上，臥室的門已經被反鎖。當晚，慶齡向父母寫了一張字條告別，説她已經下定決心「幫助孫逸仙並同他結婚」[30]。隨後慶齡爬出窗外，沿着水渠一步一驚魂地往下攀，在女傭的幫助下逃出家門，與朱卓文父女一起乘船前往日本。[31]

1915 年 10 月 25 日，孫中山與宋慶齡在日本東京閃電結婚，向同志發表聲明説：

26　日本外務省檔案，乙秘第 1317 號，日本情報人員監視孫文報告，1915 年 5 月 12 日，載俞辛焞等譯：《孫中山在日活動密錄，1913 年 8 月－1916 年 4 月》（天津：南開大學出版社，1990），頁 396。

27　日本外務省檔案，乙秘第 1267 號，日本情報人員監視孫文報告，1915 年 9 月 2 日，載俞辛焞等譯：《孫中山在日活動密錄，1913 年 8 月－1916 年 4 月》（天津：南開大學出版社，1990），頁 431。

28　宋慶齡：〈我家和孫中山先生的關係〉，載《黨的文獻》1994 年第 5 期；又見《宋慶齡書信集》，下冊，頁 902－904；兩者皆轉引於盛永華（主編）：《宋慶齡年譜，1893－1981》（廣州：廣東人民出版社，2006），上冊，頁 98。

29　宋慶齡的秘書張鈺在〈對宋慶齡的回憶——讀《宋氏家族》譯文後寫〉一文中，照引了宋慶齡的英文原件。載《上海社會科學報》，1986 年 9 月 9、24 日，筆者在此轉引自盛永華（主編）：《宋慶齡年譜，1893－1981》（廣州：廣東人民出版社，2006），上冊，頁 130。

30　《宋慶齡書信集》，下冊，頁 902－904，轉引於盛永華（主編）：《宋慶齡年譜，1893－1981》（廣州：廣東人民出版社，2006），上冊，頁 131。

31　[美] 埃德加·斯諾著：《復始之旅》（北京：新華出版社，1984），頁 104，轉引於盛永華（主編）：《宋慶齡年譜，1893－1981》（廣州：廣東人民出版社，2006），上冊，頁 131。

我愛我國，我愛我妻。我不是神，我是人。

我是革命者，我不能受社會惡習慣所支配。[32]

「我愛我妻」——孫中山從此一心一意地、深深地愛着宋慶齡，再沒有他過去與原配夫人盧慕貞結婚之後仍然有其他女伴諸如陳粹芬等情，是有目共睹的。宋慶齡也是深深地愛着孫中山。兩人恩愛之處，在生死關頭，倍顯真情。那就是 1922 年 6 月 16 日凌晨陳炯明兵變，其部屬葉舉準備炮轟中華民國總統府及孫中山在觀音山的住宅粵秀樓。當時，孫中山接部下的電話密報後，即答應部下的請求擬盡快離開總統府，於是跑回臥室，急促呼喊：

「慶齡，快起來！」

酣夢中驚醒了的宋慶齡問道：「甚麼事？」

孫說：「剛才我接到一個電話說，陳炯明馬上就要來包圍我們的住宅，我們必須立即到軍艦上去，在那裏我可以指揮部隊剿平叛亂。」

宋連忙穿上衣服，着急地催促着孫說：「那你趕快走吧！」

孫：「不！我不能讓你一個人留下！」

宋：「不行！我和你同行，目標太大，容易被叛軍發現，我覺得個人不致有何危險！」

孫：「不！要走一起走！」

宋焦急得不由流出淚來，說：「中國可以沒有我，不可以沒有你。我請求你先走吧！」

事態危急，不容猶豫，孫說：「好吧，我如平安登上軍艦，就鳴炮三聲的信號」。[33]

此段可見慶齡品格之高潔，對於成就孫中山，意義不可忽視。也否定了「夫妻本是同林鳥，大難臨頭各自飛」之俗諺。他們可不是一般的夫妻啊！

32　孫文：〈在東京對同志的聲言〉，1915 年 10 月 25 日，《孫中山集外集補編》，頁 181。

33　孫文：〈與宋慶齡的談話〉，1922 年 6 月 16 日，《孫中山集外集補編》，頁 282。

圖 63.3
孫中山宋慶齡結婚照

　　第四談日本女子淺田春。1897 年 8 月 16 日，孫中山從英國取道加拿大
到達日本橫濱，橫濱華僑溫炳臣熱情接待。時溫炳臣有一名十五歲女僕淺田
春，曾上小學、中學，又上過私立英文學校。快要畢業時，父親突然去世，
她被迫出來做工，成了溫炳臣家裏身份曖昧的小女傭。孫中山到來後，溫炳
臣就讓她照顧孫中山。根據最近解密的日本檔案，日本當局也讓她隨時報告
孫中山的行止。據云日本警察用以勸服她當綫人的理由是「孫文是清政府刺
殺的對象，我們的責任是保護他，希望得到她的配合，把來訪者的談話及來
往書信，事無鉅細地匯報」。[34] 於是她就照做，動機是真心實意地保護孫中
山。後來她終於意識到此舉形同監視孫中山，於是她向孫中山道明原委後，
大約在 1901 年就以患病為由，回到靜岡老家去，從此與孫中山失去聯繫。[35]

34　七月流火 [筆名]：《孫文和他的女人們》（香港：環宇出版社，2011 ），第十八章。又見台灣民
　　間全民電視台的團隊往日本檔案館等所做的核實與採訪：〈孫文在日本的妻與妾〉，《台灣演義》，
　　http://winnieandeugene-china.blogspot.ca/2012/10/blog-post_16.html

35　同上。

　　第五談孫中山的日本女伴大月熏。1902 年孫中山與其訂立婚約，大月熏時年十五歲，並應孫中山要求，轉到公立英和女子學校讀書。1903 年 7 月，兩人舉行婚禮。據日本歷史學者久保田文次教授的考證，兩人結婚後孫中山經常離開日本，為革命奔走，但常有書信及金錢寄給大月熏。1905 年 8 月，大月熏懷上了孫中山的孩子，但孫中山馬上又再次離開日本他往。從此就再沒回到大月熏身邊，所以也從未見過大月熏替他產下的女兒「文子」。[36]

　　行文必須前呼後應。現在回應本章開宗明義所引述的孫中山與犬養毅的對話。在那個時代，日本的所謂「下女」，遍地皆是，男士們予取予攜，犬養毅正是如此予取予攜的人之一。他特意向孫文作這種提問，大有炫耀之意；待孫文一再猶豫，竟然窮追不捨，又待孫文給予他想要得到的答案時，竟然拍手叫好。從現代的價值觀看，實在要不得。當然孫中山也先後有過兩位這樣的日本女伴，但他不是鬧着玩的，而他與這兩位女伴之間的感情似乎是真實的。君不見，原來是溫炳臣家裏身份曖昧的小女傭淺田春，後來為了保護孫中山就主動離開了。至於大月熏，若孫中山沉迷女色，也不會離開她。又至於犬養毅，孫中山應其所好，說出上述那種極富場景性的話，正顯「孫大炮」的本色。

　　順藤摸瓜，緊接着就回應駱菲爾博士之暗示孫中山亂搞女人，既風流又下流。若女方對孫中山尊敬有加，並樂意為了他而付出一切，則這種情況能稱之為下流、亂搞？若不能，則證明駱菲爾博士又一次顛倒了是非黑白。她之目的是甚麼？是否她也意識到終有一天，盎格魯‧撒克遜文明與華夏文明會進行第二場文明交戰，於是不管有沒有證據、有理無理，馬上預先宣佈「中國該打！」

36　七月流火〔筆名〕：《孫文和他的女人們》（香港：環宇出版社，2011 年 1 月），第十九章；又見台灣民間全民電視台的團隊往日本檔案館等所做的核實與採訪：〈孫文在日本的妻與妾〉，《台灣演義》，http://winnieandeugene-china.blogspot.ca/2012/10/blog-post_16.html。

第六十四章

武昌起義爆發，為何孫中山不馬上回國主持大局？

1911 年 10 月 10 日，辛亥革命在同盟會華中分會的發動下，於武昌爆發了。孫中山夢寐以求的日子，終於到來了。當時孫中山正在美國奔跑籌款，火車剛到了科羅拉多州 (Colorado) 的丹佛市 (Denver)。一般人審度時勢，則無論在公在私，他理所當然的選擇，都應該是盡快回國。

所謂在私者，哪怕孫中山稍存私心，他都會馬上回國。若晚了，權力被他人捷足先登，他這位同盟會的總理，就會大權旁落。若缺乏實權，則任何理想都無法實踐。事實踐證明，也的確如此：由於孫中山另有想法，故不馬上回國，待他終於回到中國時，雖然被選為臨時大總統，但很快就發覺其政令不行，無法施展他的抱負了。他事後回憶說：「弟從海外歸來，他人皆有兵有權，惟以民心所向，舉我為總統，而各種組織俱不能如意，各種政策不能實行。蓋居中國，當此時會，徒以道德，徒以名義，不能收政治之實效也。我黨以退讓為高，而官僚爭進；官僚得志，而我黨無權，我志未成，而民生亦苦。」[1]

事緣新的既得利益者，往往與他「謀民生幸福」的理想對着幹。哪怕他的同盟會內曾長期併肩奮鬥的革命同志也如此。例如，在 1912 年 2 月某日，孫中山與汪精衛曾有過下面對話：「汪曰：『社會上的一般人都很害怕民生主義的，所以我們為了避免無謂攻擊……對外招致列強的嫉視，對內惹起社會猜忌』，在黨內要求緩行民生主義。孫氣憤地説：『如不行民生主義，

1　孫文：〈致金山中華民國總公會函〉，1915 年 2 月 28 日，《孫中山集外集》，頁 367-369；其中頁 368－369。

吾人即無革命之必要』。」[2]

　　猛地一看，「黨內要求緩行民生主義」，讓人費解，革命黨人從事革命，目的不是為了改善民生？對此，毛澤東有極其精闢的見解：「他們的革命是為了發財……是為了準備做新的壓迫階級。」相反地，孫中山「絕對是為了『救苦』，絕對不是為了『發財』；絕對是使人類從壓迫階級解放出來，絕對不是為了準備做新的壓迫階級。」[3]毛澤東用了三個「絕對」來替孫中山明志，更用上絕對是使「人類」從壓迫階級解放出來之詞，可謂真正瞭解孫中山不但要振興中華而且要澤及人類的「在地若天」志向！

　　可惜似乎只有毛澤東一人獨具慧眼，準確地瞭解孫中山的抱負，這就難怪孫中山的一生總是處處碰壁了！的確，孫中山的革命同志當中，鮮有人具備他那種《易經》式「應乎人」的做法，遑論《聖經》式的「侍人」精神。他們參加革命是「為己」，並非「為民」。[4]既然孫中山投身革命之目的並非為己，那麼當他在1911年10月10日得悉武昌起義的消息，而不馬上啓程回國爭權奪利，就順理成章。

　　話得説回來，孫中山回國不一定是要爭權奪利的，他可以主持大局。大局！大局！孫中山正是從大局着想，才不馬上回國。為甚麼？他認為革命初起，成敗決定於當時全球霸權、日不落大英帝國政府的動向。準此，他必須取道倫敦，爭取英國政府的支持，革命才有一線生機。他寫道：「吾之外交關鍵，可以舉足輕重為我成敗存亡所繫者，厥為英國；倘英國右我，則日本不能為患矣。予於是乃起程赴紐約，覓船渡英。」[5]

　　孫中山拐了一個大彎，取道英倫回國，取得了甚麼成績？事後他寫道：

　　　　予…向英政府要求三事：一、止絕清廷一切借款；二、制止日本援

2　孫中山：〈與汪精衛的談話〉，1912年2月，《孫中山集外集補編》，頁67。

3　毛澤東：〈國民黨右派分離的原因及其對於革命前途的影響〉，1925年冬，《毛澤東文集》（全8卷，北京：人民出版社，1993－1999），卷1，頁24－30；其中頁28－29。

4　詳見拙著《孫文革命：聖經和易經》（香港：中華書局，2015）

5　孫中山：〈建國方略：孫文學説第八章『有志竟成』〉，《國父全集》（1989），第一冊，頁421，第3-4行。

助清廷；三、取消各處英屬政府之放逐令，以便予取道回國。三事皆得英政府允許。[6]

事實是否如此？容本偵探查清楚。

自美渡英前，孫中山打電報給他的美國朋友荷馬李 (Homer Lea)。[7] 當時荷馬李在德國，孫中山電催他到倫敦相會。[8] 孫中山比荷馬李先到，1911年 11 月 11 日即到達倫敦，住進倫敦河濱（Strand）的薩福伊旅館（Hotel Savoy），隨行的有黨人朱卓文。[9] 在英國等待着孫中山的，又是怎番景象？

先是 1911 年 10 月 10 日下午 1 時，英國外交部接到駐華公使朱爾典 (Sir John N. Jordan) 當天下午 4 時 10 分自北京發來的加急密電，曰：「革命黨人在漢口俄國租界及武昌被捕。三、四名革命黨人已於今晨被正法。餘仍受審。」[10] 徵諸中方史料，謂 10 月 9 日，「孫武與鄧玉麟在漢口俄租界寶善里14 號機關配製炸彈，11 號則為劉公寓所。劉公之弟劉同至 14 號，吸紙煙，引起爆炸，燒傷孫武。⋯爆炸事發，洋務公所會同俄領事率捕警，捕去劉公夫人及劉同等。」[11] 又曰：10 月 10 日，「三烈士就義，各機關先後被破，名冊被搜去。」[12] 由此可見，英國駐華大使的情報相當準確。

英國外交部收到該電報後馬上解密，送該部中央註冊處登記後，轉送

6　孫中山：〈建國方略：孫文學説，第八章：有志竟成〉，《國父全集》，第 1 冊，頁 421。《孫中山全集》，第 6 卷，頁 245-246。

7　Sun Yatsen to Homer Lee, Telegram, 31 October 1911, Joshua B. Powers Papers, Hoover Institution on War, Revolution and Peace, Stanford University. 按英文原件藏史丹福大學胡佛研究所。英文原件影印存本存國史館。譯文見呂芳上：〈荷馬李檔案簡述〉，載李雲漢 (編)：《研究孫中山先生的史料與史學》，轉載於《國父全集》(1989)，第四冊，頁 168，第 1-4 行。《孫中山 全集》亦予轉載，但把荷馬李之譯名改為咸馬里，見該集第 1 卷頁 544。

8　Eugene Anschel, *Homer Lea, Sun Yat-sen and the Chinese Revolution* (New York: Praeger, 1984), p. 155.

9　陳三井：〈中山先生歸國與當選臨時大總統〉，載教育部主編《中華民國建國史：第一編，革命開國 (二)》(台北：國立編譯館，1985)，頁 888。

10　Jordan to Grey, Tel. 217 R (cipher), 10 October 1911, Despatched 4.10 p.m., Received 1 p.m., Reg. No. 39846, FO 371/1093, pp. 214-16: at p. 216.

11　《辛亥革命》，第 5 冊，頁 101-102。

12　《辛亥革命》，第 5 冊，頁 87。

該部中國司。該司文書馬上為電文作撮要，並冠以標題曰：「四川動亂」。[13]
該文書錯把漢口作四川，可能是受到連日來四川保路運動騷動，所誤導。但
當文件呈到助理外交次長，弗朗西斯·坎肯爾爵士（Sir Francis Campbell，
Assistant Under Secretary of State) 時，該次長即在四川這個地名上打了個大
問號，並批示曰：「被捕者可能是來自四川的動亂份子，但電文並沒作如是
說明，而漢口距離四川可遠呢！」[14] 可見英國外交部的高層對中國是有相當
認識的，而且甚具慧眼。因為該助理外交次長，並不鑑於只有三、四人被
捕殺，就輕忽其事，反而把電文呈外交次長，阿瑟·尼科爾森（Sir Arthur
Nicolson，Permanent Under Secretary of State)。[15] 外交次長閱後又呈外相愛德
華·格雷爵士 (Sir Edward Grey，Secretary of State for Foreign Affairs)。[16] 一般
文件，能呈到助理外交次長，已不簡單。這份文件，卻被一直上呈到外相。
可見英國高層對中國所發生的，那怕表面上是微不足道的小騷亂，都是極度
關注的。所掌握到的情況，亦甚準確。

　　1911 年 10 月 11 日下午 4 時，英國外交部接到駐華公使朱爾典當天下午
5 時自北京發來的加急密電，曰：「駐漢口領事報告說，武昌全反了，衙門被
焚燒。湖廣總督〔瑞澂〕逃到軍艦上，而該軍艦又儘量靠攏英國皇家砲艇的
船尾〔以求掩護〕。該總督通知我總領事說，已無法保護英國租界，並要求
皇家海軍阻止〔武昌〕叛軍渡過長江到漢口。」[17]

　　英國外交部文書為該密電作撮要時，冠以標題曰：「武昌革命」

13　FO summary on Jordan to Grey, Tel. 271 R (cipher), 10 October 1911, Despatched 4.10 p.m.,
　　Received 1 p.m., Reg. No. 39846, FO 371/1093, pp. 214-16: at p. 214.

14　FAC's minute on Jordan to Grey, Tel. 217 R (cipher), 10 October 1911, Despatched 4.10 p.m.,
　　Received 1 p.m., Reg. No. 39846, FO 371/1093, pp. 214-16: at p. 214. I have identified FAC to
　　be Sir Francis Campbell, Assistant Under Secretary of State for Foreign Affairs.

15　A.N.'s initials on Jordan to Grey, Tel. 217 R (cipher), 10 October 1911, Despatched 4.10 p.m.,
　　Rece.ived 1 p.m., Reg. No. 39846, FO 371/1093, pp. 214-16: at p. 214. I have identified A.N. to
　　be Sir Arthur Nicolson, Bart., Permanent Under Secretary of State for Foreign Affairs.

16　E.G.'s initials on Jordan to Grey, Tel. 271 R (cipher), 10 October 1911, Despatched 4.10 p.m.,
　　Received 1 p.m., Reg. No. 39846, FO 371/1093, pp. 214-16: at p. 214. I have identified E.G. to
　　be Sir Edward Grey, Secretary of State for Foreign Affairs.

17　Jordan to Grey, Tel. 278 R (cipher), 11 October 1911, Despatched 5 p.m., Received 4 p.m., Reg.
　　No. 39996, FO 371/1093, pp. 217-19: at p. 219.

(Revolution in Wuchang)。[18] 這次準確多了，可能挨過訓。中國司司長馬勒（W. G. Max Muller）批示曰：「我不相信這次在武昌爆發的動亂與最近在四川發生的騷動有任何直接關係。我認為它只不過是目前在中國普遍存在的革命意識的又一次表露……」[19] 事實證明，他的分析是準確的。準此，他的上司、助理外交次長批示說：「軍隊造反，大事不妙。」[20] 可謂一針見血。過去孫中山利用會黨起義，屢起屢敗，主要原因之一是紀律散漫。軍隊是有組織有紀律的群體。若軍隊受到革命思想影響而造反，則革命成功的機會就大多了。事態嚴重，助理次長呈次長，[21] 次長呈外相，兩人閱後都簽了名表示看過。[22]

當天深夜 11 時 20 分，駐華公使朱爾典向外交部發出第二道密電，其中警句是：「武昌戰事仍然繼續。據說革命目的完全屬反政府。叛軍首領廣貼告示嚴禁侵犯外國人或外國租界。」[23] 電文先呈外相的私人秘書，以便聽取他的意見。他批示曰：「昨天中國駐英公使對我說：運動的目標是反對外資，是成都保路暴動的延續，並非反政府的。」[24] 助理次長看後批示曰：「我們不排除這個可能性，但這種可能性不高，因為公使身在倫敦，消息不見得要比在場的人靈通，我們只能等待更權威的情報。」[25] 可見其獨立判斷的能

18　FO minutes: Subject: Revolution in Wuchang, on Jordan to Grey, Tel. 278 R (cipher), 11 October 1911, Despatched 5 p.m., Received 4 p.m., Reg. No. 39996, FO 371/1093, pp. 217-19: at p. 217.

19　Max Muller's minute on Jordan to Grey, Tel. 218 R (cipher), 11 October 1911, Despatched 5 p.m., Received 4 p.m., Reg. No. 39996, FO 371/1093, pp. 217-19: at p. 217.

20　Campbell's minute on Jordan to Grey, Tel. 218 R (cipher), 11 October 1911, Despatched 5 p.m., Received 4 p.m., Reg. No. 39996, FO 371/1093, pp. 217-19: at p. 217.

21　Nicolson's initials on Jordan to Grey, Tel. 218 R (cipher), 11 October 1911, Despatched 5 p.m., Received 4 p.m., Reg. No. 39996, FO 371/1093, pp. 217-19: at p. 217.

22　Grey's initials on Jordan to Grey, Tel. 218 R (cipher), 11 October 1911, Despatched 5 p.m., Received 4 p.m., Reg. No. 39996, FO 371/1093, pp. 217-19: at p. 217.

23　Jordan to Grey, Tel. 219 P (cipher), 11 October 1911, Despatched 5 p.m., Received 4 p.m., Reg. No. 40014, FO 371/1093, pp. 220-22: at p. 222.

24　D.A.'s minute on Jordan to Grey, Tel. 219 P (cipher), 11 October 1911, Despatched 5 p.m., Received 4 p.m., Reg. No. 40014, FO 371/1093, pp. 220-22: at p. 220. I have not been able to identify who D.A. was, except that he was the Private Secretary.

25　Campbell's minute on Jordan to Grey, Tel. 219 P (cipher), 11 October 1911, Despatched 5 p.m., Received 4 p.m., Reg. No. 40014, FO 371/1093, pp. 220-22: at p. 220.

力極強，不會輕易受任何一方的說項所左右。電文與諸批示同樣呈次長[26] 與外相愛德華‧格雷爵士[27] 審閱。

對於駐華公使在 10 月 12 日下午 1 時 40 分從北京發來的密電，助理外交次長批示說：「漢口的警察逃之夭夭，兆頭極壞，這次舉事，非同小可。」[28] 以致外交部的文書為駐華公使在同日深夜 11 時所發出的第二道密電作撮要時，所下的標題就由「武昌革命」改為「中國革命」(Revolution in China)，[29] 藉此表示外交部已意識到該革命運動不是地區性而是全國性的問題。同時，外交部又決定把解密後的電文，不再用打字機打成單行本，而改用特定的乳黃色的薄紙印刷然後分發給各有關單位。[30] 目的明顯地是讓所有有關人員都能及時知道中國事態的發展，以便集思廣益。

10 月 13 日，外交部接到海軍部咨文，[31] 移咨英國皇家海軍駐華艦隊司令有關武昌起義的情報。[32] 內容佐證了外交部從其他途徑所取得的情報。[33]

上述史料說明了幾個問題：第一、英國外交部所掌握到的有關武昌起義的情報是多方面的，及時的，準確的。第二、英國外交部的高層有高度的獨立判斷能力，獨立思考的才幹，不會偏聽。在這種情況下，對於孫中山的出現以及孫中山的說項，他們會採取甚麼態度？

26　Nicolon's initials on Jordan to Grey, Tel. 219 P (cipher), 11 October 1911, Despatched 5 p.m., Received 4 p.m., Reg. No. 40014, FO 371/1093, pp. 220-22: at p. 220.

27　Grey's initials on Jordan to Grey, Tel. 219 P (cipher), 11 October 1911, Despatched 5 p.m., Received 4 p.m., Reg. No. 40014, FO 371/1093, pp. 220-22: at p. 220. I have not been able to identify who D.A. was, except that he was the Private Secretary.

28　Campbell's minute on Jordan to Grey, Tel. 220 R (cipher), 12 October 1911, Despatched 1.40 p.m., Received 11 a.m., Reg. No. 40072, FO 371/1093, pp. 223-25: at p. 223.

29　FO minute, Subject: "Revolution in China", on Jordan to Grey, Tel. 221 P (cipher), 12 October 1911, Despatched 11 p.m., Received 8.15 p.m., Reg. No. 40157, FO 371/1093, pp. 226-27: at p. 226.

30　Jordan to Grey, Tel. 221 P (cipher), 12 October 1911, Despatched 11 p.m., Received 8.15 p.m., Reg. No. 40157, FO 371/1093, pp. 226-27: at p. 227.

31　Admiralty to FO, 13 October 1911, Reg. No. 40270, FO371/1093, pp. 231-33: at p. 232.

32　Admiral Winsloe to Admiralty, Tel. 109, 12 October 1911, enclosed in Admiralty to FO, 13 October 1911, Reg. No. 40270, FO371/1093, pp. 231-33: at p. 233.

33　Campbell's minute on Admiralty to FO, 13 October 1911, Reg. No. 40270, FO371/1093, pp. 231-33: at p.231.

　　態度取決於英國外交部對來自四方八面情報的獨立分析、獨立思考與獨立判斷，而不會偏聽孫中山一面之詞。10 月 13 日深夜 11 時 35 分，駐華公使從北京發給外交部的密電。密電有兩個部份：

　　第一部份是英國駐漢口總領事發給英國駐華公使的密電。其中牽涉到中英外交關係的段落如下：「革命軍首領發來照會說：他們已經成立了新政府。新政府將會遵守所有現存的條約和所有有關外債和賠款的協定。但從今以後滿清政府與外國所簽訂的所有條約則當別論。所有外國人，除了那些幫助滿清政權的，都會受到保護。新政府要求我把他們這道照會上呈我國政府。請指示我該如何回覆。目前我是間接地與革命軍首領互通信息以便確保和平穩定。」[34]

　　第二部份是英國駐華公使回覆英國駐漢口總領事的電文，曰：「正將來電轉外交部候命。在接到外交部指示之前，你必須避免與革命軍首領有任何來往，甚至不能對他說你已收到他的照會。但如果為了保護英國人的性命財產而絕對免不了與他通聲氣的話，則當別論。」[35]

　　英國外交部接到駐華公使的密電以後，中國司司長建議批准公使對總領事的指示。[36] 上呈助理外交次長時，他批示曰：「公使對總領事所發出的指示是目前我們唯一能說的話。」[37] 文件再上呈到外相時，他首先是簽名表示知道了，隨後馬上又塗掉簽名而親自動手草擬了下列覆電：「222 號來電收悉。我批准你向總領事發出過的指示。我們必須盡一切力量保護受到威脅的英國人的性命和財產。而我們所做的一切，都必須局限於這個目標。若其他外國人的性命財產受到威脅而得不到應有的保護時，我們在能力範圍內也給予援

34　British Consul-General at Hankow to British Minister at Peking, Tel. 66, 13 October 1911, quoted in Jordan to Grey, Tel. 222 P, 13 October 1911, Reg. No. 40313, FO371/1093, pp. 237-41: at p. 241.

35　British Minister at Peking to British Consul-General at Hankow Telegram, 13 October 1911, quoted in Jordan to Grey, Tel. 222 P, 13 October 1911, Reg. No. 40313, FO371/1093, pp. 237-41: at p. 241.

36　WAS's minute on Jordan to Grey, Tel. 222 P, 13 October 1911, Reg. No. 40313, FO371/1093, pp. 237-41: at p. 237..

37　Campbell's minute on Jordan to Grey, Tel. 222 P, 13 October 1911, Reg. No. 40313, FO371/1093, pp. 237-41: at p. 237..

手。」[38]

　　誰會威脅到英國人暨外國人的性命財產？外相的假想敵自然是革命軍。所以，在倫敦等待着孫中山的，可不是他夢寐以求的東西。

　　孫中山在 1911 年 11 月 11 日，即武昌起義後的一個月，到達倫敦。抵埗後，即住進河濱區的薩福伊旅館 (Hotel Savoy)。本偵探曾親到該旅館考察，它是倫敦最高貴的旅館之一，在泰晤士河 (River Thames) 的北岸，朝南的房間俯瞰大江，風景之美，無與倫比。當然，其房租、餐價、服務費等也是無與倫比。它還有一個特別的地方：外國元首訪問英國時一般都被安排住在這裏。孫中山挑選了這所旅館，目的至為明顯：用這所旅館的信箋寫信給朝野賢豪，甚至在回郵地址上寫上薩福伊旅館，身價就不同凡響。他的美國朋友荷馬李 (Homer Lea) 從德國到達倫敦後，孫中山也把他接到同一旅館居住，費用當然全部由孫中山支付。[39]

　　經費何來？據李曉生說：

　　　　當時國父由美抵英所帶旅費無多。即每日排發電報多件所需報費亦時感拮据。故先生［吳稚暉］曾屢偕李曉生、謝儀仲、石瑛等赴倫敦東郊唐人城召集華僑演說，向聽眾籌款，以應當時之急。[40]

　　真是苦心孤詣！

　　接着孫中山想辦法接觸英國外交部的要人。該部檔案，對孫中山這次到倫敦所作過的努力，存有甚麼原始史料？

　　遲不發，早不發，偏偏在孫中山抵達倫敦當天，在英國倫敦以北的諾列市 (Norwich) 內的一個名叫諾列獨立工黨 (Norwich Independent Labour Party) 開會通過一項議案，並馬上把議案上呈外相。竊以為這項議案很可能是孫中

38　Grey's minute on Jordan to Grey, Tel. 222 P, 13 October 1911, Reg. No. 40313, FO371/1093, pp. 237-41: at p. 237..

39　Eugene Anschel, *Homer Lea, Sun Yat-sen and the Chinese Revolution* (New York: Praeger, 1984), p. 155.

40　李曉生所遺稿, 收入佚名 (著)：〈辛亥年間同盟會員在倫敦活動補錄〉未刊一文。

圖 64.1
倫敦的薩福伊旅館 (Hotel Savoy) 外景

山預先動員他的英國朋友的結果，以便配合他自己的行動。議案說：「對於中國人民爭取民主憲法的鬥爭，本會深表讚許、祝願他們圓滿成功、並信賴英國政府不會採取任何行動來阻止他們成立一個符合現代理想的政府。」[41] 外交部禮貌地回覆說：「來函收到，得悉一切。」[42]

　　通過荷馬李的關係，[43] 當時英國著名的軍火商維克斯遜斯・馬克沁 (Vickers Sons & Maxim) 的負責人之一，特瓦・鐸遜爵士 (Sir Trevor Dawson)，在 11 月 13 日把孫中山與荷馬李本人共同簽署的一份文件，親呈外交部，[44] 以便該部轉呈英國外相愛德華・格雷爵士 (Sir Edward Grey)。鐸遜爵士本人又

41　Holmes to Grey, 11 November 1911, Reg. No. 45240, FO371/1095, pp. 78-79: at p. 79.

42　FO procedure: How disposed of: Acknowledged: Holmes to Grey, 11 November 1911, Reg. No. 45240, FO371/1095, pp. 78-79: at p. 78.

43　Anschel, *Homer Lea,* p. 160.

44　"Statement handed by Sir Trevor Dawson to Mr McKenna", enclosed in Grey to Jordan, Desp. 364, 14 November 1911, Reg. No. 45661, FO371/1095, pp. 165-173: at p. 169.

於翌日晚上[45] 拜訪了該外相。[46] 目的是遊説英國政府支持孫中山。

現在分析一下上述孫中山與荷馬李共同簽署的那份文件。首先，讓我們為該文件作撮要如下：

第一部份：文件劈頭第一句就説：「孫中山所領導的政黨，希望與英國和美國成立一個盎格魯‧撒遜聯盟 (Anglo-Saxon Alliance)。」

第二部份説：通過美國的諾克斯議員 (Senator Knox) 和魯特議員 (Senator Root)，孫中山與荷馬李已經跟美國政府建立了有非常密切的關係。又補充説：本身是美國人的荷馬李將軍已受聘為革命黨人的總參謀長，只向孫中山一個人負責。

第三部份：列舉為何英、美要跟孫中山結盟的理由：(1) 目前中國受過正規訓練的軍隊有 21 個師，孫中山已控制了其中的 12 個師，滿清政府只控制其中的 3 個師，剩下的 6 個師中立。孫中山必勝無疑 (2) 在中國受過最佳教育的三四萬學生，都誓死效忠孫中山，故可以説孫中山手下人才濟濟 (3) 好幾個勢力龐大的秘密會社，也誓死效忠孫中山。他們的會眾加起來約有 35，000，000 人。所有這些人都為了支持孫中山當總統而奮鬥。

第四部份是第一部份所提到過的盎格魯‧撒遜聯盟的內容，包括 (1) 孫中山接受英國政府委派一位政治顧問以指導他管治新中國。孫中山之能作出這種承諾是因為他必然會當上中國的大總統。(2) 孫中山給予英、美最優惠待遇，優越之處，賽過所有其他國家。(3) 中國海軍由英國將領指揮，而該等英國將領由孫中山統轄。(4) 中國若跟日本談判任何條約，將遵照英國政府的意思行事。[47]

現在讓我們分析一下文件各部份的內容：

第一部份：短短的一句話，可以看到英以色列信仰[48] 那長長的影子。有

45　Dawson to Grey, official, 15 November 1911, grouped with Grey to Jordan, Tel. 170, 17 November 1911, Reg. No. 45816, FO371/1095, pp. 183-188: at p. 188, paragraph 1.

46　Grey to Jordan, Desp. 364, 14 November 1911, Reg. No. 45661, FO371/1095, pp. 165-173: at p. 166.

47　Edward Grey to Sir John Jordan, 14 November 1911, FO371/1095.

48　詳見本書題為「孫中山的民族主義與英以色列信仰之謎」的第六十一章。

位美國學者認為，這句話毫無疑問也有荷馬李的一份。[49] 所持理由是：當時荷馬李正在撰寫一本有關大英帝國與英美盎格魯‧撒遜民族的命運的書。[50] 若這位學者看到拙著《中山先生與英國》第四章中有關孫中山與柯林斯來往等情，可能要補充説：「這句話毫無疑問也有孫中山的一份。」在撰寫該章時，本偵探還無法衡量出柯林斯那種英國以色列信仰對孫中山所起過的具體影響。現在具體的事例出來了。猶記孫中山是受過基督教義洗禮的，對於以色列民族是上帝特別挑選、特殊眷顧的民族的説法，會有一定認識。由居住在英國的盎格魯‧撒遜民族所建立起來的日不落帝國，也是有目共睹。孫中山能無動於衷？至低限度他在當時很難找出懷疑的根據。原來定居在英倫的盎格魯‧撒遜民族又繼續西移到北美而建立了美國。英、美盎格魯‧撒遜民族大聯盟，勢力舉世無雙。1897 年孫中山與英人柯林斯來往頻繁，後來又跟那位具同樣信仰的美人荷馬李混在一起。現在他與荷馬李聯名向英國外相提出中國與英美作盎格魯‧撒遜民族大聯盟，就毫不奇怪。也有其現實根據：1902 年日本與英國結英、日聯盟，1905 年就把歐洲大國的沙俄打敗；如果現在中國與英美結盟，革命政權將會立於不敗之地。孫中山想得真美。但英美願意與他結盟嗎？話題就轉到文件的第二部份。

　　第二部份：也是短短的一句話，表面上份量也夠重的。因為，諾克斯議員者，美國國務卿費蘭德‧諾克斯 (Secretary of State Philander Knox)[51] 也。魯特議員者，美國前任國務卿伊理胡‧魯特 (Senator Elihu Root)[52] 也。孫中山説通過美國的諾克斯議員 (Senator Knox) 和魯特議員 (Senator Root)，孫中山與荷馬李已經跟美國政府建立了有非常密切的關係。目的似乎是藉此希望英國覺得已有先例可援，就此加盟。但也有點要脅的味道：若聯英不成就單獨聯美，讓美國佔盡便宜。這樣短短的一句話，卻把孫中山的弱點暴露無遺。英美兩國政府，關係至為密切，有甚麼重大事情，一定密諮對方。如果美國政府真曾

49　見 Anschel, *Homer Lea,* p. 161。見同上 , p. 156。

50　見 Anschel, *Homer Lea,* p. 156。

51　Anschel, *Homer Lea,* p. 150.

52　Anschel, *Homer Lea,* p. 96.

與孫結盟，結盟之前肯定諮詢英方。這是任何看過英美外交檔案的人都很清楚的。問題也就出在這裏孫中山沒看過英美外交檔案，也不瞭解英美外交運作的情況，以致傻呼呼地撒了個大謊。實際的情況是，孫中山還在美國的時候，[53] 就曾持着荷馬李的介紹信要求見諾克斯議員，但該議員對他不理不睬，孫中山早已碰了一鼻子灰。[54] 孫中山並不氣餒，到了英國以後，似乎先把這個謊話向英國武器製造廠維克斯遜斯・馬克沁 (Vickers Sons & Maxim) 的負責人之一，特瓦・鐸遜爵士 (Sir Trevor Dawson) 撒了一通。鐸遜爵士同樣沒看過英美外交檔案也不了解英美外交運作的具體情況，所以當他在 11 月 14 日拜會外相格雷爵士 (Sir Edward Grey) 時，也傻呼呼地向外相口頭複述了孫中山的話。並補充説：孫中山非常願意外相閣下向華盛頓方面查詢以便證實孫中山與諾克斯及魯特兩位議員之間的確實已建立了密切的關係。[55]

結果怎麼樣？

英國外相禮貌地、同時堅定地對鐸遜爵士説：「我們不可能插手〔中國〕革命，我也不相信諾克斯議員已經這樣做。」[56]

至於第二部份那句補充的話，即本身是美國人的「荷馬李將軍已受聘為革命黨人的總參謀長，只向孫中山一個人負責」，更是敗筆。荷馬李這個駝子，根本就不是甚麼將軍，也從未帶過兵打過仗，只是寫過一些有關戰略的書，[57] 全屬紙上談兵。在務實的英國政治家眼裏，此人不值一哂。

文件的第三部份所説，孫中山已控制了全國軍隊 21 個師中的 12 個；滿清政府只控制 3 個，其餘 6 個中立，更是把英國外交部諸公看成是三歲孩童。英國外交部在中國各重要口岸都設有領事館，消息靈通。加上駐華海軍的情報網，甚至普通商人、旅客，都隨時隨地向外交部報告他們認為有價值

53　Anschel, *Homer Lea,* p. 150.

54　Anschel, *Homer Lea,* p. 150.

55　Grey to Jordan, Desp. 364, 14 November 1911, Reg. No. 45661, FO371/1095, pp. 167-173: at p. 166, paragraph 1.

56　Grey to Jordan, Desp. 364, 14 November 1911, Reg. No. 45661, FO371/1095, pp. 167-173: at p. 166, paragraph 2.

57　See Anschel, *Homer Lea.*

的情報。英國外交部的檔案比比皆是。武昌起義以來，革命軍老是與清軍作拉鋸戰，總打不開局面。對於這種情況，英國外交部都比較瞭解。至於那受過最佳教育的三、四萬學生，是否都誓死效忠孫中山？英國外交部高層讀來同樣會得出一個信口雌黃的感覺。至於那 35，000，000 會黨人士，在孫中山眼裏可能很了不起。但在英國當局眼裏都是烏合之眾：成事不足敗事有餘。總的來說，文件第三部份所說各點，在英國高層眼裏，兒 得很！難怪英國外相在他接見鐸遜爵士時的談話紀錄中，根本不屑提到這第三部份。

　　至於第四部份，在英國外相眼裏，則全是空頭支票。因為孫中山還未掌權，更沒有有效地控制全中國。憑一紙上書就押注，智者不為。孫中山正是要求外相憑他一紙上書就押注，外相心裏會怎麼想？別把我當是傻瓜！孫中山似乎早已考慮到這一點，所以在上書的同時，又附上四封電報，皆無日期，而四封皆發到孫中山在倫敦下榻的薩福伊旅館 (Hotel Savoy)。其一來自廣州總商會曰：「粵已建臨時政府，掌握一切。盼君即歸，以成立全國聯合政府。」[58] 其二發自廣東都督胡漢民：「粵已獨立，並建臨時政府。盼君早歸，與他省共組國民政府。君在外，有全權與歐洲政府交涉。」[59] 其三發自三藩市國民局：「在漢口代替黎元洪的黃興電報蘇、杭、滬大捷，不日攻寧，望即匯款，以濟軍需。」[60] 其四發自香港《中國日報》：「滬總陳其美囑轉告：武昌舉義，湘贛響應，我軍已陷滬、蘇、杭。榕、穗易手。現調江浙攻寧，不日圖京。14 省已獨立，待君回國團結各方；建臨時政府，安內攘外。已委伍廷芳主外事，深受外國歡迎，惟不得其承認。滬乃中樞，擬在滬建臨時政府，已通電各義省派員赴滬協商，乞即回國主持大局，之前請委代表，以慰四億

58　Kwangtung General Chamber of Commerce to Sun Yatsen, telegram, n.d.; attached to joint statement by Sun Yatsen and Homa Lea, 13 November 1911; enclosed in Grey to Jordan, Desp. 364, 14 November 1911, Reg. No. 45661, FO371/1095, pp. 167-173: at p. 170.

59　Hu Han-min to Sun Yatsen, telegram, n.d.; attached to joint statement by Sun Yatsen and Homa Lea, 13 November 1911; enclosed in Grey to Jordan, Desp. 364, 14 November 1911, Reg. No. 45661, FO371/1095, pp. 167-173: at p. 171.

60　Kwok-man Bureau (San Francisco) to Sun Yatsen, telegram, n.d.; attached to joint statement by Sun Yatsen and Homa Lea, 13 November 1911; enclosed in Grey to Jordan, Desp. 364, 14 November 1911, Reg. No. 45661, FO371/1095, pp. 167-173: at p. 172.

生靈而奠國基。」[61] 諸電報所反映的成果，在革命黨人眼裏當然很了不起。在英國外相眼裏，則還沒有一個像樣的政府，優惠云云，從何說起？

總的來說，孫中山萬里迢迢地專程跑到倫敦，一擲千金地住在河濱區的薩福伊旅館 (Hotel Savoy)，絞盡腦汁地設計了那紙上書，換來的是甚麼？外相對鐸遜爵士說：「我不希望他認為我抽空見你是專門為了談他的事情。但我不反對你對他說：你曾經見過我，並把我的看法轉告他。」[62] 這種結局，從中國革命事業這大局看，令人唏噓。從孫中山個人榮辱的角度看，更是令人頓足，因為竟然有人指責孫中山倫敦之行乃懦夫所為。　此人是誰？英國駐華大使朱爾典 是也。[63]

現在回應本章開宗明義的呼喚，即孫中山擬向英國政府要求三事：一、止絕清廷一切借款；二、制止日本援助清廷；三、取消各處英屬政府對他的放逐令。客觀事實是：當時英國和日本都沒有對清廷援助；更有文獻證明英廷間接地取消各處英屬政府之放逐令，但是孫中山東歸到達香港時，雖然當時他早已預先接到特瓦·鐸遜爵士 (Sir Trevor Dawson) 的電報，說英國政府容許他「路過」香港，[64] 但還是不敢上岸，為甚麼？容下回分解。

61　Chung Koh Po (Hong Kong) to Sun Yatsen, telegram, n.d.; attached to joint statement by Sun Yatsen and Homa Lea, 13 November 1911; enclosed in Grey to Jordan, Desp. 364, 14 November 1911, Reg. No. 45661, FO371/1095, pp. 167-173: at p. 173.

62　Grey to Jordan, Desp. 364, 14 November 1911, Reg. No. 45661, FO371/1095, pp. 167-173: at p. 166, paragraph 5.

63　Jordan to Grey, Tel. 289, 20 November 1911, FO Reg. No. 46374, FO371/1095, pp.301-306: at p. 302.

64　See Harold Z.Schiffrin, *Sun Yat-sen: Reluctant Revolutionary* (Boston: Little, Brown and Co., 1980), p. 158.

第六十五章
為何孫中山能當選臨時大總統？

　　讀者諸君一定以為本偵探發神經，竟然提出這樣的問題，國父孫中山先生難道不是理所當然的大總統嗎？實情是，當時反對孫中山當臨時大總統者大有人在，孫中山自己過去的革命同志章太炎就是其中之一。章太炎倡言若舉總統，「以功則黃興，以才則宋教仁，以德則汪精衛。」[1] 章氏又於《民國報》發表宣言，認為孫中山乃「元老之才，不應屈之以任職事。」[2] 那麼誰可當大任？章氏謂「品藻時賢：謂總理莫宜於宋教仁，郵傳莫宜於湯壽潛，學部莫宜於蔡元培；其張謇任財政，伍廷芳任外交，則皆眾所公推，不待論也」[3] 無形中把孫中山說得一無是處，甚麼也夠不上。但結果臨時國會仍然選上孫中山作為臨時大總統，總理一切。為甚麼？

　　過去本偵探探索這個問題時曾指出，章太炎忽略了關鍵的一點，就是中山先生在中國人心目中的英雄形象。而這個英雄形象，是不能光用軍功、才能、賢德來衡量的。現在本偵探進而探索了武昌起義後孫中山在倫敦活動的情況，則可以在這個問題上作補充。

　　補充之一：是英國高層同樣是忽略了孫中山英雄形象這關鍵的一點。他們只看到袁世凱表面上的強大，而沒看到活在中國廣大革命黨人心中那個孫中山的高大形象，以及由此而發揮的巨大力量。

　　這個英雄形象，源自孫中山在 1896 年 10 月的倫敦蒙難。披露他被清使

1　胡漢民：《胡漢民自傳》，收入《中華民國開國五十年文獻：開國規模》(台北：正中書局，1967 年)，頁 46。

2　章太炎，〈宣言之四〉，《民國報》(1911 年 12 月 1 日)，收入湯志鈞編，《章太炎政論集》(北京：中華書局，1977 年)，第 2 卷，頁 527。

3　章太炎，〈宣言之九〉，《民國報》(1911 年 12 月 1 日)，收入湯志鈞編：《章太炎政論集》(北京：中華書局，1977 年)，第 2 卷，頁 529。

館綁架和拘禁的第一篇英文報導，稱他為
「知名華人」和「香港頗為知名的醫生」。[4]
這篇報導還提供有關去年廣州密謀的一些
細節，並謂其最終目標乃「推翻滿清 (韃
虜) 的皇朝」，其理由是：中國「在滿清統
治下國難日深，除非攘除清廷，否則難期
國家自救。」[5]

　　在這之前，康德黎醫生已經在一份提
交英國中央新聞社的聲明中，為愛徒説
話：「我在香港與孫逸仙非常諳熟。他從
1887 年起即在當地的西醫學院學醫，並
取得醫生資格。他是個出色的學生。畢業
後，他開始在距離香港約 30 英里的葡萄
牙殖民地澳門行醫。由於他在澳門執業有
成，經友人介紹前往廣州行醫。其後我與
他有一個月之久未曾謀面。等到在香港重
逢時他説他已經與滿清政府發生磨擦。」[6]
這一聲明在大多數倫敦報紙上，激起了有
利的反響。這些報紙中「最大眾化的」[7]、每
日發行量高達 241000 份的《每日電訊報》[8]，對孫中山最表讚揚。它評論道：
「孫逸仙到達廣州後，短期內——照康德黎醫生的説法是一個月——他就開
始造反；那些出色的、受過教育的東方人，從文明之區回到蠻荒的國家後，

圖 65.1
1896 年 10 月幽禁孫中山的清朝駐倫
敦公使館舊照。

4　*Globe,* 23 October 1896, p. 5, col. 2, reprinting a report in the Special Edition of the previous
　day.。

5　*Globe,* 23 October 1896, p. 5, col. 2, reprinting a report in the Special Edition of the previous
　day.。

6　*Evening Standard,* 23 October 1896, p. 5 col. 2.

7　*Sell's Dictionary of the World's Press* (London, 1897), p. 351.

8　*Sell's Dictionary of the World's Press* (London, 1897), p. 351.

全都那樣做。」[9]

如此這般，英國報章為孫中山所樹立的形象，遠遠高大過他本人之期望。除了對他在接受西方教育方面取得的成績，和對他試圖運用這種西方教育成果來改變中國所表現出來的勇氣，給予高度的評價之外，各報還把他描繪成一個富有魅力、值得彰顯的正人君子。

記者們在他獲釋後第一次見到他時，全都對他產生良好的印象。一位記者寫道：「他……一副文弱的相貌。然而他有一張格外令人喜歡的臉孔，他的雙眼異常明亮。」[10] 另一位記者評論道：「孫逸仙大概是黃種人中容貌最溫文的，有着不難想像的那種孩童般的天真和溫順…他在獲釋後接受大家對他的祝賀時，他那雙黑眼睛閃爍着愉快的光芒。」[11] 而另一位記者則對這樣文弱的人竟會捲入暴力之中，表示懷疑：「孫逸仙穿着優雅的、精心裁製的大衣和西服，戴着一頂顯然是西方式樣的黑色軟呢帽子，他的這身打扮，讓他看起來並不像清使館所描繪的那種東方暴徒的樣子。」[12]

當天稍後，孫中山兩次會見記者，同樣地給他們留下了良好的印象。第一次是在稅氏酒館，第二次是在康德黎家。

在稅氏酒館時，一位記者寫道：「孫逸仙說話很慢，但英語說得非常漂亮。」[13] 從孫中山寫於 1908 至 1910 年的一些英文信件中，[14] 不難發現其文法存在着不少錯誤。故竊以為 1896 年的孫中山不會說出「非常漂亮的英語」；[15] 並因此而認為記者的這番說法，應當這樣理解：當時實際上能夠講英語的華人少之又少，聚居在倫敦的華人大都是海員，也許會說幾句洋涇濱英語。不

---

9   *Daily Telegraph,* 24 October 1896, p. 6 col. 6. 孫中山於 1893 年春從澳門到廣州行醫，而他的密謀是在 1895 年 10 月洩漏的。在這期間他定期赴香港，所以康德黎醫生有一個月沒見到他。但報紙可能誤解了康德黎醫生的話，以為他說是孫逸仙在廣州開始行醫一個月之後，就開始策劃反對滿清政府的密謀。

10   *Morning Leader,* 24 October 1896, p. 7, col. 2.

11   *Westminster Gazette,* 24 October 1896, p. 5, col. 1.

12   *Daily Telegraph,* 24 October 1896, p. 5, col. 4.

13   *Daily Mail*，24 October 1896，p. 5，col. 4.

14   這些信件有些可在史丹佛胡佛研究所的布思文件中找到 (見 Boothe Papers)。另一些在倫敦的大英圖書館 (見 BL ADD 39168/138-141)。

15   *Daily Mail*，24 October 1896，p. 5，col. 4.

過，英國公眾不會去分辨記者的評論是否合符實際，他們也許馬上就接受了
他英語確實說得很漂亮的英雄形象。

　　然而比語言熟練這一問題更重要的是，英國新聞界似乎覺得孫中山能與
他們充份溝通；他們反覆強調他「英國式」的外表。下面是其中一位記者
在康德黎家採訪孫中山時的報導，記者劈頭第一句就是：「門打開了，走進
一位體格瘦小的年輕中國人，他面露愉快的微笑，穿著一套英國人穿的衣
服。」[16] 在當時多數英國人把一切英國事物視為文明，而把大部份中國事物
視為野蠻的情況下，[17] 孫中山的英國式裝扮，似乎對他十分有利。

　　看來文字還不足以對這位英國化的東方紳士，給予全面的公正評價，最
少有四家報紙刊出他穿着英國服裝的肖像。[18] 肖像似乎還嫌不夠，至少有兩首
關於他的歌謠出現在報紙上。[19] 這兩首歌謠之一的題目叫做「盎格魯華人」。[20]
英國報界對孫中山高度關注的程度，讓不少國家元首也會感到羨慕。

　　英國報界之所以對孫中山如此深感興趣，也許可以歸之於幾個因素。其
一，英國人顯然為自己居然對地球的另一端產生「文明的」影響而感到自
豪，就算只是體現在孤零零的一個東方人身上也毫不在意。其二，孫中山聲
稱自己出生在香港，因而是一個英國公民，[21] 而引起英國人們那種「我是一個
羅馬公民」[22] 的情感投射。孫中山在被囚期間曾受過拷問，[23] 或者至少曾被戴上
鐐銬的傳聞，[24] 更加深了這種感情。其三，正如一家報紙所指出，「在英國的
土地上」進行綁架，「簡直荒唐悖理，我們實在難以相信會有這種事情發生

16　*Daily News,* 24 October 1896, p. 5, col. 3.

17　See, for example, *Daily Telegraph,* 24 October 1896, p. 6, col. 6.

18　*Daily Graphic,* 24 October 1896, p. 13; *Graphic,* 31 October 1896; *Black and White,* 31 October
　　1896, p. 550; *Illustrated London News*, 31 October 1896, p. 556.

19　*Daily Chronicle*, 24 October 1896, p. 5, col. 6; *Sun,* 24 October 1896, p. 3, col. 2.

20　*Daily Chronicle*, 24 October 1896, p. 5, col. 6.

21　Sun Yatsen to James Cantlie, 19 October 1896, FO17/1718, pp. 22-23.

22　*Sun,* 23 October 1896, p. 2, col. 2

23　*Daily Graphic,* 24 October 1896, p. 13, col. 3.

24　*Overland Mail*, 30 October 1896, p. 45, col. 2.

了。」[25] 更糟的是，這檔事竟然就在光天化日之下發生在大英帝國的首都、倫敦市的市中心：

> 喂，不騙你，真是厚臉皮；
> 倫敦大街上，
> 有人走來走去，鬼鬼祟祟。[26]

上述種種，可以視作盎格魯‧撒克遜民族主義的表現，而孫中山則正從中間接獲益。

這些輿論，當然也體現了當時英國媒體由衷地對孫中山人身安全的關心。「也許孫逸仙不是英國公民」，一家報紙寫道：「然而……他是人類的一份子。在英國，任何一個人，即使是一個中國人，也有某些不可剝奪的權利」。[27] 另一家報紙更對這些權利詳細地闡述：「……除符合引渡法者以外，每個踏上英國土地的外國人，只要在留英期間履行訪客對英王應盡的效忠，就被賦予英國臣民所享有的不受逮捕和監禁的自由」。[28] 上面所引打油詩首段的下半節是：

> 究竟這個傢伙是
> 黃臉的中國流氓，
> 還是頭戴皇冠的大人物。[29]

沙士勃雷侯爵要求公使館釋放孫中山，這一要求很快就獲得回應。有關報導同樣地反映出盎格魯‧撒克遜民族主義的側面，而孫中山又同樣地間接

25　*Evening News,* 23 October 1896, p. 2, col. 4.

26　*Sun*, 24 October 1896, p. 3, col. 2

27　*Sun,* 23 October 1896, p. 2 col. 3.

28　*Standard,* 24 October 1896, newspaper cutting, FO17/1718, p. 84.

29　*Sun,* 24 October 1896, p. 3, col. 2.

受惠。率先披露綁架消息的《地球報》，在其社論中評論道：「沙士勃雷侯爵迅雷不及掩耳般解救了孫逸仙，將獲得整個大英帝國最熱烈的讚揚⋯⋯與首相之迅速行動同樣值得稱許的，是負責遞交有關照會的人員所表現出來的、不把滿清公使館放在眼內的高姿態。遞送照會的任務由一名外交部官員執行，而僅僅由一名警探隨同前往已足矣。這道照會所表達出來的、必須凜遵的風範，可由彼方迅速遵照執行而得知。」[30] 的確，幾乎所有倫敦的報紙，都把沙士勃雷的照會說成是「最後通牒式的」。而絕大多數的報章對他的行動之果斷表示慶賀。[31] 而前面已部份引述過的打油詩，其作者——霍普金斯——所採用的標題，正是極盡嘲笑能事之「霍普金斯為不信上帝的中國人挺身而戰」。該打油詩的其餘部份是這樣的：

> 恥辱啊，真是恥辱，
>
> 這種偷偷摸摸的勾當，
>
> 該死的清大人最好別亂開腔，
>
> 他以為自己非常聰明，
>
> 但當沙侯眉頭一皺，
>
> 清大人就不得不與他的獵物分手。
>
> 我的希望是，
>
> 孫逸仙在他的案子了結之前，
>
> 會因為別人的胡攪蠻纏而獲得應有的補償。
>
> 如果他要試試討回公道，
>
> 不管他能不能得勝，
>
> 他都會有霍普金斯和全體英國人民

30　*Globe*, 24 October 1896, p. 4, cols. 2-3.

31　See, for example, *Black & White*, 31 October 1896, p.550, col.2; *Daily Chronicle*, 24 October 1896, p.4 col.6; *Daily News*, 24 October 1896, p.5 col.3; *Daily Mail*, 24 October 1896, p.4 col.4; *Daily Telegraph*, 24 October 1896, p.6 col.6; *Echo*, 24 October 1896, p.2 col.2; *Morning Advertiser*, 24 October 1896, p.4 cols. 4-5; *Morning Leader*, 24 October 1896, p.6 col.3; *Morning Post*, 24 October 1896, p.4 cols. 5-6; *Pall Mall Gazette*, 24 October 1896, p.2 col.2; *Speaker*, 31 October 1896, p.452, col.1; *Times*, 24 October 1896, p.9 cols.2-3.

　　　　　堅決地當他的後盾。

　　　　　——霍普金斯[32]

　　今天，人們也許並不認同這種維多利亞晚期的沙文主義心態，但是孫中山卻被深深地打動了。一家報章寫道：「他〔孫中山〕用了差不多兩個星期的時間，歎服清使館逮捕行動之迅捷快速；因為，由於英國人偏愛法律程序而不免遲遲不能逮捕應該逮捕的人。但是我們毫不懷疑，清吏的迅速行動，所贏得的只是他非出自真心的佩服，而英國人的果斷，正是目前他日夜讚美的主題。」[33]

　　某些英國報紙的批評，甚至極具挑戰性。最有影響力的報紙《泰晤士報》，形容清公使的行動為「荒唐」，[34]並譴責清公使「自認為擁有一種任何文明國家都不會認同的權利。」[35]至於要求清廷把公使召回，[36]或者至少公開道歉[37]和賠償[38]的呼聲，更是甚囂塵上。《地球報》也這樣評論説：「沒有一個文明大國會提出在別國逮捕政治犯的要求，更不必説設法偷偷摸摸地進行了。」[39]另一家報章評論道：「客寓倫敦的清朝官吏，行為尚且如此，北京宦海不問可知」。[40]這些對滿清政府的系統性的攻擊，同樣是孫中山夢寐以求而不可得者，而且當然比他過去所發起過的任何攻擊都有效得多。而就目前本節章探討的孫中山英雄形象的樹立而言，這些倫敦報章對滿清政權所發起的攻擊，至少有助於引起人們對「靦腆的孫逸仙」[41]的同情。因為這類攻擊所造成的假象是：清使館之所以拘禁孫中山，是因為他已經被英國的文明所教化，並且

32　*Sun*, 24 October 1896, p.3 col.2

33　*Evening News*, 24 October 1896, p.2 col.2.

34　*Times*, 24 October 1896, p.9 col.2.

35　*Times*, 24 October 1896, p.9 col.2.

36　*Daily Chonicle*, 24 October 1896, p.4 col.6.

37　*Pall Mall Gazette*, 24 October 1896, p.2 col.2.

38　*Daily Chronicle*, 24 October 1896, p.4 col.6.

39　*Globe*, 24 October 1896, p. 4 cols. 2-3.

40　*Evening News*, 24 October 1896, p.2 cols. 2-3.

41　*Sun*, 24 October 1896, p.1 col.4.

反過來試圖「文明地教化」他自己的政府。

　　總之，由於清使館幽禁孫中山的醜聞鬧得沸沸揚揚，以致平常即便是不讀報紙的人，也會看一看報。醜聞「在沉悶的季節裏，為成千上萬的讀者提供了娛樂」，[42] 強有力地提高了孫中山的英雄形象。若這個英雄形象停留在英國本土，對於十七年後在中國舉行的臨時大總統選舉，可能影響不大。但是，孫中山的英雄形象透過路透社的電訊，立刻傳向世界各地。美國的《紐約時報》；[43] 澳大利亞的《時代報》、[44]《布里斯班信使報》、[45]《雪梨先驅晨報》；[46] 香港的《德臣西報》、[47]《每日快報》；[48] 上海的《萬國公報》、[49]《時務報》；[50] 新加坡的《海峽時報》[51] 與《叻報》；[52] 日本的《神戶又新日報》、[53]《大阪朝日新聞》、[54]《國家學會雜誌》；[55] 以及其他許多報刊都報導了孫中山倫敦蒙難的消息。還有倫

42　*Evening News*, 24 October 1896, p. 2 col.2.

43　*New York Times* (New York), 23 October 1896, p.5 col.1；24 October 1896, p.5 cols.1-2.

44　*Age* (Melbourne), 24 October 1896, p.7 col.5; 26 October 1896, p.5 col.4.

45　*Brisbane Courier* (Brisbane), 24 October 1896, p.5 col.3; 26 October 1896, p.6 col.2.

46　*Sydney Morning Herald* (Sydney), 24 October 1896, p.9 col.4;26 October 1896, p.5 col.3；28 October 1896, p.6 col.7.

47　*China Mail* (Hong Kong), 26 October 1896, p.3 col.5. and p.2 cols.6-7；31 October 1896, p.3 col.2. I am grateful to Mr Kung Chi Keung (Gong Zhiqiang) for sending me negatives of these columns initially; and to Mr A.I. Diamond of the Public Record Office in Hong Kong, and Mr Malcolm Quinn and Mr Sze King Keung (Shi Jingqiang) of the University of Hong Kong, for helping me acquire a microfilm copy of the *China Mail* for the months October - Dec 1896, when I passed through Hong Kong in May 1984.

48　*Hong Kong Daily Press,* 26 November 1896, as mentioned in Lam Man-sum, 'Hong Kong and China's Reform and Revolutionary Movements: An analytical study of the reports of four Hong Kong English newspapers, 1895-1912' (M. Phil. Thesis, University of Hong Kong, 1984), p. 156.

49　上海《萬國公報》，1896 年 11 月，第 8 輯，第 94 號，頁 31 上。

50　上海《時務報》，1896 年 11 月 5 日，第 10 期，頁 20 下。

51　*Straits Times* (Singapore), 24 October 1896.

52　《叻報》，1896 年 10 月 27 日。

53　《神戶又新日報》，1896 年 11 月 1 日。

54　《大阪朝日新聞》，1896 年 11 月 1 日。

55　《國家學會雜誌》，1897 年 2 月 15 日，第 2 卷，第 120 期，頁 182-193；1897 年 4 月 14 日，第 2 卷，第 122 期，頁 373-387。

敦那些專門銷往海外市場的報紙，如《倫敦與中國快報》[56] 和《海外郵報》，[57]
雖然送到讀者手中稍遲一些，但所登報導卻比路透社的電訊詳細得多。當
然還有許多大機構和個人都會從倫敦直接訂閱《泰晤士報》。[58] 這些報紙送到
海外之後，不僅在當地社團中傳閱，而且被當地報紙大量轉載[59] 或翻譯。[60]
一家日本報紙還綜合所有相關消息，寫了一篇長篇特稿。這篇特稿又被譯成
中文，分上、下兩部分在上海發表。[61] 章太炎在上海閱後，說：「(吾)心甚壯
之。」[62] 結果章太炎後來有一段時間在東京以《民報》編輯的身分成為孫逸
仙的左右手。[63]

　　至於在秦力山，則曾說過廣州起義失敗後「吾人意中之孫文，不過廣州
灣之一海賊也」。[64] 但是，當他讀過漢語節譯的《倫敦蒙難記》草稿後，就為
之作序曰：

　　　　孫君乃於吾國腐敗尚未暴露之甲午乙未之前，不惜其頭顱性命，而
　　　虎嘯於東南重立之都會廣州府，在當時莫不以為狂，而今思之，舉國熙
　　　熙皞皞，醉生夢死，彼獨以一人圖祖國之光復，擔人種之競爭，且欲發

56　《倫敦與中國快報》(London and China Express，周刊)，1896 年 10 月 23 日，頁 896 第 2 欄
　　到頁 897 第 2 欄；又 1896 年 10 月 30 日，頁 916 第 1 欄到頁 919 第 1 欄。

57　Overland Mail, 23 October 1896, p.19 col.1; 30 October 1896, p.44 col.2 - p.46 col.2.

58　Times, 23 October 1896, p.3 col.6; 24 October 1896, p.6 cols.1-3 and p.9 cols.1-3; 26 October
　　1896, p.8 col.4; 30 October 1896, p.6 col.6.

59　See, for example, the China Mail (Hong Kong), 26 November 1896, p.5 cols.4-6; 27 November
　　1896, p.5 col.3; 1 Dec 1896, p.5 col.5; 2 Dec 1896, p.3 cols.5-6; 24 Dec 1896, p.3 col.2.

60　例如見上海《時務報》，1896 年 12 月 15 日，第 14 卷，頁 13a-14b；1896 年 12 月 25 日，第
　　15 卷，頁 12a-13b；1897 年 1 月 13 日，第 17 卷，頁 15a-16a；又 1897 年 3 月 3 日，第 19
　　卷，頁 14a-15a。

61　《時務報》(上海)，1897 年 3 月 23 日，第 21 卷，頁 22b-24b，1897 年 5 月 22 日，第 27
　　卷，頁 23b-25a。日本報紙指的是《國家學會雜誌》，沒有日期。

62　湯志鈞編，《章太炎年譜長編》(北京，1979)，上冊，頁 39。

63　同上，頁 223。

64　秦力山為《孫逸仙》序，轉載於 柴德賡等編《中國近代史資料叢刊 ─ 辛亥革命》(上海：上海
　　人民出版社，1981)，第 1 冊，頁 21。

現人權公理於東洋專制世界，得非天誘其衷、天錫之勇者乎？[65]

用筆名黃中黃來節譯《倫敦蒙難記》的章士釗也在自序中說：

　　孫逸仙者，近今談革命者之初祖，實行革命者之北辰，此有耳目者所同認。[66]

　　湖北志士張難先也回憶當時的情況說：「熱烈之志士時時有一中山先生印象，盤旋牢結於腦海，幾欲破浪走海外以從之，不能得，則如醉如痴，甚至發狂，此實當日普遍之情形。」[67] 當然，秦力山、章士釗、張難先等說上述這些話的時候，已是 1900 年庚子之役以後的事情，當時中國知識界已起了很大的變化，有大批知識青年到海外尤其是日本留學，一到了國外，見識就不一樣。回到國內，比較之下，憤懣之情激增。再於國內廣大知識青年談感受，就難免出現張難先所描述的那種對孫中山如醉如痴的情緒。因為孫中山革命的號召，已得到廣大知識青年的普遍共鳴。

　　若說倫敦蒙難為所營造的英雄形象是可遇不可求的客觀因素，孫中山的個人魅力也不容忽視。程家檉（1874-1914）與吳稚暉（1865－1953）在認識孫中山之前，都認為孫文是個不識字的「綠林好漢」，見面後程家檉說孫文「氣度溫和端正得很，我生平未見第二人」，吳稚暉則「驚駭他的好學」。[68]秦力山也說孫中山乃「吾東洋人最好標榜」；[69] 章士釗更說：「有孫逸仙，而

65　同上，頁 91。

66　黃中黃為《孫逸仙》自序，轉載於 柴德賡等編《中國近代史資料叢刊 — 辛亥革命》(上海：上海人民出版社，1981)，第 1 冊，頁 90。

67　張難先：《湖北革命知之錄》(上海：商務，1946)，頁 103。

68　兩例均見吳稚暉：〈我亦一講中山先生〉，《總理行誼》(講稿)，1939 年，頁 2－3，轉錄於尚明軒等（編）《孫中山生平事業追憶錄》(北京：人民出版社，1986 年)，頁 699－701。

69　秦力山：〈為黃中黃譯孫逸仙倫敦蒙難序〉，轉載於柴德賡等 (編)：《中國近代史資料叢刊 ——辛亥革命》，一套 8 冊 (上海：上海人民出版社，1981)，頁 91。

圖 65.2
臨時大總統孫中山

中國始可為」。[70]

「有孫逸仙，而中國始可為」？此話非同小可。

英國政府只看到袁世凱表面上的強大，而沒看到活在中國廣大革命黨人心中那個孫中山高大的英雄形象，以及由此而發揮的巨大力量。

本偵探要補充之二是：1911 年底的孫中山，在所有革命黨人當中，只有他一個人提供了一套自成系統的革命理論：三民主義。

本偵探還希望作第三個補充，就是孫中山在 1911 年 12 月競選臨時大總統這個關鍵時刻，回國後正如前述的，對革命黨人說：

> 予⋯向英政府要求三事：一、止絕清廷一切借款；二、制止日本援助清廷；三、取消各處英屬政府之放逐令，以便予取道回國。三事皆得英政府允許。[71]

70　黃中黃（章士釗）：〈自序〉，《黃中黃譯孫逸仙》，轉載於柴德賡等（編）：《中國近代史資料叢刊 —— 辛亥革命》，一套 8 冊（上海：上海人民出版社，1981），頁 91。

71　孫中山：〈建國方略：孫文學說，第八章：有志竟成〉，《國父全集》，第 1 冊，第 421 頁。《孫中山全集》。第 6 卷。頁 245-246。

　　如此，則革命黨人肯定刮目相看。當時的革命黨人當中，誰有這個本事？若他又私下口頭對革命黨人說，在倫敦時四國銀行團的主幹曾經對他說過：「銀行團借款與中國，只有與新政府交涉耳。然必君回中國成立正式政府之後乃能開議也。」[72] 這無形在說，如果由孫中山來成立正式政府，借款便有商量。當時軍需正急，各省代表能不投孫一票？總統之席，非孫莫屬矣。

　　基於上述種種原因，孫中山果然被各省代表選為國民政府臨時大總統，並在 1912 年 1 月 1 日在南京就職。讓章太炎、朱爾典和英國政府都大跌眼鏡。

72　同上。

第六十六章

既然當了臨時大總統，為何孫中山
又讓位給袁世凱？

　　1912 年 4 月 1 日，孫中山在南京正式解除臨時大總統職務，並把總統寶座讓給袁世凱。為甚麼？

　　其實，早在 1911 年 11 月孫中山在倫敦企圖爭取英國政府支持中國新生的革命政權時，已經作出了「讓袁」的決定。當時陪同孫中山往倫敦的李曉生，其遺稿中有下面一段記載：

> 當時國內一般官僚和士大夫階級尚有欲保存滿清皇帝，實行君主立憲，並推舉袁世凱組織責任內閣者。先生〔吳稚暉〕以為這種空氣應當即日廓清，以利革命之進行。遂替國父撰文通電國內表示讓賢之意。文內有「若舉袁氏為清室總理，曷若舉袁氏為民國總統」之語。初時國父尚未明先生意旨，嗣經先生解釋，亦表同意。後聞國內之士大夫階級得見此電，大加欽服。以為我國數千年前之揖讓古風復見於今日。再不敢毀革命黨為亂黨。吳此電發生效力之大，實無可估計。[1]

　　關於孫中山具體何時決定「讓袁」的問題，學術界不無爭議。例如梁敬錞教授就說孫中山決定於離開倫敦之後，並在 1911 年 12 月 21 日抵達香港之時。[2] 本偵探過去曾經指出：不錯，孫中山的確是在抵達香港當天力勸胡漢

1　李曉生所遺稿，收入佚名 (著)：〈辛亥年間同盟會員在倫敦活動補錄〉未刊一文。

2　梁敬錞：〈一九一一年的中國革命〉，載張玉法 (主編)：《中國近代史論集：第三輯、辛亥革命》(台北：聯經，1980)，頁 25。

民等親信「讓袁」，[3] 但本偵探同時又指出，「讓袁」
的決定，早在 1911 年 11 月 16 日、孫中山從倫
敦發出的電報已反映出來。[4] 由此可知李曉生提到
的這封電報的日期，應為 1911 年 11 月 16 日。
至於該電報的具體內容，則收件者上海《民立
報》公之於世的文字是這樣的：

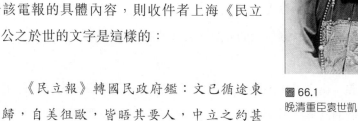

圖 66.1
晚清重臣袁世凱

　　《民立報》轉國民政府鑑：文已循途東
歸，自美徂歐，皆晤其要人，中立之約甚
固。維〔惟〕彼人半未深悉內情。各省次
第獨立，略致疑怪。今聞已有上海議會之組織，欣慰。總統自當推定黎
君。聞黎有請推袁之說，合宜亦善。總之，隨宜推定，但求早固國基。
滿清時代權勢利祿之爭，吾人必久厭薄〔薄〕。此後社會當以工商實業
為競點，為新中國開一新局面。至於政權，皆以服務視之為要領。文臨
行叩發。[5]

　　這封電文佐證了李曉生對電報內容中關於讓袁的追憶。但讓袁的基本原
因，是否就是如李曉生所說的：單純地為了廓清官僚和士大夫存滿之想？竊
以為孫中山為了建立共和政體而奔走了大半生，不會因為吳稚暉一句話就那
麼隨便地把眾多同志的鮮血換來的革命成果，拱手讓給他不信任的、東山復
起的清朝前重臣袁世凱。孫中山一定有迫不得已的苦衷，這苦衷是甚麼？
　　竊以為這苦衷的根源，正是英國外相對鐸遜爵士的談話內容部份。而該
等內容承外相許可，由鐸遜爵士轉告了孫中山。該內容的有關部份如下：

3　見拙著 *The Origins of an Heroic Image: Sun Yatsen in London*，1896-1897(Oxford University
　　Press，1986)，p. 251.

4　見拙著 *The Origins of an Heroic Image: Sun Yatsen in London*，1896-1897(Oxford University
　　Press，1986)，p. 250.

5　《民立報》，1911 年 11 月 17 日，轉載於《孫中山全集》第 1 卷，頁 546-547。

　　我希望中國會從目前的動亂中產生一個獨立自主、讓中國富強的政府。這樣的一個政府，不但會得到我們的承認，而且會得到我們的友誼和支持。我們希望見到一個對外開放貿易的、強大的中國政府。由誰來組織這個政府，我們毫不在乎，但在革命黨人的對立面，有一位似乎相當適合的人選。他就是袁世凱。我們都敬重他，因為我們相信，在清廷罷黜他以前，他所領導過的政府，是使中國進步了。[6]

　　武昌首義，南方各省響應，並先後宣佈獨立。革命形勢大好。孫中山在這個意氣風發的時候，發夢也不會想過要把自己與同志們用血汗甚至生命換來的政權，雙手讓給袁世凱。但現在，他認為「可以舉足輕重為我成敗存亡所繫者」[7]之英國，卻表示支持袁世凱來對付他。無如晴天霹靂！而且，當 1896 年 10 月 11 日，他被滿清駐倫敦公使館人員綁架後，英國上下人等不是猛烈抨擊滿清政權的殘酷嗎？[8]開明的英國政府現在怎能支持那曾經助紂為虐的袁世凱來對付他！孫中山一片迷惘。問題是：他未執過政，未嚐過殘酷的政治現實。對 1911 年的英國政府來說政治現實促使其支持強人袁世凱以保障其在華利益。

　　因此，在重建李曉生遺稿中提到的、吳稚暉為孫中山草擬讓袁電文的情況時，[9]可以想像：首先是孫中山失魂落魄地回到旅館，把這壞消息告訴了吳稚暉。吳稚暉也束手無策。繼而是吳稚暉想到順水推舟而讓袁的主意：吳稚暉不像孫中山般長期投身革命。出生入死幾十年，因此吳稚暉可以很輕鬆地就想到讓袁。至於孫中山本人，則甚至在吳稚暉提出讓袁的主意時，「國父尚未明先生意旨」。但由於孫中山投身革命不是為了個人榮辱而是真真正

6　Grey to Jordan，Desp. 364，14 November 1911，FO Reg. No. 45661，FO371/1095，pp.167-173: at p.166，paragraph 3.

7　孫中山：〈建國方略：孫文學說第八章 '有志竟成〉，《國父全集》(1989)，第一冊，頁 421，第 3-4 行。

8　詳見拙著《孫逸仙倫敦蒙難真相：從未披露的史實》(台北：聯經，1998；上海：上海書店出版社，2004)。

9　李曉生所遺稿，收入佚名 (著)：〈辛亥年間同盟會員在倫敦活動補錄〉未刊一文。

正地為了救民於水火；所以，當吳稚暉向他解釋後，他馬上從善如流地表示同意，[10] 並從此按步就班地把此議付諸實踐。此舉與 1895 年乙未廣州起義發動前夕，楊衢雲逼宮搶着要當起義成功後的總統時，孫中山馬上退讓的舉措，如出一轍。[11] 孫中山同意讓袁後，花一大筆費用，拍電報給上海《民立報》轉國民政府表達讓袁之意，「但求早固國基」。[12]

至於吳稚暉提出那讓袁主意的動機，出了從大局着想以外，很可能包括了維護孫中山威信的一片苦心。蓋武昌起義爆發，同志們都在流血犧牲，孫中山不但未馬上回國參加革命，還遠遠地拐了一個大彎去英國，聲言是去爭取英國政府的同情和支持，結果連英國駐華大使朱爾典也指責孫中山乃懦夫。[13] 而英國政府對孫中山的說項不但不屑一顧，反而表示要支持袁世凱。若以此外聞，對孫中山的威信是個很大的打擊。故本偵探推測，吳稚暉有鑑於此而想出了「讓袁」的主意，甚至據此而擬好了一封電報出示孫中山。孫中山初感錯愕，但聽吳稚暉解釋後，遂表同意。[14]

又至於李曉生後來補充說：「後聞國內之士大夫階級得見此電大加欽服。以為我國數千年前之揖讓古風復見於今日。再不敢毀革命黨為亂黨。吳此電發生效力之大，實無可估計」，[15] 則不禁讓人懷疑，李曉生這樣寫，是在吳稚暉的基礎上推波助瀾，多少有點為孫中山搖旗吶喊的味道。反過來

10　李曉生所遺稿，收入佚名 (著)：〈辛亥年間同盟會員在倫敦活動補錄〉未刊一文。

11　見拙著《三十歲前的孫中山》，第八章。以及本書題為「乙未廣州起義失敗後孫文跑回香港大罵楊衢雲」的第五十七章。

12　《民立報》，1911 年 11 月 17 日，轉載於《孫中山全集》第 1 卷，頁 546-547。

13　Jordan to Grey, Tel. 289, 20 November 1911, FO Reg. No. 46374, FO371/1095, pp. 301-306: at p. 302.

14　李曉生所遺手稿，收入〈辛亥年間同盟會員在倫敦活動補錄〉一文作為「補錄二」。該文由香港某雜誌寄來讓筆者審稿。筆者以該文含珍貴史料，應予保存，建議刊登。後聞該雜誌仍不予刊登。故筆者至今還不知該文作者是誰。但文稿仍存筆者處，在此引用上了，特向該不具名的作者鳴謝。

15　李曉生所遺手稿，收入〈辛亥年間同盟會員在倫敦活動補錄〉一文作為「補錄二」。見上注。

說，吳稚暉、李曉生的舉措，強有力地顯示出他們對孫中山的敬愛。

英國外相提出支持袁世凱，很大程度上是受了駐華公使對中國局勢分析的影響。該公使認為，唯一能收拾殘局的人是袁世凱。蓋革命初起，該公使就派了軍事參贊隨政府軍南下武漢，卻發覺政府軍絲毫沒有為清廷賣命的意思。該軍事參贊得出的結論是：如果政府軍用上他們該有的戰鬥力的十份之一，收拾革命軍將會不費吹灰之力。他更指出，如果袁世凱復出，領導政府軍，形勢會馬上改觀。此外，駐華公使又認為滿清王朝已經無望了，因為滿清權貴自己也已深感日薄西山，所有上諭都充滿垂死掙扎的味道，慶親王忙着把自己的財產換成金條以便隨時隨地逃亡時，容易帶走。攝政王的兩個兄弟都把家眷送到深山的行邸裏。北京的其他權貴都成群結隊地擠火車前往天津這個北方大港，[16] 一見情勢不對就馬上乘船逃亡國外當寓公。

另一方面，孫中山在 1911 年 11 月 16 日致上海《民立報》轉國民政府的電報中說：「聞黎有請推袁之說。」[17] 這句話發人深省。孫中山是從那裏聽來的消息？

格雷外相是在 11 月 14 日晚上接見鐸遜爵士的。[18] 當日黃昏 7 時 15 分，外交部接到駐華公使當天發來的絕密電報。該密電實在太重要了：為了讓讀者得觀全豹，故本偵探全文翻譯如下：

> 今天，我接見了袁世凱的兒子。他代表他父親來見我。他說乃父不知何去何從。雖然他願意效忠清廷，但清廷已經幾乎無可救藥了。一方面，全國上下都強烈要求清帝退位。黎元洪和其他武昌首義的革命黨人都催促他當共和國的大總統，並答應全力支持他，又說滬、穗和其他革命中心都會支持他。普遍的意見是：讓清帝退位，並在熱河或蒙古妥當地安置清室。另一方面，若恢復效忠清廷嘛，則唐紹儀和其他老同僚

16　Jordan to Campbell, private, 23 October 1911; received on 13November1911, FO Reg. No. 45070, FO371/1095, pp.42-47.

17　《民立報》，1911 年 11 月 17 日，轉載於《孫中山全集》第 1 卷，頁 546-547。

18　Dawson to Grey, official, 15 November 1911, grouped with Grey to Jordan, Tel. 170, 17 November 1911, FO Reg. No. 45816, FO371/1095, pp.183-188: at p.188, paragraph 1.

都拒絕與他合作。

他問我有何忠告。

我說，外國人普遍認為最佳解決辦法是清廷統而不治，同時把早已承諾了的憲法付諸實踐。我認為共和政體不適合中國國情，強行試驗，未卜吉凶。

他說，革命黨人提出要他父親來統治他們：他們又說要他父親當皇帝，因為共和體制只是一個過渡時期。

我要求他容許我把他告訴我的話，採機密形式轉告美國駐華公使，他同意了。

在他來訪以前，我早已與袁世凱本人約好了明天下午見面。[19]

這封絕密電文，格雷外相在當天晚上接見鐸遜爵士之前，是否已看過，很難判斷。但由於它的絕密性與緊急性，而它又牽涉到外相快要與其會見的人所談的事情，故本偵探傾向於他先看電文後會鐸遜的可能性。電文有黎元洪催袁世凱當大總統之語，把它與孫中山「聞黎有請推袁之說」[20] 相比較，讓本偵探進一步傾向於孫中山聞自英國外交部的想法。不錯，格雷外相曾存有他自己與鐸遜爵士的談話紀錄，而該紀錄沒提及此節。但該紀錄是採取咨會駐華公使的形式出現，[21] 所咨者皆最精簡的要點，外相毫無必要說他已經把袁世凱的兒子提到過的讓袁的消息告訴了鐸遜爵士並讓他轉告孫中山。

袁世凱的兒子即袁克定。他所說的、黎元洪和其他武昌首義的革命黨人都催促他當共和國的大總統云云，有何根據？[22] 徵諸《黃興年譜長編》，可

19　Jordan to Grey, Tel. 278 Very Confidential, 14 November 1911, FO Reg. No. 45368, FO371/1095, pp.94-98: at p.97.

20　《民立報》，1911 年 11 月 17 日，轉載於《孫中山全集》第 1 卷，頁 546-547。

21　Grey to Jordan, Desp. 364, 14 November 1911, FO Reg. No. 45661, FO371/1095, pp.165-173: at p.166.

22　2004 年 2 月 17 日，筆者與廣州市中山大學邱捷教授切磋學問時，筆者提出這個問題，邱捷教授就提供了黃興覆袁世凱函，特致謝忱。見下注。

知黃興的確寫過這樣的一封信。[23] 黃興已於 1911 年 10 月 28 日抵達武昌，與
黎元洪會商軍事。黃興被推為總司令。[24] 在革命黨中，黃興是僅次於孫中山的
第二把手，地位遠遠凌駕於黎元洪之上。黎元洪甚至不是同盟會的會員。只
是由於炸彈意外地爆炸了，被同盟會會員滲透了的湖北新軍戰士迫得提前起
義，結果時勢造就了黎元洪這名「英雄」而已。但首義戰士當中，其中地位
最高的革命黨人也不高過排長。以事起倉猝，群龍無首，起義軍才強推他們
自己的首長黎元洪當指揮。[25] 當時湖北新軍共有一鎮（等於現代編制的師）兩
協（等於現代編制的旅），黎元洪是其中混成協的首長（等於現代編制的旅
長），有指揮經驗。在這以後的一段時候，革命軍所頒發的告示和發給外國
使節的照會，都由黎元洪簽署。所以他在外國人中的知名度比黃興要高。因
此，袁克定拜會英國公使時，不提黃興而只提「黎元洪和其他武昌首義的革
命黨人」，其理可能在此。

　　本來袁世凱已經被清廷罷免一切職務，根據是他權力太大了，對清廷造
成威脅。但是：「武昌起義後，清廷驚慌失措，被迫起用袁世凱，先任為湖
廣總督，繼授欽差大臣，節制各軍，復任為內閣總理大臣，至是清廷軍政大
權悉落袁手。袁乃玩弄兩面手法，一面南下督師，親臨前線：同時於攻陷漢
口後，派蔡廷幹、劉承恩攜函來見黎元洪、黃興，探詢停戰議和意見。」[26] 黃
興乃於 1911 年 11 月 9 日，以中華民國軍政府戰時總司令的身份，函覆袁世
凱曰：

　　　　…興思人才原有高下之分，起義斷無先後之別。明公之才能，高
　　　出興等萬萬，以拿破崙、華盛頓之資格，出而建拿破崙、華盛頓之事

23　黃興覆袁世凱函，1911 年 11 月 9 日，載毛注青編著《黃興年譜長編》（北京：中華書局，
　　1991），頁 221。

24　毛注青編著《黃興年譜長編》（北京：中華書局，1991），頁 208，記 1911 年 10 月 28 日事。

25　「陳磊先舉槍指黎罵曰：生成滿清奴隸，不受抬舉。〔李〕翊東繼之，余則兩手攔住兩人之槍，囑
　　其不可魯莽，後黎乃詢眾議鈐印」。見吳醒漢：〈武昌起義三日記〉，載《中國近代史資料叢刊——
　　辛亥革命》（上海：上海人民出版社，1981），第 5 冊，頁 78-84：其中頁 82。

26　毛注青編著《黃興年譜長編》，頁 220-221，記 1911 年 11 月 9 日事。

功，直搗黃龍，滅此虜而朝食，非但湘、鄂人民戴明公為拿破崙、華盛頓，即南北各省當亦無有不拱手聽命者。蒼生霖雨，群仰明公，千載一時，祈毋坐失！[27]

收到黃興這封覆函以後，看來袁世凱馬上就電約英國駐華公使朱爾典在 11 月 15 日見面。[28] 竊以為這正是袁世凱第三面手法的開展：其一是借重武昌起義來向清廷索取軍政大權；其二是帶精兵打敗革命軍然後按兵不動以自重；其三就是爭取英國政府的支持了。定好約會的事情之後，袁世凱就急急起程回京。他所坐的火車，在 11 月 13 日黃昏 5 時 25 分抵達北京。[29] 第二天，就趕快派他的兒子前往拜會英國駐華公使。這次拜會，沒有預約，甚不合外交禮節，但袁世凱也管不了這麼多。可見袁世凱對英國在華舉足輕重的地位，與孫中山所見相同。而且，為了取信於英國駐華公使，袁世凱極有可能把黃興的覆函交袁克定，讓其出示英公使。沿這思路探索，則本偵探懷疑，深謀遠慮的袁世凱，其「派蔡廷幹、劉承恩攜函來見黎元洪、黃興，探詢停戰議和意見」[30] 之最終目的，是要套取黃興這樣的答覆以向英國自重。這種手法，與其借重武昌起義來向清廷索取軍政大權，以及打敗革命軍後按兵不動以自重等做法，如出一轍。

那麼，黃興果真對袁世凱存有幻想？不見得。黃興在覆袁世凱的同一天，又密諭民軍將士曰：「現袁已派心腹多名，分道馳往各省發布傳單，演說諭眾，離間我同胞之心，渙散我已成之勢。設心之詭，用計之毒，誠堪痛恨。」[31] 可見黃興對袁世凱不無認識。關鍵就在這裏：在同一天，黃興既讚

27 黃興覆袁世凱函，1911 年 11 月 9 日，載毛注青編著《黃興年譜長編》（北京：中華書局，1991），頁 221。

28 Jordan to Grey，Tel. 278 Very Confidential，14 November 1911，FO Reg. No. 45368，FO371/1095，pp. 94-98: at p. 97，last paragraph.

29 見天津《大公報》，1911 年 11 月 15 日第 3 版。此條承廣東省社會科學院孫中山研究所的劉路生副研究員提供，特致謝意。

30 毛注青編著《黃興年譜長編》，頁 220-221，記 1911 年 11 月 9 日事。

31 黃興密諭民軍將士，1911 年 11 月 9 日，見毛注青編著《黃興年譜長編》，頁 221-222 及頁 222 的腳注 1。

美袁世凱有「拿破崙、華盛頓之資格」，[32] 又罵他心設毒計坑害革命派，「誠堪痛恨」。[33] 原因何在？

　　黃興是有迫不得已的苦衷：當時革命軍的力量非常薄弱，若真的與袁世凱較量，肯定不敵。漢口一役，已是明證。現在袁世凱主動派人來議和，在對其真正動機不完全清楚的情況下，以效忠作餌，勸袁世凱反清，不失為明智的權宜之計。另一方面，蔡廷幹、劉承恩與黃興見面時，不曉得用了甚麼甜言蜜語，或許下甚麼承諾，讓黃興寫出了上面那封大長敵人志氣、大滅革命軍威風的覆函，甚至把袁世凱比作拿破崙。須知拿破崙掌握了大權之後，就稱王稱帝了。難怪袁克定振振有詞地對英國公使說，革命黨人「要他父親當皇帝，因為共和體制只是一個過渡時期。」[34]

　　袁世凱剛剛復出就已經預先為自己將來稱帝鋪路。真可謂深謀遠慮。

　　英國外交部細心研究朱爾典發來的這份關於他與袁克定會談的絕密電報。W. G. Max-Muller 說：「內容與孫中山的上書南轅北轍，奇怪極了！」[35] 助理外交次長 Sir Francis Campbell 說：「正是！」[36] 外交次長閱後，簽上他名字的縮寫。[37] 外相格雷爵士閱後，第一個反應也是簽上他名字的縮寫。[38] 但很快就想通了，並馬上親筆草擬了一封密電，指示駐華公使曰：

　　　　關於您〔快將〕與袁世凱舉行的會談，您可便宜行事。他過去的表

32　黃興覆袁世凱函，1911 年 11 月 9 日，載毛注青編著《黃興年譜長編》，頁 221。

33　黃興密諭民軍將士，1911 年 11 月 9 日，見毛注青編著《黃興年譜長編》，頁 221-222 及頁 222 的腳注 1。

34　Jordan to Grey，Tel. 278 Very Confidential，14 November 1911，FO Reg. No. 45368，FO371/1095，pp.94-98: at p.97.

35　W. G. Max-Muller's minute on Jordan to Grey，Tel. 278 Very Confidential，14 November 1911，Reg.No.45368，FO371/1095，pp.94-98:at p. 94.

36　Campbell's minute on Jordan to Grey，Tel. 278 Very Confidential，14 November 1911，FO Reg. No. 45368，FO371/1095，pp.94-98: at p. 94.

37　Nicolson's minute on Jordan to Grey，Tel. 278 Very Confidential，14 November 1911，FO Reg. No. 45368，FO371/1095，pp.94-98: at p. 94.

38　Grey's minute on Jordan to Grey，Tel. 278 Very Confidential，14 November 1911，FO Reg. No. 45368，FO371/1095，pp. 94-98: at p. 94.

現，讓我們對他產生了好感和敬意。我們希望見到的是，革命帶來一個強有力的、能夠不分彼此地對待外國的政府：一個能夠維持安定並推動中國貿易的政府。對於這樣的一個有效率的政府，我們會給予外交上的支持。

我注意到，您〔把您與袁克定會談的內容〕咨會了美國駐華公使，但沒有咨會日本駐華公使。我們不宜給日本人厚此薄彼之感。當然，我完全同意您與美國駐華公使隨時保持聯繫的做法。[39]

外相的指示，可圈可點。第一是他的果斷：他也不費神去猜測孫中山與袁世凱誰屬可信；而是按照袁世凱過去的表現毅然指示公使擁袁以維護英國在華利益。第二是堅決維持英美兩國政府之間的密切關係，讓人想起，孫中山先前在上書中誇誇其談地說他已經與美國政府建立了聯盟，不信可向華府查詢等兒戲話。難怪英國外相覺得非常反感。

至於孫中山，後來他東歸至香港水域時，對前來見面的親信、廣東都督胡漢民表達了他對當時國內外形勢的分析和他對讓袁的看法：

革命軍驟起，有不可響邇之勢。列強倉猝，無以為計，故祇得守其向來局外中立之慣例，不事干涉。若然我方形勢頓挫，則此事正未可深恃。戈登、白齊文之於太平天國，此等手段正多，胡不可慮？謂袁世凱不可信，誠然：但我因而利用之，使推翻二百六十餘年貴族專制之滿洲，則賢於用兵十萬。縱其欲繼滿洲以為惡，而其基礎已遠不如，覆之自易。故今日可成一完滿之段落。[40]

這番話證明孫中山對英國和袁世凱的真正意圖，同樣是不瞭解。英國是

39　Grey to Jordan，Draft Tel. 168，Confidential，15 November 1911，subsequently despatched @ 6.30p.m.，FO　Reg. No. 45368，FO371/1095，pp.94-98: at p.94(draft) and p.98 (copy of despatched telegram).

40　胡漢民：《胡漢民自傳》，轉載於《孫中山年譜長編》，上冊，頁593。

表面中立而實際擁袁。袁世凱是利用停火之議來達到其稱帝的最終目的。另一方面，當時胡漢民是希望勸孫中山到廣州去，以鞏固南方的革命基地。孫中山卻認為必須北上，為甚麼？去競選總統！

英國政府已經擺明支持袁世凱，為何孫中山還要北上競選總統？無他，不當上總統，就更難與袁世凱討價還價也。故孫中山對胡漢民說：「我若不至滬、寧，則此一切對內對外大計主持，決非他人所能任，子宜從我即行。」[41]

如何競選？擺出了兩個空城計，正如前述：其一是自稱已爭取到英國政府三項承諾：「一、止絕清廷一切借款；二、制止日本援助清廷；三、取消各處英屬政府之放逐令，以便予取道回國。」[42] 其二是揚言如果由他來成立正式政府，四國銀行借款便有商量。[43] 可謂膽識驚人。若有人因此指責他此舉不老實，那麼把黃興到達武昌後的遭遇作比較，就很有意思。因為到了那個時候，黎元洪已在革命軍中鞏固了自己的地位，「一切實權操在立憲派與舊軍官之手，文學社和一切革命黨人當然對之不滿。所以黃興到漢，文學社特表歡迎。他們想趁此時機，借黃興的威望，把黃興的地位置於黎元洪之上」。因此在 1911 年 11 月 3 日：

> 楊王鵬在都督府建議公舉黃興為革命軍總司令，話還未說完，湯化龍馬上反對……立憲派和黎元洪的舊軍官極力反對楊王鵬的建議，彼此相持不下。共進會的孫武一派人都倒向立憲派，說是顧全大局。最奇怪的是同盟會的高級人物居正，也做了立憲派的俘虜。

最後如何了結？

41　胡漢民：《胡漢民自傳》，轉載於《孫中山年譜長編》，上冊，頁 593。

42　孫中山：〈建國方略：孫文學說，第八章：有志竟成〉，《國父全集》，第 1 冊，頁 421。《孫中山全集》，第 6 卷，頁 245-246。

43　同上。

圖 66.2
黃興

圖 66.3
黎元洪

　　立憲派仿照古法炮製一個「登壇拜將」的把戲。登壇拜將，形式上似乎是重用黃興，實際上是打擊黃興，排斥黃興，使黃興屈居於黎元洪之下，幹不下去。[44]

　　為何「登壇拜將」便使黃興屈居於黎元洪之下？因為是由黎元洪拜黃興為將，並「親將印信、委任狀、令箭等授與黃興親收。」[45] 屬從之分，再也明顯不過。區區一個革命軍總司令，由同盟會第二把手來擔當，已經遇到如斯阻力。要競選總統，孫中山這個「光棍司令」又會遇到怎麼樣的困難？

　　但是，孫中山終於當選臨時大總統了，並於 1912 年 1 月 1 日在南京宣誓就職。這一切都可以歸功於他的機智與大膽。在機智與大膽的同時還加上小心謹慎和不冒無謂的風險。他在 1911 年 12 月在所坐的船到達香港時決定不上岸就是個好例子。當時雖然他早已預先接到特瓦‧鐸遜爵士 (Sir Trevor Dawson) 的電報說英國政府容許他「路過」香港，[46] 但他仍然決定不上岸。事

44　毛注青：《黃興年譜》（長沙：湖南人民出版社，1980），頁 136，引章裕昆：〈武昌首義與黃興的關係〉。

45　周武彝：〈陸軍第三中學參加武昌起義經過〉《辛亥革命回憶錄》（北京：文史資料出版社，1981），一套 8 冊，第 7 冊，頁 10-18: 其中頁 18。

46　See Harold Z. Schiffrin，*Sun Yat-sen: Reluctant Revolutionary* (Boston: Little, Brown and Co.，1980)，p. 158.

後證明他做對了。因為，在 1912 年 4 月 24 日，當孫中山正式辭退臨時大總統的職位後、南下取道香港赴穗時，就出了問題。而這種問題是預先沒法估計的。當時香港居民準備大事歡迎。但香港政府馬上嚴禁懸掛旗幟橫額之類的歡迎條幅及燃放爆竹，連刊登歡迎啟事也不准。孫中山的輪船駛進海港後更不許其本人上岸。[47] 孫中山赤手空拳，何足懼哉？香港政府倒不是怕孫中山個人，而是恐他堂而皇之地到來會挑起廣大香港居民的民族主義情緒，以致難於管治這塊殖民地。香港政府這個矛頭雖然不是直指孫中山，但從孫中山本人的角度看來，香港政府也未免欺人太甚。又從香港殖民政府的角度看，也有其難言之隱。孫中山在香港接受過近乎十年的教育，又曾利用過該地進行推翻滿清政府的活動並因而被香港政府放逐多年，當然理解香港政府的苦衷。所以在 1911 年 12 月他到達香港時，就決定不上岸了。不拘小節以免亂大謀，信焉！

　　孫中山可敬之處，是他一輩子捨生革命而又從不作假公濟私的事情。回顧本章開宗明義所說，4 月 1 日孫中山在南京正式解除臨時大總統職務：此舉的動機是多方面的：

　　第一，孫中山革命之主要目標為爭取共和政體而非為了做總統，既然辭掉臨時大總統的職位能換取袁世凱支持共和政體，何樂不為？

　　第二，從大局考慮：「余嘗不辭勞瘁，規謀統一，恢復和平，融洽意見，企圖昌盛，且推舉袁世凱以任總統。蓋信若此經營，則全國易臻統一，而可早見和平昌盛之日也。厥後復盡余能力，增進和平治安，脫政府於顛沛之中，余固極願維持全國之和平。」[48]

　　第三，從實力對比考慮：南方的軍力，確實不敵袁世凱。若孫中山堅不退讓，只會內戰連綿，生靈塗炭。由於孫中山從事革命並非為了個人榮位，故能急流勇退。

　　第四，從國際局勢看：早在武昌起義成功之日，孫中山已經明白「吾之外交關鍵，可以舉足輕重為我成敗存亡所繫者，厥為英國：倘英國右我，

---

47 《孫中山年譜長編》，上冊，頁 693，引《民立報》，1912 年 4 月 25 日。

48　孫文：〈致狄哇西電〉，1914 年 4 月下旬，《孫中山集外集補編》，頁 133。

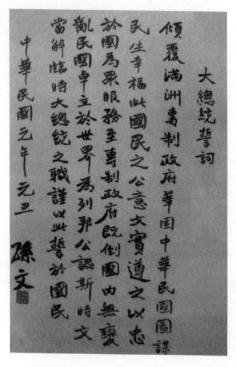

圖 66.4

臨時大總統誓詞「謀民生幸福」。（翠亨村
孫中山故居紀念館供圖）

則日本不能為患矣。予於是乃起程赴紐約，覓船渡英。」[49] 但是到了英國以
後，英國外相愛德華·格雷爵士 (Sir Edward Grey) 表示屬意袁世凱當總統。
孫中山為了避免無謂的流血犧牲，當機立斷，接受吳稚暉建議：讓袁！[50]

　　第五，孫中山的個人考慮：「民國總統本不好做，且各國於舉總統時每
多爭執。余欲以一讓位之先導，希望日後舉總統時減少爭競之酷烈。」[51] 不
愧是繼承了堯舜禪讓之旨：孫文既深得《易經》的精髓，又能將其付諸實
踐，其樂可知。

　　第六，曲高和寡：孫文發現他缺少所需人才來支援他建設他理想中的現

49　孫文：〈建國方略：孫文學說第八章《有志竟成》〉，《國父全集》(1989)，第一冊，頁 421，
　　第 3－4 行。又見孫文：〈建國方略：孫文學說·有志竟成〉，《孫中山全集》，卷 6，頁 228－
　　246：其中頁 245。

50　詳見拙著《中山先生與英國》，第五章第六節。其中關鍵的原始文獻見 Grey to Jordan，Desp.
　　364，14 Novembe r1911，FO Reg. No. 45661，FO371/1095，pp.167－173: at p. 166，
　　paragraph 3.

51　孫文：〈與徐紹楨的談話〉，1918 年 1 月 24 日，《孫中山集外集》，頁 231。

代化中國。他說：「我掌握的現有人員，是無法重建中國的，因此，我確信保留權力毫無用處，只有延長戰爭和流血而已。也因此我已和袁世凱談和，同意由他來統治我以真正民主的精神辛苦建立的民國。」[52] 鑒於中國傳統知識精英那種根深柢固的、讀書做官來光宗耀祖那種決意「侍於人」的價值觀，對矢志「侍人」的孫中山來說，急流勇退幾乎是唯一的明智選擇。

第七、孫中山從此可以舒展其最大的抱負：改善民生。他在宣誓就職臨時大總統時，早已誓言「謀民生幸福」（見圖 66.4）。

為何要「謀民生幸福」？為了實踐《易經》「應乎人」的精神！不但如此，還要實踐比「應乎人」更為主動的、《聖經》所言「在地若天」的真諦，振興中華，澤及人類。他說：「民生就是社會一切活動中的原動力。因為民生不遂，所以社會的文明不能發達，經濟的組織不能改良，和道德退步，以及發生種種不平的事情：像階級戰爭和工人痛苦，那種種壓迫，都是由於民生不遂的問題沒有解決。所以社會中的各種變態都是果，民生問題才是因。」[53]

52　孫文：〈致國際社會黨執行局函〉，1915 年 11 月 10 日，《孫中山集外集補編》，頁 183－186：其中頁 183。

53　孫文：〈民生主義第二講〉，1924 年 8 月 10 日，《孫中山全集》，卷 9，頁 377－394：其中頁 386。

第六十七章

既然讓了位給袁世凱，為何孫中山又起兵反袁？

本書上一章的警句是：1911 年 11 月，袁世凱派其兒子袁克定前往拜會英國公使，出示黃興的覆信後振振有詞地說，革命黨人「要他父親當皇帝，因為共和體制只是一個過渡時期」。[1] 哈哈！袁世凱剛剛復出就已經預先為自己將來稱帝鋪路。結果他當上臨時大總統後，採取的所有措施都讓他一步一步走向獨裁專制，以便最後稱帝，就毫不奇怪了。

孫中山大半生奔走革命，目的是爭取中國現代化，而現代化的第一步是廢除專制的千年帝制，建立民主的共和政體。過去他公開表示可以把臨時大總統的職位讓給袁世凱時，開出兩個條件：第一、袁世凱必須公開表示支持共和政體而迫清帝退位。第二、袁世凱必須離開北京而到南京就職，不言而喻之目的是要把袁世凱調離他的北京老巢而到南京接受革命軍的鉗制。袁世凱接受了兩項條件並實踐了第一項，卻指使其屬下的部份軍隊在北京暴動，並以此作為不能離開北京的藉口拒絕南下。不但如此，袁世凱還強迫臨時國會從南京搬家到北京去。臨時國會諸議員屈從。對於這一切，孫中山全沒辦法，只好由他。

因此，在競選總統和「讓袁」的問題上，孫中山既利用自己的機智而當上總統，又實踐了「讓袁」的策略而藉袁世凱來結束了清朝專制和幾千年的帝制。但卻未想到換來的竟然是袁世凱的出爾反爾。1913 年 3 月 20 日，競選中華民國總理的宋教仁，在上海滬寧車站遇刺，兩天後去世。凶手在上海公共租界被捕獲。當時種種證據，都指向袁世凱是暗殺背後的策動者。江

1　Jordan to Grey, Tel. 278 Very Confidential, 14 November 1911, FO Reg. No. 45368, FO371/1095, pp.94-98: at p. 97.

蘇都督程德全、民政長應德閎在收到租界會
審公堂移交的證據後，把疑犯應桂馨和國務
總理兼內務總長趙秉鈞、內務部秘書洪述祖
之間來往的秘密電報和函件的要點以「通電」
的形式向海內外公佈，迫使趙秉鈞不得不發
出公開電報為自己辯護。上海地方監察廳也
公開傳訊在位的國務總理兼內務總長趙秉
鈞。趙氏拒絕到上海應訊，但迫於社會輿論
的強大壓力，袁世凱批准他辭去總理職位，
由段祺瑞代理。

圖 67.1
趙秉鈞

　　但是，袁世凱並沒有因此而有所收斂。
此後他各種倒行逆施的細節，本偵探在此不
打擾讀者諸君的清聽了，但可以歸納為一句
話：袁世凱的諸多舉措，目標是一致的：它們都代表着袁世凱一步一步走向
稱帝的道路。司馬昭之心，路人皆見，以至孫中山毅然發動二次革命，企圖
推翻袁世凱，結果慘敗。

　　孫中山的一貫作風，都是知其不可為而為之。為了一個理想，他會「有
勇如螭」[2] 般，勇往直前。但是，為何本偵探說，孫中山反袁是「知其不可為
而為之」？孫中山心裏很清楚，他的同志與將士的人生目標，與他的理想和
作風有時候幾乎南轅北轍。他過去讓袁的一個主要原因是：「我掌握的現有
人員，是無法重建中國的，因此，我確信保留權力毫無用處，只有延長戰爭
和流血而已。也因此我已和袁世凱談和，同意由他來統治我以真正民主的精
神辛苦建立的民國。」[3] 孫中山有甚麼真憑實據，讓他說他所掌握的現有人員
如此無能？不是有大批大批熱血志士，跟隨他多年搞革命嗎？

2　章太炎：〈祭孫公文〉，《章太炎全集》一套八冊，（上海：上海人民出版社，1985－2014），第
　　五集，頁 355-356：其中頁 356，第一段其中片段。

3　孫文：〈致國際社會黨執行局函〉，1915 年 11 月 10 日，《孫中山集外集補編》，頁 183－186：
　　其中頁 183。

實情是：革命派本身存在着致命的弱點，那就是個別革命黨人參加革命的動機問題。他們要推翻清朝、建立民國，這個目標無疑是一致的。但是，是否純粹就是這個目標？還是摻雜了比這個目標更重要的個人利害考量？關於這個問題，在 1911 年 12 月 25-26 日間，孫中山與上海《大陸報》主筆的一席話已露端倪：

> 主筆：君帶有巨款來滬供革命軍乎？
> 孫大笑：何故此問？
> 主筆：世人皆謂革命軍之成敗，須軍餉之充足與否，故問此。
> 孫：革命不在金錢，而全在熱心。[4]

這番對話帶出了一個新的問題——革命所為何事？捨身救國？孫中山投身革命，他本人誠然是「全在熱心」地捨身救國。目前史學界所掌握到的確鑿史料，在在說明了這一點。但其他的人則不全是作如是想。在過去，會黨中人利用他的革命熱情來騙他的錢，以致 1895 年的乙未廣州起義和後來的多次舉事都屢屢失敗。哪怕到了 1911 年 10 月 10 日武昌新軍帶頭起義以後，革命黨人似乎主要還是利用金錢來調動起義軍的積極性。例如，1911 年 10 月 18 日英語的《漢口每日新聞》報導說，革命派的報章刊登啟示曰：「任何一組軍人奪得一艘清軍兵艦，每名軍人可獲五百元的獎金。任何人生擒清軍一名指揮官，可獲獎金一千元。在戰場犧牲者，家屬可獲撫恤金一千元。」[5]

該報同日另文又報導說：「由於砲兵戰士為了爭取共和體制而不惜犧牲，故每名士兵獲得一佰塊錢的獎勵。」[6] 兩天以後，英語的《華中郵報》

4　孫中山與上海《大陸報》主筆的談話，1911 年 12 月 25-26 日間，載《孫中山全集》，第 1 卷，頁 572-573：其中頁 573。

5　Anon，"The Revolution: Latest Reports"，*Hankow Daily News*，19 October 1911，p.1，col.4，deposited at the British National Archives，Kew，London.

6　Anon，"Death or Glory Boys!"，*Hankow Daily News*，19 October 1911，p. 1，deposited at the British National Archives，Kew，London.

又翻譯了《大漢報》的報導說：「叛軍將軍〔按即黎元洪〕答應給每名士兵都發予雙餉，以便他們多匯款回家。」[7] 同時為了擴充兵源，革命派不惜高價招募：識字的，月薪 30 元：文盲的，月薪 20 元。[8]

那麼起義軍軍官他們自己又如何？一篇題為〈共和軍官一擲千金〉的外文報導說：「共和軍的軍官把漢口全城的望遠鏡都買光了。他們跑進一所商店——而這所商店只賣高價鏡——該店存有每副定價 90 元的望遠鏡一打、每副定價 60 元的望遠鏡兩副。負責購買的軍官也不問價錢多少，就用上好的墨西哥白銀全部買下。」[9]

由於戰爭需要，購買上好的望遠鏡有絕對必要。該外文報章用〈一擲千金〉為題作報導，帶有揮霍的味道，甚不妥當。該報在四天前不是有一篇報導題曰：「共和軍的砲火欠缺良好的望遠鏡」[10] 嗎？但是，如果把全城所有的望遠鏡都買個清光的目的是讓大小軍官都帶個望遠鏡顯顯威風的話，就大有商榷的必要了。

至於革命黨人本身一些要員的表現又如何？張振武是武昌首義立了大功的人，故武昌軍政府成立以後，就被推為軍務部副部長，親攜庫銀幾萬兩往上海採購軍械彈藥。「在滬採購軍火時，揮霍浪費」。[11] 至於在孫中山身邊的一些親信的表現又如何？1912 年 9 月 28 至 10 月 1 日，孫中山以私人的身份訪問德國在山東的租借地青島、膠州等地方。[12] 當時孫中山已經在同年 4 月 1 日辭去臨時大總統的職位，而袁世凱還未露出凶相，並給予孫中山一定

7　Translated from the Chinese language newspaper *Ta Han Pao* and printed in the *Central China Post*，20 October 1911，p. 3，deposited at the British National Archives，Kew，London.

8　Anon，"Republican generosity"，*North China Herald*，21 October 1911，deposited at the British Library，Newspaper Division，Colindale，London.

9　Anon，"Money no Object to Republicans"，*Central China Post*，27 October 1911，deposited at the British National Archives，Kew，London.

10　Anon，"Republican Battery Needs Better Field Glasses"，*Central China Post*，23 October 1911，3 in EXT1/307，p.534，Large reports extracted from Admiralty Files，deposited at the British National Archives，Kew，London.

11　周武彝：〈陸軍第三中學參加武昌起義經過〉《辛亥革命回憶錄》(北京：文史資料出版社，1981)，一套 8 冊，第 7 冊，頁 10-18: 其中頁 16。

12　《孫中山年譜長編》，上冊，頁 734。

程度的優待。此行讓德國人有機會細心地密切注視孫中山與其一些親密戰友的言行舉止。德國膠州租借地總督的觀察報告，給後人留下了非常珍貴的史料。他對孫中山的情操給予高度評價，說：「接觸到他的人都留下了非常良好的印象，尤其是他的含蓄、謙虛、理想精神」。[13] 但對孫中山隨行的人，評價就有天淵之別：「這批人瘋狂地侵吞共和國的公款。為了『能給共和國效勞』，他們大量地買進葡萄酒、香煙、雪茄、襯衫、領帶、皮鞋：這樣，孫醫生 [14] 的陪同除了 1000 美金旅館的費用外，還有 1000 美金附加費。」[15]

上述漢語和外語所記載的事例，發人深省：

第一、用物質回報而不用愛國主義教育作為動員革命的力量，以致普通戰士不懂得捨身救國。所以問題很快就出現了。一名外國戰地記者報導說：1911 年 10 月 27 日，漢口一支革命軍失利撤退，一些士兵就棄械改裝逃亡。[16] 同日，另一支漢口的革命軍，磨拳擦掌，自稱為敢死隊，雄糾糾氣昂昂地步操向一支人數比他們眾多的清軍。快要接仗時，革命軍諸戰士「似乎認為另擇吉日廝殺，效果可能更佳，於是發足狂奔」，他們的指揮官隨後猛追喝止無效。[17] 翌日，黃興抵武昌，被推為革命軍總司令，即日渡江到漢口前線督師。[18] 同樣是一籌莫展。以致漢口在 3 天後，即 11 月 1 日，就被袁世凱的軍隊攻陷了。黃興退守武昌，總結戰敗因素，指出其中一條是「各隊新

13　德國膠州租借地總督 Meyer-Waldeck 致海軍部部長 Tirpitz 函，1912 年 10 月 1 日，德國軍事檔案館 Rm3/6723，載墨柯：〈德國人眼中的孫中山〉，《辛亥革命史叢刊》第 11 輯，頁 206-239: 其中頁 213。至於這位作者墨柯先生的原名，承該刊副主編之一、嚴昌洪教授覆示，乃 Peter Merker 教授，任教於德國埃兒福 (Erft) 大學。

14　原譯文作孫博士，不確，特改為孫醫生。

15　德國膠州租借地總督 Meyer-Waldeck 致海軍部部長 Tirpitz 函，1912 年 10 月 1 日，德國軍事檔案館 Rm3/6723，載墨柯：〈德國人眼中的孫中山〉，《辛亥革命史叢刊》第 11 輯，頁 206-239: 其中頁 216。

16　Anon，'Today's Fighting"，*Central China Post*，28 October 1911，p. 3，col. 2，deposited at the British National Archives，Kew，London.

17　Anon，'Death or Glory Boys!"，*Central China Post*，28 October 1911，p. 4，cols. 2-3，deposited at the British National Archives，Kew，London.

18　毛注青：《黃興年譜》(長沙：湖南人民出版社，1980)，頁 132。

兵太多」。[19] 如此本偵探又轉而分析當時革命黨人用高薪招募士兵參加革命戰爭的策略。英國駐華海軍司令注意到，革命派對應徵者「沒有給予絲毫軍事訓練或灌輸任何正確思想就讓他們入伍了。」[20] 日本的外交官員甚至說，應召入伍的人大多數是匪徒。[21]

第二、德國總督所注意到的、孫中山身邊親信那種假公濟私的做法，以及周武彝目睹曾與他共事過的、在武昌首義立過大功的張振武的種種行徑，在在佐證了孫中山對鍾工宇很早以前就說的話：即不少革命黨人私字當頭，不惜犧牲革命利益。[22]

依靠這樣的料子來反袁，後果不問可知。在袁世凱的重兵面前，孫中山只能再度逃亡海外。孫中山的可貴之處，是遭受到如此重大打擊之後，還不屈不撓地繼續革命（見下文）。相反地，黃興說從此不幹了，而章太炎則後來終於去了印度當和尚！只有那位本來不是革命派的黎元洪，才與袁世凱虛與委蛇。猶記黎元洪是在武昌首義時被迫上梁山的。此後，雖然在 1 月 3 日各省代表選舉了他為臨時副總統，仍兼鄂軍都督，故革命派對他可謂不薄。但他為了個人名利，也不顧上甚麼「有恩不報非君子」的古訓，遑論大局了。

反袁失敗後，孫中山喬裝化名逃亡，經台灣的基隆乘坐日本貨船「信濃丸」號（Uding），1913 年 8 月 7 日到達日本的門司（Moji），記者聞訊趕往採訪。一名美國記者描述他的「精神明顯地處於極度緊張不安的狀態」（it was evident that he was extremely nervous）。比起同年二、三月間他訪問日本，眼前的孫中山無論健康與精力都大幅度地衰弱了（failed considerably in health and to have lost much of energy）。記者問孫中山對於又一次失敗的感想時，孫中山回答說，中國反專制的鬥爭一定會勝利，「因為上天有位強大

---

19 李書城：〈辛亥革命前後黃克強先生的革命活動〉，載《辛亥革命回憶錄》(北京：文史資料出版社，1981)，第 1 冊，頁 180-216：其中頁 187。

20 Winsloe to Admiralty，18 December 1911，FO File No. 21850，in FO371/1311，p. 44.

21 Papers communicated by the Japanese Charge d'Affaires in London，Mr Yamaza，to the British Foreign Office，2 December 1911，FO Reg. No. 48177，FO371/1096，pp.232-246: at p. 239.

22 Chung Kun Ai，*My Seventy Nine Years in Hawaii*，*1879-1958* (HongKong: Cosmorama Pictorial Publisher，1960)，p.110-111.

公正的上帝」(for there is a great and just and powerful God in heaven),「賦予我們力量來克服敵人」(that will give us the strength to overcome our enemies!)「神既是中國的上帝，也是美國的上帝，也是全人類的上帝」(It is the God of China and of America and of all nations）。[23]

　　從此言顯示孫中山的心理狀態已經到了歇斯底里的地步，這就難怪他衝動得完全不顧其他革命黨人的反對而馬上就要籌款舉行第三次革命，以致他的日本摯友宮崎寅藏也注意到：「孫先生的態度有這種味道：『其他的中國人都不行，只有我一個人行，我是中國的救星，服從我者請來。』連對於始終奮鬥到底，最後亡命的李烈鈞他（孫中山）也是如此，所以引起李的反感。……黃興批評他說：『孫先生是瘋子』。」宮崎寅藏同時注意到，哪怕到了這個時候，「孫先生一見人」，仍然「以火般的熱情來宣傳革命」，這使宮崎寅藏瞭解到孫文當時異常的言行是因為他要迫切挽救他遭到沒頂之災的理想，故宮崎寅藏的結論是：孫中山「心情之高潔，抱負之遠大，殊值感佩。」[24]

　　正是在這個意義上，毛澤東對孫中山的評價一語中的：「他全心全意地為了改造中國而耗費了畢生的精力，真是鞠躬盡瘁，死而後已。」[25] 就是說，造成常人眼裏總是顯得異乎尋常的「着迷」、以至有時候表現得瘋瘋癲癲的孫中山，正是他「全心全意」地「侍人」的心境。章太炎的評價有異曲同工之妙：

　　　　公之天性，伉直自聖。受諫則難，而惡方命。

23　Anon, 'Chinese Rebel Leader Accuses Yuan Shih-kai of Despotism ', *Sun*（New York）, 7 September 1913, p. 5, cols. 1-3: at col. 1. http://chroniclingamerica.loc.gov/lccn/ sn83030272/1913-09-07/ed-1/seq-5/#date1=09%2F07%2F1913&index=0&rows=20&searc hType=advanced&language=&sequence=0&words=SEN+Sen+Sun+SUN+Yat+YAT+Yat-Sen&proxdistance=5&date2=09%2F07%2F1913&ortext=&proxtext=&phrasetext=sun+yat+sen &andtext=&dateFilterType=range&page=1***

24　宮崎寅藏函宮崎民藏，1913 年 9 月 16 日，收入陳錫祺（主編）:《孫中山年譜長編》，上冊，頁 849－850, 1913 年 9 月 16 日條，引《論中國革命與先烈》，頁 129－130。

25　毛澤東：〈紀念孫中山先生〉，1956 年 11 月 12 日,《毛澤東文集》（全 8 卷，北京：人民出版社，1993-1999 年），卷 7，頁 156-157：其中頁 157.

有勇如螭，以鼓群勁。揮斥幣餘，視重若輕。[26]

　　袁偉時教授對孫中山這種表現的解讀就完全不同。袁偉時教授緊緊抓着宮崎寅藏「孫先生的態度有這種味道：『其他的中國人都不行，只有我一個人行，我是中國的救星，服從我者請來』」這麼一句話，也不顧上文下理，就斷言孫文「沒有與專制思維劃清界限」。[27] 結果當然是差之毫釐，謬以千里。袁偉時教授另舉一個例子以證其說，那就是在同一場合孫中山對居正所說的話：「革命必須有唯一（崇高偉大）之領袖」，「我是推翻專制，建立共和、首倡而實行之者。如離開我而講共和，講民主，則是南轅而北其轍。……應該盲從我！」[28] 猛地聽來，此話確實專制極了！難怪居正的第一反應是「我不盲從！」[29] 孫中山說此話的動機是為了滿足個人的權力慾，還是為了爭取共和？若是為了滿足個人的權力慾，那就與專制帝王無異。若是為了爭取共和政體能賦予廣大國人的福祉，那就是孫中山「伉直自聖」[30] 的表現。

　　此外，袁偉時教授幾篇相關文章的題目也非常傳神：〈孫文在辛亥革命後第一個十年的迷誤〉、[31]〈從孫中山的辛亥迷誤看中國民主之路〉[32] 和〈袁世

26　章太炎：〈祭孫公文〉，《章太炎全集》一套八冊，（上海：上海人民出版社，1985－2014），第五集，頁 355-356：其中頁 356，第一段其中片段。

27　見袁偉時：〈辛亥革命研究中的意識形態陷阱——哈佛辛亥革命討論會演講提綱〉，2011 年 10月 30 日，《中道網》，http://www.zhongdaonet.com/NewsInfo.aspx?id=1872，2014 年 9 月 8 日中秋節上網閱讀。

28　袁偉時：〈辛亥革命研究中的意識形態陷阱——哈佛辛亥革命討論會演講提綱〉，2011 年 10 月30 日，《中道網》，http://www.zhongdaonet.com/NewsInfo.aspx?id=1872，引居正：《居正文集》（武漢：華中師範大學出版社，1989），頁 207。

29　宮崎寅藏函宮崎民藏，1913 年 9 月 16 日，收入陳錫祺（主編）：《孫中山年譜長編》，上冊，頁849－850, 1913 年 9 月 16 日條，引《論中國革命與先烈》，頁 129－130。

30　章太炎：〈祭孫公文〉，《章太炎全集》一套八冊，（上海：上海人民出版社，1985－2014），第五集，頁 355-356：其中頁 356，第一段其中片段。

31　袁偉時：〈孫文在辛亥革命後第一個十年的迷誤〉，轉載於中信泰富政治及經濟研究部、中國稅務雜誌社綜合研究組：《香港傳真》，No. 2008-34, 2008 年 4 月 10 日，http://www.strongwindpress.com/pdfs/HKFax/No_HK2008-34.pdf, 2014 年 6 月 8 日上網閱讀。

32　袁偉時：〈從孫中山的辛亥迷誤看中國民主之路〉，2009 年 11 月 30 日，轉載於《百度文庫》，http://wenku.baidu.com/view/04fd1168a45177232f60a2d2.html, 2014 年 6 月 8 日上網。

凱與國民黨：兩極合力摧毀民初憲政〉。[33] 袁先生在說，孫文發動二次革命，以及後來發動的護法運動等行為是魯莽的，是「着迷」到誤入歧途了。

　　「着迷」是真，是否誤入歧途以至摧毀民初憲政就見仁見智了。首先，本偵探衷心贊成採取和平演變的方式，循序漸進地實踐憲政，在這方面來說，英國不全靠流血革命而取得今天民主憲政的歷史，非常值得借鑒。但是，袁世凱會否容許憲政發展？袁世凱會否用暴力鎮壓憲政？袁世凱後來試圖稱帝代表了甚麼？中國歷史只有打出來的天下，從來沒有像英裔盎格魯薩克遜民族在北美洲那樣「談出來的國家」。[34] 袁世凱的意識形態，與歷代專制君王有何分別？袁世凱曾長期在英美讀書並內化了英美憲政的價值？袁世凱的具體行動，證明他能容許國人與他談憲政來分薄他的權力？論者謂：「君權可『奪』不可『爭』，這才是中國『朝代循環』的秘密。」[35] 後來蔣經國在台灣是交出部份權力了，但是蔣經國與袁世凱的處境能相提並論？

33　袁偉時：〈袁世凱與國民黨：兩極合力摧毀民初憲政〉，2011 年 2 月 25 日，《袁偉時的 BLOG》http://blog.sina.com.cn/yuanweishi，2014 年 8 月 22 日上網閱讀。

34　資中筠在「公民憲政講壇第 20 期：國家觀與法治」上的發言，升平頤和會議中心，2013 年 10 月 15 日，http://bbs.tianya.cn/post-972-88320-1.shtml。筆者 2014 年 7 月 27 日上網閱讀。

35　佚名：〈「儒家憲政」到底錯在哪？〉2014 年，《百度文庫》，http://wenku.baidu.com/link?url=6txZAf865wJIvG1NgjK6B4U2aGfHBPJA0eem0Q2YbLJo2qWJWRBIAOcdjUsE3a9aysTw_E_1HVgwKuMb20o15GMjs5oG3xr8i2G-YPBIrMG，2014 年 9 月 6 日上網閱讀。

第六十八章

槍斃孫中山？

本偵探在上兩章探得英國史學新星茱莉亞・駱菲爾（Julia Lovell）博士，在 2011 年出書力斥孫中山生是名夜夜絃歌的花花公子，暗示他既揮霍無度又亂搞男女關係，結果就連陳炯明的丘八也高呼：「槍斃他！槍斃他！」[1] 所指乃 1922 年 6 月 16 日凌晨的陳炯明兵變。

陳炯明（1878－1933）乃廣東省海豐縣人，出生於書香之家，父親中過秀才。陳炯明初名「捷」，在 1899 年他二十一歲中秀才時改名「炯明」，字「競存」[2]。為何改名「炯明」？陳炯明「常向人說，他在少年的時候，常常做夢，一手抱日，一手抱月，所以自己做了一首詩，內中有一句云『日月抱持負少年』，自注這段做夢的故事於下，遍以示人。他取他的名字（炯明），也是想適應他這個夢的」。這個夢是甚麼夢？做皇帝的夢！

雖然陳炯明在 1909 年即加入同盟會，[3] 並從此追隨孫中山革命多年，但還是日夜做着當皇帝的夢。終於，他認為夢幻成真的機會到來了，那就是 1922 年，孫中山帶兵北伐之時。陳炯明留守廣州，掌握了廣東的軍政和財源大權，無形之中就當了土皇帝。若孫中山永遠不回廣州，對陳炯明來說該多好！又若陳炯明能用廣東作為根據地來擴張地盤，最後涵蓋全中國，那更是陳炯明夢寐以求的最終目標！

陳炯明愈想愈美，但他首先必須清除他的上司孫中山，結果在 1922 年陳炯明就命令他的部下葉舉在夜闌人靜之時炮轟剛剛輕裝返穗的孫中山的住

1　Julia Lovell, *The Opium War: Drugs, Dreams and the Making of China*（London: Picador，September 2011），pp. 312 - 314.

2　陳演生（編）：《陳競存先生年譜》（香港：1950），頁 6。

3　陳演生（編）：《陳競存先生年譜》（香港：1950），頁 13。

宅了。[4]

當時孫中山還以為陳炯明只是「欲以廣東為封建區域」、「欲將廣東建設小邦」——一句話，做不成大皇帝也要割據廣東省來做小皇帝。[5]後來「經北伐軍前敵將士在贛州搜出來往通電多通」，才發覺陳炯明的野心並不止此：他「急欲與吳佩孚瓜分大、副總統」！[6]孫中山此言可有佐證？有，在1922年5月2日，英國人的探子已探出陳炯明早已與吳佩孚和剛回到雲南奪得軍權的唐繼堯結了盟。[7]更有力的佐證是陳炯明親口說的話，在炮轟總統府後翌日，即1922那6月17日，陳炯明得意洋洋地對粵軍將領說：「現在南北大局又發生絕大變化，舊國會既已恢復，則西南護法之目的已達。徐世昌既已去位，則西南北伐之目的已達。倘南北從此同心協力，共謀民國前途之幸福，則統一之成立，即在指顧間」。[8]副總統之位在望，陳炯明歡喜若狂。

令人費解的是，平時舉槍向孫中山行軍禮的軍人，怎麼轉瞬間竟然對其「槍擊不已，繼以發炮，繼以縱火，務使政府成為煨燼，而置文〔即孫文〕於死地」[9]？此外，宋慶齡目睹「幾船滿載搶掠品及少女，被陳炯明的軍隊運往他處」。[10]英國駐穗總領事館的情報也說穗城內外陳炯明的「士兵無法無天，他們五、六成群在街上遊盪，遇到途人有任何金銀珠寶就洗劫一空。從（6月16日）兵變到（7月上旬截稿時）超過三週的時間幾乎所有的商

4　見拙著《中山先生與英國》，章6，節2，頁391–411。

5　孫文：〈對外宣言〉，1922年8月17日，《孫中山全集》，卷6頁524–526: 其中頁525。

6　孫文：〈與廣州各社團代表的談話〉，1922年7月，《孫中山集外集補編》，頁288–290: 其中頁288–289。

7　廣東省檔案館藏，粵海關檔案全宗號（Serial Number）94，目錄號（List Number）1，案卷號（File Number）1583，秘書科類；各項事件傳聞錄（Reports of Events and Current Rumour），1922年5月1日條。

8　陳炯明：〈對粵軍將領的談話〉，1922年6月17日，載北京《順天時報》，1922年6月18日，收入段雲章、倪俊明（編）：《陳炯明集（增訂本）》（廣州：中山大學出版社，2007），一套兩冊，下卷，頁952。

9　孫文：〈宣佈粵變始末及統一主張〉，1922年8月15日，《孫中山全集》，卷6，頁520–523: 其中頁521。

10　宋慶齡：〈廣州脫險〉，1922年6月。原文為英文，最初譯載1922年6月28、29日上海《民國日報》。此文收錄在《宋慶齡選集》（北京：人民出版社，1992），上下兩卷：上卷，頁15–19. 所據為華光出版社1938年出版的《宋慶齡自傳及其言論》一書校改過的譯文。

店的關門大吉，稍有積蓄的人都逃往香港，以致目前廣州沒有一名富人」。（no one seems able to control the soldiers in and about the city. They roam about in bands of five and six and take jewellery and money from all they meet. Most of the shops have been closed for upwards of three weeks, and the rush to Hongkong has been colossal. At first only the wealthy men went, but the standard of wealth among the refugees has been steadily declining, and it is said that all now have left, who can afford to support life elsewhere）。[11]「這種亂局，讓廣大民眾對陳炯明反感極了！」(This state of affairs has caused a revulsion of feeling against Ch'en).[12] 為何政府軍竟然搶掠平民奸淫婦女？原來陳炯明「誘兵為變時，兵憂於亂賊之名，憚不敢應」。於是陳炯明就「以事成縱掠為條件，兵始從之為亂」。結果「自六月十六日以後（的兩個多月），縱兵淫掠，使廣州省會人民之性命財產，悉受蹂躪」。「且蹤其凶鋒，及於北江各處，近省各縣，所至洗劫一空，人民何辜，遭此荼毒！」[13]

赫！陳炯明那些平時舉槍向孫中山行軍禮的丘八，此刻高呼「槍斃孫中山」，目的是為了奸淫搶掠！駱菲爾（Julia Lovell）博士又一次顛倒了是非黑白！

行文至此，已經回應了本章開宗明義的呼喚，理應就此收筆。但還餘下與此有密切關係的另一宗懸案必須偵破：陳炯明做皇帝夢，為何已經做到了如此鬼迷心竅的地步？

孫中山對此事的解釋是：「陳炯明因為是做皇帝而來附和革命」。[14] 結果陳炯明又「日」、又「月」、又「炯明」地來「附和革命」！可是，《易經》的「湯武革命」是勉勵革命者「應乎人」！不鼓勵人爭做皇帝。可是，陳炯

11　FO228/3276, pp. 428－446, Canton Intelligence Report for June Quarter 1922, pp. 429－446: at p. 431 [p. 2 in original report].

12　FO228/3276, pp. 428－446, Canton Intelligence Report for June Quarter 1922, pp. 429－446: at p. 431 [p. 2 in original report].

13　孫文：〈宣佈粵變始末及統一主張〉，1922 年 8 月 15 日，《孫中山全集》，卷 6，頁 520－523：其中頁 521。

14　孫文：〈民權主義第一講〉，1924 年 3 月 9 日，《孫中山全集》，卷 9，頁 254－271：其中頁 269－270。

明的皇帝夢是如此之強烈，以致孫中山與其「數十年深交，乃不慮其竟甘冒大不韙」！[15]

對此，陳炯明自己又有何話說？他並不為自己的皇帝夢辯護，只是認為孫中山是個理想家，脫離實際。[16]當時孫中山堅持北伐以統一中國，確實力有未逮。但陳炯明以北伐不利其哪怕是要當副總統的「副皇帝」夢，而必欲置其上司孫中山於死地。陳炯明當然無法獨力實踐其皇帝夢，結果他要當副總統夢的結果又如何？吳佩孚借助陳炯明趕跑孫中山以後，就倒過頭來對付陳炯明了，以致炮轟總統府後的第四天，陳炯明就不得不拍電報警告吳佩孚說：「請勿迷信武力」！[17]真是沆瀣一氣！

為何吳佩孚這麼快就食言？兵變發生後，國內報刊「紛紛刊登各界人士聲討陳炯明的函電和文章」。[18]「海外華僑憤激異常，紛紛函電支持孫中山」。[19]陳炯明當然也自絕於國民黨：上海國民黨三百餘人集會譴責陳炯明，「咸謂陳炯明為孫中山一手教養提拔之人，即陳氏在粵之聲勢，亦丈孫力而成。平時事孫如父，今次為私慾所驅，不惜倒戈相向，抑若不共戴天者。然忘恩負義，一至於此，不惟大可寒心，且亦為人類蟊賊」。[20]魯直之、謝盛之、李睡仙等也急忙編著《陳炯明叛國史》並於香港印行，國民黨要人張繼等紛紛賜序譴責陳炯明。[21]陳炯明甚至自絕於廣府人，因為他的士兵姦淫擄掠，「讓

15　孫文：〈在上海接見各界代表的談話〉，1922 年 8 月 14 日，《孫中山集外集》，頁 275–276：其中頁 275。

16　這是陳炯明與共產國際代表維經斯基會面時說的。見維經斯基：〈我與孫文的兩次會見〉，《共產國際、聯共（布）與中國革命文獻資料選輯（1917–1925）》（北京：北京圖書館出版社，1997），頁 101。

17　陳炯明：〈致吳佩孚電〉，1922 年 6 月 20 日，據〈北京電〉，載上海《申報》，1922 年 6 月 22日，收入段雲章、倪俊明（編）：《陳炯明集（增訂本）》（廣州：中山大學出版社，2007），一套兩冊，下卷，頁 955。

18　段雲章、倪俊明（著）：《陳炯明》（廣州：廣東人民出版社，2009），頁 320。

19　段雲章、沈曉敏（編著）：《孫文與陳炯明史事編年（增訂本）》（廣州：廣東人民出版社，2012），頁 559–560。

20　轉引於佚名：〈民黨目中之陳炯明〉，《盛京時報》，1922 年 7 粵 2 日，載段雲章、沈曉敏（編著）：《孫文與陳炯明史事編年（增訂本）》（廣州：廣東人民出版社，2012），頁 569–570：其中頁 569。

21　段雲章、倪俊明（著）：《陳炯明》（廣州：廣東人民出版社，2009），頁 332。

廣大民眾對陳炯明反感極了！」(This state of affairs has caused a revulsion of feeling against Ch'en)。[22] 以致有謠言說：他的部下洪兆麟師長把他槍殺了！(Rumour is current very strongly here that General Ch'en Chiung-ming has been murdered by one of his followers. Some say he was shot by General Hung Shao-lin 洪兆麟, commander of 2nd Division of Kwangtung Forces)。[23]

在這種情況下，儘管假設吳佩孚願意遵守諾言讓陳炯明當副總統，但是在陳炯明已經成為萬夫所指之後，對他恐怕也避如蛇蠍。陳炯明鬼迷心竅般追求他的皇帝夢，結果把自己趕進絕境！但陳炯明還是誓不罷休，當不成皇帝也要當大官：事緣吳佩孚「曾許陳炯明督辦兩廣軍務之頭銜。茲孫去陳復，陳氏連電絡吳，要求速踐前日。吳以久已據情請於政府，而政府迄不發表」。[24] 陳炯明真是自討沒趣。

難道當時沒有人同情陳炯明？有！胡適認為陳炯明兵變是「一種革命」，理由是他反對「那些抬出悖主、犯上、叛逆等等舊道德的死屍，來做攻擊陳炯明的武器」。[25] 國民黨要人張繼反駁說：「新道德可以讚美陳炯明的行為，那麼只有新文化大家而尊稱滿清小辮子宣統為皇上這胡適而已」。[26] 胡適把恩將仇報的兵變說成是「一種革命」、一種新道德，就難怪兩位替陳炯明寫傳記的歷史名家段雲章教授和倪俊明副館長均斥責胡適之言「荒唐」。[27] 其實胡適並沒有全程支持陳炯明，因為他後來就撰文指出「陳氏至今不敢發

22　FO228/3276, pp. 428－446, Canton Intelligence Report for June Quarter 1922，pp. 429－446: at p. 431 [p. 2 in original report].

23　廣東省檔案館藏, 粵海關檔案全宗號（Serial Number)94，目錄號（List Number)1，案卷號（File Number) 1583，秘書科類；各項事件傳聞錄（Reports of Events and Current Rumour），日期：1922 年 1 月 3 日起 1922 年 12 月 30 日止：其中 1922 年 6 月 24 號，Signed A. H. Harris.

24　佚名：〈陳炯明之位置問題〉，《盛京時報》，1922 年 9 粵 6 日，載段雲章，沈曉敏（編著)：《孫文與陳炯明史事編年（增訂本)》（廣州：廣東人民出版社，2012），頁 635。

25　胡適：〈這一週〉，載《努力週報》第 12 期，轉引於段雲章、倪俊明：《陳炯明》（廣州：廣東人民出版社，2009），頁 321。

26　張繼：〈序一〉，載魯直之等（編著)：《陳炯明叛國史》（福州，1922；北京：中華書局，2007），頁 10－12，轉引於段雲章、倪俊明：《陳炯明》（廣州：廣東人民出版社，2009），頁 321。

27　段雲章、倪俊明：《陳炯明》（廣州：廣東人民出版社，2009），頁 321。、

出一個負責任的宣言」，[28] 就一切自在不言中了。

　　陳炯明不敢對國內發出一個負責任的宣言，就轉而在美國的《紐約時報》刊刻〈統一中國的兩大原則〉曰：「（一）仿照美國聯邦制度，成立中華合眾國（United States of China）。（二）在上海召集全國會議，討論裁軍與廢督問題……願意根據上面兩大原則，與北方商磋統一問題」。[29] 他企圖藉此爭取美國政府的支持。但是，政治的現實是，華府不會因為陳炯明在《紐約時報》刊刻甚麼仿照美國聯邦制度的聲明就幫助他，結果連舉手之勞的聲援也不幹。陳炯明表錯情之處，把他對國際關係之無知暴露無遺。而且美國的政客也不是傻瓜：又「日」又「月」的陳炯明若有本領完全靠自己的武力問鼎中原的話，那麼他掌握了「打出來的天下」之後，可有喬治‧華盛頓般的見識與抱負來建造「談出來的國家」[30]？無論陳炯明為了做皇帝而搞軍事政變（coup d'etat）的藉口如何漂亮，不待日後的史家口誅筆伐，章太炎已於 1922 年 6 月 19 日電斥陳炯明曰：「遽效王文華對劉顯世事，亦太悖矣」！[31] 陳炯明無法回應之餘，遲至差不多一個月後的 7 月 15 日才覆電，其中沒隻字回應章太炎對他「亦太悖矣」之控，只是喋喋不休地談「自治省聯邦國」。[32] 陳炯明是不敢回應，還是不屑回應，還是無法回應？奇怪的是，後來在 1933 年陳炯明逝世時章太炎竟然為陳炯明作墓誌銘說：民國「十一年，孫共謀北伐，君以兵力未充辭，孫公疑君有他志，陰令部將以手銃伺

28　胡適：〈述孫、陳之爭〉、〈評秘密會社與組織政黨〉，載《努力周報》第 16 期（1922 年 8 月 20日），轉載於段雲章、倪俊明：《陳炯明》（廣州：廣東人民出版社，2009），頁 321。

29　陳炯明：〈統一中國的兩大原則〉，1922 年 6 月 27 日報載，據《紐約時報》，1922 年 6 月 27日，轉引自陳定炎：《陳競存（炯明）先生年譜》（上），頁 521，收入段雲章、倪俊明（編）：《陳炯明集（增訂本）》（廣州：中山大學出版社，2007），一套兩冊，下卷，頁 957。

30　資中筠在「公民憲政講壇第 20 期：國家觀與法治」上的發言，升平頤和會議中心，2013 年 10月 15 日，http://bbs.tianya.cn/post－972－88320－1.shtml。筆者 2014 年 7 月 27 日上網閱讀。

31　章太炎：〈章太炎之兩皓電〉，《盛京時報》，1922 年 6 月 30 日，載段雲章、沈曉敏（編著）：《孫文與陳炯明史事編年（增訂本）》（廣州：廣東人民出版社，2012），頁 564。貴州劉顯世為了追逐榮華富貴，自己躲在上海卻派人暗殺那位曾悉心栽培他的舅舅王文華。

32　政協廣東省文史資料委員會（編）：《有關陳炯明資料》（廣州：油印本，1965），轉引於載段雲章、沈曉敏（編著）：《孫文與陳炯明史事編年（增訂本）》（廣州：廣東人民出版社，2012），頁 601。

圖 68.1
李敖把「孫中山賣國！」等字樣在其《孫中山研究》封面用紅底白字的特大字樣刊出。

君，其人弗忍，事稍泄」。[33] 章太炎在說：孫中山派人暗殺陳炯明在先，以致陳炯明為了自保而兵變在後。章太炎所說的「部將」是誰？章太炎可有真憑實據？還是後來聽信陳炯明一面之詞？

台灣的李敖先生讀了 1985 年當地的《國民中學歷史》第三冊其中〈中國國民黨的改組〉一條的內容：「陳炯明叛變，於十一年六月炮轟觀音山總統府，國父蒙難。蔣總統中正先生在上海聞訊後，立即冒險南下，追隨國父左右，成為國父最得力的膀臂」後，馬上撰寫了長文（刊刻時共 64 頁）反駁，題為〈孫中山蔣介石逼反老同志──替陳炯明翻翻案〉。該文收入李敖自資出版的《孫中山研究》，刊刻時李敖在封面做啓事曰：

　　台北市政府發出（76）府新一字第 193305 號處分書，鉗制言論自由，誣指本書「封面以醒目之標題──『孫中山賣國！』置於國父遺像之上，違反出版法規定，應予處分」。並將作者移送法辦。……為對

33　章太炎：〈定威將軍陳君墓誌銘〉，1933 年，載陳定炎：《陳競存（炯明）先生年譜》（台北：李敖出版社，1995），附錄，頁 981－983，轉載於段雲章、沈曉敏（編著）《孫文與陳炯明史事編年（增訂本）》（廣州：廣東人民出版社，2012），頁 892－894：其中頁 893。

國民黨鉗制言論自由有以立即回應，本書除將「孫中山賣國！」字樣保留外……。[34]

　　結果「孫中山賣國！」等字樣在該書封面用紅底白字的特大字樣刊出（見圖 68.1）。

　　正如筆名「七月流火」的香港作者不厭其詳地寫道：「李敖君和國民黨歷來有深仇大恨，牢獄之災肯定是刻骨銘心的，因此，提起國民黨的陳年舊賬，那是絕對概莫能外，就連國父也毫不留情」。[35] 何止「連國父也毫不留情」，簡直殃及池魚：君不見，李敖長達 64 頁的大文，主要篇幅是針對蔣介石的，其中用來解釋陳炯明兵變的唯一證據是章太炎為陳炯明死後所寫的〈定威將軍陳君墓誌銘〉中的一句話：「十一年，孫公謀北伐，君以兵力未充辭，孫公疑君有他志，隨令部將以手槍伺君，其人弗忍，事稍洩」[36]。

　　任何偵探看到此條證據，馬上會提出疑問，包括：

　　1．這是否一條孤證？似乎是，因為李敖只能提出了這麼一條證據。若是孤證，則基於「孤證不立」的原則，在找到佐證之前，只能說是「孤證不立」。

　　2．章太炎此言，所據為何？是陳炯明對他說的？若是，則這是陳炯明一面之詞。他最後被孫中山的部隊打敗，逃亡香港，為了替自己辯護而說出他是被逼兵變的話，順理成章。

　　3．章太炎此言，與上述他在陳炯明兵變成功後而春風得意之時所批判陳炯明的話，剛剛相反。為何自相矛盾？章太炎沒有做出任何解釋。

　　「文人多大話」與「輕信人言」是華夏文明的兩個癌症！國運有所繫焉。君不信？且看本偵探在其行將出版的拙著《文明交戰》（暫定名）中，有何話說。

34　李敖：《孫中山研究》（台北：李熬出版社，1987），封面啓事。

35　七月流火：《孫中山和他的女人們》（香港：環宇出版社，2011），頁 25。

36　李敖：《孫中山研究》（台北：李熬出版社，1987），頁 183-185。

第六十九章

偵破孫中山「以俄為師」[1] 之謎

　　孫中山最著名的，也是最經常被人引用的名言之一，是「以俄為師」。此話在西方社會，尤其是英美盎格魯・撒克遜文明精英中引起巨大反彈，貽害非淺。君不見，本書第六十六、六十七和六十八章不斷提到的駱菲爾博士，就抨擊孫中山在臨終前一年即 1924 年，為了討好蘇聯以獲取其援助，突然放棄一貫的親英美立場，改為反對英美帝國主義。她寫道：「孫中山對於蘇聯不斷地向其大獻殷勤，開始動心了⋯⋯但是，要接受俄國人的錢，就必須在重大問題上站到蘇聯那一邊⋯⋯蘇聯力倡反對帝國主義的枷鎖，結果孫中山就開始反對帝國主義了」。[2]

　　接下來駱菲爾博士就連篇累牘地醜化孫中山，誣衊他顛沛流離的亡命生涯為燈紅酒綠，[3] 誣衊他亂搞男女關係，[4] 甚至訛稱普通士兵也恨不得槍斃他！[5] 她不言而喻的信息是孫中山該打，中國該打。

　　準此，本偵探決意追查「以俄為師」這句話，是孫中山甚麼時候說的，在甚麼環境之下說的，說話之目的是甚麼。要查明底蘊，就必須從孫中山生死存亡的大事之一說起，這就是在 1924 年 10 月 14 日晚上，孫中山在廣州的政權武裝鎮壓廣州商團。

　　關於鎮壓商團的具體情況，中國史學界掌握到的細節甚少，本偵探原來也無意深究。但鑒於當時在穗的蘇聯顧問切列潘諾夫說：「用來平叛的部

1　孫中山：〈致蔣中正函以俄為師〉，1924 年 10 月 9 日，載《孫中山全集》第 11 卷，頁 145-146。所據乃廣東省社會科學院歷史研究所藏原件照片。

2　Julia Lovell, *The Opium War: Drugs, Dreams and the Making of China*, pp. 312 - 314.

3　真相見本書第六十二章。

4　真相見本書第六十三章。

5　真相見本書第六十八章。

圖 69.1
韶關孫中山北伐大本營舊址（韶關檔案館供稿）

隊即李濟深將軍的第一師，張達民將軍的第二師，李福林將軍第三師的一些部隊，以及滇軍、桂軍、湘軍的若干部隊。由孫中山統領，他直接指揮作戰。」[6] 甚麼？「由孫中山統領」？據本偵探所掌握到的確鑿證據，當時孫中山已經去了粵北的韶關。難道孫中山從韶關回到廣州直接指揮作戰？此事必須深究。

　　這種話該蘇聯顧問説了不止一遍。他説該話第二遍時的具體用詞是：「孫中山直接指揮作戰，西關反動商人的財產和西關商業區的毀滅沒有使他卻步不前。」[7] 他還説第三遍，但用詞是間接的：「在叛亂期間，我們採取了一切可能的措施，使小小的黃埔島變成孫中山及其周圍人們的安全的保護所，一旦失利便可加以使用。」[8]

　　該蘇聯顧問切列潘諾夫的話，有一位中國老共產黨員賴先聲的回憶互相

6　（蘇聯）亞·伊·切列潘諾夫（原著），中國社會科學院近代史研究所翻譯室（翻譯）：《中國「國民革命軍」的北伐——一個駐華軍事顧問的札記》（北京：中國社會科學出版社，1981），頁130。

7　（蘇聯）亞·伊·切列潘諾夫（原著），中國社會科學院近代史研究所翻譯室（翻譯）：《中國「國民革命軍」的北伐——一個駐華軍事顧問的札記》（北京：中國社會科學出版社，1981），頁131，第6段。

8　（蘇聯）亞·伊·切列潘諾夫（原著），中國社會科學院近代史研究所翻譯室（翻譯）：《中國「國民革命軍」的北伐——一個駐華軍事顧問的札記》（北京：中國社會科學出版社，1981），頁131，第7段。

佐證。⁹而廣州市中山大學的年輕學者敖光旭正是憑着賴先聲的回憶而作出孫
中山曾秘密從韶關返穗督師的結論。¹⁰這個結論可靠嗎？若説賴先聲的回憶是
孤證不立，那麼，現在有了該蘇聯顧問的話作為佐證，敖光旭博士的結論是
否站得更牢？準此，容本偵探把當時每天的有關文獻逐一分析，且看能理出
怎樣一個頭緒。

　　第一，孫中山在1924年10月12日決定鎮壓商團後，同時又決定了不
返回廣州。關於這一點，他在當天給胡漢民的密電中已經説得很清楚：「我
以北伐重要，不能回省戡亂。請兄即宣佈戒嚴，並將政府全權付託於革命委
員會，以對付此非常之變，由之便宜行事以戡亂。」¹¹

　　第二，孫中山在1924年10月13日委託跟他一起在韶關的譚延闓調兵遣
將諸電報中，絲毫沒有孫中山要回廣州的跡象。當天第一道電報説：「十萬火
急。廣州胡留守鑑：捷密。並轉仲愷先生。帥令楊師長虎率所部回省，聽候
革命委員會調遣。該部給養無着，到時請接濟補充。延闓。元申。印」。¹²這
封電報在同日下午五點到達廣州。¹³當天第二道電文説：「飛火急。廣州胡留
守鑑：總密。譯轉宋總指揮：西村一帶由湘軍擔任彈壓，希速派得力軍隊千
人前往駐紮，以資策應，並通電粵漢沿路各部隊一體警戒。諸事請商承留守
辦理。延闓。元申。印」。¹⁴這道電文在同日晚上12時到達廣州。¹⁵

　　第三，孫中山在1924年10月14日，就是所謂孫中山秘密返穗的當

9　賴先聲：〈在廣東大革命的洪流中〉，載中共廣州市委黨史資料徵集研究委員會編：《廣州大革命
　　時期回憶錄選編》(廣州：廣東人民出版社，1986)，頁32-33。

10　敖光旭：〈共產國際與商團事件 — 孫中山及國民黨鎮壓廣州商團的原因及其影響〉，載林家有、
　　李明(主編)：《孫中山與世界》(長春：吉林人民出版社，2004)，頁198-228：其中頁225。

11　孫中山致胡漢民密電，1924年10月12日，載《孫中山全集》第11卷，頁175，據譚編《總
　　理遺墨》第三輯影印原稿。

12　譚延闓：〈關於查辦商團事件致胡漢民密電〉，1924年10月13日之一，中國第二歷史檔案館編：
　　《中華民國史檔案資料彙編》(南京：江蘇古籍出版社，1986年)，第4輯(二)，頁791-2。所
　　據乃廣州民國政府檔案。

13　同上。

14　譚延闓：〈關於查辦商團事件致胡漢民密電〉，1924年10月13日之二，中國第二歷史檔案館
　　編：《中華民國史檔案資料彙編》(南京：江蘇古籍出版社，1986年)，第4輯(二)，頁792。
　　所據乃廣州民國政府檔案。

15　同上。

天，從韶關調兵遣將：「令警衛軍、工團軍、農民自衛軍、飛機隊、甲車隊、兵工廠衛隊、陸軍講武學校、滇軍幹部學校學生，統歸蔣司令指揮。」[16] 又「令軍校第二、三隊出發廣州市，何連長芸生由省帶贛軍新兵百名回校防守。」[17] 當晚 6 時〔鹽酉〕許，孫中山又從韶關發出下面一封電報：「無限火急。提前飛轉廣州胡留守鑑：總密。並譯轉楊、許、劉、范、李、廖諸兄。今日情況如何，收繳商團槍枝刻不容緩，務於 24 點鐘內辦理完竣，以免後患。否則，東江逆敵〔按：指陳炯明〕反攻，必至前後受敵。望諸兄負責速行，不可一誤再誤。盼覆。孫文。鹽酉。印」。[18] 這封電報在當天晚上 9 時到達廣州。[19] 而在當晚 8 時〔寒戌〕，蔣中正則電請孫中山回廣州指揮：「韶州孫大元帥鈞鑒：各軍聯合一致，解決商團，約今明兩日內開始行動云。昨日解送之子彈，務乞儲存一處，暫勿分給，否則臨急無所補充，困難更甚。如逆敵〔按：指陳炯明〕反攻省城，先生可否率隊南下平亂，中正之意，必如此方有轉機也。解彈來韶之學生，何日返省，乞覆。中正叩。寒戌」。[20]

　　第四，孫中山在 1924 年 10 月 15 日，就是所謂孫中山已經秘密返穗後的翌日，從韶關發出了下面兩道電報，證明孫中山並沒有應蔣中正所求返回廣州。第一道電報是中午 12 時〔刪午〕發出的：(1)「韶州大本營來電。萬火急。廣州胡留守鑑：總密。刪電悉。商團既用武力以抗政府，則罪無可逭。善後處分，必將商團店戶、貨物、房屋，悉行充公。其為首之團匪嚴行拿辦。萬勿再事姑息。除貽後患。其在省外之商團，當限期自首悔罪，永遠脫離商團，否則亦照在省團匪一律懲辦。為要。孫文。刪午。印。」[21]

16　中國第二歷史檔案館 (編)：《蔣介石年譜初稿》(北京：檔案出版社，1992)，頁 249-250。

17　中國第二歷史檔案館 (編)：《蔣介石年譜初稿》(北京：檔案出版社，1992)，頁 250。

18　孫中山致胡漢民並譯轉楊、許、劉、范、李、廖電：〈孫文為平定商團叛亂致胡漢民等密電〉，1924 年 10 月 14 日，中國第二歷史檔案館編：《中華民國史檔案資料彙編》(南京：江蘇古籍出版社，1986 年)，第 4 輯 (二)，頁 787。

19　同上。

20　蔣中正：〈上大元帥南下平亂電〉，1924 年 10 月 14 日於黃埔，載《總統蔣公思想言論總集》一套 40 卷 (台北：中國國民黨黨史委員會，1984)，卷 36 別錄，頁 126。

21　孫中山致胡漢民電：〈為平定商團叛亂致胡漢民密電〉，1924 年 10 月 15 日 (1)，中國第二歷史檔案館編：《中華民國史檔案資料彙編》(南京：江蘇古籍出版社，1986 年)，第 4 輯 (二)，頁 787。所據乃廣州國民政府檔案。

(2) 第二道電報是在當晚七時許發出：「韶州大本營來電。萬急。廣州胡留守鑑：總密。商團繳械，想已辦妥也。未入商團之商店，應嚴令即日開市。其已入商團者，應分別處罰：為首者沒收財產，附從者處以罰金，論罪情輕重，由數百至萬元，作北伐軍費。宜及此時，迅速辦理，免致日久生息。孫文。咸戌。印。」[22] 很幸運，電報機似乎很快就接通，讓這封電報在當天午後七時三刻到達廣州。[23]

第五，孫中山在 1924 年 10 月 16 日從韶關發出了下面兩道電報：(1)「韶州來電。提前飛送。萬火急。廣州胡留守鑑：總密。據李福林報告：團匪高踞西濠口大新公司樓上放槍，密擊我軍。着即將該公司佔領充公，不必畏懼外人干涉，以彼先破中立故也。務要令到即刻執行。切切。此令。孫文。銑戌。印」。[24] 這封電報在當天晚上 9 時 30 分到達廣州。[25]　(2)「提前。萬火急。廣州胡〔漢民〕留守、楊〔希閔〕、劉〔震寰〕、許〔崇智〕總司令鑑：捷密。已着楊虎率其全部解杜、鄧兩犯來韶。銑巳電暫不執行。孫文。銑亥。印。」[26] 這封電報在當天下午 12 時到達廣州。[27]

在這大批原始檔案面前，孫中山在 1924 年 10 月 14 日晚上秘密返穗駐紮在兵工廠督師云云，有如天方夜譚。那麼，難道孫中山不會悄悄從韶關回廣州幾個小時後又返回韶關？以當時的交通條件來說，竊以為這個可能性並不存在。猶記 1924 年 9 月 13 日上午 10 時，孫中山乘粵漢鐵路花車北上韶

22　孫中山致胡漢民電：〈為平定商團叛亂致胡漢民密電〉，1924 年 10 月 15 日 (2)，中國第二歷史檔案館編：《中華民國史檔案資料彙編》(南京：江蘇古籍出版社，1986 年)，第 4 輯 (二)，頁 787-8。所據乃廣州國民政府檔案。

23　同上。

24　孫中山致胡漢民電：〈為平定商團叛亂致胡漢民密電〉，1924 年 10 月 16 日 (1)，中國第二歷史檔案館編：《中華民國史檔案資料彙編》(南京：江蘇古籍出版社，1986 年)，第 4 輯 (二)，頁 788。所據乃廣州國民政府檔案。

25　同上。

26　孫中山致胡漢民電：〈為平定商團叛亂致胡漢民密電〉，1924 年 10 月 15 日 (2)，中國第二歷史檔案館編：《中華民國史檔案資料彙編》(南京：江蘇古籍出版社，1986 年)，第 4 輯 (二)，頁 788。所據乃廣州國民政府檔案。

27　同上。

關。下午 4 時才抵達韶關車站。[28] 全程共走了六個小時。若來回就必須超過十二個小時，天都亮了，還有甚麼秘密夜行可言？為何火車這麼慢？因為當時的粵漢鐵路還是單軌行車。[29]

另外一個重要考慮是：當時的火車上沒有收發無線電報的設備。若孫中山在韶關調動軍隊後，卻坐上一列火車以致與軍隊失去十多個小時的接觸，完全是不可思議的事情。再者，像攻打商團這種在深夜衝鋒陷陣的事情，若年老體衰的孫中山在場，反而諸多不便，智者不為。若說他在廣州就近指揮要比遠在韶關好，則以電訊設備來說，當時沒有無線電話、手機之類的東西，也沒無線電台。在廣州兵工廠則連電報設備也沒有，條件比韶關差，無法調動軍隊。

同時，孫中山若真的回穗督師，他必須帶多少衛兵才算足夠保護他個人的人身安全？多帶了就分薄攻打商團的兵力，少帶了又不安全。麻煩之至。最後，蔣中正[30]、胡漢民[31]、吳鐵城[32]、范石生[33] 等人事後都分別有不同形式的回憶錄，若真的有總理在穗親自指揮之事，都會大書特書，偏偏他們全都沒提此事，可作為反證。

既然如此，為何竟然又有蘇聯顧問切列潘諾夫和中共老黨員賴先聲言之鑿鑿地回憶說，孫中山於 1924 年 10 月 14 日夜秘密返穗督師？[34] 竊以為這種現象與拙著《中山先生與英國》（台北：學生書局，2005）第八章中所討論過的、鮑羅廷指揮共產黨員在國民黨中打楔子的策略是分不開的。鎮壓商團過後，粵民憤懣已極，「共產黨首領陳獨秀所辦之《嚮導週報》，即極力向

28 《孫中山年譜長編》，下冊，頁 2002-3，1924 年 9 月 13 日條，引《廣州民國日報》1924 年 9 月 17 日。

29 承邱捷教授相告，特此銘謝。

30 毛思誠（編）：《民國十五年前之蔣介石先生》（香港：龍門書店，1936）。中國第二歷史檔案館（編）：《蔣介石年譜初稿》（北京：檔案出版社，1992）。

31 蔣永敬：《胡漢民先生年譜》（台北：中國國民黨中央黨史委員會，1978）。

32 吳鐵城：《吳鐵城回憶錄》第六章「商團叛亂」，轉載於周康燮：《1924 年廣州商團事件》，中國近代史資料分類彙編之七，（香港：崇文書店，1974），頁 77-83。

33 范石生：〈讀「記廣州商團之變」後〉，載上海海天出版社（編）：《現代史資料，第三集》（上海：海天出版社，1934 年 4 月初版，香港波文書局 1980 年 7 月重印），頁 14-20。

34 見本章第五節。

孫政府攻擊」。其中第八十八期中題為〈商團擊敗後廣州政府的地位〉一文，內容有「上海各報紛載中山先生已率軍回駐兵工廠，對於商團決用武力解散。於是反革命的紙老虎，經十五那一日的惡戰，便完全截穿了」的報導。繼而攻擊孫中山的政府說：「若早日採取斷然手段，解散商團，其犧牲與損失，決不若今日之巨大可怖」。對於「《嚮導週報》攻擊政府、不惜盡其傾陷之能事」，中國國民黨中央執行委員會發表公開信，「以此函警告：如貴報無相當之道歉及更正，則本會當採適當之方法、以自洊雪。此致《嚮導週報》記者」。[35]

那位回憶商團事變的中國老共產黨員賴先聲，很可能是在當時看了《嚮導週報》第 88 期的報導，信以為真，於是真誠地向中共廣州市委黨史資料徵集研究委員會述說其記憶所及。[36]

至於那位蘇聯軍事顧問切列潘諾夫，他來華的目的與共產國際特工鮑羅廷是一致的。當鮑羅廷指揮中國共產黨員在國民黨中打楔子之時，他當然積極配合。但他不配合猶可，一配合就露出了狐狸尾巴：第一，他絕口不提孫中山當時其實已經去了韶關。為何不提？因為一提，則按照上文分析當時交通等實際情況，知情的人就馬上知道孫中山絕對不可能從韶關秘密返穗督師。於是就支支吾吾地說「孫中山獨自決定開始北伐」，[37] 但不敢說孫中山已經把這決定付諸實踐而去了韶關。第二，該蘇聯顧問說，孫中山成立革命委員會以鎮壓商團後，「就把司令部遷往河南島」。[38] 此話證明他對廣州的地形

---

35 佚名：〈記嚮導週報攻擊孫政府事〉，《廣東扣械潮》(香港：華字日報社 ,1924 冬)，卷 4 特別記載頁 23—26（總頁 435-8）。

36 敖光旭：〈共產國際與商團事件 — 孫中山及國民黨鎮壓廣州商團的原因及其影響〉，載林家有、李明 (主編):《孫中山與世界》(長春：吉林人民出版社，2004)，頁 198-228：其中頁 225，引引賴先聲的回憶〈在廣東大革命的洪流中〉，載中共廣州市委黨史資料征集研究委員會編：《廣州大革命時期回憶錄選編》(廣州：廣東人民出版社，1986)，頁 32-33。

37 (蘇聯) 亞・伊・切列潘諾夫 (原著)，中國社會科學院近代史研究所翻譯室 (翻譯)：《中國「國民革命軍」的北伐——一個駐華軍事顧問的札記》(北京：中國社會科學出版社，1981)，頁 125。

38 (蘇聯) 亞・伊・切列潘諾夫 (原著)，中國社會科學院近代史研究所翻譯室 (翻譯)：《中國「國民革命軍」的北伐——一個駐華軍事顧問的札記》(北京：中國社會科學出版社，1981)，頁 129。

一竅不通。商團的根據地——西關——在廣州的河北。以當時的交通和通訊設備來說，既要指揮軍隊向西關衝鋒陷陣卻同時又把司令部遷往河南，不是白癡是甚麼？第三，中國共產黨人比他聰明，把孫中山的所謂臨時司令部說成是設在廣州兵工廠，[39] 則該廠在廣州河北的石井，比較容易取信於人。但是該話已經與該蘇聯顧問切列潘諾夫之言發生嚴重矛盾，讓人直接懷疑各自的可靠性。第四，切列潘諾夫一而再，再而三地堅稱孫中山曾直接指揮軍隊作戰，正表現出他那「此地無銀三百兩」的心理狀態。何以見得？1924 年10 月中旬的孫中山，已是行將入木的老翁，而且剛大病了三個月，五個月後的翌年 3 月 12 日就魂歸天國。若把如此衰弱的老人說成是深夜指揮軍隊衝鋒陷陣的悍將，誰信？不信嗎，就鄭重地把話說三遍。第五，切列潘諾夫在第二次重複其言時，用詞是這樣的：「孫中山直接指揮作戰，西關反動商人的財產和西關商業區的毀滅沒有使他卻步不前。」[40] 切列潘諾夫不正是明顯地在於：表面讚揚、實質指責？指責孫中山在場指揮軍隊毀滅廣州西關商業區？第六，導致孫中山下決心鎮壓商團的，正是鮑羅廷的報告，即 1924年 10 月 10 日，商團軍射殺了幾十名和平遊行的學生和工人。[41] 現在史學界已證明該數字是虛構的，但切列潘諾夫為了配合鮑羅廷的謊言，也堅稱商團打死了約 20 人，另打傷 20 人。[42]

事情再也明顯不過了：該蘇聯顧問切列潘諾夫所寫的札記，是為了配合鮑羅廷「攻擊〔孫中山的〕政府、不惜盡其傾陷之能事」。[43] 該語是中國國

39 佚名：〈記嚮導週報攻擊孫政府事〉，《廣東扣械潮》（香港：華字日報社，1924 冬），卷 4 特別記載頁 23—26（總頁 435-8）。

40 （蘇聯）亞·伊·切列潘諾夫（原著），中國社會科學院近代史研究所翻譯室（翻譯）：《中國「國民革命軍」的北伐——一個駐華軍事顧問的札記》（北京：中國社會科學出版社，1981），頁131，第 6 段。

41 「據鮑爾〔羅〕廷君來電話，言工團及學生被商團擊斃數十人」——蔣介石：〈蔣介石請嚴辦商團致孫文密電，1924 年 10 月 10 日〉，中國第二歷史檔案館編：《中華民國史檔案資料彙編》（南京：江蘇古籍出版社，1986 年），第 4 輯（二），頁 789。

42 （蘇聯）亞·伊·切列潘諾夫（原著），中國社會科學院近代史研究所翻譯室（翻譯）：《中國「國民革命軍」的北伐——一個駐華軍事顧問的札記》（北京：中國社會科學出版社，1981），頁129。

43 佚名：〈記嚮導週報攻擊孫政府事〉，《廣東扣械潮》（香港：華字日報社，1924 冬），卷 4 特別記載頁 23—26（總頁 435-8）。

民黨中央執行委員會開會討論當時的中共喉舌《嚮導週報》誣衊孫中山曾秘密返穗督師毀滅廣州西關商業區時所作的結論。若孫中山以黨魁的身份主持了該會議，他對俄國會有甚麼感想？長期以來，有學者死死地抓着孫中山說過的一句話不放，這句話就是「我黨今後之革命，非以俄為師，斷無成就」；並據此大做文章，說這是孫中山向俄國一面倒的明證。其實這句話只是孫中山在 1924 年 10 月 9 日寫信給蔣中正之中的一句話，全文是這樣的：

> 革命委員會當要馬上成立，以對付種種非常之事。漢民、精衛不加入，未嘗不可。蓋今日革命，非學俄國不可。而漢民已失此信仰，當然不應加入，於事乃為有濟；若必加入，反多妨礙，而兩失其用，此固不容客氣也。精衛本亦非俄派之革命，不加入亦可。我黨今後之革命，非以俄為師，斷無成就。而漢民、精衛恐皆不能降心相從。且二人性質俱長於調和現狀，不長於徹底解決。現在之不生不死局面，有此二人當易於維持，若另開新局，非彼之長。故只好各用所長，則兩有裨益。若混合做之，則必兩無所成。所以現在局面由漢民、精衛維持調護之。若至維持不住，一旦至於崩潰，當出快刀斬亂麻，成敗有所不計。今之革命委員會，則為籌備以出此種手段，此固非漢民、精衛之所宜也。故當分途以做事，不宜拖泥帶水以敷衍也。此覆。
>
> 　再：明日果有罷市之事，則必當火速將黃埔所有械彈運韶，再圖辦法。如無罷市，則先運我貨前來，商械當必照所定條件分交各戶可也。若兄煩于保管，可運至兵工廠或河南行營暫存俱可。即候毅安
>
> 　孫文十月九日 [44]

在這封信中，孫中山已經把他那句「以俄為師」的話的背景說得很清楚了。寫信的日期是 1924 年 10 月 9 日。當時孫中山在廣州實在待不下去而迫得藉北伐美名而離開，已夠丟臉。結果雖然三令五申，而隨他到韶關的客軍

44　孫中山：〈致蔣中正函以俄為師〉，1924 年 10 月 9 日，載《孫中山全集》第 11 卷，頁 145-146。所據乃廣東省社會科學院歷史研究所藏原件照片。

只有那屬於極少數的、譚延闓的湘軍和樊鍾秀的豫軍。屬於絕大多數的楊希閔、范石生和廖行超所率領的的滇軍和劉震寰所率領的桂軍，仍然盤據廣東魚肉粵民。孫中山更是丟臉。孫中山帶兵到了韶關以後，長期以開拔費無着而滯留在那裏。進退維谷。回師廣州嗎？已經沒有這個可能。關於這一點，英國人看得很清楚，[45] 孫中山在他給蔣中正的函電中說得更清楚。北上嗎？又巧婦難為無米之炊。要打破這種「不生不死局面」，唯一的辦法是學習俄共那種「快刀斬亂麻，成敗有所不計」的辦法，以便「徹底解決」問題；而再不能繼續採用胡漢民、汪精衛那種「調和現狀」的手段。[46]

可以說，孫中山那句經常被人引用的、「以俄為師」的話，是他瀕臨絕境之時，針對某一個緊急問題而提出的某一種特殊的解決方法，他無意長期地利用這種特殊方法作為長遠政策來解決中國各種各樣的複雜問題。但偏偏有人用孫中山這句非常之語來以偏概全。這種做法，無助於我們全面地了解孫中山的長遠政策。

過了六天之後，商團被鎮壓了，廣州的局勢全面改觀，孫中山於 1924年 10 月 20 日勝利地回師廣州。從此，我們就再沒有聽到他說「以俄為師」之類的話了。這毫不奇怪，當初用電話唆使蔣中正向孫中山請戰的是鮑羅廷。現在指使《嚮導週報》的記者「攻擊政府、不惜盡其傾陷之能事」而捏造了孫中山在 1924 年 10 月 14 日「率軍回駐兵工廠」以便「用武力解散」商團的故事之人，[47] 明顯地同樣是鮑羅廷。孫中山會無可避免地認為鮑羅廷居心叵測。在這以後，孫中山還能鼓吹「以俄為師」？

1924 年的孫中山已經被英國盎格魯・撒克遜文明的精英迫得走投無路——詳見拙著《中山先生與英國》。他「以俄為師」之後，反而被俄國構陷，結果兩面受敵，酷似 1950 年代毛澤東向蘇聯「一面倒」之後被美蘇夾

45　Political Summary,Canton, for September Quarter1924, compiled by F. A. Wallis of the British Consulate-General at Canton，and enclosed in B. Giles to James MacLeay, Separate, 30September 1924, FO228/3276, pp.574-578: at575-578, paragraph4.

46　孫中山：〈致蔣中正函以俄為師〉，1924 年 10 月 9 日，載《孫中山全集》第 11 卷，頁 145-6。所據乃廣東省社會科學院歷史研究所藏原件照片。

47　佚名：〈記嚮導週報攻擊孫政府事〉，《廣東扣械潮》（香港：華字日報社,1924 冬），卷 4 特別記載頁 23—26（總頁 435-8）。

攻一樣。若將來以美國為首的盎格魯・撒克遜文明再度與華夏文明交戰，俄國是可靠的盟友？

第七十章
孫中山終於大徹大悟，奮起譴責帝國主義

辛亥革命成功，孫中山在 1912 年 1 月 1 日宣誓就任中華民國臨時大總統，但在 1912 年 4 月 1 日就把總統的寶座讓給了袁世凱。中國史學界對孫中山的決定一般有兩個解釋。第一，孫中山大公無私。第二，孫中山自忖打不過袁世凱，倒不如跟他討價還價，讓他逼清帝退位並公開表示支持民國體制，而把總統寶座讓給他作為交換條件。兩者有密切的聯帶關係而並不互相排斥。

本偵探以為還有第三個原因：孫中山被英國的「炮艦」給鎮住了。這裏的「炮艦」，泛指當時英國強大的兵力。據本偵探考證，孫中山於倫敦脫險後留在英國考察這段時間，曾參觀了英國上下為慶祝維多利亞女王登基六十週年的盛大典禮，該典禮有兩大部份，第一是 1897 年 6 月 22 日在倫敦市中心，舉行了盛大遊行。盛大的遊行隊伍甚至經過靠近孫中山居住的地方，共有 46,943 名來自大英帝國各地的官兵帶着當時最現代化的武器參加。第二是同月 27 日舉行的海軍檢閱，共有 165 艘軍艦參加。[1] 這種場面，是世界史上空前、罕有的，孫中山的內心感受如何？

我們沒法知道孫中山心裏在想甚麼，但可從其「言行」推知大概。「言」方面，則辛亥革命爆發時，孫中山正在美國的中西部，他希望盡快回國，而從那兒到舊金山坐船回國最快捷，但他卻背道而馳從美國趕往倫敦。有甚麼比趕回中國主持大局更重要？他解釋説：「吾之外交關鍵，可以舉足輕重為我成敗存亡所繫者，厥為英國；倘英國右我，則日本不能為患矣。予於是乃

---

1 詳見拙著 *The Origins of An Heroic Image: Sun Yatsen in London, 1896—1897* (Oxford University Press, 1986), chapter 6. 本偵探也曾用中文比較簡單地介紹過這種情況，見拙文〈孫中山的中國近代化思想溯源〉，《國史館館刊》，復刊第 22 期，頁 83—89。

圖 70.1
英國上下為慶祝維多利亞女王登基六十週年所舉行的盛大遊行。

起程赴紐約，覓船渡英」。[2]「行」方面，則甫抵倫敦，即上書英國外交部，爭
取英國支持中國的新生政權。交換的條件是把中國海軍委託英國的軍官來帶
領，但由孫中山自己當總司令。他表示他有權力作這個決定，理由是他自信
很快會當上中國的大總統。[3]而他也確實收到過國內革命同志們邀請他當大總
統的電報。[4]但英國外相愛德華．格雷（Sir Edward Grey）爵士的回答是，袁
世凱是中國總統的最佳人選。[5]受制於此，孫中山很快就建議國民革命政府舉

2　孫中山，〈建國方略之一，孫文學說，第八章：有志竟成〉，《國父全集》（台北：1965），第一
　　冊，頁 3—172。

3　這一段史實，孫中山在其上述的〈有志竟成〉中沒有提及，但有關史料可見英國外交部檔案其
　　中 Grey to Jordan, Desp.45661, 14 November 1911, encl. Dawson to Grey, 13 November 1911,
　　FO371/1905.

4　Neil Cantlie and George Seaver, *Sir James Cantlie: A Romance in Medicine* (London: John
　　Murray, 1939), pp.108—9.

5　Harold Schiffrin, 'The Enigma of Sun Yat-sen', in Mary Wright (ed.), *China in Revolution: The First
　　Phase, 1900—1903* (New Haven: Yale University Press, 1968), p.472.

袁世凱當總統。[6] 孫中山回國後，雖然承同志們力邀當上了臨時大總統，但不出三個月就把總統的位置讓給了袁世凱。英國得償所願，「炮艦政策」的無形威力可見一斑，在中國近代史上起着決定性的作用。

為甚麼英國要支持袁世凱？因為英國政府認為袁世凱掌握了清朝的兵權。滿清政權可以垮，但袁世凱還有能力成立一個強人政府，維持大局，讓英國商人平安地繼續在中國發財。但英國當局可曾考慮過袁世凱本來就是清朝的大官，意識形態與辦事方式跟那殘忍的清朝政府完全沒有分別，讓他來繼續暴政不是太不人道嗎？答案是，英國人用「炮艦政策」來對付中國的理論根據是——也可以説是在道德上自我解脱的藉口吧——正如本偵探在其行將出版的拙著《文明交戰》（暫定名）中分析過的，先一口咬定中國是一個半野蠻民族，不能待以西方文明式的禮遇。當 1896 年 10 月孫中山被幽禁在倫敦清朝公使館的消息傳出後，不少英國報章就曾借題發揮，用大量篇幅描述清朝政府是如何野蠻地對付它治下的民眾。例如，《發言人報》説：「凡是到過中國旅行的人，他們遊記中那種逼真的描述，讓人恍惚親耳聽到那被敲碎踝骨者奪魄的慘叫，親眼看到受凌遲死刑者那厲鬼般的血淋淋。」[7]《地球報》更繪形繪聲地形容：「希望公使大人多少要尊重一下我們西方人的偏愛，不要對孫中山用刑，否則他的慘叫要讓鄰居很不好受。」[8]《每日電訊報》罵公使幽禁孫中山的行徑「乖戾」。[9]《太陽報》表示「痛恨」。[10]《地球報》斥其「野蠻」。[11]

袁世凱當了總統以後，既派人暗殺了宋教仁，逼走了孫中山，還進一步要當皇帝，結果在舉國反對之下被迫取消帝制，並很快就在 1916 年一命嗚

6　當時孫中山還在歐洲，他的建議是通過《民立報》的記者發回中國的通訊而發表的。見《民立報》，1911 年 11 月 16 日，轉載於《孫中山全集》（北京：中華書局，1981），第一輯，頁546。

7　*Speaker*, 31 October 1896, p.463, col.1 top.464, col.1.

8　*Globe*, 23 October 1896, p.5, col.3, quoting the *Daily Graphic* of the same day.

9　*Daily Telegraph*, 24 October 1896.

10　*Sun*, 23 October 1896.

11　*Globe*, 24 October 1896.

呼，中國也掉進了軍閥混戰的深淵，英國的「炮艦政策」失去了一個可供嚇唬的中央政府。既知今日，何必當初。

1917 年 8 月，孫中山在廣州成立軍政府，[12] 準備招兵買馬北伐以求統一中國。列強紛紛提出抗議，其駐穗諸領事甚至威嚇說要從香港調來兵艦。[13] 而當時控制着廣州的桂系軍閥，又「惱怒於臥榻之旁忽然聚集起一支倔強的革命力量」，[14] 於是一方面開始暗殺孫中山的軍官；[15] 另一方面策動改組以孫中山為首軍政府，由此而被架空了的孫中山逼得於 1918 年 5 月 21 日離開廣州。[16]

1920 年底，孫中山在廣州重新成立軍政府，並雄心壯志要再度組織北伐以統一中國，但沒有資金。[17] 因此他要求列強把廣東應得的海關收入，扣除了必須交付的賠款所剩下來的餘款（簡稱關餘）交給他。所謂關餘，源自 1854 年上海小刀會起義時，清朝海關大亂，英國公使包令爵士主動命英駐滬領事代中國政府向英商收稅，外人奪取中國海關管理權自此始。清朝無能，讓各通商口岸的海關管理權一個一個地落入外人之手。雙方協定，每年把全國海關的收入在扣除該年賠款後的盈餘（即關餘），通通交北京中央政府。但是到了 1920 年，在北京的已再不是全中國的中央政府，只不過是先後盤據北京的北洋軍閥而已。所以孫中山向列強要求：廣東海關的盈餘應交廣東政府處理。列強最怕見到中國統一，當然也知道孫中山要利用那筆

12　有關專論，見王正華：《廣州時期的國民政府》（台北：國立政治大學歷史研究所碩士論文，1981）；姚誠：《孫中山與護法運動，1917—1923》（台北：國立政治大學三民主義研究所碩士論文，1984），以及林玲玲：《廖仲愷與廣東革命政府》（台北：國立政治大學歷史研究所碩士論文，1990）。

13　《國民公報》，1917 年 10 月 20 日，見《孫中山年譜長編》，第一冊，頁 1030。

14　莫世祥：《護法運動史》（台北：稻禾出版社，1991），頁 39。

15　《孫中山年譜長編》，第一冊，頁 1119—20。

16　莫世祥：《護法運動史》，頁 73。

17　對於孫中山在穗三度建立政權時所遇到的經濟困難，林能士教授作過專門研究，見其〈試論孫中山聯俄的經濟背景〉，《國立政治大學歷史學報》，第 11 期（1994 年 1 月），頁 89—107；〈第一次護法運動的經費問題，1917-1918〉，《近代中國》，第 105 期（1995 年 2 月），頁 132—159；〈經費與革命——以護法運動為中心的一些探討〉，《國立政治大學歷史學報》，第 12 期（1995 年 5 月），頁 111—135。

錢來統一中國，所以不予理會。孫中山沒法，便在翌年 1 月 21 日宣佈，從
2 月 1 日起，將接管廣州海關。香港當局馬上派出兩艘兵艦到穗為粵海關站
崗。[18] 孫中山沒奈何。

　　1922 年 1 月香港海員罷工，孫中山的廣東政權鼎力照顧自港返穗的罷
工工人。港英沒罷工工人的奈何，無法之餘，終於在 3 月 5 日接受罷工工人
的要求。罷工結束，但孫中山因此也成了港英的眼中釘。3 月 26 日，港督
司徒拔爵士（Sir Reginald Edward Stubbs）應陳炯明要求，向英國殖民地部
建議給予陳炯明一項私人貸款，以便有足夠的經費把孫中山驅逐出廣州。[19]
然而以英廷未予批准作罷。

　　1922 年 6 月 16 日，陳炯明叛變，炮轟總統府。孫中山走避及時，幸免
於難。並最終蒙英國駐穗總領事派炮艇將其安全送出廣州到達香港，轉上
海法國租界居住。[20] 孫中山與港英政府的恩恩怨怨，真是難解難分。對孫中
山個人來說，盎格魯‧撒克遜文明的具體代表、港英政府以至英國當局多次
出於人道主義拯救他脫險，那是沒話說的。但對於他日夜縈繞、廢寢忘餐地
企圖拯救華夏文明的革命事業，則英盎格魯‧撒克遜精英出於在華利益的考
慮，千方百計地阻擾甚至破壞他統一中國的大業，讓他咬牙切齒。英帝國主
義很清楚，富有民族主義深切情懷的孫中山，如果統一了中國，絕對不會像
過去清朝政府那樣好對付。

　　滇桂軍閥響應孫中山的號召，帶兵入粵，把陳炯明驅逐出廣州，電迎孫
中山回粵。抵穗後，孫中山馬上重組軍政府，準備北伐，但最頭疼的問題
之一，還是經費嚴重不足。於是他又提出接管粵海關。列強先後派出共 16
艘兵艦浩浩蕩蕩地開到廣州河面：美國 6 艘，英國 5 艘，法國 2 艘，日本 2
艘，就連那孤小零丁的葡萄牙也派出破艦 1 條。[21] 孫中山可真沒辦法。無可

18　個中情節的有關文獻，中文的可參考《中華民國資料史叢稿》，第 7 冊，頁 9。

19　Stubbs to CO, 26 March 1922, CO129/474.

20　C. Martin Wilbur, *Sun Yat-sen: Frustrated Patriot* (New York: Columbia University Press, 1976),
　　p.135.

21　Wilbur, *Sun Yat-sen*, p.186.

奈何之餘，[22] 硬着頭皮向其新交的朋友港督司徒拔爵士求援，請他斡旋。司徒拔好意地把他的意思轉達到倫敦，卻惹來上司一番責罵。[23]

　　1924 年 8 月在孫中山帶兵北伐到韶關時，廣州商團突然叛變，佔領廣州。雖然沒有鐵證顯示港英當局曾參與其事，但商團的頭頭是香港匯豐銀行在廣州的買辦，該行總經理又曾幫助廣州商團從歐洲私購軍火偷運往穗，更謠傳英國駐香港海軍司令準備堅決抵抗孫中山反攻商團的圖謀。[24] 孫中山氣憤之極，首次公開宣言譴責英帝國主義。[25] 發誓曰：「吾人前此革命之口號曰排滿，至今日吾人之口號當改為推翻帝國主義之干涉，以排除革命成功之最大障礙。」[26] 當時美國是英國的幫凶，所以孫中山對一位美國人說：「我們希望走你們的道路。我希望中國的革命能改變所有舊制度，以建立一個嶄新的國家，但那些所謂文明大國則經常幫助反革命。帝國主義國家長久以來常阻撓中國的革命。」[27] 當時列強還提出共管中國之説。孫中山表示堅決反抗：「決不能成事實，因中國國民更有強硬之抵抗。共管中國之説，是外國人做夢！」[28] 反抗的具體辦法是：「廢除一切不平等的條約，收回海關、租界和領

22　關於中國海關，要等到孫中山創立的國民政府北伐成功，統一中國（哪怕是表面多於實際的）以後，才有能力開始把它中國化：1928 年 6 月財長宋子文把本來是獨立的海關改隸於財政部，11 月把關務署由北京移南京，12 月以自己屬意的梅樂和 (F.Maze) 當海關總稅務司。翌年 4 月，中文成為海關的官方語言，杭州蘇州的稅務司首次由中國人擔任。見 Y.C. Wang, *Chinese Intellectuals and the West, 1872—1949*, pp.427—8.

23　FO to CO, 19 December 1923, CO129/483, p.204.

24　見拙著《中山先生與英國》（台北：學生書局，2005），第八、第九章。

25　《國民日報》，1924 年 11 月 18 日，見《孫山年譜長編》，第 2 冊，頁 1988。

26　孫中山：〈反對帝國主義干涉吾國內政之宣言〉，1924 年 9 月 1 日，《國父全集》(1989)，第 2 冊，頁 160-161：其中頁 161 第 19 行。有趣的是，北京中華書局的版本冠予該宣言的題目卻是〈為廣州商團事件對外宣言〉，見《孫中山全集》，卷 11，頁 1－2，並注明該宣言是翻譯自香港的英語報章《孖剌西報》(*The Hongkong Daily Press*)，1924 年 9 月 5 日的報導，題為 "Sun Yat-sen and 'Imperialist England' 'The Time is Come' "〉〈孫逸仙與英帝國主義，關鍵的時刻已經到來了！〉。把原文與譯文題目比較，譯文題目明顯地失真了。

27　孫中山：〈與美國布瑞漢女士的談話〉，1924 年 8 月，《孫中山集外集補編》，頁 420-422：其中頁 420。

28　孫中山：〈與長崎新聞記者的談話〉，1924 年 11 月 23 日，《孫中山全集》，卷 11，頁 363-365：其中頁 364。

事裁判權。」[29] 正是由於孫中山主張修改不平等條約，故備受帝國主義者的壓迫和破壞。孫中山警告國人：「今帝國主義者，對於條約所未載明，而足以增加其利益，及予中國國民以重大之負擔者，則任意為之，而無所忌憚。勢非至於中國現在及將來之財政命脈，悉為帝國主義者所把持涸竭不止。」[30]

孫中山終於想通了。過去，可以說他被大英帝國的超級強大鎮住了[31]——英國「炮艦政策」的效應在孫中山身上發揮得淋漓盡致。他私下也可能被他與港英以至英國當局的恩恩怨怨糾纏不清，不願意公開批評英帝國主義者以避免忘恩負義之嫌，現在終於鼓起勇氣站起來公開地分清公私敵我。公開宣言譴責英帝國主義，這簡單的一句話，凝聚了他一生的經驗和長期的思考，是中國人民的精神財富。

孫中山公開宣言譴責英帝國主義，竟然招來英國史學家駱菲爾博士連篇累牘地醜化他，更顛倒因果來抨擊他投靠蘇聯。[32] 須知信奉共產主義的蘇聯是西方的死對頭，駱菲爾博士呼之欲出的一句話就是孫中山該打，跟隨他的中國人該打！以古況今：雖然現在俄國已經不再信奉共產主義，但仍然與以美英盎格魯‧撒克遜文明為首的西方世界敵對；中國與其卿卿我我，該打！

29　孫中山：〈在長崎對中國留日學生代表的演說〉，1924 年 11 月 23 日，《孫中山全集》，卷 11，頁 367-371：其中頁 368。

30　孫中山：〈第二次對於金佛郎案之宣言〉，1925 年 2 月 16 日，《孫中山全集》，卷 11，頁 537-538：其中頁 537。

31　詳見拙著 *The Origins of an Hoeric Image*，chapters 5—6。

32　Julia Lovell, *The Opium War: Drugs, Dreams and the Making of China*, pp. 312 — 314。對於駱菲爾博士污衊孫中山種種，詳見本書第六十六、六十七和六十八章。

中國該打！中國該打？

第六部份

任重道遠

第七十一章
論中國的孫中山史學不值西方學者一顧

　　法國學者白吉爾 (Marie-Claire Bergère) 教授，在其《孫逸仙傳》中，批評中國大陸自 1979 年發軔的孫中山史學不值西方學者一顧。[1]

　　英國學者安德遜 (Patrick Anderson) 君在網絡上做過普查，發覺白吉爾教授的《孫逸仙傳》，在全世界各大學圖書館有關孫中山的藏書當中，數量是最多的，而且都是用作大學生的教科書。[2] 我的天！

　　香港科技大學的陳建華教授認為：白吉爾的「觀點不免灼見與偏見」。[3] 偏見在於她「對大陸孫中山史學的一筆抹殺」。[4] 灼見在於中國人天天喊孫文如何偉大，但對自己這位民族英雄很多關鍵性的問題諸如他「如何」走上革命的道路，以及「為何」走上革命的道路，長期沒有好好解決。有關孫中山生平的無數謎團，也只知其然而不知其所以然。但是，既然白吉爾教授自視這麼高，又寫了一本有關孫中山傳記的洋洋巨著，[5] 更自命為孫中山研究專家，解決了這些重大的學術問題與謎團沒有？沒有。她不屑為中國人效勞，而去解決哪怕是她自命專業範圍裏責有攸歸的學術問題。這個重任，還必須由華夏——無論是在大陸、台灣、香港、澳門甚至海外——的炎黃子孫來

1　Marie-Claire Bergère，*Sun Yat-sen* (Stanford: Stanford University Press, 1998), p. 2.

2　見安德遜君行將出版的大作：*The Lost Book of Sun Yatsen and Edwin Collins* 當中的 Introduction 部份。

3　陳建華：〈孫中山與現代中國「革命」話語關係考釋〉，《「革命」的現代性——中國革命話語考論》，頁 60-150：其中頁 88。陳建華把 Bergère 音譯為貝歇爾，大陸孫文研究學者則音譯為白吉爾。

4　陳建華：〈孫中山與現代中國「革命」話語關係考釋〉，《「革命」的現代性——中國革命話語考論》，頁 60-150：其中頁 88。

5　Marie-Claire Bergère，*Sun Yat-sen* (Paris, 1994. Translated by Janet Lloyd，Stanford: Stanford University Press, 1998). 中譯本見白吉爾（原著），溫洽溢（翻譯）：《孫逸仙》（台北：時報文化出版企業股份有限公司，2010）。

圖 71.1
法國學者白吉爾教授（Marie-Claire Bergère）
圖 71.2
法國學者白吉爾教授的大作《孫逸仙》法文原著（1994）
圖 71.3
法國學者白吉爾教授的大作《孫逸仙》英譯本（1998）
圖 71.4
法國學者白吉爾教授的大作《孫逸仙》中譯本（2010）

承擔。否則將長期被人踩在腳下，永世不得翻身。

　　至於偏見在於她「對大陸孫中山史學的一筆抹殺」，則陳建華教授語焉不詳。在此，容本偵探列舉一二：《孫中山全集》、《孫中山集外集》、《孫中山集外集補編》、《孫中山年譜長編》、《孫中山生平事業追憶錄》、《各方致孫中山函電匯編》，2014 年 7 月的增訂新版《孫中山全集》，以至目前黃彥先生還在努力編輯的《孫文全集》等，蒐集了大量歷史資料，[6] 提供學者（包括白吉爾本人）利用，功德無量。負責蒐集、編輯該等資料編的專家學者，繼承乾嘉考證傳統，默默耕耘，他們用血汗換來的成果，不容藐視。

　　至於隔海的台灣，則一套共十二冊的《國父全集》、一套兩冊的《國父年譜》，以至一百零一輯的《革命文獻》，都是不容或缺的珍貴史料。像對岸的同胞學者一樣，他們繼承乾嘉考證傳統，默默耕耘，由此而用血汗換來的成果，造福學林，功德無量。此外，吳相湘先生一套兩冊的《孫逸仙先生傳》，資料也非常豐富。

6　詳見拙著《孫文革命：聖經和易經》（香港：中華書局，2015）的參考書目。

　　孫中山「如何」走上革命的道路？本偵探在其《三十歲前的孫中山》[7]中嘗試回答了。孫中山「為何」走上革命的道路？本偵探在其《孫文革命：聖經和易經》[8]中嘗試回答了。有關孫中山生平的無數謎團與懸案，本書也試圖破解一二。及格麼？本偵探佇候讀者諸君打分。

　　完成了這三本拙著之後，本偵探再回味白吉爾教授的話，感慨良多：一個民族最珍貴的素質一是反省的能力，反省能力愈高的民族，愈能自強不息。甫一遇到批評，即不管有理無理馬上反駁，只會每況愈下。準此，就容作為炎黃子孫一員的本偵探，照照鏡子，做些反省吧。竊以為白吉爾教授的話雖嫌狂妄無知，但中國大陸自 1979 年發軔的孫中山史學，確實存在着不少問題，尤其是那種假大空的歪風，有時就連長期在海外生活的本偵探也被壓得透不過氣來。茲舉一例，就很能説明問題。

　　2004 年，為了撰寫《中山先生與英國》，本偵探獲其任教的雪梨大學頒發學術休假 (sabbatical leave) 一整年，旅寓廣州市中山大學紫荊園，方便查閱已刊資料。承該校孫中山研究所所長親到紫荊園來邀稿，以便收進他準備編輯出版的論文集，於是本偵探把當時手稿的一章權充學術論文面致，並附帶説明西方的主編若要改動內容，法定必須預先徵求作者同意。當時該所長不説甚麼。

　　待論文集面世時，光看書名就讓人吃驚：《看清世界與正視中國》！怎能為本偵探嚴肅的學術著作披上如此假大空的一件政治外衣？假話、大話、空話，加上套話、廢話這種具有中國特色的癌症，早已被有識之士詬病不已，不料該所長竟然把此癌症細胞塗在本偵探的臉上。但鑒於米已成炊，本偵探除了頓足以外，再也不便説些甚麼。

　　又待 2006 年 11 月 6 日在中山市舉行的「慶祝孫中山誕辰 140 週年國際學術研討會」上，該所長當上本偵探所做的學術報告主持人時，突然在眾多來自世界各地的專家學者面前評論拙文説：「他〔黃宇和〕説不能改，我説不能改就不能發，我就公開講，我就改，不能改你就拿回去，不改就發不了

7　黃宇和：《三十歲前的孫中山》（香港：中華書局，2011；北京：三聯書店，2012）。

8　黃宇和：《孫文革命：聖經和易經》（香港：中華書局，2015）。

你的文章。」[9]記憶所及，該所長從來沒對本偵探説過這樣的話；若説了，當時本偵探肯定馬上撤回拙稿。因此，可能是該所長曾在本偵探背後，對別人炫耀他的權力時，説過的話吧。更可能他覺得如此還不夠過癮，於是在大型的國際學術研討會上，再顯淫威。若 2006 年 11 月 6 日白吉爾教授出席了該國際學術研討會，並在場聽了該所長的豪言壯語，會有何感想？該所長強迫學術服務暫時的政治需要，澤及外國學者諸如本偵探。須知政治是不斷變化的，學術則必須是持平、持久，才會起到穩定社會的作用。該所長竭力迎合暫時的政治需要，固然會贏得某些政客垂青，但嚴重的後果至低限度有二：

第一，必然惹來國內外真正學者無限的鄙視，這就難怪自從 1986 年 11 月，白吉爾教授領教過在中山市翠亨村舉行的「慶祝孫中山誕辰 120 週年國際學術研討會」之後，再也沒有出席類似的研討會。

第二，扼殺了剛在中國大陸發軔不久的孫中山研究：難怪中國大陸自 1979 年在廣州市發軔的孫中山史學，到了該所長之後，就後繼無人了。以至當今該研究所的桑兵所長哀歎説：「近年來孫中山研究總體上由顯學退隱……專門從事此項研究者在新進中幾乎無人，即使兼作者也為數甚少。」[10] 桑兵所長就是為數甚少兼作者之一。悲乎！該校以至整個中國大陸的孫中山研究前後不到三十年，即回歸到近乎 1979 年之前的平靜。

又若白吉爾教授能抽空閲讀 1979 年之前，在國民政府時代中國史學界某些有關孫中山的權威著作，同樣會覺得它們「不值西方學者一顧」。這時期的很多權威著作都圍繞着兩個中國學術界激烈辯論的話題：第一，孫中山之倫敦蒙難，究竟是因為他被綁架進入公使館而被幽禁起來；還是因為他跑進公使館宣傳革命，結果被認出盧山真面目而被幽禁起來？第二，孫中山的祖籍究竟是甚麼？他是廣府人還是客家人？

關於倫敦蒙難的問題，本偵探從 1979 年到 1986 年不斷環球飛行追查有關史料並做實地調查，既跑兩岸三地、日本、東南亞，也頻頻跑英國和

9　2006 年 11 月 6 日舉行的「慶祝孫中山誕辰 140 週年國際學術研討會」當場錄音，廣東省檔案館藏。

10　桑兵：〈提升孫中山研究的取徑〉，《廣東社會科學》2013 年第 3 期，頁 91–98：其中頁 91。

美國。終於偵破孫中山倫敦蒙難這百年懸案：國民政府時代研究孫中山最權威的學者之一羅家倫教授，發明了孫中山本着大無畏的革命精神而跑進公使館宣傳革命的神話，此舉明顯地是為了配合當時蔣中正為孫中山積極造神的運動。

　　諷刺的是：史扶鄰（Harold Z. Schiffrin）先生在 1960 年代為了撰寫其名著《孫中山與中國革命的起源》英文原著時，曾到台北向羅家倫先生討教，[11]撰書時又大量引用羅家倫先生的觀點；[12] 結果孺子可教。白吉爾教授本身的大作，全盤依賴史扶鄰先生對孫中山前半生的研究，和韋慕廷（C. Martin Wilbur）先生對孫中山後半生的研究，[13] 結果也是孺子可教！為何白吉爾教授如此學而不思？因為歐美盛行一種優越感：「歐美以外無歷史」──她情願相信史扶鄰先生的話。

　　史扶鄰先生雖然是猶太人，並且大半生在以色列生活。但他在美國出生並受教育，其大作用英語撰寫並在美國出版。故白吉爾教授視史扶鄰先生所寫的中國近代史是歐美的產物。哪怕史扶鄰先生對於孫中山倫敦蒙難的結論，基本上採羅家倫先生之說。

　　至於第二個、即孫中山的祖籍問題，本偵探從 1986 年到 2011 年同樣地不斷環球飛行追查有關史料並做實地調查，結果發覺另一位研究孫中山的權威羅香林教授，由於本身是客家人，並且為了提高客家人的社會聲望與地位，同樣不惜造假：把本來是廣府人的國父孫中山喬裝打扮成客家人。[14]

11　Harold Z Schiffrin, *Sun Yat-sen and the Origins of the Chinese Revolution* (Berkeley & Los Angeles: University of California Press, 1968), p. xiv.

12　Harold Z Schiffrin, *Sun Yat-sen and the Origins of the Chinese Revolution* (Berkeley & Los Angeles: University of California Press, 1968), chapter 5.

13　'Drawing upon two fundamental works published quite recently in the West (by Harold Z. Schiffrin and Martin Wilbur), and following the chronology, I have tried to reconstruct the career that turned an adventurer of the Southern Seas (Part I) into the founding father of a republic regime (Part II), and eventually the leader of a great nationalist movement (Part III) －Marie-Claire Bergère，*Sun Yat-sen* (Paris, 1994. Translated by Janet Lloyd，Stanford: Stanford University Press, 1998), p. 4.

14　關於孫中山的祖籍問題，本書為「孫中山乃客家人？」的第二十六章，和本書題為「孫中山乃中原貴冑？」的第二十五章，已有論及。但為了本書最後一章的本章，試圖為全書稍作總結，無可避免地稍微舊事重提，敬請讀者原諒。

其手段包括指鹿為馬，硬把孫中山自言祖先來自珠江流域廣府人聚居的的東莞，硬說成是屬於韓江流域客家人聚居的紫金縣忠壩村。又偽造史料：辦法是把本來毫無關聯的廣東紫金縣客家人的《紫金忠壩孫氏族譜》、廣東省興寧縣客家人的官田《孫氏族譜》，江西省寧都縣客家人的《孫氏族譜》等等移花接木，偽造出一個讓他稱心滿意的孫中山家譜，其中最關鍵的一句話是出自廣東省興寧縣官田村的《孫氏族譜》，該譜言之鑿鑿地說孫中山的祖先「原居汴梁陳州」。[15] 對於這個「汴梁陳州」，羅香林的詮釋可圈可點。他寫道「陳州素不屬汴梁」，把官田《孫氏族譜》編者的無知做假，暴露無遺。但羅香林馬上為官田《孫氏族譜》謂其祖先「原居汴梁陳州」[16] 之說做補救：「此當為陳留之誤」。在這個基礎上，羅香林下結論說：「是忠壩孫氏，其先蓋宅居陳留。至唐末始以黃巢之亂，徙居寧都」。[17] 如此東拼西湊的結果，就是讓孫中山家世平步青雲：由平平無奇的廣東省紫金縣忠公壩客家人升格到江南貴冑之後裔，再由江南貴冑之後裔擢升為中原陳留貴冑之後裔。並把這一切寫進其《國父家世源流考》。[18]

真是一翻雲就把孫中山說成是客家人；再覆雨就把孫中山說成是來自中原陳留的貴冑。如此兒戲，怎能稱得上是嚴謹的學術著作？確實難怪法國學者白吉爾教授批評中國的孫中山史學不值西方學者一顧。[19]

正如廣州市中山大學人類學系黃淑娉教授曾對筆者說過的：「過去編族譜，往往為自己家族的祖先找一個顯赫的家世，其實查無實據」。[20] 又正如復旦大學中國歷史地理研究所葛劍雄所長在總結他的研究眾多中國族譜經

15　廣東興寧官田《孫氏族譜》，轉載於羅香林：《國父家世源流考》(重慶：商務印書館，1942 年 12 月版)，頁 16。

16　廣東興寧官田《孫氏族譜》，轉載於羅香林：《國父家世源流考》(重慶：商務印書館，1942 年 12 月版)，頁 16。

17　羅香林：《國父家世源流考》(重慶：商務印書館，1942 年 12 月版)，頁 16。

18　羅香林：《國父家世源流考》(1942)，頁 52 自署落款。

19　陳建華：〈孫中山與現代中國「革命」話語關係考釋〉，《「革命」的現代性──中國革命話語考論》(上海：上海古籍出版社，2000)，頁 60-150：其中頁 97。陳建華把 Bergère 音譯為貝歐爾，大陸孫文研究學者則音譯為白吉爾。英語原文見 Marie-Claire Bergère, *Sun Yat-sen* (Stanford: Stanford University Press, 1998), p. 2。

20　黃宇和採訪黃淑娉 (1930 年 8 月生)，2008 年 1 月 28 日。

驗時說過的：「一般的家譜都要找出一位煊赫的祖宗，不是帝王、聖賢，就是高官、名人，甚至要追溯到三皇五帝。」[21] 又說：「很多家譜都有名人所作序跋，但仔細分析，其中相當大一部份都是假託偽造的！」[22] 如此這般的家譜、族譜，怎能與世界聞名的法國嚴謹的「年鑑學派」（Annalles School）比較？但萬沒想到近代著名的中國學術權威羅香林教授，竟然也藉這些假託偽造的族譜而毛遂自薦地編了「國父孫中山」的家世源流。

從史學研究的角度看，本偵探查明孫中山家世源流這微觀問題，可以瞭解到最初支持他革命的基本群眾是廣府人這宏觀歷史關鍵。若他是客家人，則客家人無論是在孫中山後來歷次起義所在地之廣東，或是出洋謀生的華工，都是弱勢社群，要號召人多勢眾的廣府人參加他倡議的革命，難矣哉！

又徹查了孫中山家世源流這微觀細節，而牽涉到的另一個宏觀問題，是孫中山是否貴冑後裔？不，孫中山只不過是普通的、極度窮苦的農家子弟，本書題為「一開間泥磚屋激勵孫中山成龍」的第二十八章和第二十九章，以及題為「窮苦激勵孫中山成龍」的第三十章，均有力地說明了這一點。貴冑後裔與窮苦的農家子弟，對於革命思想之萌芽，其腦袋提供了不同的土壤！事實勝於雄辯：把窮苦的孫中山與差不多同時在翠亨村出生和長大的富家子弟楊鶴齡作比較，道理就最是明顯不過。詳見本書題為「釐清四大寇的謎團」的第四十二章。

本偵探查明這些微觀細節以達到宏觀的視野後，白吉爾教授還再敢斗膽嘲笑華夏無人？

不料在二十一世紀全世界人士都能看到的中國網絡上，竟然又出現了令華夏文明再度蒙羞的所謂孫中山研究專文，害得本偵探過去所作過的彌補工夫幾乎前功盡廢。事緣拙著《孫文革命：聖經和易經》在 2015 年 1 月 8 日由香港的中華書局出版後，網絡上突然有署名「楊典」者，冒出下列文章，

21　葛劍雄：〈家譜：作為歷史文獻的價值和局限〉，《歷史教學問題》1997 年第 6 期，頁 3–6；其中頁 3。

22　葛劍雄：〈家譜：作為歷史文獻的價值和局限〉，《歷史教學問題》1997 年第 6 期，頁 3–6；其中頁 5。

其殿後的一段説：

> 　　黃先生早歲留洋，畢業于牛津大學，現在則是英國皇家歷史學院、
> 澳大利亞國家社會科學院、澳大利亞國家人文科學院等各院院士；黃在
> 美國胡佛研究中心，港台各大學乃至清華、北大等，都開過講座，而且
> 還有「國際知名孫中山研究權威學者」等頭銜。的確值得尊敬。我尚未
> 通讀《孫文革命：聖經和易經》全書，對此書其餘部分，暫不敢妄評。
> 但在這麼一部有關孫文的專著中（尤其書名中還強調了《聖經》），單
> 就楊襄甫問題而言，黃先生卻又犯了資料十分不全，對近代基督教內
> 歷史文獻過度缺乏瞭解的情況下，便匆忙下結論之弊病。實離胡適所言
> 「大膽假設，小心求證」之精神尚遠。

　　哈哈，竟然還狐假虎威，搬胡適先生此言來嚇唬人啦！真是「搬起石頭
打自己的腳」。「楊典」可知道，大半生研究胡適先生的林毓生院士早已宣判
胡適此言「含混」、又一次證明「任何問題經胡適的膚淺的心靈接觸以後，
都會變得很膚淺」。[23]　如何含混？為何説他膚淺？「楊典」自己去翻翻林毓生
院士的大作吧；噢，還有本偵探行將出版的《文明交戰》。別老是人云亦云
啊！

　　若「楊典」認為林毓生院士「含混」、「膚淺」等用詞太刻薄，就容筆
者馬上舉一個最簡單不過的例子來做詮釋。胡適留美多年，肯定聽過 A wild
goose chase 和 Well-begun half-done 等著名英諺。若聽過，則怎麼還竭力呼
籲國人「發足狂奔捉大雁」般「大膽假設」？大雁不會飛走嗎？此外，「虛
無縹緲」般的「大膽假設」算是甚麼「良好的開始」？華夏文明不是也有「事
半功倍」的名諺？「漫無止境」地「大膽假設」去「小心求證」，又怎能「事
半功倍」？胡適的「大膽假設，小心求證」不是「含混」、「膚淺」是甚麼？
容許人類生存的條件最是現實不過，若聽從那些從無實踐經驗、但總是「蹲

23　林毓生（著），穆善培（譯）：《中國意識的危機：「五四」時期激烈的反傳統主義》，增訂再版
　　本（貴陽：貴州人民出版社，1988 年），頁 379。

在太師椅上」的教授指指點點，肯定被指得昏頭轉向，無所適從，極端不利生存。

「楊典」繼續寫道：

> 唯一欣慰的，是「楊典」這個本與晚清史八竿子打不着之名，借曾祖楊襄甫之光，又承蒙黃先生「關照」，竟得以第一次入了孫文研究領域，也算是我個人的一椿幸事罷。[24]

哈哈！「楊典」這段結束語，就一語道破天機：他如此大費周章、費煞思量，原來是為了擠進孫中山研究隊伍的名單之中！如何大費周章？不用自己的血汗去發掘史料，甚至不去圖書館查閱權威學術著作，卻在網絡上乞求網民施捨坊間佳話。[25]

如何費煞思量？待他在網絡上乞求到點滴之後，在毫無根據的情況下，就藉乞求而來之點滴對長期研究孫中山的人大肆進行人身攻擊，[26] 企圖藉此上位。其貪慕虛榮已到了不擇手段的可憐情景，只會惹來西方人士的無情嘲笑，也為華夏有識之士所不齒。

若羅家倫在孫中山倫敦蒙難的問題上，為了配合當時國民政府的造神運動而造假，還勉強可以說是為了他心目中的「大我」；若羅香林在孫中山的祖籍問題上的做假是為了提高客家人的聲望地位而造假，還勉強可以說說成為了他心目中的「中我」；楊典的做假則完全是為了滿足「小我」的貪慕虛榮之心。從羅家倫到羅香林到楊典，可謂每況愈下。見微知著，華夏文明的前途無限好？

但種種跡象顯示，該文作者似乎不太可能是楊典先生本人：跡象之一是

24　楊典：〈就曾祖楊襄甫救孫文史紀與黃宇和先生商榷〉，2015 年 3 月 14 日，http://blog.sina.cn/dpool/blog/s/blog_54d36a6b0102ve9o.html。若作者刪掉該文，讀者仍可到廣東省檔案館中閱讀，因為該館永久保存本偵探所有文書也。

25　楊典：〈尋曾祖遺著〉，2011 年 6 月 19 日，http://kushanshui.9luntan.com.cn/t385-topic，2012 年 6 月 3 日上網閱讀。若作者刪掉該文，讀者仍可到廣東省檔案館中閱讀，因為該館永久保存本偵探所有文書也。

26　同注 24。

前後兩個網址不一。跡象之二是前後兩文的文筆與風格甚不相同，前文具有一位老實人虛心求教的風範，後文則酷似一名狡猾文人挖空心思的傑作。跡象之三是後文作者似乎對於有關孫中山與華人基督教會的刊物有一些瞭解，而且造假的辦法比羅家倫和羅香林更為不擇手段：死死地抓住一些訛稱楊襄甫乃孫中山在廣州博濟醫院的同學等無稽之談來肆意造假。跡象之四是後文冷嘲熱諷而絕非學術討論的風格，酷似一名學稍有成但妒火中燒的同行，冒楊典之名來進行人身攻擊。準此，容本偵探提出幾道連不假思索的小學生也能回答的問題：

1. 若說楊襄甫是博濟醫院的學生，則上述狡猾文人是否發掘了該院當年的學生名冊？上面記錄了學生楊襄甫的名字、出生年月日、籍貫？—— 都沒有。若沒有，怎能言之鑿鑿地說他曾在博濟醫院讀醫科，結果成了孫中山的同學？

2. 楊襄甫「對於中國舊學又有精深修養。有好幾次，有人向他宣傳基督教，都給他根據中國的古代哲學，駁得傳教士啞口無言」。[27] —— 幼受庭訓，熟讀聖賢書的楊襄甫，有可能同時間又曾長期進入英美傳教士開設的英語學校努力學習英語？他分身有術？他能一心二用？

3. 若不懂英語，怎能在全程採用英語教授醫科的博濟醫院學醫？

4. 該院當時男女學生的英語都是訓練有素的。男學生諸如孫中山，曾接受過多年正規英語教育並領洗成為基督徒；鄭士良也畢業於廣州基督宗教禮賢會學校並曾受洗為基督徒。[28] 女生則幾乎是清一色的廣州基督宗教傳教士開設的真光女書院的畢業生。[29] 若楊襄甫沒有同等水平的英語修養，怎能在全程採用英語教授醫科的博濟醫院學醫？

5. 除了英語以外，孫中山、鄭士良暨一應女生都學過數理化等現代學科。楊襄甫具備同等學歷可供其讀醫科？

27　陸丹林：〈總理的一位師友楊襄甫〉，《革命史譚》（重慶：文海出版社，1944），頁 214–218：其中頁 214。

28　馮自由：《革命逸史》，第 1 冊，頁 24。又見《國父年譜》(1985 年增訂本)，上冊，頁 42–43，第 1886 年條。

29　廣州市嶺南大學孫逸仙博士紀念醫院編印：《總理開始學醫與革命運動五十週年紀念史略》。

6. 該冒名頂替嫌疑犯所依賴的大陸版李敖《孫中山研究》中的〈中國第一個西方醫鈕──廣州博濟醫院（Canton Hospital）〉一文，[30] 第 222 頁還大篇幅地引述了羅香林所説的話。羅香林説博濟醫院的「校內教師除西籍醫生外，有楊襄甫先生，因精研化學，嘉約翰特聘他為助教」。[31] 譁！真是愈説愈離譜：楊襄甫不單是孫中山的同學，而且轉瞬間變成他的老師呢！您信不信？

該冒名頂替來插贓嫁禍的嫌疑犯，完全迴避了諸如此類的簡單提問，又拿不出任何具體證據來支持其説，反而藉網絡肆意造假來進行人身攻擊，徒招國際學者諸如白吉爾教授等詬病，再一次讓華夏學術界蒙羞。更刻意挑起真正的楊典先生與本偵探的不和。在當今西方學術界某些專家藉造假來隱喻地頻喊「中國該打」之際，該狡猾文人竟然藉冒名頂替來肆意破壞炎黃子孫之間的團結。這種行徑是只有漢奸才會幹出來的既卑鄙又狠毒的勾當。凡是愛護華夏的炎黃子孫，都應該對其口誅筆伐。

所謂「應該」，是由於炎黃子孫的民族意識比盎格魯‧撒克遜民族的民族熱情似乎薄弱得多。本書題為「英以色列信仰曾影響孫文？」的第六十一章，就曾對盎格魯‧撒克遜民族的愛國主義情懷有比較深刻的論述。相形之下，中國在鴉片戰爭時期就「確有一小撮民族敗類充當敵國馬前卒的漢奸走狗」。[32] 在孫中山有生之年，也有革命黨人諸如劉師培之流的出賣革命，甚至終身追隨孫中山先生的汪精衛，最後還是當了漢奸。華夏文明如何生存下去，遑論發揚光大，是否每一位炎黃子孫都必須認真思考的問題？

現在回應本章開宗明義所言，白吉爾教授的《孫逸仙傳》，是全世界各大學圖書館有關孫中山的藏書當中，數量是最多的，而且都是用作大學生的

---

30 李敖：〈中國第一個西方醫鈕──廣州博濟醫院（Canton Hospital）〉，《孫中山研究》（北京：中國友誼出版公司，2010）。

31 羅香林：〈國父與喜嘉理牧師〉，《國父與歐美之友好》（台北：中央文物供應社，1951），Original from, the University of Michigan. Digitized, Oct 2, 2006. Length, 158 pages。

32 中國第一歷史檔案館（編）：《鴉片戰爭檔案史料》，一套七冊（天津：天津古籍出版社，1992），第一冊，「編輯説明」，第三頁。

教科書。[33] 這種現象，意味着甚麼？

　　別的不說，光以本章敘述過的倫敦蒙難為例。本偵探收集了大量人證物證，證明了孫中山並非羅家倫先生所說的、為了宣傳革命而跑進公使館，而是被綁架了。結果，當初從羅家論先生說的史扶鄰先生，在寫書評時承認錯誤。[34] 可謂泱泱大度。不料依賴史扶鄰先生的大作而成書的白吉爾教授，竟然在其《孫逸仙》的「中文版序」中寫道：「我們不瞭解 1896 年孫逸仙在倫敦被綁架並被關押在中國公使館的背景。」[35] 又在第二章注釋 6 中寫道「我比較不相信 John Wong〔黃宇和〕的論述。而接受 Schiffrin〔史扶鄰〕的解釋」[36]。

　　這種言論，證明白吉爾教授既不擺事實也不講道理，唯獨主觀地認為史扶鄰先生之言可信，於是就奉他錯誤的結論為聖旨了。哪怕史扶鄰先生已經改變了初衷，又哪怕史扶鄰先生當初錯誤之言源自並非歐洲人的羅家倫，但因為史扶鄰先生的關係，羅家倫先生錯誤之言，她也點石成金了！[37]

　　白吉爾教授這種「歐美以外無歷史」的優越感，貫穿着她的《孫逸仙傳》。拿着這樣的一本《孫逸仙傳》教導西方專上學府的廣大學子，後果會怎樣？後果的嚴重性在乎意識形態：白吉爾教授漠視證據，藐視學理，一股勁地揚言她奉史扶鄰先生的結論為金科玉律，更能達到她試圖污衊孫中山之目的：指稱孫中山沒頭腦，傻乎乎地自投羅網。君不見，斯特林‧西格雷夫（Sterling Seagrave）正是在他那暢銷全球的《宋家王朝》中，藉此事盡情詆毀孫中山，說他愚蠢！罵他撒謊！誣告他把自投羅網說成是無辜地遭到坑矇

33　見安德遜君行將出版的大作：*The Lost Book of Sun Yatsen and Edwin Collins* 當中的 Introduction 部份。

34　*Journal of Asian and African Studies,* vol. 24 (1989), nos. 1-2.

35　白吉爾（著），溫洽溢（譯）：《孫逸仙》（台北：時報出版股份有限公司，2010），第 6 頁。

36　白吉爾（著），溫洽溢（譯）：《孫逸仙》（台北：時報出版股份有限公司，2010），頁 468。

37　此等高論，逼得筆名「學海無涯」的廣州學者挺身而出，在網絡上寫道：「你要質疑黃宇和的研究，請拿出你的史料和論證來，而不是輕飄飄的一句『不相信』就能了事。這種作風，是一個『法國高等社會科學研究院當代中國研究和資料中心主任』、『巴黎東方語言文明學院中國研究中心主任』所應有的嗎？白女士在此處，已變身為豆瓣網的『一句話酷評家』了。」見學海無涯：〈孫中山為何要上書並求見李鴻章？〉，2012 年 8 月 1 日，http://book.douban.com/review/5529660/，2015 年 6 月 20 日上網閱讀。

拐騙。[38]

　　孫中山是華夏的民族英雄。但是，孫中山研究的話語權，卻掌握在諸如白吉爾教授的西方學者手裏。在全球炎黃子孫慶祝孫中山誕辰 150 週年的今天，紀念孫中山逝世 90 週年的今年，讀者諸君有何高見？

38　詳見本書題為「槍斃孫文」的第六十章。

英葡中對照

Britain's Greatness Foretold《預言大不列顛的偉大》

Brooker, Captain 布特魯卡上校（「不屈」號軍艦的艦長）

Calcutta Englishman《加爾各答英國人報》

Campbell, Sir Francis 弗朗西斯・坎背爾爵士（1911 年英國助 理 外 交 次 長 Assistant Under Secretary of State）

cannabis 坎那比斯

Canton Register 廣州紀事報

Cape of Good Hope 好望角

Capetown 角城

captain's cabin 船長辦公室

Cathedral 主教座堂

Chang, Hao 張灝

Chang, Hsin-pao 張馨保

charter 包僱

Cheong, Weng Eang 張榮洋

China Mail《德臣西報》（香港報章）

Chousan「舟山」號

Church Missionary Society 教會傳道會（屬基督宗教英國聖公會）

Church of England（基督宗教英國聖公會）

civil war 內戰

Civis Romanus sum（「我是羅馬公民」（直譯）「你敢碰我？滾蛋！」〔意譯〕）

Clarendon, Earl of 克拉蘭敦伯爵（英國外相）

Clark, Abell 阿貝・克拉克（意奧蘭尼校長，任期 1875 - 1880）

Cobden, Richar, 1804—1865 理查德・科布登（1857 年英國國會下議院議員）

Cocaine 可卡因

Collingwood，Robin George 1889-1943 科林伍德（牛津大學形而上學講座教授）

Collins, Edwin 埃德溫・柯林斯

Congregational Church 基督宗教綱紀慎會

Cook, Captain James 詹姆士・庫克上校（英國航海家）

Cooke, Wingrove 柯克（英國《泰晤士報》的戰地記者）

Crealock, Colonel 克利樂上校（故意把葉名琛繪成惡人惡相）

Crimean War 克里米亞戰爭（1854-1856）

Cruikshank, George 喬治・克魯克香克（十九世紀中葉號稱「歐洲首屈一指的藝術家」）

Dart「達特」號

Davis, Sir John 1795 — 1890，德庇時（香港又翻譯為戴維斯，香港總督, 1844-1848）

Derby, Earl of 德比伯爵

Dikotter, Frank 馮客（倫敦大學亞非學院前講座教授，現任香港大學歷史系教授）

Diocesan Home and Orphanage (Mixed) 香港拔萃書室（基督宗教英國聖公會在香港所辦的學校）

Diocese 主教區

Linebarger, Paul Myron Wentworth 林百克 1871-1939[39]（美國人，孫中山的顧問，孫中山的傳記作家）

London Missionary Society Press, The 墨海書館（倫敦佈道會在上海成立的出版社）

London Missionary Society 倫敦傳道會（英國）

Lorcha 華艇（一種中西合璧的帆船：船身葡萄牙式，帆纜中國式。是澳門華人把葡萄牙船本地化的一種造船模式）

Lord Amherst「阿默斯特勳爵」號（怡和洋行鴉片煙船，1832 從廣州北上中國沿海各港口，收集水文資料，觀察地理環境以繪成地圖，更重點記錄清軍虛實）。

Low, Eben 爾本·盧（在意奧蘭尼學校教導孫中山軍訓的英國老師）

Ludgate Hill 拉德蓋特山（在倫敦市中心）

Lutheran 路德宗

MacArthur, General Douglas 麥克阿瑟將軍

Macartney, 馬戛爾尼（1st Earl Macartney, KB, 1737 — 1806；使華，1792－1794）

MacDonnell Sir Richard Graves 李察·麥當奴爵士（香港前總督）

Mackenzie, Rev. Dr. John Kenneth 馬根濟牧師醫生（天津北洋醫學堂首屆院長）

Madancy JoyceA. 麥丹喜

Magazine-hill 觀音山

Makassar (Indonesia) 孟加錫（印尼）

Marques, Senhor 馬柯（法國翻譯）

Marx, Karl 馬克思

Matheson, James 詹姆士·馬地臣（怡和洋行合伙人）

Maui Island 茂宜島（夏威夷群島當中的一個島名）

Medhurst, Walter Henry, 1796－1857　麥都思（英國倫敦會傳教士）

Metaphysical Philosophy 形而上學

Methadone 美沙酮

Monkswell, Lord 孟斯維爾勳爵（原名 Gerard Collier 1947- ）

Morgan, Mr 摩根先生（香港總督屬下的漢文秘書處高級見習翻譯員〔Senior Student Interpreter〕

Morpheus 摩耳甫斯（希臘神話當中的夢境與睡眠之神）

Morphine 嗎啡

Morse, Hosea Ballou 馬士

Muller, W.G. Max 馬勒（1911 年英國外交部中 國司司長）

Namoa, S. S.「娜姆婭」號（香港汽船，1891 年被三合會眾劫殺）

Nanking, Treaty of《南京條約》（1842 年）

Napier, Lord 律卑勳爵（1786-1834）1834 年英國政府在穗的外交代表。

Nemesis, HMS「復仇女神」號

Nicolson, Sir Arthur 阿瑟·尼科爾森（1911 年英國外交次長 Permanent Under Secretary of

---

39　http://www.library.ufl.edu/spec/manuscript/guides/linebarger.htm, viewed 6 July 2015.

State)

Nolde, John J. 約翰 · 諾德（美國歷史學者）

Norwich Independent Labour Party 諾列獨立工黨

Norwich 諾列市（在英國倫敦以北的一個城市）

Nuuanu Street 奴安奴街（火奴魯魯的一條街名，星期天孫中山與同學們步操上主教准座堂守
　　禮拜時必經之路）

Oahu College Preparatory School 瓦胡書院預備學校（孫中山曾在夏威夷唸過書的學校）

Oahu Island 奧阿厚島（夏威夷群島之一）

Odessa 奧德薩

Palmerston, Viscount 巴麥尊子爵, 1784 — 1865（先後當過英國外相和首相）

Parkes, Harry 巴夏禮, 1828—1885（英國駐廣州領事，1856 年）

Peace Party 和平協會（英國）

Platt, Christopher 克里斯托弗 · 普拉特（牛津大學拉丁美洲歷史講座教授）

Platt, Stephen R. 史蒂芬 · 普拉特（美國學者,《太平天國之秋》的作者）

Polachek, James 詹姆士 · 波拉切克

Portsmouth 樸茨茅斯港（英國皇家海軍總部所在地）

Pottinger, Sir Henry 璞鼎查 1789 — 1856（香港又翻譯為砵甸乍，鴉片戰爭期間英國全權公
　　使）

Procathedral 主教准座堂

Puan Khequa (Pan Youdu 潘有度 1755-1820)

public school 公學

purblind 有眼無珠

Queen Victoria 維多利亞女王 1819 — 1901（英國）

Reid，Thomas H. 黎德（香港《德臣西報》編輯）

revolt 叛亂

revolution 革命

revolutionary movement 革命運動

Robinette, Glenn 格倫 · 羅賓倪特

Robinson，Sir Hercules 赫區樂斯 · 羅便臣爵士（香港總督，1891 — 1898）

Root，Elihu 魯特

Rugby School 鄂畢公學

Saint Catharine's College 聖凱瑟琳學院（劍橋大學）

sand bar 沙洲

Santa Casa de Misericordia（Holy House of Mercy）澳門仁慈堂

Schnock, F. 舒樂（測量師，德國人）

Seagrave, Sterling 斯特林 · 西格雷夫, b. 1937（《宋家王朝》的作者）

Secretary at War 戰爭大臣（英國）

Smyly, William 威廉 · 斯邁理（拔萃男校的一位教師）

Society for the Diffusion of Useful Knowledge in China 在華傳播有用知識協會

Society for the Propagation of the Gospel 聖經傳道會（屬基督宗教英國聖公會）

Whalley, Rev. Herbert F. E. 赫伯特・沃理牧師（意奧蘭尼校長，任期 1882 — 不詳）

Williams, Samuel W. 衛三畏（《中國叢報》〔*Chinese Repository*〕的美籍編輯）

Willis, Bishop Alfred of the Church of England 韋禮士主教，1836 — 1920（英國聖公會在夏威夷教區的主教）

Wylie, Alexander, 1815 — 1887 偉烈亞力（英國倫敦會傳教士）

檔案及參考書目

檔案資料 Primary Sources

A. 英國藏檔案資料 British Archives

有關兩次鴉片戰爭部份 Pertinent to the Opium Wars

英國外交部原始文獻（英國國家檔案館藏）British Foreign Office Records : British National Archives, London

1. F.O. 17　General correspondence, China
2. F.O. 228　Embassy and consular reports, China
3. F.O. 230/74—75　Copy-books of Chinese language documents
4. F.O. 233/183—4　Copy-books of Chinese language documents
5. F.O. 371　General Correspondence, China.
6. F.O. 677/26—27 Copybooks of Chinese language documents
7. F.O. 682　Chinese language diplomatic correspondence and other documents
8. F.O. 931　Canton Archive (originally belonging to F.O. 682)

英國海軍部原始文獻（英國國家檔案館藏）British Admiralty Records: British National Archives, London.

1. Adm. 1
2. Adm. 125/1

英國印度殖民地部原始文獻（英國印度殖民地部檔案館藏）Indian Records: India Office Library, London

1. Bengal Board of Revenue, Miscellaneous Proceedings (Opium)
2. Bengal Consultations: Governor-General in Council to the Government of Bombay.
3. Despatches to Bengal: Court of Directors to the Governor-General in Council (separate revenue).
4. Governor-General, Secret Consultations, Bengal Secret Letters
5. Letters from Bengal: Governor-General in Council to the Court of Directors (territorial: salt and opium).
6. Letters from Bombay: Government of Bombay to the Court of Directors
7. Proceedings of President and Council, 15 October 1773, Ninth Report from the Select Committee, 1783

英國政要私人文書 —— 巴麥尊子爵文書（英國皇家歷史委員會藏）Private Papers of British Politicians － Palmerston Papers: Royal Historical Commission, London

1. Broadlands MSS GC/BO/83
2. Broadlands MSS GC/BO/84
3. Broadlands MSS GC/BO/85 (with some Chinese language documents)
4. Broadlands MSS GC/BO/86
5. Broadlands MSS GC/BO/87 (with some Chinese language documents)
6. Broadlands MSS GC/BO/88
7. Broadlands MSS GC/BO/89

英國政要私人文書 ——克拉蘭敦伯爵文書（牛津大學圖書館藏）Clarendon Papers: Bodleian Library, Oxford (by kind permission of the seventh earl of Clarendon).

1. Broadlands MSS GC/BO/83
2. MSS Clar. Dep. C8 China (1853)
3. MSS Clar. Dep. C19 China (1854)
4. MSS Clar. Dep. C37 China (1855)
5. MSS Clar. Dep. C57 China (1856)
6. MSS Clar. Dep. C69 China (1857)
7. MSS Clar. Dep. C85 China (1858)

英國政要私人文書 ——其他 Private Papers of other British Politicians:

1. Cobden Papers BL Add MSS（大英圖書館藏）
2. Granville Papers, Granville Ms PRO 30（英國國家檔案館藏）
3. Graham Papers, Graham MSS (on microfilm), Bodleian Library, Oxford（牛津大學圖書館藏）
4. Russell Papers, PRO 12G（英國國家檔案館藏）
5. Wodehouse Papers, BL. Add. MSS（大英圖書館藏）

包令爵士家書（曼徹斯特大學約翰．拉籃斯圖書館藏）Bowring Papers: John Rylands University Library of Manchester

1. Ryl. Eng. MSS 1228 Sir John Bowring's letters to his son Edgar
2. Ryl. Eng. MSS 1229 Sir John Bowring's letters to his son Lewis
3. Ryl. Eng. MSS 1330 Letters to Sir John Bowring, filed newspaper clippings, etc.

德比時爵士私人文書（私人藏）Davis Papers: Cambridge: privately owned by a descendant of Sir John Francis Davis who wishes to remain anonymous

巴夏禮私人文書 Parkes Papers: University Library, Cambridge

(By kind permission of Sir John Keswick)

阿查利私人文書（私人藏）Alabaster Papers: The papers and diaries of Chaloner Alabaster, in the possession of Mr David St Maur Sheil, Lamma Island, Hong Kong

1. Alabaster's diary
2. Alabaster's papers.

英國有關公司檔案 Company Papers：

怡和洋行檔案（劍橋大學圖書館藏）Matheson Papers: University Library, Cambridge

1. B2 General correspondence, Jardine Matheson and Company
2. B4 Personal letters, Jardine Matheson and Coompany

霸菱商業銀行檔案（倫敦市政廳圖書館藏）Baring Papers: Guildhall Library, London (By kind permission of Baring Brothers and Co.)

HC 6.1.1 —20 House Correspondence, 1828—76

英國已經付梓的檔案——英國國會辯論文書 British Parliamentary Debates:

1. Hansard, 3d series, v. 53（1840）
2. Hansard, 3d series, v. 65（1842）
3. Hansard, 3d series, v. 144（1857）
4. Hansard, 3d series, v. 159（1860）

英國已經付梓的檔案——其他

1. 《英國國會文件》（俗稱藍皮書）British Parliamentary Papers（Blue Books）：Pertinent volumes from the year 1800 to 1898
2. *British Documents on Foreign Affairs: Reports and Papers from the Foreign Office Confidential Print, Part 1, Series E, Asia, volume 16, Chinese War and Its Aftermath, 1839—1849*, (ed.) Ian Nish（Frederick, Md., University Publications of America, 1994).
3. *British Documents on Foreign Affairs: Reports and Papers from the Foreign Office Confidential Print, Part 1, Series E, Asia, volume 17, Anglo-French Expedition to China, 1856—1858*, (ed.) Ian Nish（(Frederick, Md., University Publications of America, 1994).
4. *Correspondence Relative to the Earl of Elgin's Special Mission to China and Japan, 1857—59*（Reprinted by the Chinese Materials Center, San Fancisco, 1975).
5. Greville, Charles Cavendish Fulke. *The Greville Memoirs: A Journal of the Reign of Queen Victorian from 1852 to 1860.* Six vs. London, Longmans, Green, and Co., 1887.

《邸報》，清廷定期刊刻的上諭，又稱《京報》（大英圖書館藏）Peking Gazette (printed edicts for circulation among senior officials in Beijing, deposited at the British Museum)：

1. 道光朝（Daoguang period）
2. 咸豐朝（Daoguang period）

英國各大報章（大英圖書館報紙部藏）British Newspapers（British Library, Newspaper Division, Colindale, London）

Chronicle
Daily News
Globe
Manchester Guardian
Morning Post
Morning Star
News
News of the World
Nonconformist
Press
Punch
Reynolds Newspaper
Spectator
Times, The

在中國出版的英文報章 English-language newspaper published in China

Canton Register（中文《廣州紀事報》First published in Canton on 8 November 1827 and printed every two weeks, it was one of China's first English-language newspapers).

Chinese Repository（中文《中國叢報》，舊譯《澳門月報》，1832 年在廣州創刊，在鴉片戰爭期間一度搬到澳門及香港，1845 年再移回廣州。It was published in Canton between May 1832 and 1851 to inform Protestant missionaries working in Asia about the history and culture of China, of current events, and documents) — deposited at Harvard University.

North China Herald（中文《華北捷報》，a weekly), Shanghai 1850—1861 (deposited at St Antony's College, Oxford)

英國檔案有關孫中山的原始文獻（藏英國各地）

Primary sources pertinent to Sun Yatsen Studies

1. Cantlie Papers — see Wellcome Institute Library below.
2. British National Archives, London.
   a. CO129, British Colonial Office Records.
   b. FO 17 British Foreign Office Records: General Correspondence, China.
   c. FO 228 British Foreign Office Records: Embassy and consular reports, China.
   d. FO 371 British Foreign Office Records: General Correspondence, China.
3. British Museum Central Archives:
   a. Reading Room Register
   b. Minutes of the Standing Committee of the British Museum Trustees, 10 October 1914.
   c. Douglas application to be First-Class Assistant in the Department of Oriental Printed Books and Mss, 1 February 1865.
4. Charing Cross Hospital Archives:
   a. A brief history of the Hospital (typescript)
   b. A résumé of Sir James Cantlie's history and achievements (typescript)
5. *Church Missionary Society Archive: Section I: East Asia Missions, Parts 10-14* (Marlborough Wiltshire: Adam Matthew Publications, 2002).
6. Diaries of Lady Mabel Cantlie, in the custody of her great grandson Dr Gordon Cantlie.
7. Foreign Missions Club, London: Visitors' Book, entries for 1896.
8. Gray's Inn London:
   a. Gray's Inn Admissions and Calls, etc. 1625-1900.
   b. Gray's Inn Book of Orders, Volume 18, May 1888-March 1894.
   c. Gray's Inn Book of Orders, Volume 20, April 1899-April 1903.
9. Greater London Council: Map 143 J.St.M. 1864
10. Hongkong and Shanghai Banking Corporation: Group Archives, deposited at the HSBC Head Office, London.
11. King's College, London, Archives of
    a. KA/1C/D60 Papers relating to Douglas' application to be Professor of Chinese in 1873.
    b. KA/C/M11, Council Minutes, Volume 50, entry 488, Douglas elected Professor of Chinese.
12. Liverpool Maritime House, Modern Records Centre:

  a. Voyage Book of the SS *Glenfarg*.

  b. Wage Book of the SS *Glenfarg*.

13. London Missionary Society Records (deposited at the School of Oriental and African Studies, University of London):

CWM/LMS, South China, Incoming letters 1803-1936:

Box 11 (1887-92);

Box 12 (1893-94);

Box 13 (1895-97);

Box 22 (1920-1922);

Box 23 (1923-1924),

Box 24 (1925-1927);

CWM/LMS, South China, Reports 1866-1939:

Box 2 (1887-97).

14. Musgrove Papers: BL Add.39168/138-141: Sun Yatsen's letters to G.E. Musgrove, deposited at the British Library.

15. Records of the College of Medicine for Chinese in Hong Kong, deposited at the Royal Commonweal Society Library, Cambridge.

16. United Society for the Propagation of the Gospel (USPG)　Copies of Letters Received (CLR) 217 Honolulu, January 1871-1910, Rhodes House, University Oxford.

17. Wellcome Institute Library, London, containing the Cantlie Papers:

  a. Cantlie Family Papers, including newspaper clipping.

  b. Sir Keith Cantlie's memoirs (typescript).

  c. Western ms 1488, Dr James Cantlie's lecture on Hong Kong (incomplete).

  d. Western ms 2934 Sun Yatsen's examination script at the College of Medicine for Chinese in Hong Kong, 1887.

 e. Western ms 2935 examination scripts for 1887: names of students.

B. 法國原始檔案 French Archives

有關第二次鴉片戰爭的原始檔案

Primary sources Pertinent to the Second Opium War

Archives of the Ministry of Foreign Affairs, deposited at the Ministry's building on the Quai d'Orsay, Paris.

1. China despatches to and from the Minist è re des Affaires É trang è res, as contained in volumes numbered 4 to 34, 1857-1860.

2. Correspondance politique, 1871-1896: s é rie Chine

3. Correspondance politique des consuls: s é rie Chine, v. 14 Guangzhou 1895

有關孫中山的原始檔案

Primary sources pertinent to Sun Yatsen Studies

National Archives: Section Outre-Mer, Papers of the former Ministry of the Marine and Colonies and the former Ministry of Colonies, deposited at the Pavillon de Flore

1. Indo-Chine S é rie A: G é neralit é s

2. Indo-Chine S é rie B: Relations é trang è res

C. 美國原始檔案 USA Archives

美國有關第二次鴉片戰爭的原始檔案

Primary sources Pertinent to the Second Opium War

美國國會文書（美國國會圖書館藏）United States Congressional Documents:

1. Sen. Exec. Doc., No. 22, 35th Congress, 2d Session：
    pp. 1—495: Robert McLane Correspondence
    pp. 495—1424: Peter Parker Correspondence
2. Sen. Exec. Doc., No. 30, 36th Congress, 1st Session：
    pp. 1—569: William B. Reed Correspondence
    pp. 569—624: John E. Ward Correspondence

Division of Manuscripts, Library of Congress, Washington, D.C.（All the following are on microfilm）

1. Cushing Papers:　Caleb Cushing
2. Foote Papers: Captain Andrew Hull Foote
3. Marcy Papers: William L. Marcy
4. Pierce Papers: Franklin Pierce
5. Reed Papers: William R Reed, Private Diary of Mission to China,　1857—1859.
6. United States Department of State, Consular Despatches
7. United States Department of State, Diplomatic Despatches
8. United States Department of State, Diplomatic Instructions

美國國會文書（已經刊刻）

American Diplomatic and Public Papers: The United States and China, Series 1 — The Treaty System and the Taiping Rebellion, 1842-1860, v. 13, The Arrow War, (ed.) Jules Davids（Wilmington: Delaware, 1973）.

美國檔案中有關孫中山的原始文獻

（藏美國各地）

Primary sources pertinent to Sun Yatsen Studies

基督宗教美國綱紀慎會海外傳道會 Archives of the American Board of Commissioners, Congregational Church of America, deposited at the Houghton Library, Harvard University.

1. ABC 16: Missions to Asia, 1827-1919. IT 3 Reel 260, 16.3.8: South China, Vol. 4 (1882-1899) Letters C-H: Papers of Rev. Charles Robert Hager: 3-320.
2. ABC 16: Missions to Asia, 1827-1919. IT 3 Reel 260, 16.3.8: South China, Vol. 5: 1882-1899 Letters J-T: Papers of Rev. Charles A. Nelson.
3. ABC 16: Missions to Asia, 1827-1919. IT 3 Reel 260, 16.3.8: South China, Vol. 5: 1882-1899 Letters J-T: Papers of Rev. John R. Taylor.
4. ABC 19.1 vol. 22: Hawaiian Islands Missions, 1880-1889, Documents, Reports, Letters A-E, [Microfilm UNIT 6, Reels 820-821].
5. ABC77.1 Box 30, ABCFM biographical files.

其他有關資料 Others

6. Yale Divinity School Archives.

7. Iolani School Archives, Honolulu: Anon, 'The Bishop's College School', *Daily Pacific Commercial Advertiser*, 31 July 1882, photocopy of a newspaper cutting, Archives of the Iolani School.
8. Punahou College Archives, Honolulu:
   a. Catalogue of the Trustees, Teachers and Pupils of Oahu College (Honolulu: Printed at the *Hawaiian Gazette* Office, 1883), pp. 9-10
   b. Punahou College Ledger, 1881-1885 (mss), under the name Tai Chu, 19 June 18.
   c. Punahou Alumni Directory Information Card, 1928 (typescript).
1. Boothe Papers, Hoover Institution, Stanford University
2. Power Papers, Hoover Institution, Stanford University.
3. Wellington Koo Papers, Columbia University, New York.

D. 中國大陸藏檔案 Chinese Archives

中國大陸藏有關兩次鴉片戰爭的原始檔案

Primary sources Pertinent to the Second Opium War

中國第一歷史檔案館藏 First National Archives: Beijing, China

1. 軍機處上諭檔 Grand Council register of edicts and memorials.
2. 軍機處錄副奏稿 Grand Council copies of edicts
3. 軍機處隨手登記檔 Grand Council copies of memorials

刊刻檔案

《大清歷朝實錄》（瀋陽：大滿洲帝國國務院，1937；台北：文海，1966 年復印重印） *Veritable records of the successive reigns of Qing emperors*（Mukden: State Council of Manchukuo, 1937; Taipei: Wenhai, 1966 reprinted）.

1. 道光朝 Daoguang period, ten volumes.
2. 咸豐朝 Xianfeng period, eight volumes.

《籌辦夷務始末》*Chouban yiwu shimo* (An account of the management of foreign affairs): Taipei reprint, Wenhai, 1970.

1. 道光朝 Imperial edicts and memorials of the Daoguang period pertaining to foreign affairs. Ten volumes. Beiping, 1930. Taipei reprint, 1963.
2. 咸豐朝 Imperial edicts and memorials of the Xianfeng period pertaining to foreign affairs. Ten volumes. Beiping, 1930. Taipei reprint, 1963. Beijing: China Press, 1979; eight volumes with an index.
3. 同治朝 Imperial edicts and memorials of the Tongzhi period pertaining to foreign affairs. sixteen volumes. Taipei reprint, 1963..

劉志偉，陳玉環（主編）：《葉名琛檔案》，一套九冊（廣州：廣東人民出版社，2012）。該書影印復制了藏在英國國家檔案館所藏的葉名琛檔案。編號 F0391。

齊思和（等編）：《中國近代史資料叢刊：鴉片戰爭》。（上海：上海人民出版社，1954 初版；1955 年修訂版。上海：上海書店出版社，2000 年三版）。Qi Sihe, *et alia* (eds.), *Sources on Modern Chinese History: The Opium War* (Shanghai: Shanghai People's Press, 1954; second edition, 1955. Shanghai: Shanghai Bookstore Publishing House, 2000 third edition).

1. 第一冊：第一部份，馬克思恩格斯論鴉片戰爭。第二部份，鴉片戰爭前英美對中國對經濟侵略。第三部份，禁煙運動對開始。共 573 頁。Volume 1, Part 1, Marx and Engels on the Opium War; Part 2, Anglo-American economic exploitation of China prior to the Opium War; Part 3, Initial attempts to suppress opium. 573 pages.

2. 第二冊：第四部份，林則徐領導下的禁煙運動抗英鬥爭。共 666 頁 .Volume 2, Part 4, Opium Suppression under the leadership of Lin Zexu. 666 pages.

3. 第三冊：第五部份，英國對中國的軍事侵略（一）。共 545 頁。Volume 3, Part 5, British military aggression against China . 545 pages.

4. 第四冊：第六部份，英國對中國的軍事侵略（二）。共 738 頁。Volume 4, Part 6, British military aggression against China (cont'd). 738 pages.

5. 第五冊：第七部份，英國對中國的軍事侵略（三）── 英軍在華作戰記。第八部份，江寧條約的締結與戰後問題。共 601 頁。Volume 5, Part 7, British military aggression against China (cont'd)：Part 7，Chinese translation of *Narrative of the Expedition to China from the Commencement of the War to Its Termination in1842; with Sketches of the Manners and Customs of that Singular and Hither Almost Unknown Country.* By Commander J. Elliot Bingham, R.N., Late First Lieutenant of HMS *Moderate.* In two volumes. Second edition, with additions (London: Henry Colburn, 1948) Part 8, The Treaty of Nanking and its aftermath. 601 pages.

6. 第六冊：第九部份，一般敘述。附錄，一、鴉片戰爭人物傳記上。二、鴉片戰爭人物傳記下。三、清道光朝軍機大臣年表。四、鴉片戰爭時期總督年表。五、鴉片戰爭時期各省巡撫年表。六、鴉片戰爭時期英國執政表。鴉片戰爭書目題解。共 518 頁。Volume 6, Part 9, Contemporary accounts; Part 10, Appendices. 518 pages.

中國第一歷史檔案館（編）：《鴉片戰爭檔案史料》，一套七冊（天津：天津古籍出版社，1992）。China First Historical Archives (eds.), *Archival Materials on the Opium War,* 7 volumes (Tianjin: Tianjin Classical Publishers, 1992).

1. 第一冊：上諭和奏摺，嘉慶十五年至道光十九年十二月二十八日；共 811 頁。Volume 1, Imperial edicts and memorials, 1810-1 February 1840；811 pages。

2. 第二冊：上諭和奏摺，道光二十年正月初四至十二月三十；共 777 頁。Volume 2, Imperial edicts and memorials, 6 February 1840 — 22 January 1841; 777 pages.

3. 第三冊：上諭和奏摺，1841（道光二十一年正月初三至六月三十日）；共 640 頁。Volume 3, Imperial edicts and memorials, 1841 (25 January 1841 — 16 August 1841); 640 pages.

4. 第四冊：上諭和奏摺，1841（道光二十一年七月初一至十二月三十日）；共 601 頁。Volume 4, Imperial edicts and memorials, 1841 (17 August 1841 — 9 February 1842); 601 pages.

5. 第五冊：上諭和奏摺，1842（道光二十二年正月初二至六月二十九日）；共 835 頁。Volume 5, Imperial edicts and memorials, 1842 (11 February 1842 — 5 August 1842); 835 pages.

6. 第六冊：上諭和奏摺，1842（道光二十二年七月初一至十二月二十七日）；共 773 頁。Volume 6, Imperial edicts and memorials, 1841 (17 August 1841 — 9 February 1843); 773 pages.

7. 第七冊：上諭和奏摺，1843－1851（道光二十三年正月初八至道光三十年十二月二十八日）；共 1060 頁。Volume 7, Imperial edicts and memorials, 1843－1851 (6 February 1843 — 29 January 1851); 1060pages.

中國科學院近代史研究所（編）：《鴉片戰爭時期思想史資料選編》（北京：三聯書店，1963）Institute of Modern History, Chinese Academy of Sciences (comp.). *Sources Reflecting* the Thinking Current During the Opium War. (Beijing: Joint Publishing Co., 1963).

齊思和（等編）:《中國近代史資料叢刊：第二次鴉片戰爭》。(上海：上海人民出版社，1978)。*Zhongguo jindaishi ziliao congkan: Di'erci yapian zhanzheng* (Source Materials on Modern Chinese History: The Second Opium War). Six volumes. Compiled by Qi Sihe, *et alia*, on behalf of the Chinese Historical Society (Shanghai：Shanghai People's Press, 1978):

1. 第一冊：英法聯軍侵佔廣州、大沽、天津（上）（下）。共 682 頁。Volume 1, Parts 1 and 2: The attack on Canton, Taku and Tientsin: Extracts from contemporary private records, writings, and local gazetteers — 682 pages
2. 第二冊：北京等失陷與英法聯軍的暴行（上）（下）。共 643 頁。Volume 2，Parts 3 and 4，The attack on Peking: Extracts from contemporary private records, writings, and local gazetteers — 643 pages
3. 第三冊：檔案史料（上）。共 608 頁。Volume 3，Part 5(1)，Chinese archival material (1853—1858) — 608 pages
4. 第四冊：檔案史料（中）。Volume 4，Part 5(2)，Chinese archival material (1859) — 547 pages
5. 第五冊：檔案史料（下）。Volume 5，Part 5(3), Chinese archival material (1860) — 549 pages
6. 第六冊：外文資料選譯。Volume 6, Part 6, Translations of selected non-Chinese materials — 573 pages

故宮博物院明清檔案部（編）:《清代中俄關係檔案史料選編：第三輯，1851—1862》（北京：中華書局，1979）。Ming-Qing section of the Palace Museum (Comp.)，*Selected Sources on China-Russia Relations During the Qing period, 3rd series: 1851—1862* (Beijing: China Press,1979):

第一集：1851—1857 年 Volume 1, 1851-1857

第二集：1857—1859 年 Volume 2, 1857-1859

第三集：1859—1862 年 Volume 3, 1859-1862

中國大陸藏有關孫中山的原始檔案

Primary sources Pertinent to Sun Yatsen Studies

中國第一歷史檔案館藏 First National Archives: Beijing, China

1. 外務部 536 號，有關龔照瑗公使的文件 Document *re* Minister Gong Zhaoyuan.
2. 外務部 870 號，駐倫敦公使館財務報告 Financial Reports of the Chinese Legation in London.
3. 外務部 871 號，有關張德彝公使的文件。Document *re* Minister Zhang Deyi.

粵海關檔案粵海關檔案 Guangdong Provincial Archives:

1. 粵海關檔案全宗號 94 目錄號 1 案卷號 1572 秘書科類《收回粵海關 》1919-1921。Canton Customs Archives 94/1/1572, Papers Pertinent to the Recovery of the Canton Customs Service，1919-1921.
2. 粵海關檔案全宗號 94 目錄號 1 案卷號 1580-1586 秘書科類《各項事件傳聞錄 》1917-1925。Canton Customs Archives 94/1/1580-1586, Current Reports，1917-1925.

已刊刻的第一手資料：

《光緒朝東華錄》（北京：中華書局重印，1958），一套五冊 *Memorials of the Guangxu Period* (Beijing: China Press reprint, 1958), five volumes.

《大清會典》，*Collected statutes of the Qing dynasty*，Guangxu period 1875—1908.

《大清會典事例》，光緒朝，（北京：會典館，1899）*Precedents for the Collected statutes of the Qing dynasty*，Guangxu period, 1875—1908. (Beijing: Statutes Commission, 1899).

Luo，Jialun 羅家倫：《中山先生倫敦蒙難史料考訂》（南京：京華印書館，1935）。Luo，Jialun, *An Assessment of the Primary Sources Pertinent to Sun Yatsen's Kidnapping in London* (Nanking, Capital Press, 1935)：

1. 史雷特私家偵探社跟蹤孫中山的報告 Slater's detective reports
2. 公使館與北京外務部電函來往 Letters and telegrams to and from the Chinese Legation in London.

Zhongguo diyi lishi danganguan 中國第一歷史檔案館（編）：《光緒朝硃批奏摺》第 118 輯（北京：中華書局，1996），其中第 137-139 頁含兩廣總督譚鍾麟關於乙未廣州起義奏稿，Ming-Qing section of the China First Historical Archives (comp.), *Memorials Minuted by Emperor Kuangxu* (Beijing: China Press, 1966), wherein pp. 137-139 contain memorials by the Governor-General stationed at Canton during the Canton Uprising in 1895.

Chen, Chunhua *et al.* 陳春華、郭興仁、王遠大譯：《俄國外交文書選譯：有關中國部份 1911.5—1912.5》（北京：中華書局，1988）。Chen, Chunhua *et al. Russian Foreign Ministry Papers Pertinent to China, May 1911-May 1912* ()

Du, Yongzhen 杜永鎮（編）：《近代史資料專刊 — 陸海軍大元帥大本營公報選編》。（北京：中國社會科學出版社，1981）。Du, Yongzhen (ed.), *Sources on Modern History: A Selection of the Proclamations by the Generalissimo* (Beijing: China Social Sciences Press, 1981)

Nanfang zhengfu 南方政府（廣州）：《南方政府公報》綫裝書共一套 3 輯（石家莊：河北人民出版社，1987 年 12 月影印出版），第一輯（共 78 冊）Southern Government of China (Guangzhou), *Proclamations of the Southern Government of China* (Shijiazhuang: Hebei People's Press, 1987 photo-off-set reprint).

Nanfang zhengfu 南方政府（廣州）：〈軍政府公報〉，收入《南方政府公報》第一輯（石家莊：河北人民出版社，1987 年 12 月影印出版）。'Proclamations of the Military Government', collected in Nanfang zhengfu 南方政府（廣州）：《南方政府公報》綫裝書共一套 3 輯（石家莊：河北人民出版社，1987 年 12 月影印出版），第一輯（共 78 冊）Southern Government of China (Guangzhou), *Proclamations of the Southern Government of China* (Shijiazhuang: Hebei People's Press, 1987 photo-off-set reprint).

Guangdongsheng 廣東省檔案館藏，廣東〈軍政府公報〉，第 1 號，廣州：1917 年 9 月 17 日，收入《南方政府公報》綫裝書共一套 3 輯（石家莊：河北人民出版社，1987 年 12 月影印出版），第一輯（共 78 冊）《軍政府公報》，第一冊，第 4 頁，廣東省檔案館藏，編號政類 1359-1436：其中第 1359。

Guohui《國會非常會議紀要》（廣州：1917-1918）。*Proceedings of the Extraordinary Parliamentary Sessions held at Guangzhou, 1917-1918.*

Li, Yuzhen 李玉貞（譯）：《聯共、共產國際與中國,1920-1925》第一卷（台北：東大圖書公司，1997）。Li, Yuzhen (translator), *The Relations, with China, of the Soviet Union Communist Party (Bolshevik) and the Communist International, 1920-1925* (Taipei, Dongda Books, 1997).

Sang Bing (Chief Editor), *Letters and Telegrams to Sun Yatsen* (Beijing: Social Sciences Academic Press, 2012-2013). 桑兵（主編）:《各方致孫中山函電匯編》（北京：社會科學文獻出版社，2012－2103 年）。

Sun Yatsen (1981), 孫中山:《孫中山全集》，11 卷（北京：中華書局，1981-6）。

Sun Yatsen (1986), 孫中山:《孫中山藏檔選編》,（北京：中華書局，1986）。

Sun Yatsen (1989), 孫中山:《國父全集》，12 冊（台北：近代中國出版社，1989）。

Sun Yatsen (1990), 孫中山:《孫中山集外集》,（上海：上海人民出版社，1990）。

Sun Yatsen (1994), 郝盛潮（主編）:《孫中山集外集補編》（上海：上海人民出版社，1994）。

Yunnan 雲南省檔案館藏，陳炳焜通電，1917 年 9 月 2 日，載《雲南檔案史料》（昆明：雲南檔案館，1983 年 9 月內部發行），第 2 期，第 24 頁。感謝廣東省檔案館張平安副館長代筆者向雲南省檔案館電索該件。Circular Telegram by Chen Bingkun, 2 September 1917, *Yunan Archival Materials* (Kunming: Yunnan Provincial Archives, September 1983, for internal circulation only. I am grateful to Mr Zhang Pingan, Deputy Curator of Guangdong Provincial Archives, for requesting a copy of this telegramme for me from the Yunnan Provincial Archives.

Zhonggong zhongyang dangshi yanjiushi 中共中央黨史研究室第一研究部（翻譯):《聯共（布）、共產國際與中國國民革命運動,1920-1927》，一套六冊,（北京：北京圖書館出版社, 1997）。First Division of the Chinese Communist Party Central Committee Historical Commission (translators), *The Relations, with the Chinese National Revolutionary Movement, of the Soviet Union Communist Party (Bolshevik) and the Communist International, 1920-1925* (Beijing: Beijing Library Press, 1997).

Zhongguo di er lishi dangan guan 中國第二歷史檔案館編:《中華民國史檔案資料彙編》（南京：江蘇古籍出版社，1986 年）。China Second Historical Archives (comp.), *Archival Materials of the Republic of China* (Nanjing: Jiangsu Classical Press, 1986).

1. 第一輯《辛亥革命》（1911 年）Part 1, the 1911 Revolution.
2. 第二輯《南京臨時政府》（1912 年）（第一、二輯 合 1 冊）Part 2, The Nanjing Provisional Government, 1912 (Parts 1 and 2 are bound into one volume).
3. 第三輯《北洋政府》（1912—1927 年）（在第三輯編輯出版時，學術界尚稱北洋政府，現在學術界已不稱北洋政府，而稱北京政府）共 17 冊：政治（2 冊）軍事（4 冊）外交（1 冊）財政（2 冊）金融（2 冊）工礦業（1 冊）農商（2 冊）教育（1 冊）民眾運動（1 冊）文化（1 冊）Part 3, The Peiyang Government, 1912-1927. (At the time of publication, academe still referred to that government as Peiyang Government. Now, it is referred to as Beijing Government. Part 3 has 17 volumes: Politics〔2vs〕; Military Affairs〔4 vs〕; Foreign Affairs〔1 v〕; Finance〔2 vs〕; Financial Markets〔2 vs〕; Industry and Mining〔1 v.〕; Agriculture and Commerce〔2 vs〕; Education〔1 v〕; Mass Movements〔1 v〕; Cultural Affairs〔1 v〕).
4. 第四輯《從廣州軍政府至武漢國民政府》（1917—1927 年）共 2 冊。Part 4, From the Canton Military Government to the Wuhan Republic Government, 1917-1927.
5. 第五輯《南京國民政府》（1927—1949 年）Part 5, the Nanjing Republic Government, 1927-1949.
   a. 一編 共 25 冊 政治（5 冊）財政經濟（9 冊）軍事（5 冊）外交（2 冊）教育（2 冊）文化（2 冊）。Section 1 of Part 5 (25 vs): Politics (5 v); Finance and the

　　　　Economy (9 vs); Military Affairs (5 vs); Foreign Affairs (2 vs); Education (2 vs); Cultural Affairs (2 vs).

　　b.　第二編 共 27 冊 政治（5 冊）財政經濟（10 冊）軍事（5 冊）外交（1 冊）教育（2 冊）文化（2 冊）附錄（2 冊）。Section 2 of Part 5 (27 vs): Politics (10 v); Finance and the Economy (10 vs); Military Affairs (5 vs); Foreign Affairs (1 v); Education (2 vs); Cultural Affairs (2 vs).

　　c.　第三編 共 18 冊 政治（5 冊）財政經濟（7 冊）軍事（2 冊）外交（1 冊）教育（2 冊）文化（1 冊）。Section 3 of Part 5 (18 vs): Politics (5 v); Finance and the Economy (7 vs); Military Affairs (5 vs); Foreign Affairs (1 v); Education (2 vs); Cultural Affairs (2 vs).

Zhongguo dier lishi dangan guang 中國第二歷史檔案館（編）：〈孫中山鎮壓廣東商團叛變文電〉。《歷史檔案》。1982 年，第 1 期 ，第 47-50 頁 。China Second Historical Archives (comp.), 'Telegrams Issued by Sun Yatsen During the Suppression of the Canton Merchants' Corps', *Historical Archives*, 1982, Issue 1, pp. 47-50.

Zhongguo geming bowuguan 中國革命博物館（編）：〈館藏孫中山先生 1922-1924 年函電選載：關於平定商團叛亂事件的函電十三件〉。《黨史研究資料》。成都： 四川人民出版社，1982。第 3 集，第 174-189 頁。China Revolution Museum (comp.), 'Thirteen Telegrams Issued by Sun Yatsen During the Suppression of the Canton Merchants', *Sources on Party History* (Chengdu: Sichuan People's Press), 1982, No. 3, pp. 174-189.

Zhongyang danganguan 中央檔案館編：《中共中央政治報告選輯，1922-1926》。北京： 中共中央黨校出版社，1981。Central Archives（comp.），*A Selection of the Chinese Communist Party Central Committee Reports, 1922-1926* (Beijing: Chinese Communist Party Central Party School Press, 1981).

E. 台灣藏檔案 Chinese Archives in Taiwan

原始資料 Archival materials：

1. Academia Historica Archives 國史館大溪（蔣中正）檔案
2. Academia Sinica Archives 中研究院近代史研究所北洋政府外交部檔案。
3. KMT Archives 中國國民黨黨史館檔案
4. Palace Museum Archives 上諭檔方本（台北，故宮博物院藏）

刊刻原始資料 Printed Primary Sources：

中央研究院近代史研究所（編）：《道光咸豐兩朝籌辦夷務始末補遺》。（台北：中央研究院近代史研究所，1966）Institute of Modern History, Academia Sinica (*comp.*), *Supplements to 'Chouban yiwu shimo', Daoguang and Xianfeng periods*. (Taipei: Institute of Modern History, Academic Sinica, 1966).

中央研究院近代史研究所（編）：《近代中國對西方及列強認識資料彙編》，一套十冊（台北：中央研究院近代史研究所，1972－1988）Institute of Modern History, Academia Sinica (*comp.*), *A Collection of Materials Reflecting Modern Chinese Perceptions on the West and the Powers*. Ten volumes. (Taipei: Institute of Modern History, Academia Sinica, 1972—1988).

Institute of Modern History, Academia Sinica (*comp.*), New Archival Materials on China's Relations with Great Britain, France, America and Russia). Four volumes. (Taipei: Institute of Modern History, Academic Sinica, 1966).

Academia Historica 國使館（編）：《中華民國建國文獻：革命開國文獻》，一套八冊（台北：國史館，1995）。

F. 香港和澳門所藏有關孫中山的原始檔案

Primary Sources in Hong Kong and Macao Pertaining to Sun Yatsen Studies

香港原始檔案 Primary Sources In Hong Kong

1. Central Government School (Queen's College): Hong Kong Government Reports, 1883-1896, deposited at the Public Record Office, Hong Kong (also available at Hong Kong Government Reports Online (1879-1941), Hong Kong University Libraries, http://lib.hku.hk/Digital Initiatives/Hong Kong Government Reports):
   (a) Hong Kong *Legislative Council Sessional Papers*
   (b) Hong Kong *Government Gazette*
   (c) Hong Kong *Government Annual Reports*
2. College of Medicine for Chinese, Hong Kong Legislative Council Sessional Papers 1896, Hong Kong University Libraries http://lib.hku.hk/Digital Initiatives/Hong Kong Government Reports/Sessional Papers1896/College of Medicine.
3. Hong Kong Annual Administrative Reports, 1841-1941, v. 2, 1887-1903. Edited by R.L. Jarman. Archive Editions, 1996.
4. Minute-book of the Senate, College of Medicine for Chinese, in the Registrar's Office, University of Hong Kong.
5. Minute-book of the Court, College of Medicine for Chinese, in the Registrar's Office, University of Hong Kong.
6. " History and Records of the Diocesan Boys School, Part 3a — Year by Year (1860-1947*)*, p. 29, year 1883, typescript, HKMS88-294, Hong Kong Public Record Office.
7. Zhou, Kangxie 周康燮：《1924 年廣州商團事件》，中國近代史資料分類彙編之七，（香港：崇文書店, 1974）。Zhou, Kangxie, *Modern Chinese Historical Sources, Part 7: The 1924 Canton Merchants Corps Incident* (Hong Kong: Chongwen Books, 1974).

澳門 In Macao

1. Arquivo Histórica de Macau: L2333: IC — 014　and IC — 015 *Echo Macaense* 25 July 1893 — 6 November 1895
2. Arquivo Histórica de Macau: Arquivo de Santa Casa da Misericórdia

香港英中報章（香港歷史檔案館藏）English and Chinese language Newspapers in Hong Kong（Deposited at the Public Record Office in Hong Kong）：

Central China Post《華中郵報》
China Mail (Hong Kong) 香港《 德臣西報》
Chinese Mail (Hong Kong) 香港《華字日報》
Daily Press (Hong Kong) 香港《孖喇西報》
South China Morning Post (Hong Kong) 香港《南華早報》
Telegraph 香港《士蔑西報》
香港《華字日報》

澳門中文報章（澳門歷史檔案館藏）Chinese language Newspaper in Hong Kong（Deposited at the Arquivo Histó rica de Macau）：

《澳門日報》*Macau Daily*

中、日文刊物

A. Pertinent to the Opium Wars and the Taiping Rebellion
兩次鴉片戰爭和太平天國

Anon　佚名：《清史列傳》（上海：中華書局，1928）

Anon　佚名：〈王茂蔭與咸豐時代的新幣制〉，包遵彭，吳相湘，李定一（編）《中國近代史論叢》，（台北：正中書局，1958），第二輯，第三冊，頁 49－70。

Bo Jun and Shi Bo 伯鈞、世博：〈第二次鴉片戰爭中的葉名琛評價管見〉，《天津師範大學學報》1984 年第 3 期，頁 64－68。

Chen Jiang and Yang Surong 陳絳、楊蘇榮：〈論辛酉政變〉，《復旦學報》，1987 年第 5 期，頁 35－40。

Chen Shenglin　陳勝麟：〈香港地區被逼「割讓」和「租借」的歷史真象〉，《學術研究》，1983 年第 2 期，頁 89－94；及第三期，頁 85－95.

Chen Shenglin　陳勝麟：《林則徐與鴉片戰爭論稿（增訂本）》（廣州：中山大學出版社，1990）。

Chen Xulu 陳旭麓：〈炮口下的震撼：鴉片戰爭與中國傳統社會崩潰〉，《近代史研究》，1990 年第 6 期，頁 13－19。

Chen Zhigen　陳志根：〈如何理解第二次鴉片戰爭是第一次鴉片戰爭的繼續和擴大〉，《中學歷史教學》，1984 年第 4 期，頁 36－38。

Chu Dexin　and Liang De (comps.). 褚德新、梁德（編）：《中外舊約章匯要，1689-1949》（哈爾濱：黑龍江人民出版社，1991）。

Commercial Press 商務印書館（編）：《中國國際貿易史》（台北：商務印書館，1961）。

Ding Mingnan 丁名楠：《帝國主義侵華史》，第一冊（北京：人民出版社，1958）；第二冊（北京：人民出版社，1962）。

Ding Mingnan 丁名楠：〈英國侵佔香港地區等經過〉，《近代史研究》，1983 年第一期，頁 149－162。

Du Weiming　杜維明：〈儒家論説的現代涵義〉，香港《七十年代》，第 308 期（1995 年 9 月），頁 93－95。

Editors《屈辱與抗爭》（北京：社會科學出版社，1990)。

Fan Kezheng　樊克政：〈關於宣南詩社的命名時間及其他〉，《華東師範大學學報》，1980 年第四期），頁 92－94。

Fan Kezheng 樊克政：〈關於龔自珍生平事跡中的幾個問題〉，《清史論叢》（中國社會科學院.

清史研究室編），第七輯（北京：中華書局，1986)，頁 257－269。

Fang Chang　方長：〈再談龍涎及我國吸食鴉片始於何時〉，《文史》，第 25 輯（北京：中華書局，1985），頁 348—349。

Fang Shiguang 方式光：〈祺祥政變〉，《學術月刊》（上海：上海人民出版社，1986），第二期，頁 67—72。

Fang Shiming 方世銘：《第二次鴉片戰爭史話》（上海：新知識出版社，1956）。

Feng Tianyu 馮天瑜：〈試論道咸間經世派的「開眼看世界」〉，《近代史研究》，1991 年第二期，頁 18—30。

Fu Qixue 傅啟學：《中國外交史》（台北：商務印書館，1966）。

Fu Yiling 傅衣凌：《明清農村經濟史》（上海：中華書局，1961）。

Fu Zhenlun 傅振倫：《中國方志學通論》（上海：商務印書館，1935）。

Fujian Academy of Social Sciences Institute of Modern History　福建社會科學院近代史研究所（編）：《林則徐與鴉片戰爭論文集》（福建：福建人民出版社，1985）。

Gong Shuduo　龔書鐸，謝維，孫燕京：〈建國三十五年來鴉片戰爭史研究綜述〉，《近代史研究》，1984 年第 3 期，頁 148－166。

Guangdong Academy of Literature and History 廣東文史館（編）：《三元里人民抗英鬥爭史料》修訂本（北京：中華書局，1978）。

Guo Binjia 郭斌佳：〈咸豐朝中國外交概觀〉，《武大社會科學季刊》，第 5 輯，1935 第 1 期，頁 81—126。

Guo Hanmin and Chi Yunfei，郭漢民，遲雲飛：《中國近代史實正誤》（長沙：湖南人民出版社，1989）。

Guo Tingyi 郭廷以（編著）：《太平天國史事日誌》（上海：商務印書館，1949；幾經修訂後又由台灣商務印書館於 1976 再版。

Guo Tingyi 郭廷以（編）：《中國近代史事日誌》（台北：中央研究院近代史研究所，1963）。

Guo Weimin 郭衛民：〈何桂清與咸豐帝的對外政策之爭及其影響〉，《近代史研究》，1993 年第 6 期，頁 77－89。

Guo Yisheng 郭毅生：《太平天國經濟制度》（北京：中國社會科學出版社，1984 年）。

Guo Yisheng 郭毅生：《太平天國史叢書：太平天國經濟史》（南寧：廣西人民出版社，1991 年）。

Hamashita Takeshi　濱下武志：《近代經濟史研究》（東京：東京大學東洋文化研究所，1989）。

He Yikun 何貽焜：《曾國藩評傳》（台北：正中書局，1964）。

He Yuefu 賀躍夫：《晚清士紳與近代社會變遷——兼與日本氏族比較》（廣州：廣東人民出版社，1994）。

Hsia　C. T. 夏志清（著），胡益民等（譯）：《中國古典小說導論》（合肥：安徽文藝出版社，1998 年；南昌：江西人民出版社，2001 年，改名《中國古典小說史論》）

Hu Bin 胡濱：《英國檔案有關鴉片戰爭資料選譯》，一套兩冊（北京：中華書局，1993）。

Hu Sheng　胡繩：《從鴉片戰爭到五四運動》（上海：上海人民出版社，1982）。

Hu Shiyun　胡世芸：〈葉名琛被俘日期考辨〉，《上海師院學報》，1983 年第 2 期，頁 112-114。

Hu Shiyun 胡世芸：〈第二次鴉片戰爭時期的一篇主戰奏疏 —— 僧王奏稿〉，《內蒙古師院學報》，1985 年第 2 期，頁 94-99。

Hua Qiang　華強：《太平天國史叢書：太平天國的地理誌》（南寧：廣西人民出版社，1991 年）。

Hua Tingjie 華廷傑：《觸藩始末》，（崇仁華氏，1885); 收入齊思和（等編）：《中國近代史資料叢刊：第二次鴉片戰爭》（上海：上海人民出版社，1978），第 1 冊，頁 163-196。

Huang Guangyu 黃光域：〈第二次鴉片戰爭中為英軍掠走的廣州各衙門檔案的下落〉，《歷史研究》，1980 年第 3 期，頁 191-192。

Huang Huaqing 黃樺青：〈近代中國茶葉對外貿易衰落原因初探〉，《泉州師專學報》，1985 年第二期，頁 46-53。

Huang Qichen 黃啓臣：《潘同文（孚）行》（廣州：華南理工大學出版社，2006）。

Huang Qichen 黃啓臣：《黃啓臣文集（二）：明清經濟及中外關係》（香港：中國評論學術出版社，2007）。

Huang Qichen 黃啓臣：《澳門是最重要的中西文化交流橋樑（16 世紀中葉至 19 世紀中葉）》（香港：天馬出版有限公司，2010）。

Huang Yifeng and Jiang Duo，黃逸峰、姜鐸（編）：《中國近代經濟史論文集》（南京：江蘇人民出版社，1981）。

Huang Yuhe 黃宇和 —— 見 Wong，John Y. 黃宇和。

Jia Shoucun 賈熟村：〈僧格林沁其人〉，《文史知識》（北京：中華書局，1984），第 12 期，頁 92-148。

Jia Shoucun 賈熟村：《太平天國史叢書：太平天國的地主階級》（南寧：廣西人民出版社，1991 年）。

Jia Zhifang　賈植芳：《近代中國經濟社會》（上海：棠棣出版社，1949）。

Jian Youwen 簡又文：《太平天國典制通考》，（香港：猛進書屋，1958）。

Jian Youwen　簡又文：《太平天國全史》（香港：猛進書屋，1962）。

Jiang Mengyin　蔣孟引：《第二次鴉片戰爭》（北京：三聯書店，1965）。

Lai Xinxia　來新夏：《林則徐年譜》（上海：上海人民出版社，1985）。

Li Chun　酈純：《太平天國軍事史概述》上、下編共五冊（北京：中華書局，1982 年）。

Li Enhan 李恩涵：《曾紀澤的外交》（台北：中央研究院近代史研究所，1966）。

Li Fengling 李鳳翎：《洋務續記》，（富文書舍，1860); 收入齊思和（等編）：《中國近代史資料叢刊：第二次鴉片戰爭》（上海：上海人民出版社，1978），頁 222-226。

Li Guangting 李光廷（編）：《廣州府志（光緒）》（廣州，1879）。

Li Guoqi 李國祁：《張之洞的外交》（台北：中央研究院近代史研究所，1970）。

Li Jiannong 李劍農：《中國近百年政治史》，一套兩冊（上海：商務印書館，1946；台北：商務印書館復印，1962）。

Li Liling 李力陵：《曾、左、胡》（高雄：大業書店，1962）。

Li Qiang 李強：〈一口通商對早期中英貿易的影響〉，載趙春晨、冷東（主編）：《廣州十三行研究回顧與展望》（廣州：世界圖書出版公司，2010），頁 390－403。

Li Taifen 李泰棻：《方志學》（上海：商務印書館，1935）。

Li Xingyuan (1797-1851) 李星沅：《李星沅日記》一套兩冊，（北京：中華書局，1987）。

Li Yi 李毅：〈再評葉名琛的不戰不和〉，《廣州研究》（廣州，1987）。

Li Yongqing 酈永慶：《關於道光二十九年的「僞詔」考析》，《歷史檔案》，1992 年第 2 期，頁 100－106。復印於《中國近代史》（K3，1992，第 6 期），頁 79－85。

Liang Jiabin 梁嘉彬：《廣東十三行考》（上海：國立編譯館，1937；廣州：廣東人民出版社，1999 重印）。

Liang Rencai 梁仁彩：《廣東經濟地理》（北京：科學出版社，1956）。

Liang Tingnan 梁廷楠：《粵海關志》（廣州：1837 刊刻部份手稿；台北：文海出版社，1968 年據 1837 年刻本影印發行行）。

Liang Yiqun 梁義群：《太平天國史叢書：太平天國政權建設》（南寧：廣西人民出版社，1995 年）。

Lie Dao 列島（編）：《鴉片戰爭論文專集》（北京：人民出版社，1958）。（續編見寧靖〔編〕：《鴉片戰爭史論文專集：續編》〔北京：人民出版社，1984〕。

Lin Chongyong 林崇墉：《林則徐傳》（台北：商務印書館，1968）。

Lin Dunkui and Kong Xiangji，林敦奎、孔祥吉：〈鴉片戰爭前統治階層內部鬥爭探析〉，《近代史研究》，1986 年第三期，頁 1－19。

Lin Zengping 林增平：〈廣州群眾「反河南租地」事件年代辯誤〉，《近代史研究》，1979 年第 2 期，頁 250－255。

Lin Yu-Sheng 林毓生（著），穆善培（譯）：《中國意識的危機："五四" 時期激烈的反傳統主義》，增訂再版本（貴陽：貴州人民出版社，1988 年）。

Liu Yan 劉彥：《中國外交史》（台北：三民書局，1962）。

Lu Qinchi 陸欽墀：〈英法聯軍佔據廣州始末〉《史學年報》，第 2 卷，第 5 期（1938 年 12 月），頁 265-304。收入《中國近代史論叢》》，第 1 冊，（台北：正中書局，1958），頁 74－109。

Lue Shiqiang 呂實強：《中國官紳反教的原因，1860－1874》（台北：中央研究院近代史研究所，1966）。

Luo Ergang 羅爾綱：《天地會文獻錄》（重慶：正中書局，1943）。

Luo Ergang 羅爾綱：《太平天國史事考》（北京：三聯書店，1955 年）。

Luo Ergang 羅爾綱：《太平天國史料辨偽考》（北京：三聯書店，1955 年）。

Luo Ergang 羅爾綱：《太平天國史叢考甲集》（上海：中華書局，1963; 三聯書店，1981 年重印）。

Luo Ergang 羅爾綱：《太平天國史料考釋集》（北京：三聯書店，1956 年）。

Luo Ergang 羅爾綱：《太平天國史記載訂謬集》（北京：三聯書店，1955 年）。

Luo Ergang 羅爾綱：《太平天國史跡調查集》（北京：三聯書店，1958 年）。

Luo Ergang and Wang Qingcheng 羅爾綱、王慶成（主編）：《中國近代史資料叢刊續編——

太平天國》，共 10 冊（桂林：廣西師範大學出版社，2004）。Luo Ergang and Wang Qingcheng.

Luo Yudong　羅玉東：《中國釐金史》（上海：商務印書館，1936）。

Ma Dingsheng　馬鼎盛：〈論兩次鴉片戰爭時期的廣州城防戰〉，《廣州研究》，1988 年第 1 期，頁 74-79。

Ma Guang　馬光：〈1846-1946 年澳門鴉片問題探析〉，《澳門歷史研究》，第 9 期，2010 年 11 月，頁 142-159。

Mao Haijian 茅海建：〈 鴉片戰爭時期的中英兵力 〉，《歷史研究》1983 年第 5 期，頁 196－217。

Mao Haijian 茅海建：〈第二次鴉片戰爭中清軍與英法軍兵力考〉，《近代史研究》，1985 年第一期，頁 196－217。

Mao Haijian 茅海建：〈第二次鴉片戰爭中清軍指揮人員芻議〉，《歷史教學》，1986 年第 11 期，頁 12－18。

Mao Haijian 茅海建：〈論劉韵珂：兼評 鴉片戰爭時期的主和思想〉，《近代史研究》1988 年第 4 期，頁 88－107。

Mao Haijian 茅海建：〈1841 年虎門之戰研究〉，《近代史研究》1990 年第 4 期，頁 1－28。

Mao Haijian 茅海建：〈定海之戰考實〉，《歷史研究》1990 年第 6 期，頁 98－110。

Mao Haijian 茅海建：〈關於廣州反入城鬥爭的幾個問題〉，《近代史研究》，1992 年第六期，頁 43－70。

Mao Haijian 茅海建：〈 鴉片戰爭與不平等條約 〉，《歷史研究》1992 年第 4 期，頁 124－136。

Mao Haijian 茅海建：《天朝的崩潰：鴉片戰爭再研究》（北京：三聯書店，1992）。

Mao Haijian 茅海建：〈 鴉片戰爭時期廈門之戰研究 〉，《近代史研究》1993 年第 4 期，頁 12－36。

Mao Haijian 茅海建：〈伊里布與浙江停戰〉，《近代史研究》1994 年第 5 期，頁 1-25。

Mao Haijian 茅海建：〈第一次中比條約的訂立及其評價〉，《近代史研究》1994 年第 2 期，頁 308－312。

Mao Haijian 茅海建：〈三元里抗英史實辨正〉，《歷史研究》1995 年第 1 期，頁 145－155。

Mao Haijian 茅海建：《苦命天子：咸豐帝奕詝》（上海：人民出版社，1995）。

Mao Haijian 茅海建：〈 鴉片戰爭經費考 〉，《近代史研究》1996 年第 1 期，頁 34－80。

Mao Haijian　茅海建：〈入城與修約：論葉名琛的外交〉，《歷史研究》1998 年第 6 期，頁 73-91。

Mao Haijian　茅海建：〈大沽口之戰考實〉，《近代史研究》1998 年第 6 期，頁 1－22。

Mao Haijian and Liu Tong，茅海建，劉統：〈50 年來的中國近代軍事史研究〉，《近代史研究》，1999 年第 5 期），頁 117－131。

Mao Haijian　茅海建：《近代的尺度：兩次 鴉片戰爭軍事與外交（論文集）》（上海：三聯書店，1999）。

Mao Haijian　茅海建：《戊戌變法史事考》（北京：三聯書店，2005 年）。

Mao Haijian 茅海建：〈史料的主觀解讀與史家的價值判斷—覆房德鄰先生兼答賈小葉先生〉，《近代史研究》，2007 年第 5 期，頁 91－107。

Mao Haijian 茅海建：《戊戌變法法史事考——二集》（北京：三聯書店，2011 年）。

Mao Jiaqi 茅家琦：《太平天國對外關係》（北京：人民出版社，1984 年）。

Marx (1857) and Engels，馬克思 恩格斯：《馬克思 恩格斯論中國》（北京：人民出版社，1950）。

Meng Xianzhang 孟憲章：《中國近代經濟史教程》（上海：中華書局，1951）。

Miao Jiaqi 茅家琦：《太平天國史叢書：太平天國與列強》（南寧：廣西人民出版社，1992 年）。

Mou Anshi 牟安世：〈從鴉片戰爭看勝敗的決定因素是人不是武器〉，《人民日報》，1965 年 10 月 11 日。

Mou Anshi 牟安世：《鴉片戰爭》（上海：上海人民出版社，1982 年）。

Nanjing Taiping History Museum 南京太平天國歷史博物館（編）：一套兩巨冊，《太平天國文書彙編》（北京：中華書局，1979 年）。

Ning Jing 寧靖（編）：《鴉片戰爭史論文專集：續編》（北京：人民出版社，1984）。初編見列島（編）：《鴉片戰爭論文專集》（北京：人民出版社，1958）。

Pan Zhenping 潘振平：〈鴉片戰爭後的「開眼看世界」思想〉，《歷史研究》，1986 年第 1 期，頁 138－153。

Platt Stephen R. 史蒂芬‧普拉特：《太平天國之秋》（台北：衛城出版公司，2013）。

Qi Longwei 祁龍威：《太平天國史叢書：太平天國經籍志》（南寧：廣西人民出版社，1993 年）。

Qian Tai 錢泰：《中國不平等條約之緣起及其廢除之經過》，（台北：國防研究院，1961）。

Qixianhe shang diaosou 七絃河上釣叟：〈英吉利廣東入城始末〉，收入收入齊思和（等編）：《中國近代史資料叢刊：第二次鴉片戰爭》（上海：上海人民出版社，1978），第一冊，頁 211-221。

Ruan Yuan and Chen Changqi，阮元，陳昌齊（編）：《廣東通志（道光）》（廣州，1822）。

Sasaki Masaya 佐佐木正哉（編）：《鴉片戰爭研究》（東京：東京大學出版社，1964）。

Sasaki Masaya 佐佐木正哉（編）：《鴉片戰爭後中英抗爭：資料編稿》（東京：東京大學出版社，1970）。

Shi Nan 石楠：〈略論港英政府的鴉片專賣政策〉，《近代史研究》，1992 年第 6 期，頁 20-42。

Su Shuangbi 蘇雙碧：《太平天國史叢書：太平天國綜論》（南寧：廣西人民出版社，1993 年）。

Sun Jinming 孫金銘：《中國兵制史》（台北：國防研究院，1960)。

Sun Yanjing 孫燕京：〈近五年鴉片戰爭研究述評〉，《近代史研究》，1991 年第 1 期，頁 133-142。

Tang Xianglong 湯象龍：〈道光時期的銀貴問題〉，收入《中國近代史論叢》（台北：1958），第三冊，頁 9-39。

Tao Chengzhang 陶成章：〈教會源流考〉，載羅爾綱（編）：《天地會文獻錄》（重慶：正中書

局，1943），頁 61-76。

Tao Wenzhao 陶文釗：〈美國國家檔案館（總館）所藏有關中國檔案材料簡介〉，《近代史研究》，1985 年 5 期，頁 190-226。

Wang Di 王迪：〈民族的災難與民族的發展〉，《屈辱與抗爭》（北京：社會科學出版社，1990），頁 31－44。

Wang Fangzhong 王方中：《中國近代經濟史稿》（北京：北京出版社，1982）。

Wang Junyi 王俊義：〈龔自珍、魏源「參加宣南詩社」說辨證〉，《吉林大學學報》，1979 年第 6 期，頁 104-107。

Wang Junyi 王俊義：〈關於宣南詩社的幾個問題〉，《清史研究集》，1980 年第 1 集，頁 216－242。

Wang Kaixi 王開璽：〈黃爵滋禁煙奏疏平議〉，《近代史研究》1995 年第 1 期，頁 1-13。

Wang Ping 王平：〈論鴉片戰爭前後中國社會政治思想的變向〉，《南京大學學報》，1994 年第 4 期，頁 56-59。

Wang Qingcheng 王慶成：《太平天國的歷史和思想》（北京：中華書局，1985 年）。

Wang Xiaoqiu 王曉秋：〈鴉片戰爭在日本的反響〉，《近代史研究》，19861 年第 3 期，頁 20-45。

Wang Yanan 王亞南：《中國半封建半殖民地經濟形態研究》（北京：人民出版社，1980）。

Wang Zengcai 王曾才：《中英外交史論集》（台北：聯經出版事業公司，1979）。

Wang Zhongmin 王重民 等（編）：《太平天國》，一套八冊（上海：上海人民出版社，1952）。

Water Division of the Ministry of Hydraulic Electricity 水力電力部水管司（編）：《清代淮河流域洪澇檔案史料》（北京：中華書局，1988）。

Water Division of the Ministry of Hydraulic Electricity 水力電力部水管司（編）：《清代珠江韓江洪澇檔案史料》（北京：中華書局，1988）。

Wei Jianyou 魏建猷：《中國近代貨幣史》（上海：群聯出版社，1955）。

Wei Jianyou 魏建猷：《第二次鴉片戰爭》（上海：上海人民出版社，1955）。

Wei Xiumei 魏秀梅：《清季職官表》，一套兩冊（台北：中央研究院近代史研究所，1977）。

Wei Yuan（1794-1857）魏源：《魏源集》，（北京：中華書局，1976）。

Wei Yuan 魏源：《聖武記》14 卷（1842）。

Wei Yuan 魏源：《海國圖志》60 卷（1847）。

Wong，John Y. 黃宇和：〈亞羅事件〉《中山大學學報》（社會科學版季刊）1980 年第 3 期，頁 45－57。

Wong，John Y. 黃宇和：〈太平軍初起是北上還是東進的問題初探〉，《太平天國史譯叢》（北京：中華書局，1981）。

Wong，John Y. 黃宇和：〈帝國主義新析——第二次鴉片戰爭探索〉，《近代史研究》，1997 年第 4 期，頁 22-62。先後予以摘錄的有《新華文摘》（北京：人民出版社，1997 年 11 月），頁 76-82；以及《學術動態》（北京：中國社會科學院科研局，1998 年 1 月 20 日），總 942 期，頁 16-19。

Wong，John Y. 黃宇和：〈英國對華「炮艦政策」剖析〉，《近代史研究》1999 年第 4 期，頁 1－43。

Wong，John Y. 黃宇和：《兩廣總督葉名琛》（北京：中華書局，1984；上海：上海書店出版社，2004）。

Wong，John Y. 黃宇和：〈葉名琛歷史形象的探究 ── 兼論林則徐與葉名琛的比較〉，《九州學林》（香港城市大學和上海復旦大學合編）， 第 2 卷（2004）， 第 1 期，頁 86-129。

Wu Liangzuo 吳良祚，史式：《太平天國史叢書：太平天國避諱詞語研究》（南寧：廣西人民出版社，1993 年）。

Wu Shangzhong and Zhou Xinguo，吳善中，周新國：《太平天國史叢書：太平天國刑法、曆法》（南寧：廣西人民出版社，1993 年）。

Xiao Hengxiangshi zhuren 小橫香室主人（撰）《清朝野史大觀》（上海：中華書局，1915 年；1930 年重印）。

Xiao Yishan 蕭一山：《清代通史》共 5 卷（台北：商務印書館，1963）。

Xing Fenglin (1983) and Hai Yang，邢鳳麟，海陽：〈關於馬神甫事件〉，《社會科學戰線》，1983 年第 3 期，頁 151－156。

Xiong Yuezhi 熊月之：〈一八四二年至一八六〇年西學在中國的傳播〉，《歷史研究》，1994 年第 4 期，頁 63-81。

Xu Shuofang 徐朔方：〈鴉片輸入中國之始末及其他〉，《文史》1985 年第 25 期，頁 343－347。

Xue Fucheng 薛福成：〈書漢陽葉相廣州之變〉，《庸庵續編》，收入齊思和（等編）：《中國近代史資料叢刊：第二次鴉片戰爭》（上海：上海人民出版社，1978），第一冊，頁 227－235。

Yang Guozhen 楊國楨：《林則徐傳》（北京：人民出版社，1981）。

Yang Guozhen 楊國楨：〈宣南詩社與林則徐〉，《廈門大學學報》，1994 年第 2 期，頁 107-117。

Yang Yusheng 楊玉聖：〈鴉片戰爭時期中國人的美國觀〉，《史學月刊》，1994 年第 1 期，頁 51-54。

Yao Tingfang 姚廷芳：《鴉片戰爭與道光皇帝，林則徐，琦善，耆英》（台北：三民書局，1970）。

Yao Weiyuan 姚薇元：〈論鴉片戰爭的直接原因〉，《武漢大學學報》，1963 年第 4 期，頁 104－115。

Yao Weiyuan 姚薇元：《鴉片戰爭史實考》（北京：人民出版社，1984）。此書乃考證魏源在 1842 年完成之手稿《道光洋艘征撫記》。

Yao Xiangao 姚賢鎬：〈兩次鴉片戰爭後西方侵略勢力對中國關稅主權的破壞〉，《中國社會科學》，1981 年第 5 期，頁 1-24。

Yi Tingzheng 易廷鎮：〈第二次鴉片戰爭初期美國對華軍事行動始末〉，《南開學報》，1984 年第 3 期，頁 18－25。

Yu Shengwu 余繩武：《沙俄侵華史》，一套三冊，（北京：人民出版社，1976－1980）。

Yu Shengwu 余繩武：〈殖民主義思想殘餘是中西關係史研究的障礙〉，《近代史研究》，1990 年第 6 期，頁 13－19。

Yu Shengwu and Liu Cunkuan，余繩武，劉存寬：《十九世紀的香港》（香港：麒麟公司，1994）。

Yu Zongcheng 郁宗成：〈法國檔案館有關英法聯軍侵略中國的史料〉，《歷史研究》，1983 年第 1 期，頁 123－130。

Yuan Qing 元青：〈鴉片戰爭前後經世派人士西洋觀變遷的文化局限〉，《中州學刊》，1994 年第 3 期，頁 122－124。

Zeng Guofan 曾國藩：《曾國藩日記（全本注釋）》，范國華，李津生（主編），洛寶生，梁志林，劉德彪（副主編）。（天津：天津人民出版社，1995 年）。

Zhai Houliang 翟厚良：〈一八五九年大沽之戰爆發原因再探〉，《史學月刊》，1985 年第 5 期，頁 51－58。

Zhang Hailin 張海林：〈傳統文化與咸豐帝對外政策〉，《江海月刊》，1987 年第 3 期，頁 58－61。

Zhang Hailin 張海林：〈論《天津條約》簽訂後咸豐帝對英法對外交政策〉，《南京大學學報》，1987 年第 3 期，頁 133－139。

Zhang Hailin 張海林：〈第二次鴉片戰爭中清政府「輯民攘夷」政策述論〉，《蘇州大學學報》，1988 年第 2 期，頁 28－31。

Zhang Yiwen 張一文：《太平天國史叢書：太平天國軍事史》（南寧：廣西人民出版社，1994 年）。

Zhao Chunchen and Leng Dong，趙春晨、冷東（主編）：《廣州十三行研究回顧與展望》（廣州：世界圖書出版公司，2010）。

Zhao Chunchen and Leng Dong，趙春晨、冷東（主編）：《十三行與廣州城市發展》（廣州：世界圖書出版公司，2011）。

Zhao Erxun 趙爾巽 等（編撰）：《清史稿》（瀋陽：清史館，1937）。

Zhao Huirong 趙蕙蓉：〈恒祺與一八六 O 年北京議和〉，《歷史檔案》，1986 年第 2 期，頁 92－98。

Zhao Jing and Yi Menghong，趙靖，易夢虹（編）：《中國近代經濟思想資料選輯》一套兩冊（北京：中華書局，1982）。

Zhao Jing and Yi Menghong，趙靖，易夢虹（編）：《中國近代經濟思想選輯》一套兩冊（北京：中華書局，1980、1982）。

Zhao Yunying 趙沅英：〈平夷冊〉（稿本），收入收入齊思和（等編）：《中國近代史資料叢刊：第二次鴉片戰爭》（上海：上海人民出版社，1978），第 1 冊，頁 270－283。

Zhao Zhongfu 趙中孚：《清季中俄東三省界務交涉》（台北：中央研究院近代史研究所，1970）。

Zhong Wendian 鍾文典：《太平天國史叢書：太平天國開國史》（南寧：廣西人民出版社，1992 年）。

Zhongguo jindaishi congshu bianxiezu (Modern Chinese History Writing Group - a collection of anonymous and officially chosen historians 1972). 中國近代史叢書編寫組：《第二次鴉片戰爭》（上海：上海人民出版社，1972）。

Zhu Jinfu and Li Yongqing，朱金甫、酈永慶：〈第一次鴉片戰爭時期禁煙問題初探〉，《人民日報》1986 年 1 月 6 日，頁 5。

Zhu Jinfu　朱金甫：〈鴉片戰爭前道光朝言官的禁煙論〉，《近代史研究》，1991 年第 2 期，頁 57－66。

Zhu Qingbao 朱慶葆：〈論清代禁煙的舉措與成效〉，《江蘇社會科學》，1994 年第 4 期，頁 82-87。

Zhu Xixue 朱西學：〈十三行體制與鴉片戰爭關係初探〉，載趙春晨、冷東（主編）：《廣州十三行研究回顧與展望》（廣州：世界圖書出版公司，2010），頁 351－364。

Zuo Shunsheng 左舜生（編）：《中國近百年史資料初編》（台北：中華書局，1958）。

Zuo Shunsheng 左舜生（編）：《中國近百年史資料續編》（台北：中華書局，1966）。

Zuo Yufeng 左域封：〈第二次鴉片戰爭英軍侵佔大連灣始末〉，《遼寧師院學報》，1981 年第 1 期，頁 44－47。

B. Pertinent to Sun
孫中山

Anon 佚名：《楊衢雲略史》（香港：1927）。

Ao Guangxu 敖光旭：〈「商人政府」之夢──廣東商團與「大商團主義」的歷史考察〉，載《近代史研究》，2003 年第 4 期，頁 177-248。

Ao Guangxu 敖光旭：〈共產國際與商團事件 — 孫中山及國民黨鎮壓廣州商團的原因及其影響〉，載林家有、李明（主編）：《孫中山與世界》（長春：吉林人民出版社，2004），第 198-228 頁。

Bastid Marianne 巴斯蒂：〈法國的影響及各國共和主義者團結一致──論孫中山和法國政界的關係〉，《孫中山和他的時代──孫中山誕辰 120 週年紀念國際學術討論會論文集》（北京：中華書局，1990 年 10 月）一套 3 冊（上），頁 454-470。

Bergère，Marie-Claire 白吉爾：〈二十世紀初法國對孫中山的政策〉，《孫中山和他的時代》（北京：中華書局，1990 年 10 月），一套 2 冊（上），第 442-453 頁。

Bergère，Marie-Claire 白吉爾（著），溫洽溢（譯）：《孫逸仙》（台北：時報出版股份有限公司，2010）。

Cai Degen (1981) et alia，柴德賡等（編）：《中國近代史叢刊──辛亥革命》，一套 8 冊（上海：上海人民出版社，1981）。

Canton Committee on the Study of Literary and Historical Sources 廣州文史資料研究委員會：〈孫中山有關商團事變函電補遺〉，載中國人民政治協商會議廣州委員會文史資料研究委員會（編）：《廣州文史資料》，第 8 輯（廣州文史資料研究委員會出版，1963），頁 121-123。

Chen Chunhua 陳春華、郭興仁、王遠大（譯）：《俄國外交文書選譯：有關中國部份 1911.5─1912.5》（北京：中華書局，1988）。

Chen Cungong 陳存恭：〈列強對中國的軍火禁運，民國 8 年 —18 年〉，載《中國近現代史論叢，第 23 編，民初外交，下》（台北：商務印書館，1986)，第 954-971 頁。

Chen Cungong 陳存恭：《列強對中國的軍火禁運，民國 8 年 —18 年》（台北：中央研究院近代史研究所，2000 年修訂本）。

Chen Dingyan and Gao Zonglu，陳定炎，高宗魯：《一宗現代史實大翻案：陳炯明與孫中山、蔣介石的恩怨真相》（香港：Berlind Investment Ltd，1997）。

Chen Duxiu　陳獨秀：〈中共中央執委會書記陳獨秀給共產國際的報告，1922 年 6 月 30 日〉，中央檔案館編：《中共中央政治報告選輯，1922-1926》（北京：中共中央黨校出版社，1981），頁 8。

Chen Gongbo　陳公博：〈我與共產黨〉，《寒風集》（上海：地方行政社，1945）。

Chen Guo　陳果：〈廣州商團叛變後的陳廉伯〉，載中國人民政治協商會議廣州委員會文史資料研究委員會（編）：《廣州文史資料》，第 19 輯（廣州：文史資料出版社，1965），第 86-95 頁。

Chen Guting　陳固亭（編）：《國父與日本友人》（台北：幼獅出版社，1977 年再版）。

Chen Jianan　陳劍安，〈廣東會黨與辛亥革命〉，載《紀念辛亥革命七十周年青年學術討論會論文選》（北京：中華書局，1983），上冊，頁 23-72。

Chen Jianming　陳建明：〈孫中山早期的一篇佚文 ——「教友少年會紀事」〉．《近代史研究》，1987 年第 3 期，頁 185-190。

Chen Jianming　陳建明：〈孫中山與基督教〉，《孫中山研究論叢》第五集（廣州：中山大學出版社，1987），頁 5-25。

Chen Jinglue 陳景呂：〈葉舉對商團請援的態度〉，載中國人民政治協商會議廣州委員會文史資料研究委員會（編）：《廣州文史資料》，第 7 輯（廣州文史資料研究委員會出版，1963），頁 78-79。

Chen Junqian and Chen Guo，陳駿千、陳果：〈佛山商團見聞〉，載中國人民政治協商會議廣東省委員會文史資料研究委員會（編）：《廣東文史資料》第 19 輯（廣東文史資料研究委員會出版，1965），第 96-101 頁。

Chen Sanjing 陳三井：〈中山先生歸國與當選臨時大總統〉，載教育部主編《中華民國建國史：第一編，革命開國（二）》（台北：國立編譯館，1985）。

Chen Sanjing 陳三井：《華工與歐戰》（台北：中央研究院近代史研究所，1986）。

Chen Sanjing　陳三井：《中山先生與法國》（台北：台灣書店，2002）。

Chen Sanjing　陳三井：《中山先生與美國》（台北：學生書局，2005）。

Chen Shaobai　陳少白：〈興中會革命史別錄 — 楊衢雲之略史〉，轉載於《《中國近代史資料叢刊 - 辛亥革命》（上海：上海人民出版社，1981），第 1 冊，頁 77。

Chen Shaobai　陳少白：《興中會革命史要》（南京，1935），收入柴德賡編，《辛亥革命》第 1 冊，頁 21-75。

Chen Shurong　陳樹榮：〈孫中山與澳門初探〉，《廣東社會科學》。1990 年第 4 期，頁 28-36。

Chen Xiqi 陳錫祺：〈關於孫中山的大學時代〉，載陳錫祺：《孫中山與辛亥革命論集》（廣州：中山大學出版社，1984），頁 35-64。

Chen Xiqi 陳錫祺：《孫中山與辛亥革命論集》（廣州：中山大學出版社，1984）。

Chen Xiqi　陳錫祺（主編）：《孫中山年譜長編》，一套二冊（北京：中華書局，1991 年）。

Chen Xuli and Hao Shengchao (eds.)，陳旭麓、郝盛潮（主編）：《孫中山集外集》（上海：上海人民出版社，1990）。

Chen Yinke　陳寅恪：〈馮友蘭中國哲學史上冊審查報告〉，《金明館叢稿二編》（上海：古籍出版社，1982），頁 247。

Chen Yunxi　陳蘊茜：《崇拜與記憶：孫中山符號的建構與傳播》（南京：南京大學出版社，2009）。

Chen Zihui 陳子惠：〈工商界老人回憶商團事變──陳子惠的回憶〉，載中國人民政治協商會議廣州委員會文史資料研究委員會（編）：《廣州文史資料》，第 7 輯（廣州文史資料研究委員會出版，1963），頁 60-61。

Chiang Kai-shek　蔣中正：〈覆上總理書決死守埔島並請從速處置商械〉，1924 年 10 月 9 日於黃埔，載蔣中正：《總統蔣公思想言論總集》一套 40 卷，（台北：中國國民黨黨史委員會，1984）。

Chiang Kai-shek　蔣中正：《孫大總統廣州蒙難記》（上海：民智書局，1926；台北：1975 年台重排九版）。

Chiang Kai-shek 蔣中正：《總統蔣公思想言論總集》一套 40 卷，（台北：中國國民黨黨史委員會，1984）。

China Congregational Church　《中華基督教會公理堂慶祝辛亥革命七十週年特刊》（香港：中華基督教會公理堂，1981）。

China Consultative Conference　中國人民政治協商會議全國委員會（編）:《辛亥革命回憶錄》，一套 8 冊，（北京：文史資料出版社，1981）。

China Number Two Archives 中國第二歷史檔案館（編）:《中華民國史檔案資料彙編》（南京：江蘇古籍出版社，1986 年）。

China Number Two Archives，中國第二歷史檔案館：〈孫中山鎮壓廣東商團叛變文電〉，《歷史檔案》（南京：中國第二歷史檔案館，1982 年），第 1 期，第 47-50 頁。

China Revolution Museun 中國革命博物館（編）:〈館藏孫中山先生 1922-1924 年函電選載：關於平定商團叛亂事件的函電十三件〉，載《黨史研究資料》（成都：四川人民出版社，1982），第 3 集，第 174-189 頁 。

China Second Historical Archives 中國第二歷史檔案館（編）:《蔣介石年譜初稿》（北京：檔案出版社，1992）。

China Sun Yatsen Studies Society and Sun Yatsen Museum　中國孫中山研究會，孫中山故居紀念館（編）:《孫中山‧辛亥革命研究：回顧與前瞻高峰論壇紀實》（北京：社會科學文獻出版社，2009）。

Chinese Academy of Social Sciences Institute of Modern History　中國社會科學院近代史研究所（編）:《紀念孫中山誕辰 140 週年國際學術研討會論文集》，一套兩冊（北京：社會科學文獻出版社，2009）。

Chinese Academy of Social Sciences Institute of Modern History Republic History Group　中國社會科學院近代史研究所中華民國史研究室（編）:《 中華民國史資料叢稿 ─ 大事記》（北京：中華書局，1975）。

Chinese Academy of Social Sciences Institute of Modern History Republic Translation Group 中國社會科學院近代史研究所翻譯室（編）:《近代來華外國人名辭典》（北京：中國社會科學出版社，1981）。

Chinese Communist Party Central Archives　中央檔案館編:《中共中央政治報告選輯，1922-1926》（北京：中共中央黨校出版社，1981）。

Chinese Communist Party Central Party History Division One translator，中共中央黨史研究室第一研究部（翻譯）:《聯共（布）、共產國際與中國國民革命運動，1920-1927》，一套

六冊，（北京：北京圖書館出版社，1997）。

Chinese Nationalist Party Central Army Cadets School　中國國民黨中央陸軍軍官學校校務委員會（編撰）：《中央陸軍軍官學校史稿》，1989 年由北京檔案出版社影印再版，書名改為《黃埔軍校史稿》（北京：檔案出版社，1986 年影印本）。

Chinese-language Daily，Hong Kong　香港《華字日報社》編：《廣東扣械潮》（香港：《華字日報》社，1924 冬）。

Cui Baiyan 崔拜言：〈工商界老人回憶商團事變——崔拜言的回憶〉，載中國人民政治協商會議廣州委員會文史資料研究委員會（編）：《廣州文史資料》，第 7 輯（廣州文史資料研究委員會出版，1963），頁 65-66。

Dang Dexin and Huang Ailing，黨德信、黃靄玲（編）：《第一次國共合作時期的黃埔軍校：紀念黃埔軍校創建六十週年》（北京：文史哲出版社，1984）。

Deng Zeru 鄧澤如（輯錄）：《孫中山先生廿年手箚》，一套 4 冊（廣州：述志公司，1927；台北：文海出版社，1966 重印）。

Deng Zeru　鄧澤如：《中國國黨二十年史蹟》（上海：正中書局，1948）。

Du Yongzhen 杜永鎮（編）：《近代史資料專刊 — 陸海軍大元帥大本營公報選編》（北京：中國社會科學出版社，1981）。

Duan Yunzhang 段云章：《放眼看世界的孫中山》（廣州：中山大學出版社，1996）。

Duan Yunzhang and Ni Junming (eds.)，段云章，倪俊明編：《陳炯明集》上、下卷（廣州：中山大學出版社，1998）。

Duan Yunzhang　段云章：〈共產國際、蘇俄對孫中山陳炯明分裂的觀察和評論〉。《中山大學學報論叢（社科）》。第 20 卷（2000 年 6 月），頁 26-34。

Duan Yunzhang and Ni Junming，段雲章、倪俊明（著）：《陳炯明》（廣州市：廣東人民出版社，2009)。

Duan Yunzhang 段雲章（編著）：《孫文與日本史事編年（增訂本）》（廣州：廣東人民出版社，2011）。

Duan Yunzhang and Shen Xiaomin，段雲章、沈曉敏（編著）：《孫文與陳炯明史事編年（增訂本）》（廣州：廣東人民出版社，2012）。

Editor 編輯：〈對第七輯的若干補充訂正和質疑〉，載中國人民政治協商會議廣州委員會文史資料研究委員會（編）：《廣州文史資料》，第 17 輯（廣州：廣東人民出版社，1979），第 191 頁。

Eshan literary and historical sources committee of the Yi Nationality of Eshan Self-governing Magistracy　峨山彝族自治縣文史資料委員會（編）：《峨山彝族自治縣文史資料選輯第二輯：范石生專輯》（峨山縣城：峨山彝族自治縣文史資料委員會，1989)。

Fan Mulan and FanYalan，范木蘭、范亞蘭：〈范石生事略〉，載峨山彝族自治縣資料委員會（編）：《峨山彝族自治縣文史資料選輯第二輯：范石生專輯》（峨山縣城：峨山彝族自治縣文史資料委員會，1989），第 3-32 頁。

Fan Shisheng　范石生：〈讀‘記廣州商團之變’後〉，載上海海天出版社（編）：《現代史資料，第三集》（上海：海天出版社，1934 年 4 月初版，香港波文書局 1980 年 7 月重印），第 14-20 頁。

Fan Shisheng (orator)，Xu Chongxun (scribe)，范石生口述、許崇勳筆記：〈滇軍第二軍戰史〉，

載峨山彝族自治縣文史資料委員會（編）：《峨山彝族自治縣文史資料選輯第二輯：范石生專輯》（峨山縣城：峨山彝族自治縣文史資料委員會，1989），第 110-196 頁。

Fang Yuning 方毓寧：〈孫中山平定廣州商團叛亂的革命措施〉，《歷史教學》，1984 年，第 4 期，第 20-22 頁。

Felber Roland，羅・費路：〈孫中山與德國〉，《孫中山和他的時代》（北京：中華書局，1990 年 10 月），（上），第 471-499 頁。

Felber Roland，費路：〈借助新的檔案資料重新探討孫中山在二十年代（1922 年至 1923 年）與蘇俄關係以及對德態度的問題〉，載《孫中山與華僑：紀念孫中山誕辰 130 週年國際學術討論會論文集》（神戶：孫中山紀念會，1996），第 57-69 頁。該文後來轉載於林家有、李明（主編):《孫中山與世界》（長春:吉林人民出版社，2004)，第 350-362 頁。

Feng Ziyou（1882－1958），馮自由：《革命逸史》，一套 6 冊：
Vol. 1 (Shanghai: Commercial Press，1939) 第 1 集，上海：商務印書館，1939 年；
Vol. 2 (Shanghai: Commercial Press，1945) 第 2 集，上海：商務印書館，1945 年；
Vol. 3 (Shanghai: Commercial Press，1945) 第 3 集，上海：商務印書館，1945 年；
Vol. 4 (Shanghai: Commercial Press，1946) 第 4 集，上海：商務印書館，1946 年；
Vol. 5 (Shanghai: Commercial Press，1947) 第 5 集，上海：商務印書館，1947 年；
Vols. 1-6 (Beijing: China Press，1981) 第 1－6 集 北京：中華書局，1981 年重新排版印刷。

Feng Ziyou　馮自由：《華僑革命開國史》（上海：商務印書館，1947 年；台北：商務印書館，1953 重印）。該書後來又收入《華僑與辛亥革命》（北京：中國社會科學出版社，1981)。後來又收入《民國叢書》第二編（上海：上海書店出版社重印，無日期）。

Feng Ziyou　馮自由：《中國革命運動二十六年組織史》（上海：商務印書館，1948 年；上海：上海書店出版社作為《民國叢書》第二編重印，無日期）。

Gao Liangzuo　高良佐：〈總理業醫生活與初期革命運動〉，《建國月刊》（南京 1936 年 1 月 20 日版）。

Gao Liangzuo　高良佐：《孫中山先生傳》（上海：近芬書屋，1945; 蘭州：甘肅人民出版社，2006 年重印）。

Ge Zhiyi 戈止義：〈對「1894 年孫中山謁見李鴻章一事的新資料」之補正〉，《學術月刊》（上海：上海人民出版社，1982) 第 8 期，第 20-22 頁。

Guangdong Academy of Sicial Sciences Institue of History 廣東省社會科學研究所歷史研究室（編):《朱執信集》（北京：中華書局，1979)。

Guo Hengyu　郭恆鈺：《共產國際與中國革命──第一次國共合作》（台北：東大圖書公司，1991 年 4 月再版）。

Guo Tingyi 郭廷以（編著）:《中華民國史事日誌》一套四冊（台北：中央研究院近代史研究所，1979)。

Hager Rev. Robert. 喜嘉理：〈美國喜嘉理牧師關於孫逸仙總理信教之追述〉，載馮自由：《革命逸史》，一套 6 冊（北京：中華書局，1981)，第二集 12-17 頁。該文另目〈關於孫逸仙（中山）先生信教之追述〈而轉載於《中華基督教會公理堂慶祝辛亥革命七十週年特刊〉，第 5-7 頁。又另目〈孫中山先生之半生回觀〉，而轉載於尚明軒、王學莊、陳松等編《孫中山生平事業追憶錄》（北京：人民出版社，1986)，第 521-524 頁。

Hao Ping　郝平：《孫中山革命與美國》（北京：北京大學出版社，2000）。

Hao Shengchao 郝盛潮（主編）:《孫中山集外集補編》（上海：上海人民出版社，1994）。

He Luzi 何陸梓:〈商團事變時廣州市的錢銀業〉，中國人民政治協商會議廣州委員會文史資料研究委員會（編）:《廣州文史資料》第 7 輯（廣州：文史資料出版社，1963），第 87-91 頁。

Hu Bin（translator），胡濱（譯）:《英國藍皮書有關辛亥革命資料選譯》，上、下兩冊（北京：中華書局，1984）。

Hu Chunhui et alia (eds.)，胡春惠等（編）:《近代中國與亞洲》學術討論會論文集，（上）（下）兩冊（香港：珠海書院亞洲研究中心，1995）。

Huang Fuqing 黃福慶:《清末留日學生》（台北：中央研究院近代史研究所，1975）。

Huang Xiurong 黃修榮（主編）:《蘇聯、共產國際與中國革命的關係新探》（北京：中共黨史出版社，1995)。

Huang Yuhe 黃宇和 —— 見 Wong，John Y.（以便與英文參考書目的名字一致）。

Huang Zhen 黃振:〈法國大革命的歷史經驗與辛亥革命道路的選擇〉，《華中師範大學學報》（哲社）1989 年，第 4 期，頁 50-57。

Huang Zijin 黃自進:《吉野作造對近代中國的認識與評價，1906-1932》（台北：中央研究院近代史研究所，1995）。

Huang Zijin 黃自進:《北一輝的革命情結：在中日兩國從事革命的歷程》（台北：中央研究院近代史研究所，2001）。

Huang Zijin 黃自進:〈利用與被利用：孫中山的反清革命運動與日本政府之關係〉，《中央研究院近代史研究所集刊》，第 39 期（2003 年 3 月），頁 107-152。

HuangYuhe 黃宇和——見 Wong，J.Y.（以便與英文參考書目的名字一致）。

Huo Qichang 霍啟昌:〈幾種有關孫中山在港策進革命的香港史料試釋〉，《回顧與展望：國內外孫中山研究述評》（北京：中華書局，1986 年 7 月），頁 440-455。

Huo Qichang 霍啟昌:〈孫中山先生早期在香港思想成長的初探〉，載《孫中山和他的時代》（北京：中華書局，1990 年 10 月），（中）頁 929-940。

Jian Yihua 姜義華:〈民權思想淵源 —— 上海孫中山故居部份藏書疏記〉，載姜義華:《大道之行 —— 孫中山思想發微》（廣州：廣東人民出版社，1996)，頁 108-123。

Jian Yihua 姜義華:《大道之行 —— 孫中山思想發微》（廣州：廣東人民出版社，1996)。

Jiang Yongjing 蔣永敬:《鮑羅廷與武漢政權》（台北：傳記文學出版社，1972)。

Jiang Yongjing 蔣永敬:《胡漢民先生年譜》（台北：中國國民黨中央黨史委員會，1978)。

Jiang Yongjing 蔣永敬:〈胡、汪、蔣分合關係之演變〉，中央研究院近代史研究所（編）:《近代中國歷史人物論文集》（台北：中央研究院近代史研究所，1993)，頁 1-27。

Jiang Yongjing 蔣永敬:〈孫中山對中國統一的主張〉，載胡春惠等（編）:《近代中國與亞洲》學術討論會論文集（上）（下）兩冊（香港：珠海書院亞洲研究中心，1995）。（上），頁 14-25。

Jiang Yongjing 蔣永敬、楊奎松:《中山先生與莫斯科》（台北：台灣書店，2001)。

Jin Chongji 金冲及（選編）:《辛亥革命研究論文集》（北京：三聯書店，2011）。

Jing Sheng and Qi Quan (eds.) 京聲、溪泉（編）:《新中國名人錄》（南昌：江西人民出版社，1987)。

Lai Zehan 賴澤涵：〈廣州革命政府的對外關係〉，載胡春惠等（編）：《近代中國與亞洲》學術
　　討論會論文集（上）（下）兩冊。香港：珠海書院亞洲研究中心，1995。（下），頁 984-
　　1024。

Li Ao 李敖：《孫逸仙和中國西化醫學》（台北：文星書店，1965）。

Li Ao 李敖：《孫中山研究》（台北：李敖出版社，1987）。

Li Ao 李敖：《孫中山研究》（北京：中國友誼出版公司，2010）。此書合併了 1965 年台灣
　　版的《孫逸仙和中國西化醫學》和 1987 年台灣版的《孫中山研究》，並「遵循有關規
　　定，對涉及不能為大陸讀者認同對政治取向對內容做了寄書處理；對學術思想及觀念上
　　對差異則保持原貌，對台灣黨政名稱和職務稱謂，採用加引號的處理方式，但引文內和
　　引號內的則不加引號。」

Li Boxin 李伯新：《孫中山史蹟憶訪錄》中山文史第 38 輯（中山市：中國人民政治協商會議
　　廣東省中山市委員會文史學習委員會，1996)。

Li Dianyuan 李殿元：〈論「商團事件」中的范石生〉，《民國檔案》（南京：中國第二歷史檔案
　　館，1992）第 3 期，第 85-92 頁。

Li Henggao 李蘅皋，余少山：〈粵商自治會與粵商維持公安會〉，載中國人民政治協商會議廣
　　州委員會文史資料研究委員會（編）：《廣州文史資料》，第 7 輯（廣州：廣州文史資料
　　研究委員會出版，1963)，頁 21-35。

Li Jiannong 李劍農：《中國近百年政治史》一套二冊（湖南：藍田師範學院史地學會，
　　1942；上海：商務印書館，1947）。

Li Jikui 李吉奎：《孫中山與日本》（廣州：廣東人民出版社，1996）。

Li Jinxuan 李進軒：《孫中山先生革命與香港》（台北：文史哲出版社，1989)。

Li Langru et alia，李朗如（等）：〈商團事變〉，載中國人民政治協商會議廣州委員會文史資
　　料研究委員會（編）：《廣州文史資料》，第 1 輯（廣州：廣東人民出版社，1960)。

Li Langru et alia，李朗如（等）：〈一九二四年的廣州商團事變見聞〉，載中國人民政治協商會
　　議全國委員會文史資料研究委員會（編)：《文史資料選輯》，第 15 輯（北京：中華書局，
　　1961)，第 96-101 頁。

Li Langru et alia，李朗如（等）：〈廣東商團叛亂始末〉，載中國人民政治協商會議廣東委員會
　　文史資料研究委員會（編）：《廣東文史資料》（廣州：廣東人民出版社，1984)。第 42
　　輯，第 242-258 頁。

Li Shucheng 李書城：〈辛亥革命前後黃克強先生的革命活動〉，載《辛亥革命回憶錄》（北京：
　　文史資料出版社，1981)，一套 8 冊，第 1 冊，第 180-216 頁。

Li Shuhua 李書華：〈辛亥革命前後的李石曾先生〉，載《傳記文學》（台北，1983)，第 24
　　卷，第 2 期，頁 42-46。

Li Shuixian et alia (ed.)，李睡仙、魯直之、謝盛之等（編）：《陳炯明叛國史》（福州：《新福建
　　報》社，1922）。

Li Shuzeng 李紓曾：〈李曉生未完成自傳稿先睹：辛亥年前的革命生涯〉，載《南大語言文化
　　學報》，第 3 卷第 1 期 頁 131-153。

Li Wanqiong 黎玩瓊：〈談談道濟會堂〉，1984 年 1 月 6 日，載王誌信《道濟會堂史》（香港：
　　基督教文藝出版社，1986)，頁 85-87。

Li Yaofeng 利耀峰：〈我是怎樣參加商團的〉，載中國人民政治協商會議廣州委員會文史資料

研究委員會（編）：《廣州文史資料》，第 7 輯（廣州：文史資料出版社，1963），第 92-94 頁。

Li Yunhan　李雲漢：《從容共到清黨》（台北：中國學術著作獎助委員會，1966）。

Li Yunhan and Wang Ermin，李雲漢，王爾敏：《中山先生民族主義正解》中山學術文化基金叢書（台北：台灣書店，1999）。

Li Yunhan and Wang Ermin，李雲漢，王爾敏：《中山先生民生主義正解》中山學術文化基金叢書（台北：台灣書店，2001）。

Li Yuzhen　李玉貞（主編）：《馬林與第一次國共合作》（北京：光明日報出版社，1989）。

Li Yuzhen　李玉貞：《孫中山與共產國際》（台北：中央研究院近代史研究所，1996)。

Li Yuzhen　李玉貞（譯）：《聯共、共產國際與中國，1920-1925》第一卷（台北：東大圖書公司，1997）。

Liang Jingchun　梁敬錞：〈一九一一年的中國革命〉，載張玉法（主編）：《中國現代史論集：第三輯、辛亥革命》（台北：聯經，1980）。

Liang Wen　梁文：〈孫中山有關商團叛變函電補遺〉，載中國人民政治協商會議廣東委員會文史資料研究委員會（編）：《廣東文史資料》，第 17 輯（廣州：廣東人民出版社，1979），頁 121-123。

Lin Fang 林芳：〈我參加商團的經過〈載中國人民政治協商會議廣州委員會文史資料研究委員會（編）：《廣州文史資料》，第 7 輯（廣州：文史資料出版社，1963），頁 97-100。

Lin Jiayou and Li Ming (eds.)，林家有、李明（主編）：《孫中山與世界》（長春：吉林人民出版社，2004）。

Lin Jiayu and Li Ming (comp.)，林家有，李明（主編）：《看清世界與正視中國》（天津：天津古籍出版社，2005）。

Lin Nengsh　林能士：〈第一次護法運動的經費問題，1917-1918〉，《近代中國》，第 105 期（1995 年 2 月），頁 132—159。

Lin Nengshi　林能士：〈試論孫中山聯俄的經濟背景〉，《國立政治大學歷史學報》，第 11 期（1994 年 1 月），第 89—107 頁。

Lin Nengshi　林能士：〈經費與革命 —— 以護法運動為中心的一些探討〉，《國立政治大學歷史學報》，第 12 期（1995 年 5 月），頁 111—135。

Lin Qiyan　林啟彥：〈近三十年來香港的孫中山研究〉，《回顧與展望 —— 國內外孫中山研究述評》（北京：中華書局，1986 年 7 月），頁 534-538。

Lin Zhijun 林志鈞：〈商團事變知聞憶錄〉，載中國人民政治協商會議廣州委員會文史資料研究委員會（編）：《廣州文史資料》（廣州：文史資料出版社，1963），第 7 輯，頁 71-77。

Lin Zhijun 林志鈞：〈對‘商團事變’一文的補充訂正〉，載中國人民政治協商會議廣州委員會文史資料研究委員會（編）：《廣州文史資料》，第 7 輯（廣州：文史資料出版社，1963），頁 106。

Lin Zhijun 林志鈞：〈對‘1924 年廣州商團事變見聞’補正〉，載中國人民政治協商會議廣州委員會文史資料研究委員會（編）：《廣州文史資料》。第 48 輯（廣州：廣東人民出版社，1986），頁 242。

Linebarger Paul. 林百克（著），徐植仁（譯）：《孫中山傳記》（上海：三民公司，1926）。

Linebarger Paul. 林百克（著），徐植仁（譯）：《孫中山傳記》（上海：新華書局，1927）。

Liu Jiaquan　劉家泉：《孫中山與香港》（北京：中央文獻出版社，2001）。

Lu Danlin　陸丹林：〈總理在香港〉，載陸丹林（著）《革命史譚》（重慶：獨立出版社，1944；北京：中華書局，2007 年重印）。

Lu Danlin 陸丹林：〈記關楚璞的一段談話〉，載中國人民政治協商會議廣州委員會文史資料研究委員會（編）:《廣州文史資料》，第 8 輯（廣州：廣東人民出版社，1963），第 187 頁。

Lu Danlin 陸丹林：〈第七輯《商團與商團叛變》的幾則補充——記關楚璞的一段談話〉，載中國人民政治協商會議廣州委員會文史資料研究委員會（編）:《廣州文史資料》，第 17 輯（廣州：廣東人民出版社，1979），第 187-188 頁。

Lu Jiandong 陸鍵東：《陳寅恪的最後 20 年》（北京：三聯書店，1995 年；香港：天地圖書有限公司，1996）。

Lu Jiefeng 盧潔峰：《廣州中山紀念堂的鈎沉》（廣州：廣東人民出版社，2004）。

Lu Jiefeng 盧潔峰：〈大鐘與十字架的疊加——中山陵新解〉，載《建築創作》，2011 年 11 月，總 150 期，頁 234－241。

Lu Jiefeng 盧潔峰：《「中山」符號》（廣州：廣東人民出版社，2011）。

Lue Fangshang　呂芳上：《朱執信與中國革命》（台北：東吳大學中國學術著作獎助會，1978）。

Lue Fangshang　呂芳上：《革命之再起：中國國民黨改組前對新思潮的回應，1914-1924》（台北：中央研究院近代史研究所，1989）。

Luo Jialun　羅家倫：《中山先生倫敦蒙難史料考訂》（南京：京華印書館，1935 年重版）。

Luo Jialun et alia (eds.)，羅家倫、黃季陸主編，秦孝儀增訂：《國父年譜》一套 2 冊（台北：中國國民黨中央黨史委員會，1985)。

Luo Jialun et alia (eds.)，羅家倫、黃季陸（主編），秦孝儀、李雲漢（增訂）:《國父年譜》一套二冊（台北：國民黨黨史會出版，1994）。

Luo Xiangli　羅香林：《國父之大學時代》（重慶：獨立出版社，1945)。

Luo Xianglin Sun Yatsen's European and American friends (Taipei: Central Artifects，1979). 羅香林：《國父與歐美之友好》（台北：中央文物供應社，1979 再版）。

Ma Shitu　馬失途：〈陳炯明至死不悟〉，香港《信報》1998 年 3 月 12 日。

Ma Shitu　馬失途：〈陳炯明也可以翻案嗎？——一本有爭議的新書發表會側記〉，香港《信報》1998 年 3 月 11 日。

Ma Xiang　馬湘：〈保衛孫夫人脫險〉，此文屬於馬湘：〈跟隨孫中山先生十餘年的回憶〉一文中的第八節。全文載中國人民政治協商會議全國委員會文史資料研究委員會（編）:《辛亥革命回憶錄》（北京：文史資料出版社，1981）頁 559-607：其中第八節刊於第 581-584 頁。

Mao Haijian　茅海建：〈戊戌政變的時間、過程與原委：先前研究各說的認知、補證、修正〉《近代史研究》2002 年，第 4 期（頁 197-289），第 5 期（頁 135-192），第 6 期（頁 149-201)。

Mao Haijian 茅海建：《戊戌變法時期司員士民上書研究》，《明清論叢》第五輯，（北京：紫禁城出版社，2004）。

Mao Haijian　茅海建：《从甲午到戊戌：康有為〈我史〉鑒注》（北京：三聯書店，2009）。

Mao Sicheng 毛思誠（編）:《民國十五年前之蔣介石先生》（香港：龍門書店，1936）。

Mao Zhuqing　毛注青:《黃興年譜》（長沙：湖南人民出版社，1980）。

Mao Zhuqing　毛注青編著《黃興年譜長編》（北京：中華書局，1991）。

Merker　Peter. 墨柯:〈德國人眼中的孫中山：同時代外交官的評價〉,《辛亥革命史叢刊》第
　　11 輯（武漢：湖北人民出版社，2002），第 206-239 頁。至於這位作者墨柯先生的原
　　名，承該刊副主編之一、嚴昌洪教授覆示，乃 Peter Merker 博士，任職於德國埃兒福
　　(Erft) 大學。

Miao Xinzheng 繆鑫正等（編）:《英漢中外地名詞匯》（香港：商務印書館，1977）。

Miyazaki Torazo　宮崎寅藏（著），林啓彥（譯）:《三十三年之夢》（香港：三聯書店，
　　1981；廣州：花城出版社，1981）。

Mo Shixiang 莫世祥:〈孫中山香港之行—近代香港英文報刊中的孫中山史料研究〉,《歷史研
　　究》。1997 年第 3 期，頁 19-31。

Mo Shixiang　莫世祥:《護法運動史》（台北：稻禾出版社，1991）。

Pan Luming 潘陸明:〈商團與商團叛變〉，載中國人民政治協商會議廣州委員會文史資料研
　　究委員會（編）:《廣州文史資料》，第 7 輯（廣州：文史資料出版社，1963），頁 17-
　　20。

Pan Luming 潘陸朋:〈匯豐銀行與陳廉伯操縱銀業的活動〉，載中國人民政治協商會議廣州委
　　員會文史資料研究委員會（編）:《廣州文史資料》，第 7 輯（廣州文史資料研究委員會
　　出版，1963），頁 17-20。

Pan Ximing 潘希朋:〈工商界老人回憶商團事變——潘希朋的回憶〉，載中國人民政治協商會
　　議廣州委員會文史資料研究委員會（編）:《廣州文史資料》，第 7 輯（廣州文史資料研
　　究委員會出版，1963），頁 61-65。

Ping Zi　平子:〈記廣州商團之變〉,《現代史料》,（上海：海天出版社，1934），第三集，頁
　　7-14。

Qiu Jie:〈孫中山張作霖的關係與「孫文越飛宣言」〉,《歷史研究》，1997 年第 2 期，
　　頁 68-76。該文原作為國際學術討論會的學術報告而收入《孫中山與華僑：紀念孫中山
　　誕辰 130 週年國際學術討論會論文集》（神戶：孫中山紀念會，1996），頁 70-81。

Qiu Jie　邱捷:〈廣州商團與商團事變——從商人角度的再探討〉,《歷史研究》，2002 年第
　　2 期，頁 53-66。

Rao Zhanxiong and Huang Yanchang，饒展雄、黃艷嫦:〈孫中山與香港瑣記〉，載中國人民
　　政治協商會議廣東委員會文史資料研究委員會（編）:《廣東文史資料》，第 58 輯（廣州：
　　廣東人民出版社，1988）。

Ren Jianshu and Zhang Quan，任建樹、張銓:《五卅運動簡史》（上海：上海人民出版社，
　　1985）。

Sang Bing　桑兵.〈日本東亞同文會廣東支部〉，廣州《中山大學學報：　　　》，2002 年第
　　1 期，頁 1-16。

Sang Bing 桑兵:〈提升孫中山研究的取徑〉，廣東社會科學 2013 年第 3 期，第 91－98 頁：
　　其中第 91 頁。

Schiffrin Harold Z. 史扶鄰:〈孫中山與英國〉,《孫中山和他的時代》（北京：中華書局，1990
　　年 10 月）（上），第 411-419 頁。

Shang Mingxuan et alia (eds.). 尚明軒、王學莊、陳松等編《孫中山生平事業追憶錄》（北京：人民出版社，1986）。

Shen Weibin　沈渭濱：〈1894 年孫中山謁見李鴻章一事的新資料〉，《辛亥革命史叢刊》，第1 輯（北京：中華書局，1980），頁 88-94。

Sheng Yonghua　ZhaoWenfang and Zhang Lei，盛永華、趙文房，張磊（合編.）：《孫中山與澳門》（北京：文物出版社，1991）。

Song Qingling　宋慶齡：《宋慶齡選集》，一套兩冊（北京：人民出版社，1992）。

Song Qingling　宋慶齡：《宋慶齡書信集（上）》，趙樸初編，（北京：人民出版社，1999）。

Song Shuipei　宋水培等（編）：《漢語成語詞典》（成都：四川辭書出版社，2000）。

Song Xilian　宋希濂：〈參加黃埔軍校前後〉，載黨德信、黃靄玲（合編）：《第一次國共合作時期的黃埔軍校：紀念黃埔軍校創建六十週年》（北京：文史哲出版社，1984），頁 237-260。

Sun Yatsen　孫中山：《孫中山全集》，11 卷（北京：中華書局，1981-6）。

Sun Yatsen　孫中山：《孫中山藏檔選編》，（北京：中華書局，1986）。

Sun Yatsen　孫中山：《國父全集》，12 冊（台北：近代中國出版社，1989）。

Sun Yatsen　孫中山：《孫中山集外集》，（上海：上海人民出版社，1990）。

Sun Yatsen　郝盛潮（主編）：《孫中山集外集補編》（上海：上海人民出版社，1994）。

Sun Yatsen Research Institute of Sun Yatsen University and the United College within the Chinese University of Hong Kong (1986.)，中山大學孫中山研究所、香港中文大學聯合書院（合編）：《孫中山在港澳與海外活動史跡》（香港：聯合書院，1986）。

Tan Liting　譚禮庭：〈工商界老人回憶商團事變——譚禮庭的回憶〉，載中國人民政治協商會議廣州委員會文史資料研究委員會（編）：《廣州文史資料》，第 7 輯（廣州：廣州文史資料研究委員會出版，1963)，頁 57-60。

Tan Liting　譚禮庭：〈發還扣械的經過及其他〉，載中國人民政治協商會議廣州委員會文史資料研究委員會（編）：《廣州文史資料》，第 7 輯（廣州：文史資料出版社，1963），頁 67-70。

Tan Tingfu　譚廷甫：〈商團劫法場的陰謀〉，載中國人民政治協商會議廣州委員會文史資料研究委員會（編）：《廣州文史資料》，第 8 輯（廣州：廣州文史資料研究委員會出版，1963），頁 190-191。

Tan Tingfu　譚廷甫：〈請求發還扣械代表的各種態度〉，載中國人民政治協商會議廣州委員會文史資料研究委員會（編）：《廣州文史資料》，第 8 輯（廣州：廣州文史資料研究委員會出版，1963），頁 188。

Tan Yanfu　譚延甫：〈對「發還扣械及其他」一文的質疑〉，載中國人民政治協商會議廣州委員會文史資料研究委員會（編）：《廣州文史資料》，第 17 輯（廣州：廣東人民出版社，1979)，頁 189-190。

Tan Yanfu　譚延甫：〈商團謀劫法場的陰謀〉，載中國人民政治協商會議廣東委員會文史資料研究委員會（編）：《廣東文史資料》，第 17 輯（廣州：廣東人民出版社，1979)，第 190-191 頁。

Tang Qihua　唐啟華：〈1924 年「中俄協定」與中俄舊約廢止問題 —— 以「密件協定書」為中心的探討〉，《近代史研究》，2006 年第 3 期，頁 1 — 22。

Tang Qihua 唐啟華：〈1924-1927 年中俄協定會議研究〉，《近代史研究》，2007 年第 4 期，頁 29-54。

Tang Zhijun 湯志鈞（編）：《章太炎政論集》（北京：中華書局，1977 年）。

Tao Huaizhong 陶懷仲：《三民主義的比較研究》（台北：三民書局，1978）。

Tie Zijiu 帖子久：〈工商界老人回憶商團事變——帖子久的回憶〉，載中國人民政治協商會議廣州委員會文史資料研究委員會（編）：《廣州文史資料》，第 7 輯，（廣州文史資料研究委員會出版，1963），頁 52-57。

Wang Changet alia，王昌等：〈陳廉伯其人與商團事變〉，載中國人民政治協商會議廣州委員會文史資料研究委員會（編）：《廣州文史資料》，第 7 輯（廣州：文史資料出版社，1963），第 37-45 頁。

Wang Chaoming 王昭明：〈孫中山與法國〉，《近代史研究》1984 年第 1 期，頁 304-307。

Wang Ermin 王爾敏：〈孫中山先生在二十世紀的歷史地位〉，《近代中國》，總 156 期（2004 年 3 月 31 日），頁 3-27。

Wang Fumin 王俯民：《孫中山詳傳》（北京：中國廣播電視出版社，1993）。

Wang Licheng 王立誠：《美國文化與近代中國教育：滬江大學的歷史》（上海：復旦大學出版社，2001）。

Wang Lixin 王立新：《美國傳教士與晚清中國現代化》（天津：天津人民出版社，1997）。

Wang Lixin 王立新：《基督教教育與中國知識份子》（福州：福建教育出版社，1998）。

Wang Lixin 王立新：《美國對華政策與中國民族主義運動（1904-1928）》（北京：中國社會科學出版社，2000）。

Wang Yongxing 王永興：《陳寅恪先生史學述略稿》（北京：北京大學出版社，1998）。作者王永興乃陳寅恪先生的學生、北京大學歷史系教授。尤其值得注意的是該書第四節：「陳寅恪先生的治史方法——神遊冥想真瞭解之法」，頁 126-131。

Wang Yujun 王聿均：《中蘇外交的序幕》（台北：中央研究院近代史研究所，1963)。

Wang Zhixin 王誌信：《道濟會堂史 — 中國第一家自立教會》（香港：基督教文藝出版社，1986).

Wei Gong 衛恭：〈商團事變前後見聞雜記〉，載中國人民政治協商會議廣州委員會文史資料研究委員會（編）：《廣州文史資料》，第 7 輯（廣州：文史資料出版社，1963），頁 101-105。

Wen Chen 文琛：〈商團主要人物的言論及與康有為的關係〉，載中國人民政治協商會議廣州委員會文史資料研究委員會（編）：《廣州文史資料》，第 7 輯（廣州：文史資料出版社，1963），頁 81-86。

Wilbur C. Martin 韋慕廷（著），楊慎之（譯）：《孫中山 — 壯志未酬的愛國者》（廣州：中山大學出版社，1986）。

Wong，John Y. 黃宇和：〈分析倫敦報界對孫中山被難之報道與評論〉，，《孫中山研究》，第一輯（廣州：廣東人民出版社，1986 年 6 月），頁 10-30。

Wong，John Y. 黃宇和：〈孫中山倫敦被難研究述評〉，《回顧與展望：國內外孫中山研究述評》（北京：中華書局，1986 年 7 月），第 474-500 頁。

Wong，John Y. 黃宇和：〈孫中山第一次旅歐的時間和空間的考訂〉，《孫中山和他的時代》（北京：中華書局，1990 年 10 月），下冊，頁 2298-2303。

Wong，John Y. 黃宇和：〈孫中山先生倫敦蒙難史料新證與史事重評〉，《中華民國建國八十週年學術討論集》（台北：近代中國出版社，1991年12月），第一冊，頁23-63。

Wong，John Y. 黃宇和：〈微觀研究孫中山雛議〉，《近代史研究》，（北京：中國社會科學院近代史研究所，1995年5月），1995年第3期，頁195-215。

Wong，John Y. 黃宇和：〈中山先生倫敦蒙難新史料的發現與考訂〉，，《近代中國》（台北：近代中國出版社，1995年6月，8月，10月），總107期：第174-95；總108期：第278-289頁；總109期：第49-72頁。

Wong，John Y. 黃宇和：〈興中會時期孫中山先生思想探索〉，《國父建黨一百週年學術討論集》（台北：近代中國出版社，1995年3月），第一冊，第70-93頁。

Wong，John Y. 黃宇和：〈孫中山的中國近代化思想溯源〉，《國史館館刊》（台北：國史館，1997年6月），復刊第22期，頁83-89。

Wong，John Y. The reality about Sun Yatsen's kidnapping in London (Taipei: Union Press，1998). 黃宇和：《孫逸仙倫敦蒙難真相：從未披露的史實》（台北：聯經，1998）。

Wong，John Y. 黃宇和：〈英國對華「炮艦政策」剖析：寫在「紫石英」號事件50週年〉，《近代史研究》，（北京：中國社會科學院近代史研究所，1999年7月），第4期，頁1-43。

Wong，John Y. 黃宇和：〈孫逸仙，香港與近代中國〉，《港澳與近代中國學術研討會論文集》（台北：國史館，2000），頁149-168。

Wong，John Y. 黃宇和：〈三民主義倫敦探源雛議〉，中國史學會編：《辛亥革命與20世紀的中國》，一套三冊（北京：中央文獻出版社，2002年8月），上冊，頁521-575。

Wong，John Y. 黃宇和：〈跟蹤孫文九個月、公私隱情盡眼簾〉，《近代中國》（台北：近代中國出版社，2003-2004），總152期，頁93-116; 總153期，頁65-88; 總154期，頁3-33; 總155期，頁140-168; 總156期，頁167-190。

Wong，John Y. 黃宇和：〈英國對孫中山選擇革命的影響〉，林家有、李明（主編）:《孫中山與世界》（長春：吉林人民出版社，2004)，頁250-314。

Wong，John Y. 黃宇和：《黃宇和院士系列之二：孫逸仙倫敦蒙難》（上海：上海書店出版社，2004)。

Wong，John Y. 黃宇和〈孫逸仙曾被囚香港域多利監獄？〉(Was Sun Yatsen ever an Inmate of Hong Kong's Victoria Jail?)，《九州學林》(ISSN1729-9256(香港城市大學和上海復旦大學合編)，第4卷(2006)，第1期，(總第11輯)，頁291-325。

Wong，John Y. 黃宇和：〈孫中山與南方熊楠1897年在倫敦第交往〉，日本孫文研究會（編）:《孫文與南方熊楠》（神戶：日本孫文研究會，2007），頁19－53。

Wong，John Y. 黃宇和：〈任重道遠：孫逸仙成長之重要性及探索之重重困難〉，中國社會科學院近代史研究所（編）:《紀念孫中山誕辰140週年國際學術討論會論文集》，一套兩冊（北京：社會科學文獻出版社，2009），頁1125-1146.

Wu Deduo 吳德鐸：〈孫中山倫敦蒙難〉，《人民日報》，1981年9月14日。

Wu Liyang 伍立楊：〈陳案難翻〉，貴州《文史天地》，2002年第7期，頁31-32。

Wu Lun Nixia 吳倫霓霞：〈孫中山早期革命運動與香港〉，《孫中山研究論叢》，第三集（廣州：中山大學，1985)，頁67-78。

Wu Lun Nixia 吳倫霓霞：〈孫中山先生在香港所受教育與其革命思想之形成〉，載香港《珠海學報》，第15期（1985年），頁383-392。

Wu Lun Nixia 吳倫霓霞：〈興中會前期（1894-1900）孫中山革命運動與香港關係〉，《孫中山和他的時代》（北京：中華書局，1990 年 10 月），（中），頁 902-928。

Wu Lun Nixia 吳倫霓霞：〈興中會前期(1894-1900)孫中山革命運動與香港的關係〉，《中央研究院近代史研究所集刊》（台北：1990 年 6 月），第 19 期，頁 215-234。

Wu Qiandui 吳乾兑：〈辛亥革命期間的法國外交與孫中山〉，《孫中山研究論叢》（廣州：中山大學出版社，1985），第 3 集，頁 130-138。

Wu Qiandui 吳乾兑：〈1911-1913 年的法國外交與孫中山〉，《近代史研究》1987 年第 2 期，頁 83-102。又見《孫中山和他的時代》北京：中華書局，1990 年 10 月），（上），頁 420-441。

Wu Tiecheng 吳鐵誠：《吳鐵城回憶錄》第六章 ' 商團叛亂 '，轉載於周康燮：《1924 年廣州商團事件》，中國近代史資料分類彙編之七，（香港：崇文書店，1974)，頁 77-83。

Wu Xiangxiang 吳相湘：《孫逸仙先生傳》一套兩冊，（台北：遠東圖書公司，1982）。。

Xu Songling (1956)，徐嵩齡：〈一九二四年孫中山的北伐與廣州商團事變〉，《歷史研究》，1956 年，第 3 期，頁 59-69。

Xu Zhi 徐只：〈江門商團始末記〉，載中國人民政治協商會議廣州委員會文史資料研究委員會（編）：《廣州文史資料》，第 19 輯（廣州：文史資料出版社，1963），頁 102-114。

Xu Zhiwei 許智偉：〈國父孫逸仙博士之教育思想及其在香港所受教育之影響〉，載《孫中山先生與辛亥革命——民國史研究叢書》，（台北：1981）上冊，頁 315-330。

Yang Yunsong 楊允松：〈孫中山倫敦被綁是何人所為？〉，《團結報》，1991 年 12 月 7 日。

Yasui Sankichi 安井三吉：〈「支那革命黨首領孫逸仙考」—— 孫文最初的來神して關する若干の問題るっって〉，東京《近代》雜誌，第 57 期（1981），頁 49-78。

Ye Shangzhi 葉尚志：《民生經濟學》（台北：三民書局，1966）。

Ye Xiasheng 葉夏聲：《國父民初革命紀略》（廣州：孫總理侍衛同志社，1948）。

Yu Qizhao 余齊昭：《孫中山文史圖片考釋》（廣州：廣東省地圖出版社，1999）。

Yu Shengwu (1995) and LiuShuyong (eds.)，余繩武，劉蜀永（合編）:《20 世紀的香港》（北京：中國大百科全書出版社，1995)。

Yu Xinchun 俞辛焞：《孫中山與日本關係研究》（北京：人民出版社，1996）。

Yu，Xintun，et al. (1990) 俞辛焞等（譯）:《孫中山在日活動密錄，1913 年 8 月－1916 年 4 月》（南開大學出版社，1990）。

Yu Yanguang 余炎光：〈近代中國人物與香港—中共建國前數年概況之分析〉，載胡春惠等（編）:《近代中國與亞洲》學術討論會論文集（上）（下）兩冊（香港：珠海書院亞洲研究中心，1995），（下），頁 890-984。

Yuan Honglin 袁鴻林：〈興中會時期的孫楊兩派〉，載《紀念辛亥革命七十周年青年學術討論會論文選》（北京：中華書局，1983），上冊，頁 1-22。

Yuan Runfang 袁潤芳：〈孫中山平定廣州商團叛亂述略〉，《歷史檔案》，1984 年，第 1 期，頁 109-114。

Zeng Qingliu 曾慶榴（主編):《中國共產黨廣東地方史，卷一》，（廣州：廣東人民出版社，1999)。

Zhang Chunqiao 張春橋：《張春橋獄中家書》（香港：香港中文大學出版社，2014 年）。

Zhang Guoxiong et alia (eds.)，張國雄等（編）：《老房子：開平碉樓與民居》（南京：江蘇美術出版社，2002）。

Zhang Junmin 張軍民：〈從《新生命》月刊看國民黨理論界對三民主義本體的討論〉，《中山大學學報論叢》（社科）。第 20 卷，第 3 期（2000 年 6 月），頁 26-34。

Zhang Junyi 張俊義：〈20 年代初期的香港與廣東政局〉，載余繩武、劉蜀永（合編）:《20 世紀的香港》（北京：中國大百科全書出版社，1995），頁 73-101。

Zhang Junyi 張俊義：〈英國政府與 1924 年廣州商團叛變〉，《中國社會科學院近代史研究所青年學術論壇 1999 年卷》（北京： 社會科學文獻出版社，1999），頁 48-64。

Zhang Kaiyuan 章開沅：〈法國大革命與辛亥革命〉，《歷史研究》。1989 年第 4 期，頁 66-76。

Zhang Lei 張磊：〈孫中山與廣州商團叛亂〉，《學術月刊》，1979 年 10 月號，第 51-58 頁。

Zhang Lei et alia (eds.) 張磊，盛永華，霍啟昌（合編）:《澳門： 孫中山的外向門戶和社會舞台》（澳門，版權頁上沒有注明出版社是誰，1996）。

Zhang Taiyan (1911)，章太炎：〈宣言之九〉，《民國報》，1911 年 12 月 1 日，收入湯志鈞編：《章太炎政論集》（北京：中華書局，1977 年），卷 2，頁 529。

Zhang Yongfu 張永福：〈孫先生起居注〉，載尚明軒、王學莊、陳崧（合編）:《孫中山生平事業追憶錄》（北京：人民出版社，1986），頁 820-823。

Zhang Yufa 張玉法：《清季的革命團體》（台北：中央研究院近代史研究所，1975）。

Zhang Zhenkun 張振鵾·：〈辛亥革命時期的孫中山與法國〉，《近代史研究》1981 年第 3 期，頁 352-370。

Zheng Zhao 鄭照：〈孫中山先生逸事〉，載尚明軒、王學莊、陳松等編《孫中山生平事業追憶錄》（北京：人民出版社，1986）第 516-520 頁。

Zheng Zhonglian 鄭仲良：〈中山縣商團活動概況〉，載中國人民政治協商會議廣東委員會文史資料研究委員會（編）:《廣東文史資料》，第 19 輯（廣東文史資料研究委員會出版，1965），第 115-118 頁。

Zheng Ziyu 鄭子瑜：〈總理老同學江英華醫師訪問記〉，載孟加錫《華僑日報》1940 年 1 月26 日，剪報藏中國國民黨黨史會，檔案編號 041· 117。《近代 中國》第 61 期（1987 年 10 月 31 日出版）第 112-114 頁又轉載了鄭子瑜先生的文章。

Zhi Xinqinet alia，植梓卿等：〈工商界老人回憶商團事變〉，載中國人民政治協商會議廣州委員會文史資料研究委員會（編）:《廣州文史資料》，第 7 輯（廣州： 文史資料出版社，1963），第 46-66。

Zhi Ziqing 植梓卿：〈工商界老人回憶商團事變──植梓卿的回憶〉，，《廣州資料》（廣州：廣州文史資料研究委員會出版，1963），第 7 輯，第 46-52 頁。

Zhong Huixiang 鍾徽祥：〈孫中山先生與香港──訪吳倫霓霞博士〉，《人民日報》（海外版）。1986 年 11 月 5 日。

Zhong Zhuoan 鍾卓安：《陳濟棠》（廣州： 廣東省地圖出版社，1999）。

Zhou Kangxie (1974)，周康燮（編）《1924 年廣州商團事件》，中國近代史資料分類彙編之七，（香港：崇文書店，1974）。

Zhou Zhuohuai 周卓懷：〈四十二年前國父經過香港盛況〉，載 台北《傳記文學》第 7 卷第 5 期（1965 年 11 月）: 頁 21-22。

Zhu Zongzhen　朱宗震：〈評桑兵先生對百年來中國史學的挑戰：讀《庚子勤王與晚清政局》〉，2006 年 6 月 30 日，香港中文大學《二十一世紀》網絡版，2006 年 6 月號。www.cuhk.edu.hk/ics/21c/supplem/.../0602016g.htm，2015 年 12 月 16 日上網閱讀。

Zhuang Zheng 莊政：《孫中山的大學生涯》（台北：中央日報，1995）。

Zou Lu　鄒魯：《中國國民黨史稿》（上海：民智書局，1929；重慶：商務印書館重印，1944；北京：中華書局，1962 年重印）。

Zou Lu　鄒魯《乙未廣州之役》，載柴德庚等（編）：《中國近代史資料叢刊——辛亥革命》，一套 8 冊（上海：人民出版社，1981），第 1 冊，頁 225-234。取材自鄒魯：《中國國民黨史稿》（上海：民智書局，1929）第三篇，第一章。

Zou Nianzhi　translator，鄒念之（編譯）：《日本外交文書選譯——關於辛亥革命》（北京：中國社會科學出版社，1980）。

Works in Western languages

A. Works pertinent to the two Opium Wars

'A Field Officer'. *The Last Year in China to the Peace of Nanking: as Sketched in Letters to His Friends*. London: Longmans and Co., 1843.

A Correspondent of the London *Daily Chronicle* (Thomas H. Reid), 'English Sketch of Dr Sun Yat Sen's Career: Says he was born near Macao', *Daily Chronicle* (London), 19 October 1911, p. 4, col. 4; also reprinted in *The Hawaiian Star* (Honolulu [Oahu]), 1893-1912, 2 January 1912, second section. Image provided by University of Hawaii at Manoa, Honolulu H1. Persistent link: http://chroniclingamerica.loc.gov/lccn/sn82015415/1912-01-02/ed-1/seq-9/

A Draft Agreement between the Government of the United Kingdom of Great Britain and Northern Ireland and the Government of the People's Republic of China on the Future of Hong Kong. Hong Kong: Government Publishing Service, 26 September 1984.

Abbot, Charles, 2nd Baron Colchester (ed). *History of the Indian Administration of Lord Ellenborough, in his correspondence with the Duke of Wellington. To which is prefixed . . . Lord Ellenborough's letters to the Queen during that period*. London: Bentley & Co., 1874.

Abeel, David. *Journal of a Residence in China and the Neighbouring Countries from 1830 to 1833*. London: J. Nisbet, 1835.

Abstract of British Historical Statistics, compiled by B.R. Mitchell, with the collaboration of Phyllis Deane. Cambridge University Press, 1962.

Adams, John Quincy. 'Lecture on the War with China' delivered before the Massachusetts Historical Society, December 1841. *Chinese Repository*, v. 11, January to December 1842, pp. 274—89.

Adams, William Y. *Nubia: Corridor to Africa*. London: Allen Lane, 1977.

Adamson, J.W. *English Education 1789-1902*. Cambridge University Press, 1930.

Ai, Chung Kung — See Chung Kung Ai.

Akita, Shigeru. 'British Informal Empire in East Asia 1880s — 1930s: A Japanese Perspective', in Janet Hunter (ed.), *Japanese Perspectives on Imperialism in Asia*. London School of Economics, 1995, pp. 1—29.

Alcock, Rutherford. *The Capital of the Tycoon*. Two volumes. New York: Harper and Brothers, 1863.

Allen, G.C. and Donnithorne, A.G. *Western Enterprise in Far Eastern Economic Development — China and Japan*. London: Allen and Unwin, 1954.

Allgood, G. *China War, 1860: Letters and Journal*. London: Longmans and Co., 1901.

Anderson, Flavia. *The Rebel Emperor*. London: Victor Gollancz, 1958.

Anderson, M. A. 'Edmund Hammond: Permanent Under-Secretary of State for Foreign Affairs, 1854—73'. Unpublished Ph.D. thesis, University of London, 1956.

Anderson, Patrick. 'The Lost Book of Sun Yatsen and Edwin Collins', 2014, manuscript yet to be published.

Anghie, A. *Imperialism, Sovereignty and the Making of International Law*. Cambridge University Press, 2005.

Anon (Edwin Collins), 'The Movement for Reform in China'. *The Speaker: A Review of Politics, Letters, Science and the Arts* (London), Saturday 23 July 1898, pp.103-104.

Anon. 'A Christian — Dr Sun Yat Sen, (Reuter) Shanghai 28 March 1925'. *Queensland Times* (Ipswich, Queensland, Australia), Monday 30 March 1925, p. 5, col. 5.

Anon. 'A Knight of the People's Paradise'. *Economist*, 16 June 2005.

Anon. 'Chinese Army and Volunteers'. *Morning Post* (London), Monday 18 July 1898, p. 5, cols. 1-2.

Anon. 'Chinese Rebel Leader Accuses Yuan Shih-kai of Despotism '. *The Sun* (New York), 7 September 1913, p. 5, cols. 1-3. http://chroniclingamerica.loc.gov/lccn/sn83030272/1913-09-07/ed-1/seq-5/#date1=09%2F07%2F1913&index=0&rows=20&searchType=advanced&language=&sequence=0&words=SEN+Sen+Sun+SUN+Yat+YAT+Yat-Sen&proxdistance=5&date2=09%2F07%2F1913&ortext=&proxtext=&phrasetext=sun+yat+sen&andtext=&dateFilterType=range&page=1***

Anon. 'Christian Faith — Sun Yat Sen's Principle Lifelong adherence (Received 11.35 a.m.), Pekin, 29 March 1925'. *Northern Advocate* (New Zealand), Monday 30 March 1925, p. 5

Anon. 'Civil Servant Wins Hong Kong Leadership Race', *Sydney Morning Herald*, internet news, 16 June 2005 at 7.15 p.m.

Anon. 'College of Medicine for Chinese'. *China Mail* (Hong Kong), Monday 25 July 1892, p. 3, cols. 1-6.

Anon. 'Concerning Sun Yat Sen — Literary labours, a letter from his comrades, the man who save Sun's life'. *Daily News* (London), 1 December 1896, p. 4, col. 3.

Anon. 'Dr Charles R. Hager'. *The Missionary Herald* (Washington), v. 113, no. 9 (September

1917), p. 397, courtesy of Dr Harold F. Worthley of the Congregational Library, 14 Beacon Street, Boston, MA 02108, enclosed in Worthley to Wong, 26 August 2003.

Anon. 'Dr Charles R. Hager'. *The Missionary Herald*, v. 113, no. 9 (September 1917), p. 397, courtesy of Dr Harold F. Worthley of the Congregational Library, 14 Beacon Street, Boston, MA 02108, enclosed in Worthley to Wong, 26 August 2003.

Anon. 'Dr Sun Cheered and Chaired. Speech at the University. My Revolutionary Ideas'. *China Mail* (Hong Kong), Tuesday 20 February 1923.

Anon. 'Dr Sun Yat Sen Tells "The Star" of the Huge Price on His Head' , The *Star* (London), Tuesday 10 January 1905, p. 3, col.3.

Anon. 'Dr Sun Yat Sen. Bedford Gentleman's Intimacy with the Chinese Revolutionary. Collaborators and Bosom Friends. Special Interview with Edwin Collins'. *The Bedfordshire Mercury*, 24 November 1911, p. 2, cols. 2-3.

Anon. 'Dr Sun Yat Sen's Address'. *Daily Press* (Hong Kong), 21 February 1923.

Anon. 'Dr Sun Yat Sen—Bedford Gentleman's Intimacy with the Chinese Revolutionary. Collaborators and Bosom Friends — Special Interview with Mr. Edwin Collins'. *The Bedfordshire Mercury*, Friday 24 November 1911, p.2, cols. 2-3.

Anon. 'Dr Sun Yat Sen—Bedford Gentleman's Intimacy with the Chinese Revolutionary. Collaborators and Bosom Friends — Special Interview with Mr. Edwin Collins'. *The Bedfordshire Mercury* (England), Friday 24 November 1911, p.2, cols. 2-3.

Anon. 'English Sketch of Dr Sun Yat Sen's Career: Says he was born near Macao'. *The Hawaiian Star* (Honolulu [Oahu]), 1893-1912, 2 January 1912, Second edition, second section. Image provided by University of Hawaii at Manoa, Honolulu H1. Persistent link: http://chroniclingamerica.loc.gov/lccn/sn82015415/1912-01-02/ed-1/seq-9/

Anon. 'Late Dr Sun Yat Sen's Beliefs, Pekin, 28 March 1925'. *Border Watch* (Mount Gambier, South Australia) , Friday 3 April 1925, p. 1, col. 2.

Anon. 'Make Children Grow Like Flowers: Purpose of New London School'. *Washington Times,* 13 September 1908, magazine section, p. 7.

Anon. 'Service for Dr. Sun Yat Sen'. *Daily Mail*(London), Monday 13 April 1925, page 7, col. 6.

Anon. 'Sun Yat Sen: Chinese Revolutionist in London'. *Daily Chronicle* (London), Tuesday 10 January 1905, p. 5, col. 3.

Anon. 'Sun Yat Sen's Religion, Pekin 28 March 1925'. *The West Australian* (Perth, Australia) , Monday 30 March 1925, p. 7, col. 3.

Anon. 'Sun Yat-sen and "Imperialist England" "The Time is Come" '. *The Hongkong Daily Press*, 5 September 1924.

Anon. 'The Bishop's College School'. *Daily Pacific Commercial Advertiser*, 31 July 1882, photocopy of a newspaper cutting, Archives of the Iolani School.

Anon. 'The Chinese Rebellion'. *Morning Post* (London), Friday 22 July 1898, p. 3, cols. 5-6.

Anon. 'The Politics of Sun Yat Sen — Why his head is in peril, China of To-day and To-morrow, off to the Sandwich Islands'. *Daily News* (London), Monday 26 October 1896, p. 3, cols. 1-2.

Anon. 'Views on Christianity — Jesus a Revolutionist, Pekin 28 March 1925'. *The Examiner* (Launceston, Tasmania, Australia), Monday 30 March 1925, p. 5, col. 2.

Anon. 'White Mourning for Sun-Yat-Sen, Draperies of Greeen and Gold, Legation Ceremony'. *Daily Chronicle* (London), Monday 13 April 1925 (Newsaper clipping).

Anon.'Dr. Sun Yat Sen — Memorial Service Ceremonies'. *Daily Telegraph* (London), Monday 13 April 1925, p. 9, col. 5.

Archer, Thomas, and A. H. Stirling. *Queen Victoria: Her Life and Reign*. Four volumes. London: Gresham Publishing Co., 1901.

Argyll, Duke of. *George Douglas, Eighth Duke of Argyll, KG. K.T. (1823—1900): Autobiography and Memoirs*. (Ed.) Dowager Duchess of Argyll. Two volumes. London: John Murray, 1906.

Armitage, David. *The Ideological Origins of the British Empire*. Cambridge University Press, 2000.

Arnold, Thomas. *Introductory Lectures on Modern History*. London: Longmans, Green and Co., 1874

Arnold, Thomas. *Thomas Arnold on Education: A Selection from his Writings with Introductory Material by T.W. Bamford*. Cambridge University Press, 1970.

Arnold, Thomas. *Thomas Arnold on Education: A Selection from his Writings with Introductory Material by T.W. Bamford*. Cambridge University Press, 1970.

Australian Dictionary of Biography, v. 2: 1788—1850, edited by A. G. L. Shaw and C. M. H. Clark. Melbourne: Melbourne University Press, 1967.

Ayerst, David George. *Guardian Omnibus, 1821—1971: An Anthology of 150 Years of Guardian Writing*. London: Collins, 1973.

B. Works pertinent to Sun Yatsen Studies

Bagehot, Walter. *The Collected Works of Walter Bagehot*, edited by F. Morgan. London: Routledge and Thomas Press, 1995.

Bagehot, Walter. *The English Constitution*. London: Thomas Nelson & Sons, 1872.

Bagenal, Philip Henry Dudley. *The Life of Ralph Bernal Osborne, MP*. London: Bentley & Sons (printed for private circulation), 1884.

Bakhala, Franklin. 'Indian Opium and Sino-Indian Trade Relations, 1801—1858'. Unpublished Ph.D. thesis, University of London, 1985.

Ball, Alan R. *British Political Parties: The Emergence of a Modern Party System*. London: Macmillan, 1981.

Bamford, T.W. *Thomas Arnold*. London: 1960.

Banno, M. *China and the West, 1858—1861: The origins of the Tsungli Yamen*. Cambridge, MA: Harvard University Press, 1964.

Baquet, Dean. 'Britain Drops Case Against 3 with Arms Sales to Iraq'. *New York Times*, 10 November 1992, p.A1 (USIS TK 252750).

Barby, Christian, 'Who is Donald Tsang', *Independent,* 17 June 2005.

Bartle, G. F. 'The Political Career of Sir John Bowring (1793—1872) between 1820 and 1849'. Unpublished M.A. thesis, University of London, 1959.

Bartle, G.F. 'Sir John Bowring and the *Arrow* War in China', *Bulletin of the John Rylands Library*, Manchester, 43, no. 2, (1961), pp. 293—316.

Bartle, G.F. 'Sir John Bowring and the Chinese and Siamese Commercial Treaties', *Bulletin of the John Rylands Library,* Manchester, 44, no. 2, (March 1962), pp. 286—308.

Bayly, C. A. and Tim Harper, *Forgotten Wars: The End of Britain's Asian Empire.* London: Allen Lane, 2006.

Bayly, C. A. *The New Cambridge History of India, v. 2 pt. 1: Indian Society and the Making of the British Empire.* Cambridge University Press, 1988.

Bayly, C.A. *Rulers, Townsmen and Bazaars.* Cambridge University Press, 1985.

Beal, Edward. *The Origins of Likin, 1853—1864.* Cambridge, MA: Harvard East Asian Research Center, 1958.

Beasley, W. G. *The Meiji Restoration.* Stanford: Standard University Press, 1973.

Beeching, Jack. *The Chinese Opium Wars.* London: Hutchinson, 1975.

Belich, J. *Replenishing the Earth: The Settler Revolution and the Rise of the Anglo-World, 1783-1939.* Oxford University Press, 2009.

Bell, H. C. F. *Palmerston*, 2 volumes. London: Longmans, Green, & Co., 1936.

Bentley, Michael. *Politics Without Democracy, Great Britain, 1815—1914: Perception and Preoccupation in British Government.* Oxford: Basil Blackwell in association with Fontana, 1984.

Berg è re, Marie-Claire. *Sun Yat-sen* (Paris, 1994), translated by Janet Lloyd (Stanford: Stanford University Press, 1998). 白吉爾（著），溫洽溢（譯）：《孫逸仙》（台北：時報出版股份有限公司，2010）。

Bernstein, Richard and Ross Munro, *The Coming Conflict with China.* New York: Alfred A. Knopf, 1997.

Berridge, Virginia and Edwards, Griffith. *Opium and the People: Opiate Use in Nineteenth-Century England.* New Haven and London: Yale University Press, 1987.

Bevington, Merle Mowbray. *The Saturday Review, 1855—1868; Representative Educated Opinion in Victorian England.* New York: Columbia University Studies in English and Contemporary Literature No. 154, 1941.

Biaggini, E. G. 'The Coercion of China, 1830—1860: A Study in Humbug'. Unpublished D. Litt. thesis, University of Adelaide, Australia, 1944.

Bible, The Common — The New Revised Standard Version. Nashville, Tennessee: 1989.

Bickers, Robert A. (ed.). *Ritual and Diplomacy: The Macartney Misison to China, 1792—1794.* London: British Association of Chinese Studies and Wellswepp, 1993.

Bierstecker, T. J. and C. Weber (eds.), *State Sovereignty as Social Construct.* Cambridge University Press, 1996.

Bingham, J. Elliott. *Narrative of the Expedition to China from the Commencement of the War to the Present Period.* London: H. Colburn, 1842.

Blacker, Carmen. *The Japanese Enlightenment: A Study of the Writings of Fukuzawa Yukichi*. Cambridge University Press, 1969.

Blainey, Geoffrey. *The Tyrrany of Distance: How Distance shaped Australia's History*. Melbourne: Macmillan, revised edition, 1982.

Blake, Clagette. *Charles Elliot: R.N. A Servant of Britain Overseas*. London: Cleaver-Hume, 1960.

Boggs, Stephen T. *US Involvement in the Overthrow of the Hawaiian Monarchy*. Place and Publisher unclear, 1992.

Boggs, Stephen T. *US Involvement in the Overthrow of the Hawaiian Monarchy*. Place and Publisher unclear, 1992.

Bonner-Smith, D., and E. W. B. Lumby (eds). *The Second China War, 1856—1860*. London: Navy Records Society, 1954.

Boorman, Howard L (ed.). *Biographical Dictionary of Republican China*. Six volumes. New York: Columbia University Press, 1967-70.

Boot, H. M. *The Commercial Crisis of 1847*. Hull: Hull University Press, 1984.

Booth, Charles (ed.). *Labour and Life of the People in London*. London: Williams and Norgate, 1891—1902.

Bourne, K. *Palmerston: The Early years, 1784—1841*. London: Allen Lane, 1982.

Boutroux, Emile. Translated by Jonathan Nield, *Science & Religion in Contemporary Philosophy*. New York: The Macmillan Company, 1911.

Bowring, Sir John. *Autobiographical Recollections of Sir John Bowring, with a Brief Memoir by Lewin B. Bowring*. Eight volumes. London: H. S. King and Co., 1877.

Boyle, John Hunter. *China and Japan at War, 1937—1945*. Stanford, Califorina: Stanford University Press, 1972.

Braden, Charles. *These Also Believe*. New York: Macmillan, 1957.

Brewer's Dictionary of Phrase and Fable. Eighth revised ed. London: Cassell & Co, 1963.

Briggs, Asa. *The Age of Improvement*. London, Longmans: 1959.

Briggs, Asa. *Victorian People*. London: Pelican Books, 1965.

Brissenden, Michael. 'SAS anti-hijack exercise latest to be cancelled as Indonesia stops cooperation with Australia'，21 November 2013，http://www.abc.net.au/news/2013-11-21/cancelled-military-exercises/5107566，accessed 21 November 2013.

Brook, Timothy and Bob Tadashi Wakabayashi (eds.). *Opium Regimes: China, Britain and Japan, 1839-1952*. Berkeley: University of California Press, 2000

Brown, Andrew. 'Welby's first year: Faith, hope and tremendous energy', *The Guardian*, Friday 18 April 2014, p. 1, cols. 1-4, p. 16, cols. 1-5, p. 17, cols. 1-5, and p. 18, cols. 1-5: at p. 17, col. 5. A revised version of this article appeared on the web http://www.theguardian.com/uk-news/2014/apr/18/justin-welby-archbishop-canterbury-first-year under the title of 'Justin Welby: the hard-nosed realist holding together the Church of England'.

Brown, David. *Palmerston: A Biography*. New Haven, CT: Yale University Press, 2010).

Brown, Lucy. *The Board of Trade and the Free Trade Movement, 1830—1842*. Oxford: Clarendon Press,1958.

Brown, Lucy. *Victorian News and Newspapers*. Oxford: Clarendon Press, 1985.

Brunnert, H. S., and V. V. Hagelstrom. *Present Day Political Organization of China*. Trans. A. Beltchenko and E. E. Morgan. Shanghai: Kelly & Walsh, 1963.

Burke's Genealogical and Heraldic History of the Peerage, Baronetage, and Knightage. Editor, Peter Townsend. 104th edition. London: Burke's Peerage Ltd., 1967.

Butt, Rudi, 'Medical Services Development Timeline [in Hong Kong]', 29 November 2009, http://hongkongsfirst.blogspot.com/2009/10/medical-timeline-nineteenth-century.html, viewed 27 May 2011.

Buxton, Sydney Charles. *Finance and Politics: An Historical Study, 1783—1885*. London: John Murray, 1888.

Cady, J. F. *The Roots of French Imperialism in Eastern Asia*. New York: American Historical Association, 1954.

Cahill, Justin. 'From Colonisation to Decolonisation: A study of Chinese and British negotiating positions with regard to Hong Kong'. History IV honours thesis, University of Sydney, 1995.

Cai, Peter. 'Taiwanese elections are a wake-up call for China', *Business Spectator*, 1 December 2014, https://www.businessspectator.com.au/article/2014/12/1/china/taiwanese-elections-are-wake-call-china, viewed 1 December 2014.

Cain, P. J., and A. G. Hopkins. 'Gentlemanly Capitalism and British Expansion Overseas: I. The Old Colonial System, 1688—1850'. *Economic History Review*. Second series, 39, no. 4 (1986), pp. 501—25.

Cain, P. J., and A. G. Hopkins. 'Gentlemanly Capitalism and British Expansion Overseas: II. New Imperialism, 1650—1945'. *Economic History Review*. New series. 40, no. 1 (1986), pp. 1—26.

Cain, P. J., and A. G. Hopkins. *British Imperialism: Crisis and Deconstruction, 1914—1990*. London: Longman, 1993.

Cain, P. J., and A. G. Hopkins. *British Imperialism: Innovation and Expansion, 1688—1914*. London: Longman, 1993.

Caloner, W. H. 'Currency Problems of the British Empire', in Barrie M. Ratcliffe (ed.), *Great Britain and Her World 1750—1914, Essays in Honour of W. O. Henderson*. Manchester: Manchester University Press, 1975, pp.179—207.

Cambridge History of India, volume 5, 1497—1858. (Ed.), H. H. Dodwell. Cambridge University Press, 1929.

Cannadine, David. 'The Context, Performance and Meaning of Ritual: The British Monarchy and the "Invention of Tradition", c. 1820—1977', in *The Invention of Tradition*, edited by Eric Hobsbawn and Terence Ranger. Cambridge University Press, 1983, pp. 101—64.

Cannadine, David. 'The Empire Strikes Back' (a review article), *Past and Present*, no. 147 (May 1995), pp. 180—94.

Cannadine, David. *The Decline and Fall of the British Aristocracy*. New Haven, Yale University

Press, 1990.

Cantlie, James C. and Sheridan Jones, *Sun Yat Sen and the Awakening of China*. London: Jarrold & Sons, 1912.

Cantlie, Neil and George Seaver. *Sir James Cantlie: A Romance in Medicine.* London: John Murray, 1939.

Cassels, N. G. 'Bentinck: Humanitarian and Imperialist — The abolition of Suttee'. *Journal of British Studies,* v. 5, no. 1 (November 1965), pp. 77—87.

Castle, William Richards. *American Annexation of Hawaii.* Honolulu: 1951.

Cecil, Algernon. *Queen Victoria and Her Prime Ministers*. Oxford University Press, 1953.

Chan, M. K., and David J. Clark (eds.). *The Hong Kong Basic Law: Blueprint for 'Stability and Prosperity' under Chinese Sovereignty?* Hong Kong: Hong Kong University Press, 1991.

Chandos, J. *Boys Together*. London: 1984.

Chang, Gordon. 'Is Foxconn Fleeing China? Sure Looks Like It', 24 February 2013, http://www.forbes.com/sites/gordonchang/2013/02/24/is-foxconn-fleeing-china-sure-looks-like-it/, accessed 21 November 2013.

Chang, Hao. Liang Ch'i-Ch'ao and Intellectual Transition in China, 1890-1907. Cambridge, MA: Harvard University Press, 1971.

Chang, Hsin-pao. *Commissioner Lin and the Opium War*. Cambridge, MA: Harvard University Press, 1964.

Chang, Jung. *Empress Dowager Cixi: The Concubine Who Launched Modern China*. London: Knopf, 2013.

Chang, Nien. *Life and Death in Shanghai*. London: Graften, 1986.

Chao, Tang-li. 'Anglo-Chinese Diplomatic Relations, 1858—70'. Unpublished Ph.D. thesis, University of London, 1956.

Chaudhuri, Binay Bhushan. 'Agrarian Relations: East India', in Dharma Kumar (ed), *The Cambridge Economic History of India, v.2: c. 1757 — c.1970*. Cambridge University Press, 1983, pp. 86—177.

Chaudhuri, Binay Bhushan. 'Growth of Commercial Agriculture in Bengal, 1859—1885'. *Indian Economic and Social History Review*, v. 7, nos.1 and 2 (1970), pp. 25—60.

Chaudhuri, K. N. 'Foreign Trade and Balance of Payments (1857—1947)', in Dharma Kumar (ed), *The Cambridge Economic History of India, v. 2: c. 1757 — c.1970*. Cambridge University Press, 1983, pp. 804—77.

Chen, Song-Chuan. *Merchants of War and Peace: British Knowledge of China in the Making of the Opium War*. Hong Kong: Hong Kong University Press, 2016.

Cheng, Chu-yuan. *Sun Yat-sen's Doctrine in the Modern World*. Boulder: Westview Press, 1989.

Cheong, W. E. *Mandarins and Merchants: Jardine Matheson & Co., a China agency of the early nineteenth century*. London: Curzon Press, 1979.

Chiang, Pei-huan. 'Anglo-Chinese Diplomatic Relations, 1856—60'. Unpublished Ph.D. thesis, University of London, 1939.

Choa, G.H. *The Life and Times of Sir Kai Ho Kai*. Hong Kong: Chinese University Press, 1981.

Chow, Tse-tsung. *The May Fourth Movement: Intellectual Revolution in Modern China*. Cambridge, MA: Harvard University Press, 1960.

Chowdhury, Benoy. *Growth of Commercial Agriculture in Bengal*. Calcutta: M. K. Maitre, 1964.

Chung, Kung Ai, *My Seventy Nine Years in Hawaii, 1879-1958*. Hong Kong: Cosmorama Pictorial Publisher, 1960.

Chung, Kung Ai, *My Seventy Nine Years in Hawaii, 1879-1958*. Hong Kong: Cosmorama Pictorial Publisher, 1960.

Clarke, P., and Jack S. Gregory (eds), *Western Reports on the Taiping: A Selection of Documents*. Canberra, Australian National University Press, 1982.

Clune, Frank. *Sky High to Shanghai*. Sydney: Angus and Robertson, 1947.

Coates, Patrick D. *The China Consuls: British Consular Officers, 1843—1943*. Oxford University Press, 1988.

Cohen, Myron L. 'The Hakka or "Guest People" : Dialect as a Socio-cultural Variable in Southeast China', in Nicole Constable (ed.), *Guest People: Hakka identity in China and Abroad*. Seattle: University of Washington Press, 1996, pp. 4-35.

Cohen, Myron L. *Kinship, Contract, Community and State: Anthropological Perspectives on China* Stanford: Stanford University Press, 2005.

Cohen, Paul. *China and Christianity: The Missionary Movement and the Growth of Chinese Antiforeignism, 1860—1870*. Cambridge, MA: Harvard University Press, 1963.

Cohen, Paul. *China and Christianity: The Missionary Movement and the Growth of Chinese Antiforeignism, 1860—1870*. Cambridge, MA.: Harvard University Press, 1963.

Cohen, Paul. *Discovering History: American Historical Writing on the Recent Chinese Past*. New York: Columbia University Press, 1984.

Coleman, D. C., and Christine MacLeod. 'Attitudes to New Techniques: British Businessmen, 1800—1950'. *Economic History Review*. New series. 39, no. 4(1986), pp. 588—611.

Collet, C. D. *History of the Taxes on Knowledge: The Origin and Repeal*. Two volumes. London: T. Fisher Unwin, 1899.

Collins, Edwin. 'Chinese Children: How They are Reared — Special Interview with Dr Sun Yat Sen'. *Baby: The Mothers' Magazine* (London), vol. 10, no. 113 (April 1897), pp. 122-123 (British Library catalogue entry is: P.P.5992.ec).

Collins, Edwin. 'Chinese Children: How They are Reared — Special Interview with Dr Sun Yat Sen'. *Baby: The Mothers' Magazine* (London), v. 10, no. 113 (April 1897), pp. 122-123 (British Library catalogue entry is: P.P.5992.ec).

Conacher, J. B. *The Aberdeen Coalition, 1852—1855: A Study in Mid-Nineteenth-Century Party Politics*. Cambridge University Press, 1968.

Conacher, J. B. *The Peelites and the Party System, 1846—1852*. Newton Abbot: David and Charles, 1972.

Constable, Nicole (ed.). *Guest People: Hakka Identity in China and Abroad.* Seattle: University of Washington Press, 1996.

Cooke, Bill. *A Rebel to His Last Breath: Joseph McCabe and Rationalism*. London: Prometheus Books, 2001.

Cooke, George Wingrove. *China: Being 'The Times' Special Correspondent from China in the Years 1857—8, with Corrections and Additions*. London: G. Routledge, 1858.

Cordier, Henri. *L'Expedition de Chine de 1857—1858: Histoire Diplomatique. Notes et Documents*. Paris: Félix Alcan, Éditeur, 1905.

Cordier, Henri. *L'Expedition de Chine de 1860: Histoire Diplomatique. Notes et Documents*. Paris: Félix Alcan, Éditeur, 1905.

Corráin, Donncha Ó. 'Women in Early Irish Society'. In Margaret MacCurtain and Donncha Corráin (eds.). *Women in Irish Society: The historical dimension*. Dublin: Arlen House, 1978. pp. 1-13.

Correspondence Relative to the Earl of Elgin's Special Missions to China and Japan, 1857—59. San Francisco: Chinese Materials Center, Inc., 1975. (This is a reproduction of a set of Parliamentary Papers bearing the same name.)

Costin, William Conrad. *Great Britain and China, 1833—1860*. Oxford: Clarendon Press, 1937.

Cox, Gary W. *The Efficient Secret: The Cabinet and the Development of Political Parties in Victorian England*. Cambridge University Press, 1987.

Crosby, Travis L. *Sir Robert Peel's Administration, 1841—1846*. Newton Abbot: David and Charles, 1976.

Crouzet, Francois. 'Trade and Empire: The British Experience from the Establishment of Free Trade until the First World War', in Barrie M. Ratcliffe (ed.), *Great Britain and Her World 1750—1914, Essays in honour of W.O. Henderson*. Manchester: Manchester University Press, 1975, pp. 209-35.

Cunynghame, Arthur. *The Opium War, Being Recollections of Service in China*. Philadelphia: G. B. Zieber & Co., 1845.

Curtis, Mark. *Secret Affairs: Britain's Collusion with Radical Islam*. London: Profile Books, 2010.

Curtis, Mark. *Unpeople: Britain's Secret Human Rights Abuses*. London: Vintage, 2004.

Curtis, Mark. *Web of Deceit: Britain's Real Role in the World*. London: Vintage, 2003.

Dangerfield, George. *The Strange Death of Liberal England*. New York: Carpicorn Books, 1961.

Daniels, Gordon. 'Sir Harry Parkes: British Representative in Japan, 1856—83'. Unpublished D. Phil. thesis, University of Oxford, 1967.

Darwin, John. *The Empire Project: The Rise and Fall of the British World-System 1830-1970*. Cambridge University Press, 2009.

Darwin, John. *Unfinished Empire: The Global Expansion of Britain*. London: Bloomsbury Press, 2013.

Dasent, Arthur Irwin. *John Thaddeus Delane, Editor of The Times: His Life and Correspondence*. Two volumes. London: Office of *The Times*, 1908.

Davies, J.K. *Democracy and Classical Greece*. London: Fontana, 1978.

Davies, J.K. *Democracy and Classical Greece*. London: Fontana, 1978.

Davis, Michael C. *Constitutional Confrontation in Hong Kong: Issues and implications of the Basic Law*. London: Macmillian, 1989.

Davis, Ralph. *The Industrial Revolution and British Overseas Trade*. Leicester: Leicester University Press, 1978.

Davis, Sir John. *The Chinese; A General Description of the Empire of China and its Inhabitants*. Two volumes. London: C. Knight, 1836.

Davis, Sir John. *China during the War and since the Peace*. Two volumes. London: Green and Longmans, 1852.

Dawnay, Kit. 'Washington's Return to Asia: A New Balance of Power?', 21 November 2011, *http://www.currentintelligence.net/chinadispatch/2011/11/21/washingtons-return-to-asia-a-new-balance-of-power.html*, accessed on 22 November 2013.

Dennett, Tyler. *Americans in Eastern Asia*. New York: Macmillan, 1922.

Department of Science and Art of the Committee of Council on education. *Catalogue of the Education Library in the South Kensington Museum*. London: Her Majesty's Stationary Office, 1803.

Department staff, 'A Guide to the Manuscript of Paul Myron Wentworth Linebarger's Autobiography, "Counsellor to Sun Yat-sen" ', December 2011, University of Florida Smathers Libraries, http://www.library.ufl.edu/spec/manuscript/guides/linebarger.htm, viewed on 16 December 2014.

Dictionary of National Biography. (Editors vary). Twenty-two volumes. Published since 1917 by Oxford University Press.

Divekar, V. D. 'Regional Economy (1757—1857): Western India', in Dharma Kumar (ed.), *The Cambridge Economic History of India, v. 2: c. 1757 — c.1970.*Cambridge University Press, 1983, pp. 332—52.

Dougherty, Michael. *To Steal a Kingdom*. Waimanalo, HI: Island Style Press, 1992.

Downing, C. Toogood. *The Fan-Qui in China, 1836—37*. Three volumes. London: Henry Colburn, 1838.

Drescher, Seymour. *Econocide: British Slavery in the Era of Abolition*. Pittsburgh, PA: University of Pittsburgh Press, 1977.

Dunn, Wie T. *The Opium Traffic in Its International Aspects etc*. Unpublished thesis [degree unspecified], New York, Columbia University, 1920.

Durand, H. M. *Life of Major-General Sir Henry Marion Durand*. Two volumes. London: W. H. Allen & Co., 1883.

Durand, Sir Henry Marion. *The First Afghan War and its Causes*. Two volumes. London: Longmans, Green & Co., 1879.

Eames, James Bromley. *The English in China: Being an Account of the Intercourse and Relations Between England and China from the Year 1600 to the Year 1843 and a Summary of Later Developments*. London: Curzon Press, 1909.

Edsall, Nicholas C. *Richard Cobden: Independent Radical.* Cambridge, MA: Harvard University Press, 1986.

Edwardes, S. M. *The Rise of Bombay: A Retrospect.* Bombay: Times of India, 1902.

Edwards, E.W. *British Diplomacy and Finance in China, 1895—1914.* Oxford: Clarendon Press, 1987.

Elden, S. 'Contingent Sovereignty, Territorial Integrity and the Sanctity of Borders', *SAIS Review*, vol. 26, no. 1 (2006), pp. 11-24.

Elden, Staurt. *Terror and Territory: The Spatial Extent of Sovereignty.* Twin Cities: University of Minnesota Press, 2009.

Elliot, Sir George. *Memoir of Admiral the Honourable Sir George Elliot.* London, 1863.

Eminent Chinese of the Ch'ing Period (1644—1912), (ed.) Arthur W. Hummel, Washington: United States Government Printing Office, 1943.

Etherington, M. D., and Keith Forster. *Green Gold: The Political Economy of China's Post-1949 Tea Industry.* Oxford University Press, 1993.

Etienne, Gilson. *History of Christian Philosophy in the Middle Ages.* New York: Random House, 1995.

Eucken, Rudolf, translated by W. Tudor Jones. *The Truth of Religion.* New York: G.P. Putnam's Sons, 1911; London: Williams and Norgate, 1911.

Evans, Richard John. *In Defence of History.* New York: Norton, 1997.

Evans, Richard John. *Rethinking German History, Nineteenth-Century Germany and the Origins of the Third Reich.* London: Unwin Hyman, 1990.

Evans, Richard. *In Defence of History.* London: Grants Books, 1997.

Fairbank, J. K. 'Synarchy under the Treaties', in Fairbank (ed.). *Chinese Thought and Institutions.* Chicago: University of Chicago Press, 1957, pp. 204—31.

Fairbank, J. K. 'The Creation of the Treaty Port System', in Fairbank *et al.* (eds.). *The Cambridge History of China, v.10, pt.1.* Cambridge University Press, 1978, pp. 213—63.

Fairbank, J. K. 'The Early Treaty Port System in the Chinese World Order', in Fairbank (ed.). *The Chinese World Order.* Cambridge, MA: Harvard University Press, 1968, pp. 257—75.

Fairbank, J. K. 'The Legalization of the Opium Trade before the Treaties of 1858'. *Chinese Social and Political Science Review*, 17, no. 2 (July 1933), pp. 215—63.

Fairbank, J. K. 'Tributary Trade and China's Relations with the West', *Far Eastern Quarterly*, 1, no. 2, (1942), pp. 129—49.

Fairbank, J. K. *Trade and Diplomacy on the China Coast: The Opening of Treaty Ports, 1842—54.* Cambridge, MA: Harvard University Press, 1953.

Fairbank, John King. *China, A New History.* Cambridge MA: Harvard University Press, 1992.

Farnie, D. A. 'The Cotton Famine in Great Britain', in Ratcliffe (ed.), *Great Britain and Her World 1750—1914, Essays in Honour of W. O. Henderson.* Manchester: Manchester University Press, 1975, pp. 153—78.

Farnie, D. A. *The English Cotton Industry and the World Market, 1815—1896.* Oxford:

Clarendon Press, 1979.

Fay, Peter Ward. *The Opium War, 1840—1842: Barbarians in the Celestial Empire in the Early Part of the 19th Century and the War by Which they Forced Her Gates Ajar*. Chapel Hill, NC: University of North Carolina Press, 1975.

Fay, Peter Ward. 'Was the Opium War of 1840—42 a Just War?. *Ch'ing-shi wen-t'i*, v. 3, Supplement 1 (1977), pp. 17—31.

Featherstone, Rev W. T. (comp.), *The Diocesan Boys School and Orphanage, Hong Kong*. Hong Kong: Ye Olde Printers, 1930.

Fieldhouse, D. K. 'Can Humpty Dumpty be put together again? Imperial History in the 1980s'. *Journal of Imperial and Commonwealth History*, 12, no. 2 (May 1984), pp. 9—23.

Fieldhouse, D. K. *Economics and Empire*. London: Weidenfeld and Nicolson, 1973.

Fieldhouse, D. K. *The Colonial Empires: A Comparative Survey from the Eighteen Century*. London: Weidenfeld and Nicolson, 1965.

Finlay, James and Co., Ltd. *Manufacturers and East India Merchants, 1750—1950*. Glasgow: Jackson Son & Co., 1951.

Finnane, Rowena. 'Late Medieval Irish Law Manuscripts: A reappraisal of methodology and context'. M.A thesis, University of Sydney, 1991.

Fitch, Sir Joshua. *Thomas and Matthew Arnold and their Influence on English Education*. London: 1897.

Fitzmaurice, Edmond George, Lord. *Life of Granville George Leveson Gower, Second Earl Granville*. Two volumes. London: Longmans, 1905.

Forbes, F. E. *Five Years in China; From 1842 to 1847: With an Account of the Occupation of the Islands of Labuan and Borneo by Her Majesty's forces*. London: R. Bentley, 1848.

Forbes, Robert B. *Personal Reminiscences*. Boston: Little Brown and Co., 1878.

Forrest, Denys. *Tea For the British: The Social and Economic History of a Famous Trade*. London: Chatto & Windus, 1973.

Forrest, W. G. *The Emergence of Greek Democracy: The Character of Greek Politics, 800-400 B.C.* London: Weidenfeld and Nicolson, 1966.

Fortune, Robert. *A Journey to the Tea Countries of China, Including Sung-Lo and the Bohen Hills, with a short notice of the East India Company's tea plantation in the Himalaya Mountains*. London: John Murray, 1852.

Fortune, Robert. *A Residence among the Chinese: Inland, On the Coast, and at Sea. Being a Narrative of Scenes and Adventures During a Third Visit to China, From 1853—1856, Including Notices of Many Natural Productions and Works of Art, the Culture of Silks, &c, With Suggestions on the Present War*. London: John Murray, 1857.

Fortune, Robert. *Three Years Wandering in the Northern Provinces of China*. Second edition. London: John Murray, 1847.

Foster, John Watson. *American Diplomacy in the Orient*. New York: Houghton, Mifflin and Co., 1903.

Fu, Louis. 'From Surgeon-apothecary to Stateman: Sun Yat-sen at the Hong Kong College of Medicine', *Journal of the Royal College of Physicians Edinburgh* (2009), vol. 39, pp. 66-72.

Fung, Allen. 'Testing the Self-Strengthening: The Chinese Army in the Sino-Japanese War of 1895-1895', *Modern Asian Studies,* vol. 30, part 4 (October 1996).

Galbraith, J. S. 'The 'Turbulent Frontier' as a Factor in British Expansion', *Comparative Studies in Society and History*, no. 2 (1960), pp. 150—68.

Gallagher, John, and Ronald Robinson. 'The Imperialism of Free Trade', *Economic History Review*, second series, 6, no. 1 (1953), pp. 1—15.

Garamone, Jim. 'Asian Leaders Welcome U.S. Rebalance, Official Says', 5 September 2013, *http://www.defense.gov/News/NewsArticle.aspx?ID=120725*, accessed on 22 November 2013.

Gardella, Robert. *Harvesting Mountains: Fujian and China Tea Trade, 1757—1937.* Berkeley and Los Angelos: University of California Press, 1994.

Gatrell, V. A. C. *The Hanging Tree: Execution and the English People, 1770—1868.* Oxford University Press, 1994.

Gavin, R. J. 'Palmerston's Policy Towards East and West Africa, 1830—1865'. Unpublished Ph. D. theis, University of Cambridge, 1959.

Gayer, M. H. *The Heritage of the Anglo-Saxon Race.* Haverhill, MA: Destiny Publishers, 1941)

Gelber, Harry G. *Soldiers, Evangelicals and Opium: England's 1840-42 War With China, and Afterwards.* Basingstoke: Palgrave Macmillan, 2004.

Geoffrey of Monmouth, *The History of the Kings of Britain*, translated by Lewis Thorpe. London: Penguin, 1966.

Gerson, J. J. *Horatio Nelson Lay and Sino-British Relations, 1854—1864.* Cambridge, MA: Harvard East Asian Research Center, 1972.

Girardot, Norman J., *The Victorian Translation of China: James Legge's Oriental Pilgrimage.* Berkeley, Los Angeles, London: University of California Press, 2002.

Gladstone, W. G. *The Gladstone Diaries, v.5, 1855—1860.* (Eds.) M. R. D. Foot and H. C. G. Matthew. Fourteen volumes. Oxford: Clarendon Press, 1978.

Gooch, G. P. (ed.). *The Later Correspondence of Lord John Russell, 1840—1878.* Two volumes. London, 1925.

Gordon, Arthur Hamilton, first Baron Stanmore. *Sidney Herbert, Lord Herbert of Lea: A Memoir.* Two volumes. London, 1906.

Gordon, Arthur. *The Earl of Aberdeen.* London: Sampson Low, Marston & Co., 1894.

Gordon, Barry. *Economic Doctrine and Tory Liberalism, 1824—1830.* London: Macmillan, 1979.

Graham, Chris and Wendy Bacon. 'Curriculum Reviewer Barry Spurr Mocks "Abos, Mussies, Women, Chinky-Poos" ', 16 October 2014, New Matilda, https://newmatilda.com/2014/10/16/curriculum-reviewer-barry-spurr-mocks-abos-mussies-women-chinky-poos, accessed on 17 October 2014.

Graham, Gerald S. *The China Station: War and Diplomacy, 1830—1860*. Oxford: Clarendon Press, 1978.

Grant, James Hope. *Incidents in the China War of 1860*. Compiled from the private journals of Sir Hope Grant by H. Knollys. London: William Blackwood and sons, 1875.

Green, John Richard. *A History of the English People*. First published in England in 1874. Reprinted in New York: Harper & Brothers, 1879.

Greenberg, Michael. *British Trade and the Opening of China, 1800-42*. Cambridge University Press, 1951.

Gregor, A. James and Chang, Maria Hsia. 'Wang Yang-ming and the Ideology of Sun Yat-sen'. *The Review of Politics*, vol. 42, no. 3 (July 1980), pp. 388-404.

Gregor, A. James and Chang, Maria Hsia. 'Wang Yang-ming and the Ideology of Sun Yat-sen'. *The Review of Politics*, v. 42, no. 3 (July 1980), pp. 388-404.

Gregory, G. S. *Great Britain and the Taiping*. Canberra: Australian National University Press, 1969.

Greville, Charles Cavendish Fulke. *Leaves from the Greville Diary*. Arranged by Philip Morrell. London: Eveleigh Nash & Grayson, 1920.

Griffin, Eldon. *Clippers and Consuls, American Consular and Commercial Relations with Eastern Asia, 1845—1860*. Ann Arbor, MI: Edwards Brothers, 1938.

Grimsted, Patricia Kennedy. *Archives and Manuscript Repositories in the USSR: Moscow and Leningrad*. Princeton: Princeton University Press, 1972.

Gros, Baron Jean Baptiste Louis. *N é gotiations entre la France et la chine en 1860*. Paris: J. Dumaine, 1864.

Gruen, Erich S. *The Image of Rome*. Eaglewood Cliffs, NJ: Prentice-Hall, 1969.

Guha, Amalendu. 'Raw Cotton of Western India: 1750—1850'. *Indian Economic and Social History Review*, 9, no.1 (1972), pp. 1—42.

Gulick, Edward V. *Peter Parker and the Opening of China*. Cambridge, MA: Harvard University Press, 1973.

Hager, Charles Robert. 'Dr Sun Yat Sen: Some Personal Reminiscences'. *The Missionary Herald* (Boston, April 1912), pp. 171-174.

Hamilton, C. I. *Anglo-French Naval Rivalry, 1840—1870*. Oxford: Clarendon Press, 1993.

Hands, Arthur Robinson. *Charities and Social Aid in Greece and Rome*. New York:Cornell University Press, 1968.

Hanes, Travis and Frank Sanello. *The Opium Wars: The Addiction of One Empire and the Corruption of Another*. London: Robson Books, 2003.

Hanham, H. J. *Elections and Party Management: Politics in the Time of Disraeli and Gladstone*. London: Longmans, 1959.

Hanke, Lewis. *All Mankind is One. A Study of the Disputation Between Bartolome de Las Casas and Juan Gines de Sepulveda on the Religious and Intellectual Capacity of the American Indians*. DeKalb, Illinois: Northern Illinois University Press, 1974.

Hao, Yen-p'ing. *The Commercial Revolution in Nineteenth-Century China: The Rise of Sino-*

Western Mercantile Capitalism. Berkeley and Los Angeles: University of California Press, 1986.

Hao, Yen-p'ing. *The Comprador in Nineteenth Century China: Bridge between East and West.* Cambridge, MA: Harvard University Press, 1970.

Harnetty, Peter. *Imperialism and Free Trade: Lancashire and India in the mid-nineteenth century.* Vancouver: University of British Columbia Press, 1972.

Harris, James Howoard, third Earl of Malmesbury. *Memoirs of an Ex-Minister: An Autobiography.* Two volumes. London: Longmans, Green & Co., 1884.

Harrison, Henrietta. *The Making of the Republican Citizen: Political Ceremonies and Symbols in China.* Oxford University Press, 2000.

Hart, Jennifer. *Proportional Representaton: Critics of the British Electoral System, 1820—1945.* Oxford: Clarendon Press, 1992.

Hawkins, Angus. *Parliament, Party and the Art of Politics in Britain, 1855—59.* London: Macmillan Press in association with the London School of Economics, 1987.

Hay, Sir John. *The Suppression of Piracy in the China Sea, 1849.* London: E. Stanford, 1889.

Haynes, William G. *The Economics of Empire: Britain, Africa and the New Imperialism, 1870—95.* London: Longman, 1979.

Headrick, R. Daniel. *Invisible Weapon: Telecommunications and International Politics, 1851—1945.* New York, Oxford University Press, 1991.

Headrick, R. Daniel. *Tools of Empire: Technology and European Imperialism in the Nineteenth Century.* Oxford Univeristy Press, 1981.

Hegel, Georg Wilhelm Friedrich. *Lectures on the Philosophy of Religion. Volume II: Determinate Religion,* Edited by Peter C. Hodgson, translated by R.F. Brown, P.C. Hodgson, and J.M. Stewart, with the assistance of J.P. Fitzer and H.S. Harris (Berkeley: University of California Press, 1995; orig. 1987), 'The State Religion of the Chinese Empire and the Dao', pp. 556-561.

Hetherington, Alastair. *Guardian Years.* London: Chatto & Windus, 1981.

Hevia, James. *English Lessons: The Pedagogy of Imperialism in Nineteenth-Century China.* Durham, NC: Duke University Press, 2003.

Hilton, Boyd. *Corn, Cash, Commerce: The Economic Policies of the Tory Governments, 1815—1830.* Oxford: Clarendon Press, 1977.

Hilton, Boyd. *The Age of Atonement: The Influence of Evangelicalism on Social and Economic Thought, 1795—1865.* Oxford: Clarendon Press, 1988.

Hinde, Wendy. *Richard Cobden: A Victorian Outsider.* New Haven, CT: Yale University Press, 1987.

Hindler, Wilfrid. *The Morning Post, 1772—1937: Portrait of a Newspaper.* London: George Routledge & Sons, 1937.

Hinsley, Francis Harry. *Sovereignty.* Second ed. Cambridge University Press, 1986.

Ho, Ping-ti. *Studies on the Population of China, 1368—1953.* Cambridge, MA: Harvard

University Press, 1959.

Hobsbawm, E. J. *The Age of Empire, 1875—1914.* London: Weidenfeld and Nicolson, 1966.

Hobson, J. A. *Imperialism: A Study.* London: Allen and Unwin, 1902.

Hodder, Edwin. *Life and Work of the Seventh Earl of Shaftesbury.* Three volumes. London: Cassel & Co., 1886.

Hodgson, Barbara. *Opium: A Portrait of the Heavenly Demon.* London: Souvenir Press, 1999.

Hollander, Samuel. *Ricardo, the New View: Collected Essays.* London: Routledge, 1995.

Hollis, M., and Steve Smith. *Explaining and Understanding International Relations.* Oxford: Clarendon Press, 1990.

Holt, E. *The Opium Wars in China.* London: Putnam, 1964.

Hooke, Huon. 'Obsessed with the West', *Sydney Morning Herald,* 13 August 2013, p. 17, cols. 1-4.

Howe, Anthony. *The Cotton Masters, 1830—1860.* Oxford University Press, 1984.

Hsiao, Kung-ch'üan. *Rural China: Imperial Control in the Nineteenth Century.* Seattle, WA: University of Washington Press, 1960.

Hsia, C. T. The Classic Chinese Novel: A Critical Introduction (New York: Columbia University Press, 1965).

Hsiao, Kung-chuan. *A Modern China and a New World: K'ang Yu-wei, Reformer and Utopian, 1858-1927. Seattle: University of Washington Press, 1975.*

Hsü, Immanuel C. Y. *China's Entrance into the Family of Nations: The Diplomatic Phase, 1858—1880.* Cambridge, MA: Harvard University Press, 1960.

Hsü, Immanuel C.Y. *The Rise of Modern China.* Fourth edition. Oxford University Press, 1990.

Hsueh, Chun-tu. *Huang Hsing and the Chinese Revolution.* Stanford: Stanford University Press, 1961.

Huang, Philip. *Liang Ch'i-ch'ao and Modern Chinese Liberalism.* Seattle: University of Washington Press 1972.

Huang, Yen-yü, 'Viceroy Yeh Ming-ch'en and the Canton Episode, 1856—1861', Ph.D. thesis, Harvard University, 1940. (This thesis was subsequently published in full with the same title in *Harvard Journal of Asiatic Studies*, no. 6 (1941), pp. 37—127.

Huc, Évariste Régis. *Christianity in China, Tartary and Tibet.* Three volumes. London: Longman etc., 1857—1858.

Hudson, G. F. *Europe and China: A Survey of Their Relations from the Earliest Times to 1800.* London: Edward Arnold, 1931.

Hughes, Thomas. *Tom Brown's Schooldays.* First published, 1857. Reprinted Bristol: Purnell, 1984.

Hunt, Freeman. *Lives of American Merchants.* 2 volumes. New York: Derby and Jackson, 1858.

Hunt, William. *Then and Now; or,Fifty Years of Newspaper Work, with an appendix*. Hull and London: Hamilto, Adams and Co., 1887.

Hunter, Alan and Kim-kwong Chan. *Protestantism in Contemporary China* Cambridge University Press, 1998.

Hunter, William C. *The 'Fan Kwae' at Canton before Treaty Days, 1825—1844*. London: Kegan Paull & Co., 1882.

Huntington, Samuel P., 'The Clash of Civilizations?', *Foreign Affairs*, vol. 72, no. 3 (Summer 1993), pp. 22—49.

Huntington, Samuel Phillips (ed.). *The Clash of Civilizations?: The Debate*. New York: Foreign Affairs, 1996.

Huntington, Samuel Phillips. *The Clash of Civilizations and the Remaking of World Order*. New York: Simon & Schuster, 1996.

Huntington, Samuel Phillips. *The Third Wave: Democratisation in the late Twentieth Century*. Norman, OK: University of Oklahoma Press, 1991.

Hurd, Douglas. *The 'Arrow' War: An Anglo-Chinese Confusion 1856—60*. London: Collins, 1967. New York, Macmillan, 1967.

Hurley, R. C. *The Opium Traffic. Historical, Commercial, Social, and Political Aspects etc*. Hong Kong: Hong Kong Printing Press, 1909.

Hurst, Michael (ed.). *Key Treaties for the Great Powers, 1814—1914*. Newton Abbot: David & Charles, 1972.

Ilyushechkin, V. P. *The Taipings' Peasant War*. Moscow: Nauka, 1967.

Inglis, Brian. *The Forbidden Game: A Social History of Drugs*. London: Hodder and Stoughton, 1977.

Inglis, Brian. *The Opium War*. London: Hodder and Stoughton, 1976.

Ingram, Edward. *The Beginning of the Great Game in Asia, 1828—1834*. Oxford: Clarendon Press, 1979.

Iriye, Akira (ed.). *The Chinese and the Japanese: Essays in Political and Cultural Interactions*. Princeton: Princeton University Press, 1980.

Jackson, C.E. 'The British General Elections of 1857 and 1859'. D.Phil. thesis. University of Oxford, 1980.

Jackson, R. 'Sovereignty and its Presupposition: Before 9/11 and After', *Political Studies*, vol. 55, no. 2 (June 2007), pp. 297—317.

Jacques, Martin. *When China Rules the World World*. Penguin Books, 2012.

Jacques, Martin. *When China Rules the World World*. Penguin Books, 2012.

Jardine Matheson and Co. *An Outline of the History of a China House for a Hundred Years, 1832—1932*. Hong Kong : privately printed, 1934.

Jehl, Douglas. 'Who Armed Iraq? Answers the West Didn't Want to Hear'. *New York Times*, 18 July 1993 (USIS TK295592).

Jen, Yu-wen, 'The Youth of Dr Sun Yat-sen', *Sun Yat-sen: Two Commemorative Essays*.

Hong Kong: University of Hong Kong Centre of Asian Studies, 1977, pp. 1 — 22.

Jen, Yu-wen. *The Taiping Revolutionary Movement*. New Haven: Yale University Press, 1973.

Jennings, John M. 'The Forgotten Plague: Opium and Narcotics in Korea under Japanese Rule, 1910—1945', *Modern Asian Studies*, 29, no. 4 (1995), pp. 795—815.

Johnson, Robert Erwin. *Far China Station: The US Navy in Asian Waters, 1800—1898*. Maryland: Naval Institute Press, 1979.

Johnston, James D. *China and Japan: Being a Narrative of the Cruise of the U.S. Steam Frigate Powhatan, in the Years 1857, '58, '59, and '60*. Philadelphia: Charles Desilver, 1861.

Jone, Michael Wynn. *George Cruikshank: His Life and London*. London: MacMillan, 1978.

Jones, Ray. *The Nineteenth—Century Foreign Office: An Administrative History*. London: Weidenfeld and Nicolson, 1971.

Jones, Susan Mann. 'Scholasticism and Politics in Late Eighteenth Century China', *Ch'ing-shi wen-t'i*, vol. 3, no.4 (1975), pp. 28-49.

Jones, Walter S. *The Logic of International Relatioins*. 7th edition. New York: HarpeprCollins, 1991.

Jones, Wilbur Devereux. *Lord Derby and Victorian Conservatism*. Oxford: Basil Blackwell, 1956.

Judge, E. A. 'The Quest for Mercy in Late Antiquity', in P. T. O'Brien and D.G. Peterson (eds.), *God Who is Rich in Mercy: Essays Presented to D. B. Knox*. Sydney: Macquarie University Press, 1986.

Kanya-Forstner, A. S. *The Conquest of the Western Sudan: A Study in French Military Imperialism*. Cambridge University Press, 1969.

Karl Marx, *Marx on China: Articles from the 'New York Daily Tribune', 1853—1860*. London: Lawrence & Wishart, 1968.

Kavanagh, Dennis. *Thatcherism and British Politics: The End of Consensus?* Oxford University Press, 1987.

Keay, John. *The Honourable Company: A History of the English East India Company*. New York: Macmillan, 1994.

Keir, Sir David Lindsay. *The Constitutional History of Modern Britain since 1485*. Nineth edition. London: Adam & Charles Black, 1969.

Kennedy, John M. *The Gospel of Superman: The Philosophy of Friedrich Nietzsche*. New York: the Macmillan Company, 1912.

Kennedy, Paul. *Preparing for the Twentieth-First Century*. London: HarperCollins, 1993.

Kennedy, Paul. *Strategy and Diplomacy 1870—1945*. London: Allen & Unwin, 1983.

Kennedy, Paul. *The Realities Behind Diplomacy: Background Influences on British External Policy, 1865—1980*. London: Fontana Paperbacks, 1981.

Kennedy, Paul. *The Parliament of Man: The Past, Present, and Future of the United Nations*. New York: Penguin, 2006.

Kennedy, Paul. *The Rise and Fall of the Great Powers: Economic Change and Military Conflict from 1500 to 2000*. New York: Random House, 1987.

Kessinger, Tom G. 'Regional Economy (1757—1857): North India', in Dharma Kumar (ed.), *The Cambridge Economic History of India, v. 2: c. 1757 — c.1970*. Cambridge University Press, 1983, pp. 242—70.

Kiernan, V. G. *The Lords of Human Kind: European Attitudes Towards the Outside World in the Imperial Age*. London: Weidenfeld and Nicolson, 1969.

King, Frank H. H. *Money and Monetary Policy in China, 1845—1895*. Cambridge, MA: Harvard University Press, 1965.

Kissinger, Henry. *A World Restored, The Politics of Conservatism in a Revolutionary Era: A Detailed Study of Diplomacy and Political Manoeuvre, 1812-22, with Particular reference to Metternich and Castlereagh*. Boston: Houghton Mifflin, 1957.

Kissinger, Henry. *Diplomacy*. New York: Simon and Schuster, 1994.

Koay, Shiaw-chian. 'British Opinion and Policy on China between the First and Second Anglo-Chinese Wars, 1842—1857'. Unpublished M.A. thesis, University of Leeds, 1967.

Kok, Hu Jin, *Hung Men Membership Certificates: Deciphering Codes, Interpreting Symbols, Determining Aspirations of the Triads* (Sydney: Privately printed, 2015).

Koss, Stephen. *The Rise and Fall of the Political Press in Britain, volume 1: The Nineteenth Century*. London: Hamish Hamilton, 1981.

Kox, Willem, Wim Meeus, and Harn t'Hart. 'Religious Conversion of Adolescents: Testing the Lofland and Stark Model of Religious Conversion', *Sociological Analysis,* vol. 52, pp. 227-240.

Krasner, S. D. 'Rethinking the Sovereign State Model', *Review of International Studies,* vol. 27, no. 1 (2001), pp. 17-42.

Kropotkin, Peter. *Mutual Aid : A factor of evolution*. New York: McClure Phillips, 1904.

Kuhn, Philip A. *Rebellion and Its Enemies in Late Imperial China: Militarization and Social Structure, 1796—1864*. Cambridge, MA: Harvard University Press, 1970.

Kumar, Dharma (ed.). *The Cambridge Economic History of India, v. 2: c. 1757 — c.1970*. Cambridge University Press, 1983.

Kurland, Philip B. *Watergate and the Constitution*. Chicago: University of Chicago Press, 1978.

Lambrick, H. T. *Sir Charles Napier and Sind*. Oxford: Clarendon Press, 1952.

Lane-Poole, Stanley. *The Life of Sir Harry Parkes, v. 1: Consul in China*. London: Macmillan & Co., 1894.

Langer, William. *The Diplomacy of Imperialism, 1890—1902*. Second ed. Cambridge, Mass., Harvard University Press, 1956.

Laumann, Maryta M. *The Secret of Excellence in Ancient Chinese Silks. Factors contributing to the extraordinary development of textile design and technology achieved in Ancient China*. Taipei: Southern Materials Centre, 1984.

Lay, Horatio Nelson. *Note on the Opium Question, and Brief Survey of Our Relations with*

China. London: Effingham Wilson & Co., 1893.

Layard, Austen Henry. *Discoveries in the Ruins of Nineveh and Babylon*. London: John Murray, 1853.

Layard, Austen Henry. *Nineveh and Its Remains*. Two volumes. London, 1850.

Le Conte, Joseph. *Evolution and Its Relation to Religious Thought*. New York: D. Appleton and Company, 1888.

Le Pichon, Alain. *China Trade and Empire: Jardine, Matheson & Co. and the Origins of British Rule in Hong Kong 1827-1843*. Oxford University Press, 2006.

Le Roy, Edouard. Translated by Vincent Benson. *A New Philosophy: Henri Bergson*. London: Williams & Norgate, 1913 ; New York: Henry Holt & Company, 1913.

Leader, R. E. *Life and Letters of John Arthur Roebuck, PC, QC, MP with Chapters of Autobiography*. London: Edward Arnold, 1897.

Lee, Alan J. *The Origins of the Popular Press, 1855—1914*. London: Croom Helm, 1976.

Lee, Robert. *France and the Exploitation of China, 1885-1901: A Study in Economic Imperialism*. Oxford University Press, 1989.

Lees-Milne, James. *Prophesying Peace*. London: Chatto and Windus, 1977).

Legge, James. *The Chinese Classics*. Originally published by Oxford University Press, Reprinted in Taipei by SMC, 1991.

Legge, James. *The Chinese Classics*. Originally published by Oxford University Press, Reprinted in Taipei by SMC, 1991.

Lembright, R.L, H.A. Myers, D.B. Rush and C. Yoon (eds.), *Western Views of China and the Far East: Volume 1, Ancient to Early Modern Times*. Hong Kong: Asian Research Service, 1982.

Lenin, V. I. *Imperiaism: The Highest Stage of Capitalism*. Moscow, 1947.

Leong, Sow-Theng. *Migration and Ethnicity in Chinese History: Hakkas, Pengmin, and Their Neighbors*. Edited by Tim Wright. Stanford: Stanford University Press, 1997.

Lepper, Heron John. *Famous Secret Societies*. London: Sampson Low, Marston & Co., *c.* 1937.

Levenson, Joseph R. Liang Ch'i Ch'ao And The Mind Of Modern China. Cambridge, MA: Harvard University Press, 1953.

Levine, Lawrence W. *Highbrow Lowbrow: The Emergence of Cultural Hierarchy in America*. Cambridge, MA: Harvard University Press, 1988.

Liao, Yiwu. *God is Red:The Secret Story of How Christianity Survived and Flourished in Communist China*. New York: Harper Collins, 2011.

Lin, Man-houng. 'Late Qing Perceptions of Native Opium'. *Harvard Journal of Asiatic Studies*, vol. 64, no. 1 (June 2004), pp. 117-144.

Lin, Yu-Sheng. Crisis of Chinese Consciousness: Radical Antitraditionalism in the May Fourth Era. Madison: University of Wisconsin Press, 1978.

Linebarger, Paul. *Sun Yat-sen and the Chinese Republic.* New York, 1925. Reprinted, New

York: ASM Press, 1969.

Linebarger, Paul. Edited by Paul Myron Anthony Linebarger. *The Gospel of Chung Shan*. Paris: for sale at Brentano's, 1932.

Linebarger, Paul. *The Political Doctrines of Sun Yatsen*. Westport, CT.: Hyperion Press, 1937.

Little, R., and M. Smith (eds.). *Perspectives on World Politics*. Second edition. London: Routledge, 1991.

Liverpool Echo. Liverpool.

Lo, Hui-min (ed.). *The Correspondence of G.E. Morrison, Vol.1, 1895-1912.* Cambridge University Press, Cambridge, 1976.

Loden, Torbjorn. 'Nationalism Transcending the State: Changing Conceptions of Chinese Identity'. In Stein Tonnesson and Hans Antlov (eds.). *Asian Forms of the Nation*. Surrey: Curzon Press, 1996. Chapter 10.

Louis, William Roger (ed.). *Imperialism: The Robinson-Gallagher Controversy*. New York: New Viewpoints, 1976.

Lovell, Julia. *The Opium War: Drugs, Dreams and the Making of China*. London: Picador, 2011.

Lu, Can. *Sun Yat Sen -- As I Knew Him: Memoirs of Luke Chan, Boyhood Friend of Sun Yat Sen*. Translator: Fu Wuyi. Beijing: Zhongguo heping chubanshe, 1986.

Lucas, Reginald. *Lord Glenesk and the Morning Post*. London: Alston Rivers, 1910.

Lum, Arlene (ed.), *At Thy Call We Gather: Iolani School*. Honolulu: Iolani School, 1997.

Lynn, Martin. 'The "Imperialism of Free Trade" and the Case of West Africa, c.1830—c.1870', *Journal of Imperial and Commonwealth History*, 15, no. 1 (October 1986), pp. 22—40.

Ma, L. Eve Armentrout. *Revolutionaries, Monarchists, and Chinatowns:Chinese Politics in the Americas and the 1911 Revolution*. Honolulu:University of Hawaii Press, 1990.

Ma, L. Eve Armentrout. *Revolutionaries, Monarchists, and Chinatowns: Chinese Politics in the Americas and the 1911 Revolution*. Honolulu: University of Hawaii Press, 1990.

MacCarthy, D., and A. Russell, *Lady John Russell: A Memoir*. London: Methuen, 1926.

Macdonagh, Oliver. *Early Victorian Government, 1830—1870*. London: Weidenfeld and Nicolson, 1977.

MacDonagh, Oliver. *Early Victorian Government, 1830—1870*. London, Weidenfeld and Nicolson, 1977.

MacGregor, David R. *The Tea Clippers: An Account of the China Tea Trade and of some of the British Sailing Ships Engaged in it from 1849—1869*. Second edition. London: Conway Maritime Press, 1972.

Machin, G. I. T. *Politics and the Churches in Great Britain, 1832—1868*. Oxford: Clarendon Press, 1967.

Mack, E.C. and W.H.G. Armytage, *Thomas Hughes: The Life of the Author of Tom Brown's Schooldays*. London, 1952.

MacMarfarlane, R. 'Item of the Month, December 2011: Sun Yat-sen and Sir James Cantlie',

29 December 2011, Wellcome Institute Library, London, http://blog.wellcomelibrary. org/2011/12/item-of-the-month-december-2011-sun-yat-sen-and-sir-james-cantlie/ viewed on 21 May 2014.

Macmillan, Margaret. *Peacemakers*: *The Paris Peace Conference of 1919 and Its Attempt to End War*. London: John Murray, 2003. Also published as: *Paris 1919: Six Months that Changed the World*.

Macmillan, Margaret. *The Uses and Abuses of History* (Penguin Canada, 2008). Also published as: *Dangerous Games: the Uses and Abuses of History*.

Maier, Charles S. *The Unmasterable Past: History, Holocaust, and the German National Identity*. Cambridge, MA: Harvard University Press, 1988.

Maitland, F. W. *The Constitutional History of England: A Course of Lectures Delivered*. Cambridge University Press, 1909.

Mandler, Peter. *Aristocratic Government in the Age of Reform: Whigs and Liberals, 1830— 1852*. Oxford: Clarendon Press, 1990.

Mann, Michael (ed.). *The Rise and Decline of the Nation State*. Oxford: Basil Blackwell, 1990.

Mao, Tse-tung. 'Talks at the Yenan Forum on Literature and Art', in *The Selected Works of Mao Tse-tung*. Beijing: Foreign Languages Press, 1967, v. 3, pp.69—98.

Mao, Tse-tung. 'The Chinese Revolution and the Chinese Communist Party', *The Selected Works of Mao Tse-tung*. Beijing: Foreign Languages Press, 1967, v. 2, pp. 305—34.

Marshall, H. E. *Our Island Story: A Child's History of England, with pictures by A.S. Forrest*. London: T.C. and E.C. Jack, *c.* 1905.

Martin, Kingsley. *The Triumph of Lord Palmerston: A Study of Public Opinion in England Before the Crimea War*. Revised edition. London: Hutchinson, 1963.

Martin, W. A. P. *A Cycle of Cathay or China, South and North*. New York: Fleming H. Revell and Co., 1897.

Marx, Karl. *Marx on China: Articles from the 'New York Daily Tribune', 1853—1860* (with an introduction and notes by Dona Torr). London: Lawrence & Wishart, 1968.

Mason, Laura. 'Ernst Johann Eitel ', *Biographical Dictionary of Chinese Christianity*, http:// www.bdcconline.net/en/stories/e/eitel-ernst-johann.php, viewed 20 June 2012. (See also Wikipedia, 'Ernst Johann Eitel', Wikipedia , http://en.wikipedia.org/wiki/Ernst_Johann_ Eitel, viewed 20 June 2012.

Matthew, Henry Colin Gray. *Gladstone, 1809—1874*. Oxford: Clarendon Press, 1986.

Matthew, Henry Colin Gray. *Gladstone, 1875—1898*. Oxford: Clarendon Press, 1995.

Maxwell, Sir Herbert. *The Life and Letters of George William Frederick, Fourth Earl of Clarendon*. Two volumess. London: Edward Arnold, 1913.

Mazower, Mark. *No Enchanted Palace: The End of Empire and the Ideological Origins of the United Nations*. Princeton: Princeton University Press, 2009.

McCabe, Joseph Martin. *The Bankruptcy of Religion*. London: Watts & Co., 1917.

McCrum, Michael. *Thomas Arnold Head Master*. Oxford University Press, 1989.

McKenzie, R. T. *British Political Parties: The Distribution of Power within the Conservative and*

Labour Parties. London: Heinemann, 1955.

McPherson, D. *Two Years in China: Narrative of the Chinese Expedition from Its Formation in April 1840 till April 1842*. London: Saunder and Otley, 1842.

Meadows, T. T. *Desultory Notes on the Government and People of China, and on the Chinese Language*. London, 1847.

Melancon, Glenn. 'Peaceful Intentions: the First British Trade', *Historical Research*

Melancon, Glenn. *Britain's China Policy and the Opium Crisis: Balancing Drugs, Violence and National Honor, 1833-1840*.Aldershot: Ashgate, 2003.

Metallo, Michael V. 'American Missionaries, Sun Yat-Sen, and the Chinese Revolution'. *Pacific Historical Review*, vol.47, no. 2 (1978), pp. 261-282.

Miall, A. *The Life of Edward Miall, Formerly Member of Parliament for Rochdale and Bradford etc*. London: Macmillan & Co., 1884.

Michael, Franz. *The Taiping Rebellion: History and Documents*. Seattle, WA: University of Washington Press, 1966.

Michie, Alexander. *An Englishman in China during the Victorian era: As illustrated in the Career of Sir Rutherford Alcock . . . Many Years Consul and Minister in China and Japan*. Taipei reprint, 1966 — of an edition published in Edinburgh in 1900.

Miller, Perry. *The New England Mind: The Seventeenth Century*. Cambridge, MA: Harvard University Press, 1982.

Misra, B. B. *The Central Administration of the East India Company, 1773—1834*. Manchester: Manchester University Press, 1959.

Moges, Marquis de. *Recollections of Baron Gros' Embassy to China in 1857—8*. (Authorized translation). London: Richard Griffin and Co., 1900.

Monypenny, W. F., and G. E. Buckle. *The Life of Benjamin Disraeli*. Six volumes. London: John Murray, 1910—1920.

Moore, D. C. *The Politics of Deferemce: A Study of the Mid-Nineteenth-Century Political System*. Hassocks: Harvester Press, 1976.

Morley, John. *The Life of Richard Cobden*. Sixth ed. London: T. Fisher Unwin, 1883.

Morley, John. *The Life of William Ewart Gladstone*. London: Edward Lloyd, 1908

Morse, Hosea Ballou. *The Chronicles of the East India Company trading to China, 1635—1834*. Four volumess. Oxford: Clarendon Press, 1926.

Morse, Hosea Ballou. *The International Relations of the Chinese Empire*. Three volumes. Shanghai: Kelly and Walsh, 1910—8.

Mui, Hoh-cheung, and Mui, Lorna H. (eds.). *William Melrose in China, 1845—1855: The Letters of a Scottish Tea Merchant*. Edinburgh: Scottish History Society, 1973.

Murphy, Joe. 'Michael Gove axed as Education Secretary'. *London Evening Standard*, 14 July 2014, http://www.standard.co.uk/news/politics/cabinet-reshuffle-william-hague-to-step-down-as-mp-and-ken-clarke-leaves-front-bench-9605953.html, viewed on 3 December 2014.

Museum of Dr. Sun Yat-sen at Cuiheng (comp.). *Dr Sun Yat-sen: A great forerunner of the democratic revolution in China*. Beijing: China Encyclopaedia Publishing House, 2001.

Myers, Ramon H. *The Chinese Peasant Economy: Agricultural Development in Hopei and Shangtung, 1890—1949*. Cambridge, MA: Harvard University Press, 1970.

Napier, C. J. *Defects, Civil and Military, of the Indian Government*. London: Charles Westerton, 1853.

Nelson, C.A. , 'Rev. C. R. Hager, M.D., D.D.', *The Chinese Recorder* (December 1917), newspaper cutting originally deposited in the United Church Board for World Ministries Library, now deposited in the Harvard Houghton Library, ABC 77.1. Box. 30.

New History of China. Ed. S. L. Tikhvinsky. Moscow: Nauka, 1972.

New Matilda, 'Editorial: What We Really Learn From The Racist Rants Of Professor Barry Spurr', 17 October 2014, https://newmatilda.com/2014/10/17/editorial-what-we-really-learn-racist-rants-professor-barry-spurr, accessed on 17 October 2014.

Newbury, Colin. 'The Semantics of International Influence: Informal empires reconsidered', in Michael Twaddle (ed.), *Imperialism, the State and the Third World*. London: British Academic Press, 1992, pp. 23—66.

Newman, R. K. 'India and the Anglo-Chinese Opium Agreements, 1907—14', *Modern Asian Studies*, 23, no. 4 (1989), pp. 525—60.

Newman, R. K. 'Opium Smoking in Late Imperial China: A Reconsideration', *Modern Asian Studies*, 29, no. 4 (1995), pp. 765—794.

Newsome, D. *A History of Wellington College, 1859-1959*. London, 1959.

Nichols, Roy Franklin. *Franklin, Pierce, Young Hickory of the Granitic Hills*. Philadelphia: Univesity of Pennsylvania Press, 1958.

Nolde, John J. ' "The Canton City Question" , 1842—1849: A Preliminary Investigation into Chinese Antiforeignism and Its Effect upon China's Diplomatic Relations with the West.' Unpublished Ph. D. thesis, Cornell University, 1956.

Nolde, John J. 'The False Edict of 1849', *Journal of Asian Studies*, 20, no. 3 (1960), pp. 299—315.

Nolde, John J. 'Xenophobia in Canton, 1842 to 1849'. *Journal of Oriental Studies*, 13, no. 1 (1975), pp. 1—22.

Northcote, Sir Stafford Henry, Earl of Iddesleigh. *Twenty Years of Financial Policy: A Summary of the Chief Financial Measures passsedbetweene 1842 and 1861, with a table of budgets*. London: Saunders Otley, 1862.

Nye, Gideon. *Rationale of the China Question*. Macao: printed at the Friend of China office, 1857.

Nye, Gideon. *Tea: and the Tea Trade*. New York: G.W. Wood, 1850.

Nye, Gideon. *The Gauge of the Two Civilizations: Shall Christiandom Waver? Being an Inquiry into the Causes of the Rupture of the English and French Treaties of Tientsin; and Comprising a General View of Our Relations with China . . .* Macao: privately printed, 1860.

O'Brien, Patrick K. 'The Costs and Benefits of British Imperialism, 1846—1914', *Past and*

Present, no. 120 (1988), pp. 163—200.

O'Brien, Patrick K. 'The Imperial Component in the Decline of the British Economy before 1914', in Michael Mann (ed.) *The Rise and Decline of the Nation State*. Oxford: Basil Blackwell, 1990, pp.12—46.

Oliphant, Laurence. *Narrative of the Earl of Elgin's Mission to China and Japan in the years 1857, '58, '59*. Two volumes. London: William Blackwood, 1859.

One Who Knows Him [Charles Hugh Horniman]. 'Dr. Sun Yat Sen'. *The Westminster Gazette*, 17 October 1911, page 3, cols. 1-2.

Opie, Iona and Peter (eds.). *The Oxford Book of Nursery Rhymes*. Oxford: Clarendon Press, 1951.

Osborn, S. *The Past and Future of British Relations in China*. Edinburgh: William Blackwood, 1860.

Ouchterlony, John. *The Chinese War: An Account of All the Operations of the British Forces from the Commencement to the Treaty of Nanking*. London: Saunders and Otley, 1844.

Owen, David. *British Opium Policy in India and China*. New Haven, CT: Yale University Press, 1934.

Oxford English Prize Essays. Oxford: D.A. Talboys, 1830.

Palmer, Sarah. *Politics, Shipping and the Repeal of the Navigation Laws*. Manchester: Manchester University Press, 1990.

Parker, Charles Stuart. *Life and Letters of Sir James Graham, Second Baronet of Netherby, 1792—1861*. Two volumes. London: John Murray, 1907.

Pascoe, C. F. *Two Hundred Years of the S.P.G.: An Historical Account of the Society for the Propagation of the Gospel in Foreign Parts, 1701-1900*. London: S.P.G. Office, 1901.

Pascoe, Charles Eyre (ed.) *Everyday Life in Our Public Schools: Sketched by Head-Scholars of Eton, Winchester, Westmnister, shrewsbury, Harrow, Rugby, Charterhouse, to which is added a brief notice of St Paul's and Merchant Taylors' Schools, and Christ's Hospital, with a glossary of some words in common use in these schools*. London: Griffith and Farran, MDCCCLXXI. [BL 8364 DE 14]

Paterson, E.H. *A hospital for Hong Kong : the centenary history of the Alice Ho Miu Ling Nethersole Hospital* —— 巴治安，《矜憫為懷：雅麗氏何妙齡那打素醫院百週年紀念特刊》（中英文合刊），香港：雅麗氏何妙齡那打素醫院，1987。

Patten, Christopher. *Our Next Five Years — The Agenda For Hong Kong*. Hong Kong: Government Publishing Service, 7 October 1992.

Pearson, Hesketh. *Dizzy: The Life and Nature of Benjamin Disraeli, Earl of Beaconsfield*. London: Methuen, 1951.

Pelcovits, Nathan A. *Old China Hands and the Foreign Office*. New York: American Institute of Pacific Relations, 1948.

Percival, Alicia Constance. *Very Superior Men: some early public school headmasters and their achievements*. London: C. Knight, 1973.

Peterson, W. J. 'Early Nineteenth Century Monetary Ideas on the Cash-Silver Exchange Ratio'.

Papers on China. no. 20, Cambridge, MA: Harvard East Asian Research Center, 1966.

Peyrefitte, Alain. *The Collision of Two Civilisations: The British Expedition to China in 1792—4*. Translated from the French by Jon Rothschild. London: Harvill, 1993.

Philips, Cyril Henry. *East India Company, 1784—1834*. Second edition. Oxford University Press, 1961.

Phillips, Tom. 'Chinese Christians battle to save their cross'. 12 June 2014, *Daily Telegraph* (London). infoweb@newsbank.com, accessed on 13 September 2014.

Phillips, Tom. 'Church demolished as China cracks down on Christians', 29 April 2014, *Daily Telegraph* (London). infoweb@newsbank.com, accessed on 13 September 2014.

Phillips, Tom. 'Don't wreck our churches, Christians tell China's rulers', 16 April 2014, *Daily Telegraph* (London). infoweb@newsbank.com, accessed on 13 September 2014.

Phillips, Tom. 'Holy statues bricked up as China targets its "Jerusalem" ', 2 May 2014, *Daily Telegraph* (London). infoweb@newsbank.com, accessed on 13 September 2014.

Phillips, Tom. 'Lawyers accuse China of Church "atrocity" - World Bulletin', 22 August 2014, *Daily Telegraph* (London). infoweb@newsbank.com, accessed on 13 September 2014.

Phillips, Tom. 'Stop invading our churches, Christians tell China's rulers', 9 April 2014, *Daily Telegraph* (London). infoweb@newsbank.com, accessed on 13 September 2014.

Phillips, Tom. 'The battle of China's Jerusalem - Christians defy communist officials in round—the—clock fight to save their church', 5 April 2014, *Daily Telegraph* (London). infoweb@newsbank.com, accessed on 13 September 2014.

Phillips, Tom. 'The Onward march of China's Christians - Within a generation, an officially atheist nation could have the greatest number of worshippers on Earth', 20 April 2014, *Daily Telegraph* (London). infoweb@newsbank.com, accessed on 13 September 2014.

Pierce, Richard A. *Russian Central Asia, 1867—1917*. Berkeley and Los Angeles：University of California Press, 1960.

Platt, D. C. M. *The Cinderella Service: British Consuls Since 1825*. London: Longman, 1971.

Platt, D. C. M. 'Further Objections to an "Imperialism of Free Trade" , 1830—1860', *Economic History Review*. Second series, vol. 26, no. 1 (1973), pp. 77—91.

Platt, D. C. M. 'The Imperialism of Free Trade: Some Reservations', *Economic History Review*. Second series, vol. 21, no. 2 (1968) pp. 296—306.

Platt, D. C. M. *Finance, Trade, and Politics: British Foreign Policy 1815—1914*. Oxford: Clarendon Press, 1968.

Platt, Stephen R. *Autumn in the Heavenly Kingdom: China, the West, and the Epic Story of the Taiping Civil War*. New York: Knopf, 2012.

Polachek, James M. *The Inner Opium War*. Cambridge, MA: Harvard Council on East Asian Studies, 1992.

Pond, Rev W.C. (San Francisco), 'Christ for China', *American Missionary*, vol. 22, no. 9 (1878), pp. 277-281.

Pong, David. *Ideal and Reality: Social and Political Change in Modern China*. Boston: University Press of America, 1985.

Porter, Andrew. ' "Gentlemanly Capitalism" and Empire: The British Experience since 1750?'. *Journal of Imperial and Commonwealth History*, vol. 18, no. 3 (October 1990), pp. 265—95.

Porter, Bernard. *The Lion's Share: A Short History of British Imperialism, 1850—1970*. London: Longman, 1975.

Prest, John. *Lord John Russell*. London: Macmillan, 1972.

Pritchard, Earl H. *The Crucial Years of Early Anglo-Chinese Relations 1750—1800* Seaatle, WA: Research Studies of the State College of Washington, 1936; reprinted in New York by Octagon Books, 1970).

Pritchard, Earl H. 'The Origins of the Most-Favored-Nation and the Open Door Policies in China'. *Far Eastern Quarterly*, vol. 1, no. 2 (February 1942), pp.161—172.

Quested, Rosemary K.I. *The Expansion of Russia in East Asia 1857—1860*. Kuala Lumpur: University of Malaya Press, 1968.

Quevli, Nels. *Cell Intelligence*. Minneapolis, Minn: The Colwell Press, 1916.

Rajevari-Prasada. *Some Aspects of British Revenue Policy in India, 1773—1833, the Bengal Presidency*. New Delhi: S. Chand and Co.,1970.

Ramo, Joshua Cooper. *Brand China*. London: Foreign Policy Centre, 2007.

Rankin, Mary B. ' "Public Opinion" and Political Power: Qingyi in Late Nineteenth Century China', *Journal of Asian Studies*, vol. 41, no.3 (1982), pp. 453—84.

Ratcliffe, Barrie M. (ed.), *Great Britain and Her World 1750—1914, Essays in honour of W.O. Henderson*. Manchester: Manchester University Press, 1975.

Redford, Arthur. *Manchester Merchants and Foreign Trade, Volume 2, 1850—1939*. Manchester: Manchester University Press, 1956.

Reins, Thomas D. 'Reform, Nationalism and Internationalism: The Opium Suppression Movement in China and the Anglo-American Influence, 1900-1908'. *Modern Asian Studies,* 25, no. 1(1991), pp. 101-142.

Restarick, Bishop Henry Bond. *Sun Yat Sen, Liberator of China*. New Haven: Yale University Press, 1931; London: Oxford University Press, 1931; Westport, CT: Hyperion Press reprint, 1981.

Restarick, Henry Bond. *Hawaii, 1778-1920, from the Viewpoint of a Bishop; Being the Story of English and American Churchmen in Hawaii with Historical Sidelights*. Honolulu: Paradise of the Pacific Press, 1924.

Restarick, Henry Bond. *My Personal Recollections: The Unfinished Memoirs of Henry Bond Restarick, Bishop of Honolulu, 1902-1920*. Edited by his daughter, Constance Restarick Withington. Honolulu: Paradise of the Pacific Press, *c*1938.

Restarick, Henry Bond. *Sun Yat Sen: Liberator of China*. Preface by Kenneth Scott Latourette. New Haven, Connecticut: Yale University Press, 1931. London: Oxford University Press, 1931. Hyperion Press reprint edition, Westport, CT: , 1981.

Reynolds, H. and Marilyn Lake, *Drawing the Global Colour Line*. Cambridge University Press, 2008.

Ricci, Matteo. *China in the Sixteenth Century: The Journals of Matthew Ricci, 1583-1610*, translated by Louis.J. Gallagher, S.J. New York: Random House, 1953.

Richards, J. F. 'The Indian Empire and Peasant Production of Opium in the Nineteenth Century'. *Modern Asian Studies*, 15, no.1 (1981), pp. 59—82.

Richardson, Kurt Anders. 'The Political Theory of Sun Yat-sen'. *Sino-Christian Studies*, no. 1 (June 2006), pp. 60-81.

Ride, Lindsay, 'The Early Medical Education of Dr Sun Yat-sen', *Sun Yat-sen: Two Commemorative Essays* (Hong Kong: University of Hong Kong Centre of Asian Studies, 1977), pp. 23—31.

Ridley, Jasper. *Lord Palmerston*. London: Constable,1970.

Roberston, William. *The Life and Times of the Right Honourable John Bright*. London: Cassell and Co., 1884.

Roberts, J.A.G. 'The Hakka-Punti War' , Unpublished *D.Phil*. thesis, University of Oxford, 1968.

Robinette, Glenn W. *How Lin Made Morphine.* Two volumes. Valparaiso, Chili: Graffiti Militante Press, 2008.

Robins, Keith. *John Bright*. London: Routledge and Kegan Paul, 1979.

Robinson, Eugene. 'Britain to Probe Cabinet Role in Iraqi Arms Sales'. *Washington Post*, 11 November 1992, p. A27 (USIS TK 253026).

Robinson, R., and John Gallagher. *Africa and the Victorians: The 'Official Mind' of Imperialism*. London: Macmillan, 1961.

Robinson, Ronald and W.R. Louis, 'The Imperialism of Decolonisation', *Journal of Imperial and Commonwealth History*, vol. 22, no. 3 (1994), pp. 462-511.

Rosen, Steven J., and Walter S. Jones. *The Logic of International Relations*. Second edition. Cambridge MA: Winthrop Publishers, 1974.

Roseveare, Henry. *The Treasury: The Evolution of a British Institution*. London: Allen Lane the Penguin Press, 1969.

Rowat, R. B. *The Diplomatic Relations of Great Britain and the United States*. London: Longmans, Green and Co., 1925.

Rule, Paul. 'The Chinese Rites Controversy: A Long Lasting Controversy in Sino-Western Cultural History'. *Pacific Rim Report,* no. 32 (February 2004), http://www.ricci.usfca.edu/research/pacrimreport/prr32.pdf, viewed on 20 February 2015.

Russ, William Adam. *The Hawaiian Republic, 1894-98, and Its Struggle to Win Annexation*. Selinsgrove, PA: Susquehanna University Press, 1961.

Russell, Lord John. *Recollections and Suggestions, 1813—1873*. London: Longmans, Green & Co., 1875.

Sanders, Lloyd C. *Life of Viscount Palmerston*. London: W. H. Allen and Co., 1888.

Sargent, A. J. *Anglo-Chinese Commerce and Diplomacy*. Oxford: Clarendon Press, 1907.

Scarth, John. *Twelve Years in China: The People, the Rebels, and the Mandarins*. Edinburgh,

T. Constable and Co., 1860.

Schrecker, John E. *Imperialism and Chinese Natonalism: Germany in Shangtung*. Cambridge, MA: Harvard University Press, 1971.

Schumpeter, J. A. *Impeprialism and Social Classes*, translated by Heinz Nordon and edited with an introduction by Paul M. Sweezy. New York: A. M. Kelley, 1951.

Scott, J. M. *The Great Tea Venture*. New York: E. P. Dutton and Co., 1965.

Seeley, J. R. *The Expansion of England*. London: Macmillan, 1883.

Selden, Mark. *The Yenan Way in Revolutionary China*. Cambridge, MA: Harvard University Press, 1971.

Selle, Earl Albert. *Donald of China*. New York : Harper and Brothers, 1948.

Semmel, Bernard. *The Rise of Free Trade Imperialism: Classical Political Economy, the Empire of Free Trade and Imperialism, 1750—1850*. Cambridge University Press, 1970.

Sen, Sunil Kumar. *Studies in Economic Policy and Development of India, 1848—1926*. Calcutta: Progressive Publishers, 1966.

Sen, Sunil Kumar. *Studies in Industrial Policy and Development of India, 1858—1914*. Calcutta: Progressive Publishers, 1964.

Sen, Sunil Kumar. *The House of Tata, 1839—1939*. Calcutta: Progressive Publishers, 1975.

Sharman, Lyon. *Sun Yat-sen : His life and its meaning, a critical biography*. Originally published in the USA, *c*1934, reprinted by Stanford: Stanford University Press, 1968.

Shaw, Samuel. *The Journals of Major Samuel Shaw, the First American Consul at Canton*. Boston: Wm. Crosby and H.P. Nichols, 1847.

Shorter Oxford English Dictionary, On historical Principles. Oxford: Clarendon Press, 1983.

Siddiqi, Asiya. 'The Business World of Jamsetjee Jejeebhoy', *Indian Economic and Social History Review*, vol. 19, nos. 3—4 (July—December 1982), pp. 301—24.

Silver, Arthur. *Manchester Men and Indian Cotton, 1847—1872*. Manchester: Manchester University Press, 1966.

Skidelsky, Robert (ed.). *Thatcherism*. London: Chatto and Windus, 1988.

Smilde, David. 'A Qualitative Comparative Analysis of Conversion to Venezuelan Evangelicalism: How Networks Matter'. *American Journal of Sociology* vol. 111 (2005), pp. 757-796.

Smith, Carl T. *A Sense of History: Studies in the Social and Urban History of Hong Kong*. Hong Kong: The Hong Kong Educational Publishing Co., 1995.

Smith, Carl T. *Chinese Christians: Elites, Middlemen, and the Church in Hong Kong*. Oxford University Press, 1985.

Smith, Francis Barrymore. *The Making of the Second Reform Bill*. Cambridge University Press, 1966.

Smith, J. Hal. *Beloved Physician of Cathay: The story of Dr. Regina M. Bigler, M.D.* 1942, a privately printed pamphlet of 7 pp.

Smith, R. J. *Mercenaries and Mandarins: The Ever-Victorious Army of Nineteenth Century China*. New York: KTO Press, 1978.

Smith, Tony. *The Pattern of Imperialism: The United States, Great Britain, and the Late-Industrializing World since 1815*. Cambridge University Press, 1981.

Smith, Vincent A. *The Oxford History of India*. Oxford: Clarendon Press, 1958.

Smith, Woodruff D. 'Complications of the Commonplace: Tea, Sugar and Imperialism'. *Journal of Interdisciplinary History*, vol. 23, no. 2 (Autumn 1992), pp. 259—78.

Somervell, David Churchill. *Disraeli and Gladstone: A Duo-Biographical Sketch*. New York: George H. Doran, 1926.

Soong, Irma Tam. 'Sun Yat-sen's Christian Schooling in Hawai'i'. *The Hawaiian Journal of History,* v. 31 (1997): 151-178.

Spence, Jonathan D. 'Opium Smoking in Ch'ing China', in Wakeman, Jr., and Carolyn Grant (eds), *Conflict and Control in Late Imperial China*. Berkeley: Universiy of California Press, 1976, pp. 143—73.

Spicer, Michael. 'British Attitudes towards China, 1834—1860, with special reference to the *Edinburgh Review*, the *Westminster Review*, and the *Quarterly Review*'. Unpublished M.A. thesis, University of Sydney, 1985.

Stampler, Laura. 'China Wants Jimmy Kimmel to Apologize … For a Third Time', 12 November 2013, *http://entertainment.time.com/2013/11/12/china-wants-jimmy-kimmel-to-apologize-for-a-third-time/*

Stanley, C. J. 'Chinese Finance from 1852—1908'. *Papers on China*. No.3. Cambridge, MA: Harvard East Asian Research Center, 1949.

Stanley, Rev A. P. *The Life and Correspondence of Thomas Arnold*. London, 1890.

Stanton, William. *The Triad Society, or Heaven and Earth Association*. Hong Kong: Kelly & Walsh, 1900).

Stark, Rodney, and Roger Finke. *Acts of Faith: Explain the Human Side of Religion*. Berkeley & Los Angeles: University of California Press, 2000.

Stark, Rodney. *The Triumph of Christianity: How the Jesus movement became the world's largest religion*. New York: HarperOne, 2011.

Steele, E. D. *Palmerston and Liberalism, 1855—1865*. Cambridge University Press, 1991.

Steinberg, Jonathan. *Why Switzerland?* Cambridge University Press, 1976.

Stelle, Charles C. 'Americans and the China Opium Trade in the Nineteenth Century'. Unpublished Ph.D. thesis, University of Chicago, 1938.

Stephenson, F. C. A. *At Home and on the Battlefield: Letters from the Crimea, China and Egypt, 1854—1888*. London: John Murray, 1915.

Stewart, Robert. *The Politics of Protection: Lord Derby and the Protectionist Party, 1841—1852*. Cambridge University Press, 1971.

Stokes, Eric. *The Peasant and the Raj: Studies in Agrarian Society and Peasant Rebellion in Colonial India*. Cambridge University Press, 1978.

Stokes, Gwenneth. *Queen's College, 1862-1962*. Hong Kong: Standard Press, 1962.

Strand, David. *An Unfinished Republic: Leading by Word and Deed in Modern China*. Berkeley: University of California Press, 2011.

Stuart, Richard H. *The Pictorial Story of Ships*. London: New English Library Ltd., 1977.

Sturgis, James L. *John Bright and the Empire*. London: Athlone, 1969.

Sun Yat Sen, 'My Reminiscences', *The Strand Magazine,* (March 1912), pp. 301-307.

Sun, E-tu Zen. 'The Board of Revenue in nineteenth-century China'. *Harvard Journal of Asiatic Studies*, no. 24 (1963), pp. 175—228.

Sun, Yatsen, 'Jewish Nation Deserves an Honourable Place in the Comity of Nations, says Dr. Sun Yat Sen' (Letter), *Israel's Messenger, the Journal of Baghdadi Jews in Shanghai* (Shanghai), 4 June 1920, p. 20.

Sun, Yatsen, 'My Reminiscences', *The Strand Magazine*, March 1912, pp. 301-307.

Sun, Yatsen, 'Sir, As You Have All Along Taken a Kindly Interest in My Welfare' (letter), *Globe & Traveller*, 30 June 1897, p.3, col. 5.

Sun, Yatsen, 'To All Friendly Nations. Greeting' (Letter), *Daily Chronicle*, 14 October 1911, p. 1, cols. 3-6

Sun, Yatsen, 'Sun Yat Sen. Tells the Story of His First Revolt Against the Chinese Dynasty', *Daily Chronicle*, 14 October 1911, p. 4, cols. 4-5. (Reprint of an article assumed to have been first published in an unidentified British journal or newspaper in late 1896, and also in an unknown American journal over the same timeframe.)

Sun, Yatsen, "The Kidnapping Case" (Letter), *Aberdeen Weekly Journal*, 26 October 1896, p. 5, col. 7; reprinted in many other British daily newspapers on 26 October 1896.

Sun, Yat-sen, *The International Development of China*, New York and London：G. P. Putman's Sons The Nickerbucker Press, 1922

Sun, Yatsen. *Kidnapped in London: Being the Story of My Capture by, Detention at, and Release from the Chinese Legation, London,* China Society Reprint of First edition, Bristol & London 1897, with a Foreword by Kenneth Cantlie, London 1969.

Sweeting, Anthony. *Education in Hong Kong, Pre-1841-1941: Fact and Opinion*. Hong Kong: Hong Kong University Press, 1999.

Swinhoe, Robert. *Narrative of the North China Campaign of 1860*. London: Smith, Elder and Co., 1861.

Swisher, Earl. *China's Management of the American Barbarians, A Study of Sino-American Relations, 1841—1861, with Documents*. New Haven, CT: Yale University Far Eastern Publications, 1951.

Swisher, Earl. *Early Sino-American Relations, 1841—1912: The Collected Articles of Earl Swisher*. Kenneth W. Rea (ed.). Boulder: Westview Press, 1977.

Szathmary, Zoe. 'Jimmy Kimmel under fire for skit that features young boy saying "We should kill everyone in China"' as protestors nationwide gather outside ABC offices', 11 November 2013, http://www.dailymail.co.uk/news/article-2499555/Jimmy-Kimmel-skit-features-young-boy-saying-We-kill-China.html, accessed 21 November 2013.

Tan, Chung. 'The Britain-China-India Trade Triangle (1771—1840)', *Indian Economic and Social History Review*, vol. 11, no. 4, (December 1974), pp. 412—31.

Tan, Chung. *China and the Brave New World: A Study of the Origins of the Opium War*

1840—42. New Delhi: Allied Publishers, 1978.

Tang, Didi. 'GM moves office to Singapore from China'，14 November 2013, http://www.iol.co.za/business/international/gm-moves-office-to-singapore-from-china-1.1606815#.Uo2KAycathU, accessed 21 November 2013.

Tarling, Nicholas. 'Harry Parkes' Negotiations in Bangkok in 1856', *The Journal of the Siam Society*, 53, part 2 (July 1965), pp. 412—31 .

Tarling, Nicholas. 'The Mission of Sir John Bowring to Siam', *The Journal of the Siam Society*, 50, part 2 (December 1962), pp. 91—118.

Taylor, A. J. P. *Essays in English History*. London: Hamilton, 1976.

Taylor, Miles. *The Decline of British Radicalism, 1847—1860*. Oxford: Clarendon Press, 1995.

Taylor, Robert. *Lord Salisbury*. London: Allen Lane, 1975.

Teiwes, Frederick Carl. *Politics and Purges in China: Rectification and the Decline of Party Norms, 1950—1965*. Second edition. New York, Armonk: M. E. Sharpe, 1993.

Temple, Henry John, third Viscount Palmerston. *Letters of the Third Viscount Palmerston to Laurence and Elizabeth Sulivan, 1804—1863*. (Ed.), Kenneth Bourne. Camden Fourth Series, v. 23. London: Royal Historical Society, 1979.

Teng, S. Y. and J. K. Fairbank (eds). *China's Response to the West*. Cambridge, MA: Harvard University Press, 1954.

Teng, Ssu-yu and John King Fairbank (eds.). *China's Response to the West*. New York: Atheneum, 1963.

Teng, Ssu-yu and John King Fairbank (eds.). *China's Response to the West*. New York: Atheneum, 1963.

Teng, Ssu-yü, and J. K. Fairbank (eds.), *China's Response to the West*. New York: Athenaeum, 1963.

Teng, Ssu-yü. *The Taiping Rebellion and the Western Powers: A Comprehensive Survey*. Oxford: Clarendon Press, 1971.

Tennyson, Alfred Lord. *The Princess: A Medley*, collected in *The Poetical Works of Alfred, Lord Tennyson.* London: Ward, Lock and Co., 1908, pp. 165—217.

The Basic Law of the Hong Kong Special Administrative Region of the People's Republic of China (April 1990). Hong Kong:New China News Agency, 1990.

The History of the Times, 1841—1884: The Tradition Established. London: Office of *The Times*, 1939.

The Parliamentary Diairies fo Sir John Trelawny, 1858—1865. T.A. Jenkins (ed.). Camden Fourth Series, v. 40. London: Royal Historical Society, 1990.

Thomas, Peter D. G. *Tea Party to Independence: The Third Phase of the American Revolution, 1773—1776*. Oxford: Clarendon Press, 1991.

Thompson, H. P. *Into All Lands: The History of the Society for the Propagation of the Gospel in Foreign Parts, 1701-1950*. London, 1951.

Thorold, Algar Labouchere. *The Life of Henry Labouchere*. London: Constable, 1913.

Thurston, Anne F. *Enemies of the People*. New York: Knopf, c.1987.

Times, *The*. British Newspaper Archive (http://www.britishnewspaperarchive.co.uk/).

Todd, David. 'John Bowring and the Global Dissemination of Free Trade', *Historical Journal*, vol. 51, no. 2 (2008), pp. 373-397.

Tong, Te-kong. *United States Diplomacy in China, 1844—1860*. Seattle, WA: University of Washington Press,1964.

Treaties, Conventions, etc., between China and Foreign States. Shanghai: Published at the Statistical Department of the Inspectorate General of Customs, 1908.

Trevelyan, George Macaulay. *The Life of John Bright*. London: Constable, 1913.

Trevor-Roper, Hugh. *History and Imagination*. Oxford: Clarendon Press, 1980.

Trilling, L. *Matthew Arnold*. London, 1939.

Tripathi, Dwijendra. 'Opportunism of Free Trade: The Lancashire Cotton Famine and Indian Cotton Cultivation'. *Indian Economic and Social History Review*, vol. 4, no. 3 (1967), pp. 255—63.

Trocki, Carl A. *Opium, Empire and the Global Political Economy: A study of the Asian Opium Trade, 1750-1950*. London: Routledge, 1999

Tsai, Jung-fang, *Hong Kong in Chinese History: Community and Social Unrest in the British Colony, 1842-1913*. New York: Columbia University Press, 1993.

Tse, Tsan-tai. *The Chinese Republic: Secret history of the Revolution*. Hong Kong: South China Morning Post, 1924.

Tsiang, T. F. 'Difficulties of Reconstruction after the Treaty of Nanking', *Chinese Social and Political Science Review*, v. 16 (1932), pp. 317—27.

Turner, F.S. *British Opium Policy*. London, 1876.

Twaddle, Michael (ed.). *Imperialism, the State and the Third World*. London: British Academic Press, 1992.

Ukers, William Harrison. *All About Tea*. Two volumes. New York: The Tea and Coffee Trade Journal Co., 1935.

van der Linden, M. H. *The International Peace Movement, 1815—1874*. Amsterdam: Tilleul Publications, 1987.

Victoria, Queen. The *Letters of Queen Victoria: A Selection from Her majesty's Correspondence between the Years 1837 and 1861*. Arthur Christopher Benson and Vicount Esher (eds.). Three volumes. London: John Murray, 1908.

Villers, Ernest Gilbert. 'A History of Iolani School'. M. A. thesis, University of Hawaii, June 1940.

Vincent, John. *Pollbooks: How Victorians Voted*. Cambridge University Press, 1967.

Vogel, Robert C. *Railways in American Economic Growth*. Baltimore: Johns Hopkins University Press, 1964.

Vogler, Richard A. *Graphic Works of George Cruikshank: 279 Illustrations, Including 8 in Full Colour*. New York, Dover Publications, 1979.

Volume 73 (February 2000), Issue 180, pp. 33—47.

von Dyke, Paul Arthur. *The Canton Merchants*. Hong Kong: Hong Kong University Press, 2011.

von Laue, Theodore H. *Leopold Ranke: the formative years*. Princeton: Princeton University Press, 1950.

Wakeman, Frederick, Jr. 'The Canton Trade and the Opium War', in John King Fairbank et al. (eds.), *The Cambridge History of China, v. 10, pt. 1.* Cambridge University Press, 1978, pp. 163—212.

Wakeman, Frederick, Jr. *Strangers at the Gate: Social Disorder in South China, 1839—1861*. Berkeley and Los Angeles, University of California Press, 1966.

Wakeman, Frederick, Jr., and Carolyn Grant (eds.). *Conflict and Control in Late Imperial China*. Berkeley and Los Angeles: Universiy of California Press, 1976.

Walden, George. *China: A Wolf in the World?* London: Gibson Square, 2008.

Walpole, Spencer. *The Life of Lord John Russell*. Two volumess. London: Longmans & Co., 1889.

Walrond, Theodore (ed.). *Letters and Journals of James, Eighth Earl of Elgin*. London: John Murray, 1872.

Ward, John Manning. *Earl Grey and the Australian Colonies, 1846—1857: A Study of Self-government and Self-interest*. Melbourne: Melbourne University Press, 1958.

Wardroper, John. *The Caricatures of George Cruikshank*. London: Gordon Fraser, 1977.

Waterfield, Gordon. *Layard of Nineveh*. London: John Murray, 1963.

Watson, J. Steven. *The Oxford History of England: The Reign of George III, 1760—1815*. Oxford: Clarendon Press, 1960.

Watt, George. *A Dictionary of the Economic Products of India*. Six vs. Delhi, Cosmos Publications, 1889—96.

Wehrle, Edmund S. *Britain, China and the Antimissionary Riots, 1891-1900*. Minneapolis: University of Minnesota Press, 1966.

Wells, Audrey. *The Political Thought of Sun Yat-sen: Development and Impact*. Basingstoke: Palgrave, 2010.

Welsh, Frank. *A History of Hong Kong*. London: HarperCollins, 1993.

Wen, Philip. 'Taiwan's Premier resigns after landslide defeat in local elections', *Sydney Morning Herald,* 30 November 2014, http://www.smh.com.au/world/taiwans-premier-resigns-after-landslide-defeat-in-local-elections-20141129-11wxt6.html, viewed on 30 November 2014.

Wesley-Smith, Peter, and Albert Chen. *The Basic Law and Hong Kong's Future*. Hong Kong: Butterworths, 1988.

White, Andrew Dickson. *A History of the Warfare of Science with Theology in Christendom*. New York: D. Appleton and Company, 1896.

White, William. *The Inner Life of the House of Commons*. London: T. F. Unwin, 1898.

Who's Who of British Members of Parliament: A Biographical Dictionary of the House of Commons, based on annual volumes of 'Dod's Parliamentary Companion' and other sources. Four volumess. Michael Stenton (ed.). Hassocks: Harvester Press, 1976.

Williams, Frederick Wells (ed.). *The Life and Letters of Samuel Wells Williams, LL.D., Missionary, Diplomatic Sinologue*. New York: G.P. Putnam's Sons, 1889.

Williams, Hugh Noel. *The Life and Letters of Admiral Sir Charles Napier*, *KCB*. London: Hutchison & Co., 1917.

Williams, Raymond. *Keywords: A Vocabulary of Culture and Society*. London: Croom Helm, 1984).

Wilson, Andrew. *The 'Ever-Victorious Army': A History of the Chinese Campaign under Lt.-Col. C. G. Gordon, CB, RE, and of the suppression of the Tai-Ping Rebellion*. Edinburgh: W. Blackwood, 1868.

Wilson, Derek. *Rothschild: A Story of Wealth and Power*. London: Deutsch, 1988.

Windschuttle, Keith. *The Killing of History:How a Discipline is being Murdered by Literary Critics and Social Theorists*. Sydney: MacLeay Press, 1996.

Winter, James. *Robert Lowe*. Toronto: Toronto University Press, 1976.

Wist, Benjamin O. *A century of public Education in Hawaii October 15, 1840 -October l5, 1940*. Honolulu: Hawaii Educational Review, 1940.

Wist, Benjamin O. *A century of public Education in Hawaii October 15, 1840 -October l5, 1940*. Honolulu: Hawaii Educational Review, 1940.

Witmer, Helen Elizabeth. *The Property Qualification of Members of Parliament*. New York: Columbia University Press, 1943.

Witridge, A. *Dr Arnold of Rugby*. London, 1928.

Wolffe, John. *The Protestant Crusade in Great Britain, 1829—1860*. Oxford: Clarendon Press, 1991.

Wolseley, G. J. *Narrative of the War with China in 1860*. London: Longman, Green, Longman, and Roberts, 1862.

Wong, John Y. 'The Rule of Law in Hong Kong: Past, Present, and Prospects for the Future', *Australian Journal of International Affairs*, vol. 46, no. 2, (May 1992), pp.81—92.

Wong, John Y. *Anglo-Chinese Relations 1839—1860: A Calendar of Chinese Documents in the British Foreign Office Records*. London: Published for the British Academy by Oxford University Press, 1983.

Wong, John Y. (ed). *Australia and China 1988: Preparing for the 1990s, with Messages from Prime Minister Robert James Lee Hawke and Premier Li Peng*. Canberra and Beijing, ACBCC and CIMA, 1988.

Wong, John Y. 'Harry Parkes and the *Arrow* War in China'. *Modern Asian Studies*, 9, no. 3 (1975), pp. 303—320.

Wong, John Y. 'Monopoly in India and Equal Opportunities in China, 1830-33: An examination of a Paradox', *South Asia: Journal of South Asian Studies*. New series, vol. 5,

(1982), pp. 81—95.

Wong, John Y. 'New Light on China's Foreign Economic Relations in the Nineteenth Century' (Review Article), *Harvard Journal of Asiatic Studies*, vol. 48, no. 2 (December 1988), pp. 521—34.

Wong, John Y. 'Sir John Bowring and the Question of Treaty Revision in China', *Bulletin of the John Rylands University Library of Manchester*, vol. 58, no. 1 (Autumn 1975), pp. 216—37.

Wong, John Y. 'The "Arrow" Incident: A Reappraisal'. *Modern Asian Studies*, vol. 8, no.3, (1974), pp. 373—89.

Wong, John Y. 'The Building of An Informal British Empire in China in the Middle of the Nineteenth Century', *Bulletin of the John Rylands University Library of Manchester*, vol. 59, no. 2 (Spring 1977), pp. 472—485.

Wong, John Y. 'The Taipings' Distant Allies: A comparison of the rebels at Shanghai and at Canton', in *Austrina: Essays in Commemoration of the 25th Anniversary of the Founding of the Oriental Society of Australia*,   (eds.) A. R. Davis and A. D. Stefanowska. Sydney: Oriental Society of Australia, 1982, pp. 334—50.

Wong, John Y. *The Origins of An Heroic Image: Sun Yatsen in London, 1896—1897*. Oxford University Press, 1986.

Wong, John Y. *Yeh Ming-ch'en: Viceroy of Liang-Kuang, 1852—58*. Cambridge University Press, 1976.

Wong, John Y. (ed), *Sun Yatsen: His International Ideas and International Connections, with Special Emphasis on their Relevance Today*. Sydney: Wild Peony, 1987.

Wong, John Y. (ed). *Australia-China Relations, 1987: Business and Management, with Messages from Prime Minister Robert James Lee Hawke and Premier Zhao Ziyang*. Canberra and Beijing, ACBCC and CIMA, 1987.

Wong, John Y. 'Chinese Attitudes Towards Hong Kong: An Historical Perspective', *Journal of the Oriental Society of Australia*, vols. 15-16 (1983-84), pp. 161-169.

Wong, John Y. 'Three Visionaries in Exile: Yung Wing, K'ang Yu-wei and Sun Yat-sen, 1894-1911', *Journal of Asian History*. Wiesbaden, West Germany: Otto Harrassowitz, vol. 20, no. 1(1986), pp. 1-32.

Wong, John Y. *The Origins of An Heroic Image: Sun Yatsen in London, 1896-1897*. Oxford University Press, 1986.

Wong, Young-tsu. *Search for Modern Nationalism: Zhang Binglin and Revolutionary China, 1869-1936*. Oxford University Press, 1989.

Wood, Herbert John. 'Prologue to War: Anglo-Chinese Conflict, 1800—1834'. Unpublished Ph. D. thesis, University of Wisconsin, 1938.

Woodward, Sir Ernest Llewellyn. *The Age of Reform, 1815—1870*. Oxford: Clarendon Press, 1954.

Wrong, Edward Murray. *Charles Buller and Responsible Government*. Oxford: Clarendon Press, 1926.

Wu, John C. H. *Sun Yat-sen: The Man and His Ideas*. Taipei: Sun Yat Sen Cultural Foundation,

1971.

Yallop, David. *In God's Name: An investigation into the murder of Pope John-Paul.* London: Robinson, 1984; new edition, 2007.

Yang, Fenggang. *Religion in China: Survival and Revival Under Communist Rule.* Oxford University Press, 2011.

Yapp, M. E. *Strategies of British India: Britain, Iran and Afghanistan.* Oxford: Clarendon Press, 1980.

Yoon, Chong-kun. 'Sinophilism during the Age of Enlightenment: Jesuit, *Philosophe* and Physiocrats Discover Confucus', in R. L. Lembright, H. A. Myers, D.B. Rush and C. Yoon (eds.), *Western Views of China and the Far East: Volume 1, Ancient to Early Modern Times.* Hong Kong: Asian Research Service, 1982.

Young, G. M. *Victorian England: Portrait of an Age.* Oxford University Pres, 1953.

Yu, Ying-shih. 'Sun Yat-sen's Doctrine and Traditional Chinese Culture'. In Cheng Chu-yuan (ed.). *Sun Yat-sen's Doctrine in the Modern World.* Boulder: Westview Press, 1989, pp. 79-102.

Yudkin, John. *Pure, White and Deadly: The Problem of Sugar.* London: Davis-Poynter, 1972.

Yung, Wing. *My Life in China and America.* New York: H. Holt, 1912; Arno reprint, 1978.

Zaretskaya, S. I. *China's Foreign Policy in 1856—1860: Relations with Great Britain and France.* Moscow: Nauka, 1976.

Zheng, Yangwen. *The Social Life of Opium in China.* Cambridge University Press, 2003.

Zou, Yizheng, 'An English Newspaper for British and Chinese: The *South China Morning Post* Study (1903-1941)', Ph.D. thesis, Ningnan University, Hong Kong, 2014.